W0107756

FRIEDRICH KURTS

HANDBUCH
DER MYTHOLOGIE

FRIEDRICH KURTS

HANDBUCH
DER MYTHOLOGIE

ILLUSTRIERTE GESAMTAUSGABE
MIT 97 HOLZSCHNITTEN

ATHENAION

Vollkommene Neubearbeitung der Ausgabe Leipzig 1869.
Herausgegeben von Christian Klemm.

© by Phaidon Verlag GmbH, Essen
mit Genehmigung der Rechteinhaber.
Athenaion ist ein Imprint des Phaidon Verlags.
Die Verwertung der Texte und Bilder, auch auszugsweise,
ist ohne Zustimmung des Verlags urheberrechtswidrig
und strafbar. Dies gilt auch für Vervielfältigungen,
Übersetzungen, Verfilmung und die Verarbeitung mit
elektronischen Systemen sowie das Scannen und
Digitalisieren und die Verwendung in digitalen
Datenbanken jeder Art.

Gesamtherstellung: Millium Media Management
Printed in Germany

ISBN 3-88851-219-0

Inhaltsverzeichnis

Vorwort

Ein Handbuch der Mythologie für den größeren Leserkreis der Literaturfreunde wird vor allem der Anforderung genügen müssen, eine lebensvolle Erzählung der Mythen zu sein. Nicht Nachweisungen, Zusammenstellungen und Erörterungen über mythische Gestalten, wobei die Mythe nur kurz zur Erwähnung kommt, dürfen hier vorherrschen; die Mythe selbst in ihrer Fülle soll vorhanden sein, und zwar in einer Darstellung, welche sich jenen Gebilden der Volkssage und der dichterischen Phantasie mit unbefangener Innigkeit anschließt und sie mit der Bewahrung des ihnen eigenen Wesens ganz in der gläubigen Weise wiedergibt, als ob sie historisches Faktum seien. An eine solche Vorführung der Mythen schließt sich dann als weitere Anforderung die Befriedigung des Verständnisses an, sowohl für das einzelne wie für den Zusammenhang. Ohne weitverzweigte Erklärungsversuche und ohne künstliche Kombinationen wird das Verständnis in einfacher Weise vermittelt, mit möglichster Hingebung an die Denk- und Gefühlsweise der Zeiten, in welchen jene Mythenbilder entstanden sind. Nicht selten gelingt dies am besten der nachfühlenden Einbildungskraft und der anempfindlichen Betrachtung.

Auf die Art der Behandlung, soweit sie in Vorstehendem nicht schon angedeutet ist, wirkt aber auch die in der Volksbildung herrschende Strömung ein. Selbst in dem scheinbar völlig abgeschiedenen Gebiete der Mythenwelt darf jene Strömung nicht unbemerkt bleiben. Es ist nicht mehr gestattet, die Mythologie einzig und allein als Sprache der Phantasie aufzufassen und darzustellen. Dies durfte zu einer Zeit geschehen, wo der Sinn der Nation von einer allgemeinen Teilnahme an der dichterischen Bewegung ergriffen war. Heute ist die Anforderung an die Behandlung eine andre. Zwar wird bei Darstellung der Mythen ihre phantasievolle Sinnigkeit zu allen Zeiten bedeutsam hervortreten müssen, auch diese „Allgemeine Mythologie" hat dies sorgfältig erstrebt; ein Unterschied ist aber darin vorhanden, daß diese Aufgabe nicht mehr als die einzige erscheinen darf. Alles geistige Streben wendet sich heute sogleich tieferen Fragen zu und sucht die Beziehungen auf das Menschenleben. Es wird also heute die Verbindung der Mythologie mit der Kulturgeschichte zu berücksichtigen sein und die geistige Arbeit erkennbar werden müssen, mit welcher der Mensch in der Mythenzeit die Erkenntnis des in ihm und über ihn waltenden Göttlichen gewinnen wollte. Auf solche Beziehungen hin ist heute gewiß ein bedeutener Anteil der Teilnahme an der Mythologie gerichtet.

Dies sind die wesentlichsten Standpunkte, welche in dieser „Allgemeinen Mythologie" beachtet worden sind, je nachdem die Beschaffenheit der Abschnitte den einen oder den anderen hervorhob. Sie will ein praktisches Hilfsmittel für die Freunde des Altertums sein, welche auf dem Gebiet eine Zusammenstellung des allgemein Wissenswürdigen suchen und mit den mythologischen Zuständen der einzelnen Völker sich bekannt machen wollen. Demgemäß sind die uns entfernter liegenden Göttersysteme der Inder, Perser, Babylonier und Phönizier übersichtlich skizziert, wie es für eine mehr anschauende als eindringende Teilnahme wohl hinreicht; der Götterdienst der Ägypter und der Germanen, mehr noch derjenige der Römer ist in etwas größerer Ausführlichkeit dargestellt worden, weil hier mancherlei Beziehungen uns näher liegen; der bedeutendste Teil des Buches aber blieb einer eingehenden Behandlung der griechischen Mythen vorbehalten.

Die dem Werke beigegebenen Abbildungen, welche mit sehr wenigen Ausnahmen überall dem Altertume entnommen sind, haben den Zweck, einerseits die mythischen Vorstellungen zu veranschaulichen, andrerseits die Kenntnis der Kunstdenkmale vorzuberei-

ten und für das Bedürfnis derjenigen, welche nicht tiefer in die Kunstmythologie eindringen, eine gewisse Befriedigung zu gewähren.[1] Nach diesen Beziehungen hin ist bei der
Auswahl verfahren worden. Die Erläuterungen streben auch darnach, die Art und Weise
zur Vorstellung zu bringen, wie die Mythenbilder in ihre plastisch-künstlerische Erscheinung übergegangen sind. Immer muß die der Kunstmythologie eingeräumte Beteiligung
dem Hauptziele dienstbar bleiben, welches die Auffassung der Mythen durch Erzählung
und nachfühlendes Verständnis ist. Auch der Künstler, welcher sich dem Mythengebiete
zuwendet, bedarf nicht bloß des Studiums der Kunstwerke, sondern ebensosehr der Be-
kanntschaft mit der Mythe. Wer von der Betrachtung der Kunstwerke aus in die Mythe
eindringen wollte, würde baldigst gewahr werden, daß ihm der rechte Sinn für das einfache
Wesen der Mythe abhanden gekommen ist. Ein Ausspruch Jakob Grimms möge diese
Ansicht bestätigen. „Die bildende Kunst, sagt er in seiner Abhandlung über den Liebesgott, ist verführerisch, und wenn sie anfangs unbeholfen auftrat, getreu am Typus haftete,
geht sie allmählich ihrer Macht sich bewußt werdend ganze Schritte über ihn hinaus und
mehr einer wohlgefälligen Schönheit der Gestalten nach. Dort erreicht sie den Gehalt des
Mythos nicht, ohne ihn zu entstellen; hier will sie ihn abändern und für sich gerecht machen."

Der Ausstattung des Buches, sowohl der typischen wie der artistischen, ist von dem
Herrn Verleger mit der ihm eigenen Sorgfalt und Opferwilligkeit die möglichste Förde-
rung zugewendet worden. Ich fühle mich, ebenso wie bei der Herausgabe der Geschichts-
tabellen, auch hier gedrungen, für das unermüdete Eingehen auf meine Wünsche meinen
Dank auszusprechen.

Für den artistischen Teil des Buches sind hauptsächlich verwendet worden die Werke
von: Kreuzer, Layard, Lepsius, Hirt, Millin, Braun, Müller-Wieseler u. a. Ein Verzeichnis
der sonst noch benutzten zahlreichen Schriften hier beizufügen, wie es ursprünglich beabsichtigt war, mußte aus zwingender Rücksicht auf den Raum unterbleiben.

B r i e g, im April 1869

D e r V e r f a s s e r

I. Die Götterlehre der Inder

1. Älteste Vorstellungen

Der indo-germanische Stamm der Arier, später nach mehreren Richtungen hin geteilt in Inder, Perser, Medo-Bactrer, ist, wie zumeist geglaubt wird, vom Hindukusch, oder nach andrer Ansicht vom Hochlande Armeniens ausgegangen. Die der Inder haben sich zuerst am Indus ausgebreitet, dann aber das Gangesland erobert. Hier, wahrscheinlich in der Gegend des Einströmens der Jamuna, hat sich die brahmanische Lehre entwickelt.

Vorgänge und Entwicklungen, welche auch in andern Mythenkreisen des Altertums alte und neue Götter erzeugt haben, scheiden auch die indische Mythologie in zwei Kreise, jenen der Wedas und den der heroischen Poesie. Doch sind hier die ältesten Götterwesen noch nicht von einer wirklichen Mythologie umringt und getragen; die vergötterten Kräfte nähern sich mehr Begriffen als persönlich gewordenen Gestalten, sie sind nicht sowohl durch ideale Individualität als vielmehr durch Wirkungskreis und Namen voneinander geschieden. Es sind die Götter uralter, einfacher Volkszustände, Andeutungen oder Nachklänge der tiefsten Ideen. Daß man diese Stufe als Religion der Wedas zu bezeichnen sich gewöhnt hat, ist, wenn es eine begrenzte Zeit bedeuten soll, nicht ganz zutreffend. Die Wedas sind die ältesten heiligen Bücher der Inder. Einzelne Teile reichen bis zu dem Alter von 1500 Jahren v. Chr. hinauf; sie wurden wahrscheinlich sieben bis acht Jahrhunderte später von Wyasa (Sammler) in ihre noch bestehende Form gesammelt und geordnet.[2] In vier Teile zusammengestellt enthält jeder derselben in geordneten Abschnitten Gebete, Lieder, Lobgesänge; dann Lehren, Vorschriften für Ritus und Moral, nebst theologischen Untersuchungen. Von wahrscheinlich nahezu gleichem Alter ist das andre heilige Buch, das Gesetzbuch des Manu oder Menu. —

Das Wesen, durch welches alle Götter und die Welt entstanden sind, in welchem alles Bestand und Fortdauer findet und welches man als Weltseele bezeichnet, hat den Namen Atma, Mahan-Atma. Auch Om wird es genannt. Sein Wesen erscheint nicht den Sinnen, sondern ist nur im Geiste zu begreifen; er ist aus ewiger Zeit die Seele aller Wesen, den kein Geschöpf zu erkennen vermag. Er schuf durch den Gedanken zuerst die Gewässer mit dem zeugenden Lebenskeim, der ein goldschimmerndes Ei wurde. So über den Gewässern schwebend, wurde der schaffende Geist Narajana genannt. In dem lichtglänzenden Ei war Brahma, welcher die lange Dauer eines Schöpfungsjahres hindurch darin ruhte. Als er durch den Gedanken die Spaltung des Eies bewirkte, bildeten sich aus den beiden Hälften der Himmel oben, die Erde unten und zwischen beiden der Raum, die Weltgegenden und die Sammlung der Gewässer. Nun ließ Brahma die Schöpfungsformen der Dinge in gegenseitiger Durchdringung von Seele, Kraft und Stoff hervorgehen.

Es ist nicht anzunehmen, daß diese theogonischen und kosmogonischen Ideen und phantastischen Grübeleien der lebendige Glaube des Volkes gewesen sind; sie blieben, in den heiligen Büchern niedergelegt, höchstens ein Gegenstand für die philosophischen Schulen, die in drei Hauptrichtungen (Niaja, Minansa und Sankhya) sich mit der Erklärung der Wedas beschäftigten.

Nächst diesem Urwesen wird die Menge der Götterwesen aus drei Elementarkräften hergeleitet, dem Sonnengeist, Luftgeist und Feuergeist. Schon in diesen drei Grundwesen lassen sich die Keime der späteren Entwicklung des Brahma, Wischnu und Siwa erkennen. Weiter und größer wurde der Kreis der religiösen Verehrung in dem Glauben an zahlreiche

Elementargeister. Die Natur erschien belebt von persönlich bestehenden Geistern (Dewas, Dewetas), z. B. der Erde, der Luft, des Wassers, des Windes, des Feuers, der Sonne und des Himmels. Noch andre weniger klar sich abgrenzende Geisterwesen werden genannt. Die *Pitris*, Urväter des Volkes, die zur Ruhe gekommen sind, wohnen im Monde; die sieben großen *Rishis*, Geister der großen Heiligen oder der ersten Büßer unter den Brahmanen, umkreisen in den sieben Sternen des Himmelswagens den Pol des Sterngewölbes; die *Manus*, große Geisterfürsten, denen die Ordnung und Regierung der gesellschaftlichen Zustände der Menschen zukam; endlich die *Brahmadikas* oder *Pradschabatis*, welche die einzelnen Abteilungen der Natur hüteten und beherrschten.

Verständlicher für das Volk und seinen Kultus, wie den realen Lebensverhältnissen mehr angenähert, waren die Geister zweiten Ranges, welchen die sichtbare Welt unmittelbar übergeben war. Da waren vor allen die acht Welthüter: 1. *Indra*, der Beherrscher des Luftkreises. Mit seinen gelben Rossen, die durch das bloße Wort mit dem Wagen verbunden sind, ist er, der goldstrahlende Träger des Donners, überall; mit seinem Blitz spaltet er die Höhlen, in denen feindliche Dämonen die den Göttern geraubten Kühe verborgen hatten. Ihn rief man als Schlachtenlenker, der mit furchtbaren Waffen hilft: ebenso als Regenspender, der Früchte schenkt. Alle Lobpreisungen, die den andern Göttern gesungen werden, gehören zugleich ihm, dem Träger des Donners. So tief war die Verehrung dieses Gottes in das Volksleben eingedrungen, daß noch später, neben der deutlichen Entwicklung der Vorstellungen von Brahma, Wischnu und Siwa, dennoch Indra hier und da in Sektenbildungen als oberster Herrscher der Götter angesehen wurde. 2. *Suria*, der Herr der Sonne. 3. *Soma* oder *Chandra*, der Herr des Mondes. 4. *Pawana*, der Beherrscher des Windes. 5. *Jama*, der Fürst der Gerechtigkeit, der Richter der Toten und Herr der Unterwelt. 6. *Agni* (ignis), der Gott des Feuers. Wenn der Glanz der Flamme vom Opferaltar zum Himmel leuchtet, so ruft und führt Agni die Götter zum Opfer herbei; er ist der Reiniger, der jugendkräftige Schützer des Hauses, der Freund der Wahrheit und der Tugend. 7. *Varuna* (Uranos), der Herr der Gewässer und des Meeres. Sein ist die Heilkraft, welche in gesundem Blut und Säften den Körper durchdringt; dann erhebt sich sein Begriff von dem Beförderer körperlicher Reinheit zu sittlicher Vollendung. Ihn fleht man also an, auch alles hinwegzunehmen, was Böses im Menschen sei, alle Gewalttat, Fluch und Lüge. 8. *Kuwera*, der Gott des Reichtums, überhaupt der in der Tiefe der Erde verborgenen Schätze.

Neben diesen acht Welthütern stehen noch als gleichberechtigte Götterwesen: Mitra, der Beherrscher des Tages; Aryaman, das Auge der Welt; Brahaspati, der Planet Jupiter, der Genius des Verstandes und der Beredtsamkeit; der weitschreitende Wischnu und der die Feinde vernichtende Siwa.

Unter Indra aber stehen noch dreiunddreißig Geisterscharen: die acht Wasus, Elementargeister aus den das Leben erhaltenden Gebieten der Natur (Feuer, Erde, Luft, Atmosphäre, Himmel, Mond, Sonne, Gestirne), welche darum später in den mythologischen Kreis Wischnus übergingen; die elf Rudras, die Tränen erregenden und zerstörenden, später dem Siwa zugeeignet; die zwölf Adityas oder Genien der zwölf Monate; zuletzt die beiden Zwillingsbrüder Aswinas und Kumaras, Götter der Winde in ihrer die Lüfte reinigenden und also heilenden Kraft, ohne welche die Gesundheit der Menschen gefährdet ist. Ihr Vater, der Sonnengott Suria, hatte sich, in einen Sonnenstrahl verwandelt, mit der Aswini, einer Nymphe, welche die Gestalt einer flüchtig dahineilenden Stute angenommen hatte, verbunden.

Endlich sind noch zu erwähnen die Maruts, Genien der Winde, die Gandharras, Musiker des Himmels; die Sadhyas und Astyas, vom Monde erzeugte Luftgeister. Gegenüber allen diesen freundlichen Geisterwesen stehen die Rakschasas und Jakschas als böse Götter und Feinde des menschlichen Glückes. –

2. Seelenwanderung. Opfer

Die grübelnde, überschwengliche Phantasie des indischen Volkes beseelte die ganze Natur. Jede Seele ist ein Teil des Urwesens Atma; das Körperliche ist nur ihr Kleid. Eine lange Stufenleiter der Wesen steigt von Brahma hinab durch die Geisterwelt und die Menschheit bis zu dem stillen, gefesselten Leben der Pflanze. Dem Inder erschien die Beseelung der Tiere und Pflanzen nur als durch Selbstsucht und Hochmut gefallene und gleichsam verdunkelte Geister. Die Aufgabe jedes Seelenwesens ist, den Weg zu dem göttlichen Urwesen zurückzufinden, die Stufenleiter zu Brahma wieder hinan zu klimmen, am Schluß das Selbstische aufzugeben und in der Gottheit aufgehend sich mit ihr wieder zu vereinigen.

So verbindet sich die unvergängliche Seele nach ihrer Lösung aus einem Leibe immer wieder mit einem Körperkleide bis zu ihrer völligen Läuterung. Dies ist die Seelenwanderung. Dreifach – entsprechend dem Licht, der Finsternis und dem Kampfe zwischen beiden, ist das Wesen jeder Seele. Da ist die Neigung zu Tugend, Güte, lichtvoller Erkenntnis, *Satwa*; oder es ist die Übergewalt der hochmütigen Selbstsucht, des Frevels, der Finsternis, *Tama*; oder endlich der Streit zwischen beiden, das Schwanken der Seele zwischen Licht und Finsternis, *Radscha*. Die Seele, in der *Satwa* vorherrscht, bedarf einer geringen Anzahl von Wanderungen; mehrere müssen die Schwankungen des Radscha vollenden; wo aber das Wesen des Tama Macht hat, da wird die Seele auf die untersten Stufen zurückgeworfen und muß den Weg von neuem beginnen. Auf diesem Glauben beruht die milde Schonung der Naturwesen der Inder, die Scheu vor dem Töten der Tiere, weil in ihnen ein Teil der Weltseele wohnt; andrerseits aber erfüllt die Lehre von der Seelenwanderung das Volk mit der entsetzlichen Furcht, in niederen Gestaltungen das Leben wieder beginnen zu müssen. Im wildesten Affekt der Rachsucht ruft in Mahabharata der Kuruing Aswatthaman: *Und stürz' ich mich zur Hölle hinab, und komme ich wieder zur Welt als Wurm – nicht dünket mich zu teuer erkauft des Mörders Mord, der Rache Lust.* Wie mächtig ist in diesen Worten gezeichnet, daß nur die heftigste Leidenschaft die Größe jener Furcht beiseite zu werfen mag. Eine düstere Werkheiligkeit bei dem Volke war die Folge jenes angstvollen Zustandes; durch Gebete, Waschungen (am wirksamsten im Ganges und besonders an einigen bestimmten Stellen), Bußübungen und Opfer suchte man die Gunst und den Beistand der Götter sowie die Sühnung verübten Frevels zu gewinnen. Vielfältig war die Art der Opfer, teils blutige, teils unblutige und für die oder jene Gottheit, wie für das oder jenes Lebensverhältnis genau in ihrer Verschiedenheit bestimmt. Äußerst merkwürdig ist dabei die Ansicht, daß einem bestimmten, recht vollbrachten, durch kein Versehen unterbrochenen Opfer eine selbst die Götter zwingende Kraft beiwohne. Diese müssen dem richtig Opfernden gewähren, was er mit dem Opfer beabsichtigte. Für die Bewahrung der Autorität dieses Glaubens war durch eine Menge Formalitäten und Schwierigkeiten gesorgt, an denen nicht die mindeste Kleinigkeit verletzt werden durfte und die zu beachten so schwer, so unmöglich war. Dann verschuldete es der Opfernde selbst, wenn seine Ansicht nicht zur Erfüllung kam. Eines der kräftigsten und feierlichsten Opfer war das Aswamedha- oder Pferdeopfer. Einem solchen alljährlich mit größter Genauigkeit vorgenommenen und so hundert Jahre hindurch fortgesetzten Opfer wurde eine unüberwindliche Kraft beigelegt. In hohem Ansehen stand auch das Soma- oder Mondopfer, aus dem Saft einer bei Mondschein gesammelten Pflanze und der Milch von dreimal sieben Kühen bereitet. Die Dewetas selbst, obgleich sie den Trank der Unsterblichkeit, Amrita, genießen, nahen sich begierig zu diesem Opfer. Ganz deutlich spielt in diesen Vorstellungen die Darbringung des Opfers in eigentliches Zauberwesen hinüber. –

3. Casten. Büßerleben

Die Casten-Einteilung des indischen Volkes wird als aus dem göttlichen Herrscher Brahma entsprungen dargestellt. Ausgestoßen aus allem Castenleben, verachteten Tieren gleichgestellt, deren Berührung verunreinigt, waren die Tschandala und die Paria. Ihr unglückliches Leben schildernd läßt ein neuer Dichter einen Paria sagen:

Verflucht ist mein Geschlecht. Wo sic das Leben
In friedlicher Gemeinschaft fröhlich eint,
Wo Haus an Haus, wo Mensch an Mensch sich reiht,
Wo sich der Tempel heil'ge Dächer wölben,
Darf nimmer ein Verworfener sich nah'n.
Mir hat der Tag nur in der Wälder Nacht,
Nur in der Höhlen dunklem Grund geleuchtet.

Als niedrigste Caste galten die *Sudra,* wahrscheinlich Überreste der dunkelfarbigen Ureinwohner des Gangeslandes, die sich freiwillig unterworfen hatten. Sie waren von dem Lesen der heiligen Bücher, von den Opfern und dem Tragen der heiligen Schnur ausgeschlossen, und wie sie aus den Füßen Brahmas entsprungen sein sollten, so waren niedrige Knechtsdienste und Tagearbeit ihr unabwendbares Los. Die dritte Caste waren die *Waishya,* hervorgegangen aus Brahmas Hüften. Ihnen war das Lesen der heiligen Schriften und die Teilnahme an den Opfern gestattet; im 12. Jahre wurden sie mit der heiligen Schnur aus Wolle geweiht. Sie trieben den Ackerbau und die Viehzucht, Gewerbe und Handel. Über ihnen stand die Caste der *Kschatrias,* der kriegerische Adel, die ritterlichen Geschlechter des Volkes, entstanden aus Brahmas Armen.[3] Sie wurden im 11. Jahre durch eine heilige Schnur aus einer Art Graspflanze geweiht. Den Vorrang vor allen Casten besaß die oberste, die der *Brahmanen,* von fast göttlichem Ansehen. Wie alle animalische Nahrung ihnen untersagt blieb, so war auch die heilige Schnur, mit der sie im 8. bis 15. Jahre angetan wurden, von Baumwolle. Sie waren aus dem Munde Brahmas entsprungen. Weisheit und Wissenschaft war in ihrem Besitz; sie lasen und erklärten die heiligen Bücher, leisteten Beistand bei den Opfern, empfingen und verteilten Almosen. Die Priester und Gesetzlehrer (Guru) waren aus der Caste der Brahmanen. Da aber die höchste zu erreichende Vollkommenheit und Seligkeit nicht aus der Kenntnis der heiligen Bücher zu gewinnen war, sondern in der Überwindung der Welt und in der Versenkung in die Weltseele, so gab es vier Stufen, um diese Überwindung und die Heiligkeit des brahmanischen Lebens zu erreichen. Die erste dieser Stufen war die des Schülers bis zum 12. Jahre. Er wuchs auf in unbedingtem Gehorsam gegen seinen Guru, in der Übung, seine Neigungen zu beherrschen, und im eifrigen Studium der heiligen Bücher. Erkenntnis der vier Weltgegenden des Himmels und der Erde und ihrer Hüter – Indra (Osten), Jama (Süden), Varuna (Westen), Kuwera (Norden) – war die Hauptaufgabe dieser Stufe; gleichsam ein Umschreiben der Peripherie des indischen Wissens. Die zweite Stufe umfaßte den Lebensabschnitt bis zum 50. Jahre. Hier übte der Brahmane die Pflichten des tatkräftigen Wirkens in Haus und Familie, in der Erziehung seines Sohnes und in dem Erwerbe durch Ackerbau oder Almosen. Die geistlichen Übungen wurden fortgesetzt; die Erde, das Luftreich, der Himmel und die Gewässer waren die Ziele der Erkenntnis. In allem finden wir Beziehungen auf das Machtgebiet des freundlichen, erhaltenden Gottes Wischnu. Vom 50. Jahre an trat der Brahmane in den Stand eines Einsiedlers oder Waldbewohners (Wanaprasta). Haus und Familie wurden verlassen; der aus dem tätigen Leben Scheidene zog sich in den einsamen Wald zurück. Früchte, Wurzeln und Kräuter gaben den Unterhalt; die Kleidung bestand aus Baumrinde oder Antilopenfellen. Alles Streben sänftigte sich zur Milde gegen die Geschöpfe, das Denken vertiefte sich unablässig in die Betrachtung der Gottheit, und um diese Bewältigung der Triebe zu erreichen, unterwarf sich der Wanaprasta fortdauernden Bußübungen. Das Feuer, die Sonne, den Mond und den Blitz zu begreifen, war sein Ziel. Der Einsiedler wendete sich mit dieser Ertötung des irdischen Lebens dem Reiche Siwa zu, als dem Herrn der Vergänglichkeit und des Todes, aus dem neues Leben entsprießt. Im 72. Jahre begann dann die letzte Stufe der Heiligkeit; der Einsiedler wurde zum Jogi (ein mit Gott Vereinigter). Ein weißes Tuch war sein Gewand, ein Stab mit sieben Knoten und ein Wassergefäß sein ganzer Besitz. Von jeder Pflicht zu äußeren und formellen Religionsübungen befreit, strebte er das Atmen, das Gesicht, das Gehör, das Herz zu erkennen, d. h. er rang nach Ertötung der Sinne, er versank in innerster Andacht. Hier wird es klar, wie alles indische Büßerleben nicht sowohl auf Ertötung des Leiblichen als vielmehr des Geistes selbst gerichtet ist. Je weniger der Jogi sehend, hörend und fühlend lebte, je stumpfer und mumiengleicher sein Leib und seine Sinne geworden waren, desto näher stand er an dem Ziele vollendeter Heiligkeit. Die Aufgebung alles Selbstischen in dem Versinken in Brahma, als dem Urquell und der Heimat aller Wesen, war der Abschluß brahmanischen Dichtens und Trachtens. –

4. Weitere Entwicklung der indischen Götterlehre

Auf dem Boden einer geschichtlichen Heroenzeit, welche mit den im Gangeslande vollbrachten Kämpfen der Inder zusammenhängt, sind zwei große Heldengedichte erwachsen, Ramajana und Mahabharata. Ihr ursprünglicher Kern reicht bis vor 1200 v. Chr. zurück, ist aber durch Überarbeitung, Zusätze und Einschiebungen gänzlich umgestaltet worden. Wahrscheinlich in der Zeit von 200 bis 100 v. Chr. haben diese Gedichte ihren Abschluß erhalten. Ramajana schildert die Sage von den Kämpfen des Helden Rama; Mahabharata erzählt den großen Krieg der Pandu und Kuru. In diesen Gedichten und den weit späteren 18 Puranas, einer Verbindung von epischer und didaktischer Poesie, zeigt das indische Volksleben an der Stelle der früher nur vergeistigten Naturkräfte eine mehr reale Entwicklung der Götter und Mythen.

Das höchste in Wort und Bild unfaßbare Urwesen, das Brahma oder Para Brahma, hat sich in drei Gottheiten geteilt, und obwohl immer in sich eins bleibend, hat es sich als Brahma, Wischnu und Siwa gestaltet. Wir deuteten schon oben auf die Entwicklung der drei älteren Vorstellungen des Lichtgeistes, Luftgeistes und Feuergeistes in diese drei Göttergestalten hin. Jeder derselben tritt nun ein weibliches Götterwesen, seine Sacti, zur Seite.

Brahma, der Schöpfer, der die ursprünglichen Formen der Dinge erfindet, aus dem die Mannigfaltigkeit der sichtbaren Gestaltungen hervorgeht, wird in Andeutung der vier Weltgegenden oder, was wahrscheinlicher, um seine hohe geistige Macht zu symbolisieren, mit vier Köpfen und vier Armen dargestellt; die Farbe ist gewöhnlich rot. Es gibt von ihm Bilder, wo er nichts in seinen vier Händen hält; in andern Darstellungen hat er in der einen Hand die Rolle des Gesetzes, in der zweiten einen Rosenkranz, in der dritten ein Gefäß mit dem Wasser der Reinigung und Sühnung, endlich in der vierten einen Sprenglöffel. Ihm ist sinnvoll und schön *Saraswati* als Gattin oder Sacti zugesellt, welche weise und kundig das Ebenmaß aller Bildungen ordnet und den Zauber der Harmonie und des Wohllautes über die Schöpfung verbreitet. Wie schön ergänzt sich hier die schöpferische Kraft der Urformen und ihr ordnendes Ebenmaß! Auch Saraswati wird mit vier Armen und Händen gebildet, in denen sie eine Lyra, eine Papierrolle, einen Lotusstengel und ein Wassergefäß trägt. Beiden Gottheiten ist der Schwan (Hamsa) und die Gans geheiligt.

Wischnu ist der Gott, welcher die von Brahma geschaffenen Urbilder der Dinge in die Wirklichkeit führt. Sein Werk ist die den Kreis der Schöpfung durchdringende aufsteigende Entwicklung der Dinge, ihm verdanken alle Geschöpfe ihr Bestehen, er ist der freundliche Erhalter. Das bewegliche, jedem zarten Anstoß folgende Luftreich ist seine eigentliche Götterheimat; doch gewinnt er auch eine Beziehung auf die Gewässer, welche in Brahmas Schöpfung gleichfalls dem Luftreich zugewiesen sind. Denn als Gott des mit den Lebenskeimen angefüllten flüssigen Elementes heißt er Narajana. – Er trägt eine dreifache Krone; lieblich ist die Klarheit seiner Lotosaugen; vier Arme und Hände deuten auf seine Macht. In der einen Hand trägt er ein Flammenrad, in der andern eine Meermuschel; die dritte und vierte Hand sind entweder geöffnet und leer, oder er hält in ihnen eine Keule und eine Schelle. Oft ruht er auf der vierköpfigen Schlange Sescha oder Anata, die sich über ihm zurückschließt, ein treffendes Symbol des in sich zurückkehrenden Kreislaufes der Dinge; oder er eilt, wie unsere Illustration ihn darstellt, auf seinem goldgefiederten Vogel Garudha durch die Lüfte. Alles an ihm und um ihn ist voll Trieb und Bewegung, selbst die Pfeile seines Bogens Saran und sein Ring Sudarsun sind belebt. – Seine Gemahlin *Lakschmi* (auch

Fig. 1

Sri oder Sris – Ceres – genannt) aus dem Schaume der Gewässer geboren, ist die Göttin der
Schönheit. Alles Wohlbefinden, Gedeihen und Behagen, die ganze Macht der süßen Befriedigung und Erhaltung des Daseins ist ihr Gebiet. Unter ihrem Schutze steht die Ehe, sie
spendet Fruchtbarkeit. Darum ist ihr die Lotosblume und der Mangobaum heilig, unter
den Tieren aber die Kuh.

    Siwa, auch Mahadewa (der große Gott) oder Rudrani (der Tränen erregende) genannt,
beherrscht das Niedersteigen der Entwicklung des Daseins, das Reich des Vergehens, der
Zerstörung, des Todes. Aber die Vergänglichkeit der Dinge betrifft im Grunde nur ihre
Gestalt und leibliche Erscheinung; aus jeder Vernichtung erblüht immer neues Leben em-
por, und der Tod wird die Ursache zu verjüngtem Erstehen. In dieser Gedankenbildung ist
Siwa auch der Gott der Zeugung, also die höhere Gewalt, welche das unaufhörliche Verge-
hen und Werden, Erscheinen und Verschwinden regiert. Aus diesen Beziehungen erklären
sich die Darstellungen und Symbole des Gottes. Der Blick seines feurigen Stirnauges erregt
Schrecken; er führt in seinen Händen den Dreizack und die Lanze; um den Hals trägt er eine
Schnur aneinandergereihter Schädel, und ein Tigerfell umhüllt ihn. Dagegen ist auch der
Stier dem Siwa geweiht, und aus seinem Haupte soll der Ganges entsprungen sein. Letztere
Vorstellung scheint darauf hinzudeuten, daß in Siwa elementare Kräfte, die mit den Schrek-
ken wie den Reizen wilder Gebirgsnatur verbunden sind, wirken. Unsere Darstellung ist der
Abbildung eines Götterkreises auf dem Berge Meru entnommen, wo er und an seiner Seite
Bhawany von den Himmlischen verehrt werden. Siwa sitzt auf einer Tigerhaut, lebensvoll,

Fig. 2

ja üppig. Sein weicher, lauernder Blick scheint mit den ihn umwindenden Schlangen zu spielen; er ist ganz der zugleich furchtbare und lustvolle Gott. – Die zwiespältige Natur dieses Götterwesens wird von dessen Gemahlin geteilt. Als große Naturmutter und weibliche Urkraft, deren Reich Zeugung und Geburt der Dinge ist, heißt sie *Parwati*, auch *Bhawany* mit dem Beinamen Prakriti. Sie trägt das Zeichen des Mondes an der Stirn; das Feuchte, das Wasser ist ihr Prinzip, auch ist iohr der Ganges und die Lotosblume heilig. Aber als furchtbare, schreckliche Gemahlin des Gottes der Vernichtung wird sie *Kali* oder *Durga*,

Fig. 3

auch Rudrani, die Tränen-Erzeugerin genannt. Anstatt der Symbole des üppigen Lebens wird sie dann abgebildet mit schwarzem Antlitz, wild geöffneten Augen, mit schreckhaftem Gebiß und von Schlangen umwunden. So ist sie die strafende Göttin, die mit Krankheit und Wut der Besessenheit dem Reiche des Siwa die Opfer zuführt. Eine Form der Kali-Durga ist wahrscheinlich auch die Mariatale, die Göttin der Parias, deren Priester Bainier heißen.

Fig. 4

Trimurti. – In den älteren Zeiten, aus denen die großen Heldengedichte stammen, bestanden die Vorstellungen von diesen drei Hauptgottheiten, obwohl man sie als aus dem Brahma hervorgegangen annahm, doch völlig vereinzelt nebeneinander. Später jedoch haben die Brahmanen die Idee, daß sich die selbst unsichtbare Grundursache aller Dinge, das Parabrahma, in den Gottheiten Brahma, Wischnu und Siwa dreifach gestaltet habe, zu einer Vereinigung, Trimurti genannt, zusammengefaßt. Das Trimurti wird als eine menschliche Gestalt mit drei Häuptern dargestellt. Nach andrer Meinung ist das Trimurti nicht die Zusammenfassung, sondern der Anfang der indischen Vielgötterei. –

Brahmas Verehrung ist höchstens in der alten Zeit der Weden bei dem Volke verbreitet gewesen; der Anschauung desselben lag in der späteren Entwicklung dieser Götteridee der Gedanke eines Schöpfers der Urformen fern. Die Brahmanen jedoch richteten bei Tagesanbruch stille Gebete an Brahma, schöpften mit der hohlen Hand Wasser und sprengten dasselbe vor sich, hinter sich und rund umher, indem sie den heiligen Laut Om ausriefen. Dagegen war die Vorstellung des freundlichen Wischnu und des schrecklichen Siwa, beide in dem sichtbaren Kreis der Schöpfung als Erhalter und Zerstörer waltend, dem Volk naheliegend und verständlich. Darum war der Kultus vorzugsweise diesen Gottheiten und ihren Sactis zugewendet. Auch in der allmählich einreißenden Sektenbildung stehen die Wischnuiten und Siwaiten im Vordergrunde. Wir treffen also hier auf den Dualismus des guten und des bösen Prinzips. Schon in den Vorstellungen der Weden von dem lichtgewaltigen Indra und dem finstern Totenrichter Jama finden sich die Keime einer solchen Ansicht; in Wischnu und Siwa ist, da Brahma für die allgemeine Kultübung beiseite tritt, der dualistische Gegensatz deutlich ausgebildet. Auch das Prinzip der männlich-weiblichen Urkräfte, welches früher nur in der Vorstellung sichtbar wurde, daß aus dem Schöpfungsverlangen des unsichtbaren Parabrahma die Weiblichkeit Maj offenbar geworden sei, durchdringt die weitere Götter-Entwicklung. Wir sahen neben jedem der Hauptgötter eine Sacti oder Gemahlin, das männliche Prinzip weiblich ergänzend. Hauptsächlich aber tritt Maha-Maja auf, unter der sowohl Lakschmi als auch Bhawany verstanden werden kann. In der Maha-Maja erscheint die Vorstellung von der großen Lebensmutter, der gleichsam alles ausblühenden und ausströmenden, der vollen Spenderin, die uns als Mylitta, Astarte, Isis, als Juno, Ceres und Venus wiederbegegnen wird. –

5. Untergeordnete Götterwesen

Wie die in Üppigkeit strotzenden Waldufer des Ganges eine sinnverwirrende Fülle der Pflanzenwelt darbieten, so legt die indische Mythologie ein Übermaß phantastischer Bildungen, sowohl der Zahl als dem Wesen nach. Wir wenden in diesem Gewirr, welches die Betrachtung umschlingt, uns nur mit den hervorragendsten Formen beschäftigen.

Als Söhne der Siwa und der Parwati gehören noch in den Kreis dieser Gottheiten: Ganesas, der Schutzherr des häuslichen Lebens, und Kartikeya, der Feldherr der Götter.

Ganesas oder *Pollear* ist eine jener freundlichen Gottheiten, welche sich mit dem Leben in Haus und Familie verbinden und darum überall dem Begriff und der Verehrung des Volkes nähergerückt sind als die großen, vornehm mächtigen Götter.

Ganesas war der wohlwollende, kluge Geist des Hauses; ihm weihte der Inder die Stätte, wo ein Haus aufgerichtet werden sollte; sein Bild wurde an einem Ehrenplatze aufgestellt und täglich geschmückt. Er wurde mit dem Kopfe des klugen Elefanten abgebildet, oft auch auf dem Riesen reitend, den er überwunden hatte, oder auf einer Ratte (ein dem Hauswesen unholdes Tier), in welche jener gegen die Götter sich empörende Riese sich verwandelt hatte. Unter seinem Schutze stand das Gedeihen des Ehelebens; vor allen wichtigen Unternehmungen rief man ihn an, daß er richtigen Anfang und befriedigendes Ende gebe. Weil er so der lebenskluge, praktisch umsichtige Gott war, so steigt sein Begriff dann auch höher hinauf; er wird der Beherrscher der Zahlen und der Erinnerungskraft, von deren Treue das Gelingen der Pläne abhängt. Auch heißt er der Führer durch das Leben.

Eine ganz entgegengesetzte Gestalt ist *Kartikeya* oder *Supramanja*, sein Bruder, der jedoch auch manchmal für einen Sohn des Agni und der Gana gilt. Er führt die Heerschaaren der Götter und ist so der Gott des Kampfes und des Krieges. Wie biegsam aber die

Fig. 5

indische Mythenbildung sei, zeigt sich hier darin, daß Kartikeya auch den Kampf der Natur in dem Wechsel der Jahreszeiten beherrscht und als der den Anfang des Jahres leitende und weihende Gott verehrt wurde. Seine Darstellung mit sechs Köpfen kann sich entweder auf den Verlauf der sechs Abschnitte der indischen Jahreszeiten beziehen oder auch nur die Größe seiner Macht und List andeuten wollen.

Nennen wir noch als einzelne Gottheiten niederen Ranges: Wiswakarma, welcher den Bau des Weltalls geleitet; Kamadewa, den Gott der Liebe mit seinen fünf Bogen, ein Sohn der Bhawany, der auf einem Papagei reitet und dem die verschönernde Dichtung eine Bogensehne von Bienen und Pfeilspitzen von rosigen Blütenknospen gibt; Prithiwi, die Göttin der Erde, und die weibliche Flußgottheit Ganga, Jamuna (Schwester des Jama) und Saraswati – so dürfen wir mit dem Götterkreise der Welthüter und Planetengötter abschließen, als deren Herrscher Indra erscheint. Indra und seine Gemahlin Indrani thronen auf dem Gipfel des Meru. Wiewohl er als der auf den Wolken dahinfahrende, mit Blitz und

Donner bewaffnete Herrscher der Dreizehn angesehen wird, so ist ihm dennoch die Welt-
gegend des Osten besonders eingeräumt. Den Süden beherrscht Jama, der König der Unterwelt und Richter der Toten; den Westen Varuna, der Herr des Meeres, und über den
Norden gebietet Kuwera, der Gott des Reichtums. Zwischen diesen Göttern der Haupt-
weltgegenden stehen Agni, der Feuerherr, im Südosten; Niruti, der Gebieter des Südwe-
stens, welcher die frevelnden Rakschas bändigt; im Nordwesten regiert Pawana oder Vaju,
der Herrscher des Windes, und der im Nordosten endlich ist dem Isanja zugewiesen, in
dem sich das Wesen des Siwa wiederholt. Über diesen acht Welthütern, deren Namen uns
bereits in den ältesten Vorstellungen der Weden begegnet sind, gehören zu dem Kreise der
Dreizehn die fünf Planetengötter: Ciova (Mars), Budha (Merkur), Brahaspati (Jupiter),
Shukra (Venus) und Schani (Saturn). Sonne und Mond, Suria und Soma, werden, wenn sie
nicht anstatt Niruti und Isanja unter den Welthütern vorkommen, zu den Planetengöttern
gerechnet. Die indischen Namen der sieben Wochentage sind von diesen sieben Himmelskörpern hergenommen.

Zahllose Geisterschaaren bevölkerten außer den genannten Göttern den Himmel und
die Erde. Alle jene Dewetas waren ursprünglich gut und von Brahma vor der sichtbaren
Welt geschaffen. Aber es trennt sich ein Teil, entweder, wie ein alter Mythos erzählt, unter
Anführung des Moisasur und Rhabun aus Stolz und Übermut sich empörend; oder es wollten nach einer anderen bedeutsamen Sage die zuerst geschaffenen friedlichen Dewatas von
der unausgesetzten Lobpreisung der Gottheit nicht lassen, und Siwa, der Zerstörer, schuf
nun auf Brahmas Befehl neue Geisterschaaren, um die Welt und ihre Geschöpfe zu beherrschen. So scheiden sich die Geisterschaaren in Suren oder Adityas, und Asuren oder Dityas;
jene lichte und milde Geister unter Indras Gebot und Leitung; diese finster, stark und gewaltig, Verächter der Götter, Gesetz und Ordnung störend und verwirrend. Beide sind
nach menschlicher Art aus ätherischen Stoffen gestaltet und der Wanderung durch die Kör-
perwelt unterworfen. Aber die Asuren sind riesenhaft und schreckenerregend; ihre Gestalt
hat auch tierische Teile z. B. Hörner. Die Wohnung der Suren sind die sieben Surgs (Suer-
gas) in Indras Reich und Himmel; die Asuren dagegen sind in die Tiefen der Erde, die sieben
Patals, über welche Bali gebietet, verwiesen, unter denen dann der Nark, der Aufenthalt der
Verdammten liegt. Aber ihr Einfluß waltet in dem ganzen Gebiet der sichtbaren Welt.

6. Berg Meru

Der Wohnort und Herrschersitz der Götter ist der fabelhafte Berg Meru oder Sumeru,
Mahameru, auch Kailasam genannt. Aus den Gewässern steigt dieser Götterberg empor;
auf dem Gipfel liegt Brahmas Stadt Brahmapatna, aus deren vier Toren sich die heiligen
Ströme ergießen, die sich in der Quelle des Ganges vereinigen und diesem Strome seine
Heiligkeit und Verehrung geben. Oder es liegen auf der Mitte des Berges Meru die Paläste
der vier Fürsten der Weltgegenden und auf seiner Höhe die Wohnungen der Fürsten der
dreiunddreißig Himmel, über denen sich dann die sechsundzwanzig Lufthimmel lagern.
Oder es erhebt sich Indras Reich über dem Gipfel des Meru, auf dem neun Geisterfürsten
herrschen, die Waseduwas. Die Abweichungen dieser Vorstellungen haben die Ursache in
der Verschiedenheit der Sekten. –

7. Die Inkarnationen oder Awataren

Es ist eine allen polytheistischen Religionen naheliegende Vorstellung, daß die Götter
in irdischen Gestalten sich verkörpern und am Menschenleben mitgenießend und mithan-
delnd teilnehmen. In Indien hat sich diese Vorstellung zu einer wie sonst nirgends durch-
geführten Eigentümlichkeit entfaltet. Die indische Mythologie weiß von solchen Einkör-
perungen, Awataren, von Brahma, Wischnu und Siwa zu berichten; auch von Indra wird
jene Inkarnation erzählt, welcher wir den Stoff zu Goethes Gedicht: „Der Gott und die
Bajadere" verdanken. Unter allen Awataren aber sind diejenigen des Wischnu die gefeiert-

sten, an Zahl zehn; unter diesen aber vorzugsweise der siebente und achte Awatar, wo Wischnu als Mensch erschien. In den vier ersten Awataren des Wischnu als Fisch, Schildkröte, Eber und Menschlöwe, die in das erste Weltalter fallen, ereigneten sich furchtbare Kämpfe mit Dämonen und Riesen; bald trägt Wischnu als Schildkröte (Kurma-Awatar) den Berg Mandar im Milchmeere, bald hebt er als Eber (Varaha-Awatar) die in den Abgrund versinkende Erde wieder empor. Aber dies alles sind nur Hindeutungen auf den uranfänglichen Kampf der Naturkräfte, noch nicht ein Erfassen des Menschenlebens durch Göttergewalt. Auch im fünften Awatar, wo Wischnu als Zwerg Wamen die Besiegung Indras an Bali, dem Hüter der sieben Patals, rächt und diesen unterwirft, ist er nicht als Mensch geboren. Aber im sechsten Awatar, der sich dann im siebten fortsetzt, erscheint der Gott als Brahmane, Parasu-Rama, im Kampf gegen den Rajah Schakawser und die Kschatrias, dem Gesetz und der Heiligkeit der Brahmanen zum Siege verhelfend; und im siebenten Awatar wird Wischnu als Shri-Rama, gewöhnlich nur Rama genannt, geboren. Seine Taten und Schicksale bilden den Inhalt des Heldengedichtes Ramajana.

Der Rajah Dussaratha (Dassaraden) von Ajodhia (Oude) hatte drei Frauen, deren jede einen Sohn geboren: Kunsilla den Rama, Keikeja den Farata (Baraden) und die Lakschmana, Sumitra den Lakschmana. Vom Alter geschwächt, entschließt sich der Rajah, seinem Sohn Rama die Herrschaft zu übertragen. Die versammelten Fürsten empfangen diese Ankündigung mit freudiger Zustimmung; willig beugen sie sich unter Ramas Tapferkeit und Edelmut. Rama erscheint, und als er alle durch seine königliche Gestalt und Haltung entzückt, da leuchtet der Palast von seiner strahlenden Herrlichkeit. Am nächsten Tage soll Rama mit der Königswürde bekleidet werden. Aber Faratas Mutter Keikeja wird von einer buckligen Sklavin angereizt, Ramas Erhebung zu verhindern und ihrem eigenen Sohne, welcher bei ihrem Vater abwesend war, das Reich zu verschaffen. Vergeblich sträubt sich Keikeja, die Ramas Trefflichkeit selbst anerkennt; sie wird durch das Drängen der Sklavin endlich entflammt. Eine einst gegebene Verheißung, daß der Rajah der Keikeja zwei Bitten gewähren werde, soll zur Abänderung des Entschlusses benutzt werden. So wird Dussaratha in Gelöbnisse verstrickt; dann fordert Keikeja die Erhebung ihres Sohnes Farata und Ramas Verbannung in den Wald. Entsetzt über solche Ungerechtigkeit verschwendet der Rajah Flehen und Ermahnung, um Keikejas Sinn zu erweichen: sie beharrt auf der Erfüllung ihrer Wünsche! Erschöpft stürzt Dussaratha zu Boden. Da naht Rama. Er hat von dem Geschehenen gehört, er ist bereit, dem Reiche zu entsagen und in den Wald zu ziehen, denn heiliger ist keine Pflicht, als des Vaters Worte treu zu vollziehen. So nimmt er Abschied von der Mutter, die den herrlichen Sohn mit Segen und Gebet entläßt. Seine Gattin Sita aber, eine Verkörperung der Lakschmi, will nichts vom Scheiden hören, sie ist bereit, sein Los zu teilen. Lieblich ist der Kampf zwischen den beiden; wie Rama der Gattin unbekannten Schrecken des Waldes schildert, wie Sitas Liebe alles zu überwinden gedenkt im Vereine mit dem Gemahl; nur die Trennung werde für sie der Tod sein. Rama willigt endlich gewährend ein; auch Lakschmana, sein Bruder, blieb ihm treu. Sie ziehen in den Wald. Die letzte Nacht am Ufer des Ganges verbringen Rama und Sita in den laubigen Zweigen eines Baumes, während unten am Stamm Lakschmana und der Wagenlenker Sumatra von Ramas Taten erzählen. Am Morgen wendet sich Sumatra zurück; die Verbannten dringen in tagelanger Wanderung in die Wildnis ein und bauen endlich in einer zugleich erhabenen und lieblichen Berggegend ihre Hütte.

Dort führen sie das Leben des Waldes. Dussaratha aber, gepeinigt von Leid und Vorwürfen, erliegt der Qual; Kunsillja stürzt sich in die Flammen seines Scheiterhaufens. Die Botschaft von seiner Erhebung gelangt zu Farata. Er bricht nach Adjodhia auf, seine Mutter Keikeja empfängt ihn triumphierend. Aber als er den Zusammenhang des Geschehenen vernimmt, da weist er Macht und Herrschaft zurück. Dem Rama gebührt das Reich, ihn will er zurückholen.

Farata findet den Bruder und fordert ihn auf, nach alter, nie gebrochener Sitte als ältester Sohn des hingeschiedenen Vaters den Thron zu besteigen. Rama jedoch erwiedert hochsinnig, die erste Pflicht, die zu lösen, sei die Treue. Auf der Treue beruht die Welt. So werde er, was der Vater der Keikeja gelobt habe, zu Ende führen und die vierzehn Jahre der Verbannung im Walde verbringen. Farata muß sich bescheiden, bis zu Ramas Rückkehr die Herrschaft führen.

Auf Lanka (Ceylon) herrscht der dämonische König Rawana, welcher Göttern und Geistern unüberwindlich nur durch Menschenhand fallen kann. Diesen reizt Rama durch seinen Kampf gegen die feindlichen, bösen Rakschasas, die der Held mit Indras Waffen ausgerüstet siegreich bekämpft hat. Rawana entführt die Sita, Ramas treue Gemahlin. Er bricht auf, um sie wiederzuerlangen, verbündet sich mit den Affenkönigen (Ureinwohner von Dekan) Sukri, dessen Thronräuber, den Riesen Bali, er erschlägt, und mit Hanuman, der ihm aus Felsblöcken eine Brücke nach Lanka hinüber baut.[4] Dort erhebt sich der furchtbare, siebentägige Kampf mit Rawana, der endlich fällt. Sita wird befreit und besteht die Feuerprobe, daß sie Treue und Reinheit bewährt habe. Rama kehrt nach Vollendung der Verbannung nach Ajoghia zurück und besteigt den Thron. Ein neues Mißtrauen gegen Sita führt als Wischnu in sein Paradies Waikonda zurück und vereinigt sich aufs neue mit Sita-Lakschmi.

So feiert das Epos Ramajana in der Selbstüberwindung des Rama und in seinem Kampfe gegen den götterfeindlichen Rawana den Triumph der Sittlichkeit und Tugend. Aber die Macht des Bösen nahm wieder überhand, und auf die Klagen der Erde erscheint Wischnu aufs neue unter den Menschen als Krischna. Dies ist der achte Awatar. Der Gott wird menschlich, aber mit allen Zeichen des Wischnu und in himmlischer Schönheit geboren; seine Eltern sind der Rajah Wasudewa und dessen Gemahlin Dewaki. Verfolgt von seinen Verwandten, wird Krischna in der Kindheit durch Verborgenheit bei einem Hirten gerettet; dort wächst er zum starken und listigen Manne empor. Zahlreich sind die Abenteuer des Krischna in seinen Kämpfen gegen die Riesen und Ungeheuer. Bhagawat-Purana erzählt die Geschichte des Krischna; das Epos Mahabharata, dessen Gegenstand, der auch hierher gehörende Kampf der Panduinge und Kuruinge ist, erscheint, obwohl es nur fragmentarisch bekannt geworden, doch bis in den innersten Kern seiner ursprünglichen Gestaltung hinein vielfach abgeändert. Das einfache Faktum eines Krieges indischer Stämme unter einander ist mit Tendenzen des Brahmanentums und mit religionsphilosophischen Ergüssen überlastet, unter denen die liebliche Episoden-Dichtung Nal und Damajanti, sowie Bhagavat-Gita, ein Gespräch über die Einheit Gottes, am meisten berühmt sind.

Zwei nahe verwandte Königsgeschlechter, die Kuru und die Pandu, sind durch Neid und Übermut entzweit. Sie haben das Reich geteilt; der Kuruing Duryodun (Durjodhana) herrscht mit seinen Brüdern in Hastinapura, die Panduinge Judister (Judhischthira) und seine Brüder Bima (Fima) und Artschuna erbauen Indraprastha (Delhi). Da beginnen nach fröhlichem Mahle Duryodun und Judister ein Würfelspiel um den Besitz des Reiches. Judister verliert Land und Leute, Brüder und Gemahlin, endlich sich selbst. Zwar erläßt ihnen Duryodun die Knechtschaft, aber er verbannt sie auf 12 Jahre in den Wald. Hier reizt nun Krischna, der Hirt, den Judisther nicht ohne dessen innerstes Widerstreben zum Kampfe gegen den Übermut des Duryodun und zur Wiedererwerbung der verlorenen Gebiete. Verbündet mit mehreren Stämmen des linken Gangesufers brechen die Pandu gegen die Kuru vor. Krischna stellt sich als Schutzherr zu ihnen. Auf der Seite der Kuru kämpfen der Heldengreis Bhischma (Fischma) und der Heros Karna, der Sohn des Sonnengottes Suria, mit undurchdringlichem Panzer und schützenden Ohrringen geboren. Achzehn Tage lang währte das heiße Streiten in der Ebene von Tanaissen – ein Kampf voll von Zügen der frischesten Heldenkraft und des rittelichsten Edelmuts, aber auch tückischer Gewalttat und glühender Rache. Am zehnten Tag fällt Bhischma, am achtzehnten Duryodun durch die listigen Veranstaltungen des Krischna. Die Pandu gewinnen das Reich und besteigen den Thron von Hastinapura. Krischnas Sendung ist erfüllt; Wohlfahrt und Gerechtigkeit sind wieder hergestellt. Er begibt sich in einen Wald und dort, in tiefem Nachdenken an einen Baum gelehnt, wird er von einem Jäger in die Ferse tödlich verwundet. Ehe er in sein

Paradies Waikona aufsteigt, befiehlt er noch, seinen Körper in einen ausgehöhlten Baumstamm hineinzulegen und diesen den Wellen zu überlassen. – Ein neunter Awatar ist die Verkörperung des Wischnu als Buddha. Ein näheres Eingehen auf die durch Buddha unternommene, durch das Brahmanentum aber gehemmte Reform der indischen Religion liegt außer unserem Bereich. Das System der Inkarnation schließt mit einem zehnten, noch zukünftigen Awatar, welcher uns zu einem Blick auf die Zeitbestimmungen der indischen Götterlehre veranlaßt. Es ist auch hier, wie in andern uralten Sagen des Orients, von ungeheuren Zeiträumen die Rede. Die erhabene Einfachheit einer unmeßbar sich dahin dehnenden Zeit soll in Teile und Abgrenzungen gefaßt werden; daher diese schwindelerregenden Zahlen. Da sind die Kalpas, ungeheuerlich sich erstreckende Zeiträume, an deren Schluß Menschen, Welt und Götter vernichtet werden, um neuen Schöpfungen Raum zu geben; also auch hier in diesen nebelhaften Fernen noch der Gedanke an den Wechsel von Zerstörung und Werden. Vierzehn Antaras mit ihren vorhergehenden und nachfolgenden Dämmerungen vollenden die Zeit eines Kalpa. Ein Antara ist ein Zeitraum von 71 Götter-Zeitaltern; ein solches aber, Sadrijugam oder Mahajug genannt, umfaßt 12 000 Götterjahre, jedes aber besteht aus 360 Tagen der Dewetas, und jeder dieser Tage ist ein Menschenjahr. Ein Mahajug enthält vier kleinere Jugs: Satia- oder Krita-Jug, die Zeit der in Unschuld dahinlebenden Erzväter; Treta-Jug, der beginnende Kampf, an dessen Abschluß Rama erschien; Dwapara-Jug, Krischnas Zeitalter, wo der über den Streit des Lebens erhabene Gott denselben zu versöhnen strebt. Wenige Jahre nach Krischnas Tod begann, wie er verkündigt hatte, das Kali-Jug, die Zeit der immer tiefer in Selbstsucht und Zerrissenheit versinkenden Menschheit. Am Ende des Kali-Jug, in welchem der Inder jetzt noch lebt, wird Wischnu, welcher bis dahin auf der über ihm zurückgebeugten fünfköpfigen Schlange im Milchmeer schwimmend schläft, wiedererscheinen als Flügelroß mit himmlischem Reiter, Kalenk. Dann kehrt das Alter der Unschuld auf einer neuen Erde und unter einem neuen Himmel zurück. –

8. Sektenwesen. Abschluß

Die indische Götterlehre ist nicht wie die andern Mythologien eine in ferner Vergangenheit ruhende, abgeschlossene Erscheinung; sie lebt bis in die Gegenwart fort. Aber die Entwicklung bis dahin zu verfolgen, ist nicht unsere Aufgabe. Üppig wuchernd entfaltete sich aus dem beweglichen Wesen indischer Götterbildungen das Sektentum. Da waren oder sind noch die Buddhisten und die ihnen verwandten Dschainas, ein Gegensatz gegen das Brahmanentum. Die Waischnawas, welche den Wischnu als höchsten Gott verehren; die Saiwas, die den Siwa an die Spitze der Götter stellen; die Smartas, die beiden Gottheiten gleiche Ehre zuerkennen; die in Grausamkeit und Wollust zügellosen Saktas, Verehrer der Bhawani. Alle diese Sekten und ihre Unter-Abteilungen bis zu den Sieks und den Sauds entstehen und vergehen, immer wieder neuen Kombinationen des religiösen Lebens Platz machend. Die alten Götternamen, hauptsächlich Siwa und Kali-Durga; die alten Einrichtungen und die, nur noch schroffer gewordenen, Casten-Unterschiede dauern fort und der letzte furchtbare Aufstand gegen die Engländer, der sich erhob, als die indischen Soldaten fürchteten, durch das Abbeißen befetteter Patronen ihre Caste zu verlieren, beweist, wie tief der entsetzliche Zwang des Castenwesens den Indern zur Bedingung des Daseins geworden ist. Gleichwie die Büßer dieses wunderbaren Landes die Glieder des Körpers in den widerwärtigsten Lagen und Verrenkungen erstarren und vertrocknen lassen, so ist dieses ganze Volk gleichsam zu einem solchen Fakhir der Geschichte geworden, alle Freiheit und Entfaltung des Menschentums in naturwidrigen Einrichtungen ertötend.

II. Die Religion der Perser

Licht und Finsternis – das ist der Gegensatz, aus welchem die Religion der Perser hervorgegangen ist. Die Unterwerfung unter die Kraft und Wirkung wohltätiger, reiner Lichtmächte gegenüber den Gewalten der Finsternis hat hier den ganz eigentümlichen Kultus des Feuerdienstes geschaffen. Was von Verehrung der Gestirne oder der Elemente dabei vorkommt, ist nur Ausfluß dieses Glaubens. Eigentlicher Gestirndienst oder der Theomorphismus der Elemente und Naturkräfte fand in diesem Kultus wenig Raum; noch weniger der anderwärts herrschende Dualismus eines geschlechtlichen, zeugenden und gebärenden Prinzips. Die Herrlichkeit und Macht des das All durchströmenden Lichtes, sowie Furcht und Abscheu vor der argen Finsternis herrschen in diesem Götterdienst. Das Feuer wurde angebetet, nicht sowohl wegen seiner Nutzbarkeit im menschlichen Leben, auch nicht als das dienende Element des häuslichen Herdes, sondern als das reine Symbol des heiligen Lichtes. Das irdische Element des Feuers als Materie war ein Abbild des himmlischen Urfeuers. Von einer Mythologie im gebräuchlichen Sinne des Wortes ist in dieser Licht- und Feuer-Religion nicht die Rede. Die Götterwesen wurden zwar Gestaltungen angenähert, aber sie formten sich nicht zu verkörperten Phantasien. Das Göttliche blieb hier hauptsächlich dem Begriff, nicht dem sinnlich anschaubaren Bilde zugänglich.

1. Das alte Gesetz. Die Heldensage

Die Völkerstämme arischer und mit den Indern gemeinsamer Abkunft, welche unter dem vorhistorischen Namen des Zendvolks (Baktver, Meder, Perser u. a.) die Länder zwischen Indien und Mesopotamien, dem persischen Meerbusen und dem Kaspischen Meer – Iran im Gegensatz zu Turan – bewohnten, waren Nomaden. Diese Hirten übten einen einfachen Naturdienst in Verehrung der Erde, des Feuers, des Wassers und der Winde, sowie der Sonne (Sonnengott Mithras) und des Mondes. Es war die Zeit des ersten Gesetzes unter den Patriarchen Kajomarts, Siamek und Huschäng. Mit diesem alten Volksglauben verband sich eine höhere aus dem Priesterstamm der Magier in Medien hervorgegangene Lehre, welche besonders in die edleren Stände des Volkes eindrang, ohne den alten Volksglauben zu vernichten. Die Vereinigung beider bildet die Religion der Magier oder den Magismus. Denn unter Wiwengham, dem Vater des sagenreichen Königs Dschemschid, verkündigte Hom (Homanes bei den Griechen), der Stifter der Magier, das zweite Gesetz, welches, die Keime des später entwickelten Dualismus enthaltend, die nomadischen Stämme zu einem ackerbauenden Leben hinüberführte. Wie sein Gesetz die Pflicht auferlegte, das Feld zu bebauen, Bäume zu pflanzen und dürre Flächen zu bewässern, so knüpfte sich an seine Zeit die Verehrung des Baumes Hom. Diese heilige Pflanze, dem Weinstock ähnlich, mit knotigem Schafte und levkojenähnlicher Blüte war das irdische Symbol für den himmlischen Hombaum auf dem Berge Albordj am Quell Arduisur. Unter religiösen Gebräuchen wurde der Saft der Hompflanze als Opfer genossen und dabei der Genius jenes Lebensbaumes angerufen, dessen Name auch Hom ist.[5] Wurde aber das Opfer zur Abwendung eines Übels dargebracht, so wurde die heilige Pflanze unter Anrufung und Beschwörung der Finsternis in einem Mörser zerstoßen, mit dem Blute eines geschlachteten Wolfes vermischt und an einen den Strahlen der Sonne unzugänglichen Ort geworfen.

Die Blütezeit des zweiten Gesetzes war unter König Dschemschid (Jima des Zendavesta). Er soll dem Ormuzd die rotglänzenden Feuer entzündet haben; ihm war alle Königsherrlichkeit gegeben. Seine Zeit und die folgende seines Geschlechtes war der Schauplatz der altpersischen Nationalsage voll gewaltiger Kämpfe zwischen den Helden von Iran und Turan bis zu den Tagen Zoroasters.[6]

2. Zoroaster

Unter dem König Gustasp nämlich trat Zarathustra oder Zerduscht d. h. Goldstern oder Stern des Glanzes, gewöhnlich Zoroaster genannt, mit dem dritten Gesetz, einer den alten Glauben vollendenden Lehre, auf. Er errichtete durch das ganze Land die Altäre des roten, brennenden Feuers[7], verkündigte seine Lehren, das Wort des Lebens, und nach Durchführung seines Werkes pflanzte er in der Tiefe des kaspischen Meeres eine Zypresse, die lange Jahrhunderte hindurch das Ziel frommer Wallfahrten blieb. Er zog sich auf das Gebirge Elbrus zurück, einsamer Betrachtung hingegeben.

In Zoroasters Lehre entfaltete sich der schon im alten Gesetz vorhandene, aber nur als Naturreligion aufgefaßte Gegensatz von Licht und Finsternis zu einer sittlichen Richtung. Die Kraft des Lichtes wurde dargestellt als die Macht, von der alles Wohltätige, Lebenbringende, Reine und Gute stammt; die Finsternis ist die Ursache des Unheilbringenden, Verderblichen und Bösen. Daraus bildeten sich die Vorstellungen von zwei, sich gegenüberstehenden Reichen mit ihren Beherrschern: Licht und Finsternis, Gutes und Böses, Himmel und Hölle, Ormuzd und Ahriman.

3. Ormuzd; die Amschaspands und Izeds

Von Ewigkeit her war ohne Anfang und Ende Zeruane Akerene, die ungeschaffene Zeit. Aus diesem Urwesen gingen hervor *Ormuzd*, der Fürst des Lichtes, und *Ahriman*, der Herr der Finsternis. Ormuzd (Ahuramazda) der Weltschöpfer, das höchste, heilige, reine Wesen schuf durch das lebendige Schöpfungswort, Honover, zuerst das Lichtreich und die großen, herrlichen Geister, die ihn als ihr Oberhaupt umgeben: die Amschaspands, Izeda und die Ferwers. Der Amschaspands waren sechs: Bahman, der wohlwollende Wächter und Herr der Welt: Ardibehescht, der reine Schutzgeist des Feuers; Schahriver, der Fürst der glänzenden Metalle und unterirdischen Reichtümer; Sapondomad, der weibliche Schutzgeist der Fruchtbarkeit der Erde; Khordad, der Herr der Gewässer und der belebenden Feuchtigkeit; Amerdad, der in den Kräften des Pflanzenreichs waltet, der den Bäumen Wachstum und Erquickung verleiht und den Tod verscheucht. – Die Geister der zweiten Ordnung, die *Izeds*, teils männliche, teils weibliche Wesen, waren die Schützer der Sonne, des Mondes (Mah), der Sterne und der Elemente. Der alte Naturdienst der Winde, des Wassers und der Erde hatte sich neben dem Feuerkultus keineswegs ganz verloren: es wurden jenen Elementen noch immer Opfer gebracht. Auch war natürlich, daß ein Kultus, welcher auf der Macht und Bedeutung des Lichtes ruhte, den Gestirnen als den Quellen des Lichtes seine Verehrung zuwandte, obgleich ein Gestirndienst im Sinne der vorderasiatischen Völker bei den Persern nicht vorhanden war. So waren vier Standsterne am Himmel als Wächter über die von Ahrimans Geistern bewohnten Planetensterne gesetzt. Taschter, der Stern des Ostens (Sirius), Satewis im Westen, Venant im Süden und Haftorang, der Standstern des Nordens (wahrscheinlich der große oder der kleine Bär). Neben diesen Standsternen wurde der Morgenstern, der Lichtbringer (Lucifer) unter dem Namen Guerschasb verehrt.

4. Mithras

Ganz besonders entwickelt war die Ehrfurcht, welche die Licht-Religion der Sonne widmete. Wie sollte nicht der herrliche Sonnenball, von dem Licht und Glanz „wie Regentropfen strahlt", welcher den Überfluß des Segens gibt, ein Gegenstand der heiligsten Gefühle des Feuerdieners geworden sein! Von ihr ging Helligkeit und Reinheit aus, täglich hebt sie sich in immer gleicher Kraft aus dem Frührot über das wechselnde, vergängliche Erdendasein empor. So gründete und entfaltete sich die Verehrung des Mithras als eines Ized der Sonne in ihrer belebenden und fruchtbringenden Licht- und Wärmekraft, d. h. als der Quell des das All durchströmenden Lichtes. Es wird aber noch ein Ized der Sonne erwähnt, Khorschid; wahrscheinlich in Beziehung auf die Sonne als Gestirn. Den Mithras riefen ebenso die Armen und Geringen als ihren Schützer und Wohltäter an, wie es die höchste Ehre des Königs war, das irdische Abbild des Mithras zu sein.[8] Seine Macht bekämpft und verscheucht die Dews, die ohne ihn die Welt zerrütten würden, und so geht sein Wesen in eine sittliche Bedeutung über als Schützer der Wahrheit, der dauernden Treue, als hellschauender Wächter über den Verkehr des Menschenlebens. Auch wurde Mithras als Totenrichter geehrt. Ihm wurde um die Zeit der Winter-Sonnenwende ein Fest gefeiert. Wie nun in der Anschauung des Volkes Licht und Sonne schließlich in eins verschmilzt, so stieg auch die religiöse Empfindung von Mithras immer höher, oder sie erneuerte die Verehrung, welche in der Urzeit, ehe sich der kämpfende Dualismus der Lichtreligion entwickelte, dem Sonnengott Mithras längst gewidmet worden war. Von der Nacht zum Tage, vom Tage zur Nacht wandelt die Sonne; so wurde Mithras der Vermittler zwischen Ormuzd und Ahriman. Er wurde beiden übergeordnet und neben seiner täglich thronenden Hoheit mußte selbst Ormuzd, dessen mehr begriffsmäßiges Wesen allmählich im Volke verblaßte, in den Hintergrund treten. Es läßt sich bei dem Gedanken verweilen, den wir schon andeuteten, daß der alte, fortexistierende Volksglaube den späteren Magismus mit dem Mithrasdienste durchbrochen habe.

Die Alten (Herodot) erwähnen auch eine Göttin Mithra, welche der assyrischen Mylitta gleichbedeutend gewesen sein soll. Es wäre also, was sich auch anderweitig bestätigt, bei den Persern der Gegensatz des Männlichen zum Weiblichen in den vergöttlichten Naturkräften ebenfalls zur Erscheinung gekommen, und man hätte eine männliche und weibliche Seite der Sonnenkraft unterschieden. Allein der Dienst der Göttin Mithra muß ohne weitere Ausbildung geblieben und verschwunden sein. Der vergeistigte Dualismus der Feuer-Religion gab der Entfaltung eines sinnlich geschlechtlichen Dualismus wenig Raum.

5. Die Ferwers

Die dritte Ordnung der von Ormuzd erschaffenen Geisterwesen waren die Ferwers. Unter ihnen dachte sich Zoroasters Lehre die Urbilder der Dinge, die vollkommene Schöpfungsform der Wesen, noch frei von ihrer Existenz in Verbindung mit irdischen Stoffen. Die gesamte irdische Schöpfung ist diesen Grundtypen der Dinge nachgebildet. So hat jedes Wesen seinen Ferwer, gleichsam den geformten Gedanken seines Daseins, der als Lichtwesen bei Ormuzd weilt und auf die Anrufungen frommer Gebete Heil und Wohlfahrt verleiht. Selbst dem Ormuzd wird ein Ferwer zugeschrieben.

6. Das Reich des Ahriman. Der Kampf zwischen Ormuzd und Ahriman

Diesen reinen, guten Lichtwesen gegenüber hatte nun Ahriman böse Geister geschaffen; zunächst die sechs Erzdews, deren Namen nicht feststehen; außer ihnen eine unzählbare Schar von Dews gegen die Izeds und Ferwers. Alles Finstre, Unreine, Bösartige und Lasterhafte ist in ihnen vereinigt; das Lichte und Vollkommene wird durch Ahriman und seine Geister entstellt und verdüstert. Auch in die Schöpfung der sichtbaren Welt geht der Gegensatz und Kampf der beiden Geisterfürsten über. In sechs Zeiträumen vollendete Ormuzd die Welt; daher waren die sechs großen Jahres-Abteilungen, Gahanbars, angeordnet. Zuerst wurde der unbewegliche Himmel und die reine Geisterwelt geschaffen, dann das Feuer, die Urquelle Arduisur und das Wasser, die Winde und Wolken, das Festland und das Meer, die Pflanzenwelt und in ihr zuerst Hom, der Baum aller Bäume am Quell Arduisur, endlich der Urstier Abudab als das erste Geschöpf der Tierwelt. Diesen tötete Ahri-

man, aber aus seiner Seite ging der Urmensch Kajomarts hervor. Auch ihn erschlugen die
Dews, doch entstand aus ihm eine Pflanze und von dieser das erste Menschenpaar, Meschia
und Meschiane. Überall wo Ormuzd Segen, Freude und Gedeihen wirkte, da trug Ahriman
Unheil und Verderben hinein und wurde dadurch der Vater des Häßlichen, Widerwärtigen
und des Übels. Alle kriechenden, im Finstern lebenden, alle schädlichen Tiere, wie Schlange, Scorpion, Wolf und Löwe sind Ahrimans Geschöpfe, während der Stier, das Pferd, der
Hund, der Hahn und der Adler Simurg Tiere des Ormuzd sind. Die Welt wurde vom
Kampfe des Lichtes und der Finsternis, des Guten und des Bösen erfüllt. Ahriman hatte
das erste Menschenpaar zum Abfall von Ormuzd verführt; die Menschen wurden Genossen der Dews. Das Reich des Bösen siegte über das Gute und das Glück. Darum gab
Ormuzd der Welt das Gesetz, zuerst durch Hom, dann durch Zoroaster. Wer dieses Gesetz zu erfüllen strebt, der wohnt in Iran, dem Lichtlande des Ormuzd im Gegensatz zu
Turan, dem Lande der Finsternis und des Verderbens. Am Ende der Zeiten aber geschieht
die Versöhnung des Kampfes, das Böse wird vernichtet, das Gute herrscht vollkommen
und ungetrübt. Über das Ende Ahrimans selbst, ob er sich Ormuzd unterwerfen oder ob er
zerschmettert und vernichtet werden wird, darüber weichen die Ansichten dieser Lehre
voneinander ab.

7. Der Albordj. Die Brücke Chinevat. Das Totengericht

Auch der Kultus der Perser hegt einen heiligen Götterberg. Als sich in der Weltschöp-
fung das Festland von dem Meere schied, da erhoben sich die Berge und unter ihnen der
ragende Gipfel des Albordj. Dies ist der Urberg, von dem aus Sonne, Mond und Sterne
ihren Lauf beginnen und wohin sie zurückkehren. Vom Albordj führt die Brücke Chinevat
hinüber auf das Himmelsgewölbe, wo die goldnen Throne der Amschaspands und die
Wohnung des Ormuzd, Garonemana prangen. Dort ist der Aufenthalt der reinen und
seligen Geister. Die Hölle der Unseligen aber, mit Schrecken und Qual erfüllt, ist in den
Tiefen des Duzakh.

Ihre Toten verbrannten die Perser nicht, auch begruben sie dieselben nicht, sondern
gaben sie dazu bestimmten Hunden oder den Raubvögeln hin. *Dem Lebendigen übergebt die
Toten!* Es wäre eine Verunreinigung des Feuers gewesen, wenn das heilige Element den
Leichnam hätte verzehren sollen. Nur die Überreste wurden begraben. Wer zu arm war, die
bestimmten Hunde zu halten, ließ den Körper seines Toten wenigstens von einem Hunde
oder Vogel anzerren; dann wurde derselbe mit Wachs überzogen (vielleicht auch nur die
Stelle, welche die Spuren der Tiere zeigte) der Erde übergeben.

An der Brücke Chinevad geschah das Totengericht, sie führte vom Gipfel des Albordj
hinüber zu dem Himmelsgewölbe. Bis zur dritten Nacht nach dem Tode verweilte die Seele
bei dem Körper, dann kam sie zu der furchtbaren Brücke, auf die sich eine neuere schöne
Dichtung bezieht:

> Zwischen Zeit und Ewigkeit
> Steht die Scheidungsbrücke,
> Füllend mit dem Schreckensglanz
> Die furchtbare Lücke.
>
> Weißt du wohl, wie scharf und fein
> Ist der Brücke Bogen?
> Wie ein Schwert ist sie gezückt.
> Wie ein Haar gezogen.

Dort stehen die drei Totenrichter, Serusch, Rasnerast und Mithras, die Wächter der
Gedanken, Worte und Taten. Ihnen mußten die Seelen der Abgeschiedenen von dem allen
aus der Lebenszeit Rechenschaft geben. Die Frevler stürzten in Dujakhs Tiefe hinab, wer
aber rein und gerecht erfunden wurde:

Auf der Brücke geht er hin:
Unter seinem Fuße
Steht sie, wie aus Quaderstein
Oder Eisengusse.

Von einem Ized geführt, gingen sie in den Himmel der Seligen ein, in das vollkommene
Lichtreich des Ormuzd, wo sie mit ihrem Ferver vereinigt wurden. –

8. Magier. Heilige Stätten. Bilder

Die Priester der Perser waren aus dem Stamme oder der Kaste der Magier, medischen
Ursprungs. In ihren Händen lag die Erziehung der Thronerben, sie waren Ratgeber der
Könige; Wissenschaft-und Weissagung war in ihrem ausschließlichen Besitze. Die Bewahrung der heiligen Bücher war ihnen übergeben, und so waren sie auch die Diener des
Kultus. Kein Opfer wurde ohne die Gegenwart eines Magiers gebracht, welcher dabei ein
heiliges Lied sang oder betete. Nicht das Opfertier selbst, dessen Fleisch zu beliebigem
Gebrauche nach Hause getragen wurde, sondern sein Leben oder Lebensgeist wurde den
höheren Mächten geweiht; der Anrufung der Gottheit aber und ihrer Lobpreisung wurde
der höchste Wert beigelegt. Die Magier unterhielten ein in steter Abwechslung fortdauerndes Gebet, ein feierliches Lesen aus den heiligen Büchern. Wie in der persischen Religion
das irdische Feuer nur ein Bild ist des himmlischen Urfeuers, so sollte auch das Wort auf
Erden ein steter Nachklang sein des Urwortes Honover. Denn die Welt besteht nur als das
ewig fortgesprochene Schöpfungswort des Ormuzd; sie wird vernichtet, wenn das Wort
schweigt. Darum durfte auch das Gebet der Magier nie schweigen.

Die Caste der Magier war in drei Abteilungen geschieden: die Lehrlinge (Herbeds), die
Meister oder Lehrer (Mobeds), die vollendeten Meister oder Lehrer (Destur-Mobeds). Sie
trugen eine den Stand bezeichnende Kleidung: einen hemdartigen Überwurf mit kurzen
Ärmeln (Sadere), dazu den heiligen Gürtel (Kosti). Vor dem Munde trugen sie eine Art
Vorhang, damit der Hauch das heilige Feuer nicht verunreinige.

Tempel und Altäre für die Gottheit wurden nicht errichtet. Das heilige Feuer durfte auf
der bloßen Erde brennen; gern aber wählte man Anhöhen und erbaute dazu auch heilige
Feuerherde, über welche man ein Dach zog. Solch ein Ort hieß Dadgahs. Übrigens brannte
wie auf den Bergen, so auch in den Häusern das Feuer zum Dienste des Urfeuers und vor
dem König wurde das heilige Feuer hergetragen. Auch Götterbilder haben die Perser nicht
gehabt. Einmal war, wie wir schon andeuteten, das begriffsmäßige Wesen dieser Religion
überhaupt einer verleiblichten Gestaltung der Gottheit nicht förderlich, dann aber waren
das irdische Feuer und wohl auch das Wasser bereits die sichtbaren Symbole für das himmlische Urlicht und Urwasser. Dem Sinne der Perser widerstrebten plastische Göttergestalten ganz und gar. Dies haben sie auf ihren Kriegszügen bewiesen; denn die Statuen des
Belustempels in Babylon und die Tempel- und Götterbilder Griechenlands wurden nicht
bloß aus Habsucht und kriegerischer Wut, sondern vornehmlich aus Religionseifer zerstört.[9] Dennoch fehlten auch in der persischen Religion Symbole, ja sogar bildliche Darstellungen derselben nicht ganz, aber sie sind allegorische Versinnlichungen eines Begriffes
geblieben, ohne für sich selbst der Gegenstand des Kultus zu werden. Schon gewisse Tiere
galten als Repräsentanten bestimmter Geisterwesen, z. B. der Habicht oder Adler für Ormuzd, das Roß oder der Ochse oder das Lamm für einzelne Izeds. Aber man ging weiter
und bildete phantastische Geschöpfe aus Teilen verschiedener Tiergestalten, wozu bisweilen
len auch die Menschengestalt verwendet wurde. So ist der Schlangendrache das Bild Ahrimans, die Greifen das der Dews; aus Teilen des Menschen, des Löwen und des Skorpions
war ein Geschöpf dargestellt, der Martichoras, als Symbol für das Oberhaupt Ahrimani-
scher Tiere; das Einhorn dagegen galt als das Zeichen für die Tierwelt des Ormuzd. Später
wurden aus dem assyrischen Religionswesen her die geflügelten Stiere mit Menschenköpfen bekannt, wie sie sich auch in den Bildnereien von Persepolis finden.

9. Mithrasmysterien; das Stieropfer

Die aus dem Dualismus des Lichtes und der Finsternis stammende Symbolik hat ein mythologisches Rätsel hinterlassen, dessen zweifellose Deutung trotz aller Versuche kaum gelingen wird; es ist das mit der hohen Verehrung, die Mithras nach und nach in der wirklichen Ausübung des Kultus gewonnen hatte, in Verbindung stehende Stieropfer aus den Mithras-Mysterien. Wahrscheinlich reicht die Existenz solcher Mysterien in sehr frühe Zeiten orientalischer Religionsgebräuche zurück. Zoroaster soll eine Mithrashöhle als Bild der Welt mit bedeutsamen symbolischen Zeichen eingerichtet haben; danach soll bei den Persern die Feier dieses geheimnisvollen Dienstes in Grotten üblich geworden sein. Er ging in den römischen Freistaat über, erhielt dort eine tiefere und reichere Ausbildung und fand in den Zeiten, wo die schwindende Kraft des Polytheismus sich mit fremdem Götterdienste aufrecht zu halten suchte, großen Anhang. Wir finden diese My-

Fig. 6

sterien über das ganze römische Kaiserreich verbreitet auch in Tirol und am Rhein finden sich Monumente. Was von diesen späteren Mysterien altpersischen Ursprungs ist, läßt sich nicht bestimmt ermitteln, jedenfalls gehört vieles der späteren Ausbildung an. Vor der Aufnahme in die Mysterien mußte eine große Zahl von Prüfungen bestanden werden; der Grade selbst für die Eingeweihten waren sieben: die Raben, die Geheimen, die Streiter, die Löwen (die Frauen Hyänen), Perses oder die Perser, die Sonnenläufer, die Väter, welcher letzte Grad auch Adler und Habichte genannt wurde. Jeder Grad hatte seine eignen Lehren und Zeremonien; die Weihen wurden in dazu hergestellten Höhlen gefeiert, aus denen die Mithras-Altäre stammen. Diese zahlreich aufgefundenen Monumente stimmen bei mancherlei Abweichungen doch in der Hauptsache überein. In einer Höhle oder Grotte liegt ein niedergeworfener Stier, dessen Schweif sich in ein Büschel Ähren endigt. Auf dem Stier kniet Mithras als schöner Jüngling in persischer Tracht. Er reißt mit der einen Hand den Kopf des Opfer zurück, mit dem andern stößt er ihm den Dolch in die Seite. Hinter ihm sitzt ein Rabe; an den Seiten stehen zwei persisch gekleidete Jünglinge mit gehobener und gesenkter Fackel. Zu dem aus der Wunde strömenden Blute springt ein Hund empor, daneben die Worte Nama Sebesion (heiliger Strom); unten aber kriecht die Schlange und der an dem Stiere nagende Skorpion, beides Ahrimanische Tiere. Oben sehen wir den Sonnengott mit dem Viergespann aufsteigen, auf der andern Seite steigt die Mondgöttin mit zwei Pferden herab. Zwischen diesen stehen drei Bäume.

Die Deutungen dieser Symbole im einzelnen und die ihres Zusammenhanges weichen sehr voneinander ab. Mithras, sagt man, ist das Bild der Sonne; der Stier ist das Sinnbild der Erde, welche vom Strahl der Sonne durchdrungen allen Wesen Nahrung gibt. Die beiden Jünglinge zur Seite (Camillen genannt) sind Tag und Nacht und bezeichnen zugleich, sowie die beiden Gestirne oben Anfang und Ende des Lebens. –Eine andre Meinung sagt, es sei bei dem Stier und dem Skorpion an die beiden Sternbilder zu denken, welche einst in den Äquinoktien standen. In der Frühlingsgleiche wird die Erde vom Strahl der Sonne neu geöffnet und befruchtet, die Herbstgleiche aber nagt an ihrer hinschwindenden Lebenskraft. – Ganz entgegengesetzt ist die Ansicht, daß der opfernde Jüngling gar nicht Mithras, sondern Ahriman sei. Die Sage sei abgebildet, wie Ahriman den Urstier, das erste Geschöpf des Ormuzd, erschlägt, wodurch er freilich nur zur Entwicklung der übrigen Geschöpfe beigetragen habe, denn aus dem Schweif des Stieres wuchsen die Getreideähren, aus seinen Hörnern die Bäume, aus seinem Blute die Traube, aus seiner Seite ging der erste Mensch hervor. Mithras, der Sonnengott oben, und die Mondgöttin sollten die geretteten Kräfte bewahren.

Die letztere Ansicht wird schon an dem Umstande scheitern, daß der Jüngling mit der gehobenen Fackel dem Opfernden leuchtet. Würde es sich mit persischem Glauben vertragen, das Licht so dem Ahriman dienen zu lassen? Auch drängt die Deutung überhaupt nicht auf Spezielles und Einzelnes hin. Der wahre Sinn dieser allegorischen Zeichen muß etwas von dem in sich getragen haben, weshalb der Beifall und Zulauf zu den Mithras-Mysterien ein so großer war, es muß etwas in menschlicher Allgemeinheit Bedeutsames gewesen sein. Daß dieses allgemein Befriedigende sich in seltsame Symbole verhüllte und immer etwas Geheimnisvolles an sich behielt, konnte seinen Reiz nur noch erhöhen. Wollen wir uns in solcher Weise den Sinn vergegenwärtigen, so tritt uns zunächst der altpersische Gegensatz von Licht und Finsternis entgegen. Oben ist der Gipfel des Albordj, die Stätte des heiligen Baumes, der Ort, woher die Gestirne kommen und wohin sie zurückkehren, der Sitz des Lichtes und der Reinheit. Unten in der Höhle ist der Wechsel von Licht und Finsternis, von Tag und Nacht, der Schauplatz des Kampfes zwischen Ormuzd und Ahriman, wo die segenbringende Tat des Mithras den heiligen Strom, den Quell alles Lebens, die alles nährende Erde eröffnet und so ein Vorbild eines höheren. sittlichen Kampfes zwischen Gutem und Bösem wird. Das Übrige im einzelnen Dunkle und Ungewisse wird in diesen allgemeinen, echt persischen Gegensätzen seine Bedeutung gefunden und das Ganze zu einem Bilde der Welt vervollständigt haben, was nach dem Willen des Stifters die Mithrashöhlen darstellen sollten. Von hohem Interesse ist es, daß gerade diese aus dem bildlosen Kultus Persiens stammenden Symbole zugleich mit dem zum Siege sich herausringenden Christentume um den Gewinn der Gemüter eiferten, auch bis zu dem Strom und den Bergen unsrer Heimat hin. In den großen Städten des Reiches haben sich die Mithrashöhlen wohl erst im 5. Jahrhundert verloren.

III. Das Religionswesen der Babylonier und Assyrer

Die religiösen Vorstellungen der Völkerstämme, welche vor der persischen Eroberung die Stromgebiete des Euphrat und Tigris bewohnt haben, sind, soweit wir es überschauen, ein Gemisch von Sternenverehrung, Naturkultus und Bilderdienst gewesen. Es ist, als ob die Keime, welche sich in den umwohnenden Religionen bis zum vollen Ausblühen entfalteten, hier in früher Erstarrung zusammen getreten wären und so fortgedauert hätten. Das religiöse Sichversenken des Inders in das Naturleben, das gläubige, reinigende Schauen des Persers in die Lichtwelt über uns, das starke Symbolisieren der Ägypter, die künstlerische Vergeistigung des hellenistischen Bilderdienstes – von allem ist in Chaldäa etwas vorhanden, wie die Anfänge sich schnell verlierender Pfade. Zu einem vollen Bilde reicht die geschichtliche Kunde nicht aus, und es läßt sich nicht erkennen, ob bezwingende Einwanderungen oder der üppige Reichtum der Großstädte oder List und Macht des Priestertumes die sich entwickelnden Anfänge zurückgedrängt und niedergehalten haben. Was dann hier als Religion auftrat, scheint mehr eine religiöse Formulierung des Verkehrs zwischen den Oberen und den Menschen, mehr eine Häufung abergläubischer Gewohnheiten als ein in sich starker Götterdienst gewesen zu sein. Seinen Wesen entgeht die Kraft, welche sich in der ägyptischen Religion gewaltig ausgeprägt hat. Dort wie hier war das Innere des Priesterlebens wahrscheinlich mehr wissenschaftlich als religiös bewegt, während dem Volksleben dort die Symbole der Tierwelt, hier astrologisches Sterneschauen als religiöser Dienst dargeboten waren.

1. Anfänge der Astrologie

Von frühester Zeit her war das Stromland des Euphrat und Tigris nicht bloß die Stätte eines bedeutenden Hirtenlebens, sondern auch häufiger Durchwanderungen und stärkerer Durchzüge.[10] Uralt ist hier der Fremdenverkehr; er ist ein Glied in der Kette der Lebensgewohnheiten geworden, auch dann als die Landesbewohner, die Fruchtbarkeit der Vegetation gewahr werdend, zum Ackerbau vorschritten. So steigerten sich die Wanderpfade in Verbindung mit der entstehenden Staatenkultur zu dem großartigen Verkehr, dessen Mittelpunkt Babylon wurde.

Das glänzende Farbenmeer eines Sonnenunterganges am wolkenlosen Himmel Chaldäas ist verblichen. Das Auge des Menschen wird von dem Glanze überwältigt; der Sinn löst sich aus der engen Notwendigkeit des Tageslaufes und versenkt sich in die erhabene Verklärung, welche Himmel und Erde durchschimmert. Wenn nun die Sterne in unbeschreiblicher Pracht über der dunkel-stillen Ebene glühten und in Zahl sich aus der nächtlichen Tiefe vordrängten, dann füllte sich die Seele des Hirten, oder auch des ruhenden Wanderers, ja auch des seßhaften Ackerbauern mit einer tiefen Empfindung für die Gestirne. Die Regelmäßigkeit des Erscheinens, die feste Wiederkehr ihrer Stellungen untereinander, wohl auch der Wechsel des Ortes bei einigen Sternen wurde bald bemerkt und beobachtet. Beziehungen des verlebten Tages oder Erwartungen des folgenden knüpften sich in der Seele jener einfachen Menschen so natürlich an dieses nächtliche Schauen, und der Zufall mit seiner willigen Dienerin, der Einbildungskraft, half die Sterne und die Ereignisse des Lebens untereinander verknüpfen. Wechselfälle der Reise, glückliche oder widri-

ge Begegnungen, plötzlicher Verlust oder Gewinn in der Herde, die fröhlichen oder traurigen Ereignisse in der Familie, wie dies alles die Gemüter beschäftigte, schienen mit den
Annäherungen und Stellungen der Sterne, mit ihrem besonderen Leuchten verknüpft zu
sein. Ein langes Leben brachte eine Summe von Beobachtungen, unter ihnen wohl auch
Wiederholungen ähnlicher Fälle zusammen, die sich dann zu Grundzügen tiefer Überzeugungen bildeten und in der Überlieferung vom Vater auf den Sohn bewahrt und lebendig
blieben.

Auf solche Weise verdeutlichen wir uns die Entstehung des astrologischen Treibens. In
Chaldäa müssen die Bedingungen dafür besonders günstig und förderlich gewesen sein,
denn diese Stromgebiete waren, wenn auch nicht das Vaterland, doch gewiß eine der ältesten Heimatstätten der Sternkunde.[11] Hier wurden diese Erkenntnisse zu einem Religionswesen, welches den Stand und das Fortrücken der Sterne mit dem Erdenleben verflocht. In
diesen Ebenen trat der Glaube auf, daß die Sterne dafür da seien, Anzeiger für die Geschik-
ke des Menschenlebens zu sein, daß sie mit ihrem Laufe und Stande Glück oder Unglück in
das Dasein bringen.

2. Astrologische Mächte

Die astrologische Rangordnung der Gestirne schied dieselben nach der ihnen beigelegten Kraft und Bedeutung in die drei Kreise: die fünf Planeten oder Dolmetscher – die
dreißig beratenden Götter – und die zwölf Herren der Götter.

Hauptsächlich wurde die Bewegung der fünf damals bekannten Planetensterne beobachtet und verehrt. Jupiter, von Jesaias (65, 11) das Glück – Gad – genannt, wurde als ein
wohltätiger Stern angesehen; neben ihm galt Venus, an derselben Stelle als Bestimmung –
Meni – bezeichnet, auch in wohlwollender Bedeutung. Saturn dagegen, Elos oder auch
Kiwan (Kijun bei Amos 5, 26) genannt, wurde als das große Mißgeschick und Mars, Nergal
oder Nerig, als das kleine Mißgeschick gefürchtet. Zwischen diesen wohltätigen und verderblichen Mächten stand Merkur, Nebo, von dessen Eigenheit und Wesen etwas Deutli-
ches nicht bekannt ist. Sein Name wird auf Weissagung gedeutet; wahrscheinlich hielt man
ihn für ein Wesen, welches mit gleich ruhiger Teilnahme das Gute wie das Böse in den
Ereignissen des Himmels und der Erde merke und melde. Jedenfalls muß Nebo ein hervor-
ragendes Ansehen genossen haben, da wir ihn unmittelbar neben Bel gestellt finden. „Es
sinket Bel, stürzet Nebo" ruft Jesaias (46, 1). Diese fünf Genien der Sterne hießen Dolmetscher. Denn während die andern Gestirne unbeweglich sind und ihren regelmäßigen Umlauf haben, nehmen sie allein ihren besondern Gang und zeigen dadurch das Zukünftige an,
als ob sie den Menschen die Gedanken der Götter verkündigten. Einiges zeigen sie durch
ihren Aufgang, andres durch ihren Untergang, andres durch ihre Farbe denen an, die genau
darauf achten.

Diesen Sternengenien waren dreißig andere Gestirne untergeordnet, beratende Götter
genannt. Die eine Hälfte derselben führt die Aufsicht über die Vorgänge auf der Erde, die
andere Hälfte wacht über die Gegenden unter der Erde. Alle zehn Tage wird einer derselben als Bote der Gestirne von den Unteren zu den Oberen und ebenso von den Oberen zu
den Unteren gesendet.

Außerdem galten als Herren der Götter zwölf Gestirne, deren jedem sie einen Monat
und eines von den Bildern des Tierkreises zueigneten. Dies ist also der Tierkreis selbst.[12]
Südlich und nördlich vom Tierkreise waren 24 Gestirne bestimmt. Die sichtbaren derselben waren für die Lebenden da; die nicht sichtbaren, denen man die Bezeichnung „Richter
des Weltganzen" gab, wurden von den Abgeschiedenen geschaut. –

Diese Angaben, welche Diodor mehrere Jahrhunderte nach dem Untergang der babylonischen Nationalität gesammelt hat, werden allerdings von der Anschauungsweise einer
späteren Zeit nicht frei sein, aber soviel bleibt doch auch für ältere Zeiten gewiß, daß der
Astrologie eine Fülle bedeutsamer Momente zu Gebote stand. Der Himmelsraum war in
Chaldäa in bestimmte Felder und Gebiete eingeteilt. Wo und wann nun die Planetenster-

ne in diese Abgrenzungen eintraten, wie sie leuchteten – das wurde geschaut und geachtet. In dieser Überfülle der Auslegungsmomente mußte das Kindlich-Naive, welches den astrologischen Anfängen eigen war, gar bald ausarten. Es entstand das widerwärtige Gewebe von Aberglauben und Pfiffigkeit, von Lug und Trug, von gedankenlosem Formalismus, welches die Astrologie und Magie mit ihren Meistern, den Chaldäern und Magiern, im späteren römischen Weltreiche zwar allgemein gesucht und doch so gering geachtet machte.

3. Bel. Belusturm

Es ist nicht unwahrscheinlich, daß die Planetengötter in Babylon heilige Lokale ihrer Verehrung hatten: ihre heiligen und angebeteten Götterbilder waren vorhanden. Es scheint aber, daß sie wesentlich mehr in der Furcht des Gemütes vor ihrem Einfluß, so wie durch Beschwörungen und Bannsprüchen, als durch eigentliche Kulthandlungen verehrt worden sind.

Der Kultus dieses Volkes war hauptsächlich dem Bel und der Mylitta gewidmet, unstreitig den Gottheiten der Sonne und des Mondes. Es war bei einem den Himmelskörpern zugewandten Gottesdienste natürlich und unausbleiblich, daß die großen Gestirne noch jenes andere Prinzip so vieler Götterbildungen – der Naturdienst des in der Sinneswelt wirkenden Gegensatzes des Männlichen und des Weiblichen. In keinem Götterdienste tritt diese Verbindung des Sternenkultus mit dem Naturdienst so stark in den Vordergrund wie in der Religion der vorderasiatischen Völker vom Euphrat bis zum Gestade des Mittelmeeres. Jener Chaldäer, welcher dem Pythagoras seines Volkes Vorstellungen mitteilte, bezeichnet diesen Gegensatz sehr zutreffend: „Zwei sind vom Anbeginn die Prinzipien aller Dinge, ein väterliches und ein mütterliches. Jenes ist licht, dieses aber dunkel. Teile des Lichtes sind das Warme, Trockne, Leichte, Geschwinde, der Dunkelheit aber gehört das Kalte, Feuchte, Schwere, Träge." Sobald nun dieser Gegensatz aufgefaßt und in den Kreis des Religiösen gezogen war, verband er sich leicht mit der Verehrung der Sonne als des lichten, väterlichen – des Mondes als des dunklen, feuchten, mütterlichen Prinzips.

So wurde Bel, der Sonnengott, der Herr über Götter und Menschen, bei den Assyrern und Babyloniern die höchste Gottheit; deshalb nennen ihn auch die Griechen Zeus Belus. Anfänglich wurde er ohne Bild verehrt, wie überhaupt in älteren Zeiten höchstens Symbole der Götterverehrung, Steine (sogenannte Bätylien) vorhanden gewesen sind. Allmählich gewann die bildliche Verehrung des Gottes Eingang, und das Volk scheint derselben später in einem sehr knechtischen Bilderdienste ergeben gewesen zu sein. Diese Bilder ließ man aus Gold oder Silber anfertigen, auch wohl für die Ärmeren aus Ton, welchem ein metallähnlicher Überzug gegeben wurde. Die Gestalt war, wie unsere Darstellung es zeigt, die eines kräftigen Mannes auf einem Throne sitzend, mit dem Ringe der Ewigkeit in der Hand. Zu seinen Füßen ein Schemel, und dem Leib sind Strahlen, die sich in Kügelchen endigen. Über ihm steht ein sechseckiger Stern. Weltberühmt war der Tempel dieses Gottes in Babylon, der Belusturm. Umgeben von einem Viereck, dessen Seite 1200 Fuß lang war, erhob sich das Gebäude – acht abgestufte

Fig. 7

Türme übereinander, der unterste ein Viereck von 600 Fuß Seite – zu einer Höhe von gleichfalls 600 Fuß.[13] Eine äußere Wendeltreppe führte von Turm zu Turm; auf der Mitte der Höhe luden Ruhebänke den ermüdeten Besteiger zu einer kurzen Erholung ein, zugleich eine köstliche Rundschau über die viel belebte Stadt. Der oberste Turm war der eigentliche Tempel, worin sich das prächtige Lagerpolster des Gottes befand; davor ein goldener Tisch, aber kein Bild. Hier übernachtete niemand außer der babylonischen Frau, die sich, wie die Priester sagten, der Gott auserwählt hatte. Wahrscheinlich diente diese

Höhe des Tempels auch zu astronomischen Beobachtungen. In einem tieferen Heiligtume des Gebäudes befand sich die goldene Statue des Bel auf goldenem Throne, vor welchem ein großer Tisch von Gold stand. Achthundert Talente Gold sollen dazu verwendet worden sein.

4. Götterbilder des Belusturmes

Nun berichtet Herodot weiter, daß ihm die Chaldäer von einer andern goldenen Bildsäule, zwölf Ellen groß, erzählt hätten, sie habe auch auf dieser heiligen Stätte gestanden. Er fügte ausdrücklich hinzu, daß er sie nicht gesehen habe. Xerxes hatte sie wahrscheinlich, als er nach seiner Rückkehr aus Griechenland die babylonischen Heiligtümer plünderte, geraubt und den Priester, welcher dies verhindern wollte, getötet. Das Vorhandensein noch andrer durch Größe, Reichtum und Bedeutung hervorragender Götterbilder im Belustempel wird durch diese Nachricht sehr zweifelhaft. Herodot hätte sie entweder gesehen oder doch die ihm gewiß nicht vorenthaltenen Berichte davon erwähnt. Aber es sollen, nach Diodor, auf der Zinne des Tempels noch drei mächtige Götterbilder und vor ihnen ein goldener Tisch, 40 Fuß lang, 15 Fuß breit, zwei Pokale, zwei Rauchfässer, drei Schalen, alles von Gold, gestanden haben. Sie werden in griechischer Auffassung als Zeus, Rhea und Here bezeichnet. Mit dem ersten war ohne Zweifel Bel selbst gemeint; er war stehend mit ausgespreizten Beinen oder schreitend gebildet. Eine von Layard zu Ninive aufgefundene Abbildung eines Festzuges mit Götterbildern enthält die hier wiedergegebene Figur, welche wir für einen schreitenden Bel halten dürfen. Zum Teil entspricht sie auch der Beschreibung im Briefe des Jeremias (Baruch 6, 13): *„Er führt ein Zepter wie ein Mann, der Beherrscher des Landes ist; – er hat ein Schwert in der Rechten und ein Beil."* Was die Figur in ihrer Linken hält, ist nun allerdings kein Zepter, es müßte denn ein dreifaches sein sollen, aber mit Layard an einen Donnerkeil zu denken, erscheint aus der Ferne herbeigezwungen. Jedenfalls sind die nach oben und unten gerichteten drei Teile des uns rätselhaften Gegenstandes von wesentlicher Bedeutung.

Fig. 8

Das zweite jener Götterbilder, welches Here genannt wird, war gleichfalls stehend dargestellt, in der Rechten eine Schlange am Kopf haltend, in der Linken ein mit Edelsteinen besetztes Zepter. Über sein Wesen und Bedeutung ist nichts bekannt; höchstens lassen sich aus dem beigelegten Namen einige Folgerungen machen, von woher auch Münter dieses Götterwesen, analog dem Mithras und Mithra bei den Persern, für die weibliche Seite des Bel, die weibliche Sonnen-Inkarnation erklärt hat. Daß das babylonische Religionswesen eine solche Göttn gehegt habe, läßt sich aber nicht erweisen und ohne einige Verwirrungen mit dem Kreise der Mylitta überhaupt nicht annehmen. Soll einmal nach Vermutungen umhergetastet werden, so wird es einfach und naheliegend sein, das zweite jener Bilder für die Königin und Göttin Semiramis zu nehmen.

5. Mylitta

Die dritte Statue, als Rhea bezeichnet, war ohne Bedenken die babylonische Naturgöttin, die Mondgöttin Mylitta. Sie war sitzend d. h. thronend gebildet, auf ihren Knien ruhten zwei Löwen, neben ihr lagen zwei große silberne Schlangen. Unsere Abbildung der Göttin ist aus der aufgefundenen Darstellung einer Opferhandlung entnommen. Die Füße der

thronenden Gestalt ruhen auf einem Löwen; an der Seite des Thrones sind zwei kreuzweise springende Hunde sichtbar, höher zur Seite steht der Halbmond. Ob die um Kopf und Schultern hervorragenden Gegenstände Werkzeuge des Schmucks oder der Drohung, vielleicht auch des Opferdienstes sind, können wir nicht entscheiden. Einen ähnlichen Gegenstand hält die Göttin in der Hand, und diesen kann man für einen Stab (Zepter) mit einem oben angebrachten Apfel halten. Solche Stäbe waren in Babylonien allgemein in Gebrauch. Die Kopfbedeckung, unter welcher das Haar reich herabwallt, weicht von der assyrischen Tracht etwas ab. Man fühlt sich durch die Querstäbchen unwillkürlich an das ägyptische Sistrum erinnert

Fig. 9

und zu dem Gedanken hingeleitet, ob damit nicht eine Hervorbringung von Klang und Ton verbunden sein konnte, wobei auch die nebengesteckten Werkzeuge sich als verwendbar denken ließen. Vielleicht eine Art Orakel und Götterbefragung.

Die babylonische Mylitta scheint eine der üppigsten Kultusgestaltungen jener Lebensgöttin gewesen zu sein, welche als Herrin der Freude, als Schützerin der zeugenden Kräfte den vorder-asiatischen Götterdiensten, ja im Grunde allen antiken Kulten eigen war. Auch Mylitta hatte einen Tempel in Babylon, welcher der älteste in Asien gewesen sein soll. Er war von einer Mauer und einem heiligen Haine umgeben, in welchem wahrscheinlich jene unzüchtige Opfersitte geübt wurde, nach welcher jede babylonische Frau einmal in ihrem Leben einem Fremden, der sie im Namen der Göttin Mylitta aufforderte und ihr dabei ein Geldstück in den Schoß warf, sich hinzugeben verpflichtet war. Der Wahn von der Macht und dem Dienste der Göttin mußte die babylonische Frauenwelt mit tiefer und schreckender Wirkung erfüllt haben, um eine Gewohnheit möglich zu machen, welche schon Herodot das Häßlichste bei den Babyloniern nennt. Auch der Brief des Jeremias (Baruch 6, 42) erzählt davon. War das Widerstreben des Gefühls gegen diesen Gebrauch einmal überwunden, so trug er gewiß nicht wenig zu der Entartung des Frauencharakers bei, über welche uns Curtius Unglaubliches berichtet. Was allerdings noch heute im Orient von üppigen Tänzerinnen in dem Tanze des „Bienensuchens"geleistet wird, das war zu Babylon ehrbaren Frauen unanstößige Sitte am Schlusse bacchantischer Gastmahle.

Der Name dieser Natur- und Lebensgöttin war auch Baalt, die Herrin; bei den Griechen Beeltis. In den kosmogonischen Sagen heißt sie auch Omorka, Homorka, auch Markaja. Jener erinnert in seiner chaldäischen Übertragung, Thalath, dem griechischen Sprachlaut nach an das Meer, dem ja auch Venus entstieg; dem Sinne nach bedeutet es den Mond. So werden wir in dieser Naturgöttin, welche in Babylonien auch noch Salambo, in Syrien und Phönizien Astara und Astarte, in Armenien Anahid genannt worden ist, auf die Keime von Vorstellungen geführt, aus denen der griechische Volksgeist die Mythen von Venus und Diana bildete.

6. Die Götterbilder. Aufzüge

Wir haben die zusammenhängende Betrachtung der babylonischen Gottheiten, mit welchen uns die Nachrichten von den Götterbildern des Belustempels bekannt machten, nicht unterbrechen mögen und fügen nun hier die bereits oben angedeuteten Zweifel hinzu ob die drei Statuen auf der Zinne des Tempels (Zeus, Juno, Rhea) dort wirklich jemals vorhanden gewesen sind. *Vor* Herodot und zu seiner Zeit gewiß nicht; *nach* ihm schwerlich. Wer hätte da die Herstellung von Götterbildern von so unermeßlichem Goldwerte unternehmen sollen? Es wäre nur denkbar, daß es einer der späteren persischen König getan hätte, welche zur Idololatrie sich neigend Zoroasters bildlose Lichtreligion durch Einführung von Götterbildern entstellten, wie Artaxerxes II. getan haben soll. Trotz dieses Zweifels und obgleich für die zweite Göttin, welche der Juno entsprechen soll, nur schwankende Vermutungen möglich sind, dürfen wir an dem Vorhandensein dieser zweiten weiblichen Göttergestalt nicht zweifeln. Bilder dieser Gottheit wurden neben die beiden Hauptgötter gestellt und so verehrt. In der großen Halle des Südwestpalastes zu Ninive hat Layard die Darstellung einer Götter-Prozession aufgefunden, aus welcher wir die Illustration Nr. 8 entnommen haben. Unstreitig war dies das schreitende Götterbild des Bel. Wir erhalten dadurch zugleich eine Vorstellung von dem Tragen der Götterbilder bei den Festen, wie es die Propheten Israels geschaut haben. „Sie heben den Gott, auf den Schultern tragen sie ihn und stellen ihn auf seinen Platz, daß er stehe", spricht Jesaias; und Jeremias sagt: „Nun aber werdet ihr zu Babel sehen silberne und goldene und hölzerne Götter, welche auf den Schultern getragen werden." Solch einen Zug zeigt uns die Abbildung in der Halle. Hier finden wir auf der ersten und zweiten Stelle die Figuren zweier weiblicher Gottheiten, und da dieselben auf den ersten Blick dieselbe Heimat und Herkunft wie der schreitende Bel haben, so sehen wir, daß in Babylonien und gewiß auch in Assyrien zwei Göttinnen verehrt worden sind, wenn wir auch nur von einer derselben einiges mehr als den Namen kennen.

7. Feste

Werfen wir einen Blick auf die Feste der Babylonier, so werden wir sie dem üppigen Leben dieses Volkes entsprechend finden. Die stolze Pracht, welche Babylon so gern entfaltete, zeigte sich bei den Festen in den reichen Aufzügen und der Kleiderpracht der Götterbilder. Bei dem großen Feste des Bel wurden auf dem großen Altare seines Tempels über 50 000 Pfund Weihrauch verbrannt — ein großartiges Urbild der auch in der heidnischen Vorzeit unseres Vaterlandes in den Tagen der höchsten Sonnenkraft auflodernden „Johannisfeuer". In die Frühlings-Tag- und Nachtgleiche, welche in einigen asiatischen Ländern der Jahresanfang war, fiel ein Fest, welches besonders zu Hierapolis mit großem Glanz gefeiert wurde und das Fest des Scheiterhaufens oder der Lampe hieß. Ein andres Fest war dasjenige, an welchem Nabonetus (Belsazar) das schwelgerische Mahl in seiner Königsburg hielt (Daniel 5), während die Perser in Babylon eindrangen. Ähnlich den römischen Saturnalien wird noch ein Fest erwähnt, wo sich die gesellschaftliche Ordnung umkehrte. Da genossen die Sklaven die Freiheit der Herren, und diese dienten den Sklaven, deren einer als König der Festlust, Zoganes genannt, den Vorsitz hatte.

8. Orakel

Wahrscheinlich mit dem Kultus der höchsten Götter verbunden wurde bei den Babyloniern die Befragung der Orakel geübt. Nicht bloß die Hausgötter, Teraphim, und die Eingeweide der Opfertiere wurden häufig befragt; es wurde auch, besonders bei mehreren gleichzeitigen, schwierigen Unternehmen dem Pfeil-Orakel die Entscheidung überlassen. „Es hält der König von Babel am Kreuzwege an der Scheide der beiden Wege, um sich wahrsagen zu lassen; er schüttelt die Pfeile usw.; in seine Rechte fällt das Los: Jerusalem usw.", erzählt der Prophet Hesekiel. Dieses Orakel scheint als von dem bei den Arabern üblichen verschieden gewesen zu sein. Dort wurden drei Pfeile mit bestimmter Bezeichnung der Zustimmung, der Verweigerung und der Unentschiedenheit gebraucht, hier waren die Pfeile mit den Namen der Städte und Völker, gegen die man ziehen wollte, bezeichnet. Sie wurden in einem Köcher geschüttelt, und der zuerst herausspringende gab die Entscheidung. Vielleicht wurde ein solcher Pfeil dann der Gottheit geweiht oder als ein Heiligtum angesehen; man findet unter den Abbildungen dieser Altertümer einen Altar mit einer darauf liegenden Pfeilspitze. Besonders interessant wird dieses Orakel, wenn man sich von ihm aus die Figur erklärt, welche, wie Layard berichtet, auf den Bilderwerken von Niniveh häufig über dem Kopfe des Königs abgebildet ist. Eine geflügelte Gestalt innerhalb eines Kreises oder Ringes schießt einen Pfeil ab oder hat ihn eben abgeschossen. Layard nennt sie einfach ein Sinnbild der höchsten Gottheit, wir glauben, daß sie eine Beziehung auf das Pfeilorakel hat. Durch dieses Orakel geleitet, hat der König die Unternehmung begonnen, sie ist so durch den Willen der Gottheit geheiligt. Darum schwebt das Sinnbild der Gottheit mit dem Pfeile über dem Haupte des Königs, um ihn und sein Werk zu schützen und zu fördern.

9. Verehrung der Elemente. Andere Gottheiten

Auf jene hohen Götter aus dem Sternenkreise und dem Naturleben hat sich der Religionsdienst der Babylonier und Assyrer nicht beschränkt; sie haben noch weitere Götter verehrt. Daß die Elemente dazugehört haben, ist gewiß. In älterer Zeit mag ihre Verehrung bildlos gewesen sein; später scheint sie in Götterbildern dargestellt worden zu sein. Auch in Niniveh haben die Gestalten so oft in der einen Hand den Fichtenzapfen, in der andern ein viereckiges, korbähnliches Gefäß. Diese beiden Dinge sollen nach der Meinnung des berühmten Entdeckers eine Beziehung auf Feuer und Wasser haben; der Fichtenzapfen wegen seiner entzündlichen, flammennährenden Natur, dieses als Wassergefäß. Gewiß sind jene Gestalten in der Verrichtung eines Opfers oder irgendeiner Kulthandlung dargestellt, und wenn auch die angeregte Deutung gewagt erscheint, so zeigen doch viele Darstellungen von Kulthandlungen an Feuer-Altären, daß der Dienst des Feuers auch am Tigris und Euphrat alte religiöse Sitte war, die später mit dem Eindringen persischer Herrschaft erweiterte Pflege erhalten haben mag.

Wir finden an einem der älteren Ruinenteile von Niniveh ein Götterbild aus dem Oberleibe eines Mannes und einem Fischschwanze gestaltet. Es ist damit bestätigt, daß die Verehrung eines Fischgottes eine ihrer Heimatstätten in Assyrien und Syrien hatte. In dem Marnas-Dagon der Philistäer begegnet uns dieselbe Götterfigur; die Derketo von Ascalon war eine gleiche Bildung, nur weiblich gedacht, und auch in die griechische Mythologie ist in den Bildungen der Tritonen die wunderliche Zusammensetzung von Mensch und Fisch eingedrungen. Nisroch, der Gott in dessen Tempel zu Niniveh König Sanherib von zwei Söhnen erschlagen wurde, ist wahrscheinlich ein Adler-Gott gewesen. Nisr ist in den semitischen Sprachen die Bezeichnung des Adlers. In den Ruinen vor Nimrud (Niniveh) fand sich

Fig. 10

eine männliche Figur mit dem Kopfe eines Adlers. Sie ist mit schön umrandeter Tunika und Stola bekleidet; den Schultern entspringen Flügel. Nach der Vermutung Layards hat dies Bild den Nisroch dargestellt. Weitere Kenntnis über ihn ist auf uns nicht gekommen.

Alle diese Gestaltungen, in denen sich Tierisches und Menschliches vereinigt findet, sind Versuche jener Zeiten, welche nicht den Begriff und das Wort, sondern das Bild suchten, um die erhabenen Eigenschaften des Göttlichen darzustellen. Nirgends erscheint dieser Versuch vollendeter gelungen als in den menschenköpfigen, geflügelten Stieren und Löwen, welche Layards Sorgfalt und Mühe aus mehrtausendjähriger Verschüttung aufgegraben hat. Dieser Schmuck der alten assyrischen Königspaläste, dann jahrhundertelang unter dem Boden verschüttet, über welchen die Perser unter Cyrus, die Griechen unter Xenophon, die Makedonier unter Alexander, die Legionen Trajans und die Eroberungszüge der Araber hingeschritten sind, ist jetzt im britischen Museum zu London aufgestellt und erregt dort wie auch in den Nachbildungen des Glaspalastes zu Sydenham die Bewunderung der Beschauer. Schon in dem leichten Umriß einer Zeichnung vermögen wir zu empfinden, wie lebensvoll hier die Idee der höchsten Weisheit, Kraft und Schnelligkeit vereinigt ist. Wir ahnen die Gefühle, von denen Layard ergriffen wurde, als er diese Denkmäler der Vorzeit fand. „Stundenlang betrachtete ich diese geheimisvollen Sinnbilder und dachte über ihre Bedeutung und Geschichte nach. Welche edleren Formen hätte wohl das Volk in den Tempel seiner Götter einführen können? Welche erhabeneren Bilder hätten

Fig. 11

der Natur entlehnt werden können von Leuten, welche ohne Hilfe der geoffenbarten Religion ihre Begriffe von Weisheit und Allgegenwart eines höchsten Wesens zu verkörpern suchten? Für Verstand und Kenntnis konnten sie kein besseres Musterbild finden als den Kopf des Menschen, für Kraft den Körper des Löwen, für die Allgegenwart die Schwingen des Vogels. – Vor diesen wunderbaren Gestalten standen Ezechiel, Jonas und andere Propheten; möglicherweise hat sie auch der Patriarch Abraham betrachtet." An den Eingängen der heiligen Räume und Gemächer in den Tempel-Palästen aufgestellt, sollten sie die Eintretenden mit Ehrfurcht für das Herannahen zur Gottheit vorbereiten und den Gedanken zurufen: „Du nahst dem Wissenden, Mächtigen, Schnell-Gewaltigen!" So waren diese Gestalten in ihrem Ursprunge gewiß nur Sinnbilder und nicht Götterbilder, aber sie werden gar bald dafür gehalten und göttlich verehrt worden sein. Es finden sich Darstellungen, wo einem geflügelten Stiere eine Blume in der Weise einer Opfergabe dargereicht wird.

10. Kosmogonische Sagen

Die in den Königsnamen enthaltenen uns bekannten Götternamen, z. B. Nebukadnezar, Belsazar u. a. führen zu der Annahme, daß auch in andern Königsnamen noch weitere Götternamen überliefert sind, z. B. in Essarhaddon oder Assarhaddon, Adra-Melech und

Ana-Melech, Evil-Merodach; der Letzte wird von Jeremias ausdrücklich genannt (50, 2). Wir wissen nichts von ihnen und können nicht entscheiden, ob in diesen Namen nicht vielmehr Überreste von Heroensagen enthalten sind. Daß die Unterwürfigkeit unter grosse und gewaltige Herrscher allmählig in eine göttliche Verehrung übergegangen sei, zeigt sich überall in den Mythologien und wird ausdrücklich bestätigt: möglich also, daß ein Teil ihrer Götternamen und Bilder, vielleicht der Dienst des Bel selbst, einen solchen Ursprung hatte. Einiges aus den Sagen dieser Völker ist auf uns gekommen. Wir lassen der Erwähnung der nationalen Sage die kosmogonische voraufgehen.

Es war eine Zeit, in welcher alles Finsternis und Wasser war. In der Finsternis und dem Wasser wurden wunderbare und außerordentlich gestaltete Tiere erzeugt, Menschen mit zwei, einige mit vier Flügeln und doppeltem Angesicht. Sie hatten nur einen Körper, aber zwei Köpfe, einen männlichen und einen weiblichen, und waren zugleich Mann und Weib. Andre Menschen hatten Bockschenkel und Hörner, andre waren Pferdefüßler und hatten die hinteren Teile vom Pferde, die vorderen vom Menschen, wie die Gestalt der Hippokentauren. Da wurden auch Stiere erzeugt mit Menschenköpfen, Hunde mit vier Leibern und Fischschwänzen, Menschen und andre Gestalten mit Pferdekörpern und Köpfen und Fischschwänzen. Auch andre lebende Wesen in der Gestalt der verschiedensten wilden Tiere, desgleichen Fische, Gewürm, Schlangen und viele andere wunderbare Tiere mit den verschiedensten Gestalten, deren Bilder alle im Tempel des Belus aufbewahrt werden.[14] Die Herrin aller dieser Tiere war ein Weib, Omorka (auch Markaja, chaldäisch Thalath, Mond). So war das Ganze beschaffen, als Bel hinzukam. Er habe die Finsternis mitten durchgeschnitten, Himmel und Erde voneinander geschieden und die Welt geordnet. Die Tiere, welche die Kraft des Lichtes nicht hätten ertragen können, seien umgekommen. Als Bel nun das Land wüst, jedoch fruchtbar gesehen, habe er einem der Götter geboten, seinen eignen Kopf abzuschneiden, Erde mit dem herausströmenden Blute zu vermischen und daraus sowohl Menschen als Tiere, welche die Luft ertragen könnten, zu bilden. Bel selbst habe die Gestirne, die Sonne, den Mond und die fünf Planeten gemacht.

Den Tieren ähnlich lebten die Menschen dahin. Da erschien aus dem Meere aufsteigend Oannes, halb Mensch und halb Fisch, und lehrte den Menschen den Ackerbau, die Meßkunst, die Ordnung und die Gesetze des Lebens. Am Tage stieg dieses wunderbare Wesen aus der Meerflut auf, in der Nacht begab es sich wieder dahin zurück. Nun wählten die Menschen den Alorus zu ihrem Herrscher, von dem bis zur Flut zehn Könige 432 000 Jahre regiert haben. Unter dem letzten derselben, Xisuthrus, brach eine große Flut über die Erde herein, in welcher das Menschengeschlecht zugrunde ging. Auf Bels Befehl vergrub Xisuthrus die heiligen Bücher in Sippara; er rettete sich mit den Seinigen in einem Schiffe, in welches er nach Anordnung des Gottes auch alle Tiergattungen aufgenommen hatte. Das Schiff blieb nach der Flut auf einem Berge stehen. Xisuthrus stieg mit seiner Frau, einer Tochter und dem Baumeister des Schiffes heraus, brachte ein Dankopfer, verschwand aber nach demselben mit seinen Begleitern, indem sie zu den Göttern aufgenommen wurden. Die andern kehrten nach Babylon zurück, gruben dann die vor der Flut vergrabenen heiligen Bücher wieder auf und gründeten von neuem Städte und Tempel. – Die Erinnerung an die Flut, welche sich in eine Kluft des Tempels der Naturgöttin zu Bambyce (Hierapolis) verlaufen halben soll, wurde in Assyrien durch ein Fest lebendig erhalten. Man pflegte dabei Wasser in jene Kluft hineinzugießen. –

11. Nationale Sagen

Der reichste Sagenkreis knüpft sich an die Gestalt der Semiramis, die gewiß auf historischem Grunde ruht, aber zur eigentlichen Mythe dieses Volkes geworden ist. Alles Große in seinen Kriegstaten und Bauwerken, alles Mächtige und Herrliche aus dunkler Vorzeit ist in die Semiramissage zusammengedrängt worden.

Derketo, eine Göttin zu Ascalon im Lande der Philistäer, hatte sich mit einem schönen Jünglinge vergangen. In Reue und Scham setzte sie ihr neugebornes Kind, Semiramis, in eine Wüste aus, tötete den Jüngling und stürzte sich in den See bei Ascalon. Sie wurde in einen Fisch verwandelt mit menschlichem Angesicht; das Kind aber ernährten die Tauben der Göttin mit Milch und Käse, bis ein Hirt, Simma, dasselbe fand und auferzog. Ihre jugendliche Schönheit überstrahlte alle Jungfrauen. Als Onnes, ein königlicher Statthalter, die Herden zu besichtigen kam, wurde er von diesem Liebreiz gefesselt. Er führte die Semiramis als seine Gemahlin nach Niniveh, wo sie ihm zwei Söhne gebar. Nun hatte König Ninuis einen Kriegszug gegen Bactrien unternommen. Die Belagerung der festen Stadt Bactra zog sich in die Länge; Onnes sendete nach seiner Gemahlin. Zu dieser Reise erfand Semiramis eine Kleidung, welche es unkenntlich machte, ob sie Mann oder Frau sei, und solchen Beifall fand, daß die Meder und dann die Perser diese Kleidung angenommen haben. Semiramis kam im Lager vor Bactra an, und sogleich entdeckte ihr kriegerischer Sinn die schwache Verteidigung der steil gelegenen Burg. Sie erstieg dieselbe mit einer kühnen Schar und machte so die Eroberung von Bactra möglich. Durch diese Kühnheit und die Schönheit der Frau hingerissen, begehrte sie der König zum Weibe. Onnes widerstrebte, aber von den Drohungen des Königs eingeschüchtert gab er sich selbst den Tod. Semiramis wurde die Gemahlin des Ninus und gebar ihm den Ninyas. Nach dem bald erfolgten Tode des Königs ergriff sie die Herrschaft, und nun schmückt die Sage ihren Namen mit riesenhaften Unternehmungen und Bauwerken aus. Das Grabmal des Ninus in Niniveh, die hängenden Gärten in Babylon, die Mauern und Königsburgen dieser Stadt, der Belüstempel und der Obelisk, der See von Sepharvaim[15], der Felsenweg nach Medien, Bergstraßen und die vielen Semiramis-Wälle werden ihr zugeschrieben. In ihr vereinigt sich unwiderstehliche Schönheit, männlicher Heldenmut und üppige Wollust. Sie wählt die Schönsten ihrer Krieger zu ihren Lieblingen, aber ihre Gunst ist todbringend. Sie läßt ihre Liebhaber lebendig begraben. Im vollen Gegensatz zu dieser grausamen Üppigkeit schreibt ihr eine andre Sage die Einführung des Eunuchendienstes zu, mit dem sie sich in keuscher Enthaltsamkeit umgeben habe. Auch die Gegensätze in ihrer kriegerischen Laufbahn sind auffallend. Sie überwand Arabien und Ägypten und kam bis zum Orakel des Ammon. Am großartigsten sind die Meldungen über ihren Kriegszug nach Indien. Sie soll ihn mit einem Heere von nahe an 4 Millionen Kriegern unternommen haben. Im Anfange glücklich drang sie über den Indus, aber der indische Fürst Strabrobates brachte ihr hier eine entscheidende Niederlage bei. Und nun in jäher Flucht enteilte die Königin verfolgt von ihrem Feinde, dessen Speer sie schon am Halse verwundete. Aber Semiramis rettete sich; sie ließ sogleich hinter sich die Brücke über den Indus zerstören und gab preis, was noch jenseits zurück war. Bald darauf überließ sie ihrem Sohne die Herrschaft und wurde in Gestalt einer Taube zu den Göttern erhoben. Daher haben die Assyrer die Taube göttlich verehrt, und in den Bilderwerken von Niniveh findet sich eine Darstellung, wo das Bild einer Taube ganz in der Weise wie Bel in Nr. 8 von Kriegern getragen wird.

Sollen wir auch noch der Mythe von Sardanapal, dem letzten, weibischen Herrscher von Niniveh gedenken? Sein Name und Ende ist vielleicht mit der Existenz eines Feuergottes Sardan oder Sandan verbunden. Aber die Mythe von diesem König, der sich im Untergange seiner Macht in einem riesigen Scheiterhaufen mit allen seinen Weibern und Schätzen verbrannte, tritt in die Tatsache von dem Falle Ninivehs ein und damit aus unsern Grenzen heraus. –

Nach dem Aufhören der staatlichen Selbständigkeit der Babylonier und Assyrer ist ihre Religion unter der Herrschaft der Perser teils mit den Religionsvorstellungen dieses Volkes vermischt worden, soweit dieselben mit babylonischem Götterdienste sich vereinigen ließen, teils hat sie den Angriffen und Zerstörungen der Perser erliegen müssen, deren bildlose Religion mit eifernder Unduldsamkeit den Bilderdienst der Überwundenen auszurotten bemüht war. In Babylon reizte nicht bloß dieser Eifer, sondern auch die Habsucht zur Vernichtung der goldenen Bildsäulen und der Tempel mit ihren Schätzen. Xerxes zerstörte die Götterbilder und Tempel in Babylon. Auf friedlichere Weise zeigen sich Einwirkungen der persischen Religion in Andeutungen von der Verehrung des heiligen Baumes. Vielleicht reichen andre ähnliche Bildwerke im alten Palaste zu Nimrud noch weiter hinauf. Auch ägyptische Einwirkungen möchten sich annehmen lassen. Umgekehrt sind wohl die geflügelten Tiere mit Menschenköpfen von Niniveh Vorbilder geworden zu gleichen Darstellungen in Persepolis. Als Alexander der Große in Babylon einzog, lag der Belustempel schon in Verfall. Was konnte der gewaltige Sinn des Herrschers in diesem Augenblicke nicht alles für möglich halten? Er befahl, das merkwürdige Gebäude wieder herzustellen. Aber man fand, daß die Arbeit von 10 000 Menschen auf zwei Monate notwendig sein werde, um den Schutt wegzuschaffen. So blieb der Wille des Königs unausgeführt; in seinem Sinne wohl nur aufgeschoben. Denn Babylon sollte die Hauptstadt des weiten Reiches werden, und neuer Glanz strahlte über die alten Tempel und Päläste, als Alexander hier die Gesandten der von ihm beherrschten Völker empfing. Mitten in diesen stolzen Tagen erfaßte ihn der Tod im Palaste Nebukadnezars; ein Ereignis, welches die Erinnerungen des Platzes noch schwerer macht. Die Macht der Zeit hat Babylon zerbrochen, verschüttet, fast hinweggestrichen. Mit Schauder und Entsetzen betritt der Fuß des Reisenden die Trümmerwüste; schon die Kunde von ihr macht im Gemüt die Weissagung des Jesaia lebendig: „So wird Babel, die Zierde der Königreiche, die stolze Pracht der Chaldäer, wie die Umkehrung Gottes von Sodom und Gomorrha. Sie wird nicht bewohnt in Ewigkeit und nicht bevölkert von Geschlecht zu Geschlecht; nicht zeltet daselbst ein Araber, und Hirten lagern sich nicht daselbst. Es lagern sich daselbst Steppentiere, Uhus füllen ihre Häuser, und es heulen Schakale in ihren Palästen."

IV. Die Gottheiten der Phönizier
und Karthager

Es waren im wesentlichen dieselben Vorstellungen von der göttlichen Gewalt der Sonne und des Mondes, wie sie uns in dem assyrischen und babylonischen Götterdienste bekannt geworden sind, auf welchem auch der Kultus der Phönizier ruhte Hier wie dort verknüpfte sich mit den Wirkungen der Himmelsmächte das irdische Naturleben. Doch gestaltete sich der Götterdienst in dem arbeitsharten und doch zugleich genußsüchtigen Sinn und Treiben des Handels- und Fabrikvolkes zu einer diesem Volksleben entsprechenden Form. Man fühlte bei so vielen Wagnissen und Gefahren sehr stark das Bedürfnis der Gunst und des Schutzes höherer Mächte, aber man hatte in dem Drängen der Arbeiten und Geschäfte, in den mannigfaltigen Reizungen der zuströmenden Güter weder Zeit noch Neigung, sich mit vertiefter Seele in den Dienst des Höheren und Mächtigen zu versenken. Daher begehrte die Götterfurcht hier mehr als anderwärts zu ihrer Befriedigung eine bestimmte Forderung der religiösen Pflichten, deren Ableistung der Seele die Gewißheit eines richtigen Verkehres mit der Gottheit gab. Solchem Sinne gemäß formten sich hier die Götter und die ihnen dargebrachten Opferhandlungen.

1. Baal

Baal, gleich Bel eine Repräsentation der Sonne und des Feuers, war die höchste Landesgottheit der Phönizier und wahrscheinlich auch der Karthager. Denn nicht bloß in den Namen Hasdrubal und Hannibal findet sich eine Spur, daß der phönizische Gott auch bei den Puniern verehrt wurde; es wird mehr noch durch die neuerdings aufgefundenen Votivtafeln[16] bestätigt, daß „Baal Hammon" an der Spitze auch der punischen Götter stand. Die Griechen nannten diesen punischen Gott Kronos, die Römer Saturn. Er führte in Karthago selbst auch die Bezeichnung „der Alte" oder „der Ewige". Baal ist dasselbe Götterwesen, welches die Kananiter Moloch, d. h. König der Götter und Menschen nannten, wie es sich aus den Stellen der heiligen Schrift, wo in derselben Richtung gegen Baal wie gegen Moloch geeifert wird, ergibt. Das Bild des Gottes war eine Menschengestalt mit vorgestreckten Händen und einem Stierkopf. Es war ehern, von ungeheurer Größe und inwendig hohl. Auch mit vier Flügeln soll das Bild des Baal-Kronos vorgekommen sein; zwei Flügel ruhend, zwei fliegend, um anzudeuten, daß der Gott zugleich ruhe und wirke. Eine Einwirkung oder Verbindung mit den geflügelten Götterbildern Assyriens ist dabei wohl denkbar; doch scheint die Vorstellung von einem geflügelten Baal noch näher an der späteren Zeit der Göttermischung zu liegen, wo ein Kronos-Baal mit Attributen, die auch dem Aevum eigen waren, sich leicht gestalten konnte. Jenem hohen eisernen Götzenbilde brachten die Phönizier und Punier Kinder zum schauderhaften Opfer dar. Das Bild wurde glühend gemacht, und die unglücklichen Kinder, deren Jammer und Geschrei man durch Liebkosungen zu besänftigen suchte, legte man in die glühenden Arme. Eine wilde Musik voll Trommeln und Pfeifen übertönte das Geschrei des Opfers und betäubte den Schmerz der Umstehenden. Mußte doch selbst die Mutter bei der furchtbaren Handlung gegenwärtig sein und durfte die Marter ihrer Seele nicht laut werden lassen, damit das Wohlgefallen des Gottes nicht gestört werde. Die Priester des Baal ritzten sich dabei in besondern Fällen mit Messern, gleichsam um die Gunst ihres Gottes durch ihr Blut zu erzwingen. Doch kämpfte das verhöhnte Naturgefühl um sein Recht gegen den furchtbaren Wahn dieser Kinderopfer.[17] Die Phönizier begannen erkaufte oder geraubte Kinder an der Stelle der eigenen darzubringen, ja, es scheinen diese Menschenopfer lange Zeiten hindurch unterlassen worden zu sein, oder man führte die Kinder zur symbolischen Bezeichnung des Opfers durch Feuer hindurch. Kam dann aber Krieg oder sonstiges Unglück, dann fühlte man die Unterlassung der Opfer als Ursache des Zornes der Götter, und es wurde die Opferung eines oder mehrerer Kinder aus den vornehmsten Familien gefordert. In Karthago sollen diese Kinderopfer bis zum Untergange der Stadt bestanden haben.

So war Baal-Moloch der höchste unter den Göttern der Phönizier; in Karthago Baal-Hammon. Alle aufgefundenen Votivtafeln, selbst wenn sie an eine andere Schutzgottheit gerichtet sind, tragen voranstehend den Namen Baal-Hammon. Neben und unter ihm gab es noch eine zweite Reihe Götter: Melkarth, Astarte oder Aschtaroth, Aschmon oder Esmun.

2. Melkarth, der tyrische Herkules

Melkarth, von den Griechen Herakles genannt, wurde im Stammlande wie in den Kolonien mit gleicher Anhänglichkeit verehrt. Ihn betrachteten alle phönizischen Niederlassungen als gemeinsamen Schutzgott, und so wurde seine Verehrung das Band, welches sich um so viele zerstreute, vereinzelte Punkte an den Gestaden und auf den Inseln des Mittelmeeres bis zum persischen Meerbusen hinzog. Melkarth war der eigentliche Nationalgott der Phönizier. Der Hauptsitz seiner Verehrung war Tyrus (der tyrische Herkules), darum hieß er der „Herr", der „Stadtkönig" von Tyrus.[18] Ursprünglich ruhte die Vorstellung von Melkarth auf demselben Ausgangspunkte wie die von Baal, und es ist in ihm eine Beziehung zur Sonne auch stets vorhanden geblieben. Aber die ursprüngliche Vorstellung entwickelte sich, vom Naturleben sich entfernend, mehr nach der geschichtlichen Seite des Volkslebens hin. Melkarth wurde der Schützer und Vorsteher der Handelstätigkeit, er ist sogar, wahrscheinlich infolge glücklich von Tyrus abgewendeter Feindesgefahr, als Kriegsgott verehrt worden. In diesem Sinne eines Heros voll Tatkraft ist er in die griechische Mythenbildung von Herakles übergegangen. Er scheint ohne Bild verehrt worden zu sein. Herodot erzählt, daß in seinem Heiligtume zu Tyrus zwei Säulen gewesen seien, die eine von lauterem Golde, die andre von Smaragdstein, welche bei Nacht gewaltig leuchteten. Auch bei der Belagerung von Tyrus durch Alexander den Großen, als man das in dem Tempel des Melkarth befindliche Bild des Apollo fesselte, wurde diese Fessel nur an dem Altar des Melkarth befestigt. Wäre ein Bild von ihm vorhanden gewesen, so würde man doch wohl diesem das Festhalten der Fessel übergeben haben. Später, als der Einfluß hellenistischer Plastik herrschte, findet sich die Darstellung eines thronenden Melkarth mit zwei Stieren an den Seiten seines Thrones, ganz ähnlich wie der Serapis (Fig. 15) und die Rhea (Fig. 19). In Karthago soll in einem Heiligtume, oder vielmehr vor demselben – es war vor dem Eingang zur Halle der Nationen – die Statue des tyrischen Herkules gestanden haben, und es sollen vor diesem Bilde jährlich einmal Menschenopfer gebracht worden sein. Es scheint sonach, daß Melkarth in Karthago nicht einen Tempel gehabt habe; es sind ihm wohl nur Altäre auf öffentlichen Plätzen bei festlichen Veranlassungen errichtet worden. – Zu Tyrus wurde dem Melkarth jährlich im Frühling, also zu der Zeit, wo die Kraft der Sonne sich erneuerte, ein großes Fest gefeiert. Gesandtschaften (Theorien) aus allen Kolonien erschienen in der Mutterstadt und brachten ihre Geschenke dar. Bei diesem Feste bluteten Menschenopfer auf den Altären des Gottes. Vorzüglich feierlich wurde diese Frühlingsfeier in jedem fünften Jahre begangen. Hierin zeigt sich, daß die schon im Zeitpunkte des Festes deutliche Beziehung auf den Sonnenlauf auch einen Zusammenhang hatte mit dem Umlauf von vier Jahren, in welchem durch den Schalttag der aufgesammelte Überschuß sich ausglich. Dann begann mit jedem fünften Jahre ein andres großes Jahr, dessen Kommen mit festlichem Prunk ausgezeichnet wurde.

Wir werfen von hier aus auch einen Blick auf die Olympien der Griechen. Herakles soll der Gründer der Olympischen Spiele gewesen sein; in der Sage vom griechischen Herakles sind aber phönizische Bestandtteile ohne Zweifel enthalten. Eine Beziehung der vierjährigen Periode der Olympien auf das in gleicher Weise gefeierte Fest des Stadtkönigs von Tyrus ist also ungesucht da, und wäre es nicht der Zusammenhang der Überlieferung, so wäre es doch der eines gleichen Ursprungs aus der Kenntnis und Beachtung des Sonnenlaufes.

3. Astarte

Wie dem babylonischen Bel die Mylitta, so stand auch dem Baal-Moloch eine Naturgöttin zur Seite, die Astarte oder Baaltis. Es ist die auch in Phönizien wiederkehrende Vorstellung von einer zum Monde in Beziehung stehenden Göttin, welche als Lebensmutter, als Spenderin der Fruchtbarkeit und Fülle, als Gönnerin der Liebe gedacht wurde. In den Kreis dieser Beherrscherin der hervorbringenden Naturkraft gehörten die Eiche, die Pappel, die Terebinthe, der Granatapfel; unter den Tieren aber der Stier, der Ziegenbock, das Pferd, vorzüglich endlich die Taube. Die Göttin wurde in Phönizien in menschlicher Gestalt gebildet, mit dem Kopfe oder doch den Hörnern einer Kuh; die Hörner können aber auch von der Beziehung auf den Mond herrühren. Es hält und trägt eben eine Vorstellung die andre.[19] Unter solchem Bilde wurde die Astarte in Tempeln verehrt, um welche die schattigen, lieblichen Baumgruppen standen, worin im vollsten Gegensatze zu dem düstern Baaldienste ein üppiger Kultus geübt wurde. In diesen Hainen schlugen die Frauen selbstgewebte Zelte auf, in denen sie die Tempelbesucher bei sich ausnahmen; in großer Zahl weihten sich phönizische Jungfrauen in dem reichen und schwelgerischen Verkehr ihrer See- und Handelsstädte dem Dienst der Astarte. Die Priester trugen weibliche Kleidung, ahmten auch Stimme und Gebärde der Frauen nach; auch wurde in diesen Tempeln der Dienst der Eunuchen aufgenommen. Diesen üppigen Kultus, allerdings auch den des schrecklichen Baal, bei sich einzuführen, war das jüdische Volk nur allzu geneigt. Wie gewaltig ist der Eifer der Propheten gegen die Kinder des Abfalls, die entbrannt sind für die Götzen unter jeglichem grünen Baum. König Manasse schreckte selbst davor nicht zurück, das Bild der Astarte in das Haus Jehovas zu Jerusalem zu setzen.[20]

In Karthago wurde die phönizische Astarte unter dem Namen der Himmelskönigin, *virgo coelestis,* auch *Juno coelestis,* verehrt und auf einem Löwen thronend dargestellt. Dieser Göttin hatte die reiche Stadt einen prachtvollen Tempel errichtet, in dessen Umkreise der berüchtigte Dienst, wie im Mutterlande, geübt wurde. Bei dem Untergange Karthagos wurde die *Juno coelestis* von Scipio unter feierlichen Gebräuchen nach Rom übertragen; als aber ein neues, römisches Karthago auf der Trümmerstätte erstand, ist auch die Verehrung der alten punischen Himmelskönigin dort fortgesetzt worden. Noch in später Zeit mag es die uralte Bedeutung dieser Gottheit gewesen sein, durch welche Bassianus Heliogabal gezwungen wurde, seinem Gotte Heliogabal die *virgo coelestis* von Karthago zur Gemahlin auszuwählen. Auch ein altes Bild der Dido wurde bei dieser Veranlassung nach Rom gebracht. Die karthagische Dido und ihre Schwester Anna gehörten auch in den Vorstellungskreis der phönizischen Astarte. Wahrscheinlich war es diese Göttin, welche unter dem Namen Dido Elissa von den Gründern der Stadt zur Burggöttin von Karthago erhoben wurde, wobei sich auch historische Beziehungen mit den mythologischen verbunden haben. Ein auf der Trümmerstätte des karthagischen Astarte-Tempels neuerdings aufgedeckter Mosaik-Fußboden zeigt weibliche Köpfe, deren einer von dem Entdecker für Dido oder Anna gehalten wird.

4. Thammuz oder Adonis

In den alten, orientalischen Götterkreisen findet sich eine Gestalt, Thammuz genannt, nicht sowohl ein Gott als einer der großen Lehrer und Propheten der Vorzeit. Er soll von einem König, den er zur Verehrung der Gestirne anleitete, ermordet worden sein. In der

Nacht des Mordes aber kamen alle Götterbilder des ganzen Erdkreises in den Tempel nach Babylon, in welchem das große Bild der Sonne aufgerichtet war. Hier, indem sie erzählten, was mit dem Thammuz geschehen war, klagten und weinten die Götterbilder, beim Morgengrauen aber suchten alle wiederum die Heimat und kehrten in ihre Tempel zurück. Dieser Thammuz war bei den Phöniziern ein schöner Jüngling, ein Liebling der Liebesgöttin. Auf der Jagd wurde er von einem Eber getötet. Der Name Adonis, der mit dem Ereignis selbst in die Mythe der griechischen Aphrodite übergegangen ist, führt auf einen ursprünglichen Zusammenhang mit der herrschenden phönizischen Landesgottheit, der Sonne; denn Adon, Baal, Moloch bedeuten gleicherweise Herr und Gebieter. Es ist der zur höchsten Kraft aufsteigende und dann wieder zurückgehende Sonnenlauf, mit ihm verbunden aber der Verlauf des vegetativen Naturlebens. Das Aufblühen der Pflanzenwelt, ihre rasch entfaltete sommerliche Pracht und dann ihr baldiges Abwelken und Hinsterben, der immer erneute Wechsel von Leben und Tod fand in dem Naturdienste der Adonisfeier einen Ausdruck. Sie mag in ihrer tieferer Bedeutung als eine Klage über die von der Vergänglichkeit durchdrungene Lust des irdischen Daseins aufgefaßt werden. Doch wollen wir an dieser Stelle bemerken, wie nötig es erscheint, bei dem Hineintragen der Begriffe einer späteren Zeit in die alten mythologischen Dinge vorsichtig zu sein. Wir mögen die erhabene oder auch naive Deutung ahnen, welche sich in vielen dieser Dinge verbirgt, und dies darzustellen versuchen, aber unsre Anschauungen und Begriffe werden niemals weder die Richtung noch das Maß des Gehalts jener Dinge genau finden und ausdrücken. So mögen wir auch bei der Adonisfeier den Zweifel nicht abweisen, ob darin nur ein Symbol von Sternendienst und Naturleben waltet oder ob nicht ein altes, mythisch gewordenes Faktum darin aufbewahrt wurde.

Zu Byblos in Phönizien, in dessen Umgegend der Tod des Adonis sich ereignet haben soll, war das berühmteste der übrigens weit verbreiteten Adonisfeste.[21] Es wurde im Juni, wahrscheinlich am Ende des Monats begangen. Unter allgemeinem Wehklagen stimmten die Frauen Klagelieder an, trugen das Bild des Adonis umher, brachten ihm Totenopfer und bestatteten dasselbe. Am andern Tage aber wurde das Bild wieder aufgestellt. Adonis war wieder aufgelebt und alles überließ sich der Freude und Lust. Bei diesen Festen versah man sich mit stark riechenden Kräutern; auch wurden die sogenannten Adonisgärten gebraucht. Dies waren mit Erde gefüllte Gefäße oder auch silberne Körbe, in denen man Weizen, Fenchel oder Lattich durch künstliche Wärme rasch getrieben hatte; Pflanzen, die ebenso rasch wieder hinwelkten – ein Sinnbild des schnellen Wechsels der Dinge im Aufblühen und Vergehen.

5. Patäken. Kabiren

Die Beachtung des vegetativen Lebens, welche man nach gebräuchlicher Ansicht in der Adonisfeier zu Byblos erblicken zu müssen glaubt, erscheint bei einem nicht ackerbauenden, sondern seefahrenden Volke so überraschend, daß man sich geneigt fühlt, entweder eine weitere Bedeutung vorauszusetzen oder doch einen mehr lokalen als allgemein den Phöniziern angehörigen Kultus dabei zu vermuten. Desto näher liegt die Frage, ob dieses Volk von Seemännern nicht vielmehr Götterwesen verehrt haben wird, die eine unmittelbare Beziehung zum Schiff und zur Seefahrt hatten. Daß dies der Fall gewesen ist, wissen wir, außer der Tatsache selbst ist aber wenig Näheres bekannt. Die Phönizier stellten als Schutzgottheiten des Schiffes am Vorderteil desselben die Gestalten von Pygmäen auf, Patäken genannt. Es waren Zwerggestalten mit unförmig dickem Bauche. Soll darin nur das ungeschickt ausgedrückte Bild eines Kindes gefunden werden? Man hat mehr Grund anzunehmen, daß die Zwerggestalt ursprüngliche Absicht war. Die Patäken waren sieben Söhne des Sydyk oder Zadyk (der Gerechte), zu denen als achter Esmun oder Aschmon hinzukommt, der mit Aesculap verglichen wird. Mit diesen Patäken oder Schiffsgottheiten stehen wahrscheinlich die Kabiren und wohl auch die Anfänge der samothrakischen Mysterien im Zusammenhange. Die Kabiren, die starken, großen Götter – es werden zwei, auch drei genannt: Axieros, Axiokersos und Axiokersa – waren nicht sowohl für sich bestehende Göttergestalten als vielmehr Beinamen, verhüllte Bezeichnungen anderer Götter; welcher, ist bei der Menge der Deutungen nicht sicher bestimmt. Für die Phönizier und Karthager wird der zweite und dritte der Kabiren jedenfalls Baal und Astarte gewesen sein. Sie galten besonders als Schutzgötter der Seefahrt, als Retter in den Gefahren derselben, und so wendete sich der phönizische und karthagische Schiffer gern an diese starken Götter.[22] Auf Samothrake mag eine uralte heilige Stätte dieser phönizischen Kabiren gewesen sein, wo die Seeleute ihre Opfergaben darbrachten und wohl auch Weihungen oder zauberhafte Schutzmittel, z. B. eine Purpurbinde um den Leib, empfingen, als Sicherung in den Gefahren des Meeres. Eine spätere Zeit hat den samothrakischen Mysterien eine größere Ausbildung, wohl auch einen rituellen und ethischen Inhalt gegeben und sie in die griechische Mythologie hinübergeführt, wo dann bald Pluton, Proserpina und Demeter, bald Zeus, Juno und Minerva oder auch Hermes als die Kabiren gegolten haben. Sie sind in dieser späteren Zeit wohl auch mit den Patäken verwechselt worden, im Seefahrerleben wenigstens mag es geschehen sein. Oder es traten an die Stelle der Patäken die beiden Dioskuren als schützende und rettende Schiffsgötter.[23]

6. Taaut

Von einem phönizischen Gotte Taaut wird erzählt, er sei der Erfinder der Buchstabenschrift gewesen, der Gott der Weisheit, der die biegsame, schnelle, listige Schlange als Sinnbild des klugen Menschengeistes aufgestellt habe. Wenn Taaut, wie es wahrscheinlich ist, mit dem ägyptischen Thoth zusammenhängt, so kann, da dieser mit dem Hermes identifiziert wird, der Gedanke an eine Verbindung der Hermes-Mythe mit phönizischen Taaut-Vorstellungen entstehen.Daß der listige Gott, der Träger des Schlangenstabes, auf dem ragenden Berge Kyllene in Arkadien geboren wird, erscheint solcher Ansicht nicht ungünstig. Oft gewiß haben phönizische Schiffer nach beschwerlicher Meerfahrt jenen Berggipfel mit heiligen Gebräuchen begrüßt und gefeiert. Kunstreich und ein Schalk – so erscheint Hermes alsbald im Raube der Rinder, in der Erfindung der Lyra und allen seinen Täuschungen. Das sind Vorgänge, wie ausgesonnen, um an die Verschlagenheit des phönizischen Wesens und an den schalkigen Übermuth von Ankömmlingen zu erinnern. Auch wird von einigen Hermes als der vierte der Kabiren Kadmilos genannt, ein Name, der gewiß mit dem phönizisch-thebanischen Kadmos verschwistert ist. So können die erfinderischen Gestalten des Taaut und des Hermes wohl einen ursprünglichen Zusammenhang haben. Aber wir wollen damit nur eine sich einfach darbietende Möglichkeit andeuten; für den phönizischen Taaut selbst wird damit nichts gewonnen. Doch benutzen wir diesen Anlaß, um noch etwas Allgemeines dabei auszusprechen. Bei dem Beschauen mythologischer Dinge, namentlich in den uralten Berührungen des Orients und der griechischen Mythe, kehrt nicht selten dieselbe Empfindung wieder, wie wir auch bei der sinnenden Betrachtung geographischer Karten haben. Wie hier in Urzeiten ohne Zweifel Länder und Inseln zusammenhingen, die wir als durchbrochen und getrennt erblicken, so gibt es in der Mythologie Gleichartiges und Zusammengehöriges, dessen verlorene Verbindung sich im sinnenden Geiste ergänzt, wenn auch der Nachweis unmöglich bleibt.

V. Das Religionswesen der Ägypter

Der Entwicklungsgang fast aller Mythologien des Altertums hat sich in der Weise vollzogen, daß die ältesten Vorstellungen des Glaubens an höhere Wesen im fortschreitenden Kulturleben der Völker von der künstlerischen Tätigkeit ergriffen und ausgestaltet wurden. Poesie, Architektur und Plastik haben dazu mitgewirkt, allerdings in sehr ungleicher Verbindung und mit verschiedener Macht. In Ägypten, wo nach Herodot das einzige vorhandene Lied eine Totenklage war[24], fehlte dem Volksleben der erheiternde und erwärmende Sinn für die Poesie, und die Gestaltung der dortigen Mythologie ist unter dem fühlbaren Einfluß dieses Mangels vor sich gegangen.[25] Während anderwärts die religiöse Bewegung des Geistes in Sage und Dichtung ausstrahlte, hat Ägypten, die wenigen einheimischen Zeugnisse der Geschichte und die in den Berichten der Griechen doch nur gebrochenen Lichter seiner Mythologie abgerechnet, allein in seinen Bauten, Bildern und Inschriften die fast unvergänglichen, doch rätselvollen Denkmäler seines religiösen Lebens der Nachwelt hinterlassen. Noch die Trümmer dieser Bauten sind von einer sinnverwirrenden Großartigkeit; selbst der Abglanz dieses Staunens in den Berichten der Reisenden ist ergreifend. Die Ägypter haben ihren Anteil an der jedem Volke zugehörigen Phantasiekraft der Menschennatur in ihren Bauten und Bildern niedergelegt und erschöpft. Sie haben ihre Heldengedichte und Hymnen gleichsam in Stein gedichtet, die Idyllen ihres häuslichen Lebens in den Bildnereien geschildert. Dies riesenhafte in Stein geschnittene Buch Ägyptens, Historie und Mythe in sich vereinigend, ist nach dem Untergange der ägyptischen Priesterschaft fast anderthalbtausend Jahre hindurch ein unverstandenes Zeugnis des Altertums gewesen. Niemand vermochte jene Hieroglyphen zu entziffern. Da wurde 1779 an der Nilmündung bei Rosette eine schwarze Marmorplatte gefunden mit einer längeren Inschrift in drei verschiedenen Schriftarten, deren letztere die griechische war. Dieser jetzt im britischen Museum zu London befindliche Stein ist der Schlüssel zur Entzifferung der Hieroglyphen geworden. Unablässige Forschungen haben seitdem sehr bedeutende Aufklärung nicht bloß über die Geschichte, sondern auch über die religiösen Zustände Ägyptens zutage gefördert.

Das Naturleben des Landes, die durch Sonnenwirkung und Nilüberschwemmung bedingte Folge seiner Jahreszeiten, die Macht der Elemente und hauptsächlich die der Gestirne haben auch hier die Grundlagen zu der Symbolik des religiösen Kultus gegeben. Aber diese allgemeinen Bedingungen aller Mythologien gewannen in der Abgeschlossenheit dieses Volkes und unter dem Einflusse einer den Volksglauben fesselnden Priesterlehre ganz eigentümliche Formen, von deren einstiger lebensvoller Wirklichkeit für unser nachfühlendes Interesse meistenteils kaum mehr als der Name übrig ist. Und doch müssen diese Formen von mächtiger Wirkung gewesen sein, denn der Sinn der Ägypter war von einer wenn auch düstern, doch so tiefen Frömmigkeit erfüllt und durchdrungen, daß Herodot meinte, sie überträfen alle Menschen an Gottesfurcht.

1. Älteste Spuren. Die Lokalkulte. Die Verehrung der Sonne

Der Götterglaube der Ägypter reicht wie das Alter des Volkes selbst tiefer als das übrige Altertum in das Dunkel der Vorzeit hinein. Sie haben sich selbst lange Zeit für die ältesten unter den Menschen gehalten; immer ist ihnen der Anspruch auf ein hohes Altertum bereitwillig eingeräumt worden. Die Namen der Götter sollen bei ihnen zuerst aufgekommen sein: Altäre, Tempel und Götterbilder haben sie gleichfalls zuerst errichtet.

Die Grundlage des Götterglaubens der Ägypter, ihr frühester Kultus war die Vereh-rung der Sonne, ihrer Kraft und Wirkung. Damit mag sich auch hier die Vorstellung von einer göttlichen Herrschaft über die hervorbringende und zeugende Naturkraft zeitig ver-bunden haben.

Aber es ist sogleich die Frage zu erörtern, ob der älteste Kultus wirklicher Landes- und Nationalkultus gewesen ist. „Es verehren nicht alle Ägypter gleichmäßig dieselben Götter, ausgenommen die Isis und den Osiris; die sind's, welche sie alle gleichmäßig verehren." So erzählt Herodot, und es läßt sich weit über seine Zeit zurück wahrnehmen, daß einzelne Orte und Gegenden ihre besonderen Gottheiten gehabt haben; so Ptah zu Memphis, Ra in Heliopolis, Ammon in Theben, die Neith in Sais, Thoth in Hermopolis, die Bubastis in Bubastis u. a. Waren diese Lokalkulte die ursprüngliche Form des ägyptischen Götterwe-sen, oder hat sich ein ursprünglich allgemeiner Landeskultus in Lokalkulte aufgelöst? Die Entscheidung dieser Fragen neigt sich der letzteren zu, jedoch nicht in dem Sinne eines ausschließenden Gegensatzes. Ein und dasselbe ursprünglich vorhandene allgemeine Prin-zip des Götterdienstes hat sich in lokal festgehaltener Verschiedenheit von Namen und Attributen ausgedrückt. Nebenstehend ist dann wohl ein oder der andre Lokalkult in ver-einzelter, untergeordneter Selbstständigkeit aufgekommen.

Jenes ursprünglich vorhandene allgemeine Prinzip war, wie schon bemerkt, der Son-nendienst. Er ist es in mehreren Umgestaltungen und Verhüllungen bis zum Ende des ägyptischen Götterwesens geblieben. Die älteste Form war die Verehrung des *Ra*, in Ober-Ägypten als Ammon-Ra; dieselbe Grundvorstellung erscheint wieder in *Osiris* (und Isis) und gewinnt in diesen Gestaltungen die allgemeinste Anerkennung; sie tritt am Schluß mit dem Verbleichen des Osiris als *Serapis* unter Beibehaltung der Isis auf. Verehrung der Sonnenkraft, der zeugenden Naturgewalt, der höchsten Götterwürde ist diesen drei For-men gemeinsam. Jede derselben verknüpft sich mit der voraufgehenden; weniger erkenn-bar Osiris mit Ra, ganz ausgesprochen aber Serapis mit Osiris und auch mit Ra.

2. Ra, der Sonnengott

In der Sonnenscheibe thronte Ra[26] mit dem heiligen Zeichen des Käfers über ihm. Dargestellt wird er in Männergestalt mit dem Sperber- oder Habichtskopfe, oder auch ganz in menschlicher Gestalt mit der Sonnenscheibe auf dem Haupte und dem Schmucke der Straußfedern. Der Sperber oder Habicht, der scharf in die Sonnenstrahlen blickt und der zugleich ein Sinnbild der Seele, also des inneren Lebens, war, gehörte dem Ra; auch der Löwe soll sein Attribut gewesen sein.[27] Zu Heliopolis in Nieder-Ägypten (biblisch On) war der Hauptsitz seiner Verehrung, und die dortigen Priester waren wegen ihrer Weisheit hochberühmt. Schwerlich war diese örtliche Beschränkung in den ältesten Zeiten schon vorhanden. In Heliopolis wurde dem Ra zu Ehren das eine der sechs großen ägyptischen Jahresfeste gefeiert. In einem Tempelgemache des Gottes wurde der ihm geheiligte schwar-ze Stier *Mnevis* unterhalten. woraus wir erkennen, daß Ra auch als der Gott der zeugenden Naturkraft aufgefaßt wurde. Wenn nun berichtet wird, daß dieser Stier, wie auch der Sper-ber, dem Osiris angehöre, so läßt sich aus diesem Übergange bemerken, wie eng zusam-menhängend das Wesen des Osiris mit dem des Ra gewesen. Ferner waren der Gottheit der Sonne hochragende Spitzsäulen, die Obelisken, gewidmet; sie stellten die Strahlen des glänzenden Tagesgestirnes dar und dienten als Sonnenzeiger. Den ersten errichtete König Mestres in Heliopolis, ein anderer König ließ einen Obelisken von neunundneunzig Fuß Höhe und vier Ellen Breite anfertigen. Einhundertundzwanzigtausend Menschen arbeite-ten an diesem Werke, bei dessen Aufrichtung der König, um die Baumeister zur höchsten Sorgfalt anzuspornen, seinen Sohn an die Spitze binden ließ. In Theben waren dem Amun-Ra ebenfalls Obelisken geweiht, d. h. dem Amun in seiner Verbindung mit Ra, und da auch noch in späten Zeiten die Ptolemäer solche Bauwerke aufrichteten, so gibt auch dies eine Spur davon, wie zu allen Zeiten die Verehrung der Sonne ein Grundprinzip der ägyptischen Religion geblieben ist.

3. Der Ptah zu Memphis

This, die alte Residenz in der Herrscherzeit der dreißig Heroen, scheint auch die Heimat für den anfänglich lokalen Kultus des Osiris gewesen zu sein. Menes, der erste menschliche König, verließ den alten Herrschersitz und zog nach Memphis. Die ihm angestammte Verehrung des Osiris nahm er mit hinunter in sein neues Reich, wandte sich aber mit der dem Polytheismus so natürlichen Ehrfurcht vor jedem örtlichen Dämon der in Memphis vorgefundenen Lokalgottheit zu. Es war *Ptah* oder *Phtah*. Nur weniges läßt sich über die Bedeutung dieses Gottes aus seinem Namen und seinen Attributen vermuten. Von den Griechen wurde er *Hephaistos* genannt, also mit ihrem kunstreichen Feuergotte verglichen; auch mit den Kabiren, den großen, mächtigen Göttern der samothrakischen Mysterien, wurde er in Verbindung gebracht. Sein Tempelbild in Memphis kam der Gestalt der phönizischen Patäken sehr nahe, weshalb einige vermuten, daß es die plumpe und ungeschickte Darstellung eines Kindes gewesen sei und weiter daß dies den Ptah als den in ewiger Erneuerung stets jungen Tag bezeichnet habe, als das sich immer verjüngende Licht. Von hier wäre es nur noch ein Schritt zu der Vorstellung von einem Herrn und Ordner der Zeit. Andre, von der Vergleichung mit Hephaistos ausgehend, haben in Ptah das Prinzip des Weltfeuers, der Urwärme, den materiellen Weltbildner gefunden. Man kann auch hier, wie an vielen andern Stellen der Mythologie, wahrnehmen, wie unsicher alle Betrachtung wird, wenn sie über vereinzelten, abgebrochenen Spuren der Deutung das Zufällige, ja das Spielende vergißt, welches bei der Entstehung mythologischer Bildungen gar oft mitgewaltet hat. Genug, Herodot erwähnt nichts von dem Bilde einer Kindergestalt, er sagt nur ausdrücklich, daß das Bild eines Patäken, welchem das Tempelbild des Ptah so nahe kam, die Darstellung eines Pygmäenmannes ist. Dem finstern, die ägyptische Religion verhöhnenden Kambyses erschien das Bild so drollig, daß er in lautes Lachen darüber ausbrach. Galt dieses Lachen der Zwerggestalt oder einem ihrer Attribute? Die Darstellungen des Ptah zeigen über seinem Kopfe den Käfer, das am höchsten geehrte Tiersymbol; die rechte Hand hebt Ptah an eine Peitsche, das Zeichen der Herrschaft, in der Linken hält er entweder den Nilmesser, eine Art von Stab mit Querabteilungen, oder den Phallus. Wie gering nun auch der Aufschluß ist, den uns diese Zeichen geben, so weisen sie doch auf das hohe Ansehen hin, welches dieser alte Stadtgott von Memphis genoß. In der Tat findet sich Ptah an der Spitze der memphitischen Götterreihe; er wird selbst als der Erzeuger des Ra, des Sonnengottes aufgefaßt Aus allem erhellt, daß Ptah eines der ältesten und obersten Prinzipe der ägyptischen Religion gewesen ist, zusammenhängend mit Erzeugung und Gestaltung der Dinge, mit Feuer, Licht, Sonne und dem regelnden Maße der Zeiten. Die Könige von Ägypten bis auf Amasis herab wetteiferten, das alte von Menes gegründete Heiligtum des Ptah durch schöne Vorhallen zu erweitern oder den Tempelraum durch Hochbilder auszuschmücken. In dem Bezirk dieses Heiligtums war der Hof des Apis, jenes heiligen Stieres, dessen Verehrung also ursprünglich in Beziehung zu Ptah stand. Wenn wir nun hören, daß der Apis später in Verbindung mit Osiris gebracht ist, daß überhaupt eine Annäherung beider Götternamen stattgefunden hat, so läßt sich daraus erkennen, daß die Verehrung des nach Memphis verpflanzten Osiris dort neben dem Lokalgott Ptah nicht nur fortbestand, sondern diesen, wie den Ra, allmächlich in sich aufnahm. Es wird dabei nicht ohne Bedeutung sein, daß König Amasis ein Heiligtum der Isis zu Memphis gründete. Bei der engen Verbindung, in der die Gottheiten Osiris und Isis standen, ist anzunehmen, daß die Erbauung eines Tempels der Isis einen bereits ansehnlichen Dienst des Osiris an diesem Orte voraussetzt.

4. Ammon zu Theben

Die Lokalgottheit der oberägyptischen Stadt Theben hieß *Ammon*, wie ihn die Griechen nennen, *Amen* oder *Amun* in ägyptischer Bezeichnung. Der Name bedeutete den Verhüllten, Verborgenen; die Ägypter gebrauchten dieses Wort aber auch, wenn einer den

andern anrufen wollte. „So halten sie den ersten Gott für denselben mit dem Weltall und
nennen ihn, den verborgenen und unsichtbaren, *Amun*, um ihn zu rufen und zu bitten, daß
er erscheine und sich ihnen zeige." Von den frühesten Zeiten her war Amun eine mit dem
einfachen, uralten Götterwesen des Landes zusammenhängende Gestaltung, aber sein Ansehen reichte kaum über den Bezirk seiner Stadt hinaus. Als Theben am Ende des alten
Reiches zur Königstadt erhoben wurde, gründete Sesurtesen I. um 2300 v. Chr. den Am-
montempel, und von da ab gewann dieser Göttername eine erhöhte Bedeutung. Sie steigerte sich mit der Größe und dem Glanze dieser Residenz im neuen Reiche von der
17. Dynastie an um 1660 v. Chr. Wie der gewaltige Pharao über Land und Leute herrschte,
so mußte der Stadtgott der königlichen Residenz über alle Götter herrschen. Ammon
wurde mit Ra verbunden und identifiziert: er wurde als König und Herr der Götter aufgefaßt und als Ammon-Ra an die Spitze der thebanischen Götterreihe gestellt. Darum haben
ihn die Griechen mit ihrem olympischen Herrscher verglichen und Zeus genannt. Man hat
ihn als ein vergeistigtes Prinzip der Sonnenkraft gedacht als die hinter der sichtbaren Wirkung verlorene Kraft, nährend, schützend, segenspendend. Der Widder war ihm geheiligt,
was nur ein andrer Ausdruck für dieselbe Vorstellung ist, welche in Nieder-Ägypten bei
Ra und Ptah der Stier andeutet. Also auch bei Ammon die über die zeugende Lebenskraft
waltende Macht. In dem Ammonstempel zu Theben übernachtete bisweilen eine ihm allein geweihte Frau, ein Brauch, der ja auch im Belustempel zu Babel geübt ward. Ammon-
Ra wurde mit dem Widderkopf dargestellt in grüner Farbe[28], aber er findet sich auch in
menschlicher Gestalt von blauer Farbe. Die rechte Hand hält er an die Peitsche, als
Schmuck des Hauptes trägt er die sogenannten Ammonsfedern und die Sonnenscheibe
mit der Schlange oder dem Basilisken.

Als widderköpfiger Gott heißt Ammon auch Neph oder *Kneph* (auch Knuphis), welcher durch die Grübeleien einer späteren Periode (besonders der Neu-Platoniker) mit dem
Sinnbild der Schlange, des klugen, schnellen, sich verjüngenden Tieres vereinigt als ein
eigenes Götterwesen, Kneph-Agathodämon (schützender Genius), im Sinne eines Welt-
schöpfers verehrt wurde.

Die in den ältesten Religions-Vorstellungen fast überall vorkommende Sitte, dem
männlichen Gott eine Genossin oder Gemahlin zur Seite zu geben, gleichsam ein die Eigenschaften des Gottes ergänzendes weibliches Prinzip, wie das bei den indischen Hauptgottheiten so schön heraustrat, diese mythologischen Bildungen kommen in der ägyptischen Religion auch vor, aber sie sind uns, außer Osiris und Isis, kaum etwas andres als
Namen oder Trümmerstücke ihrer nicht mehr herzustellenden Bedeutung. Dem Ptah und
dem Ra sind noch keine Genossinnen beigegeben, auch war zur Zeit Herodots den Ägyptern die Hera, also eine Gemahlin des Zeus-Ammon, nicht bekannt. Es findet sich aber
neben Ammon die Göttin Mut als Tempelgenossin dargestellt, wahrscheinlich eine ober-
ägyptische Form der Naturgöttin, welche den griechischen Geschichtsforscher verborgen
blieb. Inschriften aus den Tagen der Ptolemäer erwähnen neben Neph (Ammon) die Sate,
die dann ausdrücklich als Hera bezeichnet wird.

Gleich der unausgesetzt fortschreitenden Verherrlichung des Ptah-Tempels zu Memphis ist auch das alte Heiligtum des Ammon-Ra zu Theben durch den frommen Eifer der
Könige zu den großartigsten Bauwerken erweitert worden.[29] Von Tutmes I. an (17. Dynastie) haben besonders die Herrscher aus der 18. und 19. Dynastie in der Zeit von 1550 bis
1370 v. Chr. jene mächtigen Bauten zu Ehren des Gottes aufgeführt, deren Trümmer
heute noch den Sinn der reisenden Forscher überwältigen. Die riesigen Pylonen (Torpfei-
ler), die hochragenden Obelisken, die zu verwirrender Bewunderung hinreißenden Überreste des großen Säulensaales am Tempel auf dem Ruinenfelde von Karnak, dann der Am-
montempel in Luxor und die alle Vorstellung überbietende heilige Straße von Sphinxen
zwischen den beiden Tempeln in einer Länge von einigen Tausend Fuß – eine Allee von
riesigen Gebilden aus Löwenkörpern mit Widderköpfen auf hohen Postamenten ruhend,
mehrere Hundert auf jeder Seite des Weges – alle diese Werke in unangetasteter Herrlichkeit müssen einen unbeschreiblichen Eindruck gemacht haben. Träumen wir uns einige

Augenblicke zurück in jene Tage, wo von Tempel zu Tempel der Festzug sich durch die heilige Straße bewegte. Die Priester schreiten in ihren feierlichen Gewändern, die würdevolle Musik ertönt, und hoch herab schauen die Kunstgebilde auf die wallende Menge, die sich beugt unter dem Eindruck jener Sinnbilder der Kraft und Stärke ihrer Gottheit. Wir fühlen uns betäubt von der Gewalt des Bildes; wie betäubend muß die Gewalt der einstigen Wirklichkeit gewesen sein! Und weit nach Nubien hinein finden sich die Denkmäler der Verehrung des Ammon.

In Theben hatte Ammon-Ra ein Orakel, welches durch Nicken und Winke den Willen des Gottes kundgab. Von hier aus sollen zwei schwarze Tauben weggeflogen sein und das Orakel zu Dodona in Griechenland, so wie das des Zeus-Ammon in der libyschen Wüsten-Oase gegründet haben. Man deutet dies auf thebanische Priesterinnen. Daß das Orakel auf der Oase, 12 Tagereisen von Memphis, von Ägypten ausgegangen, ist sicher anzunehmen. Es war ein Zeichenorakel. Das Bild des Gottes, einem Widder ähnlich aus Edelsteinen gebildet, wurde von den Priestern in einem Schiffchen umhergetragen. Zur Seite des Schiffchens hingen silberne Schalen herab; nachfolgende Priesterinnen erhoben einen einfachen Gesang. Winke und Zeichen waren der Orakelspruch. Doch für Alexander den Großen redete das Orakel, denn der Priester verkündigte dem König in Worten, daß er der Sohn des Zeus-Ammon sei.

Diese drei, *Phra*, *Ptah* und *Ammon*, waren die höchsten Götter Ägyptens in alter Zeit. Diese Namen verkündigten die Denkmäler, welche Sesostris (Ramses II. Miamun) auf seinen Eroberungszügen errichten ließ, wie solches noch heute auf einem Felsen an der Küste Phöniziens zu schauen sein soll.

Die Erhebung der Lokalkulte d. h. der einzelnen Stadtgötter hatte eine Verdunkelung der alten, einfachen Sonnengottheit herbeigeführt. Ein König der 18. Dynastie, Amenophis IV. um 1500 v. Chr., versuchte es, den Sonnenkultus in seiner ursprünglichen Reinheit und Geltung wiederherzustellen. Er trat mit voller Entschiedenheit als Reformator auf; er zerstörte alle Götternamen auf den Denkmälern und duldete nur das Zeichen der Sonnenscheibe und ihre Verehrung. Seine Residenz verlegte er aus der Ammonstadt Theben hinweg und gründete in Mittel-Ägypten eine neue Königsstadt mit einem prächtigen Sonnentempel. Man gehorchte dem König in äußerlicher Unterwerfung, die Gewohnheit der Lokalkulte erlitt eine Unterbrechung, aber keine Überwältigung. Mit dem Leben Amenophis IV. ging sein Streben zu Ende; die Vielgestaltung der Götter dauerte fort, und der Name dieses Königs auf den Denkmälern wurde von der nachfolgenden Erbitterung der Vertilgung preisgegeben.

5. Der Mythos von Osiris und Isis

Es gab, wie wir sahen, eine früheste Zeit in der ägyptischen Religion, wo die alten, großen Lokalgötter ohne *Osiris* als die mächtigsten genannt werden; dann folgte eine andre Zeit, wo der Name und die Verehrung des *Osiris* mit seiner Gemahlin *Isis* alles höchste Ansehen in sich aufgenommen hatten. Oben schon wurde erwähnt, daß diese beiden Göttergestalten von allen Ägyptern gleichmäßig verehrt wurden. Von Philä bis Sais finden sich in Denkmälern und Nachrichten die Spuren ihres Kultus. Ursprünglich eine von This ausgehende lokale Gestaltung des uralt-fortwirkenden Sonnenprinzips, war diese Lokalgottheit zu einer so mächtigen Bedeutung herangewachsen, daß sie zur Gottheit des gesamten Landes werden konnte. Sie muß also in nicht mehr recht erkennbaren Verhältnissen mit den Grundlagen des ägyptischen Religions- und Volkslebens innig verbunden gewesen sein. Dann aber waren Osiris und Isis auch die einzigen Götter Ägyptens, um welche sich ein mythologischer Sagenkreis gebildet hat. Die Sage selbst ist alt-ägyptisch, doch ist sie in weiterer Entwicklung nicht ohne Berührung mit asiatischen Religionsvorstellungen und besonders phönizischen Elementen geblieben. Wenn auch die Mythe in den einzig darüber vorhandenen Berichten der Griechen schwerlich in echt-ägyptischer Gestalt erscheint, so zeigt sich doch mit Bestimmtheit, daß in Osiris und Isis sich die Bedingungen vorzüglich erfüllten, welche dem nationalen Charakter der Ägypter für ihren Götterglauben zusagten.

Rhea, die Göttermutter (ägyptisch Nut), hatte außer ihrer Verbindung mit dem Sonnengott auch Umgang mit Kronos (Seb) und Merkur (Thoth). Der erzürnte Sonnengott sprach den Fluch über sie, daß sie weder in einem Monate noch in einem Jahre gebären solle; Merkur aber gewann dem Monde im Brettspiel fünf Tage ab, welche zu den 360 Tagen hinzugefügt wurden. An diesen erfolgte die Geburt der Götter. Rhea gebar den Osiris[30] von der Sonne, die Isis vom Merkur, den Typhon (Set) und die Nephtys (Nebti) vom Kronos. Osiris nahm seine Schwester Isis zur Gemahlin, ebenso Typhon die Nephthys. Als nun Osiris, welchen bei seiner Geburt eine Stimme als den Herrn des Alls verkündigte, die Regierung angetreten hatte, brachte er die Ägypter von ihrer wilden Lebensweise ab; er zeigte ihnen den Gebrauch der Früchte, gab ihnen Gesetze und lehrte sie die Verehrung der Götter. Umherziehend, nicht mit Waffen, sondern mit Gesang und Musik, wußte er die Menschen durch sanfte Überredung zu gewinnen und das Land gesittet zu machen. In Äthiopien vereinigte er sich mit den fröhlich-lärmenden Satyrn, setzte seinen Zug bis nach Indien fort und kam endlich durch Asien nach Thrakien, von wo er nach Ägypten zurückkehrte. Hier hatte während seiner Abwesenheit Isis die Herrschaft verwaltet. Aber der feindliche Typhon sann auf Trug und Verderben. Er hatte heimlich nach der Leibeslänge des Osiris einen prachtvollen Kasten anfertigen lassen, welchen er bei einem Gastmahle demjenigen als Geschenk bot, der sich hineinlegen und ihn genau ausfüllen würde. Alle Festgenossen versuchten es, keinem gelang es; arglos legte sich endlich auch Osiris hinein. Da stürzten Typhon (er hatte sich mit 72 Verschworenen und der Äthiopen-Königin Aso verbündet) und seine Genossen herbei, warfen den Deckel auf den Kasten, vernagelten und verlöteten ihn, dann warfen sie ihn in den Strom und ließen ihn durch die tanaitische Mündung in das Meer treiben.

Isis vernahm das Geschehene durch die bei Chemmis wohnenden Pane und Satyrn. Trostlos schweifte sie umher, begleitet von Anubis, einem Sohne des Osiris und der Nephthys, welche jener einst für Isis gehalten hatte. Endlich zeigten ihr Knaben die Mündung, durch welche sie den Sarg in das Meer hatten schwimmen sehen.[31] Dieser war in der Gegend von Byblos in Phönizien an das Ufer getrieben und an einer Erikastaude sanft niedergelegt worden. Die Staude aber, rasch zum Baum emporgewachsen, hatte den Sarg so völlig umschlossen, daß er ganz im Stamme verborgen war, und diesen hatte der dortige König *Malkander,* seine Schönheit bewundernd, abhauen und als Pfeiler unter das Dach seines Hauses setzen lassen. Durch einen göttlichen Wink der Sage erhielt Isis davon Kunde. Sie eilte nach Byblos. Weinend saß sie an einer Quelle und flocht ihr Haar; von ihrem Körper aber strömte ein wunderbarer Duft aus. So fanden sie die Dienerinnen der Königin *Astarte,* welche sie holen ließ und zur Wärterin ihres Sohnes machte. Isis nährte das Kind, indem sie ihm den Finger in den Mund gab; zur Nachtzeit aber läuterte sie den Leib des Kindes im Feuer von seinen sterblichen Teilen. Sie selbst umflatterte in Gestalt einer Schwalbe klagend die Säule. Die Königin hatte sie beobachtet und stieß, als sie ihren Sohn von Flammen umgeben erblickte, einen heftigen Schrei aus, wodurch sie ihm die Unsterblichkeit entzog. Nun offenbarte sich die Göttin, forderte die Säule, nahm sie mit Leichtigkeit hinweg und löste den Sarg aus dem ihn umgebenden Stamme. Das Holz umhüllte sie mit Binden, salbte es und übergab es dem Königspaare zur Verehrung in ihrem dortigen Tempel. Darin aber warf sie sich über den Sarg und erhob ein so heftiges Wehklagen, daß der jüngere Königssohn davon starb; mit dem älteren und dem Kasten fuhr sie zu Schiffe davon und trocknete zornig den Fluß Phadrus aus, als er am Morgen durch einen rauhen Wind der Fahrt hinderlich war.

Sobald Isis einen einsamen Ort erreicht hatte, öffnete sie den Kasten, beugte ihr Angesicht nieder zu dem Antlitz des Toten und küßte ihn unter Tränen. Das Kind trat still hinter der Göttin heran und schaute ihr zu, da wandte sie sich mit einem so furchtbaren Blicke um, daß der Knabe vor Entsetzen starb.[32] Darnach begab sich Isis zu ihrem Sohne *Horus,* welchen nebst seiner Schwester *Bubastis* (Artemis) die Göttin *Leto* auf einer im See

bei Buto schwimmenden Insel erzog. Den Kasten hatte sie an einen besondern Ort ge-
schafft, doch Typhon fand denselben, als er bei Mondschein jagte. Er erkannte den Körper
des Osiris und zerriß ihn in vierzehn Stücke, welche er da und dorthin verstreute. Von
neuem begann Isis das Herumirren und Suchen; sie durchschiffte in einem Papyrus-Na-
chen die Sümpfe und ließ nicht nach, bis sie alle Teile des Osiris aufgefunden hatte. Nur ein
Teil blieb verloren. Isis ließ ihn nachbilden und gab dadurch Veranlassung zur Entstehung
des Phallus. Wo nun die Göttin ein Glied fand, da bestattete sie dasselbe; darum gab es so
viele Osiris-Gräber in Ägypten. Andre sagen, sie habe, teils um die Verehrung des Osiris an
mehreren Orten zu begründen, teils um den Typhon über das wahre Grab zu täuschen, um
jedes der gefundenen Glieder ein Bild aus Wachs und Aromen gemacht und dieses dann
wiederholt als das allein wahre den Priestern stammweise übergeben. Auch wurde bei jedem solchen Grabe die Verehrung eines heutigen Tieres angeordnet. So ist es geschehen,
daß jede Priesterschaft behauptet, bei ihr sei Osiris begraben.[33]

Osiris aber entstieg der Unterwelt, begab sich zu seinem Sohne Horus und übte ihn
zum Kampfe gegen Typhon ein. Dann richtete er an ihn die Frage, was er für das Ruhm-
würdigste halte. „Das dem Vater und der Mutter widerfahrene Leid zu rächen", versetzte
Horus. Weiter fragte Osiris, welches Tier er für die in den Streit Ziehenden am nützlich-
sten halte. Horus nannte das Roß, worüber sich Osiris verwunderte und einwendete, daß
er lieber den Löwen als das Roß wählen solle. Da erwiderte Horus: „Der Löwe ist nützlich
für den, welcher der Hülfe bedarf, das Pferd aber, um den fliehenden Feind zu zerstreuen
und den Krieg zu beendigen." Auf diese Antwort hielt Osiris den Horus für hinreichend
gerüstet zum Kampfe. Viele schlossen sich an Horus an, unter ihnen auch Thueris, eine
Nebenfrau des Typhon (vielleicht die Äthiopen-Königin Aso). Horus tötete die Schlange,
welche sie verfolgte, daher es in Ägypten Brauch war, ein Seil in die Mitte hinzuwerfen und
es zu zerhauen. Die Schlacht gegen Typhon, in welcher Osiris in Wolfsgestalt mitkämpfte,
soll viele Tage gedauert haben, bis Horus den Gegner überwand und ihn gebunden der Isis
übergab. Diese löste ihm jedoch die Bande und entließ ihn, worüber Horus so zornig
wurde, daß er der Mutter das Diadem vom Haupte riß. Merkur setzte der Göttin den Kopf
einer Kuh als Hauptschmuck auf; Typhon aber wandte seine Feindseligkeit sogleich wieder
gegen Horus und beschuldigte ihn der unechten Abstammung. Diese Verleumdung wurde
von den Göttern unter Merkurs Mitwirkung zurückgewiesen, die Echtheit des Horus blieb
anerkannt und Typhon wurde, nachdem er in zwei Schlachten besiegt war, gefesselt in die
Tiefe des Sirbonischen Sees (bei Abaris, später Pelusium) versenkt. Isis aber gebar, von
Osiris nach seinem Tode umarmt, den unzeitigen, an Beinen und Füßen schwächlichen
Harpokrates.

6. Osiris und Isis. Typhon. Darstellungen und Deutungen

Dieser Mythos in welchem sich neben den Versuchen, ägyptische Gebräuche auf den
Kultus des Osiris zurückzuführen, auch Anklänge aus der phönizischen Adonis-Sage,
selbst aus den griechischen Mythen von Dionysos und Demeter mischen, ist von dem
Einflusse des Naturlebens ganz durchdrungen. Konnte die unausweichliche Wirkung jeder
Berührung der Naturkräfte zwingender geschildert werden als hier, wo Osiris schon im
Mutterschoße, und selbst noch nach dem Tode ein Ursprung des Werdens wird!

Es ist weiter darauf zu achten, daß in dieser Mythe ein zweifacher Dualismus hervor-
tritt, ein geschlechtlicher und dynamischer, um nicht zu sagen moralischer. Der erste ist
deutlich da. Was sonst in der ägyptischen Religion für uns nur als Namen-Kenntnis und
Andeutung der Denkmäler existiert, ist hier zu voller Gestaltung gekommen: Osiris das
zeugende, Isis das empfangende Prinzip. Isis, völlig vergleichbar mit der Lakschmi und
Bhawany der Inder, sowie mit der Naturgöttin Vorderasiens, tritt in den Vordergrund der
Sage, und es ist immerhin beachtenswert, daß Osiris, der Anstoss der Bildungen, zeitig
zurücktritt oder doch nur als zeugende Naturkraft (Apis) fortdauert, während die Naturgöttin in ihrer ursprünglichen Gestaltung weiter bestehend gedacht wurde. Der andre dua-

listische Gegensatz der Mythe ist Osiris und Typhon, oder Segen und Verderben, Fülle und Dürre, wohl auch Güte und Tücke Wir kommen nach den nötigen Mitteilungen über die Gestaltung dieser Gottheiten auf die Erläuterung jenes Gegensatzes zurück.

Osiris heißt ägyptisch *Hesiri*, Auge der Isis. Dürfte diese Bezeichnung aus dem bloßen Nachgefühl ihres Sinnes gedeutet werden, würde man ihn auffassen als: Liebling der Isis, der über sie Wachende, sie Behütende – und es wird sowohl in der Tat etwas Derartiges in dem Namen gewesen sein. Doch war er zunächst gewiß auf einen Gegenstand, auf ein großes Objekt der Natur hingewendet; und wenn Isis die in der Oberwelt des Lichtes gedeihende Natur ist, so wird *„Auge der Isis"* nichts andres bedeuten als die Sonne, das leuchtende Auge des Alls. Osiris wurde angerufen als der Gott, der in den Armen der

Sonne verborgen ist; er ist geradezu die Sonne, also im wesentlichen eine Wiederholung des früheren Ra. Aber Osiris ist dem Volke nähergebracht. Er ist die Kraft des belebenden Lichtes, der alles Gedeihen Erzeugende, und so ist er der große allgemeine Wohltäter und Segensgott geworden, der Erfinder und Lehrer des Ackerbaues, der Vater der Gesetze und der Gründer der gesellschaftlichen Ordnung. Mit diesem freudebringenden Walten durchzieht er die Länder; darum haben die Griechen aus mehreren Beziehungen ihn *Dionysos* genannt. Er wird dargestellt, Fig.

Fig. 12

12, mit der Krone von Ober-Ägypten und den Pfauenfedern zur Seite, die Peitsche in der Rechten, den Schlüsselhaken in der Linken, die Zeichen der Herrschaft in der Ober- und Unterwelt. Oder wir sehen ihn nach den Denkmälern von Karnak, Fig. 13 die vordere Gestalt, mit dem Nilmesser und dem noch nicht hinreichend erklärten Zeichen (*Tau ansatum* oder *crux ansata*; gehenkeltes Tau [Schriftzeichen] oder Kreuz), welches ursprünglich das Schlüsselzeichen gewesen und mit Einmischung des Phallischen zum Lebenszeichen geworden ist. Osiris findet sich auch mit dem Kopfe des Reihers wie des Sperbers gebildet. In die Götterbilder der späteren griechischen Kunstperiode scheint Osiris nicht übergegangen zu sein; Serapis war an seine Stelle getreten.

Alljährlich zu der Zeit, wo Osiris verschwunden war, wo der Nil zurücktrat und die Sonnenkraft abnahm, feierte man ein Totenfest, das Suchen des Osiris. Die Priester umhüllten eine Kuh, deren Hörner und vielleicht auch die Füße vergoldet waren, mit einem schwarzen Gewande von Byssus und zeigten sie als Trauer der Isis vier Tage lang. Unter Wehklagen schlugen sich die Priester an die Brust, und man lärmte mit den Isisklappern, um den Typhon zu verscheuchen. In der Nacht des letzten Tages begab sich ein Zug an das Meeresufer hinab; die heilige Lade (der Totenkasten) mit dem goldenen Kästchen darin wurde von Priestern getragen. Man goß Wasser hinein, mischte es mit fruchtbarer Erde, und indem man Gewürze und Räucherwerk dazutat, formte man ein mondförmiges Bildchen, welches man bekleidete und schmückte. Ein Geschrei erhob sich aus der Menge der Anwesenden: „Wir haben ihn gefunden, wir wünschen Glück."[34] Und nun ging die Trauer in ein lautes Freudefest der Wiederfindung des Osiris über.

Osiris wurde nach seinem Tode als Herr der Unterwelt, als Vorsteher des *Amenthes* und Totenrichter gedacht; wir werden das weiter unten näher berühren. Seine Seele war in den Apis übergegangen, und der heilige Stier blieb ein immer erneutes Sinnbild des Osiris.

Isis, ägyptisch Hes, die alles umfassende, die Tausendnamige, wegen der großen Zahl ihrer Namen, das Weibliche in der Natur, welches alle Erzeugung in sich aufnimmt, die mächtige, thronende Herrin über das, was über der Erde und sichtbar ist, von den Griechen *Demeter* genannt, wurde dargestellt bisweilen mit dem Throne auf dem Haupte, gewöhnlich aber mit Kuhhörnern, zwischen denen die Sonnenscheibe steht, wie Fig. 13 die dritte Gestalt. Denn die Kuh, als Sinnbild des mütterlichen Lebens, war der Isis heilig, und es durften deshalb Kühe nicht geopfert werden. Sie hält den Stab mit der Lotosblume in der einen, das Schlüsselzeichen in der andern Hand. Ein zu ihrem Dienst gehöriges Instrument war das Sistrum oder die Isisklapper (siehe Fig. 16). Es war von oben her länglich abgerundet, in den Löchern des Randes steckten lose vier Stäbe, und durch Schütteln wurde das Geräusch hervorgebracht, welches den Typhon verscheuchen sollte und bei den Zügen der Festbesucher, wohl auch bei den Gottesdiensten lärmend ertönte.

Fig. 13

Isis ist, wie wir weiter unten sehen werden, unter griechischen Einwirkungen in die späteren Zeiten übergegangen.

Typhon, ägyptisch Set, der Feind und Zerstörer, von der Mutter nicht auf die rechte Weise geboren, denn er brach plötzlich durch ihre Seite hervor, war gelb oder feuerfarbig und wurde mit dem Kopfe oder in der Gestalt eines fabelhaften Tieres gebildet. Man suchte ihn als die vernichtende Macht der Natur, die wohl geschwächt und gebunden, doch nicht aufgehoben sei, durch Opfer zu besänftigen, wie man z. B. die roten Ochsen ihm als Opfer darbrachte. Das böse Krokodil gehörte dem Typhon, auch das wilde Nilpferd und der störrische, rötliche Esel mit seiner gewaltsamen, trompetengleichen Stimme, welche die Einwohner von Busiris abhielt sich der Trompete zu bedienen.

Nephthys, Herrin des Hauses, die Schwester und Gemahlin des Typhon, welche das bedeuten soll, was unter der Erde und unsichtbar ist, heißt auch das Ende, die Letzte, weil man unter ihr die äußersten Punkte der Erde verstand, die an der Grenze lagen und das Meer berührten. Ihre Bedeutung ist dunkel; vielleicht war sie die Göttin des Westens, der äußersten Gegend, wo die Sonne sinkt und das Totenreich sich öffnet.

Der Gegensatz des Typhon zu Osiris, wie er sich in der Mythe findet, wird in der sinnenden Betrachtung und Deutung nachkommender Zeiten umfänglicher und vertiefter geworden sein, als der ursprüngliche Sinn es hegte. Hier war er gewiß nur der Gegensatz der im Naturleben offenbar werdenden Kräfte, der Kampf der Zerstörung gegen das Entfalten, die Macht des Vertilgens gegen die Macht des Werdens. So war Osiris das befruchtende Prinzip, das zum Gedeihen des Samens und der Früchte gehört und welches die Erde schwärzt, weshalb Osiris schwarz war; Typhon aber war das Feurige, Trockne, Dürre, welches die nährende Feuchtigkeit verschwinden macht. In dieser physischen Auslegung war Osiris der wohltätige Nil, Typhon dagegen das den Nil verschlingende Meer, und am 17. des Monats Athyr (November) soll Osiris ermordet worden sein, weil dann der Nil zurückgetreten ist, das Dunkel zunimmt und das Licht die Oberhand verliert.

Eine andre Deutung ist astronomisch. Da soll Osiris der Mond sein, dessen feuchtiges Licht dem Gedeihen der Pflanzenwelt förderlich ist, während Typhon die verzehrende, ausdörrende Sonnenglut darstellt. Auch der den Mond verfinsternde Schatten ist Typhon.

Überall also war Typhon das feindliche und Hinderliche, was dem Fruchtbaren und Wohltätigen entgegensteht. Darum erhebt sich endlich die Deutung in einen moralischen Ideenkreis. Osiris wird der Herr und Fürst von allem Guten; das Geordnete, Regelmäßige, Verständige ist ein Ausfluß seiner Kraft. Typhon hingegen bedeutet das Leidenschaftliche,

Ungestüme der Seele, welches das Gute verwirrt und unterdrückt. Aber das Gute behält die Oberhand, und das Böse geht nur deshalb nicht gänzlich unter, weil es vielfach mit den Körpern und der Seele des Ganzen verbunden ist.

7. Horus. Harpokrates

Horus, der Sohn des Osiris und der Isis, ägyptisch *Hur,* von den Griechen auch *Arueris* genannt und mit *Apollon* verglichen, der Große, Herrliche, der die Herrschaft gewinnt über den Typhon, ist die Sonnenkraft, welche im Frühling erstarkend die feindliche Naturgewalt besiegt und Licht und Lebensfülle wiederbringt. Er wurde sperberköpfig dargestellt, mit der Krone von Unter- und Ober-Ägypten geschmückt, Fig. 13 die mittlere Gestalt. Auch trägt er in anderen Darstellungen eine große Haarlocke an der Seite des Hauptes, die Horuslocke. Man findet ihn auch als Kind sitzend auf einer Lotosblume mit dem Finger am Munde.

Es ist schwierig, die Bedeutung des Horns abzugrenzen und zu verstehen, da die Vorstellungen über ihn offenbar die über Osiris berühren und sich mit ihnen ineinander schie-

ben, sowohl in Beziehung auf die Sonnenkraft als auf die Herrschaft, so wie auf Attribute, da beide sperberköpfig dargestellt werden. Wie Horus der Sohn des Osiris ist, so ist er auch der Nachfolger, ja Mitherrscher seiner Bedeutung, zunächst besonders als Sonne des Frühjahres, dann aber auch als Richter im Totenreiche oder Amenthes.

In *Hathor,* der Genossin des Horus, ist nur eine andre Form oder wohl gar nur ein andrer Name der Isis zu erblicken. Hathor hieß: Auge der Sonne, hier doch wohl nur eine schmeichelnde Bezeichnung, oder Tochter des Ra[35], d. h. die Herrliche, Glänzende. Die Kuh war ihr Sinnbild, und sie wurde mit den Kuhhörnern und der Sonnenscheibe als Kopfschmuck dargestellt. Die Griechen bezeichneten sie als Aphrodite.

Die Darstellung des Horns in jugendlicher Bildung auf der Lotosblume hat wahrscheinlich die Veranlassung zu einer Spaltung dieser Göttergestalt in zwei Namen gegeben, indem man neben dem älteren, großen Horus einen zweiten Horus, das Kind, annahm, *Harpokrates* genannt,

Fig. 14

welcher, von Osiris nach seinem Tode erzeugt, schwach an Beinen und Füßen gewesen sein soll. Er wird für einen Vorsteher der unvollkommenen Ansichten der Menschen in göttlichen Dingen gehalten; darum hat er den Finger am Munde, als ein Symbol des Schweigens und der Stille. Bei dem Opfer der Erstlinge der Hülsenfrüchte, welches man ihm darbrachte, sprach man die Worte: „Die Zunge ist das Glück, die Zunge ist der Dämon." Harpokrates ist bei dem Übergange ägyptischer Vorstellungen in die griechische Mythologie und Plastik als ein schöner nackter Knabe gebildet worden, mit der Lotosblume auf dem Haupte, dem Füllhorn im linken Arme und dem rechten Finger am Munde, eine vortreffliche Darstellung für den Gott des Schweigens, zu dem er geworden war.

8. Serapis

Osiris, in welchem wir durch alle überreichen und fast ablenkenden Mythen und Deutungen seines Wesens und Götterkreises hin doch hauptsächlich nur eine zweite Form des alten nationalen Kultus der Sonnengottheit finden, scheint allmählich im allgemeinen Volksbewußtsein zurückgetreten zu sein. Nur diejenigen Priester kannten seinen Namen, welchen er in der Geheimlehre mitgeteilt wurde; das Volk hielt sich an die allerdings mit der Mythologie des Osiris verknüpfte Verehrung des Apis, ohne sich besonders um die Verknüpfung selbst zu kümmern.

So scheint der religiöse Zustand Ägyptens im ganzen und großen zu jenem Tier- und Stierdienst herabgekommen zu sein, dem diese Symbole ganz und gar zu Gegenständen der

Anbetung geworden waren, als nach langen Verwirrungen und fremdländischer Herrschaft Ägypten einen einheimischen König wiedererlangte. Ptolemäus Soter oder Lagi, der Begründer seiner Dynastie, hatte Alexandria zu seiner Residenz gemacht. Dieser Stadt fehlte der in alt-ägyptischer Sitte begründete Besitz eines lokalen Götterdienstes. Ptolemäus sah, wie nachteilig dieser Mangel für eine ägyptische Königsresidenz sein werde; zugleich fühlte

Fig. 15

er sich von den dunklen Götternamen seines Landes und von dem brutalen Tierdienste abgestoßen. War es nun ein kluges Anschmiegen an alte Sitte und das Verlangen, seiner Residenz einen Lokalkultus zu geben, war es ein wirklich religiöses Bedürfnis, den Landesgottheiten seine Ehrfurcht darzubringen, oder war es ein Versuch, alte, versunkene Götter in einer andern Göttergestalt zu beleben, genug, Ptolemäus verschaffte seiner Königsstadt einen lokalen Kultus in der Aufrichtung des *Serapisdienstes.*

Folgendes ist die Mythe darüber nach Tacitus. Als Ptolemäus Alexandria erhob und für die Tempel und Götter der Stadt sorgte, erschien ihm im Traume ein herrlicher, übermenschlich-großer Jüngling, welcher ihn ermahnte, seine Vertrautesten nach dem Pontus zu senden und sein Bild holen zu lassen; es werde dem Reiche zur Freude und der Stadt, welche das Bild aufnähme, zu Größe und Ruhm gereichen. Hierauf erhob sich der Jüngling in mächtiger Feuer-Erscheinung zum Himmel. Der König, von der wunderbaren Traum-Offenbarung tief erregt, teilte sie den ägyptischen Priestern mit, denen der Landesbrauch das nächste Verständnis solcher Dinge zuerkannte, diese aber wußten zu wenig vom Pontus und den auswärtigen Religionen. Da berief Ptolemäus den Vorsteher der eleusinischen Mysterien, Timotheus, einen Athener aus dem Geschlechte der Eumolpiden, und begehrte Auskunft über die Religion und die Gottheit, welche jene Erscheinung ihm gewiesen hatte.[36] Nachdem Timotheus Leute, welche in den Pontus hingereist waren, ausgeforscht hatte, erkannte er als die Stadt dort Sinope und nicht fern davon einen altberühmten Tempel des Pluton (Dis pater), denn es sei auch ein weibliches Götterbild, von den meisten Proserpina genannt, dort aufgerichtet; Ptolemäus aber, dessen erstes Gefühl allmählich in der Herrlichkeit und Sicherheit der Königswürde verschwunden war, vernachlässigte die Sache und wandte das Gemüt auf andre Sorgen hin, bis dieselbe Erscheinung, nur schrecklicher und dringender, dem König und seiner Herrschaft den Untergang ankündigte, wenn dies Befohlene nicht ausgerichtet werde. Nun ließ Ptolemäus Gesandte mit Geschenken an Scydrothemis, König von Sinope, abgehen, befahl aber, daß sie den Pythischen Apollo um seine Entscheidung angehen sollten. Diese fiel dahin aus, daß sie hingehen und das Bild seines Vaters holen, das der Schwester jedoch zurücklassen sollten.

Als die Gesandten nach Sinope kamen und dem Scydrothemis die Geschenke, Bitten und Aufträge ihres Königs übergeben hatten, wurde jener König mit wechselndem Gemüt bald von der Scheu vor der Gottheit und den Drohungen seines widerstrebenden Volkes geschreckt, bald von den Geschenken und Verheißungen der Gesandten hingezogen. Drei Jahre vergingen; Ptolemäus ließ nicht ab, sondern erhöhte die Würde der Gesandtschaft, vermehrte die Zahl seiner Schiffe vor Sinope und auch das Gewicht der Geschenke. Endlich hatte Scydrothemis eine drohende Erscheinung, „er solle dem Gott seine Bestimmung nicht länger verzögern", und als ihn, noch immer zaudernd, mancherlei Verderben, Krankheiten und von Tag zu Tag schwererer Götterzorn abmattete, da berief er eine Volksversammlung und legte ihr die Befehle der Gottheit, seine und des Ptolemäus Erscheinungen und die hereinbrechenden Übel vor Augen. Das Volk blieb widerstrebend, voll Mißgunst gegen den Ägypter und von Furcht für sich selbst umringte es den Tempel. Da soll der Gott selbst, frei und ungezwungen, die am Ufer liegenden Schiffe bestiegen haben, und mit wundersamer Eile durchmaßen sie die Weite des Meeres und landeten am dritten Tage in Alexandrien. Hier war ein der Hoheit der Stadt würdiger Tempel an einer Stelle, Rhacotis genannt, errichtet, wo ein uraltes Heiligtum des *Serapis* und der *Isis* gestanden hatte.

Andre sagen, der Gott sei unter der Herrschaft des dritten Ptolemäus aus Seleucia in Syrien geholt worden; noch andre, er sei aus Memphis, dem Hort des alten Ägyptens, gebracht worden.

Dies ist die Sage. Es ist eben ein neuer Götterdienst, den Ptolemäus gründete und welcher, von dem Bedürfnis einer Lokalgottheit für Alexandria ausgehend, zugleich die alte höchste Landesgottheit in verjüngter Form wieder beleben sollte. Darum lehnte man den Namen und die Bedeutung des Serapis an die alten Vorstellungen an. Er wird der große *Zeus-Helios* genannt, also mit Ra, dem Sonnengott, in Verbindung gebracht; sein Name *Serapis* (bei den Griechen *Sarapis*) wird in der gebräuchlichsten Erklärung von Osiris-Apis hergeleitet; er hat in Verbindung mit Isis völlig die Stelle des Osiris eingenommen. Daß er auch Pluton genannt wird, kann wiederum auf seine Verknüpfung mit Osiris als Herrn der Unterwelt hindeuten, obwohl auch der Einfluß der beginnenden Göttermischung hierin sichtbar wird. Der griechische Geist, welcher sich bei der Begründung des Serapis-Dienstes nicht verleugnete, machte die Würde und Deutung dieses Gottes so weitumfassend, daß er den Osiris wie den Zeus und Pluton in sich aufnahm.

Das Bild des Serapis in Alexandria war blau, mit einem Purpurgewande angetan. Wir geben dasselbe, wie es sich unter dem Einflusse der griechischen Kunst gestaltet hat. Der Gott ist thronend dargestellt in dem Typus des Pluton, jedoch ohne die ungelenke Haltung desselben, vielmehr der Hoheit der Zeusbilder angenähert. Er hält in der Linken den Zweizack, die Rechte senkt sich auf das Knie zu dem Cerberus herab, dessen mittlerer oder größter Kopf ein Löwenkopf ist, der rechte ein schmeichelnd sich emporhebender Hundskopf, links der eines Wolfes. Eine Schlange, welche das Ungetüm umwindet, hebt den Kopf zum Serapis empor. Der Gott selbst blickt streng, aber nicht mürrisch, auf dem Haupte trägt er den Modius (Scheffelmaß) mit Asphodelos-Blumen geziert, zum Zeichen, daß der Herr der Unterwelt ohne Unterschied richte, oder auch, vom Osiris her, der Spender des Nahrungssegens sei. Der Kultus des Serapis wurde in Ägypten, dessen Priesterschaft auch bei seiner Einführung ihre Mitwirkung abgelehnt hatte, nur insoweit heimisch, als die Autorität der Ptolemäischen Herrscher es erzwang. Sein Hauptort blieb Alexandria, doch sollen in Ägypten zweiundvierzig Heiligtümer des Serapis bestanden haben. Es wurden ihnen wunderbare Heilungen zugeschrieben, weshalb man ihn auch als Aesculap verehrte. Als Vespasian in Alexandria war, kamen ein Blinder und ein Lahmer zu ihm und sagten, Serapis habe sie im Traume belehrt, was sie tun sollten. Der Blinde bat, Vespasian möge ihm auf die Augen speien; der Lahme, er möge ihm an die Füße treten. Vespasian erfüllte diese Bitten, und die Heilungen sollen geschehen sein.

In der griechischen und römischen Welt gewann der Serapisdienst, gleich dem der Isis, eine lebhafte Aufnahme. Er hatte Tempel in Athen und Sparta; in Rom bürgerte er sich ein trotz aller Verbote der Konsuln und der Kaiser, wenn auch anfänglich nur in einem Heiligtume der Vorstadt, bis endlich Caracall den Kultus des Serapis eifrig begünstigte und ihm mehrere Tempel gründete.

9. Die Isis neben Serapis

In dem national-ägyptischen Götterdienste ist ohnstreitig die ursprüngliche Vorstellung und Gestalt der Isis festgehalten worden; als aber die große Göttin der Ägypter unter Einmischung, griechischer Meinungen und Kunstformen neben Serapis Eingang in Griechenland und Rom gewann, wurde sie zur Allgöttin umgestaltet, welche nicht bloß die Bedeutung der Ceres und der Proserpina, sondern auch der Juno, Minerva und Venus in sich aufnahm und vereinigte. Die Schiffer richteten an sie in der Not der Meeresstürme ihre Gelübde,[37] man hielt sie für eine Vorsteherin der Totenbestattung und der daran sich knüpfenden Dinge, ganz besonders aber wurde Isis die Göttin, welche über die Ereignisse des Frauenlebens regiert. Ihr Tempel in Rom war sehr geehrt und vielbesucht, namentlich von Frauen; dabei suchten die römischen Lüstlinge gern die Gottesdienste dieses Heiligtums auf, was dem Rufe desselben nicht förderlich war. Wir sehen diese Isis ganz in der Haltung einer griechischen Götterfigur gebildet, doch ihre Attribute sind ägyptisch. Sie erscheint einer Juno ähnlich; das mit Fransen besetzte Obergewand ist über der Brust zu einem Knoten verschlungen. Die linke Hand hebt das uns bereits bekannte Sistrum empor, die rechte hält ein Wassergefäß, wohl zur Andeutung des vom Nil ausgehenden Segens.[38] Zwei Feste wurden ihr gefeiert, im Frühling und im Herbste. Das erste, „Schiff der Isis" genannt, bestand in einem Festzuge nach dem Meeresufer, wo man ein mit heiligen Gebräuchen geweihtes Schiffchen den Wellen übergab; das Fest im Herbste war eine Nachbildung des Suchens und Findens des Osiris oder Serapis. Man gab sich einer düstern und traurigen Stimmung hin, auf welche ein zügellos aus-

Fig. 16

brechender Jubel folgte. Auch Mysterien des Serapis und der Isis bestanden in Rom, unter großem Zulaufe, wie wir das ebenso bei den Mithrasmysterien bemerkten. Je mehr die Anhänglichkeit an die alten, einheimischen Götter sank, desto eifriger drängten sich viele in diese ausländischen Kultusformen, welche sich in ihren Weihungen und Graden mit dem Reiz des Geheimnisses und den Aufregungen der Furcht und des von der Menge sich loslösenden Wissensdünkels ausstatteten. Die niederen Kreise dieser an ihrer linnenen Kleidung und dem geschorenen Haupthaare erkennbaren Eingeweihten wurden neben jenem Dünkel auch von der heilkräftigen Seite des Serapisdienstes angezogen; die Gebildeteren unter ihnen, obzwar sich von dem seelenlos gewordenen, alten Göttertume abwendend, fühlten sich ebenso stark zurückgestoßen von dem um sich greifenden Leichtsinne in religiösen Dingen[39] und fanden die Befriedigung ihres inneren Dranges in den Lehren und Symbolen der Mysterien.

Die Verehrung der Isis soll sogar bis zu den alten Deutschen vorgedrungen sein. Ein Teil der Sueven opferte der Isis, erzählt Tacitus; und schließt dies daraus, daß das Bild wie eine Liburne, eine Art Schiffchen gestaltet gewesen sei. Wir kommen in dem betreffenden Abschnitt darauf zurück: hier wollten wir damit nur andeuten, welch allgemeines Ansehen der Kultus der Isis gewonnen hatte.

10. Die Götterkreise

Für unsre Auffassung der ägyptischen Religion wird eine kurze Mitteilung über die Götterkreise genügen. Herodot erzählt von Ägypten, es sei dort eine erste Ordnung von acht ältesten Göttern gewesen, eine zweite Ordnung von zwölf, aus der ersten entstanden, und eine dritte von acht aus dem zweiten Götterkreise entsprungenen Göttern. Die Namen zählt er nicht auf und erwähnt nur, daß der Pan von Mendes und die Leto von Buto in den ersten Götterkreis gehört haben, Herakles (Chon oder Sem) in den zweiten; Osiris aber wird von ihm dem dritten, jüngsten Götterkreise zugezählt.

Manethos dagegen, ein ägyptischer Priester zur Zeit des zweiten Ptolemäers, rechnet den Osiris zu dem ersten, ältesten Götterkreise.

Der Vorzug an Autorität, welchen der einheimische, eingeweihte Geschichtsschreiber an sich selbst genießen würde, wird nach den Forschungen eines in ägyptischen Dingen berühmten Gelehrten durch die Denkmäler bestätigt. Mit siegendem Scharfsinne hat Lepsius aus vielen von ihm beobachteten bildlichen Darstellungen in den Tempelruinen Ägyptens den ersten, ältesten Götterkreis nachgewiesen und gezeigt, daß Osiris und die ihm zugehörigen Göttergestalten jederzeit den ersten und nicht den letzten Göttern zugezählt worden sind.[40]

An der Spitze dieses ältesten Götterkreises steht nach memphitischer Lehre der dortige Lokalgott Ptah, nach thebanischer Lehre aus demselben Grunde Ammon-Ra. Auf diese Erhöhung der beiden Lokalgötter folgt nun die allgemeine höchste Landesgottheit, der Sonnengott, mit seinem Sohne Mu und dessen Genossin Tefnet, und zwar in Memphis einfach als Ra, in Theben dagegen gespalten in Mentu, die Sonne des Tages – die überweltliche und Atmu, die unterweltliche – die Sonne der Nacht. Ohne Verbindung mit diesen Sonnengöttern erscheint hierauf der Kreis des Osiris, beginnend mit dem Vater und schließend mit dem Sohne. Es sind: Seb und Nut – Hesiri und Hes – Set und Nephthi – Hur und Hathur. In Theben schloß die Reihe dann mit der vereinzelten Hinzufügung des krokodilköpfigen Gottes Sebak, dessen Haupttempel zu Ombos war. Andre Forscher der Neuzeit haben die ägyptischen Götterkreise aus vereinzelten Anhaltspunkten in andrer Weise zusammengestellt, unter Zuhilfenahme kombinatorischer Phantasie.

Die Denkmäler zeigen den Osiris in der Reihe der ältesten und höchsten Götter. Aber auch Herodot wird nur berichtet haben, was für ihn glaubwürdig, zu seiner Kenntnis gekommen war. Wenn man nun seine beiden Meldungen zusammenhält, daß Osiris der Gott gewesen sei, den alle Ägypter gleichmäßig verehrten, und daß er dem jüngsten Götterkreise zugehört habe, so wird man unter Beachtung der neueren Resultate das Recht gewinnen, dies dahin zu deuten: die Kunde, daß einst ältere Götter geglaubt worden, war geblieben. Nach ihrem Verbleichen hatte sich die Verehrung des Osiris lebendig erhalten und war an die Stelle jener getreten. Es gab also eine Zeit, wo andere hohe Götter verehrt worden waren. Osiris war nach ihnen in allgemeine Verehrung gekommen. Dies hätte, da die Änderung eine nationale Entwicklung, nicht ein von außen aufgenötigter Zwang war, schwerlich geschehen können, wenn nicht das Wesen des Osiris *entweder* für gleichartig dem Ra oder für seinen vollen, siegenden Gegensatz gehalten worden wäre. Von diesen Gedanken ausgehend und sie verfolgend, ergibt sich die Ansicht, daß Ra und Osiris und der spätere Serapis nur verschiedene Gestaltungen des ältesten ägyptischen Gottesdienstes, der Sonnenverehrung, waren, welche in der Folgenreihe der Zeiten nacheinander zur Geltung gekommen sind. Unsre Darstellung der großen ägyptischen Götter ist nach dieser Auffassung geordnet worden. Werfen wir nun einen Blick auf einige der übrigen Gottheiten Ägyptens.

11. Andere Gottheiten: Anubis, Thoth, Pascht, Neith, Nil

Anubis, ägyptisch Anpu, d. h. der Goldene, Goldglänzende, wurde mit dem Kopfe des Schakals, welcher dann für den eines Hundes gehalten worden ist, dargestellt, und die Bezeichnung als der Hundsköpfige ist stehengeblieben. Er war ein Sohn des Osiris und der Nephthys; Isis aber eignete sich denselben an, und er half ihr bei dem Suchen des Osiris. Auch in der Unterwelt, dem Amenthes, bleibt Anubis eine dem Osiris zugehörige Götterfigur. Da Nephthys, seine Mutter, das bedeutet, was unter der Erde und unsichtbar ist, Isis aber, was über der Erde und sichtbar ist, so soll Anubis der beide berührende und beiden gemeinschaftliche Kreis des Horizontes sein und unter dem Bilde des Hundes dargestellt werden, weil der Hund sowohl bei Tag als bei Nacht sieht. Diese Erklärung ist gesucht und schwach. Nach einer richtigeren Ansicht ist Anubis eine Personifikation oder der Genius des glänzenden Hundssternes oder Sirius, ägyptisch Sothis. Dieser Stern, der Vorläufer der Nilüberschwemmung, deutete durch die Art seines Aufgehens die Höhe der Nilflut und damit zugleich die größere oder geringere Fruchtbarkeit des Jahres an, welches mit seinem Aufgange den wahren Anfang nahm. So gehört Anubis mit Recht in die Mythe von Osiris und Isis, deren Zusammenhang mit den wechselnden Zuständen der Nilflut nicht zweifelhaft ist. Mit feierlichen Gebräuchen wurde dieser Aufgang erwartet, von der Beobachtung des Sirius überhaupt hing die Grundlage der ägyptischen Zeitrechnung ab. Immer nach Verlauf von 1461 Jahren erschien der Sirius bei seinem Aufgange an demselben Tage, in derselben Stunde und an derselben Stelle. Dieser Zeitraum von 1461 Jahren hieß das große Hundssternjahr oder die *Sothis-Periode* der Ägypter.[41]

Mit der Beobachtung des Hundssternes ebenfalls verbunden war ein angesehener Gott der Ägypter, *Thoth*, von den Griechen mit *Hermes* verglichen. Er war, da die Zeitrechnung in Ägypten sich an den Hundsstern knüpfte, der Gott der Zeitrechnung, der den Lauf der Zeiten erforschte, bestimmte und aufzeichnete. So ist er der heilige Schreiber, der Erfinder der Schrift, der Meßkunst, Musik, Sternkunde und der Medizin; er ist mein Worte der Gott der Kenntnisse und der Weisheit. Von ihm rühren die 12 heiligen Bücher der ägyptischen Priester her, die Bücher des Hermes. Auch im Amenthes ist Thoth mit dem Aufschreiben des über die Seele gefällten Urteils beschäftigt. Der Ibis war ihm geweiht, und mit dem Kopfe dieses Vogels wird Thoth abgebildet. Er trägt in der einen Hand das Schreibzeug, mit der andern scheint er zu schreiben; sein Haupt ziert eine Mondsichel und wohl auch eine Straußenfeder, Attribute der Zeitordnung und der Gerechtigkeit. Alles weist darauf hin, daß wir in Thoth eine über das bloße Naturleben hinausgehende Gottheit erkennen dürfen; sein Gebiet reicht in das Geistige hinein, und er bietet so als ideale Ergänzung der übrigen Vergötterung materieller Kräfte eine eigentümliche Seite der ägyptischen Religion dar. Hermopolis war Hauptsitz seiner Verehrung. Häufig wird Thoth mit Anubis zusammengestellt und Hermanubis genannt. In späterer Zeit, wo man dem Thoth die höchste Intelligenz der Gottheit zuschrieb, heißt er Hermes Trismegistus, d. h. der dreimal

Größte, eine Benennung von großem Ansehn in den Geheimnissen der Magie, Mantik und Alchimie.

Ebenso wie die voranstehenden sind auch die weiblichen Gottheiten, die wir noch erwähnen wollen, nur in wenigen Attributen und Merkmalen bekannt, was jedoch hinreicht, sie als Nebenformen der Naturgöttin, deren ägyptische Hauptgestalt Isis war, erkennen zu lassen. In Bubastis, einer späteren Residenz der Pharaonen, herrschte als Lokalgottheit die *Pascht* von *Bubastis*, von den Griechen *Artemis* genannt. Sie ist katzenköpfig dargestellt mit der von einer Schlange umwundenen Sonnenscheibe als Kopfschmuck. Die Erkenntnis ihrer Bedeutung ist uns entzogen; eine wohltätige, freudeschaffende Göttin, vielleicht eine Geburtsgöttin ist sie gewesen. Die Katze, das ihr geheiligte Tier, war wegen der Vertilgung des nach der Nilüberschwemmung zurückbleibenden Ungeziefers sehr verehrt, und auch das Fest, welches der Bubastis gefeiert wurde, zeigt uns eine frohe Verehrung der Göttin. In lärmendem Jubel zog der nach Hunderttausenden gezählte Festzug aus dem ganzen Lande nach der Stadt der Göttin hin; die Frauen nahmen mit derben Gebräuchen an der Festlust teil, bei welcher schließlich der reichlichste Genuß des Rebenweines nicht fehlte.

In Sais, der letzten pharaonischen Residenz, hatte die Göttin *Neith*, welche die Griechen *Athene* nannten, ein berühmtes Heiligtum. Das Bild der Göttin hatte die Inschrift: *„Ich bin das All, das gewesen ist, das ist und das sein wird, meinen Schleier hat kein Sterblicher aufgedeckt.*[42] Neith stand in naher Beziehung zu Osiris, denn eines seiner Gräber lag in ihrem Tempelbezirke; ja sie wurde für Isis selbst gehalten, und in der Tat ist Neith ebenfalls wohl nur als eine Form der großen, segenspendenden Göttin aufzufassen. Auch in Sais feierte man eines der großen Jahresfeste, das Fest der Lampen-Erleuchtung. Rings um die Häuser wurden in der festlichen Nacht unter freiem Himmel Lampen angezündet, und dies geschah nicht bloß in Sais, sondern durch das ganze Land auch von allen denen, welche der Festversammlung nicht beiwohnen konnten.

Daß der *Nil* von den Ägyptern göttlich verehrt worden ist, liegt so nahe, daß wir es auch ohne alle Nachrichten davon vermuten würden. Von dem Strome hing Wachstum und Gedeihen des Früchtesegens ab, ohne ihn konnte ein Bestehen Ägyptens gar nicht gedacht werden, und die Regelmässigkeit der Überschwemmung, die mächtige Wirkung dieser das Land bedeckenden Wasserfluten war an sich schon eine große Erscheinung. So fügten Dankbarkeit und heilige Scheu den Göttern des Landes auch den Segensstrom, den Nil, hinzu. Es waren ihm Tempel geweiht, gewöhnlich in Verbindung mit andern Göttern; er hatte seine Priester und ein großes ihm gefeiertes Fest, welches in seinen Tänzen, Gastmahlen und Aufzügen den Charakter der Freude, ja der Ausgelassenheit an sich trug. Die bildlichen Darstellungen zeigen ihn in verschiedener Weise. Bald hat er das Haupt mit Wasserpflanzen geziert und hält in den Händen Wassergefäße oder Pflanzenstengel und Blumen; bald bindet er sinnvoll den Königsthron mit Stengeln zweier Wasserpflanzen, welche die Herrschaft von Ober- und Unter-Ägypten bedeuten. Aus späterer Zeit finden sich Abbildungen des Flußgottes Nil in liebender Stellung, umspielt von zarten, lächelnden Knäbchen. „Die einen von ihnen sitzen auf seinen Schultern, andre hangen an seinen Locken, andre ruhen in seinen Armen, andere gaukeln auf seiner Brust. Er läßt ihnen Blumen aufgehen, die einen vom Bausche des Gewandes, andre am Arme, damit sie Kränze daraus flechten oder harmlos auf den duftenden Blüten schlafen." Es sind sechzehn solcher Knäbchen, um die Zahl der Ellen seiner höchsten Steigung zu bezeichnen.

Mit dem Nil als Flußgott hing wohl das spätere Auftreten einer Gottheit an einem der westlichen Nilarme zusammen. Dieser Nilarm hieß *Canopus* (oder nach griechischer Schreibung *Kanobos*), und an seiner Mündung lag eine gleichnamige Stadt. Hier kam eine Gottheit auf, ebenfalls Canopus genannt, die man im Bilde eines weitbauchigen, irdenen Wasserkruges mit engem Halse und dem darauf gesetzten Kopfe des Gottes verehrte. Der Ursprung dieser Erfindung einer späteren Zeit wurde in das Altertum zurückgeleitet. Da soll bei der Rückkehr von Troja Canopus, ein Steuermann des Menelaos, hierher verschlagen worden sein und göttliche Ehre in der Gegend erlangt haben. Man erzählte dazu folgende Fabel: Die Chaldäer, Diener des Feuers, zogen mit ihrem Gott umher und forderten die Gottheiten der Länder zum Wettstreit auf. Überall siegte die Kraft des Feuergottes. Als sie nach Canopus kamen, nahmen die dortigen Priester eines der porösen Wassergefäße, wie sie zum Durchseihen des Nilwassers dienten, überstrichen es mit Wachs und übermalten es; dann füllten sie den Krug mit Wasser und setzten den Kopf des Steuermannes Canopus darauf. So in das Feuer gestellt, zerschmolz das Wachs, und bald verlosch das Feuer. Von daher rührt das Bild und die Verehrung des Canopus.

12. Der Tierdienst der Ägypter

Wenn die Nilflut zurücktrat und im Schlamme nun allerlei verderbliches Gewürm erschien, da freute man sich dankbar der Tiere, welche, wie der Ibis und die Katze, durch Vertilgung des Ungeziefers sich wohltätig erwiesen. Auch der Sperber und Habicht halfen das Land von schädlichen Tieren frei halten. Der Stier, der Genosse der Arbeiten des Ackerbauers, mit ihm die Kuh schmiegten sich befreundet an das Gemüt des Ägypters, der in ihnen zugleich die Sinnbilder der Kraft und Stärke sah. Und so wie diese und andre nützliche Tiere gern geehrt waren, so prägte auch die Scheu vor furchtbaren und schädlichen Tieren sich zu fürchtender Verehrung aus.

Der von den Ägyptern früh gekannte, wohl sogar erfundene Tierkreis am Himmel setzte in die Abteilungen oder die heiligen Häuser des Himmels Tiere hinein, deren irdische Gefährten nun als Abbilder der himmlischen Geschöpfe mit besondrer Verehrung ausgezeichnet wurden.

Die Götterbegriffe der Ägypter erschienen in gewissen Tieren symbolisiert auch dem Verständnis näher gebracht oder ließen ein solches doch für möglich halten und dunkel ahnen. Diese Tiere wurden an den Kultus der Götter angelehnt und der Verehrung des Volkes übergeben.

Dies mögen mitwirkende Grundlagen für den ägyptischen Tierdienst gewesen sein, einander unterstützende Ausgangspunkte dieser sonderbaren Gebräuche des merkwürdigen Volkes. Manches läßt sich durch solche unsachlichen Hinweisungen verstehen, aber sie reichen dennoch zur vollen Aufhellung über den Tierkultus nicht hin. Es ist ein schwerer und weiter Weg, rückwärts schreitend finden zu wollen, wie der vernunftvolle Geist des Menschen sich vor dem hat verehrend beugen können, was unvernünftig und unter ihm ist. Wir müssen annehmen, daß es im ägyptischen Volke Urzustände gab, welche grade hier zum Tierdienst hinleiteten.

Die Verehrung der Tiere war mannigfaltig, und es spiegelte sich die religiöse Sitte, welche den Göttern gegenüber bestand, auch im Tierkultus ab. Er war für einige Tiere, für andre allgemein. Der Widder war im Bezirk von Theben ein heiliges Tier, Böcke und Ziegen zu Mendes, die Katzen zu Bubastis, das Krokodil um Theben und um den See Möris (an beiden Orten wurde ein heiliges Krokodil unterhalten) das Flußpferd bei Papremis, Hunde, Ichneumons u. a. hier und dort; der Stier und die Kuh aber, der Ibis, der Sperber, der Käfer und wohl auch die Schlange genossen im ganzen Lande die heiligste Verehrung. Wo ein heiliges Tier unterhalten wurde, da war es für jeden Familienvater Pflicht, seinen Kindern wahrscheinlich in einem bestimmten Alter entweder den ganzen Kopf oder einen Teil desselben abzuscheren, die Haare gegen Silber abzuwiegen und den Geldbetrag des Gewichtes an die Wärter des heiligen Tieres zu zahlen, welche dafür die Nahrung desselben kauften. In diesem Gebrauche erscheint eine Hindeutung auf eine alte, bei mehreren Völkern vorkommende Sitte, nach welcher die Kinder dem Gotte dargebracht werden sollten. Statt der Darbringung aber genügte ein Loskauf durch ein Opfer oder eine Gabe an die Gottheit, hier an ihr Sinnbild, das heilige Tier. Starb ein solches Tier, so wurde es einbalsamiert und an dem Orte seiner Verehrung begraben.[43] Tötung eines heiligen Tieres zog die Todesstrafe nach sich; geschah es ohne Willen, mußte die Buße, welche die Priester ansetzten, gegeben werden. Aber auf die Tötung eines Ibis oder Sperbers (andre sagen, Ibis oder Katze) wurde ohne Rücksicht auf die Veranlassung der Tod verhängt.[44]

Eine hervorragende Stelle in diesem Tierdienst nahmen die heiligen Stiere ein: *Mnevis*, *Onuphis* und *Apis*, insbesondere der letztgenannte. Auf den *Mnevis* führte uns schon der Abschnitt von Ra, dem Sonnengott, dem er als Licht- und *Sonnenstier* geheiligt war. Er war schwarz und borstig von Haaren. Seine Verehrung war älter als die des Apis, erreichte aber nicht das Ansehen desselben. Auch der zweite heilige Stier, *Onuphis*, stand in Beziehung zur Sonnengottheit. Es ist nur weniges über ihn überliefert. Schwarz von Farbe sträubte sich sein Haar nach der Gegenseite der gewöhnlichen Richtung. Zu Hermonthis soll er verehrt und auch Pakis oder Bacis genannt worden sein.

Der *Apis* zu *Memphis* war das angesehenste und berühmteste dieser Tiere. Er gehörte ursprünglich zu der Verehrung des Ptah als Sinnbild der erzeugenden Naturkraft; später kam er in Beziehung zu Osiris, dessen Seele in den Apis überging und von einem Apis in den folgenden wanderte, so daß er als das beseelte Bild des Osiris galt, dessen übrigens auch

Fig. 17

als Erfinder des Ackerbaus hierbei gedacht werden kann. Der Apis war schwarz von Farbe, denn Ägypten war das schwarze Land; er hatte einen dreieckigen weißen Fleck an der Stirne, auf dem Rücken die Figur eines Adlers, im Schweife zweifache Haare und einen Knoten, einem Käfer ähnlich, an der Zunge. Allmählich sind die Kennzeichen des Apis vermehrt worden, und es sollen deren endlich neunundzwanzig geworden sein; auch ein Beleg für die Wahrnehmung, daß äußere Verschärfung religiöser Gebräuche im Innersten nur die leichtfertige Auflösung der einfachen, ernsteren älteren Einrichtungen ist. Um wieviel rascher mag jedes einzelne Merkmal der gehäuften Zahl erledigt worden sein als einst bei den wenigen ursprünglichen Bestimmungen! Aber es war wohl notwendig geworden, die Devotion des Volkes vor dem Apis zu stacheln und zu steigern.

Ein Strahl des Himmels berühre eine Kuh, so sagten die Ägypter, und davon gebäre sie den Apis. Nach dem Tode eines Apis, durch welchen das ganze Land in Trauer versetzt wurde, suchten die Priester den neuen Apis, und wenn sie ein Tier mit den geforderten Zeichen gefunden hatten, machte die Trauer einer lauten allgemeinen Freude Platz. Der Besitzer der Herde, aus welcher es hervorging, wurde ein beglückter und bewunderter Mann, das Tier selbst brachte man auf vierzig Tage in die Nilstadt und nährte es mit Milch; hier allein durften Frauen sich ihm nähern, wobei sie einen rohen Gebrauch auszuüben hatten. Dann führte man den Apis zu Schiffe nach Memphis, wo ihm bei dem Heiligtume des Ptah ein Hof erbaut war mit einem Säulengange umgeben, der jedoch nicht auf Säulen, sondern auf zwölf Ellen hohen Kolossen ruhte. Hier hatte er zwei Gemächer, und je nachdem er bei seiner Ankunft in das eine oder andre ging, war es eine glückliche oder unglückliche Vorbedeutung. Auch andre Weissagung noch ging von dem Apis aus, sowohl aus gewissen Bewegungen des Körpers als besonders daraus, ob er Futter aus der Hand eines Herannahenden annahm oder nicht. Verpflegung und Unterhaltung wurden ihm angemessen gewährt, doch gab man acht, daß er nicht zu fett wurde, weshalb er kein Nilwasser trinken durfte, welches fett machte. Fünfundzwanzig Jahre lang ließ man so den Apis, wenn er nicht früher vor Alter starb, Gegenstand göttlicher Verehrung sein; länger durfte er nicht leben. War die Zahl der Jahre erfüllt, so wurde das Tier durch Untertauchen in dem Quell der Priester getötet, seine Bestattung aber mit großem Trauergepränge vollzogen. Welch hohe Geltung die Verehrung des Apis genoß, davon zeugt uns die Aufmerksamkeit, auch die feindliche, welche die fremden Herrscher bei ihrer Anwesenheit in Memphis ihm erwiesen. Die Perserkönige Kambyses und Ochus, deren reinere Sonnenverehrung diesen Tierdienst abscheulich finden mußte, töteten jeder eigenhändig den derzeitigen Apis, der letztere speiste sogar von seinem Fleische; aber sie gruben damit nur den Haß gegen ihre

Herrschaft in die Priesterschaft und das beleidigte Volk. Alexander der Große vernachlässigte diese Warnung nicht; er ehrte den Apis sowie die anderen Götter Ägyptens durch Opfer, obwohl der Ausspruch, daß so wie das Einheimische ehrwürdig, auch das Fremde hier heimisch sein sollte, den Gedanken des Königs, Griechenlands Götter schonend hereinzuführen, leise durchblicken läßt. Germanicus, des Tiberius Neffe, begab sich auf seiner ägyptischen Reise auch in das Heiligtum des Apis, aber das Tier verschmähte, aus seiner Hand Futter zu nehmen. Sein bald darauf erfolgter plötzlicher Tod gab dem Glauben an die weissagende Kraft des Apis neue Stärke.

Es war ohnehin der schwache Strahl von Sinn und Geist, welcher bei den Anfängen des Tierdienstes in tiefere religiöse Ideen hineingeleuchtet hatte, allmählich vergangen. Daß die Geheimlehre der Priester reinere Begriffe von der Gottheit umfaßte, daß sie die heiligen Tiere für nichts andres als Sinnbilder dieser Begriffe nahm, das ist gewiß; aber es ist auch wahrscheinlich, daß die Erinnerung an diese symbolische Bedeutung sich abschwächte und in der Praxis im allgemeinen auch bei den Priestern nicht aufrecht erhalten blieb. Sie hatten sich so lange daran gewöhnt, die Verehrung der Tiere dem Volke als Religion hinzugeben, daß von solchem Hochmut und Heuchelei aus nur ein kurzer Schritt bis zu dem Glauben war, in den Tieren sei wirklich eine göttliche Natur, freilich nur für die Anbetung der großen Menge. Das Volk aber warf sich vor den Tieren als seinen Göttern nieder und hielt die lokale Verehrung einzelner Tiere mit solcher Leidenschaft fest, daß blutige Kämpfe zwischen benachbarten Städten sich ereigneten, „weil jeder Ort die Götter der nachbarlichen Grenzen haßte und jeder glaubte, daß der nur für den rechten Gott zu halten sei, den er als solchen ehrte." Man blickte zur Kaiserzeit in Rom mit Geringschätzung auf das „wahnsinnige Ägyptervolk", und noch heute hält jede kürzere Anschauung der ägyptischen Religion den Tierdienst für den eigentlichen Kultus des alten Nillandes.

An den Schluß dieses Abschnitts gehört noch eine kurze Erwähnung über die Sphinx. Mit der Sphinx in der Oedipus-Sage der Griechen haben diese ägyptischen Mischgebilde keinen Zusammenhang, aber der Name ist von dort herübergekommen; in Ägypten hieß er Neb, d. h. Herr. Es waren Löwenkörper mit dem Oberleib einer Jungfrau, und dies sind die älteren, später bildete man auch Männersphinxen, wie König Amasis am Neith-Tempel zu Sais. Weitere Gebilde dieser Art waren aus Löwenleib und Widderkopf zusammengesetzt, und es finden sich in Karnak Trümmerreste von ganzen Sphinx-Alleen; zum Teil sind es auch Reihen von bloßen Widdern oder Löwen, was zu dem Gedanken geführt hat, daß alle diese Gestalten aus einer Beziehung zum Tierkreise und den gleichen Sternbildern zu deuten seien. Eine mächtige Sphinx (Löwenleib mit Männerkopf), die noch heute das Erstaunen der Reisenden erregt, liegt in der Nähe der großen Pyramiden. Was die Griechen über diese Bildungen zu deuten versucht haben, kann sich von der Einmischung des Rätselvollen nicht losmachen, an welches sie mit dem Namen gewöhnt waren; das einfachste und wahrscheinlichste ist, daß diese Mischgestalten, wie die ähnlichen in Ninive (siehe Fig. 11), die höchsten Eigenschaften der Gottheit ausdrücken sollten, als majestätische Sinnbilder der Verbindung von Vernunft und Stärke, Weisheit und Allmacht.

13. Der Amenthes oder die Unterwelt

Im Westen (Ament), wo die Göttermutter Nut die sinkende Sonne in ihre Arme aufnimmt und zur Ruhe bringt, war der Eingang in das Schattenreich oder die Unterwelt, Amenthes genannt. Osiris und Isis sind die Fürsten des Amenthes. In mehreren Abteilungen, welche die Seele zu durchwandern hatte, enthielt er die Orte und Gefilde, wo die Seelen der Verstorbenen vor dem Richter Osiris gewogen und geprüft wurden und wo sie nach rechtfertigendem Urteil in schöner, geläuterter Fortdauer lebten.

Die Unsterblichkeit der menschlichen Seele soll bei den Ägyptern zuerst gelehrt worden sein. Wenn der Körper verwest, geht die Seele in ein andres, eben zum Leben kommendes Geschöpf hinein; sie wandert herum in allen Tieren des Landes, des Meeres und des

Himmels[45], dann gelangt sie wieder in einen eben geborenen Menschenleib. Dreitausend Jahre bedarf sie zur Vollendung dieser Wanderung.

Aber auch der menschliche Leib sollte zur Fortdauer erhalten bleiben. Mit größter Gewissenhaftigkeit bemühten sich die Ägypter, den Körper der Verstorbenen der Verwesung zu entziehen und seine Todesruhe zu sichern. Wenn in einem Hause der Tod ein Opfer gefordert hatte, da eilten die weiblichen Mitglieder der Familie, Kopf und Gesicht durch Schmutz entstellt und in vernachlässigter Kleidung, auf die Straßen der Stadt, schweiften umher, und wehklagend schlugen sie sich die Brust. Auch die Männer taten dieses. Alsdann übergaben sie die Leiche den Einbalsamierern, welche ihr Geschäft in 30 Tagen vollendeten.[46] Doch nicht allein die zerstörende Verwesung sollte gehindert, auch jede Störung der Todesruhe sollte abgehalten werden. Die fest verschlossenen Granit-Sarkophage geben davon Zeugnis, und besonders die Könige erschöpften sich im Ersinnen von Hindernissen, um ihr Asyl im Tode unzugänglich zu machen.[47] Dies ist der Grund des Aufwandes auf die Grabstätten; er hat in den Pyramiden und den in das unterirdische Felsengestein gewühlten Königsgräbern das Mögliche erreicht.

Wenn die Bereitung einer Leiche zur Beisetzung vollendet war, sagte man den Verwandten und Freunden den Tag des Begräbnisses an. „Er will über den See gehen", war die dabei übliche Formel, denn vor den Totenstätten lag ein heiliger See. In einer auf Schleifen gesetzten Barke wurde der Mumienkasten von Ochsen dahin gezogen und gleichfalls in einer Barke über den See geführt. In der Grabstätte wurde der Totenkasten aufrecht hingestellt; dann kehrten die Verwandten um den See herum in ihre Wohnungen zurück. Doch kam es auch vor, namentlich bei den Reichen, daß man einen Toten nicht im Grab beisetzte, sondern im Hause in einem Prachtgemache bewahrte. Ob diese Mumien, wie erzählt wird, bei den Gastmählern in das Speisezimmer getragen worden sind, mag, wenn es als allgemeinere Sitte aufgefaßt werden soll, gerechtem Bedenken unterliegen; das Verlangen nach ungestörter Todesruhe war ein Charakterzug des ägyptischen Volkslebens. Das aber soll bei den Schmausereien der Reichen Sitte gewesen sein, die hölzerne Nachbildung eines Toten herumzuzeigen und dabei zu sprechen: „Sieh auf diesen, und so trinke und sei fröhlich, denn ein solcher wirst du nach dem Tode sein."

Sowie die Leiche des Verstorbenen in ihre Grabstätte einging, so stieg die Seele in den Amenthes hinab, um vor Osiris gerichtet zu werden. Sie trat in den Saal der Gerechtigkeit. Am Ende desselben in einer besonderen Kapelle thront Osiris, mumienhaft, Peitsche und Schlüsselhaken in den Händen, die Krone von Ober-Ägypten auf dem Haupte. Vor ihm steht ein Altartisch, worauf Opfergaben und Lotus; darüber die vier Totengenien: Amset mit Menschenkopf, Hapi mit dem Kopfe des hundsköpfigen Affen, Siumutef mit Schakalkopf und Kebhsenuf mit Sperberkopf. Unmittelbar hinter dem Tische sitzt auf einem Säulenfuße oder Altare ein Tier; als ob es Wache hielte, wendet es sich nach dem Tische und nach Osiris hin. Abbildungen davon erscheinen einer Wölfin nicht unähnlich; doch soll das Gebilde, „die Verschlingerin des Amenthes", in Art eines Ungeheuers zusammengesetzt sein, nilpferdartig mit dem Kopfe eines Krokodils.[48] In der Mitte des Saales ist eine Waage errichtet, bei welcher die Götter Horus und Anubis beschäftigt sind. Der Verstorbene tritt in den Saal der Gerechtigkeit ein und erhebt mit flehendem Gruße seine Hände zu der Göttin Ma, einer Personifikation der Gerechtigkeit. Sein Herz, in einem Gefäße, wird auf eine Waagschale gelegt, auf die andre eine Straußfeder, das Sinnbild der Gerechtigkeit. Oberhalb sitzen in langer Reihe die 42 Totenrichter, denn dies war auch die Zahl der zu richtenden Sünden. Was sie urteilen und wie das Gewicht des Herzens auf der Waage befunden wird, das zeichnet der ibisköpfige Thoth auf, um die Urteilsschrift dem Osiris, dem Fürsten des Amenthes, zu reichen.[49] Abbildungen dieses Totengerichtes in der Unterwelt sind auf den Denkmälern erhalten. Auch das findet sich angedeutet, was darauf folgte. Die Seele, welche auf der Waage der Gerechtigkeit sich zu leicht erwies, wurde in einer Barke zurückgeführt, um die Wanderung durch verabscheute Tiere zu beginnen. Man sieht z. B. die Barke mit einem Schweine zurückgeführt, welches von einem hundsköpfigen Affen geschlagen wird. Doch sieht man auch Schrecknisse der verworfenen Seelen in der

Unterwelt dargestellt. Die gerechtfertigten Seelen vollenden die Wanderung durch die Regionen des Amenthes. Abbildungen, welche auf himmlischen, wohlgewässerten Feldern Saat und Ernte darstellen, zeigen, daß das friedliche Glück einer ungehinderten, gesegneten Tätigkeit der Lohn war, den die vor Osiris Gerechtfertigten empfingen.

Überblicken wir alle diese auf das nachirdische Dasein gerichteten Vorstellungen und Gebräuche, so drängt sich die Schwierigkeit auf, sie für uns auszugleichen und zu vereinigen. Die Wanderung durch die Tierkörper war für sich allein schon ein Kreislauf, eine nie schließende Kette leiblicher Existenzen der Seele. Blieb der Anfang dieser Wanderung ausgesetzt bis zum Zerfall des Körpers? Und beruhte hierauf die Mühe und Sorge für möglichst lange Erhaltung der körperlichen Gestalt? Dann aber: Wie vereinigten sich das Glück, wie die Schrecknisse des Amenthes mit jener Wanderung? Möglich, daß sich zwei Vorstellungskreise durcheinander geschoben haben. Eine volle, klare Einsicht fehlt uns in diesen wie in vielen andern Dingen der ägyptischen Religion. Nur das eine erscheint als sicher, daß die Ägypter die Zerstörung der Leibesgestalt durch Verwesung für eine Hinderung der glücklichen Fortdauer der Seele gehalten haben müssen; daß sie das Fortbestehen des Körpers als eine Bedingung für die Seele auch nach dem Tode ansahen und einen gewissen bleibenden Zusammenhang zwischen der Gestalt und dem sie einst belebenden Geiste angenommen haben.

Das Anschauen der Vorstellungen eines Volkes über die Dinge, welche nach dem Tode kommen, lenkt überall den Blick auf den Sinn des Volkes, auf das Innere seiner Kulturbewegung zurück, und so werden einige abschließende Bemerkungen nach dieser Richtung hin hier ihre Stelle finden. In Ägypten war das Künftige mit dem Zeitlichen fest und streng verbunden, doch mehr in gedruckter Erwartung, der nur die Gewohnheit ihr Schweres benommen hatte, als in Kraft und Ernst des Gemütes. Aber es trug diese Verbindung viel zur Bewahrung des typischen Charakters bei, welcher diesem Volke eigen war. Denn die Durchdringung und Vollendung des Begrenzten, Festen, Typischen in Land und Volk war es hauptsächlich, was Ägypten zum Wunderlande machte, dessen Anschauen gegen den Ausgang des Altertumes hin so viel begehrt war. Es war der volle Gegensatz zu der freien Beweglichkeit des griechischen Wesens, welches in jenen Zeiten nach Osten wie nach Westen hin die Welt erfüllte. Ägypten, nach außen abgeschlossen gegen das Fremde, nach innen abgeschlossen durch die Kasten-Unterschiede des Volkes[50] und die Lokal-Verehrung der meisten Götter, war eine Vereinigung bald konzentrischer, bald nebeneinander haftender Standes- und Verkehrskreise, immer aber fest umschlossen von einer großen Peripherie. Selbst in dieser Enge war dann noch fast alles Tun und Lassen mit dem Stempel religiöser Pflicht gezeichnet. In Erfüllung von Vorschrift und Zeremonie floß das Leben des Ägypters dahin. Das mag in den bevorzugten Kasten der Priester und Krieger mit einem geistigen Schmuck des Lebens zusammengefügt gewesen sein, und was die Bildwerke der Denkmäler vom häuslichen und geselligen Leben schildern, mag zumeist diese Kasten angehen. Über dem dritten Stande lag, wenn auch in verschiedenen Abstufungen, die enge, niedergehaltene Mühsal des Daseins. Wieviel sklavische Lebensmühe dieses Standes war in die riesenhaften Bauten verwendet! Wie herabdrückend der Tierdienst, welchen die Priester dem Volke gaben, indem sie die höheren Erkenntnisse für sich zurückbehielten! Man lüftete diesen Druck hin und her mit der lauten Ausgelassenheit, welche der Volksmenge bei den großen Festzügen gestattet war. Die Zahl der daran Teilnehmenden – man schätzte sie nach Hunderttausenden – beweist, wie eifrig man sich dazu drängte, saure Wochen in heiteren Festen zu vergessen.

Auch diese Linien gehören zum Bilde des ägyptischen Religionswesens. Es war eine wunderbare Mischung der Ehrfurcht vor dem, was über dem Menschen ist, mit der Ehrfurcht vor dem, was unter ihm ist. Die hohen, den Lauf und die Wirkung der Himmelskörper abbildenden Vorstellungen vereinigten sich mit dem Kultus der im Tierleben waltenden Naturkräfte. Aber die großen Hauptzüge des ägyptischen Götterwesens, die Massen-Erhabenheit seiner Bauten und Trümmer drängen jene schmälernden Gedanken zurück. Der Eindruck bleibt ein großartiger, wie vor einem Urgebirge der Geschichte.

14. Der Phoenix. Die Memnonsäule

Diese der ägyptischen Mythologie verwandten Sagen mögen dieselbe in unserer Darstellung beschließen.

Ein Vogel, der Sonne heilig, einem Adler vergleichbar, aber an Gesicht wie Federschmuck von den übrigen Vögeln verschieden – golden und purpurrot ist sein Gefieder, er selbst aber dunkelfarbig und rosig – baut, wenn die Zahl seiner Jahre zu Ende ist und der Tod ihm naht, in seinem Lande Arabien ein Nest, befruchtet dasselbe und stirbt. Das entstandene Junge, der erneute Phoenix, übt seine Kraft an einem aus Myrrhen verfertigten Ei, und wenn er dasselbe im Fluge zu tragen vermag, dann höhlt er es aus, legt den väterlichen Leib hinein, bringt ihn nach Ägypten in das Heiligtum des Ra-Helios zu Heliopolis und verbrennt ihn dort auf dem Altare des Gottes.

Andre sagen, der Phoenix komme aus Indien nach Ägypten, baue sich dort an den Nilquellen sein Nest aus Aromen, und wenn er sein Totenlied gesungen, werde er vom Feuer verzehrt. Aus den Gebeinen und dem Marke entstehe zuerst ein kleiner Wurm, aus welchem dann der neue Phoenix werde.

Alle fünfhundert Jahre soll dies geschehen, richtiger aber ist die Angabe von 1461 Jahren, denn der Mythos vom Phoenix knüpft sich an die Epoche des großen Weltjahres der Sothis- oder Hundssternperiode. Mit dem Ablauf des großen Jahres, wo die Zeit in Wiedergeburt sich erneuert, begräbt er die Vergangenheit mit ihren Schicksalen, aus der er selbst, die neue Zeit, entstanden ist und den verjüngten Flug beginnt.

Diese sinnvolle Mythe, in der die Verkettung von Schönheit und ewiger Jugend mit ewiger Vergänglichkeit, der ruhelose Kreislauf des Werdens und Vergehens der Zeit sich ausspricht, trägt doch in ihrem Grunde das Gefühl der Übersättigung eines immer erneuten irdischen Daseins, eine tiefe Wehmut, in welcher ein moderner Dichter den Phoenix sagen läßt:

> „Ich kenne nun des Lebens Spiel –
> Ein ew'ger Kreis – doch fehlt das Ziel;
> Des Glückes Reiz ist seine Kürze,
> Und Überraschung seine Würze;
> Ich bin mit Schmerzen jetzt belehrt,
> Daß immer nur das Alte kehrt.«

Oft auch ist, selbst von christlichen Kirchenlehrern, die Fabel vom Phoenix als Sinnbild der Unsterblichkeit gedeutet worden.

Bildliche Darstellungen des Phoenix finden sich auf den Denkmälern der 18. Dynastie, um 1500 v. Chr. Er ist gebildet als Mann mit Flügeln in betender Stellung, auf einer halben Kugel, mit einem Federbusch auf dem Kopfe und begleitet von einem Stern; oder als Vogel mit Händen in betender Stellung, von einem Stern begleitet auf einer halben Kugel. Auch Herodot hat eine Abbildung des Wundervogels gesehen. Der Phoenix soll unter Sesostris, dann unter Amasis, wiederum unter dem dritten Ptolemäer, von vielen den ungewohnten Anblick bewundernden Vögeln begleitet, endlich zu den Zeiten des Tiberius erschienen sein. Doch passen diese Zeiträume nicht in den Zeitumlauf der Mythe. –

Auf dem Trümmerfelde von Theben in Medinat-Habu ragen, mitten in weithin sich dehnendem Weizengefilde, zwei aus rötlichem, sehr hartem Sandstein gebildete Kolosse von nahe an 60 Fuß Höhe empor, gleich schweigenden Zeugen der großen Vergangenheit. Die Araber nennen sie heutigen Tages Schama und Tama. Beide wenden das Angesicht nach Osten; der nordöstliche dieser Kolosse ist die berühmte, einst klingende Statue des Memnon.

Memnon, ein Sohn des Tithonus und der Eos (Aurora), der König der Äthiopier, war nach dem Tode Hektors dem König Priamos von Troja zu Hilfe gezogen, erlag aber dem Schwerte des Achilles. Untröstlich über den Tod des schönen, tapferen Sohnes, weinte Eos die Tränen, welche seitdem allmorgentlich als Tautropfen die Erde benetzen, und bat den

Zeus um ein ewiges Gedächtnis für den Gefallenen. Da erschuf der Gott aus der Asche des Helden eine Schar Vögel, schwarze Habichte, „Memnonsvögel" genannt, die alljährlich zu seinem Grabhügel wiederkehren, ihn dreimal umkreisen und dann in zwei Scharen geteilt sich auf den Tod bekämpfen.

Die Sage, namentlich das Leid der Eos um den früh gefallenen Sohn, wurde im Altertume mit jenem ägyptischen Kolosse in Verbindung gebracht.[51] Er soll das Bild des Memnon sein. Im Anblicke des Tageslichtes erschien außer den kolossalen Verhältnissen, nichts Wunderbares an der Gestalt. Wenn aber das Morgenrot heraufstieg und die ersten Strahlen der Sonne die Statue trafen, dann belebte sich das Auge fröhlich erglänzend, der Mund schien reden zu wollen; es war, als werde sie sich erheben und die Herrin, die Sonne, begrüßen. Dann, wenn das Riesenbild so im goldenen Lichte leuchtete, ging ein Klingen aus ihm hervor, ähnlich dem Tone einer springenden Saite der Harfe oder Lyra. Memnon grüßte seine Mutter Aurora, die ihn mit ihren Tränen betaute.

Wahrheit in dieser dichterischen Verklärung der Sage mag der seelenvolle Ausdruck gewesen sein, mit welchem bei entweichender Dämmerung das vom Morgenstrahl beglänzte Antlitz sich belebte; im übrigen bleiben Sage und Wirklichkeit getrennt. Die Statuen sind kolossale Bilder des Königs Amenophis III. aus der 18. Dynastie. Sie standen einst in dem Teile Thebens, welchen die Griechen Memnonium nannten, vielleicht verleitet durch den ägyptischen Namen „Memnu" (Prachtgebäude, Paläste), den sie sich als Paläste des Memnon erklärten. Die Statue wurde durch Kambyses, mehr aber noch durch ein Erdbeben, 27 v. Chr. zerstört und der Oberleib herabgestürzt; später richtete sie Septimius Severus wieder auf. Vor der Zertrümmerung wie nach der Herstellung hat die Statue nicht getönt; seit den Zeiten Neros verbreitete sich die Nachricht von Tönen, welche der auf dem Untergestell verbliebene Teil des Kolosses beim Aufgange des Morgenrots geben sollte. Diese Töne der Memnonsstatue zu hören, war eine lebhafte Begierde der damaligen Reisenden; griechische und römische Inschriften sind eingegraben und melden, daß der Ton oder die Stimme des Memnon gehört worden sei. Auch Kaiser Hadrian besuchte den Koloss, und ihm soll er dreimal getönt haben.

Das Tönen selbst scheint zweifellos stattgefunden zu haben; über die Ursache desselben hat man verschiedene Erklärungen versucht. An Priesterbetrug ist dabei nicht zu denken; leichter an den Luftzug, welcher durch die Sprünge und Risse der Statue zog, oder an die feinen Töne des knisternden Gesteins, welche nach tauigen Nächten der erwärmende Sonnenstrahl verursachte. Die Statuen selbst, obgleich verstümmelt, sind noch heute sehenswürdige Bildwerke. „Obschon die Gesichter ganz entstellt sind, erzählt ein neuerer Reisender, so strafen doch die vollen, runden und schönen Proportionen der kolossalen Arme, Schultern und Schenkel die wunderbare Weichheit der Züge nicht Lügen. Den Kopf des Antinous ausgenommen ist mir kein so schönes Portrait aus dem Altertume bekannt als das des Amenophis-Memnon aus der 18. Dynastie."

VI. Die Mythologie der Griechen

A. Die älteste Vorzeit

1. Anknüpfungen und leitende Fäden

Griechenland ist die Heimat der Mythologie, bis auf den Namen herab; hier ist das eigentliche Vaterland der Götterwelt. Andre polytheistische Völker sind auf religiösem Gebiete bei den Namen der Götter, bei einzelnen Vorstellungen von ihrer Machtsphäre und ihren Eigenschaften stehengeblieben; selten und nur vereinzelt reicht eine Sage in das Götterleben hinüber. Selbst die Inder hatten zwar reichere Mythen, aber eine Mythologie kam auch hier vor der begrifflichen Auffassung nicht empor. Erst in Griechenland entstand neben dem eigentlich Religiösen, wie es sich in den Zeremonien der Anbetung, in Opfern, feierlichen Gebräuchen u. a. kundgab, der schöne Sagenkreis von den Göttern, welchen die Griechen selbst Mythologie genannt haben. In diesem wunderbaren Gebilde des griechischen Volksgeistes haben sich Stoffe, welche nach unsrer Ansicht der Astronomie, Geologie, Physik, Naturgeschichte und Geschichte zugehörten, mit Bildern der Phantasie naiv und glücklich zusammengetan und durch religiöse und poetische Kraft zur Götterwelt gestaltet. In den ältesten Zeiten mag diese mythische Götterwelt und das religiöse Leben ungetrennt gewesen sein; sie sind es nicht geblieben, die Mythologie ist nicht identisch mit Religionslehre. Die Göttersage war da neben den religiösen Überzeugungen und dem Kultus und diese neben den Mythen, obwohl sich beides oft und gern ineinander verflochten hat.

Wieviel auch einzelne Dichter und Mythenerzähler für die Ausbildung der Mythologie getan haben, so ist diese im Grunde ihrer Entstehung doch ein Werk des griechischen Volksgeistes; ihre Anfänge reichen in jene unvordenkliche Vorzeit zurück, wo die Stammväter des Volkes aus der Urheimat Asiens in Griechenland eingewandert waren. Die Wurzel dieser Anfänge war die religiöse Scheu vor einem mächtiggebietenden Götterherren. Wahrscheinlich hatten diese Vorstellungen jene weite Größe von verschwimmender Gestaltung, in welcher der Götterherr eins war mit dem Sonnengotte; aber in Griechenland sich einwohnend, trieben sie die Keime zu einem ganz veränderten, ja neuen Phantasiegebilde. Denn das herrliche Land legte die Gewalt und Bedeutung des Nahen in den Sinn der Menschen. Voll Fluren, Quellen und Flüssen, überragt von Höhen und Berggipfeln, umgürtet von dem überall andringenden Meere, wirkte es in zusammengedrängter Mannigfaltigkeit dieser Dinge auf das Gemüt. Der Reiz des Klimas und die freundliche Gleichmäßigkeit der Jahreszeiten befestigte den Eindruck; die sehnende Weite des Meeres erhielt ihn locker und zugänglich. Auch das Gebiet des Religiösen und hier also die Bildung der Mythe wurde von der Kraft des Nahen ergriffen. Die Grübeleien und die Vergeistigung verschwanden, und der mythenbildende Sinn zog sich niederwärts in die schöne Begrenzung der Erde und des sie überwölbenden Himmels. Die Herrlichkeit dieses strahlenden Himmels, seine rätselhafte, lastende Tiefe erfüllten den nach oben schauenden Sinn. Leuchtend ragten die Berggipfel in diese Tiefe hinein, sie schienen mit ihr vertraut; bald wurden ihre wolkensammelnden Häupter das Ziel der Ahnung von der erhabenen Macht des Götterherren. Fernhin donnernd verkündigte sich diese Macht über Land und Gewässer, der zuckende Blitz fuhr aus der Wolkenhöhe nieder; es ist ja bekannt, daß in den Ländern des Mittelmeeres die Gewitter häufiger sind als sonst in Europa. Staunen und Ehrfurcht zogen dann den Geist des Menschen nach den Berggipfeln, nach dem ragenden Luftkreise hin. So ist der Dienst des Zeus als des Gebieters in diesen Regionen nicht allein uralt, sondern auch wohl der früheste Götterdienst in Griechenland gewesen. Der Olymp und Dodona mögen seine ältesten Örtlichkeiten gewesen sein. Doch scheinen auch Sagen von Kreta und von Arkadien her früh auf diesen Kultus eingewirkt zu haben.

Die im Orient heimische Verbindung des strahlenden Sonnengottes mit dem Herrn über Götter und Menschen ist in die Gestaltung des olympischen Herrschers nicht übergegangen. Es ist schon in sehr frühen Zeiten Griechenlands ein Gott der Sonne und des Lichtes neben Zeus verehrt worden. Die felsige Insel Delos und die Felsenschlucht Delphi waren die gleichfalls uralten Stätten der Verehrung des Lichtgottes. Wollen wir eine Bedeutung darin suchen, daß Helios, der alte Sonnengott, auch auf einer Insel eine frühe Kultusstätte hatte, so wurde uns die Verbindung des Sonnen- und Lichtgottes mit den Inseln Delos und Rhodos auf einen ägyptischen oder vorderasiatischen Zusammenhang hinweisen.

Deutlicher ist diese Verbindung in der wohl auch sehr alten Übertragung der asiatischen und speziell phönizischen Lebensgöttin auf griechischem Boden. Daß die meerentstiegene Aphrodite in ihren Beinamen Kypris oder Kythere eine Erinnerung an jenes Herüberkommen bewahrt habe, wurde bereits früher angedeutet. Doch wird hier sogleich die schöne Weise offenbar, wie der griechische Geist fremde Keime entwickelt und ausgestattet hat. Die unschöne, üppige Vorstellung von der asiatischen Lebens-Göttin ist in die holdanlächelnde, Götter und Menschen bezwingende Aphrodite umgewandelt worden. Wenn also Anregungen zu einigen alten Götterbildungen von Asien nach Griechenland getragen worden sind, so hat sie hier das Leben und Wesen des Volkes so durchdrungen und sich zu eigen gemacht, daß der Anteil des Fremden auf eine leise Andeutung über den Ursprung beschränkt bleibt, für die Göttergestalt selbst aber wenig erheblich wird.

Neben Zeus, Apollon und Aphrodite wird auch Pallas Athene als eine der älteren Götterdarstellungen, die wohl ägyptische Anregungen in sich aufgenommen hat, anzunehmen sein; dazu treten dann noch Artemis die Mondgöttin, Hephaistos der Feuergott, Hermes der Götterbote u. a. Der Kreis der mythologischen Wesen erweiterte sich schon in der ältesten Zeit durch Umgebungen, welche den Göttermächten hinzugesellt wurden; Teile ihrer Vorstellungen lösten sich zu selbständigem Vorhandensein los; andre Naturkräfte wurden in neuen vergöttlichten Anschauungen gefeiert. So sind die Götter Griechenlands auf griechischem Boden gestaltet worden; sie hatten in ihren olympischen Häusern nicht allein ihren Aufenthalt, sondern auch ihre Heimat. Zahl und Namen der Götterwesen waren bereits zu den Zeiten Homers und Hesiods nicht allein sehr groß und vielfältig, sondern auch vollständig vorhanden.

Diese ältesten Zeiten des griechischen Polytheismus waren einfacher, frommer Naturdienst. Die Götter waren Naturmächte, welche man durch Anrufung, Opfer und heilige Scheu als waltende, förderliche oder hinderliche Kräfte verehrte, ohne ihnen zugleich eine sittliche Vollkommenheit beilegen zu wollen. Ihr Kultus war anfänglich ohne Bilder, doch nicht ohne Symbole. Denn die Grundlage dieser sowie aller polytheistischen Religionen war der Glaube, daß die göttlichen Mächte sichtbar gegenwärtig seien, der Anrufende oder Opfernde bedurfte die sinnliche Wahrnehmung von der Nähe des Gottes, den er verehren oder anflehen wollte. Diese Nähe und Sichtbarkeit der Götter drückte sich in den frühesten Zeiten durch heilige Symbole aus, wie sie zufälliges Zusammentreffen natürlicher Dinge mit der frommen Spannung des Gemütes, z. B. ein auffliegender Vogel, eine hervorkriechende Schlange, darbot und feststellte. Oder es waren vom Himmel gefallene Steine, welche durch diesen Ursprung selbst die Ehrfurcht vor der Götternähe erweckten; bald auch andre Steine, anderwärts Baumstämme oder Bäume selbst, z. B. die Eiche. Dann begann die Hand des Menschen, sich an der Formierung der heiligen Symbole zu beteiligen; es wurden Steine kegelförmig oder als Säulen behauen und Holzstücke roh bearbeitet. Von hier war es nur ein kurzer Schritt bis zu Nachbildungen von Tiergestalten, einzelnen Teilen des menschlichen Körpers und seltsamen Figuren aus der Zusammenstellung beider. Gewöhnlich aus Holz geformt, war ein solches Bild nur die rohe Andeutung dessen, was dargestellt werden sollte; die Kunst war zu jenen Zeiten noch nicht imstande, einen Anteil an der Wirkung dieser Symbole auf das menschliche Gemüt zu begehren. Fromm versenkte sich das Gemüt in den Glauben an die Kraft und Wirkung der Götternähe, welche durch das Symbol ausgedrückt war. Das war alles, was man bedurfte und verlangte.

Diese früheste Auffassung der Götter als Naturmächte erweiterte sich im Heldenzeitalter; die Mythe verband sich mit der Nationalsage und gewann dadurch Belebung und Befestigung. Indem die Heroen als Genossen und Söhne der Götter gefeiert wurden, erhielt die Mythologie eine historische Verkettung mit der Nation; die Geschlechter der alten Volkshelden verschwisterten sich mit den Unsterblichen: es sei aus vielem nur an Herakles, Perseus, die Hochzeit des Kadmos und noch mehr an die des Peleus mit der Thetis erinnert. Ihre Taten und Erlebnisse stiegen durch die Einmischung des Göttlichen und Wunderbaren zu mythischer Würde und Größe empor. So durchwärmte sich die alte fromme Scheu vor den Götterwesen mit der Liebe und Begeisterung für die Helden-Vorzeit des Volkes. Die Mythe zog in das uralte Familienhaus der griechischen Nationalgeschichte ein.

In solchen einfachen, obwohl wachsenden Zuständen ging die Religion der Griechen durch die Zeit der Anfänge, der Heroen und der frühesten National-Unternehmungen bis zu den Tagen von Homer und Hesiod. Alten Volksglauben, Götternamen, gottesdienstliche Hymnen und Sagen über Symbole und Kulturbilder fanden diese Dichter vor, und es ist in diesem Sinne nicht zu glauben, was Herodot behauptet, daß diese es seien, welche den Hellenen ihre Götterwelt gedichtet hätten. Daß aber Homer und Hesiod den Göttern reichere Benennungen gegeben haben, ist vielfach wahr; ebenso daß sie ihnen Ehren und Künste ausgeteilt, und am wahrsten, daß sie die Gestalten der Götter bezeichnet haben. Mit diesen epischen Dichtungen entweicht von dem griechischen Götterhimmel die Nacht der Vorzeit, in welcher man zwar das Vorhandensein gestalteter Dinge wahrnehmen, aber diese selbst nicht erkennen konnte. Bestrahlt von dem Glanze dieser Poesie und durchglüht von ihrer Wärme, schreiten nun die Götter Griechenlands in ihr Dasein heraus – so feste Schöpfungen der Phantasie, daß sie später in dem Untergange des frommen Glaubens an ihre Macht nicht zugleich zerfallen sind. Sie dauern in dem Gedächtnis und der Gunst der Menschheit fort und nur um so lieblicher, seit sie von ihrem angemaßten Platze auf den Altären vertrieben worden sind und in harmloser Schönheit wetteifern, gewissen im gebildeten Menschenverkehr ewig wiederkehrenden Gedanken den lebendigen Ausdruck einer Gestalt zu geben oder die Seele eines Gefühls gleichsam mit einem Körper zu umkleiden.[52]

Homer und Hesiod bleiben, wenn auch nicht die Urheber, doch die ältesten Entwicklungs-Träger der griechischen Mythologie. Ihre Anregungen wirkten im Volke fort, an sie knüpften sich die mythischen Sagenkreise an; durch ihre Nachwirkungen wurden Aeschylos, Sophokles, Euripides, Pindar zu weiteren mythologischen Ausgestaltungen belebt. Selbst der Genius der griechischen Bildnerei darf jene epischen Dichtungen als sein Vaterhaus anerkennen. Die Göttergestalten, welche der Meißel des Phidias, Polyklet, Praxiteles, Lysippus u. a. schuf, hatten dort die Seele ihrer Erhabenheit und Schönheit empfangen.

Aber es zeigte sich, daß die Dichtung, und ihr nachfolgend auch die Bildnerei, seit Homer und Hesiod eine neue Stellung zur Mythe einnahmen. Die früheste Mythe war mit dem Volksglauben nahe verbunden gewesen; nun vollzog sich eine Art von Lösung, jedoch ohne schroffen Gegensatz zwischen der Mythologie der Kunst und dem Volksglauben. Die alten Kultusgesänge und Symbole waren so einfach gewesen; sie hatten nur der Andacht dienen, für sich selbst aber nichts sein wollen. Dieses Verhältnis wurde ein anderes. Dichtung und Bildnerei brachten der Mythologie jetzt schönere Gaben, aber der einfache, selbstlose Gedanke bei dem Geben war verschwunden. Die Künste wollten sich selbst in ihrem Werke verherrlicht haben; ihr Anteil daran war so bedeutend, daß die Teilnahme ebensosehr der künstlerischen Darstellung des mythischen Gegenstandes als diesem selbst gewidmet sein mußte. Wer kann sagen, ob in der Seele des Griechen vor der Statue des Zeus in Olympia die religiöse Begeisterung im Wohlgefallen an der Kunst endete oder ob das von der künstlerischen Vollendung erregte Staunen sich in der Glut der Andacht verlor! Auf jenen anderen Fall, daß die vollendete Schönheit der menschlichen Gestalt mehr in sinnlichem Anreiz als in religiösen Gefühlen oder künstlerischer Befriedigung wirkte, wollen wir nur im Vorbeigehen hinweisen. So viel erscheint gewiß: weder Dichtung noch Bildnerei in und nach der Zeit der Kunstblüte streben allein danach, den Inhalt einer Mythe in einfacher Treue darzustellen; ihr Hauptzweck war, die Mythe zu verschönen, sie in vollendeten Formen darzustellen. Und, wenn selbst im Gemüte eines dichtenden oder meißelnden Künstlers die Mythe noch das Hauptziel der Leistung gewesen wäre, in der Wirkung war sie es gewiß nicht mehr.

Doch der Einfluß der Kunst auf die Religion belebte im Griechenvolke zur Zeit ihrer Kraft die edelsten Wurzeln des menschlichen Gemütes, und es trug dies nun nicht wenig zu dem Glanze bei, welcher unvergänglich über diesem Volke schwebt. Die griechische Mythologie d. h. die Götterwelt Griechenlands, wie sie in die Kenntnis der jetzigen allgemeinen Bildung übergegangen ist, erscheint nun als ein Produkt jener Verbindung von uralter Mythe, Dichtung und Bildnerei. Doch soll deshalb nicht geglaubt werden, dieser künstlerisch-religiöse Kultus sei in irgendeiner Zeit ausschließlich oder auch nur allgemein in Griechenland geübt worden; es wäre ein starker Irrtum, anzunehmen, daß jeder den Zeus anbetende Grieche dabei von der ganzen dichterischen und plastischen Herrlichkeit des Gottes bewegt gewesen sein müsse; oder daß eine Anrufung des Hermes, des, Apollon, der Juno u. a. sich nur vor der ausgestalteten Fülle dieser Götterbildungen gebeugt hätte. Alte Opfersitten, alte Anrufungen und Gebete, hergebrachte Kultusgewohnheiten bestanden im Kultus fort; in Haus und Familie, im Gemeindeleben blieben Momente des frühesten Naturdienstes lebendig, und die einfache Mythe der Vorzeit wurde auch noch neben ihrer späteren künstlerisch geschmückten Darstellung aufbewahrt. Dieser Neigung und Treue des Volkes zu dem uralten Kultus seiner Naturgötter kamen die Mysterien, besonders die zu Eleusis gefeierten, als Zufluchtsstätten entgegen; hier wußte die Priesterschaft den Gegensatz der frühesten einfachen Sagen und Gebräuche zu dem durch die Kunst verschönerten Tempelkultus in scharfen Formen des Geheimdienstes auszuprägen.

Es war nicht ein Kampf, sondern ein gegenseitiges Zerreiben, welches die Anhänglichkeit an den Kultus der Väter mit der durch Poesie und Plastik aus ihren früheren Grenzen herausgehobenen Mythologie bestand; allmählich litt beides dadurch Einbuße an seiner Lebensfähigkeit. Die alte Andacht versank in rituellem Formalismus, die wertgehaltenen Altertümer wurden zu äußerlich respektierten Raritäten, während andrerseits der Reiz der Götter, in der Mythe und im Kultus, die religiöse Empfindung mehr und mehr versinnlichte und verflüchtigte. In diese schon schwächer werdende Zeit der Mythologie hinein warf die Eroberung Vorder-Asiens und Ägyptens durch Alexander den Großen und seine Nachfolger die Bekanntwerdung der Götter des Orients. Verwandte Vorstellungen im Einheimischen und Fremden traten nun einander nahe, gegenseitige Beziehungen der griechischen und der ausländischen Götter fanden sich, sei es leicht, sei es gezwungen; man suchte das bessere Verständnis der fremden Götter durch das der väterlichen zu gewinnen, gar bald maß man auch umgewendet das Eigene am Auswärtigen. Der schwächer gewordenen religiösen Empfindung war der neue Anreiz willkommen; die Schwäche selbst machte er doch nur ärger. Die Göttermischung (Theokrasie) zeigte sich in der Mythologie, d. h. das Streben, die Ämter und Würden der Götter untereinander zu vertauschen oder zu verschmelzen. Ganz besonders aber wirkte der Einfluß des Orients auf die innerste Natur der griechischen Mythologie. Diese war in ihrer eigensten Auffassung eine Versinnlichung der Gottheit und des Göttlichen; nicht bloß Anthropomorphismus, welcher das Göttliche in menschlicher Beschaffenheit gestaltet, sondern auch Theomorphismus, welcher das Menschliche zum Götterideal erhebt. Es wurde bereits darauf hingewiesen, wie herrlich dies gelungen ist; in dem, was uns erhalten geblieben, ist noch heute die Versinnlichung, der Gottheit von einem fühlbaren Zauber umschwebt. Der Orient hat wenig für die Versinnlichung der Götter getan; er hat sie weit mehr begrifflich aufgefaßt, er neigt sich zur Vergeistigung des Göttlichen hin. Selbst die vielköpfigen, vielarmigen Göttergestalten Indiens waren mehr Versuche, den Begriff als die Gestalt darzustellen Auch die Zusammensetzungen aus Tiergestalt und Menschengestalt gehören hierher. Nun mischte sich jenes vergeistigende Prinzip des Orients in die griechische Götterlehre ein; es bereitete sich eine Veränderung dieser Mythologie vor. Man suchte in jenen heiteren Erzeugungen der Verbindung von Volksglauben und Kunst eine Vertiefung des Gedankens, welche ihnen nicht zugehörte; man dehnte und weitete die schönen Gestaltungen in eine begriffliche Sphäre aus, wo die Götterbilder verlassene Torheiten werden mußten.

Nennen wir diese Veränderung, was sie in der Tat doch war, eine Auflösung. Die griechische Mythologie hatte in der Zeit ihrer Kraft Geistiges in sinnliche Erscheinung gezwungen, das Sinnliche in das geistige Gebiet hinein zu rechtfertigen, war weder ihre Aufgabe, noch lag es in ihrer Macht. Die schöne Götterschar des Olymp taumelte untereinander hin, vertauschte ihre Attribute, verwirrte ihre Namen und vergaß ihr Wesen; in die einst so freundlich-einfach umkleidete Wahrheit von der Nähe der Götter kam das dumpfe Gefühl von Täuschung und Leere. In dem Zerbröckeln dieser beiden Pfeiler: Vielzahl der Götter und fester Glauben an die sinnliche Götternähe – stürzte die alte Mythologie dahin. Die Vielzahl vereinfachte sich, ja man suchte deutlich die Einheit. Als Grenzzeichen dieser Auflösung können die signa panthea gelten, Figuren, die keine Gestalten mehr sind; Anhäufungen begrifflicher Attribute in ein Götterbild, um auszudrücken, daß ein Gott alle Erhabenheit und Macht in sich vereinige. Wie voll und lebendig tönt auf dem Gipfel einer solchen Umschau dies Wort: „Und als die Zeit erfüllet war" –! Der Kreis der Mythe war durchlaufen; er kehrte ermattet und kraftlos in sich zurück.

In diesen raschen und einfachen Zügen möge der Boden und Umkreis des Göttersaales gegeben sein, in welchem nun die Götterbilder, wie sie aus Volksglauben, Dichtung und Plastik sich gestaltet haben, aufgestellt werden sollen. Zunächst treten wir in die Vorhallen von den Götter-Erzeugungen und Götterkämpfen ein, merken jedoch, um die Beschauung nicht zu unterbrechen, hier sogleich Folgendes an. Es wird vom Chaos, von einer Zeit des Uranos, dann des Kronos erzählt, worauf erst die Herrschaft des Zeus gefolgt sei. Es könnte nun scheinen, als sei der Dienst des Zeus nicht der älteste in Griechenland gewesen, sondern als seien ihm jene andern Götterverehrungen vorangegangen, die er vedrängt habe oder die mit seinem Auftreten hinfällig geworden seien. Dies ist nicht anzunehmen. Jener uralten Vorstellung vom Götterherren, die sich auf griechischem Boden zum olympischen Herrscher entwickelte, ist der älteste Kultus gewidmet gewesen; was über die Götterkreise des Uranos und des Kronos vor ihm erzählt wird, ist deshalb noch nicht als religiöser Glaube oder Kultus vor ihm dagewesen. „Von Zeus ist der Anfang"; alte, zum Teil auswärtige Lehren über jene Götter (Varuna = Uranos, Baal = Kronos) und die Weltgestaltung sind aufgenommen und als Mythe aufwärts von Zeus gebildet worden. Dunkle Sagen über den Kampf der Elemente und die Naturbegebenheiten, aus deren Schrecknissen die Gestaltung der griechischen Länder, Inseln und Gewässer hervorging, sind auch dabei tätig gewesen und alle zum Siege und zur Herrschaft des ordnenden Zeus hingeführt worden. Dann wirkte das Streben frommer Ehrfurcht mit, den Zeus mit jenen ältesten, ungeordneten Uranfängen der Dinge zu verbinden und die lichte Schönheit und Ordnung seiner Obermacht und seines Götterkreises gegen die wüste ungeheuerliche Unförmigkeit und Gewalt überwundener wilder Kräfte hervortreten zu lassen.

2. Die Entstehung der Götter. Gaea und Uranos

Uranos und Gaea – Himmel und Erde, die uralten Zeugen und Hörer feierlicher Anrufung von Göttern und Menschen, werden auch als die frühesten Wesen der griechischen Mythe genannt. Was vor ihnen und zum Teil neben ihnen erwähnt wird, ist kaum als Wesen, vielmehr nur als Name aufgeführt. Vor allem, so heißt es, war Chaos. Aber kein gestaltendes Wort umgibt diesen Namen; der unermeßliche, klaffende Raum, die ungeordnete Urmasse der Dinge macht jeden Versuch einer Gestaltung unmöglich. Aus dem Chaos gingen hervor *Gaea, Tartaros* und *Eros:* die weithin gebreitete Erde, die grauenvolle Grundtiefe und mit ihnen zugleich der schöne Liebesgott, der mit sanfter Gewalt Göttern und Menschen den Sinn bändigt. Selbst in die jeder näheren Vorstellung entweichenden Bildungen der Anfänge hinein dringt der Strahl des Gedankens an die vereinigende, bezwingende Macht der Liebe.

Nicht mehr das unermeßliche Chaos, jedoch immer noch ungeheuerlich ist die Tiefe des Tartaros. Sein finstrer Abgrund ist soweit unter der Erde, als über der Erde die Höhe des Himmels. Wenn neun Tage und Nächte hindurch ein eherner Amboß hinabfiele, würde er am zehnten Tage den Abgrund erreichen. Eine eherne Mauer ist um den Tartaros gezogen; umher liegt dreifach gelagerte Nacht an dem Eingange. Fürchterlich dumpf und voll Wust ist die unendliche Kluft, den Göttern selbst ein Grauen. Oben wachsen die Wurzeln der Erde und des Meeres herab; aller Dinge Anfänge und Enden, selbst des sternumfunkelten Himmels, sind dort versammelt. Es ist nicht eine Tiefe der Erde, wie Erebos und Hades, sondern die Grundtiefe überhaupt, getrennt von der festen, gebreiteten Erde.

Nun ward aus dem Chaos der *Erebos,* die Finsternis unter der Erde, durch welche der Abstieg zum Hades geht, und *Nyx,* die Nacht als Finsternis über der Erde. Erebos und Nyx aber erzeugten den *Aether* und *Hemera,* den Tag. Rastlos schwingen Nacht und Tag den Lauf um die Erde; nie herbergen sie zugleich in ihrem Hause der Tiefe. Wenn die eine hinabsteigt, begrüßen sie sich, und sogleich wandelt die andre durch die Pforte hinaus, der Tag, um den Erdbewohnern die freundliche Helle des Lichtes zu bringen, die Nacht schreitet einher umhüllt mit finstrer Wolke und hält in den Armen den Schlaf, den Zwillingsbruder des Todes.

Gaea erzeugte aus sich allein den Uranos, den sternichten Himmel, und Pontos, das öde Meer mit stürmender Woge. Es fällt befremdend in die Betrachtung dieser Anfänge, daß Uranos nicht gleich seinem Gegensatze Tartaros unmittelbar aus dem Chaos hervorgehend gedacht wird. Himmel und Meer gehören aber nach diesen einfachen, das Nächstliegende erfassenden Vorstellungen ganz eigentlich zur Erde, welche sie hervorbringt, sobald sie selbst gestaltet war.[53]

Drei von der Erde aufsteigende und drei von ihr niedersteigende mythische Wesen ergeben sich nun: Hemera (Nyx), Aether, Uranos – Erebos, Hades, Tartaros. Wenn dies auch nicht eine direkte Gegenüberstellung ist, so darf man doch immerhin an einige Beziehung zwischen diesem Auf- und Absteigen denken.

Gaea, die breitbrüstige Erdgöttin, die mächtige Riesin, wird mit diesen Bezeichnungen zwar noch nicht in das volle Bild, jedoch in eine angenäherte Vorstellung von einer mächtigen Gestaltung erhoben. Kraft bis in das Ungeheuerliche hinein ist ihr Wesen, aber auch weissagender Rat. Sie ist der trefflich gefestigte, dauernde Sitz der Ewigen und die Mutter der auch das Maß des Riesenhaften überschreitenden ersten Bildungen; sie verkündigt dem Kronos, daß ihm von dem eigenen Sohne Verlust der Herrschaft bevorstände und hilft dennoch den Zeus erretten, damit er ausführe, „wieviel zu geschehen bestimmt war". Im Götterkampfe ist Gaeas hilfreicher Rat bald auf Seiten des Zeus und der Kroniden, bald sendet sie zu deren Vernichtung die furchtbarsten Ungetüme. In allen diesen Beziehungen erscheint Gaea als die große Naturkraft, welche in wuchernder Fülle hervorbringt und dann das Hervorgebrachte ebenso leicht stört und bekämpft wie wiederherstellt. Von ihrer weissagenden Kraft her war Gaea als Orakelgöttin geehrt; auch Delphi soll vor Apollons Besitznahme ein Orakelort der Erdgöttin gewesen sein.[54] Herausgehoben aus ihrer Mitwirkung in den Göttererzeugungen, erscheint Gaea in Dichtungen und bildlichen Darstellungen als freundliche Allmutter, von deren Reichtum sich die Geschöpfe der Erde, des Meeres und der Luft nähren; welche auch dem Geschlecht der sterblichen Menschen Leben verleihen wie entreißen kann. Gesegnet ist, wen sie ehrt, ihm wird alles in Fülle zuteil. Durch schöne Gesetze wohl verwaltet, prangt darin die Stadt mit Frauen und blühenden Kindern. In diesem Charakter der Fülle und der Güte dargestellt, ist Gaea eine volle, kräftige Frauengestalt, in liegender Stellung und halb entblößt, ein mächtiges Füllhorn haltend, wobei sie von zwei lieblichen Knaben unterstützt wird.

Ihr Gemahl *Uranos* ist noch ganz die ungeordnete, gewalttätige Bildung jener Macht der ragenden Sternenhöhe. die sich erst in Kronos zur sicheren Zeitordnung und in Zeus zur weisen Lenkung der Dinge aus der Höhe abgeklärt hat. Uranos heißt der Sternige, die unerschütterte Feste der seligen Götter; mit diesen Bezeichnungen schon, wird er in einer fühlbaren Ferne gehalten. Seine Erzeugungen mit Gaea sind ihm verhaßt, er stößt sie von sich hinweg und läßt sie nicht an das Tageslicht kommen. Darum wird er von Gaea der Frevler genannt, welcher Taten des Unfugs verübt, und sein Sohn Kronos heißt ihn „den übelnamigen Vater". Alles zeigt uns, daß Uranos noch keineswegs der erhabene und geordnete Himmel ist, wie wir bei dem Klange dieses Namens zu denken gewohnt sind; er ist die wilde, furchtbare Kraft der Urelemente in der Höhe in Begegnung und Wirkung auf die Urelemente der Tiefe unter ihm; eine Erinnerung an die Schrecken der Urzeit, wo die Erde unter der Gewalt der Stürme, der Wassererergießungen und Feuerstrahlen aus dem Raume über ihr erzitterte. Diesen Taten des Unfugs und des Frevels, den unaufhörlichen Wirkungen zwischen Himmel und Erde machte Kronos, die geordnete Zeit, ein Ende. An den Weissagungen der Gaea nahm Uranos teil, und in den Worten „des sternichten Uranos Ausspruch" liegt schon ein hehres Gefühl von Würde, wie sie in dem obersten Gotte des ältesten Kreises sich sonst nicht findet.

Die Erzeugungen des Uranos und der Gaea sind zuerst sechs Götter und sechs Göttinnen: Okeanos, Köos, Kreios, Japetos, Hyperion, Kronos – Theia, Rhea, Mnemosyne, Themis, Phoebe, Tethys. Offenbar besteht zwischen dieser Zwölfzahl und der gleichen Anzahl der olympischen Götter eine Beziehung, ohne daß man imstande wäre, sie in das einzelne zu verfolgen. Es ist das stolze Geschlecht der *Titanen,* wie Uranos später sie nannte; große mythische Wesen, wie sie in Wasserwogen, im Feuer, in dem Glanze und dem Lauf der Gestirne tätig gedacht wurden. Doch nicht auf Naturkräfte allein bezieht sich die Gewalt der Titanen; es treten hier bereits Beziehungen zu menschlichen Geisteskräften und Zuständen auf, wie dies vornehmlich in Japetos und seinem Geschlechte, in Mnemosyne und Themis sichtbar ist.

Nach den Titanen gingen hervor die *Kyklopen:* Brontes, Steropes und Arges – Blitzesleuchten, Donner und Wetterschlag. Zu Grunde liegen also die Erscheinungen des Gewitters. Die Kyklopen sind ungeheure, den Göttern ähnliche Wesen; mitten auf der Stirn funkelt ihnen das einzige Auge (daher Kyklopen, Rundauge genannt). Ihre trotzige Kraft und Kühnheit wird jedoch durch Erfindungsgabe zu kunstmäßiger Arbeit gemildert, und es liegt hierin der Beweis, daß nicht allein das grauenvoll leuchtende Blitzfeuer, sondern das auch zu kunstreicher Metallarbeit dienende Schmiedefeuer das Element ihrer Kraft ist. So sind sie die Werkgenossen des Hephaistos und die liparischen Inseln sind ihre Heimatstätte.[55]

Weit ungeheuerlicher noch wird die Bildung der von Uranos und Gaea erzeugten Wesen in den *Hekatoncheiren* Kottos, Gyges oder Gyes, und Briareos, welcher letztere von den Menschen auch Aegäon genannt wurde. Gewaltig ist die Größe ihrer Gestalt und Glieder, hundert Arme wachsen ihnen aus den Schultern, und fünfzig entsetzliche Häupter blicken herab. Wahrscheinlich ist in diesem mythischen Bilde die reißende Aufwallung und der Ansturm einer Erderschütterung dargestellt, die gewaltigen Naturmächte, welche das Erdbeben bewirken. In dem Götterkampfe führten die Hekatoncheiren die Entscheidung herbei, wir werden ihnen dort wieder begegnen.

Uranos aber entsetzte sich vor der Ungestalt seiner eigenen Erzeugungen, und wie sie vom Beginn an ihm verhaßt waren, stieß er sie von sich und verbannte sie am äußersten Ende des Landes in die Tiefe der Erde.

Gaea verband sich darauf mit ihrem eigenen Erzeugten, dem Pontos. Es ist als ob nach den zwischen Himmel und Erde waltenden Feuerwirkungen nun auf die Zeit hingedeutet werden sollte, wo das hochsteigende Meer die Erde umfing und bedeckte – die Vermählung der Erde mit dem Wasser. Gaea gebar den Nereus, den freundlichen, wahrhaften Meergreis, den Vater der Nereiden; den Thaumas, welcher mit seinen Töchtern, der freundlichhurtigen Iris und den häßlichen Harpyien, die farbig-gaukelnden wie die stürmisch-hinwegraffenden Wundererscheinungen des Meeres versinnlicht; den Phorkys und die Keto, die Stammeltern scheußlicher Ungeheuer; endlich die gewaltige Eurybia, die weithin gestreckte Herrschaft des Meeres.

In diesen und ähnlichen wuchernden Reihen mythologischer Bildungen wollte die Phantasie untereinander verwandte Erscheinungen und Wirkungen der Naturgewalten darstellen und ging mit Schrecknissen spielend oft in das deutungslos Ungeheuerliche hinein, wobei sich jedoch treffend ausdrückt, daß die ungeheure Kraft der Wirkungen nur durch dementsprechende Bilder zu erfassen war. Unter den Gruppen, welche in diesen Erzeugungen deutlich vorhanden sind, treten folgende hervor.

Aus sich selbst erzeugte die Nacht, nachdem sie von Erebos den Aether und den Tag geboren hatte, die lange Schar der Wesen, welche ebenso der Finsternis selbst als der dunklen Seite der Menschenseele und des Menschenlebens angehören. Da ist das Verhängnis und der Tod, die finsteren Keren und Pönen, Straf- und Rachegöttinnen[56], der Schlaf und mit ihm das schwärmende Volk der Träume, auch die singenden Hesperiden, welche am äußersten westlichen Saume des Erdreichs die Gärten hüten, wo die Goldäpfel tragenden Bäume stehen; da sind ferner der Tadelgott Momos, der Führer der Gedanken, denen nichts recht ist – die richtende Nemesis, welche den Blick in das Innerste senkt und die Taten abmißt – die Mühsal, das Alter, der Betrug und die Zwietracht. Eris aber, der Zwietracht Göttin, gebar die mühselige Arbeit, die Vergessenheit und mit ihr den Hunger und die tränenreiche Schwermut, auch Krieg und Mord, Hader und Täuschung, Ungesetz und Schuld.

Eine andre Gruppe sind die Erzeugungen des *Phorkys* und der *Keto,* der Kinder des Pontos und der Gaea. Alles Mißgestaltete, Widerwärtige ist hier zusammengebracht, als sollte damit den üppig wuchernden Ungestalten der Urzeit ein Schauplatz auch in dem jüngsten Göttergeschlechte geöffnet sein. Es waren zuerst die drei Gräen: Enyo, Pephredo und Dino. Grauhaarig von Geburt an hatten die drei nur ein Auge und einen Zahn, welche sie abwechselnd gebrauchten, wenn sie ihre Wohnung verließen, sonst aber in einem Gefäß aufbewahrten. Ein zweiter Schwesternkreis waren die *Gorgonen:* Stheno, Euryale, Medusa. Ihre Häupter waren mit Drachenschuppen übersät, sie hatten Zähne wie Eberzähne hervorstehend, eherne Hände und goldene Flügel. Wer sie erblickte, wurde in Stein verwandelt, sie selbst waren, Medusa ausgenommen, nicht sterblich. Mit dieser hatte sich Poseidon verbunden, und als ihr Perseus das Haupt abgeschlagen hatte, entsprang aus dem Halse der Medusa Chrysaor, der Goldschwertträger, und Pegasos, das geflügelte Roß, welches zum Palaste des Zeus emporstieg. Chrysaor und die Okeanide Kalirrhoe wurden die Eltern des dreiköpfigen Riesen Geryon, den Herakles erschlug, und der Echidna, eines in tiefer Erdkluft im Arimerlande lebenden Scheusals, halb Nymphe und halb riesenhafte Schlange. Mit ihr verband sich Typhon, und sie gebar den zweiköpfigen Hund Orthros, den dreiköpfigen Hund Kerberos[57], die lernäische Schlange mit neun Häuptern, von denen das in der Mitte stehende unsterblich war, endlich die Chimära mit drei Köpfen, dem eines Löwen, einer Ziege und eines Drachen. Mit Orthros erzeugte die Echidna die Sphinx und den nemeischen Löwen, dessen Fell undurchdringlich war.

Die letzte Erzeugung des Phorkys und der Keto war der hundertköpfige Drache, welcher die goldenen Äpfel in den Gärten der Hesperiden bewachte. Alle diese Mißgestalten und Ungeheuer wurden von den Helden der griechischen Sage, besonders von Herakles bekämpft und überwunden.

Kleinere Gruppen sind die freundlich-erhabenen Licht- und Luftgötter, welche aus der Ehe des Titanen Hyperion mit seiner Gemahlin und Schwester Theia entstanden: der Sonnengott Helios, die Mondgöttin Selene und Eos, das leuchtende Morgenrot. Auch die Töchter des Titanen Köos und der Phoebe gehören hierher: die Schwestern Leto und Asteria, wohl die erhabene. tiefe Verborgenheit – und andererseits das Funkeln und Glänzen der Sternennacht. Dann treten zu dieser Gruppe hinzu die Söhne des Titanen Kreios und der Pontostochter Eurybia; es waren Pallas, der mit der Okeanide Styx den Zelos und die Nike (Eifer und Sieg), den Kratos und die Bia (Kraft und Gewalt), stete Begleiter des Zeus, erzeugte; Asträos, dem seine Gattin die Winde Boreas, Zephyros und Notos nebst dem Lichtverkünder Phosphoros (Lucifer oder Morgenstern) brachte; Perses, der Gemahl der Asteria und durch sie der Vater der großen Schicksalsgöttin Hekate. Leto aber wurde als Genossin des Zeus die Mutter des strahlenden Apollon und der schimmernden Artemis. Gegenüber jenen Schreckbildern der Tiefe, in denen der Phantasie ihre eigenen Gestaltungen widerwärtig wurden, schuf sich nun in den hier genannten Götterwesen der Höhe die Phantasie so erhabene Bildungen, daß sie selbst mit bereitwilliger Ehrfurcht daran hinaufschaute.

Mitten in diesen Gruppen fesselt ein anderer Kreis unsre Aufmerksamkeit, in welchem die Mythe unmittelbar in das Reich des Menschenlebens eintritt und nach Gestalten für geistige Kräfte ringt. Es ist das Geschlecht des Titanen Japetos und der Okeanide Klymene. Ihre Söhne sind die Urbilder des menschlichen Lebensverlaufes geworden: Atlas, von unbändiger Kühnheit, trägt die Grundsäulen des Himmels und der Erde, schwerlastender Zwang heißt ihn die größten Aufgaben duldend zu vollbringen; Menoetios, dessen Ungestüm und Trotz in dem Titanenkriege von dem Blitzstrahle des Kroniden hingeschmettert wurde; Prometheus, reich an Plänen der Klugheit und stolzen Sinnens, welches täglich durch unabwendbaren Widerstand gequält und verehrt wird und dennoch täglich sich erneuert; Epimetheus endlich der mit törichter Verspätung nach voreilig vollendeter Tat die Klugheit sucht, welcher er früher bedurft hätte. Und wie, dieses Geschlecht des Japetos in das Gebiet des geistigen Lebens hineingebannt ist, so darf nicht unbeachtet bleiben, daß Maja, die Mutter des listigen, verschlagenen Hermes, eine Tochter des Atlas und also auch aus diesem Geschlechte war.

Wir überblicken in diesen Gruppen einen großen Reichtum von Naturanschauungen, deren Gegensätze und Mannigfaltigkeit bereits den Umfang der griechischen Mythologie andeuten. Nun möchten wir hier noch von dem Titanen Okeanos, dem alten Meergotte, seiner Gattin Tethys und ihren Kindern reden, allein es findet sich eine geeignetere Stelle für ihn nach den Götterkämpfen.

3. Kronos. Rhea

Der Widerwille und die Härte, mit der Uranos die Kyklopen und Hekatoncheiren von sich gestoßen und in das Innere der Erde zurückgeworfen hatte, kränkten die Allmutter Gaea und reizten sie zu arglistigen Plänen gegen den gewalttätigen Gemahl. Eine Empörung der Titanen gegen den Vater sollte ihm Kraft und Herrschaft entreißen; als Werkzeug für die Tat hatte Gaea eine scharfe Sichel aus grauschimmerndem Stahle bereitet. Aber den Titanen fehlte der Mut, gegen den Vater aufzustehen; der friedliche Okeanos zog sich ganz von der Empörung zurück. Da faßte der jüngste der Söhne, der verschlagene, heimlich sinnende Kronos, den Entschluß, die Anschläge der Mutter zu vollenden. Er empfing die Sichel, es wurde alles verabredet, und als Uranos nun in dem Dunkel der Nacht Gaea umfing, erhob sich Kronos plötzlich aus seinem Versteck und entmannte den Vater mit der Sichel. Rasch hinweg schleuderte er die Scham; aus den auf die Erde fallenden Blutstropfen entstanden die Erinnyen, die Giganten und die melischen Nymphen; sie selbst fiel in das Meer, weißer Schaum erhob sich über den Wellen, und diesem entstieg die schöne Göttin der Liebe, die schaumgeborene Aphrodite.

Nun entthronten die Söhne den Vater, befreiten ihre im Tartaros gefesselten Brüder und übergaben dem Kronos die Herrschaft. Uranos aber legte ihnen nun den Namen Titanen bei, um strafend anzudeuten, daß sie die Hand ausgestreckt hätten zu frevelnder Gewalttat. Zugleich verkündigte er ihnen, daß ein vergeltendes Geschick, sie einstens erreichen werde.

Der früheste ungeordnete und riesenhafte Wirkungstrieb der Urkräfte ist bezwungen, keine derselben wird in freier Gewalt dauernd bestehen, denn es fehlt ihnen Maß und Ziel. Das Reich dieser ordnenden Kräfte beginnt.

Uranos und Gaea treten in die Verborgenheit zurück; Kronos und Rhea, die zweite Götterherrschaft, nehmen ihre Stelle ein. Jenes älteste Götterpaar zeigt sich fortan nur selten und erscheint dann in ratgebender, weissagender Tätigkeit. Für Beteuerungen und feierliche Anrufungen aber blieben Uranos und Gaea allezeit in hohem Ansehen, denn „Himmel und Erde" sind überall von Schwörenden und Flehenden angerufen worden.[58] Gaea allein, als Allmutter Erde (Tellus), ist noch von der späteren bildenden Kunst gern dargestellt worden. Als kräftige, volle Frauengestalt sitzt sie dann vor der Erdkugel, über welche sie die Jahreszeiten (Horen) mit Kränzen und Gaben hinwandeln läßt.

Kronos, der unausforschliche, berechnende, zielvolle, hatte die Herrschaft in Besitz genommen. Aber die freigewordenen Unholde der Urzeit drohen ihm Gefahr; er staunt die Größe der mutigen Ungeheuer an und fürchtet ihre Gewalt. Darum fesselt er sie aufs neue und verbannt sie in den Tartaros, wo sie in Qual und Betrübnis hausen. Dann nahm Kronos seine Schwester, die lockige Rhea, zur Gattin, welche ihm zuerst drei Töchter: Hestia (Vesta), Demeter (Ceres) und Here (Juno) gebar, dann die Söhne Hades (Pluto) und Poseidon (Neptun).[59] Alle diese Kinder verschlang Kronos sogleich nach ihrer Geburt, denn Gaea und Uranos hatten ihm geweissagt, daß er von einem seiner Söhne bezwungen und entthront werden würde. Über Götter und Menschen waltet von Anbeginn her das drohende Geschick, dessen Ratschluß sie vergebens zu vereiteln streben, denn es naht unabwendbar. Das Wesen des Kronos, wie es sich aus diesen wenigen Zügen andeutet, ist Plan, verständige Ordnung und Maß nach wilder Ungeheuerlichkeit; Wahrneh-

Fig. 18

mung der in den Bewegungen der Gestirne wie in der Reihenfolge der Jahreszeiten erscheinenden Regelmäßigkeit. Mit dieser Beziehung auf die wunderbare Ordnung der Dinge ist er der Unausforschliche, in sich Abgeschlossene, und es ist dann nur ein zwangloser Schritt zu der alten und feststehenden Auffassung des Kronos als des Gottes der Zeit. Er wurde der Herr der Bewegungen und Veränderungen, an denen der Mensch die Abschnitte der dahinrollenden Zeit wahrnahm und einteilen lernte. Kronos brachte diese Zeitabschnitte und nahm sie hinweg; er ließ sie erscheinen und vergehen. Diese Deutung als Gott der Zeit ist im weiteren Verlaufe sehr ausgeschmückt und beliebig erweitert worden bis zu den Attributen der Sense und der Sanduhr hin. Dies ist jedoch nur die eine Richtung in der Auffassung des Kronos; er gilt auch als Vollender, als der Herr der Reife und somit als Gott der Ernte und des zu dieser Zeit herrschenden Sonnenbrandes. Auch der Zugang zu dieser Auffassung ist nicht schwierig. Gehörte einmal die Ordnung der Jahreszeiten als regelmäßige Zeitabschnitte in das Gebiet des Kronos, so mußte er als der die Reife bringende und ganz besonders als der Gott erscheinen, welcher den Kreislauf der Jahreszeiten in der Reife der Früchte und der höchsten Kraft der Sonne vollendet. Dann ist es bedeutungsvoll, daß er das Erntewerkzeug, die Sichel, welche ihm sonst von seiner Gewalttat her beigegeben wird, erfunden haben soll. So wurde er der Geber der Ernten jener Zeit, wo man noch nicht pflügte und säte, wo ohne Mühsal und Sorge der Menschen die Nahrung erwuchs. Es wurde in mehreren Gegenden Griechenlands zur Zeit der Ernte ein fröhliches Fest gefeiert, Kronia genannt. Aus beiden in sich ohnehin verwandten Deutungen ist Kronos dann der alte, ehrwürdige Herrscher des goldenen Zeitalters geworden, wo die Menschen friedvoll nach einer vom Himmel stammenden Ordnung lebten und ohne Arbeit und Beschwerde die Befriedigung des Lebensbedarfes fanden. – Daß übrigens der Gott, der seine Kinder verschlingt und der zugleich der Gott der Sonnenglut war, auf einen uralten Zusammenhang mit dem Baal der Phönizier hindeutet, liegt aus diesen Gründen und aus der Benennung her nahe, welche die Griechen dem Baal gaben, indem sie ihn als Kronos bezeichneten.

Die Darstellungen des Kronos halten den Charakter eines alten, weisen Gebieters fest. Ernst und sinnend blickt er vor sich hin, ein weites Gewand umgibt ihn, und das Hinterhaupt ist verhüllt, um anzudeuten, daß das Kommende verborgen ist oder daß der Sinn des Kronos versteckt und unausforschlich ist. In der Rechten hält er das schneidende Werkzeug, hier mehr ein kurzes gekrümmtes Schwert als wie gewöhnlich die Sichel oder Harpe. – Man findet den Kronos aber auch unbekleidet dargestellt, in der Linken die Harpe, die Rechte an das Kinn erhoben, die ganze Stellung nachdenklich-lauernd. Auf dem Haupte trägt er dann einen Hut oder Mütze (pileus). Vielleicht eine Hindeutung auf die römischen Saturnalien, wo die Sklaven Freiheit genossen.[60]

Rhea, die Schwester und Gemahlin des Kronos, erscheint als eine Wiederholung der Gaea in dem Sinne mütterlicher Hervorbringung und Fürsorge. Sie heißt aber die Lockige, nicht mehr die Riesin – und obwohl sie die große Mutter der Götter, die Allmutter, ge-

Fig. 19

nannt wird, ist diese Würde und Erhabenheit doch nicht ohne Anmut. Sie lehrte den Menschen, feste Wohnplätze zu suchen und dieselben durch Umwallung und Türme zu sichern, und wie für dergleichen uralte Befestigungen gewöhnlich Anhöhen gewählt wurden, so ist Rhea überhaupt eine Freundin des Waldgebirges und hallender Schluchten, wo sie sich der heulenden Wölfe und brüllenden Löwen freut, wenn sie mit ihren Dienern, den Kureten, unter Paukenschlägen und Hörnerschall hindurchzieht. Wilder Jubel, Fülle der Lust ist ihr eigen; Löwen ziehen ihren Wagen oder stehen um ihren Thron; alles ist Bändigung urkräftiger Stärke. Doch ist Rhea als Gemahlin des Kronos niemals eine recht ausgebildete Gestalt geworden; es scheint, daß sie zwischen Gaea und Here nicht habe emporkommen können. Bei der Geburt des Apollo stand sie nebst anderen Göttinnen der Leto hilfreich zur Seite. Am südlichen Ufer der Propontis, auf der Halbinsel bei Cyzikus hatte Rhea eine Stätte, wie die Argonautensage erzählt. Auf dem Gipfel des Berges Dindymos brachten hier die Helden „Rheas ältester Macht" ein Opfer, und einer derselben errichtete der Göttin ein Heiligtum, für welches er aus einer verdorrten Rebe ein Bildnis schnitt.

Schon dieses deutet auf einen Übergang oder wohl gar auf eine Rückwanderung nach Kleinasien, wo Rhea später in der Vereinigung mit der phrygischen Göttermutter Kybele in erneuter und bestimmter Gestalt erscheint. Die Fülle der Naturkraft, die Eigenschaft als Göttermutter und Freundin der Berghöhen mögen die verschmelzenden Beziehungen gewesen sein; auch die Verwechslung ihrer Diener, der Kureten und der Korybanten, hat zur Identifizierung von Rhea und Kybele mitgewirkt. Doch ist Rhea-Kybele dann nicht weiter als die Gemahlin des Kronos aufzufassen; sie ist überhaupt in Griechenland nicht recht heimisch geworden.[61]

Eine kräftige Frauengestalt, in Mantel und Untergewand, welches die vollen Formen bedeckt, so thront die Göttin umgeben von ihren Löwen. Die Rechte hält den Zepterstab mit Würde und Anmut, die Linke die phrygische Handpauke (das Tympanon). Über dem reich wallenden Haare deutet die Turmkrone auf die Herrin gesicherter Berghöhen, und der vom Hinterhaupte herabfallende Schleier erinnert ebenso an die Gattin des Kronos wie an die verborgene Fülle ihres Wesens.

Mit Trauer und Schmerz gedachte Rhea, als die Geburt des Zeus herannahte, des grausamen Entschlusses ihres Gemahls, alle seine Kinder zu verschlingen. Sie wünschte, den Gemahl täuschen und das Kind retten zu können; doch nur dann war es möglich, wenn die Geburt heimlich geschah. Da wandte sie sich hilfeflehend an ihre Eltern, Gaea und Uranos und bat, sie möchten Verborgenheit für das Kind aussinnen. Diese sandten die klagende Tochter nach der Insel Kreta, wo sie im Dunkel und der Verborgenheit einer Höhle den Zeus gebar.[62]

Hier übergab ihn Rhea der Hut und Pflege der Nymphe Adrasteia; die Bienen vom Ida bereiteten ihm lieblichen Honig, die Ziege Amaltheia[63] gab dem Götterkinde Milch, und damit sein Geschrei von Kronos nicht gehört werde, umtanzten ihn die Kureten im Waffenreigen, ihre tönenden Schilde laut zusammenschlagend. Rhea aber umhüllte einen Stein mit Windeln und reichte ihn dem argwöhnisch lauernden Kronos hin, der ihn sogleich anstatt des Kindes verschlang.

Aus urkräftigem Triebe wuchs der Göttersohn rasch zum stattlichen Herrscher empor, dem es bestimmt war, des Schicksals Ratschluß am Vater zu erfüllen. Gaea überlistete mit schlauem Entwurf den Kronos; eine andre Mythe sagt, daß die Okeanide Metis, von Zeus gewonnen, dem Kronos ein Brechmittel gereicht habe. Dieser brach zuerst den Stein von sich, darauf die Kinder, welche er früher verschlungen hatte. Den Stein stellte Zeus als heiliges Zeichen in Delphi auf, wo er als Mittelpunkt der Erde (Nabelstein) galt.

4. Der Titanenkampf

Als Zeus seine Brüder Pluton und Poseidon befreit sah, schritt er mit ihnen vereinigt zum Kampfe gegen Kronos und dessen Brüder, die Titanen.

Harmonie der Kräfte und Schönheit der Erscheinung sollten die Welt erfüllen und sie zum Kosmos, zu geschmückter Ordnung, gestalten; es mußte gerungen und gestritten werden mit den alten stolzen titanischen Kräften, die unfügsam und selbstherrisch noch immer neben des Kronos geordneten Anfängen vorhanden waren. Vom Olymp herab kämpften die drei Kroniden, die Geber des Guten, vom Othrys die stolzen titanischen, Götter. Zehn Jahre lang währte die Götterschlacht in ermattender Arbeit, doch ohne Entscheidung; Ende und Ausgang waren noch nicht zu schauen. Da verkündete Gaea, die stets sorgliche Mutter der eingekerkerten Unholde, den Kroniden, daß sie Sieg und Ruhm erlangen sollten, wenn sie die Kyklopen und Hekatoncheiren aus den Tiefen des Tartaros heraufführen und zu Bundesgenossen nehmen würden. Dies geschah. Zeus schmetterte sogleich das Ungeheuer, welches den Tartaros bewachte, die Kampe, nieder; die eingekerkerten Riesen stiegen empor zum Licht. Da brachten die Kyklopen dem Zeus den Donner und Blitz, dem Poseidon den erderschütternden Dreizack und dem Pluton den unsichtbar machenden Helm als Waffe für den Kampf; Zeus aber reichte ihnen Nektar und Ambrosia zur Kräftigung des Mutes. Und als sich die Unholde gelabt hatten, da redete jener sie an: „Lange fürwahr kämpfen wir gegeneinander, dort die titanischen Götter und wir, die Söhne des Kronos. Auf nun alle! Zeigt eure Gewalt, eure unnahbaren Hände den Titanen, stürmt gegen sie zur Entscheidung des Kampfes. Gedenkt, daß ihr durch uns aus den Fesseln des Tartaros emporgestiegen seid." Kottos, der Hekatoncheire, gelobte darauf, daß sie mit den Kroniden kämpfen wollten gegen die Titanen.

Entbrannt von Streitlust rüsteten sie sich zur Schlacht; Götter und Göttinnen traten zum Kampfe herbei, auch die Titanen befestigten ihre Reihen. Und als der Götterkampf begann, da rauschte die Meerflut, die Erde erkrachte, die Höhen des Olympos erbebten unter dem Auftritt und Schwunge der Götter. Furchtbar hallte das Geschrei und Getöse. des Kampfes; in all seiner Macht und Gewalt wandelte der Donnerer über die Höhen des Himmels und des Olymps und sandte schmetternde Blitze Schlag auf Schlag aus gewaltiger Hand. Die Erde glühte auf, die brennenden Waldungen knatterten und prasselten, heißer Dunst erhob sich vom Meere, und von der unendlichen Schwüle wurden die Titanen beängstigt. Immer entsetzlicher erschallte der Lärm der Götterschlacht, es war, als ob Himmel und Erde zusammenstießen. Und nun im Vordergewühle kämpften Kottos, Briareos und Gyges; dreihundert Felsstücke mit einem Wurf schmetterten die Gewaltigen auf die Titanen, und Wurf auf Wurf flog weitschallend hinüber. Da wurden die Titanen hinabgeschmettert in die Tiefe des Tartaros. Dort liegen sie gefesselt in ewiger Nacht; unmöglich ist jede Flucht, denn Poseidon hat den Ausgang mit eherner Pforte verschlossen, und vor ihr wohnen als Wächter die hundertarmigen Riesen, die siegreichen Bundesgenossen des Zeus. Dem stärksten unter den dreien, dem gewaltigen Briareos, gab Poseidon seine Tochter Kymopoleia, die Wogendurchwandlerin, zur Gattin.

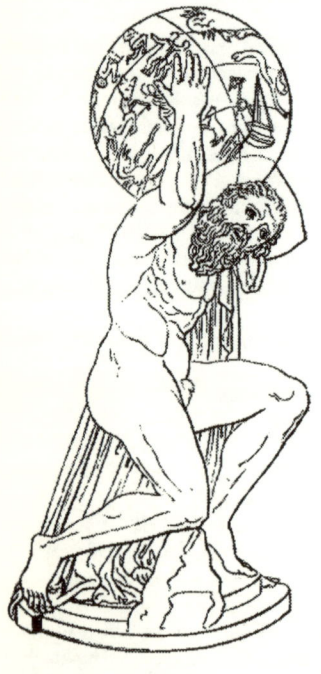

Fig. 20

Allen Titanen voran hatte Japetos im Kampfe gegen die neuen Götter dem Kronos beigestanden, mit ihm seine Söhne Menötios und Atlas. Jenen hatte Zeus mit flammendem Blitze hinabgeschleudert; den Atlas aber verurteilte er, das lastende Gewölbe des Himmels auf seinen Schultern zu tragen. Fern im Westen vor dem Eingange zur Behausung der Nacht hält der Titanide mit hohem Haupte und unermüdeten Schultern die auf ihn gewälzte Last; doch stellte ihn die spätere Dichtung und Kunst auch in anderer Auffassung dar. Niedergedrückt von dem Gewicht der Himmelskugel ist Atlas in das Knie gesunken, wenig Kraft zum Stehen scheint ihm übrig zu sein, in dem eingezogenen Unterleibe und der gewaltsam ausgedehnten Brust wird die übermächtige Anstrengung im Atemholen sichtbar. Auch die Gesichtszüge des Dulders verraten seine Qual; der Mund scheint sich zum Seufzen zu öffnen. Die Himmelskugel oben ist mit Figuren von Sternbildern bedeckt, das Felsstück, auf welches Atlas das Knie stützt, deutet auf das Atlasgebirge, wohin die sich ändernde Sage den Atlas versetzt hatte.

Zeus aber gedachte nach dem Siege nicht bloß der zu bestrafenden Gegner. Als er vor dem Kampfe die Götter versammelt und sie mit Verheißung der Erhaltung ihrer Ehren und Würden zum Beistande gegen die Titanen aufgefordert hatte, da war Styx, die Okeanide, vor ihn getreten und hatte ihm ihre Kinder, Eifer und Sieg (Zelos und Nike), Kraft und Gewalt (Bia und Kratos) zugeführt. Nun verhieß ihnen Zeus, daß sie immer seine Genossen bleiben und auf dem Olymp bei ihm wohnen sollten; die Styx aber ehrte er damit, daß er gebot, der heilige Eidschwur der Götter solle bei dem aus stygischer Flut geschöpften Wasser geleistet werden.

Über jenen Kronos hinweg, der in ewigem Dunkel der Tiefe liegt, ist die Mythe zu einem ihrer sinnigsten Bilder geschritten, zu einem andern Kronos, als dem freundlichen Herrn und Gebieter einer seligen Zeit. Im Westen, im fernen Reiche des allumgrenzenden Okeanos, lagen die Inseln der Sage, welche diese mit ihren wunderbaren Geheimnissen, mit lieblicher Ruhe und Seligkeit schmückte. Da war nicht bloß die Fabelinsel Atlantis, der voreilende Schatten der Wirklichkeit; es waren dort, wo die abendliche Sonne mit ihrem unaussprechlichen Reize des Sehnens in die Wellen hinabsank, auch die Inseln, wo die singenden Hesperiden, die Töchter der Nacht, ihre herrlichen Gärten hatten und in ihnen die Bäume mit den goldenen Äpfeln hüteten. Dort dachte man sich auch die Inseln der Verklärten, wo die Luft vom Ozean her mit labender Kühlung weht, wo Goldblumen blühen am Strande, oder in der Tiefe der Wellen am Ufer, welche den Siegern auf der mühevollen Bahn des Lebens nach ihrer Vollendung sich zum Ehrenkranze darbieten. Denn hierher gelangt, wer dreimal das Leben auf der Erde und in der Unterwelt rein von Ungerechtigkeit durchwallt hat; hier ist die Burg des Kronos, wo er mit Rhadamanthys nach rechtem Spruche richtet und sich der ankommenden Heroen, wie Kadmos und Achilleus, freut. Zu dieser Burg führt der Pfad des Zeus, wohl der grade, schmale Weg der Gerechtigkeit und der Prüfung – ein der Brücke Chinevad im Lichtreiche der Perser ähnlicher Gedanke. –

Wir wenden uns zu den Siegern im Titanenkampfe zurück. Die Weissagung des Uranos, daß ein vergehendes Geschick die Titanen erreichen werde, hatte sich erfüllt; die alten Göttermächte waren gestürzt und hinweggetan. Den drei Kroniden gehörte der Sieg und die Herrschaft; sie teilten dieselbe. Zeus erhielt den Himmel, Poseidon das Meer, Pluto oder Hades die Unterwelt. Die Erde und der Olymp blieb allen als gemeinschaftlicher Besitz.

5. Der Gigantenkampf

Doch dies geordnete Walten blieb noch nicht ohne Angriff und Gefährdung. Noch einmal stürmten die rohen Naturgewalten in wildem Trotze gegen die Götter des Olymps und ihre Weltordnung. Die Giganten, die aus den Blutstropfen des Uranos entstandenen Söhne der Gaea, erregen auf Geheiß der Mutter, welche über das Schicksal der Titanen zürnte, den neuen Aufruhr.

Als Heimatstätte dieser Giganten wird ein mythischer Ort, Phlegrä, d.h. Brandstätte, genannt, oder auch Pallene, die westliche der drei Landzungen an der chalkidischen Halbinsel, also dem Olymp gegenüber. Sie waren von riesenhafter Größe und Stärke und führten gewaltige Speere als Waffen; statt der

Fig. 21

Füße ringelten sich mächtige Schlangen unter ihnen hin, das lange dichte Haar hing über ihr wildes trotziges Gesicht; ihr ganzes schreckliches Aussehen verkündigte die frevelhafte

Sinnesart und unbezähmbare Streitlust. Sie standen auf gegen Zeus, schleuderten Felsen und flammende Baumstämme gegen den Himmel, allen voran die Giganten Porphyrion und Alkyoneus. Zeus schmetterte seine Donnerkeile gegen sie; alle Götter standen bei ihm mitkämpfend in der furchtbaren Gigantenschlacht. Da kam den Göttern ein Orakelspruch zu, daß von ihnen allein die Giganten nicht würden vernichtet werden; dies könne nur dann geschehen, wenn ein Sterblicher mitkämpfe. Auch Gaea hatte dies erfahren und suchte ein Zauberkraut, um die Giganten unverletzlich zu machen. Aber Zeus verbot der Eos, dem Helios und der Selene (Morgenrot, Sonne, Mond) zu scheinen und schnitt die Zauberkräuter selbst ab. Nun forderte er durch die Göttin Athene den Herakles zur Teilnahme am Kampfe auf. Der Heros trat hinzu, und sein Pfeil traf den Alkyoneus, der jedoch mit neuer Kraft sich erhob, sobald er die Erde berührte. Da zog ihn Herakles aus seinem Geburtslande hinweg. Und nun starb der Gigant. In voller Wut stürzte Porphyrion auf die Götterkönigin Here los, ihr Gewalt zu tun, aber der Donner des Zeus traf ihn, und Herakles tötete ihn mit seinen Pfeilen. Auf den fliehenden Enkelados warf Athene die Insel Sizilien, den Polybotes verfolgte Poseidon und riß ein Stück von der Insel Cos ab, mit welchem er ihn niederschlug. Jeder der Götter feierte einen Sieg über einen Gegner; die noch übrigen stürzte Zeus mit seinen Blitzen nieder, und Herakles erschoß sie dann mit sichertreffenden Pfeilen.[64]

Diese Gigantomachie ist in ihrer Entstehung wie in ihrem Verlaufe der Titanomachie so ähnlich, daß man sie für eine variierende Nachdichtung halten könnte; doch nötigt manches zu näherer Aufmerksamkeit. Während bei dem Titanenkampfe ein Ziel der Auflehnung vorhanden war – der Sturz der Kroniden und Fortdauer der alten Götterherrschaft –, ist in dem Ansturm der Giganten kaum etwas von einem Ziele zu finden. Es ist die sinnlose Übergewalt und Wut, die einmal aufgereizt in blindem Anlauf vorwärts stürzt und mit rasenden Kräften um sich schlägt, ohne ein weiteres Ziel zu wissen und zu wollen als Angriff, Streit, Zerstörung. So ist der Gigantenkampf ein Bild des sich erhebenden, wütenden Trotzes der Menschenkraft, die in Vernichtungslust aufschäumt, sei es im einzelnen, sei es in der Masse. Der Titanenkampf gehört mehr in das Aufeinandertoben elementarischer Naturgewalten. Daß aber beide Mythen den Zeus und die Götter des Olymp ihren Sieg nur durch fremden Beistand gewinnen lassen, ist ein bedeutungsvoller Zug. Dort gegen die mächtigen stolzen Titanen halfen die wilden Kräfte der hundertarmigen Riesen; hier wider den Trotz der sterblichen Giganten mußte ein sterblicher Heros auf das Kampffeld treten. Wir wollen das freie Spiel der Mythe nicht mit schweren Gedanken belasten; es findet sich auch sonst in Sage und Märchen ähnliches. Es ist als ob der Gedanke nach einem Ausdruck getastet habe, daß der obersten Ordnung der Dinge in der Bekämpfung und Vernichtung der Naturgewalten eine Grenze gesetzt sei; daß gegen solche Kräfte nur gleichartige Kräfte wirken dürfen und daß sich die Zwecke der höheren Weltordnung dennoch in dem Siege der einen oder in der Ausgleichung beider kämpfenden Kräfte erfüllen. Obwohl der Gigantenkampf eine schwächere Sage ist als die vom Titanenkampfe, so hat sie dieser dennoch in der Dichtung, in der bildenden Kunst und im allgemeinen Interesse den Vorrang abgewonnen. Es finden sich mehrfach Darstellungen aus dem Gigantenkriege, unter ihnen das schöne Bild Fig. 21, wo Zeus blitzeschleudernd mit seinem Viergespann in siegender Vollgewalt über die niedergeworfenen, trotzigen Giganten dahinfährt. Die spätere römische Mythendichtung (Virgil und Ovid) erwähnt nur den Gigantenkampf und schiebt Züge aus der Titanomachie wie aus dem Kampfe der Aloïden ein.

Nach beiden Kämpfen feierten die Götter das Siegesfest mit Kampfspielen nach griechischer Weise. Apollo überwand den Hermes im Wettlaufe, Mars siegte im Faustkampfe. Da setzte Herakles zur beständigen Erinnerung an den Sieg des Zeus über die Titanen die Feier der olympischen Spiele ein. In dieser Annäherung des größten Nationalfestes an die ältesten Zeiten und in der Verleihung des ersten olympischen Siegerkranzes an den Apollo ist ein Wettstreit der ehrwürdigen Sage vom Titanenkampfe und des Ruhmes dieser Nationalfeier wahrzunehmen, sich gegenseitig Ehre und Ansehn zu verleihen.

6. Typhoeus

Der Zorn der Gaea gegen die Olympier, durch die Niederlage der Giganten aufs höchste gereizt, sandte nun das schrecklichste Ungetüm, um dem Zeus die Herrschaft zu entreißen und die Titanen aus dem Tartaros zu befreien. Sie verband sich mit dem Tartaros und gebar in Kilikien den Typhoeus, d. h. den Dampfenden, Qualmenden (Typhoeus, Typhaon, Typhon).[65] Alle Schrecken des Entsetzlichen, Ungeheuern sind von der Phantasie auf diese Erzeugung gehäuft worden. Seine Riesengestalt überragte die Höhen der Berge, und das Haupt berührte die Sterne, die ausgestreckten Hände reichten vom Aufgange bis zum Niedergange. Aus den Schultern ragten hundert gräuliche Drachenköpfe hervor. An Stelle der Füße hatte er entsetzliche, große Schlangen, deren Köpfe sich zischend bis zum Haupte des Riesen aufschlängelten. Wie Feuerstrahlen waren die Blicke aus den Augen des Ungetüms; ein furchtbares Gemisch von Stimmen hallte aus den Häuptern: da war das Brüllen des Stieres, die Donnerstimme des Löwen, das Bellen des Hundes, dann gellendes Pfeifen. Zusammengeballte Felsen schleuderte Typhoeus gen Himmel, mit Zischen und Geschrei fuhr er empor und sprühte Feuermassen aus dem schrecklichen Rachen.

Zeus sah den Typhoeus heranstürmen; sein Donner erscholl, und bald erdröhnten Himmel und Erde in dem Aufruhr des Kampfes. Die anderen Götter waren alle, von Entsetzen bei dem Anblicke des Typhoeus ergriffen, nach Ägypten geflohen und hatten sich dort in Tiergestalten verwandelt.[66] Der Olympos erbebte unter dem Fuße des Zeus, als er zum Kampfe aufsprang; seine Blitze und die Flammen des Scheusals verbreiteten lodernden Brand über die Erde und das Meer. Die Wogen brausten an den Gestaden empor, ein Glutwirbel stieg zum Himmel auf, in dem furchtbaren Ringen des Kampfes schwankte das Weltall, so daß Pluton selbst in seinem Reiche der Unterwelt erschrak und die gefesselten Titanen im Tartaros aufhorchten. Endlich sammelte Zeus alle seine Macht, und Blitz und Donner zugleich schleudernd schlug er dem Ungetüme die Häupter hinweg und schmetterte es nieder. Über den Typhoeus wälzte er den mächtigen Ätna,[67] aus dessen Tiefen Typhoeus noch immer Feuer emporschnaubt oder die „wildesten Bäche des Feuergottes" schickt:

– – „Sein Glutstrom zwar gießt bei Tage gerötete Rauchwellen aus, wenn's aber Nacht wird, schleudert die
Hochwirbelnde, purpurne Flamme Felsen ins tiefe Meerblachfeld mit Geprassel hinab."

Aus dieser schönen Schilderung eines alten Dichters sehen wir, daß schon im Altertume der Ansturm und der Sturz des Typhoeus mit den Erscheinungen und Wirkungen eines vulkanischen Ausbruchs in Zusammenhang gebracht wurden. Das Bild des Typhoeus selbst, wie unschön, ja grausenerregend es auch ist, bleibt dennoch ein vollendetes Gebilde, in welchem die Mythendichtung die ungeheuren Schrecken einer vulkanischen Eruption als lebendiges, wütendes Ungetüm gezeichnet hat.

7. Okeanos und Tethys

Wir haben, was von Okeanos und Tethys zu sagen ist, den Mythen von den ersten Götterkreisen nachgestellt, um auf die Götterkämpfe und Verwirrungen ein Bild jener Ruhe und Abgeschiedenheit zu geben, welche die alten Götter von dem glänzenden vielbewegten Leben des Olympos trennt.

Okeanos, der Sohn des Uranos und der Gaea, der Herrscher der strudelnden Wasserwogen, hatte weder an der Empörung des Kronos gegen den Vater noch am Titanenkampfe gegen Zeus teilgenommen. In Frieden und Ruhe wohnte er mit seiner Schwester und Gattin *Tethys*[68] im fernen Westen in felsgewölbten, urentstandenen Klüften, obwohl seine Flut die ganze Erde umkreist. Dort an „der nährenden Erde Begrenzung", wo die Behausung des friedlichen, guten Herrschers lag, waren ja überhaupt die von der Weltunruhe freien, seligen Gegenden der Mythe, die Gärten der Hesperiden, die Inseln der Seligen und, wie wir es bereits wissen, auch die Burg des Kronos. Zu Okeanos und Tethys flüchtete Rhea ihre Tochter Here hin, um sie während des Titanenkrieges in Schutz und Sicherheit zu bringen, und gern erinnerte sich später die Götterkönigin der dort verlebten glücklichen Zeit. Auch als der häusliche Frieden des uralten Götterpaares durch einen Zwist und ge-

genseitige Vermeidung gestört war, eilte Here zu ihnen hin, um den Streit zu vergleichend, und sie freute sich im voraus, dann als treue Freundin von den einstigen Pflegern geehrt zu werden. Auch noch die spätere Dichtung erzählt, daß Here, wenn sie sich durch Untreue des Zeus verletzt fühlt und im Zorn überwallt, zu den fürsorglichen Alten niedersteige und ihnen ihr Leid und ihre Beleidigung klage. So bat Here, als Zeus seine, von ihr in einen Bären verwandelte, Geliebte Kallisto zum Sternbilde des Bären erhoben hatte, daß Okeanos und Tethys diese sie-

Fig. 22

ben Sterne nie möchten untertauchen lassen in ihre lautere Flut. Still und freundlich hörten die beiden die Klagen der Götterkönigin an und nickten dem lieben Pflegekinde Gewährung zu.

In diesem Sinne eines wohlmeinenden, freundlichen Greises, dem Trugschmeichelei fremd ist, rät Okeanos gern und vermittelt zwischen zorniger Verfeindung ihm befreundeter Götter, wie ein Dichter ihn so dem gefesselten Prometheus sich nahen läßt, um diesen zur Nachgiebigkeit zu bewegen, damit er dann bei Zeus Fürsprecher sein könne. Eben in dieser Begegnung gibt sich der volle Abstand zu erkennen zwischen der alles ausgleichenden, friedvollen Stimmung einer entschwundenen Vergangenheit und der eisern gewordenen Zeit voll Arbeit und Mühsal, kühnem Ringen und ausduldendem Trotz.

Die bildlichen Darstellungen dieser älteren Gottheiten sind nicht häufig. Unsre Abbildung Fig. 22 zeigt den Okeanos als wohlwollenden, würdevollen Greis mit Stierhörnern, wie die Flußgötter oft dargestellt werden, sei es, um die mächtig dahinstürzende Gewalt der Wogen zu bezeichnen oder um auf die fruchtbar machende Kraft hinzudeuten, welche von dem Element des Wassers ausgeht. Ruhig lagert sich Okeanos auf dem Meerfelsen und stützt sich auf den Delphin; der Zepterstab liegt mehr an der Seite, als daß er geführt würde; das Hinterhaupt ist verhüllt, nicht im Sinne der Schlauheit, sondern als sinnende Verborgenheit, die da meint: „Gut ist's oft, Klugheit zu verbergen bei kernklugem Geist".

Okeanos ist der tiefe allumgrenzende Strom, welcher die Erde umfließt und begrenzt, er selbst ohne Grenzen. Aus seinen Wellen steigt Eos, die liebliche Göttin des Morgenrotes empor; zu ihm steigt allabendlich der strahlende Helios nieder. So dient Okeanos auch der Vorstellung von den äußersten Enden der Dinge, von jenen Gegenden fabelhafter Ferne in welcher ebensowohl der Schrecken als liebliches Glück sich fanden, wie denn nicht bloß die Inseln der Seligen dort lagen, sondern auch der furchtbare Eingang zur Unterwelt.

Überaus zahlreich ist die Nachkommenschaft des alten Götterpaares. Okeanos und Tethys sind die Stammältesten der Flüsse und Quellen; dreitausend Söhne sind es, die Flüsse und Ströme, und dreitausend Töchter, die leichtfüßigen Okeaniden (auch Okeaninen). Unter den Flüssen sind besonders zu nennen: der gewaltige Nil, der alte Inachos in Argos, der vielberühmte Acheloos in Aetolien, der Alpheus in Elis, der Peneus in Thessalien, der Skamander in Troas u. a. In der Zahl der Okeaniden war die älteste und an Würde reichste die Styx, die Quellnymphe jenes düsteren Stromes, welcher als der zehnte Teil der

Okeanosströmung selbst in die Unterwelt floß. In der Tiefe, wo der Strom in die grauenvolle Finsternis stürzte, wohnte die Styx in einem mächtigen Felsenhause, das von silbernen Säulen getragen wurde. Daß Zeus sie mit der Würde der Schwurgöttin geehrt hatte, ist uns bereits bekannt. Aus den Okeaniden sind weiter noch anzuführen Doris, die Gemahlin des Nereus und Mutter der Nereiden, Klymene, des Japetos Gattin und des Prometheus wie des Atlas Mutter; Metis, die Geliebte des Zeus, von welcher seine Tochter Athene stammt; Eurynome, welche dem Zeus die Chariten gebar; die Nymphe Kalypso u. a.

Auch in physikalischem Sinne bedeutsam werden die das Land befruchtenden und nährenden Quellen Töchter des Okeanos genannt. Es ist damit auf den Kreislauf des Wassers hingewiesen, welches, in Dunst und Wolken vom Ozean aufsteigend und über die Länder hinziehend, als Regen niedersinkt und die Quellen bildet, welche dann die Fluren bewässern. Darum heißen die Okeaniden die heiligen Nymphen, welche des Erdreich Männer ernähren. Ihre vielen wohllautenden Namen deuten auf die Bilder, Töne und Wirkungen des Wasserlebens. Mythologisch aber liegt ihre Bedeutung in der Verknüpfung, welche von ihnen aus so vielfach die ältesten Götterkreise mit dem Olymp verbindet.

8. Die vier Zeitalter des Menschengeschlechts

Dem Geschlechte der sterblichen Menschen ist nur ein geringer Platz vergönnt in den Mythen von den Uranfängen der Unsterblichen; erst in der befestigten Weltordnung des Zeus wird von den Menschen geredet, „die weit umwohnten das Erdreich". Wie die ersten Menschen entstanden seien, welches ihre uranfänglichen Zustände gewesen, darüber hat sich die Mythe, der Volksglaube und der reflektierende Gedanke im Altertum in verschiedenster Weise geäußert; in das Durcheinanderspielen dieser Meinungen Anhalt und Festigkeit bringen zu wollen, wäre ein fruchtloses und störendes Bemühen. Bald sind die Menschen da ohne allen weiteren Blick auf ihre Entstehung, bald sind sie von den Göttern geschaffen; oder sie sind aus Keimen, Kräften und Geschöpfen der Erde gebildet, und zwar aus Erde und Wasser oder aus Erde und Feuer oder aus Steinen, selbst aus Bäumen, ja aus Ameisen entstanden; endlich hat die Mythe von Prometheus in späterer Erweiterung diesen zum Menschenbildner gemacht. Der Volksglaube besonders hielt mit Stolz an der Überlieferung fest, daß die Griechen niemals in einem andern Lande heimisch gewesen, daß ihre Urväter erdgeborene Sprößlinge des Landes gewesen seien.

Nicht weniger verschieden erscheint die Ansicht über das Wesen und den Zustand des frühesten Menschengeschlechts. War Vollkommenheit und Glück das Los des ersten Menschendaseins, aus welchem sie niedergesunken sind in Frevel und Mühsal? Oder sind sie aus Beschränktheit und Niedrigkeit aufgestiegen zu Kraftfülle und geistiger Gewalt? Diese uralten Fragen haben auch die griechische Mythe bewegt, und es läßt sich eine zwiefache Richtung der Meinung darüber erkennen. Außerhalb der Prometheus-Sage scheint die Entscheidung sich zur ersten Ansicht hinzuneigen. „Gleichartig erwuchsen die Götter und Menschen", singt Hesiod, und Pindar verkündet: „Es ist ein Stamm der Götter und der Menschen, und der Hauch kommt uns beiden von einer Urmutter (Gaea, die Erde). Ganz verschieden jedoch ist die sie trennende Macht, so daß den einen Nichtigkeit, den Himmlischen unbewegliche Dauer bleibt. Aber den Seligen gleichen wir in Gestalt und geistiger Kraft, nur daß verborgen uns ist, zu welchem Ziele die Schicksalsmächte unsere Lebensbahn führen." Die Prometheus-Sage dagegen, welche uns bald beschäftigen soll, setzt einen uranfänglich traumähnlichen, ratlosen Zustand der Menschen voraus, aus welchem sie Prometheus emporgehoben, dann aber der Neid der Götter in Verderben und Mühsal zurückgestürzt habe.

In beiden Richtungen spricht die Mythe der Griechen aus, daß Vollkommenheit und Glück der Urzeit nur eine Göttergabe gewesen und daß das Menschengeschlecht mit eigner Verschuldung in das harte Los seines Daseins verfallen sei. –

Zur Zeit des Kronos, so erzählt nun die Sage, lebte, von den Göttern erschaffen, das Geschlecht der vielfach redenden Menschen im goldenen Zeitalter. Ohne Sorge, ohne Arbeit und Bekümmernis genossen sie die Fülle der Güter, welche ihnen die nährende Erde von selbst darbot. In immer gleicher Kraft, nicht beschlichen von der Schwäche und den Leiden des Alters, in Frieden mit den Göttern floß ihr heiteres, wechselloses Dasein hin; ihr Tod war ein sanftes Vergehen, ein Hinsinken in verlöschenden Schlaf. Auch dann noch durchwandelten sie als fromme Dämonen der oberen Erde das Erdreich. In Nebel gehüllt walteten sie unsichtbar als Hüter und Wohltäter um die sterblichen Menschen.[69]

Es folgte das Geschlecht des silbernen Zeitalters. Da war schon eine lange, unmündige Kindheit und kurze Lebensfrist. Geringer an Kraft und Wuchs wußten die Menschen sich untereinander nicht zu mäßigen; auch den Göttern trotzten sie und verschmähten es, diese mit gebührenden Opfern zu ehren. Zeus nahm dieses Geschlecht zürnend hinweg; doch blieben auch sie noch Dämonen der oberen Erde. Das dritte Geschlecht, das eherne, ungeschlacht, gewaltsam und streitsüchtig, übte die Werke des Krieges. Den Frieden kannten sie nicht; ehern waren Waffen und Wohnungen, ehern auch die Geräte des Feldbaus. Vom dunklen Tode aus der leuchtenden Klarheit der Sonne hinweggerissen, stiegen sie zum Hades nieder.

Das Los des letzten Geschlechtes, das eiserne genannt, ist voll Beschwerde, Kümmernis und stets nagender Sorge. Verderbt in ihrem Gemüt sind die Menschen unhold gegen einander, lieblos selbst gegen Freunde, Brüder und Eltern. Sie freveln gegen die Götter und ehren den Frevler mehr als den wahren und gerechten Mann. Neid und Groll, Krieg und Städteverwüstung erfüllen das Leben mit Schrecknissen; das Recht wird verachtet und verhöhnt. Da verließen die Scham und die heilige Scheu (bei Ovid die Jungfrau Asträa) die Erde; sie kehrten zu den Göttern zurück, nur Elend und Unheil verblieb dem traurigen Menschengeschlechte.[70]

So ist das Dasein der Menschen, kommend und hinschwindend zu jener Hinfälligkeit herabgesunken, über welche Homer so rührend klagt:

> „Gleich wie Blätter im Walde, so sind die Geschlechter der Menschen.
> Blätter verweht zur Erde der Wind nun, andere treibt dann
> Wieder der knospende Wald, wenn neu auflebt der Frühling:
> So der Menschen Geschlecht, dies wächst, und jenes verschwindet."

Zeus selbst, wenn er aus seinem Götterdasein ohne Sorge und Gram auf das gramvolle Los der Sterblichen niederblickt, bewegt in ernstem Mitgefühl das Haupt:

> „Denn nichts anderes wo ist jammervoller auf Erden,
> Als der Mensch, von allem, was Leben haucht und sich regt." –

Und wie deutungsvoll ist die Abhängigkeit, die Schwäche und der ganze Jammer des menschlichen Lebens gezeichnet, wenn Odysseus, schiffbrüchig in unendlicher Qual mit den wild empörten Wogen kämpft, um sich an die nahe Phäaken-Insel zu retten, und nun Poseidon, den Ringenden erschauend, das Haupt ernst bewegt wie vom Mitleid getroffen und hinwegeilt, als wolle er es nicht sehen, daß der hart geängstete Schwimmer das liebe, nackte Leben retten werde an den fremden Strand. In diesem Vorgange ist ein treffendes Bild gegeben von der Arbeit und Not des Menschendaseins gegenüber der stolzen Göttermacht, die es als ein Geschenk empfinden läßt, wenn der Sterbliche sich in eigner Kraft dem Verderben entziehen darf.

Einfachheit und Genüge, Sorglosigkeit, Frieden und Götterfurcht sind die Bedingungen der goldnen Zeit; Frevel, Trotz, Mühsal und Streit erfüllen das herabgekommene eiserne Dasein. Die alte Meinung, daß Arbeit und Lebensmühe dem Menschen zur Strafe gegeben sei, klingt auch in diesen Mythen von den vier Zeitaltern wieder. Sie halten Zustände des Menschengeschlechts als vollständig getrennte Gegensätze auseinander, die sich im geschichtlichen Leben der Völker und der Individuen niemals als absolut geschieden zeigen. Die höhere, versöhnende Ansicht, daß Ringen, Streben und Arbeit eine Ehre und das wahre Erbe des Menschengeschlechtes seien, dämmert in der Sage von Prometheus herauf.

9. Prometheus. Epimetheus und Pandora

Älter und tiefer begründet als die Dichtersage von den vier Geschlechtern erscheint die Mythe von den jüngeren Japetiden. Der Titan Japetos hatte mit der Okeanide Klymene, nach andern Asia genannt, vier Söhne erzeugt: Atlas und Menoetios, Prometheus und Epimetheus[71] – zwei Brüderpaare, welche wie Typen der Menschheit, das Streben, die Irrungen und das Geschick derselben darstellen; Kolosse der Mythendichtung, die gleich jenen Riesengebilden auf den ägyptischen Ruinenfeldern aus den Trümmern der griechischen Mythologie noch auf späte Geschlechter wie mit lebenden Zügen herabschauen. Diese Gestalten werden solange ihre Wahrheit behalten, wie das Menschengeschlecht dauert, denn dieses wird in ausduldender Stärke und frevelndem Trotz, in kühnem stolzen Streben und törichtem Zufassen immerdar die Mythen erneuern. Die älteren Söhne des Japetos hatten mit dem Vater und den andern Titanen gegen den Zeus und die Götter gekämpft, wir kennen ihre Strafe, wie Atlas die Last des Himmelsgewölbes auf seinen Schultern tragen mußte und wie der Frevler Menoetios durch den Blitzstrahl des Zeus in den Tartaros hinabgeschmettert worden war. Vorzugsweise aber sind die jüngeren Brüder, der *vor*bedächtige Prometheus und der *nach*bedächtige Epimetheus, die Helden der ältesten Entwicklung der Menschheit geworden. Prometheus, reich an Entwurf und gewandt, auch zukünftiger Dinge kundig, stand im Titanenkriege auf der Seite der olympischen Götter, denn er hatte vergebens sich bemüht, den Titanen zu zeigen, daß sie nie durch bloße Gewalt herrschen würden:

> „Der Stärke nicht gelingt es, auch nicht der Gewalt,
> Der List allein, die Oberherrschaft zu bewältigen.“

Auf seinen Rat hatte Zeus nach dem Siege den Kronos und die Titanen in den Tartaros eingeschlossen. So war Prometheus angesehen bei den Göttern, und die Sage nennt ihn als denjenigen, welcher dem Zeus bei der Geburt der Athene das Haupt gespalten habe.[72] Aber der Titanen alter Trotz und der den Göttern widerstrebende Mut blieb ihm eigen. Denn als Zeus auf die Vertilgung der sterblichen Menschen sann, welche unberaten, Traumgestalten gleich in achtlosem Geklüft ihr Leben verbrachten, da nahm sich Prometheus der Verlassenen an, lehrte sie die Einteilung der Zeiten, die Kunst der Zahlen und der Schrift, die Zähmung der Tiere, die Heilkunde, den Bergbau und die Deutung des Vogelfluges und der Opferzeichen. Nun waren die Menschen der Beachtung der Götter würdig geworden, und diese traten auf die Erde nieder, um mit den Sterblichen einen Vertrag zu schließen. Hier ergötzte sich Prometheus an dem Gedanken, den Zeus zu täuschen und zu zeigen, daß der erhabene Kronion dessen unkundig sei, was er (Prometheus) bereits den Menschen gelehrt habe. Er legte bei dem Göttermahle dem Zeus das Fleisch des Opferstieres mit der Haut bedeckt, die Gebeine aber mit glänzendem Fett umhüllt, zur Wahl vor. Zeus durchschaute den Trug, doch den Menschen Böses sinnend, griff er nach dem schimmernden Fette. Aufzürnend schalt er dann den Prometheus wegen seines Truges; den Menschen entzog er das Feuer, das Element der Kunst. Prometheus fügte sich nicht, heimlich entwandte er dem Donnerer das Feuer und brachte es im hohlen Rohrstengel den Menschen wieder. Als Zeus dies bemerkte, ergrimmte er tief und beschloß, strafende Vergeltung zu üben. Auf sein Geheiß bildete Hephaistos ein Frauenbild voll Schönheit und Liebreiz; alle Götter schmückten dasselbe mit ihren Gaben. Darum hieß sie Pandora, die Allbegabte. Von Hermes begleitet kam sie zu Epimetheus und brachte ihm ein kunstreiches Kästchen als Geschenk der Götter. Epimetheus, von Pandoras Anmut und betörender Schalkheit bezwungen, vergaß, daß Prometheus ihm geraten habe, keinerlei Geschenk von Zeus anzunehmen. Er nahm das Kästchen, Pandora öffnete den Deckel, und heraus flogen Jammer und Trübsal, Krankheit, Sorge und das Gewimmel der Leiden. Nur die Hoffnung war noch darin; rasch schloß Pandora den Deckel, damit nicht auch sie entweiche. So ist grade das Ungewisse und Traumhafte zum freundlichen festen Besitz geworden; die Hoffnung ist dem Leben geblieben – ein Anker, den der

Mensch in die Tiefe der Zukunft wirft, um sich festzuhalten auf dem stürmischen Meere seines Wollens und Tuns.

Der Neid der Götter läßt in dieser sinnigen und schalkhaften Mythe die Plage und das Unglück des Lebens vom Weibe herkommen und macht den Menschen in seiner törichten Begehrlichkeit zum Mitschuldigen am eigenen Unglück. Aber die Folgen treffen nicht allein den Verlauf des Daseins auf seiner allgemeinen Oberfläche; die Mythe steigt zu den tiefsten Schmerzen des Menschenlebens nieder und gibt das Bild der Qualen, in welchen der Geist die ihn ewig fesselnde Beschränkung, zugleich aber die Unmöglichkeit entsagender Unterwerfung fühlen muß.

Prometheus wurde auf des Zeus Befehl von Hephaistos an den ödesten Felsen des Kaukasus angeschmiedet. Kein Laut der Menschen drang in seine furchtbare Einsamkeit; täglich aber sendete Zeus einen Adler[73], der ihm die Leber abfraß, die sich allnächtlich wieder ersetzte. Unter dem glühenden Strahle der Sonne, schlummerlos in den Nächten gequält und doch nicht sterbend, hing er an seinen Ketten, und nicht eher sollte die Folter enden, bis einer der Himmlischen freiwillig für ihn einstehen und sich zum Tode erbieten würde. Doch die Kraft seines Trotzes wurde nicht gebeugt; unbezwingbares Dulden setzte er dem über ihn verhängten Geschick entgegen. Seinem vorausschauenden Geiste war nicht verborgen, daß der dreizehnte Nachkomme aus dem Geschlecht der Io (es war Herakles) seine Qual lösen würde; auch wußte er, daß dem Zeus, wenn er mit einer ihm bestimmt bekannten Sterblichen sich vermählen würde, die Gefahr drohe, durch den Sohn aus dieser Ehe entthront zu werden. Aber er verweigerte dem zu ihm abgesandten Hermes, den er als Götterknecht so gering schätzte, die Mitteilung dieses Geheimnisses, wenn Zeus ihn nicht aus seinen Banden befreie. Nie werde er weiberhaft die Hände flehend zum Zeus emporheben. In diesem titanischen Trotze verharrte er, bis es dem Herakles, wie er vorher gewußt, auf seiner Wanderung zu den Hesperiden gelang, den Adler zu erlegen. Dann fand er auch den Vertreter, welchen er dem Zeus zum Tode stellen konnte; es war der Kentaur Chiron, der, obgleich an einer unheilbaren Wunde siechend, doch nicht sterben konnte und nun willig sich für Prometheus zum Tode erbot.

Nach der Aussöhnung mit Zeus kehrte Prometheus in die Gemeinschaft der Götter zurück; doch mußte er als Denkzeichen seiner Bestrafung einen Ring von Eisen am Finger und einen Weidenkranz auf dem Haupte tragen. Und nun, als Zeus sich mit der Thetis vermählen wollte, offenbarte Prometheus sein Geheimnis: Der Sohn, den er mit dieser erzeugen würde, sollte der Herr des Himmels werden. Darum geschah es, daß Thetis mit dem Peleus vermählt wurde.

Die Größe der Mythe von Prometheus liegt darin, daß er in Klugheit und Rat getrotzt dem erhabnen Kronion, und in der Macht seines Duldens. Nach seiner Versöhnung verblaßt die Kraft seiner Gestalt. Wenn er auch bei dem Ratschluß des Zeus, das Menschengeschlecht durch eine Flut zu vertilgen, seinem Sohne Deukalion den Rat gab, einen Kasten zu erbauen und sich darin zu retten, so ist dies doch nur ein schwacher Nachhall seines früheren Strebens.

In dem späteren Götterleben verschwindet Prometheus. Aber die bildende Kunst bewahrte den tiefen Gehalt der Mythe, indem sie ihn als Menschenbildner darstellte. Umgeben von den Göttern sitzt Prometheus und formt Menschen aus Erde, welchen Athene, die Göttin der Weisheit, den Schmetterling, das Bild der Seele, auf das Haupt setzt. Nur in sein Schaffen und Bilden vertieft, scheint er den sich zudrängenden Göttern keine Beachtung zu widmen. Ganz in dem Gefühl dieser Darstellungen hat unser Goethe die Worte gedichtet

> Hier sitz' ich, forme Menschen
> Nach meinem Bilde,
> Ein Geschlecht, das mir gleich sei,
> Zu leiden, zu weinen,
> Zu genießen und zu freuen sich,
> Und dein nicht zu achten, wie ich!

10. Teilung der Herrschaft. Die Mythengebiete

Mit dem Siege des Zeus über die Titanen hatte die Herrschaft des jüngsten Göttergeschlechtes begonnen. Daß Zeus, der Donnerer und Himmelsgott, das eigentlich älteste Prinzip der griechischen Religion gewesen sei, daß die Göttergeschlechter des Uranos und Kronos nie einen ohne Zeus bestehenden Kultus gehabt haben, darauf ist schon hingewiesen worden. Dennoch liegt in der Mythe von dem Antritt seiner Herrschaft nach voraufgegangenen Zeiten ein zutreffender Sinn; es ist der des vollendeten Ausgestaltens seiner Obermacht aus dunkeln, ungeheuerlichen Anfängen, und mit dieser nun einer weit verbreiteten, alles natürliche, gesellschaftliche und geistige Leben umfassenden Götterschaar, welche in ihm ihren Mittelpunkt und ihr Haupt anerkennt. Von Zeus geht alles aus, auf ihn bezieht sich in Verwandtschaft, Leitung und Oberaufsicht alles zurück. Es ist sehr richtig bemerkt worden[74], daß in der Tiefe dieser Idee von der Zeus-Herrschaft ein fühlbarer Zug der griechischen Religion zum Monotheismus liege.

Die siegenden Söhne des Kronos hatten das Los um die dreigeteilte Herrschaft der Welt gezogen.[75] *Zeus* erhielt den Himmel umher in Äther und Wolken, den *Poseidon* traf es, das graue Meer zu beherrschen, und dem *Pluto* (Aïs, Hades) ward das nächtliche Dunkel, die Unterwelt, zuteil. Ein andrer alter Glaube war der, daß die Götter selbst dem Zeus den Oberbefehl und die Herrschaft der Welt übergeben hätten und daß Zeus dann den Brüdern ihre Gebiete zugeteilt habe. Immer aber sind mit dieser Dreiteilung der griechischen Mythologie ihre Hauptkreise – die Götter des Himmels, des Meeres und der Erdtiefe – vorgezeichnet.

Gemeinsam blieb den dreien die Erde und der liebe Olympos. Dort in den Versammlungen der Himmlischen ragt ein Kreis von zwölf Göttern hervor, welche als die vornehmsten geehrt wurden. Unter ihnen befinden sich Zeus und Poseidon; Pluton wird hier nicht genannt; unter den Namen der anderen Olympier wechseln zwar einige in den Verzeichnissen der Reihe, allein die Würde der hohen Zwölfgötter bleibt für Here und Athene, Apollon und Artemis, Hephaistos und Hermes, Aphrodite und Hestia, Ares und Demeter, gesichert. Mitunter finden sich auch Dionysos und selbst Kronos und Rhea in diesen Kreis aufgenommen.

Wir halten uns an diese der griechischen Mythologie uralt-eigentümliche Verteilung ihrer Hauptgebiete. Alles was die reichbelebte Phantasie der Griechen im Bunde mit ihrer sinnigen Beobachtung der Natur und des Lebens von Götterwesen gestaltet hat; die große Zahl derselben, welche den Olymp, die Erde, das Meer erfüllten und von den höheren Gewaltigen bis zum Hause des Menschen oder von dem Wolkengipfel des Olymp bis zu den Quellen und Fluren niederstiegen – jegliches Wesen dieser Schar hat eine Beziehung zu einem jener großen Götterreiche und gehört ihm zu. Die Musen und die Chariten verherrlichen die Feste im Götterpalaste des Zeus, Eos, Helios und Selene erfüllen sein Gebiet mit Licht und Glanz, und Boreas durchtobt es mit grimmigem Blasen; auf die Fläche des Meeres steigen von dem Palaste Poseidons in der kristallnen Grundtiefe die schönen, schalkhaften Okeaniden und Nereiden herauf, und Tritons Muschel übertönt das rauschende Wellenspiel; Pan ruht im Waldschatten, auf der blumigen Flur jagen mit mutwillige Satyrn und Nymphen, denn auch die Erde, der rechte Schauplatz des Dionysos und der Demeter, ist von lustigen Götter-Genossen belebt; aus der Tiefe endlich, dem Reiche der Unterwelt, schwebt der schattenhafte Traumgott durch die Nacht, und die furchtbaren Erinnyen.

In diesem raschen Blicke erscheint uns die Fülle der Gestaltungen, welchen wir im weiteren Verlauf unsrer Darstellung der drei Hauptgebiete begegnen werden, zu denen sich als ein viertes die Götter des Erdesegens gesellen, wie ja auch die alte Mythologie selbst die Erde als ein den drei Reichen gemeinsames Sonderteil bezeichnet. Die bewegliche Phantasie hat die Macht und Begabung der Herrscher jener Reiche für einzelne Eigenschaften und Kräfte zu gesonderten Gestalten aufgelöst und dennoch in dieser Vielheit die unverkennbare Beziehung auf die Hauptgestalten bewahrt.

B. Die hohen olympischen Götter

1. Zeus

a) Der Olymp

Der Vorstellung, daß ragende Höhen und Berggipfel von Göttern als Wohnsitze geliebt und auserwählt seien, begegnet man in dem religiösen Glauben mehrerer Völker. Gern hat der Kultus den Himmlischen dort Altäre errichtet oder solche Stätten mit frommer Verehrung begrüßt. Die religiös bewegte Phantasie ist noch weiter gegangen und hat sich mythische Berge gebildet, welche sie dann mit Palästen voll Pracht und Herrlichkeit ausstattete, wie wir es am indischen Götterberge Meru und am Albordj der Perser gesehen haben.[76]

So haben auch die Griechen viele Berge ihres Landes in ihre Mythen aufgenommen oder als Göttersitze heilig gehalten, wie den Othrys, Ossa, Pelion, Oeta, Parnass, Helikon, Kithäron, Kyllene, Lykäos den Ida sowohl auf Kreta als in Phrygien u. a.; vor allen aber ist der Olymp in Thessalien ihr Götterberg gewesen.[77] Auf seinem vielgewundenen Gipfel war der ewige Sitz der Götter,

> – – – „den kein Sturm noch erschütterte, nie auch der Regen
> Feuchtete oder der Schnee umstöberte; Heitre beständig
> Breitet sich wolkenlos, und hell umfließt ihn der Schimmer.
> Dort von Tage zu Tage erfreun sich die seligen Götter."

Vom Olymp aus haben Zeus und seine Genossen die Titanen bekämpft und besiegt; die höchste Felszacke seines Gipfels war ausschließlich der Sitz des Götterkönigs, wo er mit sinnendem Rate thronte; etwas abwärts dachte man sich seinen Palast und die herrlichen Häuser der himmlischen Gewaltigen. Denn die Mythe hob die Götterburg über die Wirklichkeit hinauf und machte den Olympos im freien Spiel der Phantasie zum idealen Götterhimmel. In gehauenen Hallen sitzen die Götter; Hephaistos hat sie gebaut mit kundigem Geiste der Erfindung. Dorthin berief Zeus die Versammlungen der Götter, sowohl die großen und allgemeinen, bei denen kein Stromgott und keine Nymphe fehlen durfte, als auch den engeren Rat der hohen Götter. Die Vorstellungen von diesem Olymp gehen ins Abenteuerliche über. Er werde die Götter an eine Kette hängen, drohte einst Zeus, und diese Kette werde er mit der Erde und dem Meere emporziehen und um das Felsenhaupt des Olympos festbinden, daß schwebend das Weltall hinge in der Höhe. Solche Äußerungen spielen mit der Ohnmacht der nachfühlenden Einbildungskraft, aber es zeigt sich in ihnen deutlich, wie der Olymp der Mythe über jenen Gipfel Thessaliens zu unendlicher Höhe hinauffragte; doch sind beide, der mythische und der wirkliche Olymp, unlösbar verbunden.

Aber den Verkehr und die Feste der Götter in den olympischen Häusern schauen wir in deutlicher Lieblichkeit. Wie eine Burg sind die Paläste des Gipfels mit einer oder wohl mehreren Ringmauern umschlossen, deren Tore von den freundlichen Horen geöffnet und verschlossen werden. Auf hohen, goldverzierten Säulen ragt der Saal, rings um den goldenen Thron des Zeus sitzen die Götter auf goldenen Sesseln und laben sich an Nektar und Ambrosia. Der Gesang der Musen durchtönt die Halle, die schönlockigen Grazien und die freundlichen Horen schwingen sich im Chorreigen, und auch Hebe und Aphrodite schlingen die Hände ineinander zum anmutigen Tanze; Apollo aber, von Lichtglanz umflossen, durchwandelt mit der Laute die schönen freundlichen Reihen. Doch nicht immer sind diese Feste so ganz voll feierlicher Würde; auch fröhlicher Scherz findet Eingang, und wenn Hephaistos, der hinkende Feuerarbeiter, die Becher umherreicht, gutmütig geschäftig in der Weise des ehrbaren Handwerks, dann erschallt unermeßliches Lachen der seligen Götter im hohen Göttersaale. So wird der Olymp zum vollkommen treuen Abbilde eines wohlgerüsteten, gastlichen Fürstenhauses. Wenn Zeus von der höchsten Kuppe des Gipfels zum Palaste niedersteigt, dann stehen alle Unsterblichen auf vom Sitze, dem Vater entgegenzugehen. Sitzen sie dann wieder im Kreise um seinen Thron, dann reicht die liebliche Schenkin Hebe oder der jugendliche Ganymed die goldenen Becher herum. Und wenn Zeus oder Here von einer Ausfahrt zum Olymp heimkehren, dann lösen die Horen, oder auch wohl einmal selbst Poseidon, die Rosse vom schöngeränderten Wagen, führen sie zu den ambrosischen Krippen und binden sie fest; der Wagen aber wird aufs Gestell an der schimmernden Wand emporgehoben und sorglich mit Leinewand umhüllt.

In diesem selig-heiteren Treiben auf dem Götterberge fehlt nun freilich auch der Neid, das Trachten nach Vorzug und die Intrige nicht, welche die Gebieter überall umschleicht; es fehlt auch nicht der häusliche Zwist und die Parteiung. Immer jedoch bleiben die Hauptzüge dieses olympischen Götterlebens die Unterwürfigkeit der Götter unter die Obergewalt des Zeus, dann eine selige Erhabenheit und glücklicher Genuß. Die Götter sorgen um die Menschen, um Helden, Völker und Städte, sie ereifern sich für ihre Lieblinge, sie erbittern sich gegeneinander, aber sie fügen sich auch wieder dem Ratschlusse des Zeus und bleiben die vom Leide unbeirrten höheren Wesen.

> „Also den ganzen Tag bis spät zur sinkenden Sonne
> Schmausen sie; und nicht mangelt ihr Herz des gemeinsamen Mahles,
> Nicht des Saitengetöns von der lieblichen Leier Apollons,
> Noch des Gesanges der Musen mit holdantwortender Stimme."

Wie oft mag der Grieche im Anschauen seines hohen Götterberges diese Worte seines Dichters wiederholt und die Herrlichkeit seiner Götter da oben mit frommem Gemüte begrüßt haben, vor allen den Herrscher im Donnergewölk, den hochthronenden Zeus.

b) Natürliche und ethische Bedeutung

Der ragende Himmel, welcher die Erde umspannt, an dem die Wolken sich sammeln, aus denen Donner und Blitz herabschmettern und Regengüsse niederströmen, ist das ursprüngliche und eigentliche Reich des Zeus. Auf der Herrschaft über die Erscheinungen aus der Wolkenhöhe ruhte die Vorstellung der Griechen von ihrem höchsten Gotte. Zeus, der lichte und scheinende, ist darum zunächst ein Witterungsgott. Hoch im Gewölk thront er, der höchste Lenker des Blitzstrahls, der fernhin Donnernde; von ihm kommt, wie in jener Nacht, wo der heimkehrende Odysseus der Gast des Eumäos war, der rastlos strömende Regen; er vollendet die Tage des Winterfrostes und ist der Schützer der Saat. Auch die außergewöhnlichen Erscheinungen aus der Höhe entsendet Zeus; so wenn blutige Tropfen herabfallen oder wenn, wie bei der Geburt der Pallas Athene geschah, goldene Flocken vom Himmel die Flur benetzen. Er gießt des Reichtums Schätze nieder, welche der Mensch dem fruchttragenden Boden abgewinnt, und wo irgend der Sterblichen Tun und Treiben von der Witterung abhängt, da waltet Zeus.

Doch ist eine solche ausschließlich natürliche Bedeutung nicht eben häufig; sie hat sich bald mit einer geistigen Bedeutung verbunden und sich dann rein zu solcher gesteigert, für welche ohnehin der Keim in den ältesten Vorstellungen bereits vorhanden war. Mit der Witterung kommt Gedeihen wie Verderben über die Fluren, von ihrem Segen oder Unsegen hängt alles Leben ab. So ist es noch heut eine alltägliche Erfahrung, daß einfache Menschen, die viel mit der Natur verkehren, dem Witterungslaufe die größte Wichtigkeit beilegen; um wieviel stärker mag eine solche Teilnahme in ursprünglicheren Zeiten gewesen sein! Die Vorgänge in der Wolkenhöhe wurden, auch abgesehen von ihrer Bedeutung für das Wetter, zu Machtbeweisen des Zeus. Sein Donnergetön aus wolkenlosem Sterngewölbe erschallte als Zeichen der Ermutigung bei gefahrvollen Unternehmungen, als Verheißung eines glücklichen Ausgangs; sein Blitzstrahl, wenn er ihn vor einem hinstürmenden Mann niederschmettern läßt, hemmt zurückschreckend die gewaltigste Leidenschaft. Gewitter und Regengüsse von Zeus dienen zur Erfüllung seiner Macht und Gerechtigkeit.[78] Wo frevelnde Taten geschehen, da verhängt Kronion vom Himmel herab Landplagen, Hunger und Pest, wo aber Gerechtigkeit weilet, da gibt er den Fluren Fülle und unendliches Gut. Denn die Fische der Flut, die Raubtiere und die Vögel des Himmels hat er ihrer Willkür und Stärke überlassen,

> „Aber den Menschen verlieh er Gerechtigkeit, welche der Güter
> Edelstes ist."

Mit allsehendem Auge schaut er herab; ihm entgeht weder die Erfüllung noch die Verletzung des Rechtes, und auf Taten des Unfugs folgt seine Rache. Als die Argonauten durch den Mord des Absyrtos gefrevelt hatten, schickte Zeus ein gräßliches Unwetter über sie und warf sie in der Irre umher; und als die Gefährten des Odysseus, in des Hungers Nöten den Göttern trotzend, die Rinder des Helios geschlachtet hatten, da breitete Zeus düsteres Gewölk über das Schiff, traf es mit seinem Glutstrahle und zerschmetterte es, so daß den Frevlern die Heimkehr genommen war und nur Odysseus sich rettete.

Besonders war es der Mangel an Pietät: Ungestüm gegen die Eltern, Mutwille an Waisen verübt, Beleidigung des Gastrechtes, schnöde Vernachlässigung der Götter – wodurch der Eifer des Zeus erregt ward. *Lykaon,* ein Sohn des Pelasgos und König von Arkadien, und mit ihm seine fünfzig Söhne waren Verächter alles göttlichen und menschlichen Rechtes und übertrafen alle Menschen an Übermut und Ruchlosigkeit. Zeus, um ihre frevelhafte Gesinnung zu prüfen, kam zu ihnen in der Gestalt eines dürftigen Tagelöhners. Sie laden ihn unter dem Scheine der Gastfreundschaft zur Mahlzeit, rauben aber einen Knaben von den Einwohnern der Gegend, schlachten denselben, mischen die Eingeweide unter das Opfer und tragen es zum Essen auf. Da erhob sich Zeus, stürzte den Tisch mit dem Frevel um und erschlug den Lykaon und seine Söhne mit dem Donner. Doch ist auch in diese Gewalt des Eifers noch ein Zug von Milde verweht. Als der jüngste der Söhne, Nyktimos, an die Reihe kam, da streckte Gaea um Schonung flehend ihre Hände zu Zeus empor, faßte seine Rechte, und besänftigt gab der Götterherrscher der Allmutter Gewährung.[79] So ist Zeus nicht bloß in der Natur der waltende Herrscher der Welt, er ist es auch in der Vollendung der sittlichen Grundlagen des Menschenlebens. Er lenkt alles mit seiner Weisheit. Erhaben über die kurzsichtigen Pläne der Sterblichen, gestaltet seine Fügung ihnen das gute wie das böse Geschick.

> „Der Mensch entwirft, doch Zeus vollendet es anders."

In seiner Hand ruht die Waage des Schicksals. Wenn in dem Kampfe der Helden vor Troja entschieden werden soll, wem der Sieg, wem Tod oder Leben zufalle,

> „Siehe, hervor nun streckte die goldene Waage der Vater,
> Legte zwei Lose hinein des lang hinbettenden Todes,
> Faßte die Mitte und wog."

Und wessen Schale dann sinkt, den trifft das unerbittliche Verhängnis. Zeus weiß solche Entscheidungen noch ehe sie eintreten, was ihn jedoch gar nicht hindert, dem Bedrohten sein Mitgefühl und seine Teilnahme zuzuwenden. So bei Hektor, als dieser die dem Patroklos geraubte Waffenrüstung des Achilles sich angelegt hatte und stolz dahinschritt. „Armer", sprach Zeus, „dir sagt das ahnende Herz nicht, daß der Tod so nahe mit dir geht. Du wirst nicht mehr heimkehren aus dem Kampfe." – Aber auch hier gleicht der gerechte Vater der Götter und Menschen das frühe Schicksal durch hohe Siegesehre aus, die er dem Hektor als Vergeltung verleiht, weil ihm bald zu fallen bestimmt war.

Als Penelope, von heftiger Sorge um Telemach bewegt, dem die Freier tückisch auflauern ließen, zu dem Saale, wo die Frevler schmausten, hinabstieg, um das Vorhaben zu verhindern, da sprach sie in ihren von Leid und Zorn schweren Worten auch den Vorwurf aus: „Warum, Rasende, verachtet ihr die Stimme der Leidenden, deren doch Zeus wahrnimmt?" Die Unglücklichen, die Bedrängten und Bedürftigen standen also in ganz besonderer Weise unter dem Schutze des mächtigen olympischen Herrschers, und der Leidende wußte, daß es ein Götterfrevel war, ihn zu kränken und zu schädigen. Darum wurden auch schutzflehende Fremde, wenn sie in ein Haus eintraten und der Sitte gemäß am Herde sich niedersetzten, als von Zeus hergeführt angesehen,

„Der den Gang ehrwürdiger Flehenden leitet."

Endlich erscheint Zeus als Schützer des Eidschwures, als Rächer der gebrochenen Eidestreue. Ihn rief man nicht nur vor allen Schwurgöttern an, daß er den Eid hören möge, sondern man hatte auch die Überzeugung, daß ein nichtiger oder ein verletzter Schwur unfehlbar von Zeus bestraft werde.

„Wenn auch jetzo sogleich der Olympier nicht es vollendet,
Doch vollendet er spät."

Diese Züge werden hinreichen um zu zeigen, daß in dem Glauben der Griechen Zeus der höchste Bewahrer einer gerechten und sittlichen Weltordnung war. In der älteren Zeit hatte dieser Glaube eine breite Grundlage im ganzen Volke, welches aus ihm eine gewisse sittliche Festigkeit und Trost in Widerwärtigkeiten gewann; später in der makedonischen Zeit, wo sich überhaupt der Bestand der religiösen Überzeugungen lockerte, künstelte man auch an dem Volksglauben über Zeus. Man meinte: „Die niederen Lebensverhältnisse seien den geringeren Göttern überlassen, Zeus habe sich die Könige erkoren. So wie die Metallarbeiter dem Vulkan, der Waidmann der Diana, der Krieger dem Mars und der Sänger dem Apollon angehöre, so sei Zeus der Schutzherr der Könige, auf deren Tun er achthabe und die er mit glücklichem Gelingen ihrer Werke und mit Fülle der Güter belohne, wenn sie ihre Völker gerecht und weise regierten."

Schließlich geben jedoch alle diese Beziehungen des Zeus als Lenker der Naturerscheinungen aus der Wolkenhöhe so wie der Ereignisse des Menschenlebens – so wichtig sie im einzelnen sind – dennoch kein volles und wahres Bild des alten griechischen Zeus. Einmal deshalb, weil jene Beziehungen nur eine Sammlung von Lichtpunkten und Vollkommenheiten sind, neben denen die tiefen Schatten von Schwäche, Willkür, Lug und Trug, welche dem Zeus anhaften, fehlen würden. Besonders jedoch wird die volle Richtigkeit dieser Göttergestalt aus dem Verständnis einzelner, hoher Züge von Macht und sittlicher Vollendung darum mißlingen, weil die griechische Mythologie hauptsächlich eine Gestaltung der Phantasie ist, welche sich am besten der nachfühlenden und nachbildenden Phantasie enthüllt. Man mag griechische Mythen und Götterbilder in die physikalischen, historischen oder ethischen Bestandteile, die sich erblicken oder spüren lassen, auflösen, aber man hat dann eben nur die Bestandteile, nicht das Götterbild selbst. Man kann auch jene Götter durch Nachweisung ethischer Eigenschaften in eine geistigere Haltung erheben, aber es fragt sich, ob solche Haltung noch der griechischen Mythe angehört. Die Verbildlichung bleibt der Kern der Mythe. Nur einer harmlosen Hingebung an die Überlieferung der Phantasie offenbart sich die Mythengestalt.

c) Der Götterkönig

Der wahre griechische Zeus erscheint am vollendetsten in seiner Würde als *Götterkönig*. Denn ihm hatten, wie wir wissen, die Götter nach dem Titanenkampfe die Obergewalt und die Herrschaft der Welt übergeben. Auf der erhabensten Kuppe des Olymp weilet er besonders gern; gesondert von den anderen Göttern sitzet er dort und schauet mit ordnendem Geiste auf die Welt. Nur Unsterbliche nahen ihm hier, und auch diese umfassen seine Knie, wenn sie die Erfüllung eines Wunsches von ihm begehren. Gab er Gewährung, dann winkte er mit dem Haupte.

„Des Hauptes Locken zuneigend"

dies war das heiligste Pfand seiner Verheißungen unter den Göttern.

Er tritt in den Palast und nahet sich dem Throne. Die Unsterblichen umringen ihn mit ehrerbietiger Begrüßung; er aber, auch unter den Gewaltigen noch machtvoll, thronet unter ihnen mit gebietender Majestät. In solcher Würde und Macht stellt unsre Abbildung

Fig. 23

den Götterkönig dar. Die Linke hält den Herrscherstab, die Rechte den Blitzstrahl; neben sich hat er den Adler. Wenn auch die Götter die Befehle ihres Oberherrn bisweilen nur mit Grollen und Murren vernehmen, ja wenn sie sogar Auflehnung und Widerstand versuchen; es erhöhet doch alles nur das Bild von der Macht des Olympiers, denn jene werden immer wieder von der Erinnerung zurückgehalten, daß Zeus gewaltiger ist; sie fürchten ihn und fügen sich in seine Entscheidungen.

Poseidon, der starke Herrscher des Meeres, hatte wider den Willen des Zeus an dem Kampfe vor Troja teilgenommen. Da läßt ihm Zeus durch Iris entbieten, er solle sich dieser Teilnahme enthalten. Unmutig und gekränkt fährt Poseidon auf: „Nimmer folg' ich Zeus' Fügungen! Mag er seine Söhne und Töchter durch hochfahrende Worte bedrohen, mich schreckt er nicht mit seiner Macht." Als nun aber Iris fragt, ob sie die Worte völlig so, wie sie gesprochen worden, dem Zeus hinterbringen solle, da kommt dem starken Erderschütterer die Besinnung wieder, und er weicht, obwohl unwillig, dem Gebote des Königs der Götter.

Here und Pallas Athene wollen, gleichfalls den Fügungen des Zeus entgegen, den Griechen beistehen, welche von Hektor hart bedrängt wurden. Zeus weilet auf dem Ida, und die Göttinnen, seine Abwesenheit benutzend, besteigen den flammenden Götterwagen und lenken die Rosse vom Olymp auf das Kampffeld hin. Aber Zeus schauet die Eilenden. Heftig ergrimmend sendet er ihnen die Iris entgegen mit dem Befehle: „Lenket den Lauf zurück, ehe ihr meinem Zorne begegnet. Ich lähme euch die Rosse mit dem Blitzstrahle, zerschmettere den Wagen und stürze euch vom Sessel hinab. Schwer sollen euch die Wunden heilen, mit denen mein Strahl euch zeichnen wird." – Da lenken die eingeschüchterten Göttinnen das Gespann zurück zum Olymp; sie setzen sich wieder auf die goldenen Sessel nieder unter die anderen Götter, „das Herz voll großer Betrübnis."

So müssen auch die Mächtigen dem Rate und Befehle des Herrschers gehorchen. Er versammelt die Unsterblichen zum hohen Götterrate, und sie horchen alle auf seine Worte. Einst hatte er in solcher Versammlung den Göttern jede Teilnahme an dem Kriege der Griechen und der Trojaner verboten. Wer ungehorsam sei, dem drohte er schweren Zorn. Er werde ihn schmählich schlagen oder ihn fassen und hinabschleudern in das Dunkel des Tartaros. Und um den Worten Nachdruck zu verleihen, sprach der Herrscher: „Versuchet es, wie weit ich mächtig sei! Eine goldene Kette befestigt oben am Himmel, hängt euch alle daran, ziehet und ringet! Ihr werdet mich niemals vom Himmel herab auf den Boden ziehen. Ich aber, wenn es mir gefiele, ich zöge euch alle empor, selbst mit der Erde und dem Meere, ich bände die Kette an den Olymp, daß schwebend das Weltall hinge in der Höhe." Da verstummten alle Götter und schwiegen, überwältigt von der Macht seiner Worte. Nur Pallas Athene sprach schüchtern:

> „Vater uns allen gesamt, o Kronid', hochwaltender König,
> Wohl ja erkennen auch wir, daß dein unbezwingliche Macht ist."

In schmeichelnden Worten weiter redend, suchte sie die sehr schreckliche Gewalt des eifernden Königs zu versöhnen. Da lächelte der Herrscher im Donnergewölk und sprach: „Fasse dich, mein Töchterchen! So arg war's nicht gemeint. Nicht in des Herzens Empfindung habe ich die Drohung gesprochen."

Das wissen die Götter auch wohl, daß Zeus bisweilen mit Worten ein wenig höher hinausfahre, als ihm zu Sinne sei; daß er seine guten und bösen Augenblicke habe. Sie mühen sich um seinen Beifall, sie suchen die Weise zu erlauschen, wie man ihm wohlgefällt; sie schmeicheln ihm die Gewährung ihrer Wünsche ab. Aber er bleibt auch in solchen schwächeren Beziehungen immer der respektierte Herrscher; er bleibt ihr Haupt, zu dem sie in Gefahr und Bedrängnis sich wenden, so ganz natürlich, wie Kinder zu dem Vater.

d) Auflehnungen. Otos und Ephialtes

Dennoch wird von ernstlichen Angriffen auf die Obergewalt des Zeus erzählt, wenn auch diese Auflehnungen in keiner Weise an die Bedeutung der alten großen Götterkämpfe hinanreichen.

Here, mit Poseidon und Pallas Athene verbündet, wollte einst das Joch des olympischen Herrschers abwerfen und schickten, sich an, ihn in Bande zu legen. Was Zeus dabei zur Abwehr getan, wird nicht erzählt; Thetis aber, die hilfreiche Nereide, merkte das Vorhaben und besorgte Gefahr für Zeus. Schnell rief sie den hundertarmigen Riesen, den Briareos[80], aus den Tiefen des Tartaros herauf, wo er mit seinen Brüdern Wacht über den Kerker der Titanen hielt. Und der alte riesige Bundesgenosse aus dem Titanenkampfe kam herauf und setzte sich mit freudigem Trotze neben Kronion. Da erschraken die Götter und scheuten sich, den Angriff auf Zeus und seinen wuchtigen Genossen auszuführen.

Das wird alles ohne großes Bemühen und fast spielend abgetan, die Ordnung der Welt wird durch diese Auflehnungen nicht mehr in Frage gestellt, ja kaum gestört. Selbst die Unternehmung des Otos und des Ephialtes, die doch offen und stark an titanische Kraft erinnert, erscheint nur wie ein Ereignis an den Grenzen des Machtgebietes. Iphimedeia, die

Gemahlin des Aloeus, beide von Deukalion, dem Sohne des Prometheus, stammend, trug
Verlangen nach der Liebe des Meerherrschers Poseidon. Sie war beständig am Ufer des
rauschenden Meeres, sie koste mit den heranflutenden Wellen; da vermählte sich Poseidon
mit ihr. Ihre Söhne Otos und Ephialtes, nach ihrem Stiefvater die *Aloïden* genannt, ragten
bald an Größe und Schönheit der Gestalt vor allen Menschen hervor. Sie wuchsen alle Jahre
eine Klafter (Manneslänge) in die Höhe und eine Elle in die Breite. Als sie neun Jahre
zählten, hatten sie die neunfache Größe und Breite eines Mannes erreicht. So mächtige
Stärke suchte sich ein hohes Ziel; sie beschlossen, die Götter zu bekriegen und den Himmel zu stürmen. Sie fesseln den Kriegsgott Ares und halten ihn in einem eisernen Kerker
gefangen, und nun heben sie den Ossa auf den Olymp und türmen den Pelion auf den
Ossa. Die Meerflut wollten sie über die Berge hinströmen lassen, die Ordnung der Erde
umkehren und das Meer zum Lande, das Festland aber zum Meere machen. Auch begehrte
Ephialtes die Götterkönigin Here, Otos die jungfräuliche Artemis zur Gemahlin. Hätten
sie der Jugend Ziel erreichen können, so würden sie ihr Unternehmen vollendet haben.
Aber sie sanken in unreifem Übermute dahin, ehe der Jugend Schmuck, der kräuselnde
Bart, ihr Kinn bedeckte. Hermes hatte den Ares heimlich befreit; doch geschah kein
Kampf, kein Toben des Streites; Zeus selbst erhob nicht die Hand, und seine Blitze ruhten.
Nur Artemis, in eine Hirschkuh verwandelt, lief auf Naxos zwischen den sich gegenüberstehenden Aloïden hin. Beide zielten auf das Tier und durchbohrten sich gegenseitig mit
den Wurfspießen. Andre sagen, daß Apollo die beiden Meersöhne mit seinen Geschossen
hingestreckt habe.

e) Salmoneus. Keyx und Halkyone

Mit der Ruhe, welche die Mythe dem Zeus gegen den unmündigen Übermut gestattet,
kontrastiert der Zorneseifer des olympischen Königs gegen den Dünkel des *Salmoneus*.
Dieser, ein Sohn des Aeolos und Urenkel des Deukalion, war König in Elis, wohin er aus
Thessalien gekommen war und wo er eine Stadt gegründet hatte. In blinder Vermessenheit
stellte er sich dem Zeus gleich; er untersagte die dem Olympier zukommenden Opfer und
ließ nicht nur auf den Altären für sich opfern, sondern er ahmte auch dem Donnerer nach,
indem er auf einem rasselnden Wagen fuhr, an welchen er gedörrte Felle und eherne Bek-
ken angehängt hatte. Dies war sein Donner, und auf solche Weise blitzte er auch mit in die
Luft geworfenen Fackeln. Da erschlug ihn Zeus mit dem Donner und vertilgte seine Stadt
mit ihren Bewohnern. Der Herr der Götter kann also sorgloser bleiben bei dem Trotze
götterähnlicher Kräfte als bei der Opferentziehung durch Menschen. Gegen diese Frevel
schleudert er sogleich die strafenden Blitze.[81]

Auch des Salmoneus Schwester Halkyone reizte durch ihren gegen den Götterkönig
gewendeten Übermut den Zorn desselben. Sie nannte den Keyx, ihren Gemahl, Zeus, er
nannte seine Frau Here. Da verwandelte sie Zeus in Meeresvögel. Die Bedeutung dieser
Strafe, scheinbar so entfernt liegend, zeigt sich als eine jener Vergeistigungen des Naturlebens, wie sie der Mythologie so unnachahmlich eigen sind. Zeus verstößt sie dadurch
gleichsam am weitesten von der Kraft und Herrlichkeit des hochragenden Himmels; denn
diese Meervögel brüten zur Zeit der kürzesten und frostigsten Tage, und zwar nach der
Sage in einem auf dem Meere schwimmenden Neste. Die Verbannung der zärtlichen Fürsorge und Gattenliebe, welche diesen Vögeln eigen ist, in die widerwärtigste Jahreszeit
erscheint als Demütigung und stete Mahnung an frühere Überhebung, deren Empfindung
in dem lieblichen, wehklagenden Gesange des Vogels ausgedrückt ist. Aeolos aber, der
Vater der Halkyone, hält dann seine Stürme in sorgfältigem Gewahrsam, und schiffbare
Windstille herrscht auf den Gewässern.[82]

f) Götter-Erzeugungen. Ehen und Liebschaften

Die mythologische Gestalt des Königs der Götter und Menschen wird vollendet durch
die Erzählungen von seinen Ehen und Liebschaften. Was wäre Zeus ohne jene Charakterzüge, welche ihn als Urheber neuer Göttergestalten, als Familienhaupt und Gemahl schil-

dern! Fügen wir hinzu; daß er ganz unvermeidlich auch als Liebhaber gelten muß, so wie wir nun aber im Anschauen seiner Macht und Wirkungsphäre behutsam waren, daß sich uns der Zeus der Sage nicht in einen begrifflichen Zeus auflöse, so möge auf der Gegenseite bei diesen Ehe- und Liebesgeschichten sogleich anerkannt sein, daß die Bedeutung der erzeugenden Kraft allzusehr und mit Unrecht hinter die erotischen Abenteuer zurücktritt, ja – daß die Gestalt des Götterkönigs in ihnen hier und da zu einer lüsternen Derbheit erniedrigt wird, in welcher von idealer Würde nicht mehr die Rede sein kann. Die Macht der Schilderung in der Poesie und die Macht der Darstellung durch die Plastik haben dieses Gebiet stark ausgebeutet und ohne Rücksicht auf den Vater der Götter oder auf den Zeus der Tempel und Altäre Bilder geschaffen, die nur noch der Dichtung und der Kunst angehörten. Dieses Hinausschreiten über die Grenzen der Mythologie führte endlich bis zu dem Humor der Göttergespräche Lucians, oder zu Karrikaturen, wie jene, wo Zeus und Hermes in der Figur dickbäuchiger Possenreißer vor Alkmenes Haus kommen. Die Geliebte sitzt am Fenster; Zeus ist im Begriff eine Leiter, welche er so trägt, daß er den Kopf zwischen den Sprossen durchsteckt, anzulegen, um einzusteigen und Hermes leuchtet dazu mit einem gefälligen Lächeln.

Noch entfernt von solchem willkürlichen Schalten und Walten der Künste verlor die unbefangene, fromme Natürlichkeit der alten Mythologie auch in diesen Verhältnissen niemals die Pietät vor dem Lenker des Blitzstrahls, dem wolkenthronenden Götterkönige. Diese Verbindungen des Zeus mit Göttinnen sind da, um die Entstehung der höchsten Gestaltungen des Liebreizes zu feiern. Wenn irgendwo, hat hier die Mythologie ihre bewundernswürdige Kraft und reiche Mannigfaltigkeit der Bildungen entfaltet, in welchen die äußere Schönheit von der Schönheit und Lebensfülle der inneren Bedeutung völlig durchdrungen ist. In den Wetteifer dieser Zeugungen gehören die freundlichen Horen, die lieblichen Chariten, die Musen selbst, Aphrodite wird hier genannt. Auch die schöne Persephone, die Königin des Hades, steht in diesem Kreise, und sollten die ehrwürdigen Parzen nicht hineinpassen? Mächtig und schön ragt Pallas-Athene auf; in anmutig-herber Jungfräulichkeit sehen wir Artemis neben der reizvollen Hebe. Und nun die drei Götterbilder: Apollon, Hermes, Ares! Gewiß, Zeus als der Urheber und Vater von so viel Gestaltungen der Schönheit, der Anmut, geheimnisvoller Würde, glänzender Macht, beweglicher und erhaben-ruhiger Geistigkeit steigt vom Sinne der Mythologie uns genommen eben in diesen Erzeugungen zur höchsten Macht und höchstem Glanze empor. Es drängt sich dabei die Wahrnehmung auf, daß Zeus in den Verbindungen mit Göttinnen vornehmlich weibliche Bildungen erzeugt, während aus seinem Umgange mit Erdenfrauen gewaltige Männer und Heroen hervorgehen, unter denen die schöne Helena die einzige vielgefeierte Frauenschönheit ist. Es steht so dem unvergleichlichen Kreise weiblicher Herrlichkeit ein andrer Kreis männlicher Bildungen gegenüber, auch Ideale von Stärke, Tatkraft, Weinbegeisterung und Heldengröße. Diesen Verhältnissen des Zeus zu sterblichen Frauen, in denen später das sinnliche und erotische Element so stark in den Vordergrund tritt, liegt jedoch in der Hauptsache weniger der Gedanke an die Hervorbringung edelster Gestaltungen unter. Es spricht sich in diesen und ähnlichen Mythen vielmehr das pietätvolle Streben aus, die Heroen- und Fürstengeschlechter zum höchsten Ursprunge und den ehrenreichsten Verbindungen hinaufzuleiten.

Allgemeingültig und unbestritten wird *Here* als die wahre Gemahlin des Zeus genannt, doch soll er vor ihr mit der Okeanide *Metis*, aus welcher Ehe Pallas-Athene hervorging, vermählt gewesen sein. Ein gleiches wird von *Themis*, einer Tochter des Uranos, gesagt; sie wurde die Mutter der Horen, Eunomia, Dike, Eirene, und der erhabnen Schicksalsgöttinnen, der Moiren oder Parzen, Klotho, Lachesis, Atropos.

Die Liebe mehrerer Göttinnen gab dem Ordner der Welt Zeus herrliche Kinder. *Mnemosyne*, eine Tochter des Uranos, brachte ihm die sangesfrohen Musen; Eurynome, des Okeanos Tochter, die wonnereichen Chariten oder Grazien, Thalia, Euphrosyne, Aglaja; *Latona* oder Leto, deren Vater der Titane Köos war, gebar auf dem Felseneilande Delos den Apollon und die Artemis; *Demeter*, eine Tochter des Kronos, gab ihm eine Tochter, die schöne Persephone, welche Pluton, der Herrscher der Unterwelt, raubte und als Gemahlin in sein düstres Reich führte. Daß Aphrodite, die Göttin der Liebe und Schönheit, aus der Liebe des Zeus zur *Dione*, einer Tochter des Uranos, entstanden sei, ist zwar eine minder allgemeine Sage als die von der Entstehung der Göttin aus dem Schaume des Meeres, allein sie ist bedeutend, weil sie auch den Ursprung des höchsten weiblichen Liebreizes auf die Vaterschaft des Zeus zurückführt. Endlich hat sich Zeus mit drei der Plejaden, der Töchter des Titanen Atlas, verbunden und mit der *Maja* den Hermes, mit der *Taygete* den Lakedämon, mit der *Elektra* den Jasion und Dardanos erzeugt.

Unter den sterblichen Frauen, mit denen sich Zeus verband, war *Niobe* aus dem Geschlechte des alten Stromgottes *Inachos*[83] die erste. Sie gebar ihm den Argos und den Pelasgos und wurde die Stammmutter der Io, Europa, Semele, Danae und Alkmene, aus deren Liebesverhältnissen mit Zeus die Mythe einen reichen Sagenkranz gewunden hat. In diesen Sagenkreisen, welche Ägypten, Phönizien, Kreta, Naxos und Griechenland umspannen, glänzen die Namen: Minos und seine Tochter Ariadne, der thebanische Kadmos und seine Töchter, Dionysos, der mächtige Spender des Weinstocks, Danaos und die Danaïden, Perseus, endlich die hohe Kraft des Herakles.

Einigen dieser Sagen werden wir da begegnen, wo von den genannten Göttern geredet werden soll; andre, denen ein solcher Platz fehlt, mögen uns hier beschäftigen.

g) Io

Io war aus dem Geschlechte des Inachos entsprossen, oder sie wird gradezu die Tochter des alten Stromgottes genannt. Obgleich sie Priesterin der Here war, hatte ihre Schönheit dennoch das Verlangen des Zeus entzündet. Nächtliche Traumbilder umschwebten das Lager der Jungfrau und mahnten sie, das Liebeswerben des Götterkönigs nicht zu verschmähen. Sie entfloh; doch Zeus hemmte ihre Flucht, und breitete bergendes Nebeldunkel rings um sie her. Da nahte Here, deren Eifersucht den Gatten in seiner Untreue ertappen wollte. Um die Entdeckung zu vermeiden, verwandelte Zeus das Mädchen in eine weiße Kuh und leugnete zwar mit einem Schwure den Argwohn der Here ab[84], konnte aber dann, als Here listig bat, ihr die Kuh zu schenken, die Gewährung dieses Wunsches nicht versagen. Nun gab Here dem Tiere einen Wächter, den allessehenden hundertäugigen Argos (Argos Panoptes), weil er am ganzen Körper Augen hatte. Er band die Kuh an einen Ölbaum im Haine bei Mykene, setzte sich auf einen Hügel gegenüber und ließ sie nicht einen Augenblick unbeobachtet, denn er schlief nie mit allen Augen zugleich. Dennoch hoffte Zeus, es werde dem listigen Hermes gelingen, den Wächter zu täuschen oder zu überwältigen; er sandte ihn ab. Der Götterbote nahm die Gestalt eines Hirten an, langte die Flöte aus der Hirtentasche hervor, und mit lieblichen einschläfernden Melodien, dann mit Berührung seines Stabes betäubte er den Wächter, daß sich ihm ein Auge nach dem andern schloß. Als aber Hermes nun die Kuh entwenden wollte, weckte ein unbedachtsamer Jüngling, Hierax, den schlummernden Argos auf, und da der Raub heimlich nicht mehr geschehen konnte, tötete Hermes den Argos mit dem Wurfe eines Feldsteines (Argostöter). Hierax wurde in einen Habicht verwandelt; die Augen des Argos nahm Here und setzte sie in den Schweif ihres Lieblingsvogels, des Pfaues; der Io aber sandte die zornige Götterkönigin eine Bremse zu, welche sie verfolgte und in dahinstürmender Raserei durch Meer und Länder trieb. So durchschwamm sie das nach ihr benannte ionische Meer, durchlief Illyrien, überstieg das Hämusgebirge und setzte über die thrakische Meerenge, welche seitdem den Namen Bosporos (Kuh-Übergang) trägt. Sie kam weiter an den Kaukasus, und hier ereignete sich ihr Zusammentreffen mit dem Dulder Prometheus. Er mit schrecklichem Zwange an den Felsen gefesselt und vom Adler gequält, Io dagegen von der Bremse zu sinnloser Wut gereizt und in ruhelosem Irren umhergejagt; Beide die Opfer schweren Götterzornes, welchem der Dulder schmerzerfüllten, aber ungebeugten Trotz entgegensetzt, während die schwächere Io in lauter Klage und Weheruf aufschreit –; so wird dieses Mythenbild zu einem der stärksten Gegensätze menschlichen Jammers, dem immer und immer die quälende Mahnung nachtönt: „Betörter Sinn, seiner zugewiesenen Bahn in frevelndem Stolze sich entraffend, erregt sich die Feindschaft der Götter. Warum meidest du nicht das unentrinnbare Auge der Hohen und Mächtigen? Weise ist es, in dem beschiedenen Lose zu bleiben und zu Gleichen nur sich zu gesellen, fern von Furcht und Gefahr."

Hinweg stürmte Io und schweifte in dem wüsten Skythien umher. Sie gelangte zu unholden Völkern, wie das einäugige Reitervolk der Arimaspen und die schwarzen Menschen am hinflutenden Strome des Aethiops (Niger?); sie kam auch nahe an die Behausung der Gräen oder Phorkiden, uralte, schwanengraue Jungfrauen, die nie der Sonne und des Mondes Strahl bescheint. Unweit von diesen waren die schlangenhaarigen befittichten Gorgonen zu vermeiden, weil ihr Anblick in Stein verwandelte. Endlich, nachdem Io einen großen Teil des Meeres von Europa und Asien durchschwommen, erreichte sie Ägypten. Hier löste Zeus, mit sanfter Hand sie streichelnd, die lange Qual und gab ihr die frühere Gestalt zurück. Am Ufer des Nil gebar Io den Epaphos, den ihr zwar die Kureten auf Geheiß der Here raubten und verbargen, den sie aber zu Byblos, wo ihn die Gemahlin des Königs erzog, wiederfand. Hier geht die Mythe von Io in die Gestalt der ägyptischen Isis über. Sie vermählte sich mit Telegonos, dem Beherrscher Ägyptens, und wurde unter dem Namen der Isis göttlich verehrt. Ihr Sohn Epaphos heiratete Memphis, die Tochter des Stromgottes Nil, erbaute die nach ihr benannte Stadt und wurde der Stammvater des Agenor und Belos, mit deren Nachkommen (Europa, Kadmos – Danaos, Aegyptos) dieser Sagenkreis sich wieder nach Griechenland zurückwendet.[85]

h) Europa

Agenor hatte eine Tochter *Europa,* welche durch Schönheit und Liebreiz alle Jungfrauen überstrahlte. Sie war gewohnt, mit ihren Gespielinnen am Strande des Meeres in heiterer Gemeinschaft zu verkehren; so waren die Jungfrauen eines Tages auf einer blumigen Wiese am Gestade versammelt. Hier nahte ihr Zeus, in einen weißen Stier verwandelt. Das schöne Tier zog die Blicke der Königstochter auf sich; sie nähert sich ihm, und mit scherzenden Sprüngen und seltner Fügsamkeit weiß er sie weiter zu locken und von den Gespielinnen zu entfernen. Durch diese Sanftmut des Tieres ermutigt, streichelt die Jungfrau seinen glänzenden Nacken, es beugt sich nieder, als lade es zum Aufsitzen ein, aber kaum wird Europa von ihm getragen, als der Stier den Fuß in die Wellen des Meeres setzt, und schon schwimmend macht er der Erschrockenen die Rückkehr unmöglich. So trägt er sie nach der Insel Kreta. Hier nimmt der Gott seine Gestalt wieder an und gewinnt die Liebe der Europa; den Stier aber setzte er zur bleibenden Erinnerung an diese Vermählungsfeier unter die Sternbilder des Himmels. Europa gebar den Minos, Rhadamanthys und Sarpedon[86] und wurde später die Gemahlin des Kreterkönigs Asterion, welcher auch ihre Söhne erzog. Ihm folgte Minos in der Herrschaft der Insel; Rhadamanthys war nach Griechenland entflohen und hatte die Alkmene, die Mutter des Herakles, nach dem Tode ihres Gatten Amphitryon geheiratet. Beide Brüder aber, die Zeussöhne, hervorragend als weise Gesetzgeber und gerechte Richter, wurden nach ihrem Tode zu Richtern in der Unterwelt bestellt. In dieser wenn auch düsteren, doch ehrenreichen Erhebung wird Weisheit, Besonnenheit, geistige Kraft verherrlicht; ein nicht eben häufiger Zug in diesen Mythen von der Verbindung des Zeus mit irdischen Frauen, denn sie feiern größtenteils körperliche Kraft und Heldenkämpfe.

i) Antiope. Zethos und Amphion. Dirke

Kadmos, der Bruder der Europa, war ausgezogen, seine Schwester zu suchen. Als er sie nicht finden konnte, gründete er die Burg Kadmea. Das sagenreiche Geschick dieses Heroen und seines Hauses, dem auch Semele, die Geliebte des Zeus, entsprossen war, wird uns noch mehrmals beschäftigen. Hier möge die mit diesen Sagen verknüpfte Liebe des Zeus zur Antiope eine Stelle finden.

Nykteus, der Sohn eines der erdgeborenen Männer, welche aus den von Kadmos gesäten Drachenzähnen hervorgewachsen waren, hatte zwei Töchter, Nykteis und Antiope.

Jene war dem Polydoros, dem Sohne des Kadmos, vermählt worden; der Antiope nahte Zeus in Gestalt eines Satyrs und genoß ihre Liebe. Nykteus tobte in Zorn; seine Drohungen zwangen die Tochter, zu entfliehen. Sie wendete sich nach Sikyon und erlangte den Schutz des dortigen Herrschers Epopeus, mit dem sie sich vermählte. Ihr Vater Nykteus gab sich nun, von diesen Erlebnissen zur Verzweiflung gebracht, selbst den Tod, nachdem er seinem Bruder Lykos, welcher die Herrschaft über Theben für den einjährigen Enkel des Polydoros, Lajos, an sich gerissen, die Bestrafung der Antiope übertragen hatte. Dieser Lykos zog gegen Sikyon, nahm die Stadt ein, tötete den Epopeus und führte die Antiope gefangen mit sich. Sie gebar zwei Knaben, welche von ihm ausgesetzt wurden; ein Rinderhirt aber fand sie, zog sie auf und nannte den einen Zethos, den anderen Amphion. Jener fand Gefallen an Herden und Viehzucht, dieser an Gesang und Saitenspiel, weshalb ihm Hermes eine Lyra schenkte. Die gefangene Antiope hatte Lykos seiner Gattin Dirke überliefert, welche die Unglückliche mit Mißhandlungen und Martern quälte. Plötzlich aber fielen ihr die Fesseln von selbst ab, sie entwich und kam auf das Landgut, wo ihre Söhne lebten. Als diese erfuhren, wer sie selbst seien, und die Mißhandlungen der Mutter vernahmen, da stürmten sie zu den Peinigern hin, töteten ihren Oheim Lykos, die Dirke aber banden sie an die Hörner eines Stieres und ließen sie so zu Tode schleifen. Ihren Verwandten, den Lajos, verjagten sie, rissen die Herrschaft über Theben an sich und umgaben die Stadt mit einer Mauer. Die Steine bewegten sich nach dem Saitenspiel Amphions und fügten sich nach dem Gleichmaß der Töne zum festen Baue zusammen.

Die furchtbare Strafe, welche die Söhne der Antiope über die Dirke verhängten, ist von Künstlern des Altertumes[87] in einer Kolossalgruppe dargestellt worden, welche unter dem Namen „der farnesische Stier" bekannt und als eines der herrlichsten Denkmäler der alten Kunst erhalten ist. Dirke liegt vor dem hoch aufspringenden Stiere; ihr zur Rechten schlingt Zethos mit furchtbarer Wildheit das Seil, an welches sie gebunden werden soll, um die Hörner des schon wütenden Stieres; zur Linken strengt sich der mildere Amphion an, das Tier an dem einen Horne und am Maule festzuhalten, vielleicht noch zurückzuhalten. Zu ihm hin wendet sich Dirke und sucht schutzflehend sein Knie zu umfassen. Denn im nächsten Augenblicke wird die Wut des Stieres vorwärts rasen, das Entsetzliche steht vor Augen. „Der dargestellte Moment ruft den nächstfolgenden unmittelbar hervor und läßt denselben mit Notwendigkeit denken." Mit diesen Worten weist ein berühmter Archäologe auf die Bedeutung des berühmten Kunstwerkes hin: die Starrheit des Steines erscheint überwunden, das Gebilde schreitet von Bewegung zu Bewegung fort.

j) Kallisto

In Arkadien lebte Lykaon mit seinen fünfzig Söhnen, deren Frevel und Bestrafung bereits erzählt worden ist. Seine Tochter *Kallisto*, so schön, daß sie den Namen „die Schönste" erhielt, verschmähte das Glück und die Geschicke des Frauenlebens und gesellte sich zu der jungfräulichen Jagdgöttin Artemis mit dem Schwure, Jungfrau zu bleiben. Einst ruhte sie allein im dunkeln Waldgrün; ermüdet hatte sie Bogen und Pfeile neben sich gelegt. Plötzlich war Zeus neben ihr; in der Gestalt der Artemis selbst (nach anderen des Apollo) gewann er sie mit schmeichelndem Truge und unwiderstehlicher Gewalt. Damit aber diese Liebe der Here nicht offenbar werde, verwandelte Zeus die Kallisto in eine Bärin. Here jedoch, der Sache kundig, reizte die Artemis, das wilde Tier mit ihren Pfeilen zu erlegen. Da versetzte Zeus zur strafenden Kränkung für seine Gemahlin die Bärin unter die Gestirne des Himmels[88]; ihr Kind aber rettete er, nannte es Arkas und ließ es in Arkadien durch die Nymphe Maja erziehen. Dieser Arkas wurde der Stammheros der Arkadier, gepriesen als ein Kulturbringer für das Volk, denn er spendete ihnen das von Triptolemos empfangene Getreide, lehrte sie dessen Gebrauch und die Kunst des Brotbereitens; auch zeigte er ihnen die Webekunst, die Verfertigung der Kleider und der Zelte zum Schutz vor der Unbill des Wetters. Die gleiche das Volk entwildernde Tätigkeit wird freilich auch dem Pelasgos, dem Sohne des Zeus und der Niobe, zugeschrieben; das ist dabei überall zu erkennen, daß die Grundlagen der Kultur wie von Göttersöhnen gespendet zu den armseligen, unberatenen Menschen niedergestiegen sind.

k) Aegina

Die Liebe des Zeus zu *Aegina* gab dem Aeakos das Dasein. Diese Nymphe war eine der zwanzig Töchter des Flußgottes Asopos. Zeus hatte sie in der Gestalt eines Adlers entführt, doch Sisyphos, der Herrscher von Korinth (damals Ephyra genannt), verriet dem Vater, der die Verlorne eifrig suchte, wer der Räuber seines Kindes sei. Als Asopos dennoch wagte, die Verfolgung fortzusetzen, schreckte ihn Zeus mit dem Donner und trieb ihn in das alte Flußbett zurück.[89]

Die Aegina brachte Zeus auf eine Insel im Saronischen Meerbusen, welche bis dahin Oenone geheißen hatte, nun aber von ihm nach dem Mädchen Aegina benannt wurde. Hier gebar sie den Aeakos. Aber die Insel war vereinsamt und ohne alle Bewohner. Da flehte Aeakos zum Vater, daß er die Insel wieder bevölkere, und Zeus schuf Ameisen zu Menschen um. Diese wurden von ihrem Ursprunge (myrmex oder myrmos, die Ameise) Myrmidonen genannt. Aeakos wurde der Ahnherr ruhmgekrönter Helden, denn Peleus und Telamon waren seine Söhne, Achilles und Ajax seine Enkel; er war noch in späten Zeiten gefeiert als Stammherr angesehener Geschlechter unter den schiffahrtkundigen Aegineten. Als Apollon und Poseidon dem König Laomedon die Mauern von Ilium (Troja) erbauten, würden diese für Menschen unersteiglich und Troja gegen den Schicksalsschluß uneinnehmbar geworden sein, wenn nicht ein Sterblicher am Werke teilgenommen hätte. Da riefen die beiden Götter den Aeakos zur Mithilfe am Bau und, als derselbe nun vollendet war, sprangen drei bläuliche Drachen den Turm hinan, wo Aeakos gebaut hatte. Zwei dieser Ungetüme stürzten plötzlich zurück und hauchten den Atem aus, der dritte erklomm die Mauer, und Apollon weissagte, daß hier die Stadt einst erobert werden würde.[90] Seine beiden schon genannten Söhne, deren Mutter Endeis die Tochter des Kentauren Chiron war, hatten ihren Bruder Phokos, den Sohn des Aeakos von der Nereide Psamathe, mit Hinterlist im Kampfspiele getötet. Aeakos verbannte den Peleus und den Telamon, obgleich er so durch die Strenge der Gerechtigkeit sich seiner Söhne ganz beraubte, aus der Insel; und da er überhaupt der gottesfürchtigste Mann unter seinen Zeitgenossen war, so stand er bei den Göttern in hohen Ehren, und es wurde ihm neben seinen Halbbrüdern Minos und Rhadamanthys das dritte Richteramt in der Unterwelt übergeben.

l) Danae. Leda. Alkmene. – Tityos. Aëthlios

Daß Zeus, wenn er von der Macht der Liebe besiegt wurde, häufig sein Ziel durch Verhandlungen zu erreichen suchte, ist schon bemerkt worden. Es sind einige der bedeutsamsten Sagen so entstanden. – Akrisios, König von Argos, hatte durch einen Götterspruch des delphischen Orakels erfahren, daß der Sohn seiner Tochter *Danae* dereinst vom Geschick bestimmt sein werde, ihn umzubringen. Dadurch geschreckt, erbaute der König ein unterirdisches, ehernes Gemach, in welches er die Danae einschloß. Doch Zeus, in einen Goldregen verwandelt, rieselte durch das Dach zu der gefangenen Königstochter herab. Sie wurde die Mutter des Perseus, welcher bei festlichen Kampfspielen mit seiner Wurfscheibe ohne Willen den Akrisios traf und tötete, wodurch sich das Geschick erfüllte. Der *Leda*, der Gemahlin des spartanischen Königs Tyndareus, nahte Zeus in heimlicher Liebe in Gestalt eines Schwans. Sie gebar ihm den Polydeukes und die schöne, vielumworbene Helena, ihrem Gemahl aber den Kastor und die Klytämnestra. Polydeukes (Pollux) machte sich als Faustkämpfer, sein Bruder Kastor als Roßlenker berühmt; Beide wurden wegen ihrer Mannhaftigkeit vorzugsweise mit dem Ehrennamen Dioskuren (Zeussöhne) genannt. Als Kastor in einem Kampfe gefallen war und Polydeukes von Zeus zum Olymp emporgeführt wurde, nahm er die ihm dargebotene Unsterblichkeit nur unter der Bedingung, an, daß er sie mit seinem Bruder Kastor teilen dürfe, so daß jeder einen Tag um den andern auf dem Olymp und in der Unterwelt lebte. – Der ruhmreichste unter den Heroen, welche aus den Verbindungen des Zeus mit Erdenfrauen hervorgegangen sind, war Herakles, der Sohn der *Alkmene*, die ebenso wie ihr Gatte Amphitryon aus dem Geschlechte des Perseus entsprossen war. Von ihrer göttergleichen Schönheit zur heftigsten Liebe entzündet, täuschte Zeus die Alkmene, indem er während der Abwesenheit ihres Gemahls in der Gestalt desselben zu ihr kam; und zur dreifachen Dauer hatte er die Nacht seines Besuches verlängert. Als Amphitryon darauf zurückkehrte und von Alkmene vernahm, daß er schon dagewesen sei, fragte er den Seher Tiresias um die Lösung dieses Rätsels und erfuhr von ihm, daß Zeus sein Nebenbuhler gewesen sei. Alkmene gebar zwei Söhne: von Zeus den Herakles, vom sterblichen Gemahle den Iphikles. Es blieb nicht lange zweifelhaft, welcher der Göttersohn sei. Denn Here schickte, um das Kind zu verderben, zwei mächtige Schlangen über die Wiege. Herakles, der Säugling, richtete sich auf, erfaßte mit jeder Hand eine der Schlangen und erwürgte sie. Die großartige Reihe der Taten des vielausduldenden Herakles hier einzufügen, kann nicht beabsichtigt werden; die Erzählung davon, wie auch von Perseus, wird sich an den zugehörigen Stellen in die Göttersage verweben. – Unter den minder bedeutsamen Söhnen des Zeus nennen wir nun noch zwei, deren ungezügelte, sinnlose Begierde ihnen zum Verderben ward. Der Gott liebte die *Elara* und hatte, um sie der Eifersucht der Here zu entziehen, die Geliebte in den Schoß der Erde verborgen. Ihren riesenhaften Sohn Tityos brachte Zeus an das Tageslicht herauf und ließ ihn durch Gaea erziehen. Als er zum Manne herangewachsen war und die Latona, die Mutter des Apollon und der Artemis, sah, begehrte der Riese die Liebe der Göttin. Diese rief ihre Kinder zur Hilfe auf, und von den Pfeilen derselben wurde Tityos getötet. Seinem Strafgeschick werden wir im Abschnitte von der Unterwelt begegnen. – Ein andrer Sohn des Zeus, Aëthlios, von der *Protogeneia*, der Tochter des Deukalion, geboren, wurde in den Himmel aufgenommen; hier wagte er es, seine verwegene Begierde auf *Here*, die Götterkönigin selbst, zu richten. Die hohe, würdevolle Göttin täuschte ihn durch ein Bildnis, und er wurde in die Unterwelt hinabgestürzt. Aëthlios war der Vater des Endymion.

Diese beiden sind wohl die einzigen unter den Söhnen des Zeus von Erdenfrauen, welche ihre Kraft und Abkunft zu frevelnder Sinnlosigkeit verkehrten. Wir haben sonst in diesem Kreise nur edle Namen genannt und hohe Gestalten bewundert, die in Heldenkämpfen, Geisteskraft und Großtaten ihren Ursprung beteuerten. Stellen wir den Kreis dieser Zeugungen den eigentlichen Götterzeugungen des Zeus gegenüber, so gewahren wir zwar schwächer glänzende, doch immer noch gewaltige Gestalten, von denen einige die geschwisterlichen Züge bewahren. Der machtvolle Sänger Amphion erinnert uns an die Musen; wie in Proserpina, so steigen auch in Minos, Rhadamanthys und Aeakos die Bildungen des Zeus zur Herrschaft über den Hades nieder; die Dioskuren sind wie ein Abglanz des Geschwisterpaares Apollon und Artemis; der Zauber der Helena ist der Aphrodite vergleichbar, und endlich Dionysos, der schwärmende, weinbegeisterte, tritt als ergänzender Bruder neben den erfindsamen, klugen Hermes. Nur der gewaltige Herakles duldet auch nicht den Versuch einer Vergleichung mit Göttern.

Die Anziehungskraft dieser Mythen ist groß und die Wirkung ihrer Schalkhaftigkeit, ihres Reizes, ihrer Romantik um so bedeutender, weil uns das Gegengewicht der Ehrfurcht vor dem olympischen Herrscher völlig fehlt. Um so weniger dürfen wir vergessen, daß in den Liebschaften des Zeus, wie sehr sie auch nach andrer Richtung ausgebeutet worden sind, doch nur die daraus hervorgegangenen Bildungen und Gestalten das Werte und Würdige bleiben.

m) Bildliche Darstellung

Die bildliche Verehrung des Zeus beschränkte sich in der ältesten Zeit auf Steine, einzelne Bäume, Holzsäulen usw., auch waren hier und da altehrwürdige, wenn auch ungeschickt gefertigte Holzbilder vorhanden. Alles nichts als geheiligte Erinnerungen und Zeichen von der Nähe und Macht des Gottes. Die Dichtkunst hatte mit hoher Gewalt von Zeus geredet und ihn gestaltet; die aufblühende Bildhauerei begehrte diese Gestalt in feste Form zu fassen und dem Auge darzustellen. So sind die Meisterwerke entstanden, welche die Idee des Zeus in höchster Vollendung verbildlichen. Wir haben oben in Fig. 23 den thronenden Zeus in seiner Kraft, Würde und Majestät dargestellt: hier fügen wir eine Büste des „Herrschers im Donnergewölk" hinzu, welche als die beste Nachbildung des Zeus zu Olympia gilt. Wie hoch und frei ist die Stirn, wie mächtig die Augen, die Nase, der Mund!

Der reiche, sich kräuselnde Bart verkündigt die Kraft, das Haupthaar strebt über der Stirn empor und sinkt zu den Seiten ruhig wallend herab. Majestät, Weisheit und Macht sind der Ausdruck des gewaltigen Antlitzes.

Die vollendetste Versinnlichung der Vorstellungen von dem Herrn der Natur und dem Gebieter über Götter und Menschen gelang dem Phidias, dem berühmten Bildhauer und Baumeister Athens, als er den Auftrag ausführte, die Statue des Gottes für den Tempel in Olympia aufzustellen. Er stellte den Zeus auf einem Throne sitzend dar, in so kolossalem Maße, daß die Höhe von der Basis bis zum Scheitel 40 Fuß betrug. Das Antlitz, die entblößten Teile des Oberkörpers und die Füße waren aus Elfenbein gebildet, das Haupthaar und das Barthaar aus gediegenem Golde; das Gewand, welches den Unterkörper bedeckte, war gleichfalls aus Gold gearbeitet und mit Blumen und Tiergestalten verziert. Auf dem Haupte trug das Götterbild einen Kranz von Ölzweigen, in der Rechten hielt er nicht den Blitz, sondern die goldene

Fig. 24

kleine Statue der Nike (Siegesgöttin), in der ruhig erhobenen Linken den Zepter mit dem Adler. Der Thron war von Elfenbein u. mit 'köstlichen Steinen geschmückt, auf seiner Lehne oben zu beiden Seiten des Gottes waren die Horen und die Chariten gebildet. Der Fuß des Thrones und die Basis der ganzen Statue waren mit sinnvoll gewählten Bildnereien bedeckt, u. a. das Verhängnis der Niobe und die Schlacht des Theseus mit den Amazonen. Unbeschreiblich großartig war der Ausdruck und die Wirkung des Ganzen, Zeus war dargestellt in dem Moment, wo er Gewährung winkt, wie ihn die schönen Verse Homers schildern, deren Gedanke die Seele des Phidias, wie er es selbst gestand, erfüllte:

– – „es winkte mit schwärzlichen Brauen Kronion,
Und die ambrosischen Locken des Königs wallten ihm vorwärts
Von dem unsterblichen Haupt; es erbebten die Höhn des Olympos."

Die Schauer der Ehrfurcht erfüllten die Seele eines jeden, welcher dem Bilde nahte; in seinem Anschauen löste sich Schmerz und Gram aus der Seele, und frei von Leid und Sorge wurde sie voll und stark von dem Eindruck des Göttlichen. Wenigstens einmal in seinem Leben dieses Götterbild schauen zu können, war die Sehnsucht jedes Griechen, und wem es nicht gelang, sie zu erfüllen, dem erschien es wie ein Unheil, welches ihm widerfahre.

Vergegenwärtigen wir uns, um eine lebendige Auffassung von der Bedeutung des Bildes zu gewinnen, den Moment, wo in dem Tempelraume vor dem Götterbilde die Festordner und Preisrichter (Hellanodiken) saßen; ihre Sessel standen zu den Füßen der Statue. Auf einem goldenen Tisch in der Mitte lagen die Olivenzweige, der Siegespreis der Männer, „die rangen mit ganzem Gemüt zu empfah'n hochherrlichen Ruhm, der Kampfarbeit Genuß." Verklärt von der höchsten Ehre des griechischen Lebens empfingen sie die Bekränzung; Zeus selbst reichte ihnen auf vorgestreckter Hand die Siegesgöttin entgegen und winkte Gewährung. Es war ein großer, von der Wirkung des tiefsten individuellen nationalen und religiösen Lebens begeisterter Augenblick. Die Bildnereien aber, wie die von der Niobe und ihren Kindern, sprachen in die stolze Seele der Sieger die Warnung vor Übermut, der sich den Göttern gleich dünkt und das rasch hereinbrechende Verhängnis sich zum Verderben reizt. Nach der Bekränzung begab sich der Festzug der Sieger zu dem großen Zeusaltar im heiligen Haine, um dem siegspendenden Gotte zu danken.[91]

n) Attribute

Von *Attributen* des Zeus kann kaum die Rede sein. Die Beifügungen zu den Göttergestalten sind gleichsam Veräußerlichungen ihrer Bedeutung. Zeus und die großen, alten Götter sind nicht Sinnbilder für Begriffe, sondern handelnde Wesen der Mythe, sie sind durch sich selbst, auch ohne Attribute erkennbar. Dennoch sind ihnen solche Zeichen beigelegt worden; ursprünglich, weil sie ein Bestandteil der Darstellung sind; dann aber sind sie in zusammengesetzten Bildnereien, in mythologischen Szenen, wo dem Ausdruck, der mythischen Persönlichkeit Raum und Mittel fehlten, eine willkommene Hilfe für die Erkennung geworden. Die Beigabe des Zeus ist der Blitz. Er wurde von Alters her gedacht, „den flammenden Blitz in der Hand und den hallenden Donner", und diese wurden dargestellt entweder durch ein Gewundenes, nach beiden Enden sich zuspitzendes Bündel – oder durch zackig gebrochene Pfeilspitzen. Ein andres Werkzeug des Donnergottes ist die *Aegis*, sein Sturmschild. Als die Nährerin des Zeus, die Ziege Amaltheia, auf Kreta gestorben war, nahm er ihr Fell zu steter Erinnerung für sich zum Schilde; der Name Aegis hat aber nicht nur eine Beziehung auf das Ziegenfell, sondern auch auf die Wetterwolke, aus welcher der Donner kracht. Hephaistos hat, wie Homer sagt, dem Zeus die Aegis geschmiedet; sie ist bald hellglänzend und weitleuchtend, mit goldnen Quasten umbordet, bald graunumnachtet fürchterlich und rund umher mit Schrecken umkränzt. Auch ist das Gorgonenhaupt darauf befestigt. Wenn Zeus aus strahlender Höhe des Aethers die Aegis erschüttert, da blitzt und donnert es laut, und Angst und Grauen kommt über die, welche er schrecken und verderben will. Er leiht diesen Sturm- und Wetterschild der Athene und auch dem Apollon. Für Zeus ist die Aegis nur ein Attribut der Dichtung geblieben, die Statuen des Gottes erscheinen nicht damit bewaffnet. Athene wird kaum ohne die Rüstung der Aegis dargestellt.

o) Der Adler

Dagegen hat die Plastik den Darstellungen des Zeus gern den *Adler*, den mächtigsten unter den Vögeln, welchen er sich zum Verkünder seiner Befehle erwählt, zugesellt. Im Gigantenkampfe soll der raschbeschwingte Vogel der Begleiter des Zeus geworden sein. Wenn er einem Sterblichen auf sein Flehen oder zu einer schweren Unternehmung ein günstiges, ermunterndes Zeichen geben will, dann entsendet er seinen Adler und läßt ihn von rechts her heranfliegen, als die edelste Vorbedeutung. So schön ist die dichterische Schilderung, wie der Adler des Zeus von der Macht des Gesanges bezwungen wird. „Wenn die goldne Harfe Apollons ertönt, dann nickt auch der Adler auf dem Herrscherstabe des Gottes ein, und der König der Vögel läßt die schwungvollen Fittiche schlaff nach beiden Seiten herabhängen. Ihm gießen die Töne um das krummschnablige Haupt dunkelnde Nacht, des Augenlids anmutige Fessel; und von den Schwingungen des Liedes besiegt, hebt sich weich aufwogend sein Rücken." In dieser Schilderung ist auf die zarteste Weise angedeutet, wie die Macht der Töne, indem sie an das Kühne und Hohe in der Nähe des Gottes heranreicht, den Herrscher selbst zu ergreifen scheint. Es ist, als ob wir sähen, wie im süßen Wohllaut Zeus selbst gefangen und seine Gewalt gesänftigt wird.

p) Die Kureten. Ganymedes

In die Umgebung des Zeus gehörten als seine Diener die *Kureten*. Es sind dämonische Naturen, Söhne der Nymphen im Waldgebirge der Insel Kreta, Es waren ihrer neun; Taktbewegung und Taktgetön war ihnen eigen, weshalb sie gewaltige Tänzer genannt werden. Ihren Waffentanz, bei dem sie mit helmartiger Kopfbedeckung erscheinen, führten sie aus, indem sie mit den Schwertern, an die ehernen Schilde schlugen. Am bekanntesten von ihnen ist, daß sie die Schutzwache des Zeuskindes bildeten, als dasselbe vor seinem Vater Kronos verborgen werden sollte.

> „Doch die Kureten umtanzten dich laut in dem Schwertertanzreigen,
> Schlagend zusammen das Kriegesgerät, daß Kronos mit Ohren
> Höre der Schilde Getös und nicht dein kindliches Schreien."

Sie kommen aber auch als Orakelwesen vor, welche in dunklen Sprüchen Verborgenes enthüllten. Als sie den von der Io geborenen Sohn auf Bitten der Here versteckt hatten, brachte Zeus die Kureten um.

Mit ihnen sind später die *Korybanten* als gleichbedeutend zusammengestellt worden, die doch ursprünglich mit ihrer Handpauke (Tympanon), ihren Blasinstrumenten und dem Lärm ihrer Tänze dem Kreise der phrygischen großen Mutter zugehörten. Die *idäischen Daktylen* sind wie die Kureten für dämonische Wesen auf Kreta zu halten, besonders bekannt als Zauberkünstler, Metallarbeiter und Schmiede, auch wohl vom Ambos her Erfinder des Taktes und Musiker. Doch sind diese drei mythologischen Gruppen, bis auf den Vorfall aus der Jugendgeschichte des Zeus, wenig mehr als Namen, deren einstige geringe örtliche Bedeutung für uns dunkel geworden ist. *Ganymedes* aber, der Mundschenk und Liebling des Götterkönigs, ist ihm wirklich eigen und zugehörig. Hebe, die Tochter des Zeus und der Here, hatte das Amt der Schenkin im Göttersaale verwaltet, aber sie war einst bei dem Kredenzen gefallen und der Anblick des Falles hatte Anstoß erregt. Zeus begehrte einen andern Mundschenken. Auf dem Idagebirge bei Troja weidete ein Königsohn seine Herden:

Fig. 25

> „Ganymedes,
> Welcher der schönste war der sterblichen Erdebewohner."

Es war der jugendliche Sohn des Tros, welcher der Enkel des Dardanos war, den Zeus mit der Plejade Elektra gezeugt hatte. Seine Gestalt, so schön und holdselig, daß er würdig erschien, dem Zeus den Becher zu füllen und zu leben mit den ewigen Göttern. Zeus sendete seinen Adler zu der Bergtrift des Ida; der mächtige Vogel faßte den erschrockenen Knaben und trug ihn empor zu dem Palaste auf der ragenden Höhe des Olympos. Hier weilt er nun in ewig blühender Jugend, geehrt von jedem der Himmlischen. Und

> „Schöpfend aus goldenem Kruge des Nektars rötliche Säfte"

reicht er die Becher dem Zeus und den andern hohen Göttern.

Tros, der nicht wußte, wohin sein Sohn Ganymedes entführt worden war, wehklagte, und Gram erfüllte sein Herz. Da sendete ihm Zeus durch Hermes die Botschaft, daß Ganymedes zu den Unsterblichen aufgenommen sei; auch schickte er ihm herrliche Rosse, welche sonst die unsterblichen Götter trugen. Und Tros weinte hinfort nicht mehr, sondern erfreute sich im Gemüte der windschnellen Rosse. Daß Ganymed, die vollendete Jugendblüte männlicher Anmut und Schönheit, ein willkommner Gegenstand für die bildende Kunst war, ist leicht begreiflich. Doch zeigen ihn die Darstellungen nicht in dem wirkungsvollen Kontraste neben Zeus, als dem Ideal männlicher Würde, sondern in Beziehung zu dem Adler. Der Raub des Ganymed, entweder wie der Adler zu dem furchtsamen Knaben herabschwebt oder wie er ihn durch die Lüfte trägt, war häufig; aber auch die Darstellung, wie er den Adler tränkt, war sehr beliebt. So zeigt ihn unsere Zeichnung. Die Felsenspitze, auf welcher der Adler steht, deutet auf den Olymp hin; die phrygische Mütze erinnert an das Vaterland des Ganymed, der Hirtenstab in seiner Linken an seine frühere Beschäftigung. In der Rechten hält er die Schale, um den Adler zu tränken. Mit solchen Darstellungen neben anderen schmückte der spätere Luxus Speisesäle und Gärten; es scheint aber auch, daß Ganymed, der früh und plötzlich Entrissene, nun bei den Göttern Weilende, ein gern gewähltes Symbol für Reliefs auf Sarkophagen gewesen sei.

q) Dodona. Arkadien. Kreta

Was in den vorhergehenden Abschnitten aus der Mythologie des Zeus zu schildern versucht worden ist, betraf das Gebilde des olympischen oder panhellenischen Zeus, wie ihn alle Griechen, solange der eigentlich tätige Lebenstag ihrer Geschichte gedauert hat, als den Herrn und Ordner der Welt glaubten und verehrten. Es gab aber noch einige Formen des Zeusdienstes, welche zwar kaum als eigne, gesonderte Namen neben dem olympischen Zeus zu erachten sind, deren Kenntnis jedoch sein Bild vervollständigt. Es ist der dodonäische, der arkadische und der kretensische Zeus. In einem rauhen Tale der Landschaft Hellopia in Epirus lag ein Eichenhain, *Dodona* genannt. Hier hatten die Pelasger ein uraltes Heiligtum ihres höchsten Gottes.

In dem Rauschen und Säuseln einer hochgewipfelten Eiche gab Zeus, der dodonische Herrscher, weissagende Kunde auf die Fragen der Menschen. Immer lauschten dienende Männer, Priester des heiligen Baumes, auf die Laute der vom Luftzug bewegten Zweige; sie durften ihre Füße nicht waschen und lagerten auf bloßer Erde; sie hießen die Seller. Diese ursprüngliche Weise des Orakels mag erweitert worden sein; es wird erzählt von „erdgelagerten Dienern des rastlos tönenden Beckens". Wahrscheinlich also hatte man Becken von Metall an die Zweige des heiligen Baumes gehängt, die vom Windhauch aneinander geschlagen wurden und tönten; oder man rief das Tönen durch das Anschlagen mit metallnen Klöppeln hervor. Wie die Priester früher nur das Rauschen der Zweige, so deuteten sie weiterhin auch das Tönen des Metalls und verkündeten in Worten den Wink und Willen des Gottes. Auch Priesterinnen wurden bei dem Dienst des hochberühmten Orakels eingeführt; es waren ihrer drei mit dem wahrscheinlich feststehenden Namen: Promenia, Timarete, Nikandra. Das ernste, ja finstere Wesen dieser Priesterinnen, der Opferdampf, welcher durch das Laubdach emporwallte, die tönende Götterstimme, das ganze düstere Ansehen der Stätte, alles erhöhte die Schauer der Ehrfurcht, von denen die Herannahenden erfüllt wurden. Wenigstens war es also in den gläubigen, einfachen älteren Tagen, und gewiß waren es späte Zeiten, in welchen die weibliche Erzfigur mit dem deutenden Finger am Munde auf dem Platze des Orakels nötig erschien, um die Ankommenden an das Schweigen und die innere Sammlung zu erinnern, welche dem Orte gebührten. Da war denn auch ein Kessel aus Erz auf einem hohen Pfeiler aufgestellt; auf einem andern Pfeiler eine kleine männliche Figur mit einer Geissel aus Erz. Wenn nun ein heftiger Windstoß auf die Geissel traf, so gab sie Schläge auf den Kessel und verursachte einen lauten Ton. An den Zweigen des Baumes hingen Kränze, wahrscheinlich goldene und silberne, als Ehrengaben oder Dankopfer der Besucher des Heiligtumes.

In weite Ferne hin war und blieb diese uralte Stätte des Zeusdienstes bekannt und angesehen. Bildlos wurde hier der Gott verehrt, mit ihm seine Gemahlin Dione; beide als einfache, fruchtspendende Naturgottheiten.[92]

In ähnlichem Sinn und Wesen ist Zeus aufzufassen, wenn er der *arkadische* genannt wird. Arkadien, die von waldigen Gebirgen umgebene Hochebene des Peloponnes mit reizenden Landschaften in lieblicher Abgeschiedenheit, war der Wohnsitz einer pelasgischen Urbevölkerung, welche sich für eingeboren hielt. Die Hirten und Jäger bewahrten einfache alte Sitten und Lebensweise und blieben fast unberührt von der Kultur-Entwicklung der übrigen Griechen.[93] Der Gottheit des Naturlebens, wie es sich in der Macht des Lichtes wie der Regengüsse und in der Fruchtbarkeit der Triften und der Herden ausspricht, war ihre einfache, wohl sogar rohe Verehrung gewidmet. Diese Gottheit war Zeus in einer seiner ältesten Formen. Eine Stätte war der Lykäon, ein Berg im südwestlichen Arkadien. Man feierte hier Feste, wahrscheinlich Frühlingsfeste der Hirten; später, wo auf dem Berge eine Tempel- oder Altarstätte errichtet worden (man nannte den höchsten Bergrücken sogar Olympos), verwandelten sich diese Hirtenfeste in Spiele dem Zeus zu Ehren. In diese mythologischen Verhältnisse hinein gehören die Sagen von dem frevelnden Lykaon und seinen Söhnen, von der schönen arkadischen Jägerin Kallisto und ihrer Liebe zu Zeus, durch welche sie die Mutter des Arkas, des Stammvaters der Arkadier, wurde.

Einem so ganz und gar lokalisierten und begrenzten Leben konnte leicht die Meinung eigen werden, daß Zeus dem Lande der Arkadier von Alters her angehöre, daß er hier geboren sei. So zeigte man in Arkadien die Stätte, wo in tiefster Waldesstille, auf laubumhegter Bergtrift Rhea den Zeus geboren habe; man nannte es das alte Entbindungslager der Göttermutter.

Diese beiden alt-pelasgischen Formen des Zeus haben keine oder doch nur eine schwache Beziehung auf vor ihnen liegende Götterreiche; sie sind da ohne die Frage, was vor ihnen war. Aber auch Kreta wird als Geburtsstätte des Zeus genannt, wenigstens soll er hier erzogen worden sein. Dieser *kretensische* Zeus hat den Kronos zum Vater, dem er die Herrschaft entreißt. Dies kann zu der Ansicht hinführen, daß die Götterreiche des Kronos und des Uranos, so wie die Genealogie von Zeus aufwärts, von Kreta aus ihren Anstoß erhalten hätten. Dann wäre die kretensische Mythe nach Griechenland hinübergedrungen und hätte hier in Verbindung mit alt-pelasgischen Vorstellungen Keime zu der vollendeten Gestalt des olympischen oder panhellenischen Zeus beigetragen. Die Aegis, der blitzende Sturmschild des Zeus, sein eigentliches Machtwerkzeug, hat seine mythische Herkunft von der Insel Kreta. Ebenso gehören in diesen Kreis: die Ziege Amaltheia, die Bienen, welche dem Götterkinde Honig herbeitrugen, die Nymphe Adrasteia und die Kureten. Von dem Berge Diktäos, dessen Nymphen den Zeus erziehen halfen, heißt Zeus der diktäische; vom Berge Ida bisweilen der idäische Vater.[94]

In der Verehrung des Zeus auf der Insel Kreta ist der Einfluß phönizischer und auch wohl ägyptischer Elemente nicht zu verleugnen. Die Sage von der Entführung der phönizischen Königstochter Europa und die Vermählung mit ihr auf Kreta weisen auf einen Zusammenhang mit dem Sonnenherrn und Stiergotte jenes Landes hin. In diesen Zusammenhang gehören wohl auch die Sagen von der Gemahlin des Minos, Pasiphae, die sich in einen Stier verliebte, und von dem Minotauros, dem Ungeheuer aus Menschenleib und Stierkopf, welches im Labyrinth eingeschlossen war. – Eine andre Andeutung nach dem Orient hin ist die Nachricht, daß die Kreter dem Zeus ein Grabmal gebaut hätten. An die Vorstellung, daß Zeus aufgehört habe zu leben, daß man den Entschwundenen durch ein Grabmal geehrt habe, ist nicht zu denken. Weder mit der Schwäche der Kindheit und des Alters, noch mit der Hinfälligkeit des Todes hat die Mythe das Götterleben je behaftet; um so ferner liegt die Meinung von einem Tode des Zeus. Jenes Grabmal in Kreta wird aus denselben mythischen Vorstellungen aufzufassen sein, welche sich in dem Tode und dem Suchen des Adonis, auch des Osiris ausgedrückt finden. Man feierte das Absterben und das Wiederaufleben der Natur, das Hinschwinden der hervorbringenden Kräfte und die Erneuerung ihrer Fülle. So ist wohl auch Zeus in Kreta als Gott des wechselnden Naturlebens gefeiert worden, und in diesem Kultus denken wir uns sein Denkmal gehörig. Es deutet überhaupt manches darauf hin, daß der kretensische Zeus ein Gott der Naturkräfte und der Erscheinungen aus der Himmelshöhe herab gewesen ist; erst der olympische Zeus wurde zum Haupte einer geistig bewegten Weltordnung.

2. Here

a) Wesen und Bedeutung

Der Luftkreis unter der ragenden Höhe des Aethers ist die Heimat der mythischen Vorstellungen von Here, der Götterkönigin. Wenn der Himmel über die Erde in heitrer Schönheit hinglänzt und die sonst gewohnte Erhabenheit des Anblicks zu einem lieblichen Reize sich umstimmt; oder wenn derselbe Himmel mit finstrer Ungunst und Mißlaune des Wolkenzuges und Wetters sich bedeckte, dann schien weder jener Reiz der Lieblichkeit noch der Wechsel und Unbestand des erhabenen Zeus würdig zu sein, und wie einmal die Mythendichtung überall geneigt war, den Götterherrschern weibliche Kräfte, Genossinnen, an die Seite zu geben, so dachte man sich auch neben Zeus eine weibliche Macht herrlich und schön, aber auch finster-grollend und launenhaft, immer aber nach dem Wechsel und Ungestüm wieder aufglänzend in heiterer Hoheit. Darum wurde sie angerufen als Himmelskönigin, als himmlische Here, die goldenthronende, die gewaltige. Solche ursprünglichen Vorstellungen hielt die epische Dichtung fest und gab ihnen bestimmtere Bezeichnung. Da weiß Here dichtes Gewölk um ihre Schützlinge auszubreiten; auf ihr Geheiß strahlt Helios, der Sonnengott, in besonderer Klarheit, sie donnert, um den Helden Agamemnon ehrend zu begrüßen, sie verbindet sich mit dem rauhen Boreas und erregt schreckliches Unwetter gegen den ihr verhaßten Herakles. Oder, wenn der Sonnengott seine Fackel niedersenkt und der Dunstkreis in der Pracht der Farben schimmert, wenn die Wolken sanft getürmt golden erglühen, dann kommt der Herrscher im Donnergewölk, zu ruhen bei der golden thronenden Here.

Es mögen die Grundzüge des Wesens, welches die Mythe der Here gegeben hat, in den ursprünglichen Vorstellungen von ihrer Bedeutung als Naturgewalt zu suchen sein; aber die Gestalt selbst, eine der vollendetsten und festesten in der Mythologie, hat jene ältere Naturbedeutsamkeit nicht als Hauptsache, sondern als hinzutretende Eigenschaften bewahrt. Der Hauptcharakter ist die Frau, eheliches Frauenleben, weibliche Würde und Herrschaft.

b) Jugend und Vermählung

Here war die jüngste unter den drei Töchtern des Kronos und der Rhea; sie hatte gleich ihren Schwestern Hestia und Demeter das Schicksal, vom schrecklichen Vater verschlungen zu werden, doch kam sie wieder ans Licht, als Zeus mit Hilfe der Metis den Kronos bezwang. Während der darauf folgenden Entthronung des Kronos hatte Rhea ihre jüngste Tochter zu dem alten Okeanos und seiner Gattin Tethys in Sicherheit gebracht. Hier an den Grenzen der Erde, in friedvoller Abgeschiedenheit erwuchs die Göttin, sorglich von dem ehrwürdigen Götterpaare gepflegt und erzogen. Dann wohnte sie in Samos; darum war ihr diese Insel geheiligt, und noch in späten Zeiten wurden hier zur Erinnerung an ihre Hochzeitsfeier jährliche Opfer dargebracht. Es scheint aber, daß mehrere Orte den Vorzug beansprucht haben, für das Hochzeitsfest der Here erwählt worden zu sein. Denn Zeus begehrte die Liebe der Schwester, die seinem Werben aber nicht günstig war. Als nun einst Here auf dem Gipfel eines Berges bei Argos einsam verweilte, da erregte Zeus Sturm und Regenschauer, und in einen Kuckuck verwandelt flog er durchnäßt und vor Frost zitternd der Göttin auf das Knie, als flüchte er sich zu ihr. Mitleidig umhüllte sie den Vogel mit ihrem Gewande, da verwandelte sich rasch der Kuckuck wieder in den Götterkönig; doch erst auf seinen Schwur, daß er sie zur Gemahlin erheben werde, gab sie endlich seiner Liebeswerbung Gehör. Eingedenk jenes Zufluchtsortes der Jugendzeit verlegt dann die Sage das hochzeitliche Beilager auf die seligen Inseln des Okeanos, wo die Altmutter Gaea, als Brautgeschenk für Here, die Bäume emporwachsen ließ, welche die goldenen Äpfel trugen, die vielgenannten Äpfel der Hesperiden. Die Bewachung dieses Gartens der Götter, wo die ambrosischen Quellen flossen und zu dessen lieblicher Einsamkeit kein Meerpfad eines Schiffers drang, war dem Drachen Ladon und den hesperidischen Nymphen Aegle, Erythia, Hestia und Arethusa anvertraut.

c) Die Götterkönigin und Vorsteherin der Ehe. Eileithyia

Here, nun Schwester und Gemahlin des Zeus, war das vollendete Ideal einer Königin des Olymps. Sie überragte die unsterblichen Göttinnen um sie her an hehrem Wuchs und herrlicher Bildung. Die lilienarmige wird sie genannt, ihre großen Augen blickten voll Stolz und Hoheit: Würde und Schönheit vereinigten sich in ihrer Erscheinung. Nur der Zauber,

Fig. 26

welcher durch Liebe und Hingebung andre zu beglücken sinnt, war ihr nicht eigen, und wenn die Dichtung von ihr sagt:

> „Sie mit den Lippen
> Lächelte; doch nicht wurde die Stirn um die dunkelen Brauen
> Aufgeklärt" –

so ist dies zwar für eine besondre Veranlassung ausgesprochen, allein es bezeichnen diese sinnvollen Worte überhaupt die stattliche, strenge Frau, deren Herz immer von Plänen und Gedanken überschattet bleibt. So thronte sie neben Zeus, die gewaltige, ehrbare, sinnige Here; alle Götter ehrten sie in heiliger Scheu und erhoben sich von den Sitzen, wenn die Herrscherin in den Göttersaal eintrat. Zeus selbst beriet alles, was er nicht für sich allein beschließen wollte, zunächst mit seiner Ehegenossin, und ihrem verständigen, entschiedenen Rate gehorchte, wenn er ihm wohlgefiel, der Vater der Götter und Menschen. Die Kinder des olympischen Herrscherpaares waren Hebe, Eileithyia und Ares. Auch Hephaistos war ein Sohn der Here, jedoch nach einigen ohne Verbindung mit Zeus. Streng und unsträflich war ihre etliche Treue; es war ihr auch alles verhaßt, was den Ehebund lockerte oder löste. Als Ixion, ein thessalischer König, welchen Zeus von schwerer Blutschuld gesühnt und zu sich in den Olymp genommen hatte, undankbar und verblendet nach der Gunst der Here verlangte, da verkündete diese dem Gemahl den Sinn des Frevlers. Und Zeus schuf ein trügerisches Bild, eine Wolke, gleichend der herrlichen Gestalt der Gattin. Ixion umarmte das täuschende Gewölk[95] und rühmte sich laut und ohne Scheu mit dem erreichten Glück. Da wurde er in die Unterwelt hinabgestürzt und büßte dort seine Raserei an einem ewig sich umwälzenden, mit Schlangen umwundenen Rade. Die Dichtung aber warnte:

> „Schaue bei allem Tun doch jeder das Maß in sich!
> So stürzte denn greulicher Liebesversuch diesen auch
> In unendliches Leid nach Verdienst. Denn liebliche Täuschung erhascht' er und
> Umarmte nur ein Gewölk, der irrende Mensch."

Wieviel nun auch von Here noch in andrer Weise zu reden sein wird, blieb doch immer ihre sittsame Gehaltenheit, ihre verständige Würde, ihr stattliches Walten in anerkannter Vorbildlichkeit bestehen; sie war die Göttin der Ehe, die Vorsteherin und Schützerin dieses heiligen Bundes.[96] Darum heißt sie auch die ehestiftende, und ihr Ansehen im Kultus, ihre Verehrung im Volke waren vorzugsweise auf dieses Verhältnis begründet. Der Here brachte man vor der Vermählung Opfer und Gebete dar; die Galle der Opfertiere wurde dabei hinter den Altar geworfen, als ein Zeichen, daß die Ehe frei bleiben solle von Bitterkeit. Den bräutlichen Schleier widmete die Neuvermählte der olympischen Schützerin als Weihegeschenk. In diesen Beziehungen der Here zum ehelichen Leben lag auch ihre Verehrung als Geburtsgöttin. Ihre Macht linderte oder erschwerte diese Stunden des Frauenlebens; auch war ja die Eileithyia, die eigentliche Geburtshelferin, eine Tochter der Here. Sie sandte dieselbe oder hielt sie zurück, je nach Gunst oder Ungunst. So hat es Latona bei der Geburt des Apollo erfahren, wo die Eileithyia nur durch köstliche Verheißungen der Rhea und andrer Göttinnen bewogen werden konnte, gegen den Willen der Here zu kommen; auch der Alkmene erschwerte die zürnende Göttin die Geburt des Herakles. Eileithyia, welche auch Eleutho heißt und immer als „die lindernde" bezeichnet wird, findet sich dargestellt in einem weiten Schleier oder Mantel, der vom Nacken bis zu den Fersen die Gestalt umgibt, die Rechte hält eine Fackel als Symbol des ans Licht ringenden Lebens, die Linke ist emporgehoben und flach geöffnet. Verschränkung der Hände, besonders um das Knie herum, war Hindernis oder Erschwerung.

d) Zorn und Eifersucht

Aber die Vorbildlichkeit der Ehegöttin war, wie wir schon angedeutet, nicht immer Trefflichkeit und Würde; Here war auch eine vieleifernde, zornige, zänkische Gattin, und häuslicher Unfriede in den Häusern der Erde konnte sich auf ähnliche Vorfälle im Palaste des Olympos berufen. Die epische Dichtung weiß solche Szenen mit fast leichtfertiger Genauigkeit zu erzählen. Heres Argwohn umschleicht den Zeus, sie späht ihn aus und drängt sich herrschsüchtig in seine Entschließungen, so daß er aufzürnend schilt:

> „Immer, du Wunderbare, vermutest du; spähest mich immer!
> Doch nicht schafft dein Tun dir das Mindeste, sondern entfernter
> wirst du im Herzen mir stets. – – –
> Sitze denn ruhig und schweig und gehorche du meinem Gebote!
> Kaum wohl schützten dich sonst die Unsterblichen all im Olympos,
> Tret ich hinan, ausstreckend zu dir die unnahbaren Hände." –

Dergleichen Drohungen waren nicht immer nur Worte geblieben. Zeus schwang auch die Geißel gegen die lilienarmige Here, und als ihr Sohn Hephaistos zum Beistande für die Mutter herbeieilt, da ergreift jener in seinem Grimm den Voreiligen und wirft ihn vom Olymp auf die Erde, daß er einen ganzen Tag hindurch fliegt und endlich auf Lemnos niederfällt. Als der Haß der Here gegen den Herakles demselben auf seiner Heimfahrt von Troja ein furchtbares Ungewitter erregt hatte, um ihn zu verderben, kam der ganze schreckliche Zorn des Zeus über sie. Er hängte sie aus dem Olymp herab, daß sie aus Aetherglanz und Gewölk ihr schwebte, an jedem Fuß mit einem Amboß beschwert und die Hände mit unzerbrechlichen Banden umwunden. An diese furchtbare Züchtigung erinnert Zeus, wo es ihm gelegentlich nötig erscheint, wie auch in den obigen Worten, und es geschieht dann wohl, daß Here schweigt und die Stürme des Herzens bezwingt; nicht selten aber werden alle Warnungen der Vergangenheit von ihrem leidenschaftlichen Wesen übertäubt. Here kann dann den Zorn nicht bändigen, sie muß beginnen zu reden. Wirklich hat dieses Schmähen und Schelten zuletzt seinen Stachel verloren, der Göttervater findet sich in das Unabänderliche, und während ihn gleicher Widerstand an andern Göttinnen höchlich erbittert, sagt er von seiner Ehegenossin

> „Weniger reizt mir Here den Unmut oder den Zorn auf;
> Stets ja war sie gewohnt, daß sie einbrach, was ich beschlossen!"

Überhaupt wird durch alle diese Störungen die Festigkeit der hohen Götterehe nicht aufgehoben. Zeus hört nicht auf, die hoheitblickende Here in Ehren zu halten, und wie am Himmel, dem Urbilde dieser Göttermächte, Sturm und Donnerschlag aus der Höhe die niederen Luftschichten und Wolkenzüge durchtoben und geißeln, der Abend aber auch eines solchen Tages oft mit heiterem Glanze und Frieden kommt – so gehen auch Zeus und Here selbst nach üblem Ehewetter doch zum gemeinsamen Ruhelager in olympischer Höhe.

In einer wunderbar reizvollen Verbindung von Schalkhaftigkeit und Frömmigkeit erzählt die epische Dichtung eine List der Here, mit welcher sie während des Krieges vor Troja den Zeus berückte. Der olympische Herrscher hatte allen Göttern die Teilnahme an jenen Kämpfen untersagt und etwaigen Übertretungen schweren Zorn angedroht. Zwar hielt er auf dem Gipfel des Ida Wacht, da er aber nicht glaubte, daß irgendein Gott ungehorsam sein würde, so schaute er zu andern Völkern hin. Dies hatte Poseidon rasch benutzt; er war auf den Kampfplatz hingeeilt, ermutigte die Griechen in wechselnden Gestalten und schreckte die Trojaner; die Griechen drangen vorwärts. Here stand auf dem Gipfel des Olymp und blickte nach Troja hinüber; sie erkannte den mächtigen Meergott, wie er im Gewühl der Feldschlacht schaltete, und sie freute sich dessen herzlich, denn sie trug tiefen Haß gegen die Trojaner im Gemüte. Sogleich sann sie darauf, was sie tun könne, damit Zeus den Poseidon nicht gewahr werde. Und rasch entschlossen trat die Göttin in ihr Gemach, schmückte und salbte sich und hüllte sich in schimmernde Gewänder. Noch aber vertraute sie der eignen hohen Schönheit nicht allein, sie trat zu Aphrodite, und mit listiger Täuschung über ihre Absicht sprach sie:

„Gib mir den Zauber der Lieb' und Sehnsucht, welcher dir alle
Herzen unsterblicher Götter bezähmt und sterblicher Menschen."

Die Göttin der Liebe löste ohne Arg vom Busen

„den wunderköstlichen Gürtel,
Buntgestickt: dort waren die Zauberreize versammelt;
Dort war schmachtende Lieb' und Sehnsucht, dort das Getändel,
Dort die schmeichelnde Bitte, die auch den Weisen betöret." –

Den Gürtel verbarg Here im Busen und eilte zum Ida hin. In Lemnos fand sie den Schlaf;
den faßte sie traulich an der Hand und bat ihn, die leuchtenden Augen Kronions einzu-
schläfern, sobald der Gott mit ihr würde zur Ruhe gegangen sein. Der Schlaf schlug es ab,
denn er gedachte, wie er in einem ähnlichen Falle den Zorn des Zeus erfahren habe, aber
durch liebliche Verheißungen bewogen, versprach er es endlich, und Here nahte dem Ida.
Wie die herrliche Gestalt zum Gipfel hinanstieg, da erschaute sie Zeus, und süßes Verlangen durchwallte ihm das Herz. Er trat der Gattin entgegen; doch diese mit listigem Herzen
sagte ihm, sie komme nur seine Einwilligung zu holen, daß sie zu Okeanos und Tethys
gehen dürfe, um einen zwischen den lieben Pflegeeltern ausgebrochenen Zwist zu versöhnen. Sie wußte doch, daß Zeus sie nicht entlassen würde, und wie sie es wollte, geschah
es. Nie hatte er seine Gattin so schön und voll Liebreiz gesehen, nie war sein Herz von
einer Göttin oder einer sterblichen Frau gleich mächtig bewegt worden. Und wie gleich-
mütig nahm Here die offen genannten Namen seiner Liebesabenteuer auf! Kein Zürnen,
kein Schelten, sie war ohne Groll und ganz voll sittiger Hingebung. Da hüllte goldnes
Gewölk den Gipfel des Berges ein, die Erde ließ grünende Kräuter und schwellende Blumen aufsprießen zum Lager für das hohe Götterpaar. Und der Schlaf senkte sich auf die
Augen des olympischen Herrschers. Während Here so mit dem Zauber der Liebe und
Schönheit den Gatten berückte, war ihr Sinn und Gedanke bei dem Verderben und Unheil,
welches Poseidon den Trojanern bereiten konnte.

Sie war furchtbar in ihrem Zorn und ihrer Rache, besonders gegen die Verächter ihrer
Schönheit, nur dadurch, daß einst der troische Königssohn Paris nicht ihr, sondern der
Aphrodite den Preis der Schönheit zuerkannt hatte, war ihr unauslöschlicher Haß gegen
Troja entstanden. Sie erklärte sich bereit, in die Zerstörung ihrer drei geliebtesten Städte,
Argos, Mykene und Sparta, zu willigen, wenn nur Troja vernichtet würde. Als Side, die
Gattin des Orion, ihr den Vorzug der Schönheit streitig machte, stieß sie dieselbe in den
Hades hinab; die Töchter des Prötos, eines Königs von Tiryns, machte sie wahnsinnig, weil
jene ihr Bildnis verachtet hatten. Wurde ihre Eifersucht, wie es oft geschah, erregt, dann
ging ihre Wut bis zur Vernichtung der Gegnerin; doch ist sie in solchen Fällen nicht bloß
als beleidigte Gattin, sondern auch als zürnende Vorsteherin der Ehe aufzufassen. Denn
selbst im höchsten Grolle bleibt ihre eigne Ehe ihr heilig. So, als Zeus die Athene allein
geschaffen hatte und Here nun tiefgekränkt beschließt, ein ähnliches Werk zu versuchen,
da sagt sie dennoch, sie werde es tun:

„Nicht dein Bett entehrend, das heilige, noch auch das meine"[97]

Diese strenge Gesinnung und ihr Zorn bei der wiederholten Untreue des Zeus machten
die Götterkönigin zu einem Typus weiblicher Eifersucht, die ruhelos wie Wolken am Himmel dahinfährt, betrogen wird oder sich selbst täuscht. Einst hatte sich Here erzürnt von
Zeus getrennt und weilte in Zurückgezogenheit auf Euböa. Weder Bitten noch Vorstellun-
gen vermochten es, sie zu versöhnen. Da machte Zeus auf den Rat des Kithäron, Königs
von Plataä, ein Bild von Holz, umkleidete es mit schönen Gewändern und setzte es in einen
Wagen. Er werde, so ließ er durch das Gerücht verbreiten, die Tochter des Asopos nach
Plataä führen. Auch zu Here war die Nachricht hingedrungen; stürmisch eilte sie dem
Wagen entgegen und riß der Gestalt die Kleider ab; da erkannte sie den Betrug und die
Verspottung. Sie lächelte, und ohne Zaudern kehrte sie zu Zeus zurück. Aber selten endete

die Eifersucht der Here in Scherz und Lachen; mit welcher Grausamkeit und Härte sie ihre Nebenbuhlerinnen verfolgte, ist uns aus den Mythen von Io und von Kallisto bekannt. Auch der Mythos von Semele und Dionysos zeigt die Furchtbarkeit ihrer Eifersucht. Am unversöhnlichsten war Here gegen Alkmene und deren Sohn Herakles. Von seiner Geburt an erfüllte sie das Leben des Heros mit ausduldender Mühsal und Gefahren; dennoch wurde ihr ruhelos arbeitender Haß durch die Kraft des Helden und die Fügungen des Zeus unaufhörlich überwältigt. Sie wurde sogar vom Pfeile des Herakles in die Brust verwundet, und als sie einst den Heimkehrenden durch einen Meersturm hatte verderben wollen, erlitt sie, wie wir bereits wissen, schwere Schmach und Strafe von Zeus, der sie schwebend aus dem Olymp herabhängte. Doch ein liebliches Bild tritt in diesem feindseligen Ringen hervor. Zeus hatte, um dem Herakles die Unsterblichkeit zu geben, diesen als Säugling an die Brust der schlummernden Here gelegt. Sie erwachte und stieß den Säugling zurück, aber die verschüttete Milch der Göttin floß über den Himmel, ewig sichtbar als die Milchstraße des hohen Gewölbes. Die auf die Erde fallenden Tropfen färbten die Lilie, welche bis dahin gelb war, mit glänzendem Weiß.

e) Bildliche Darstellung

Das Prinzip der orientalischen Mythologien, eine weibliche Göttergestalt für den Ausdruck der Lebensfülle und Fruchtbarkeit, der Liebe und der Ehe zu bilden, hat sich in der Göttersage der Griechen zu mehreren Götterbildern geformt, unter denen Here, Demeter und Aphrodite hervorragen. Wir sahen in der Gestalt der Here die Hoheit weiblicher Schönheit im Walten des Ehelebens. Dieses Bild des Volksglaubens und der Dichtung stellte auch die plastische Kunst gern dar und schmückte damit die Tempel an der Stelle der einfachen Symbole der ältesten Zeit, wo ein Balken, ein Pfeiler, ein Brett die Here vorgestellt hatten. Das berühmteste Bild der Here war die von Polyklet für den Tempel bei Mykene gearbeitete Kolossalstatue. Sie war wie die Zeusstatue in Olympia aus Gold und Elfenbein gefertigt. Die Göttin war thronend gebildet, an ihrem Kopfschmuck waren die Chariten und Horen zu schauen, in der einen Hand hielt sie den Granatapfel[98], in der anderen das Zepter oben mit dem Kuckuck geziert. Der Ausdruck des Antlitzes war hohe, würdevolle Schönheit, das große Auge und die oberen Gesichtsteile voll Majestät, um den Mund schwebte der Anflug eines sanften Lächelns. Unsere Darstellung ist wahrscheinlich eine Nachbildung dieses Meisterwerkes. Ein herrliches Frauenantlitz, ganz die hoheitblickende Here, streng und schön. Von dem Diadem (auch Stephane genannt) liegt um das reichwallende Haar eine in Knoten gegliederte Wollenbinde, welche dann an den Seiten des Halses herabfällt. Die Statuen charakterisieren sich, außer dem Ausdruck des Kopfes, durch hohe edle Gestalt, eine reiche feingefaltete Gewandung, welche häufig, wie in Fig. 26, unter der Brust nicht gegürtet ist. Attribute der Here sind das Diadem, das Zepter, der Pfau und wie oben erwähnt, auch der Granatapfel und der Kuckuck.

Fig. 27

f) Orte der Verehrung

Unter den Orten, welche sich durch Eifer für den Kult der Here auszeichneten, wird vor allem die Landschaft *Argos* genannt. Hier war ihr Dienst von den ältesten Zeiten her fest begründet, und manche Sagen aus ihrem Mythenkreise waren hier zu Hause, wie die von Io, von dem hundertäugigen Argos, von den Töchtern des Prötos, von dem Kuckucksberge; hier lagen ihre geliebtesten Städte Argos und Mykene (als dritte wird Sparta genannt) und zwischen denselben der berühmte Tempel[99], das Heräon, mit der Statue von Polyklet. Hier wurden festliche Spiele, die Heräen oder Hekatombäen, gefeiert, deren Siegpreis ein eherner Schild war. Auf der Insel *Samos* beging man alljährlich ein großes Opferfest der Here, wobei immer wieder die hochzeitlichen Gebräuche ihrer Vermählung dargestellt wurden; auch hatte ihr Polykrates einen sehr ansehnlichen Tempel erbaut. In *Elis* wurden in jedem fünften Jahre Heräen gefeiert und dabei ein Wettlauf von Mädchen und Jungfrauen gehalten, jede Altersstufe besonders; zuerst die jüngeren Mädchen, dann die blühenden Jungfrauen, endlich die älteren Unvermählten, denen jedoch ein kürzeres Ziel gestattet wurde. In *Sparta* trat in der Verehrung der Here die Richtung auf das Gebiet der Aphrodite mehr als anderwärts hervor; es wurde hier eine Here-Aphrodite verehrt, in deren Tempel die Mütter mit ihren neuverlobten Töchtern sich begaben, um Gebete und Opfer für das Glück der Ehe darzubringen. Feste und Aufzüge zur Verehrung der Here wurden in Böotien besonders auf dem Kithäron unternommen. Endlich gedenken wir noch des hochragenden Here-Tempels auf dem Vorgebirge Lacinium bei Kroton in Großgriechenland. Dieses Götterhaus war unter den Heiligtümern, denen Hannibal in Italien nahe kam, das einzige, welches unzerstört blieb; ein Zeichen, daß der Karthager in dieser Göttin seine heimatliche Himmelskönigin (virgo coelestis) wiederzufinden glaubte.

g) Hebe. Iris

In der Umgebung der Genossin des Zeus waren holde anmutige Gestalten von jener kleineren Schönheit, neben welcher die hohe Gestalt der Herrscherin um so herrlicher erschien. Zunächst war auf dem Olymp um sie her ihre Tochter *Hebe*, die Göttin der Jugendblüte, darum die blühende, die gliederschmucke, die anmutstrahlende genannt. Zeus fand so großes Wohlgefallen an der lieblichen Tochter, daß er ihr das Amt übergab, die Becher im Göttersaal herumzureichen, und so waltete sie mit einem Blütenkranz geschmückt unter den hohen Göttern; oder sie schlang, wenn Apollo die Leier spielte, mit Aphrodite, den Chariten und Horen die Hände ineinander zum fröhlichen Tanze. Als sie aber einst bei dem Kredenzen gefallen war, nahm ihr Zeus das Schenkenamt und gab es dem Ganymed. Fortdauernd aber blieb Hebe um die mütterliche Gebieterin, und nachdem Herakles seine Erdenmühen und Kämpfe vollendet hatte, gab ihm Zeus die Hebe zur Gattin. Es scheint, als ob in der Vermählung der hohen Kraft des Helden mit jugendlicher Anmut eine Lösung des Gegensatzes gelegen habe, der Here so lange feindlich bewegt hatte. Von nun an war ihr Sinn mit ihm versöhnt. Hebe wurde die Mutter zweier Söhne, des Alexiares und Aniketos. Ihr und dem Herakles waren an mehreren Orten (Sikyon, Phlius) Altäre errichtet; jugendliche Lust, heiteres Spiel und der Wonnerausch des Mahles und der Becher war der Charakter dieser Verehrung. Sie hieß dann auch Ganymeda.

Als Dienerinnen der Here erwiesen sich auch dann und wann die Horen, indem sie ihr den Götterwagen abschirrten, wenn sie zum Olymp zurückkehrte; auch die Chariten wurden ihr zugehörig gedacht, da die Bilder derselben im Tempel bei Mykene aufgestellt waren. Im eigentlichsten Sinne aber war *Iris* die Dienerin der Here. Diese Göttin, die Tochter des Thaumas und der Okeanide-Elektra, also von den Meergöttern Pontos und Okeanos herstammend, war die hurtige, windschnelle Botin, die auf dem Regenbogen dahinschwebte, oder auch:

> „Wie wenn der Schnee aus Wolken daherfliegt oder der Hagel,
> kalt und geschnellt vom Stoße des hellanwehenden Nordwinds,
> also durchflog hineilend den Weg die geflügelte Iris."

Zwar wird sie auch von Zeus gesendet und wohl einmal selbst von anderen Göttern, aber sie ist doch hauptsächlich die Botin und Dienerin der Here. Sie bereitet der Herrin und dem Zeus das Lager; sie setzt sich, wenn sie eine Botschaft erwartet oder eben ausgerichtet hat, an der Ecke des hohen Thrones nieder, beugt ein wenig das Haupt, und wenn sich der Schlaf auf die Augen der Herrscherin senkt, entschlummert sie selbst. Aber den Gürtel löst sie nicht und bindet die Sandalen nicht ab, weil ihr die Göttin in Eile ein Wort befehlen könnte. Sie wurde gewöhnlich schwebend abgebildet mit goldenen Flügeln an den Schultern, auch mit beflügelten Füßen und in der Linken den Heroldstab. Dann, wenn sie am Himmel hinfährt, glänzen die Flügel voll Tau, in welchem die Sonne mit tausend Farben widerstrahlt. Wie ihr Amt dem des Hermes überhaupt ähnlich ist, so läßt die spätere Dichtung die Iris auch darin ihm gleichbedeutend erscheinen, daß sie die Seelen der Frauen im Tode aus den Körpern löst und zur Unterwelt führt.

3. Pallas-Athene

a) *Ursprung der Göttin. Das Palladium*

Als Zeus sich mit der Okeanide Metis vermählt hatte, verkündete ihm diese: sie werde nach der Geburt einer Tochter die Mutter eines Sohnes werden, welchem die Herrschaft über den Himmel bestimmt sei. Aus Furcht vor dem, der mächtiger sein sollte als er selbst, verschlang Zeus die Metis und erschuf dann aus seinem Haupte die weise, starkmutige Tochter Athene. Hilfreich öffnete ihm, es war am Ufer des strömenden Triton, Hephaistos mit ehrnem Hammer die Stirn, und heraus sprang die Göttin mit lautgellendem Schlachtgesange, gewappnet mit goldener, strahlender Rüstung. Da ergriff Staunen die Götter, die es sahen, und als Athene ihre Lanze schüttelte, da erbebten die Höhen des Olympos, ringsum dröhnte die Erde und mit dunklen Purpurwogen erregte sich das Meer. Auch der dem Vorgange leuchtende Sonnengott hielt seine Rosse solange an, bis die Jungfrau die Rüstung von den Schultern herabnahm. Hoch erfreute sich Zeus der herrlichen Tochter, und auf der Erde brachten schon zwei Völker ihre Opfer dar, die Athener und die Rhodier, um dem olympischen Vater und der speerschwingenden Tochter wohlgefällig zu sein. Doch die Rhodier hatten das Feuer dabei vergessen und brachten ein kaltes, unvollkommenes Opfer. Zwar zürnten die Götter nicht, denn Zeus goß goldene Flocken über die Insel, und Athene gewährte den Rhodiern Meisterschaft in jeglicher Kunst; aber Athen blieb doch die geliebtere Stätte für die Göttin.

Dies ist die Erzählung von der Geburt der Lanzenschwingerin Athene, die bei weisem Sinne ein mutiges Herz sich bewahrte, die blauäugige und züchtige, die Städte beschirmende Tritogeneia. Fast alle Keime zu den Würden und Ämtern dieser hervorragenden Göttergestalt werden schon hier in den Anfängen deutlich: die kluge Mutter (Metis bedeutet Rat, Klugheit), welche dem Zeus im Verborgenen am Herzen weilt, und dann der Ursprung aus dem Haupte des weisen Lenkers der Dinge, die waffengerüstete Bereitschaft vereint mit der Beschützung der Künste – alles hat seine Beziehung auf die spätere Gestaltung.

Eine andere Sage, wohl mehr örtlich und von geringerem Ansehen, nennt die Athene eine Tochter des Poseidon und der Tritonis (eine Meergöttin vom Tritonsee in Libyen). Sie ist aus irgendeiner Ursache in Zorn gegen den Vater geraten und habe sich dem Zeus übergeben, der sie nun als seine eigene Tochter angenommen habe. Daher ihre Beinamen: Tritonia, Tritogeneia.

Wenn nun auch der Ursprung der Pallas-Athene aus dem Haupte des Zeus im Vordergrund dieser Mythenbildung geblieben ist, so läßt sich doch die andere Richtung nach dem Reich des Poseidon hin auch in einer anderen Sage nicht übersehen. Athene wurde von Triton, dem Sohn des Poseidon, zugleich mit seiner Tochter Pallas erzogen. Beide Jungfrauen übten sich viel im Gebrauch der Waffen und traten eines Tages zu einem kriegerischen Wettkampf einander gegenüber. Eben schwang Pallas ihr Schwert, da hielt Zeus, um den drohenden Hieb abzuwehren, seine Aegis schützend vor Athene hin. Verwirrt blickte Pallas auf den furchtbaren Schild des Gottes, wurde so von Athene verwundet und fiel. Aber vom tiefen Leid um die wider Willen getötete Gefährtin ergriffen, ließ Athene ein sehr ähnliches Bild derselben anfertigen und legte demselben die Aegis, deren Blick die Pallas bestürzt gemacht hatte, als Brustharnisch um. Dieses Bild hielt Athene hoch in Ehren und stellte es neben die Bildsäule des Zeus. Nun hatte Ilus, ein Abkömmling des Zeus von der Atlantide Elektra, eine Stadt in Phrygien gegründet, indem er einem Orakelspruch folgend die Stelle wählte, wo eine zweifarbige Kuh, die voranging, sich niedergelegt hatte. Ilus nannte die Stadt Ilium und bat den Zeus, ihm irgendein Zeichen seiner Gunst und seines Schutzes zu gewähren. Da fand er am folgenden Tag das Bild der Pallas, das Palladium, vor seinem Zelt liegen; Zeus hatte es ihm hinabgeworfen. Die Stadt, in welcher das Bild unverletzt bewahrt würde, solle uneinnehmbar sein.[100] Es war drei Ellen hoch, hatte geschlossene Füße und hielt in der rechten Hand einen gehobenen Speer, in der anderen Rocken und Spindel.

Nach dieser Sage ist es nicht unwahrscheinlich, daß eine ursprünglich fremde Göttergestalt Pallas in die Bildung der griechischen Athene hinübergezogen worden ist und daß beide in dem Doppelnamen und der vielumfassenden Gestalt der Pallas-Athene vereinigt worden sind. Daß auswärtige Elemente auch bei der Mythenbildung der Pallas-Athene mitgewirkt haben, ist sicher. Manches deutet auf eine libysche Kriegsgöttin am Tritonsee; die ägyptische Göttin Neith wurde häufig für das Urbild der griechischen Athene gehalten; eine phönizische Göttin Onka, welche Kadmos nach Böotien mitgebracht haben sollte, war vielleicht schon eine Verbindung jener libyschen Lanzenschleuderin mit der Göttin der Weisheit in Ägypten. Die phrygische Athene vereinigte, wie wir am Palladium sahen, die Attribute der Waffen und der Kunst. Doch könnte auch mit dem Namen Pallas eine in der Göttin Athene besonders hervortretende Kraft, das kriegerische Schwingen der Lanze, angezeigt sein.

b) Wesen und Bedeutung

Wenn Pallas-Athene jemals eine im Naturleben ruhende Bedeutung gehabt hat, so ist dieselbe hinter der geistigen Machtsphäre, welche ihr eigen geworden ist, stark zurückgetreten und fast verschwunden. Es finden sich allerdings Andeutungen, daß Vorgänge und Erscheinungen im Luftkreis in das Wirkungsgebiet der Pallas-Athene gehören. Sie hemmt die Gewalt der Winde, sie donnert zugleich mit Here, unsichtbar machende Nebel weiß sie um ihre Lieblinge auszubreiten, sie läßt die Nacht über Stadt und Gefilde herabsinken, oder sie hält Nacht und Morgenrot zu längerem Verweilen oder Zögern zurück, und wenn sie von den Felsenhöhen des Olympos herabeilt, ist es gleichwie ein Stern, der

„Strahlend brennt und im Flug' unzählige Funken umhersprüht."

Alle diese und ähnliche Hinweisungen zeigen, daß das Naturgebiet des Zeus auch das der Athene ist. Sie ist in diesen Beziehungen fast untrennbar mit dem Vater verbunden, sie ist seine bevorzugte Tochter, die er gern mit seinem Sturm- und Gewitterschild, der Aegis, ausrüstet, ihr ist der Ehrenplatz an der Seite seines Thrones eingeräumt; ja, sie wird ihm fast gleichgestellt, denn beide sind

– – „dort im Gewölk Hochthronende, welche den anderen
Menschen sowohl obherrschen, wie auch unsterblichen Göttern."

Darum, weil das Wesen beider so einig ist, erbittert ihr Ungehorsam und Widerstand den Zeus mehr als die Aufsässigkeit der Here, und wie diese schließlich auf die Veränderlichkeit und den Ungestüm im niederen Luftkreis zurückgeführt werden konnte, so wird man auch in dem Ungehorsam der Athene den dunklen Ausdruck für solche Vorgänge in der Höhe über uns erkennen, wo es scheint, als kämpfe da oben eine plötzliche Willkür gegen die Ordnung des Ganzen. Die wahre Kraft dieser Mythengestalt liegt jedoch über die Grenzen des Naturlebens hinaus in den Gebieten des Geistes und des Kulturlebens. Hier

ist Athene die Göttin des Rates und der Besonnenheit, der die Werke des Verstandes und
der Weisheit obliegen; welche der Krieg nur erfreut

> „Und Feldschlacht und Befehdung und glänzende Werke vollbringen.
> Sie lehrte auch die Künstler zuerst, daß irdischen Männern
> Karren zusammt Kriegswagen sie fertigen, buntig von Erze.
> Jungfrauen hat sie zugleich, zartleibigen, in den Gemächern
> glänzende Werke gelehrt, in den Busen sie jeglicher senkend."

Dies sind die wahren Gebiete der Göttin, in denen sie waltet, unberührt von den Stim-
mungen, Neigungen und Aufgaben, die sich sonst in das Frauenleben verflechten. Der
Doppelcharakter der Pallas-Athene, welcher dabei zur Erscheinung kommt, führt dann bei
näherem Hinzutreten auf eine und dieselbe tiefe Grundlage hin, aus welcher die Mythe mit
kühner Genialität beide Richtungen, wie mit dem Schwersten spielend, angelegt und vollendet hat. Es ist der frische, starke Zug menschlicher Geisteskraft, der sich den Dingen
gegenüber freibewegt emporrichtet, die Kräfte der Dinge erkennt, abmißt und verwendet,
mag dies nun in der Überwindung des Gegners im feindlichen Zusammenstoß oder in der
Überwindung der Naturstoffe für Gestaltung von Kunstwerken geschehen. Wenn in dem
griechischen Geistesleben überhaupt zwei Richtungen erkennbar sind: das lernende, berechnende, anwendende Tun des Geistes – die Mathesis; und die aus freiem, eingeborenem
Vermögen der Menschennatur schaffende Gewalt – die Poiesis; dann wird uns diese in der
Gestalt des Apollo, jenes Tun aber in der Pallas-Athene verkörpert erscheinen. In ihr
wohnt nicht die Glut der Begeisterung, aber die Schärfe des Verstandes, die Geschicklichkeit des Vollbringens, der helle Mut gegen Widerstand und Hindernisse. Allen diesen
Eigenschaften ist Raum gegeben im Krieg und der Feldschlacht wie auf dem Gebiet der
Kunstfertigkeiten; und so ist Athene eine Werkmeisterin und Erfinderin, zugleich auch
eine Göttin des Krieges geworden. Dieses Walten des Verstandes bleibt von den Störungen
des sinnlichen Lebens ungetrübt. Pallas-Athene ist Jungfrau und zählt unter den drei Göttinnen, welchen Aphrodite den Sinn nicht schmeidigen oder belisten kann. Zwar ist sie
nicht gleichgültig gegen den Schmuck und die Vorzüge der Schönheit; sie wetteifert um
den Preis derselben selbst mit der Gemahlin des Zeus und mit den Reizen der Liebesgöttin
und stellt sich ohne Bedenken neben die Göttin vor Paris, dessen Urteil sie, freilich vergebens, durch das Versprechen der Weisheit zu gewinnen suchte. Die Verschmähung vergaß
und vergab sie niemals, sie blieb eine heftige Feindin der Trojaner. Auch als die Gorgone
Medusa mit der Göttin an Schönheit hatte wetteifern wollen, rächte sich diese dadurch,
daß sie ihr das Haupt abschlug[101] und es zu bleibender Schmach in die Mitte ihres Schildes
setzte. Im Gegensatz zu dieser stolzen Eitelkeit konnte Athene wohl einmal dem Walten
der Aphrodite sich annähern; denn sie war es, welche die Penelope mit erhöhtem, vollerem
Wuchse und verklärtem Antlitz schmückte, als diese in den Saal zu den Freiern niederstieg,
wo der als Bettler zurückgekehrte Odysseus, dessen Nähe sie nicht ahnte, die Gattin erblicken mußte. Aber ein solches Tun und Walten ist der strengen Göttin der Weisheit
selten eigen; die Werke der Liebesgöttin erfreuen den geordneten Geist der Athene nicht;
Aphrodite ist ihr verhaßt. „Hüte dich", sagte sie einst im Kampf vor Troja zu Diomedes,
„seligen Göttern, wenn du sie im Kampf erkennst, entgegen zu schreiten; aber wenn dir
Aphrodite begegnet, die magst du mit spitziger Lanze verwunden." Sie selbst schlägt einmal die zarte Göttin mit mächtiger Hand gegen die Brust, daß sie zu Boden sinkt. In
solchen Zügen ist das Verhalten der Pallas-Athene gegen die Macht der Liebe deutlich
gezeichnet; sie stößt dieselbe zurück, weil sie die Ruhe des Mutes und die Erfindsamkeit
des Verstandes stört. Eigentliche Repräsentantin der Jungfräulichkeit ist Athene nicht;
einer solchen werden wir in Artemis begegnen. An der Erfinderin und Kriegsgöttin ist die
Jungfräulichkeit nur Attribut, nicht das Wesen selbst. Hephaistos wurde einst, als ihn
Athene besuchte, um Waffen zu bestellen, von so heftigem Verlangen nach der Göttin
entzündet, daß er der Entfliehenden nacheilte und sie auch erreichte; aber sie duldete seine
Umarmung nicht. Doch entstand aus dieser Begegnung der schlangenartig gebildete Eri-

chthonios, den Athene mit mütterlicher Bereitwilligkeit aufzog. – Den jungfräulichen Zorn der Göttin mußte auch Tiresias, der thebanische Seher, erfahren. Einst badete Athene mit seiner Mutter, der Nymphe Chiraklo, in einer Waldquelle am Helikon. Es war die Stunde der Mittagsschwüle; Tiresias durchstreifte als Jäger den Wald, und vom Durste gequält kam er zur Quelle. Er erblickte im dunklen Gebüsch die badende Göttin. „Unglücklicher!" rief sie, „wer von den Göttern hat dich den Weg geführt?" und rasch spritzte sie ihm Wasser in die Augen. Er erblindete.[102] Laut wehklagte die Mutter, doch konnte ihm Athene die Sehkraft nicht zurückgeben, denn

> „Wer der Unsterblichen einen, wenn nicht Kronion es ordnet,
> anschaut, soll ihn gewiß schauen um teureren Preis."

Aber sie gab ihm einen schwärzlichen Stab, mit dem er gleich einem Sehenden wandeln konnte; sie verlieh ihm auch das Verständnis der Stimmen der Vögel und die Kunst der Weissagung.

c) *Die Kriegsgöttin. Die Göttin der Erfindung. Mythos von Arachne. Die Göttin der Weisheit*

Diese jungfräuliche strenge Göttin ist nun in der einen Hauptrichtung ihres Wesens die Lenkerin des Krieges, die Burgschirmerin, die Heerführerin, die sich erfreut am Getöse der Waffen. Wenn sie zu den Werken des Krieges schreitet, dann legt sie das feine Gewand ab, hüllt sich in den Panzer, wirft die schreckliche Aegis um die Schulter, bedeckt das Haupt mit dem goldenen Helm und faßt mit kräftiger Hand die schwere Lanze. Aber sie waltet nicht wie Ares, der tobende Kriegsgott, mit roher Gewalt der Stärke oder in mordbesudeltem Wüten; sie ist die Lenkerin der Waffenentscheidung, welche den Auszug und die Heimkehr des Heeres behütet und mit besonnenem Mute die entfesselten Kräfte regiert. Wie ein Werkmeister mit dem Stoffe, den er bearbeitet, schaltet und waltet, so wirkt Pallas-Athene mit den Leidenschaften und Kräften des Krieges, und so möchten wir sie die Göttin der Strategie und der Taktik nennen, im Gegensatz zu bloß soldatischem Ringen und Kämpfen. „Rasender, Sinnloser, du rennst ins Verderben!" so schalt sie einst den Ares, als er zornentbrannt in den Kampf stürzen wollte; und mit mächtiger Stärke ergriff sie den Wütenden und setzte ihn zurück auf seinen Thronsessel. Und als Ares im Kampf vor Troja einst auf Pallas-Athene anstürmte, da warf sie ihn mit einem großen Feldstein zu Boden. So läßt der Dichter die besonnene Kraft der Athene triumphieren über den wilden Trotz des Ares.

Es läßt sich in diesem Bild der Kriegsgöttin schon eine Rückstrahlung jener anderen Gestalt der Pallas-Athene empfinden, in welcher sie als Erfinderin, als Meisterin der Künste und Arbeiterin (darum oft Ergane genannt) und als Göttin der Weisheit auftritt. Dieselbe Hand, welche die Lanze schwingt, handhabt auch die friedlichen Werkzeuge der Technik. Diesen großen Umfang des Wirkens hat die Mythendichtung in einer weiblichen Göttergestalt trefflich zusammengestellt, während sie für den männlichen Göttercharakter dieselben Attribute in zwei Gestalten, dem Kriegsgott Ares und dem Künstler Hephaistos, auseinander hält. Was hier unvereinbar erschien, findet sich in einer Göttin ohne Widerstreben verbunden.

Daß die Kunst der Gymnastik von Pallas-Athene erfunden worden sei, erscheint ihrem kriegerischen Charakter naheliegend. Den Danaos lehrte sie ein fünfzigrudriges Schiff erbauen, und auch bei dem Bau der Argo fügte sie ein Stück von der dodonäischen Eiche in das Schiff ein. Zu den Werkzeugen des Ackerbaus war sie behilflich, denn der Pflüger wird ein Genosse der Athene genannt; der nutzbare Ölbaum war ihr Geschenk. Besonders war sie die Meisterin der Weberei; Spindel und Spinnrocken waren ihre Erfindungen; sie hat nicht nur ihr eigenes Gewand sich bereitet, sondern auch das Gewand der Here zart und künstlich gewirkt. In dieser Kunst duldete sie keine Nebenbuhlerin. Arachne, die Tochter eines Wollfärbers in Phrygien, war berühmt durch ihre Geschicklichkeit in der Weberei. Auf diese Kunstfertigkeit vertrauend, wollte sie die Meisterschaft der Athene nicht anerkennen und forderte die Göttin zum Wettstreit auf. Beide setzten sich an den Webstuhl. Athene fertigte ein Gewebe, welches ihren Streit mit Poseidon um den Besitz von Athen darstellte; in den vier Ecken bildete sie Szenen der Bestrafung menschlichen Übermutes, der sich den Göttern gleichstellt, und um den Rand flocht sie des Ölbaums friedliche Zweige. Arachne webte Bilder von der Liebe der Götter zu irdischen Frauen; da war Europa mit dem Stier zu schauen, Leda vom Schwane besucht, Neptun und Iphimedeia u. a. Den Rand umgaben Blumengewinde und Efeuranken. Welches von beiden Geweben das vorzüglichere sei, blieb unentschieden; Athene selbst konnte die Arbeit der Arachne nicht tadeln, aber im Zorn über ihre verletzte Würde schlug sie die Gegnerin mit dem Webschiff dreimal an die Stirn. Vom Gefühl dieser Schmach besiegt, erhängte sich Arachne, doch Athene verwandelte die Unglückliche in eine Spinne, die noch immer den alten Fleiß der Gewebe fortsetzt. Seitdem heißt die Spinne ein Greuel der Athene.

Auch in die Kunst der Musik reichte die Erfindungsgabe der Göttin hinein, doch nur wie ein vorübergehender Versuch und näherer Neigung bald abhold. Bei der Tötung der Medusa ließen die Schlangen auf den Häuptern der beiden übrigen Gorgonen wehklagende Töne erschallen. Athene nahm einen Rohrstengel, erfand die Flöte und ahmte auf ihr jene feinen, klagenden Laute nach. Aber als die Göttin merkte, wie sich dabei ihr Gesicht entstellte, warf sie die Flöte unwillig weg.[103] Die Kunst, welche des Schwunges innerer Begeisterung bedarf, war der Göttin besonnener Weisheit nicht eigen.

Haben nun auch die Musiker und Dichter die Pallas-Athene nicht als ihre Schutzherrn verehren dürfen, so ist sie dafür von den Jüngern der Wissenschaft und der Weltweisheit desto eifriger als Patronin gepriesen worden. Schon in der älteren Dichtung war sie die Göttin höherer Lebensklugheit und klarer Besonnenheit. Selbst wenn ihr das Herz in Erbitterung tobt, weiß sie zu schweigen und die erregte Leidenschaft zu bemeistern; immer ist sie voll Rat und Erfindung in schwierigen Fällen. Darum war sie die Beschützerin kluger und besonnener Männer, vor allem des Odysseus. Schön und bezeichnend spricht sie dieses Verhältnis und ihr eigenstes Wesen in den Worten aus, welche sie an ihn richtete, als er nach langer Mühsal auf der Heimatinsel, die er nicht erkannte, angekommen war und nun den jungen Hirten, unter dessen Gestalt ihm Athene erschien, mit täuschenden Worten ausforschen wollte. Sie lächelte, und sanft mit der Hand ihn streichelnd sprach sie:

> „Vorteil müßt' er verstehen und Heimlichkeit, welcher voran dir
> Strebt' an allerlei List, und käm' auch ein Gott in den Wettstreit!
> Kühner, so reich an Rat, Unergründlicher! Mußt du denn niemals,
> Selbst im eigenen Land noch nicht, ablassen von Täuschung
> Und mißleitenden Worten, die seit der Geburt du geliebt hast?
> Doch nicht weiter davon sei die Red' uns; Kenner ja sind wir
> Beide der Kunst; denn du, vor den Sterblichen allen verstehst du
> Rat und sinnige Red'; und ich bin unter den Göttern
> Hoch an Klugheit gepriesen und Vorsicht."

Aus diesen der Mythe ureigenen Zügen von Geistesklarheit und meisterhafter Beherrschung der Wege und Mittel zu den Zielen des Strebens hat sich die Gestalt der Athene zur Beschützerin geistiger Arbeit überhaupt weiterentwickelt. Auf diese Verehrung der Athene als Göttin der Weisheit im Sinn einer Wissenschaft hat das Ansehen, welches sie als Schutzgöttin von Athen genoß, stark eingewirkt. Wie in dieser der Athene geweihten Stadt die griechische Bildung zur höchsten Stufe emporstieg, so stieg auch die Würde und Bedeutung der Göttin als Verwalterin und Beschirmerin aller Bestrebungen und Anstalten, welche der Pflege der Wissenschaft gewidmet waren. Auch die römische Minerva der späteren Zeiten wurde hauptsächlich in diesem Sinne verehrt.

d) Bildliche Darstellung. Attribute

In den bildlichen Darstellungen der Pallas-Athene offenbart sich der hohe Ernst der kriegerischen, sinnenden Jungfrau. Die Haltung nähert sich männlicher Kraft, der Aus-

Fig. 28

druck des Antlitzes ist voll geistiger Hoheit, Mut und Willensstärke. Das reiche Haar, mit dessen Schönheit kein weibliches Wesen ungestraft wetteifern durfte, fällt frei auf den Nakken herab. Nie fehlt dem Haupt der Helm, der in unserer Darstellung die Gestalt einer Sphinx hat, an den Seiten mit Widderköpfen verziert, vielleicht eine Anspielung auf kriegerische Tätigkeit bei Belagerungen. Die Brust wird von dem Schuppenpanzer der Aegis umschlossen, in deren Mitte das Haupt der Medusa sichtbar ist. Über der Rüstung und dem Untergewande trägt die Göttin das reichgefaltete Obergewand oder den Peplos. Am Fuße der Lanze, welche fest und doch zierlich in der Hand emporragt, zeigt sich eine Schlange, entweder eine Hindeutung auf Erichthonios, den Pflegling der Göttin, oder ein Symbol friedlichen Geisteslebens; Lanze und Schlange dann eine sinnvolle Vereinigung der Doppelrichtung im Wesen der Göttin.

Andere Attribute der Athene waren: ein runder Schild mit dem Haupt der Medusa in der Mitte, bisweilen eine kleine Figur der Nike (Siegesgöttin) auf der ausgestreckten Hand, der Ölzweig und der Hahn, entweder wegen seiner Kampffertigkeit oder wegen seiner Wachsamkeit. Besonders häufig als Attribut der Athene findet sich die Eule, entweder als altes Sinnbild des leuchtenden Blickes der Göttin (Athene Glaukopis), oder, wie es aus Denkmälern der Kunst erkennbar wird, als Symbol des Sieges. Der in das Dunkle schauende Vogel ist aber auch ein Sinnbild der Geisteskraft, die zu sehen vermag, was anderen verborgen ist.

e) Kultusorte. Athen. Das Parthenon

Alalkomene in Böotien muß unter den Orten, wo der Kult der Athene besonders heilig gehalten wurde, als vielberühmt gehalten werden. Hier soll die Göttin geboren worden sein, es gab hier einen Fluß Triton, und der Beiname Alakomenia zeigt das Ansehen dieser Kultstätten. Ganz unvergleichlich jedoch war die Bedeutung Athens als Stadt der Athene. Es hat kaum einen anderen Ort gegeben, wo die Verehrung einer Lokalgottheit mit ihrer Rückwirkung auf die Entwicklung der Stadt in einer so deutlichen Wechselbeziehung gestanden hätte, wie zu Athen. Schon bei der Geburt der Athene läßt die Mythe, wie wir sahen, den Vorzug beginnen, welchen die Göttin dieser Stadt verlieh. Andere Sagen erhöhten diese Bedeutung. Zur Zeit des Kekrops gefiel es den Göttern, sich Städte zum besonderen Besitz auszusuchen, wo sie verehrt zu werden wünschten. Poseidon, der Meerherrscher, wollte der Athene das attische Land streitig machen; er stieß mit dem Dreizack an den Felsen der Akropolis und ließ eine salzige Quelle aufsprudeln. Da ließ Athene einen Ölbaum aus dem Felsen emporsprießen[104], und der Richterspruch der hohen olympischen Götter, wie des Kekrops, teilte ihr den Besitz der Stadt zu, welche von ihr den Namen erhielt. Erzürnt ließ Poseidon seine Fluten über die Ebene Attikas hinströmen, wurde aber durch die Vermittlung der Götter und die Tempel versöhnt, welche die Athener auch ihm errichteten. – Eine andere lokal wichtige Sage war die von Erichthonios, welchen die Erde geboren hatte, als Athene die Liebe des Hephaistos verschmähte. Die Göttin hatte das schlangenfüßige Kind der Priesterin Pandrosos, einer Tochter des Kekrops, in einer Kiste zur Verwahrung übergeben und verboten, die Kiste zu öffnen. Aber die Schwestern der Priesterin, Aglauros und Herse, übertraten, von Neugier getrieben, das Verbot. Als sie das schlangenfüßige Kind erblickten, wurden sie von Wahnsinn ergriffen und stürzten sich den Burgfelsen hinab. Erichthonios stellte, als er zur Herrschaft über Athen gelangt war, das Bild der Athene in der Burg auf und stiftete das Fest der Panathenäen, eine Geburtsfeier der Göttin als der Beschützerin des ganzen attischen Landes.

So blieben dem Athener seine ehrwürdigsten, vaterländischen Erinnerungen mit dem Kult der Göttin verbunden. Die Stadt wetteiferte zu allen Zeiten, ihre Schutzgöttin durch den Glanz der Tempel und der Feste zu ehren. Aus der Siegesbeute in den Perserkriegen errichtete man auf der Höhe der Akropolis das riesige Standbild der Kriegsgöttin, dessen Lanzenspitze dem athenischen Schiffer schon sichtbar wurde, wenn er heimkehrend an das Vorgebirge Sunion kam. Die höchste Vollendung dieses Strebens sprach der herrliche Tempel, das Parthenon, aus, der unter Perikles erbaut wurde.[105] Um die Außenseiten des aus weißem Marmor errichteten Gebäudes zogen sich Darstellungen aus dem Mythenkreis der Athene und die Bilder des panathenäischen Festzuges; im inneren Tempelraum stand die von der Meisterhand des Phidias gebildete Statue der Göttin, 26 Ellen hoch. Gesicht, Arme, Hände und Füße waren aus Elfenbein, das herabwallende Gewand aus lauterem Gold gefertigt. In der einen Hand trug sie eine Siegesgöttin, in der anderen die Lanze; an die Füße lehnte sich der Schild. Wenn der glänzende Festzug diese Räume erfüllte und das Bild umringte, dann wurde dem Athener immer aufs neue der stolze Gedanke lebendig, daß seine Stadt die geliebteste Stätte der hohen Göttin des Krieges und der Wissenschaften war.

4. Hephaistos

a) Szenen aus dem Lebenslauf

Neben Athene, der Webekünstlerin, die nur des Vaters, aber nicht einer Mutter Tochter ist, steht Hephaistos, der kunstfertige Metallarbeiter, der Sohn der Mutter ohne Vater.

Als Zeus die Athene aus seinem Haupt geboren hatte, zürnte Here und wollte die erfahrene Schmach mit gleicher Verschmähung vergelten. Sie gebar den Hephaistos. Wie aber der Sohn des stolzen Zornes neben der Hoheit der Athene an Gestalt so schmächtig erschien, an den Beinen so schwächlich und lahm, da erfaßte ihn die Göttin und schleuderte ihn hinab in die Meerflut. Hier nahmen ihn zwei Meergöttinnen rettend auf, die Nereide Thetis und die Okeanide Eurynome. Sie hielten den Verstoßenen heimlich in einer gewölbten Grotte verborgen; ringsum strömte der Okeanos mit brausendem Hall und übertönte mit seinem Wogengerausche den Lärm der Hämmer und Ambosse. Denn sogleich begann Hephaistos die schwere Bearbeitung der Metalle; das ratlose schwache Kindesalter ist dem Götterleben unbekannt. Neun Jahre verweilte er hier und schmiedete mancherlei Kunstwerke, große und kleine.

In dieser Verborgenheit sann der Verstoßene einen schalkhaften Streich aus, um seine Verwerfung der Mutter zu vergelten. Sie sollte fühlen, was es sei, die freie ungehemmte Bewegung zu entbehren. So bildete der Künstler einen goldenen Sessel mit unsichtbaren Fesseln und sandte die trügerische Gabe auf den Olymp, der Here zum Geschenk. Sie setzte sich auf den Sessel; da umfingen sie die verborgenen Bande, und sie vermochte nicht, sich zu erheben. Vergeblich bemühten sich die Götter, ihre Herrscherin zu lösen; sie sahen, daß Hephaistos allein dies vollbringen könne. Ein Versuch, den Ares machte, den Schalk zu holen, wurde von diesem mit Feuerbränden abgewiesen. Nun begab sich der Weingott Dionysos mit seinem lärmenden Gefolge zur Grotte des Hephaistos, machte ihn trunken und führte ihn so in lustiger Begleitung von Satyrn und Mänaden auf den Olymp zurück, wo nun die Fesselung der Here und aller Groll und Zorn gelöst wurde.

Die Mythe erzählt aber noch von einem anderen Hinabwerfen des Hephaistos. Als Zeus seine Gattin, wegen ihrer Verfolgung des Herakles, aus dem Olymp herabzuhängen sich anschickte, eilte Hephaistos herbei, die Bestrafung der Mutter abzuwehren. Da ergriff ihn Zeus an der Ferse, warf ihn hinab, daß er einen ganzen Tag hindurch im Fliegen blieb und mit der sinkenden Sonne auf die Insel Lemnos fiel, wo das Volk der Sintier den Gefallenen, der kaum noch atmete, freundlich aufnahm. Von diesem Fall wird dann sowohl die Lahmheit des Gottes, als auch seine besondere Vorliebe für jene Insel hergeleitet.

Wie Hephaistos im Götterleben auf dem Olymp, wenn er in gutmütiger Emsigkeit hinkend die Becher herumreicht, die Heiterkeit des Göttersaales erregte, dies haben wir in unserer Skizze vom Olymp schon erfahren.

Er ist der rastlos tätige, rußbedeckte, wenig ansehnliche Künstler, dem aber in sinniger Ergänzung Anmut und Schönheit als Genossinnen zugestellt sind. Bald wird ihm Aglaja, eine der Chariten, bald Aphrodite selbst, die Göttin der Schönheit und Liebe, zur Gattin gegeben. Aber diese Ehe brachte ihm viel Verdruß. Aphroditen gefiel der schöne rüstige Kriegsgott Ares besser als der lahme, unliebliche Gemahl. Durch den Sonnengott Helios erfuhr Hephaistos die Entehrung des ehelichen Lagers, und wieder fand er in seiner Kunst das Mittel, Vergeltung zu üben. Er umzog das Gemach und das Lager mit einem künstlichen, unzerreißbaren, unsichtbaren Netz; dann ging er hinweg, als wolle er nach Lemnos hin. Wie hätte der wartende Ares dies nicht sogleich erschauen sollen! Er kam; aber ihn und Aphroditen umfing das unentrinnbare Netz. Und als nun der lauernde Feuerbeherrscher zurückkam in sein ehernes Haus und den Frevel schauen mußte, da ergriff ihn gewaltiger Zorneseifer. Laut erhob er die Stimme und rief die Götter herbei; die Göttinnen blieben voll Scham in ihren Gemächern. Es kamen Poseidon, Apollon und Hermes, und unermeßliches Lachen erschallte bei dem Anblick des gefangenen Paares. Nur auf des Poseidon dringende Bitten löste Hephaistos endlich die schmählichen Fesseln.

Die spätere Mythendichtung fügte dieser mutwilligen Erzählung noch einen dem Naturleben angehörenden Zug bei. Ares hatte einen Jüngling, Gallus (Hahn) genannt, mitgebracht, den er an die Tür des Hauses stellte, um bei dem Nahen der Sonne ein Zeichen zu geben. Aber der Wächter verfiel in Schlaf. Zur Strafe wurde er von Ares in einen Hahn verwandelt, der nun nicht mehr vergißt, die aufsteigende Sonne durch sein Krähen anzukündigen.

Die attische Sage brachte die Liebe des Hephaistos in Verbindung mit der jungfräulichstrengen Athene. Wir wissen, wie der Hinkende bei einem Besuch der Göttin in seiner Werkstatt vom Verlangen nach ihr ergriffen wurde und wie der schlangenfüßige Erichthonios diesem Liebesdrange seinen Ursprung verdankte.

In der Vereinigung des Hephaistos mit Göttinnen ist die Mythe nicht karg gewesen; sie hat vielgerühmte Namen neben ihn gestellt. Aber sie zeichnet in ihm doch nur den Meister, der ganz und gar an seine Arbeiten und Werke hingegeben ist; einen lebhaften Anteil an persönlich eigenen Verhältnissen kennt er nicht. Von den als seine Gemahlinnen genannten Göttinnen sind ihm keine Söhne gegeben. Unter anderen Söhnen, die genannt werden, ist füglich nur Ardalos anzuführen, welcher ein Heiligtum der Musen in Trözen erbaute und auch als Erfinder der Flöte erwähnt wird; dann Periphetes, der Keulenträger, aus der Theseus-Sage her. An den Füßen schwächlich, wie der Vater, lauerte er in Epidauros den Vorübergehenden auf und erschlug sie mit seiner Keule. Theseus entriß ihm die Keule und führte sie von da an selbst.

b) Bedeutung und Darstellung

Hephaistos steht in der nächsten Beziehung zum Element des Feuers, und zwar im Gegensatz zu dem Feuer der Himmelshöhe, wie es als Blitz und Sonnenglut erscheint, als der Gott des irdischen Feuers; nicht als Flamme des häuslichen Herdes, sondern zum Dienste mühsamer, sinnender Kunstarbeit. Er ist darum bisweilen als Personifikation des Feuers selbst aufgefaßt worden, wohin dann jene Vorfälle gehören, wenn er im Gigantenkrieg mit glühenden Eisensteinen gegen die Feinde kämpft; oder wenn er im Kriege vor Troja auf das Geheiß der Here sich in den Kampf der Stromgötter gegen Achilleus mischt und mit lodernden Flammen und entsetzlicher Glut gegen den Xanthos anstürmt, daß nicht allein das Ufergefilde ganz ausbrennt, sondern auch die Gewässer kochend sprudeln und brausend stillstehen. Zu dieser Auffassung des Hephaistos als Feuergott gehörte wohl auch, daß er der Fackelträger bei den Hochzeiten genannt wurde[106]; ebenso jene Fackeln, die man ihm in Athen vor dem Feste der Genossenschaften (Phratrien) unter Absingung von Hymnen anzündete. Hier wurde auch dem Hephaistos und dem Prometheus ein Fest mit einem Fackellaufe gefeiert. In der Akademie, eine halbe Stunde vor der Stadt, stand der Altar beider Feuergötter; von dort aus bildeten die Fackelträger eine Reihe mit bestimmten Zwischenräumen. Die Fackel im Laufe brennend zu erhalten und sie so dem anderen zu übergeben, dies war der Wettstreit. Wem die Fackel verlöschte, der hatte keinen Teil am Siegpreis. Diese Zusammenstellung beider Feuergottheiten auf einem Altar erinnert an die Ähnlichkeiten in ihrem Wesen. Prometheus, der Bringer des Feuers, der seine Menschengebilde mit dem Funken belebte, und Hephaistos, der kunstreiche Bearbeiter der Metalle durch des Feuers Gewalt, haben so viel verwandte Züge, daß sie mitunter wohl miteinander verwechselt wurden. Es wird auch von Hephaistos erzählt, daß er in einem Wettstreit mit Athene und Poseidon um das Meisterwerk den Menschen gebildet habe. In seinem eigensten Gebiete aber bleibt Hephaistos nicht sowohl das Feuer selbst als vielmehr der Gott der Künste, welche durch das Feuer geschehen, der Meister in der Bearbeitung der Erze. In ihm verdeutlicht sich der mächtige Fortschritt, den die Kultur des Menschengeschlechtes mit der Verwendung des Feuers auf die Bereitung der Metalle gewann. Darum wird er, so wie Athene, als Kulturbringer gepriesen. Vordem hausten die Menschen in den Felsgrotten des Gebirges den Tieren gleich:

Fig. 29

„Doch durch den kunstberühmten Hephaistos Werke verstehend
Können sie leicht das Leben das kreisvollendende Jahr durch
Führen anjetzt in ihren Behausungen ruhiger Weile."

Doch ist trotz der großen Bedeutung seines Tuns und Treibens die Gestalt des Hephaistos nicht mächtig und herrschend; es haftet ihm etwas Untergeordnetes, Dienendes, ja Lächerliches an. Prometheus ist immer voll titanischen Trotzes; Hephaistos ist ein willfähriger Gott, und wenn er ja einmal Gegnern etwas antun will, kühlt er vom Versteck seiner Kunst aus den brennenden Groll.

Die bildlichen Darstellungen des Hephaistos zeigen einen kräftigen Mann mit sinnendem Ausdruck der Gesichtszüge. Das Gewand läßt die rechte Seite des Oberkörpers entblößt, als dürfe er keinen Augenblick von seiner Arbeit feiern; das Haupt ist mit einer spitzen, oben abgerundeten Mütze bedeckt. Hammer und Zange fehlen nicht. Als das berühmteste Bild von ihm galt die von dem attischen Künstler Alkamenes gefertigte Statue, in welcher die Lahmheit, die auch in den vorhandenen Kunstwerken nicht erscheint, nur leise unter dem verhüllenden Gewand ausgedrückt war. In anderen Darstellungen ist er in seiner Werkstatt von dem Gehilfen umgeben, wie er rüstig am Ambos arbeitet oder den Schild des Achilles formt; oder man sieht ihn von Dionysos geführt zum Olympos zurückkehren.

c) Die Werkstatt und die Arbeiten

Alle Stätten, wo Hephaistos arbeitete, waren durch vulkanische Natur ausgezeichnet. Von allen Landen am wertesten war ihm die Insel Lemnos mit ihrem im höheren Altertum tätigen Vulkan Moschylos. Hier, wo das Volk der Sintier ihn nach seinem Falle aufgenommen hatte, bestand ein alter Feuerdienst mit dem eigentümlichen Gebrauche, daß alljährlich an einem bestimmten Tage alles Feuer auf der Insel für die Dauer von neun Tagen ausgelöscht wurde, damit das heilige Element durch neues Feuer, welches ein Schiff von Delos herüber brachte, gleichsam gereinigt und frisch geweiht würde. Eine andere Stätte des Hephaistos war der Aetna, wo er mit den Kyklopen die Blitze des Zeus schmiedete; ebenso die liparischen Inseln, auf deren einer, die Hephaistos-Insel genannt, er so rastlos arbeitete, daß man den Lärm der Hämmer und Ambosse weithin hörte. Hier war auch die Insel des Aeolos in der Nähe, der den Winter gebietet; Wind und Flamme gehören ja immer zueinander. Dort waren die Schmiedegehilfen um den kunstreichen Meister beschäftigt, bald satyrähnliche Gesellen, die sich die schwere Arbeit durch Scherz und Kurzweil erleichtern, bald die einäugigen, grauenvoll lugenden Kyklopen. Wer diesen Eilanden nahte, der vernahm das Gedröhn der hallenden Ambosse

> „und das mächtige Blasen der Bälge
> Ringsumher und das schwere Gestöhn. Laut schallte der Aetna,
> Schallte der Sitz der Sikonen, Trinakria, schallte das nahe
> Italerland, und gewaltig entgegnete Kyrnos[107] den Nachhall,
> Als sie die Hämmer im Schwung hoch über die Schulter erhebend,
> Aus Schmiedessen das Erz, wie es glühte, oder das Eisen
> Schlugen in wechselnden Schlägen, mit emsigem Fleiß arbeitend."

Oder die Dichtung schildert den Hephaistos allein in seiner Werkstatt waltend, in dem ehernen Palaste, den er selbst sich gebaut. So fand ihn Thetis, als sie kam, ihn um neue Waffen für Achilleus zu bitten. Freundlich empfing Aglaja, die Gattin des Feuerbeherrschers, die Kommende und rief den Gemahl. In dankbarer Erinnerung an die einstige Pflegerin erhob sich sogleich vom Amboß das rußige Ungeheuer; hinkend und mühsam kam er herbei, gestützt auf zwei Mägde, die er aus Gold sich bereitet, Lebenden gleich. Als er die Bitte vernommen, eilte er zur Esse hin, ließ zwanzig Blasebälge zugleich die Glut in den Ofen anfachen und stellte die Tiegel, um Gold und Zinn und leuchtendes Silber zu schmelzen. Nun richtete er den Amboß, und mit Hammer und Zange formte er den kunstvollen Schild des Achilleus mit den sinnvollen Bildern aus dem ganzen Gebiete des Kulturlebens, auch den Harnisch, den Helm und die Rüstung.

Unermüdlich war der Feuerkünstler, köstliche Werke zu bilden und zu verschenken. In der Bereitung dieser Gaben, welche die Mythe ersann, erhebt es sich da und dort wie ein Vorgefühl von der Möglichkeit der wunderbaren Feuerarbeiten einer späteren Zeit. Die Häuser der Götter auf dem Olymp waren Werke des Hephaistos; Dreifüße für den Göttersaal hatte er gefertigt:

> „Goldene Räder befestigt er jeglichem unter den Boden,
> Daß sie aus eigenem Trieb in die Schar eingingen der Götter,
> Dann zu ihrem Gemach heimkehrten, Wunder dem Anblick."

Dem Poseidon arbeitete er ein Gefäß zum Tränken der Rosse, dem Herakles einen goldenen Köcher; zur Hochzeitsfeier der Harmonia mit Kadmos machte er ein kunstreiches Halsband[108]; dem Zeus schenkte er einen ehernen Hund, den er belebt hatte; Aeetes erhielt von ihm die in der Argonauten-Sage bekannt gewordenen feuerschnaubenden Stiere mit ehernen Füßen. Dem Minos auf Kreta hatte er einen ehernen Mann gebildet, Talos genannt, der eine einzige Ader hatte vom Nacken bis zu den Fersen hinab. Da wo die Ader an die Oberfläche der Haut hervortrat, war zum Schutze ein eherner Nagel eingeschlagen. Als nun dieser Talos, der täglich dreimal die Runde um die Insel machte, den Argonauten auf ihrer Rückfahrt die Landung verweigerte, überlistete ihn Medeia, indem sie, unter dem Versprechen, ihn unsterblich zu machen, den Nagel herauszog und ihn so durch Abzapfung allen Blutes tötete.

Es tritt in diesen mehrfachen Kunstwerken des Hephaistos, welche er belebte, das Streben der Kunstarbeit hervor, Lebendiges zu bilden in eigener freier Bewegung; das alte unlösbare Problem eines Perpetuum mobile. Dem Ansehen und der Meisterwürde des Hephaistos schienen solche wunderbaren Leistungen notwendig zu sein; er ist durch diese gefälligen Raritäten und mühevollen Kabinettstücke der wahre Tausendkünstler der Mythe geworden, und wie überall das Volk für Künsteleien, für täuschende Belebung und glückliche Nachbildung mehr Sinn zeigt als für geniale Kunstwerke, so war auch Hephaistos vorzugsweise ein volksmäßiger Gott.

5. Ares

a) *Eigenschaften und Darstellung*

Um die Geburt des Ares her liegt keine Sage; er ist ohne alle Romantik der Mythe der Sohn des olympischen Herrscherpaares Zeus und Here. Der Streit und Unfrieden der Erzeuger ist in sein Wesen übergegangen, dessen Ursprung in dem Kampf der Kräfte oben in der Wolkenhöhe zu liegen scheint. Der Windstoß, der plötzlich und laut brausend herabfährt; das Ungestüm eines tosenden Wolkengusses oder eines rasselnden Hagelwetters; das unheimliche Grauen, welches vom umnachteten Himmel sich über die Erde breitet – solche und ähnliche Erscheinungen waren der Anstoß zu der mythischen Gestalt des Ares. Hauptsächlich scheint der plötzlich ertönende große Schall der Lüfte, der hereinbrechende Sturm sein Urelement zu sein; die dahinrasende Kraft der Leidenschaft und die tobende Willkür, als deren Vorbild der Sturm gelten darf, sind Grundzüge in dem Wesen des Ares geblieben. So steht er von Hause aus der ungestümen, launenhaften Mutter näher als dem ordnenden Vater, welcher die Festigkeit der Gesetze, den Damm gegen alle Willkür, ehrt und behütet. Als Here die Geburt des Apollo verhindern wollte, diente ihr Ares als Wächter, umherschauend vom hohen Gipfel des thrakischen Gebirges; seine Rosse standen unterdessen in der Grotte des Windgottes Boreas. Es war also auch dem Ares, dem stürmischen düsteren, die Ankunft der hohen Lichtgötter von Delos verhaßt. Ebenso nahm er Teil an der Feindschaft der Here gegen Herakles; seine Söhne kämpften gegen den Heroen, und er selbst stürmte einst gegen ihn heran. Aus diesem Wesen und Treiben her war Ares kein Liebling des Zeus; ganz offenkundig spricht dieser seinen Unmut gegen ihn aus:

> „Siehe, verhaßt bist du mir vor allen olympischen Göttern!
> Immer hast du den Zank nur geliebt und Kampf und Befehdung!
> Gleich der Mutter an Trotz und unerträglichem Starrsinn."

Aber diese Beziehungen des Ares zum Naturgebiet sind nur Anstoß und Andeutung; umgrenzt und vollendet ist seine Gestalt auf diesem Gebiete nicht. Erst im Bereiche des menschlichen Geistes, im Völkerverkehr und Menschenleben tritt sein mythisches Bild erfaßbar hervor; es hat sich unter Festhaltung der ursprünglichen Grundzüge – des wilden Dahinströmens und trotziger Willkür – zum Abbilde jener Richtung des Männerlebens gestaltet, welche als wilder Mut, als Ungestüm der Begegnung und wütende Kampflust erscheint. So ist Ares der Gott des Krieges geworden, denn Kampfgewühl und das Tosen der Feldschlacht gleichen am treusten jenen Kräften der Natur, dem Sturm und dem Wetterbrausen. Auf ehernem Wagen fährt er einher mit hurtigen, goldgeschirrten Rossen, hell strahlt sein Waffengeschmeide, der goldene Helm, der gewaltige Schild und die eherne Lanze; das Getöse von dem gewölbten Schilde, wenn er laut hertobend mit der Lanze daran schlägt, erdonnert wie das Krachen im Schlunde des Aetna; mit entsetzlichem Brüllen stürzt er sich in den Kampf, und furchtbar ist sein Angriff. Das ist seine

Fig. 30

Freude und Lust, da glüht sein Auge in wildem Feuer; der morderfüllte Aresblick war eine Bezeichnung für kriegerische Wut und Raserei geworden. Mit Athene, der Göttin des Krieges, verglichen, ist ihm der ungestüme Mut des Dreinschlagens ohne Besonnenheit und Vorsicht eigen; er ist der Führer und Vorkämpfer der gegeneinander entfesselten Kräfte, des mordenden Handgemenges in der Feldschlacht. Seine Furchtbarkeit wird erhöht durch seine Begleiter; denn immer sind Furcht und Schrecken, Deimos und Phobos, neben ihm.

In dieser Weise schildert die Dichtung sein Bild auf dem Schilde des Herakles:

> „Darauf auch stand das rasche Gespann des entsetzlichen Ares,
> Goldhell; darauf auch er selber, der raubbeladene Wüterich,
> Seine Lanz' in den Händen erfaßt, und die Streiter ermahnend.
> Purpurrot von Blut, als raubt' er der Lebenden Rüstung,
> Hoch in den Sessel gestellt; doch neben ihm Grauen und Entsetzen
> Standen entflammt von Begier, in die Schlacht zu dringen der Männer."

Auf diese Züge von Kampflust und düsterem Ungestüm bleibt das Wesen des Ares beschränkt; doch darf nicht übersehen werden, daß sein Liebesverhältnis zu Aphrodite in einer allgemeinen Bedeutung hierher zu gehören scheint. Es ist, als wolle die Mythe damit ausdrücken, daß zur Erfüllung dieser Gestalt die Richtung ihrer stürmischen Leidenschaft auf den sinnlichen Reiz weiblicher Schönheit nicht fehlen dürfe. Wenn Ares den Blick von den Waffen wegwendet, so findet seine wilde Kraft und schnelle Kühnheit auf dem Gebiete der Liebe ihren anderen Schauplatz. Gewiß ist, daß Ares ohne diese erotischen Beziehungen nicht mehr der richtige Ares der Mythe sein würde. Er ist aus ein und derselben Grundlage des Wesens heraus ebensowohl der Held des Schlachtfeldes wie der Held des Liebesabenteuers.

Die bildende Kunst stellte den Ares in beiden Beziehungen dar, als kühnen Krieger im Schmuck der Waffen oder in schöner kraftvoller Männergestalt neben Aphrodite. Die Charakteristik des Antlitzes ist verwegener trotziger Mut, die Augen liegen tief, die Stirn ist breit, der Mund klein. Unsere Darstellung zeigt ihn sitzend, mit abgelegtem Helm und Schilde; ganz der kräftige, schnelle Kriegsgott. Sein Sitz ist ein Felsen, also doch wohl ein Berggipfel; zu seinen Füßen spielt ein Liebesgott. Ruht dieser Ares aus, oder ist er fern von Kriegsgedanken in Beziehung zu Aphrodite aufzufassen, oder blickt er auf einen nahenden Feind? Der Totaleindruck scheint auf das letztere hinzudeuten. Der Blick des Auges, lauernd und kühn, dringt in die Ferne; der gekrümmte Rücken gibt der Gestalt einen zum Aufsprung bereiten Ausdruck; die Haltung der Arme und Hände ist die eines Wartenden; die Linke faßt das allerdings noch in der Scheide steckende Schwert, aber die Rechte legt sich nahe heran, wie bereit, den Stahl zu zücken. So konnte der Kriegsgott zu denken sein dort auf der Höhe des Olympos, wie er hinstürmen wollte in den Kampf vor Troja und Athene, Helm und Schild ihm entreißend, den Ungestümen zurückhielt.

Dann könnte der zu den Füßen der Statue sitzende Liebesgott freilich nur als eine dem Ares zwar nicht fremde, aber hier unwesentliche Beigabe aufgefaßt werden. Es ist in der Tat etwas in dem Eindruck des Ganzen, was einer besonderen Bedeutung des Liebesgottes widerstrebt; die Gedanken eilen zu einer voraussichtlichen Aktion hinüber, für welche sich diese behende Gestalt schnell erheben wird. Der Liebesgott erscheint so nebensächlich, als sei er nur da, um anzudeuten, daß er diesmal von Ares vergessen sei.[109]

b) *Einzelne Ereignisse aus dem Leben des Ares*

Was die Mythe von Ares zu erzählen weiß, ist in Einzelheiten verstreut, die weder einen großen noch einen deutsam-fruchtbaren Zusammenhang haben. Das glänzendste dieser Mythenbilder ist sein Liebesbesuch bei Aphrodite. Die übrigen stellen wir hier nebeneinander hin.

Im Gigantenkampf wird Ares nicht erwähnt. Als die Aloiden, Otos und Ephialtes, sich gegen die Herrschaft der olympischen Götter auflehnten, fesselten sie den Ares und hielten ihn in einem ehernen Kerker gefangen. Von dieser dreizehnmonatlichen Gefangenschaft war er schon fast entkräftet, da befreite ihn Hermes, welchem die Stiefmutter der Aloiden das Gefängnis verraten hatte.

Aglauros, eine Tochter des Kekrops, des Königs von Athen, hatte dem Ares die Alkippe geboren. Dieser tat Halirrhothios, ein Sohn des Neptun, Gewalt an, wurde aber von Ares ertappt und getötet. Der grollende Poseidon erhob darüber eine Anklage, die zwölf Götter des Olymp stiegen nieder und saßen auf einem Hügel in Athen zu Gericht über Ares, sprachen ihn jedoch frei. Der Hügel blieb dem Ares geweiht; er erhielt den Namen Areopagos und wurde die Stätte des altehrwürdigen Blutgerichtes von Athen. –

In Böotien war eine dem Ares gehörende Quelle, welche ein von dem Gott abstammender Drache bewachte.[110] Hier in der Nähe war es, wo die dem Kadmos voranlaufende Kuh sich niederlegte und dem Helden dadurch die Stelle der zu gründenden Stadt anzeige.[111] Er wollte die Kuh der Athene opfern und schickte einige seiner Begleiter zum Aresquell, um Wasser zu holen. Der Drache zerriß die Männer. Da machte sich Kadmos selbst auf, bekämpfte den Drachen und tötete ihn, mußte dann aber zur Strafe dem Ares ein Jahr dienen.[112] Nach vollendeter Dienstzeit erhielt Kadmos die Harmonia, die Tochter des Ares und der Aphrodite, zur Gemahlin, und die Hochzeit wurde durch die Gegenwart der Götter verherrlicht.

Unter den Kämpfen des Ares heben wir die drei gegen Herakles, Diomedes und Athene heraus, weil in ihnen das Wesen dieses Gottes deutlich gezeichnet erscheint.

Als Herakles sich auf den Weg gemacht hatte, die goldenen Äpfel der Hesperiden zu holen, trat ihm Kyknos, ein Sohn des Ares und der Pyrene, entgegen und forderte ihn zum Zweikampf heraus. Ares selbst war an der Seite des Sohnes. Wie die flammende Glut und der Sturmwind rannten sie gegen den Helden an, aber Herakles tötete mit mächtigem Lanzenstoße den Kyknos. Da stürzte der ergrimmte Kriegsgott mit wüstem Geschrei auf den Sieger los. Rasch trat ihm Athene entgegen und rief ihm zu, den Kampf zu vermeiden; doch Ares hörte nicht und antwortete nicht. Er schwang sich ungestüm dem Feinde entgegen und warf die Lanze. Athene bog sie hinweg, und als Ares mit dem Schwert auf Herakles einstürmte, stach ihn dieser in den entblößten Schenkel und zerbrach ihm den Schild. Der verwundete Kriegsgott stürzte zu Boden. Da eilten Deimos und Phobos, Grauen und Entsetzen, herbei, hoben ihn auf den Sessel des Wagens und fuhren mit ihm auf den Olympos zurück.

Im Kriege vor Troja reizte einst Athene, als sie sah, daß Ares für die Trojaner stritt, den Helden Diomedes an, den Kampf mit dem Kriegsgott zu wagen. Vorwärts über das Joch und die Zügel seines Wagens bog sich Ares kampfbegierig dem Griechenhelden entgegen, aber die Lanze des Diomedes verwundete ihn in die Weiche des Bauches unter dem ehernen Gürtel. Da brüllte Ares so laut, wie wenn zehntausend Männer im Streite schreien, und es erzitterten Trojaner und Griechen. Und wiederum fuhr er hinauf zum Olympos, wo ihm Zeus, weil er seines Geschlechtes war, die Wunde heilen ließ. Dann badete ihn Hebe und hüllte ihm schöne Gewänder um.

Als Zeus den Göttern gestattet hatte, am Kampfe vor Troja teilzunehmen, und nun die Olympier in beiden Schlachtenreihen gegeneinander standen, daß der Erdkreis krachte und die Luft rings wie Drommeten erscholl, da stürmte Ares auf Pallas-Athene, um sich für jene Verwundung durch Diomedes zu rächen. Athene wich dem Stoße seiner Lanze aus, erhob einen dunklen großen Feldstein und traf mit dem Wurfe den Ares an den Hals, daß er mit klirrender Rüstung hinsank und sieben Hufen im Falle bedeckte.

In allen diesen Kämpfen erscheint Ares in wildem Toben und leidenschaftlicher Wut, welche doch dem besonnenen Mute unterliegt. Die in das Ungeheuerliche sich verlierenden Schilderungen seines Brüllens und seiner Kraft erinnern daran, daß das Getöse der Schlacht, das Brausen des Kampfes aus dem Urelement des Kriegsgottes her ihm eigen geblieben sind.

c) Die Kinder des Ares. Attribute. Umgebung

Es ist einer von den vielen genialen Zügen der Mythendichtung, mit denen sie das Widerstrebenste zu nähern weiß, daß aus der Liebe des Ares und der Aphrodite ebensowohl die Harmonia, die schöne Genossin des Kadmos, als auch die furchtbaren Söhne Deimos und Phobos, Grauen und Entsetzen, hervorgehen. Eine Gemahlin ist dem Ares nicht beigestellt worden, aber seine Liebesverhältnisse gaben ihm eine Anzahl Söhne, kriegerisch und wild wie der Vater. Einige derselben werden unter den Argonauten oder den Helden vor Troja und unter den Sieben vor Theben genannt. Von einem dieser Ares-

Söhne, Diomedes, König der Bistonen, eines thrakischen Volkes, wird erzählt, daß er wilde feuerschnaubende Rosse gehabt und daß er sie mit Menschenfleisch ernährt, ihnen auch gefangene Fremde vorgeworfen habe. Herakles endigte diese Frevel; er bemächtigte sich des Königs, warf ihn den Rossen zum Zerreißen hin, die Rosse aber brachte er zum Berg Olympos, wo sie jedoch von wilden Tieren zerrissen wurden.

Das am meisten geliebte Land des Ares war Thrakien, von dessen Gebirgen her die wilden Stürme über Griechenland hinbrausten. Hier hielt er Wacht bei der Geburt des Apollo, hier standen seine Rosse in der Grotte des Boreas; hierher wie zu heimatlicher Zuflucht begab er sich nach seinem Liebesabenteuer mit Aphrodite. Einheimisch war aber seine Verehrung auch in Athen, in Sparta, in Korinth und in der Landschaft Elis. Sein Beiname Enyalios, der Kriegerische, unter welchem er besonders in Sparta verehrt wurde, gab Veranlassung, daß Enyalios als ein für sich bestehender kriegerischer Gott aufgefaßt worden ist.

Attribute des Ares waren der Speer, als Sinnbild des Krieges, und die brennende Fackel, in älteren Zeiten das Zeichen der beginnenden Schlacht. Unter den Tieren war ihm geheiligt der Wolf, der Hund und der Geier, räuberische und der furchtbaren Wahlstatt wohlbekannte Tiere. Auch der Specht war ihm zugehörig.

In der Begleitung des Ares findet sich Eris, die Göttin des Zankes, und die grause Enyo, die blutige Kriegsgöttin, später bei den Römern Bellona genannt. Seine ihm stets zugesellten Söhne Deimos und Phobos sind bereits erwähnt. Mit diesen Gefährten: Streit, Mord, Furcht und Schrecken durchtobt der Kriegsgott das Schlachtfeld; eine Gruppe, welche das ganze Entsetzen der Männerschlacht in sich vereinigt darstellt.

d) Die Amazonen

Von einem kriegerischen Weibervolke wird in mehreren Sagen des Altertums erzählt. Töchter des Ares werden sie genannt, weniger im Sinne einer Erzeugung, als weil ihr Wesen ganz und gar dem Tun und Treiben des Kriegsgottes zugehört. Sie überragen an Körpergröße und Stärke das zartere Maß der Frauen, sie verschmähen die friedlichen Arbeiten und die weiche Ruhe des Frauenlebens; leidenschaftlich und wilden Sinnes erfreuen sie sich an Waffenübungen, Jagd und dem Bändigen der Rosse. Wie sie die Schranken ihres Geschlechtes durchbrochen haben, so durchbrechen sie auch im Drange nach Kampf und Krieg das Walten des Rechtes und der Gesetze. Ehe und Familie waren ihnen unbekannt; nur wenn eine Amazone drei Männer im Kampf getötet hatte, durfte sie sich mit einem Manne vereinigen. Neugeborene Knaben wurden getötet, die Mädchen zum Wesen und Treiben der Mütter

Fig. 31

auferzogen. In früher Kindheit wurde ihnen die rechte Brust ausgebrannt, damit die Hand-
habung des Bogens nicht gehindert sei. Auf diesen Gebrauch bezieht sich ihr Name.

Die bildende Kunst der Griechen hat sich in der Zeit ihrer Blüte gern mit der Aufgabe
beschäftigt, die Schönheit der Frauengestalt mit kriegerischem Wesen vereinigt darzustellen. Es sind Nachbildungen berühmter Meisterwerke vorhanden, wie die Statue der verwundeten Amazone oder die der zum Sprunge sich rüstenden Amazone. Niemals haben
die Bilder solcher Werke die oben angedeutete körperliche Entstellung dargestellt. Auch in
Reliefs, wie in denen des Zeustempels zu Olympia oder des Apollo zu Phigalia, oder auch
auf Sarkophagen wurden Amazonenkämpfe durch die Kunst verherrlicht. Ihre Bekleidung
ist ein faltiges Beinkleid, ein kurzes männliches Obergewand und die phrygische Mütze.
Die charakteristischen Waffen sind: der Bogen, die zweischneidige Streitaxt und ein halb-
mondförmig ausgeschnittener Schild.

Die hier gegebene erste Darstellung zeigt eine Szene aus einem Kampfe der Amazonen
mit griechischen Kriegern. Eine Amazone liegt getötet am Boden; eine andere zu Roß ist
im heftigen Zweikampf mit einem Griechenhelden begriffen. In der zweiten Abbildung,
entnommen dem Relief des Tempels zu Philagia, erblicken wir eine ähnliche Szene. Um
einen verwundet am Boden liegenden Griechen streiten sich zwei Amazonen. Die eine will

Fig. 32

ihm mit der Streitaxt den Todesstreich geben, die andere hält mit heftiger Bewegung den
Streich zurück. Das weibliche Gefühl bricht in Mitleid, wohl gar in Liebe hervor; es ist ein
schöner Gegensatz von kriegerischer Wildheit und zarter Leidenschaft in diesen beiden
Gestalten sichtbar.

Alle diese Amazonenbildungen der Plastik leiten auf die Mythendichtung zurück, welche jenes kriegerische Weibervolk reichlich in die griechische Götter- und Heldensage
verwebt hat. Die eigentliche Heimat der Amazonen in diesen Sagen ist die Gegend am
Flusse Thermodon am nördlichen Gestade Kleinasiens. Als Dionysos mit seiner lustigen,
lärmenden Schar von Satyrn und Kentauren die Länder durchzog, lieferte er ihnen vor den
Toren von Ephesos eine Schlacht. Besiegt flohen sie in den Tempel der Artemis, schlossen
sich dann dem bacchischen Zuge an und umwanden ihre Waffen mit Efeugrün. – Auch
unter den Heldentaten des Bellerophontes wird eine Besiegung der Amazonen erwähnt. –
Herakles hatte unter seinen mühevollen Arbeiten auch den Auftrag zu vollführen, den
Gürtel des Ares, welchen Hippolyta, die Amazonenkönigin, trug, zu holen. Er gelangte
nach Themiskyra am Thermodon; Hippolyta war bereit, ihm den Gürtel friedlich zu übergeben. Da reizte die feindlich gesinnte Here die Amazonen zum Widerstand auf. Sie ergriffen die Waffen und sprengten zu dem Schiffe des Herakles heran, aber dieser tötete die
Hippolyta und eine Anzahl ihrer Gefährtinnen und kehrte mit dem erbeuteten Gürtel
zurück. Ein Genosse dieses Kampfes war Theseus von Athen, der von dort eine Amazone,

Antiope, gefangen mit sich führte. Sie wurde seine Gemahlin und gab ihm einen Sohn, Hippolytos. Als er sie verstieß, rief sie ihre Stammesschwestern zur Rache herbei. Diese kamen, und Athen wurde der Schauplatz einer Amazonenschlacht, in welcher Theseus von Herakles unterstützt siegte und Antiope fiel. – Obgleich sie früher als Feinde der Trojaner erscheinen, zog doch nach dem Tode Hektors ihre Königin Penthesileia dem König Priamos zu Hilfe. Nach tapferem Kampfe wurde die Königin von Achill auf den Tod verwundet. Und als nun Penthesileia sterbend vor dem Helden lag, entbrannte sein Herz in Liebe für das schöne, tapfere Weib. Wenige, zu bald enteilende Augenblicke waren dem urplötzlich hervorgebrochenen Gefühl vergönnt. Aber als der Spötter Thersites ihn um dieses Gefühles willen verhöhnte, da schlug Achill voll tiefen Zornes den Schmähenden zu Boden. Kampfeswut, tödliches Verscheiden, aufleuchtende Liebe, hohnlachender Spott und Zornesglut – wie drängt sich diese mächtige Energie der Zustände und Leidenschaften in den kürzesten Raum zusammen. Ein Bild wie von Blitzen gezeichnet!

Mit einem letzten Verklingen reicht die Amazonen-Sage bis zu Alexander dem Großen herab. Thalestris, die damalige Königin des Weibervolkes, genoß, heißt es, die Liebe des Eroberers, um sich einer Tochter von ihm zu erfreuen. Sie kehrte zurück in ihr Reich; von da ab verschwindet der Stamm und der Name der Amazonen.

6. Phoebos Apollo

a) *Die Geburt des Gottes*

Leto oder Latona, die sanfte Göttin im dunklen Gewande, eine Tochter des Titanen Köos und der Phoebe, hatte sich mit Zeus in Liebe vereinigt. Als nun die Zeit kam, wo sie die Zeuskinder ans Licht bringen sollte, fand sie nirgends Aufnahme auf dem weiten Erdenreiche. Denn Here, die Götterkönigin, zürnte, daß der strahlende Apollo nicht ihr als Sohn gegeben werden sollte; darum hatte sie den Ares zur Wacht über die Länder, und Iris zur Umschau über die Inseln gestellt, welche beide nun jeden Ort bedrohten, dem sich Leto nahte. Vergebens durchirrte die Göttin Berge und Täler und Inseln; überall wurde sie aus Furcht vor Here zurückgewiesen. Da kam sie von Angst gequält zur kleinen Felseninsel, die damals Asteria hieß. Nicht fest gegründet auf der Grundtiefe des Meeres trieb die Insel dahin und dorthin umher auf der Wogenfläche, unbewohnt, nur eine Stätte für Seetiere und Robben. Jetzt rief Leto das herumirrende Eiland an: „Möchtest du der Wohnplatz des Apollo werden, seines reichen Tempels dich erfreuen und geehrt sein von den Sterblichen?" „Gern ließe ich es zu", sprach Asteria, „doch fürchte ich den stolzen Sinn des Apollo, daß er mich, wenn er zum Leben geboren ist, verschmäht und wieder in die Weite des Meeres zurückstößt." Als aber Leto den Eid der Unsterblichen schwor, daß allzeit Apollons Heiligtum hier bleiben solle, da gewährte die Insel der geängstigten Göttin Raum und Zuflucht, und sie hieß nun Delos, die Offenbare. Es kamen die Göttinnen Rhea, Dione, Themis und Amphitrite; neun Tage und neun Nächte hindurch rang Leto in hoffnungslosen Schmerzen; da bewogen die Göttinnen die helfende Eileithyia durch das Versprechen eines köstlichen Geschmeides zu kommen. Als diese die Insel betrat, da umschlang Leto einen Palmbaum und stützte die Knie auf schwellendes Grün; erst wurde Artemis, dann Apollo geboren. Er kam als Gott des strahlenden Lichtes und des Gesanges. Wie der Wald schimmernd blüht auf dem Höhenzuge des Gebirges, so blühte die Insel ringsum in Licht und Glanz. Golden belaubte sich an diesem Tage der Palmbaum, golden flossen die Wellen des Baches; um die Insel aber zogen die Schwäne, die Vögel der Musen, siebenmal im Kreise und sangen ihr tönendes Lied.[113] Die Göttinnen jubelten, und Themis reichte dem herrlichen Göttersohne Nektar und Ambrosia. Da erstand er sogleich in vollendeter Kraft und Schönheit, und zu den staunenden Göttinnen sprach er:

> „Mir sei die Zither lieb und der schöngewundene Bogen,
> Und ich künde den Menschen des Zeus untrüglichen Ratschluß."

Mit dieser Verkündigung seiner Macht und Würden zog Apollo fort und wallte über die Lande hin. Aber wieviel auch ihm Tempel gegründet sind, wieviel dunkle Waldungen und weitschauende Berggipfel ihm lieb und eigen geworden; an Delos hing sein Sinn mit bleibender Gunst. Sie war Apollos heilige Insel, hier war eine Stätte des Lichts und der friedlichen Ordnung; weder der düstere Pluto noch der wildtobende Ares durften jemals den Boden von Delos betreten.

b) Die Machtgebiete des Apollo

Es gibt in der griechischen Mythologie nach der Gestalt des Zeus keine andere von so erhabener und reicher Bedeutung als die des Apollo. Selbst Athene kann ihm an Fülle des Wesens nicht gleichgestellt werden. Wir haben in unserer Einleitung darauf hingewiesen, wie der aus dem Orient herüberwandernde Gedanke an einen großen Götterherrn in Griechenland über die Verehrung des Sonnengottes sich hinausgeschwungen und den Zeus gestaltet hatte als den Herrscher im Donnergewölk; neben Zeus aber fand jener Gedanke noch Raum für die lebensvolle Gestalt des Apollo als des Herrn im Gebiete des Lichtes und des Klanges. Dieses Verhältnis beider hohen Götter, wie wir es als zwei aus gleichem Keim hervorgegangene mythische Organismen auffassen, macht den Mythenkreis des Apollo vorzugsweise bedeutend und umfassend. Ist auch Zeus mit seinem schmetternden Donnerkeile der eigentliche Herrscher geblieben, so ist doch Apollo der größte der Zeussöhne und von einer nahezu selbständigen Bedeutung.

Licht und Klang sind Urgebiete, die vereinigten Reiche des Apollo.

Seine Mutter ist Leto, die Göttin im dunkelblauen Gewande; nicht die Nacht, aber die dunkle Bläue des tiefragenden Himmels mit ihrer ahnungsvollen, sanften Macht. Aus dieser dunklen Tiefe quillt Licht, der reinste, herrlichste Stoff; es erfüllt die Räume, und obgleich es an die Sonne geheftet erscheint, ist es doch nicht schlechthin die Sonne, sondern hat ein Wesen für sich. In diesem Sinne sind Apollo, der Lichtgott, und Helios, der Sonnengott, deutlich nebeneinander vorhanden; aber weil Licht und Sonne so viel zueinander gehören, gilt auch Apollo, namentlich in späterer Zeit, für den Gott der Sonne und hat dann den Helios hinter sich zurücktreten lassen. Immer ist des Gottes Bleiben und Weilen, sowie sein Scheiden und Wiederkommen, mit der Macht oder der Schwäche des Lichtes verbunden. Im Winter entweicht er zu den ungetrübten Gegenden der Hyperboreer, im Frühling kehrt er zu seinen Stätten Delos und Delphi zurück. Diese Beziehung des Gottes zum Licht drückte sich ferner in dem goldenen Glanze aus, mit dem die Natur seine Geburt feierte; sie erscheint weiter in dem Namen Phoebos, der Leuchtende, Hellstrahlende, wie in dem Attribut des Bogens und der Pfeile; und sie ist auch in den Zeiten seiner Feste zu erkennen, welche in die Monate fielen, wo die Kraft des Lichtes aufstieg und am mächtigsten wirkte. In seiner höchsten Bedeutung gilt dann der Lichtgott als der Gott des Lebens, völlig unvereinbar mit seinem Gegensatz, der Finsternis oder dem Tode; wie dies die Mythe andeutet, wenn sie erzählt, daß Apollo den Hektor, seinen Schützling, verlassen habe, als diesem das Todeslos geworfen war. Ebenso verläßt Apollo das Haus des Admet, als Thanatos dort eingetreten war, um die Alkestis hinwegzuraffen.

Auch das Reich des Klanges, welches Apollo beherrscht, ruht auf einer natürlichen Grundbedeutung. Mit seiner leuchtenden Macht verbindet sich eine tönende Kraft, und zwar so, daß beides, Lichtstrahl und Klang, ursprünglich ungetrennt erscheint. Der Mythe ist der schnell bewegte Lichtstrahl nicht schweigend und tonlos; er fährt klingend dahin, wie auch anderwärts die Dichter reden von den rauschenden Strömen des Lichtes oder von dem goldenen Lichte der Sterne und ihren singenden Kreisen. Es liegt ein ehrwürdig kindliches Gefühl in dem uralten Gedanken, daß die hellfunkelnde Lichtbewegung zugleich ein göttliches Klingen und Tönen sei. So wandelt Apollo strahlend und mit schallendem Lautenspiel durch die Reihen der olympischen Götter. Diese Verbindung von Licht und Klang macht ihn zum Gott des Gesanges und der redenden Weissagung. Wie das Licht aus der dunklen Tiefe, so glänzt und klingt das Wort aus dem bewegten Geiste herauf; es wird hell und sichtbar, was verborgen war. Apollo ist der offenbar machende, der enthüllende Gott.

So sind diese hohen Kräfte der Natur schon mit gleichartigen Wirkungen aus dem Geistesleben in Berührung getreten, und so ist die lebensvolle Göttergestalt des Apollo entstanden, welche die Fülle ihres natürlichen Ursprungs in der Anmut und Hoheit durchgeistiger Formen erscheinen läßt. Apollo wird der Gott der Laute, des Bogens und der Weissagung. Dies sind seine Machtgebiete, und jedes derselben ist mit seinen heimatlichen Reichen wahlverwandt. Die Pfeile seines Bogens, die er versendet wie die Strahlen des Lichtes; Gesang und Musik, hervorquellend aus der Erleuchtung und Bewegung des Geistes; Orakelspruch und Weissagung, die das Dunkel der Zukunft offenbarend erhellt – es ist alles nur eine Kraft, lichtes, tönendes Leben in mannigfacher Gestaltung.

c) Apollo als Orakelgott

Schnell wie der Gedanke hatte sich Apollo, als er von Delos hinwegwandelte, zum Olymp emporgeschwungen. Dort in dem Göttersaale tönte der Musen Gesang zum festlichen Reigen der Himmlischen. Apollo trat ein. Von Lichtglanz umflossen, schritt er in feierlich schöner Bewegung umher und entlockte der Laute wenige Klänge. Da ergötzte sich, den Sohn erblickend, das große Gemüt des Zeus und der Leto; die im Gesange ausströmende Begeisterung hatte selbst den olympischen Herrscher bewegt und verklärt. So war die Macht des Apollo erwiesen, in das Gemüt der Götter mit aufhellender Stimmung einzudringen, die Seligkeit der seligen Olympier noch zu erhöhen; nun stieg er wieder zur Erde nieder, um dort Orakel und Weissagung für die Menschen zu suchen und zu gründen. Die Kraft, welche die Klarheit der Götter mit Glanz zu erfüllen vermochte, sollte nun auf der Erde zur Aufhellung des Dunkels wirken, in welchem die Zukunft der Sterblichen befangen ist.

Eine solche Lösung ließ sich im lauten Gewühl des Menschenverkehrs nicht gewinnen. Tiefe Stille und Einsamkeit, wie verborgenes Walddunkel oder ein Bergtal sie gewährt, suchte der Gott. Am Abhang des Parnassos über der Ebene von Krissa hing ein Felsengeklipp von oben, und darunter hin zog sich eine düstere Schlucht. Aber die Stätte war von einem schlangenartigen Drachen bewacht, einem greulichen Ungetüm, welches in mächtigen Windungen um den Berg sich herumschlang oder herabkroch ins Tal, die Nymphen verscheuchte und den Menschen ein Schrecken und Verderben wurde. Hierher kam Apollo, nachdem er viele Stätten suchend durchwandelt hatte; er beschloß hier sein Orakel zu gründen. Sogleich tötete er mit seinem Pferd den verderblichen Drachen[114], und als das Ungetüm ausgeatmet hatte, jauchzte der Gott laut auf; sein Siegesruf, der Paean, ist das Triumphlied dieses Heiligtums geblieben. Dann senkte Apollo den Grund zum Tempel ein; Trophonios und Agamedes, Söhne eines Königs von Orchomenos, führten den Bau empor. Noch fehlten aber dem Heiligtum die Priester, welche die Opfer darbringen und die Sprüche des Gottes verkündigen sollten. Er sinnt und wählt noch, da wird er ein Schiff auf dunkler Meerflut gewahr, geführt von Männern aus Kreta. Rasch naht ihnen Apollo; in der Gestalt eines Delphins springt er in das Schiff zum Entsetzen der Männer. Es folgt nicht mehr der Kraft der Ruder, es schwimmt dahin von unsichtbarer Gewalt geführt, und vorübergleitend an den Gestaden des Peloponnes, und an den von fern grüßenden Berggipfeln von Zakynth und Ithaka landet es im Hafen von Krissa. Der Delphin verschwindet als ein strahlender, Funken sprühender Meteor; bald aber ist der Gott wieder am Schiffe in der Gestalt eines jugendlich kräftigen Mannes, befiehlt den Schiffern, ihm am Ufer einen Altar als Delphinier zu errichten, und führt die in Staunen und Ehrfurcht ihm folgenden Fremdlinge als Priester und Spruchverkündiger in seinen Tempel ein.

Dies war das berühmte Orakel des Apollo in Delphi, eine der vornehmsten Stätten der Vereinigung für das ganze Griechenvolk und weit hinaus über die Grenzen des griechischen Namens hochgeehrt. Schon vor der Besitznahme durch Apollo soll der Ort eine Orakelstätte gewesen sein, zuerst der Gaea, dann der Themis zugehörig. Wie verschieden auch seine Entstehung erzählt wird, so ist doch dies gewiß, daß dieses Orakel erst als apollinisches Heiligtum sein großes Ansehen erlangt hat. Auf einem Plateau am südlichen Abhang des Parnass war ein Schlund, aus welchem Dämpfe emporstiegen. Über dieser

Stelle war der Tempel so erbaut, daß die Öffnung des Schlundes von dem heiligen Raum, den nur die Priester betreten durften (Adyton), umschlossen wurde. In dieses Adyton strömte auch die in der Nähe des Tempels entspringende Quelle Kassotis ein. Über der Mündung der Tiefe stand ein hoher Dreifuß mit dem Sitz für die Pythia. Diese Seherin, in früherer Zeit eine jugendliche, später eine ältere Jungfrau, bereitete sich durch Reinigungen zur Weissagung vor, trank aus der Quelle und bestieg dann ihren Sitz in Begleitung eines Priesters, welcher neben dem Dreifuß stehen blieb. Bald wurde sie durch die aufsteigenden Dämpfe in einen Zustand begeisterter Erregung versetzt. Was sie in diesem Zustand sprach, mochten es Sätze oder nur einzelne Worte sein, wurde für weissagende Eingebung des Gottes gehalten und von dem nebenstehenden Priester in metrische Form gebracht. Diese dichterischen, meistens sehr dunklen Sprüche erhielten die Fragenden als die Antwort des Apollo.

Diese Entstehungsweise der Orakelsprüche führt uns zu dem Urgrunde der apollonischen Weissagungen hin. Sie sollte die Verkündigung des Kommenden sein, hervorgehend aus dem Schauen der Begeisterung. Alle echte und reine Begeisterung erhebt sich über die gemeine Wirklichkeit und ihre Schranken, sie wird ein Vernehmen der höheren Ratschlüsse, ein Blick in den sonst verborgenen Zusammenhang der Dinge. Was eine solche Begeisterung sieht und spricht, ist Enthüllung des sonst nicht Sichtbaren und Vernehmbaren, Offenbarung der geheimen Verbindungen des Geschickes. Das Wesen des Apollo war in dieser Begeisterung gegründet; seiner Natur war es eigen, die untrüglichen Ratschlüsse des Zeus zu verstehen und zu verkündigen. Er tat es in Delphi durch das Wort der Pythia, welches er ihr in den aus dem eigenen Wollen und Denken entrückten Geist senkte. Selbst die Form des Götterspruches trug in ihrer rhythmischen Bewegung noch den Stempel der Kraft, aus der er seinen Ursprung hatte. Auch anderen Orakeln des Apollo war eine wörtliche Verkündigung eigen, die meistens aus einem ekstatischen Zustand des priesterlichen Organs hervorging.

Völlig verschieden von dieser im Worte (oder wie in Dodona im Baumrauschen oder im Klange) sich verkündigenden Weissagung war eine andere Weissagung aus dem Los oder Würfel oder sonstigen Zeichen im Gebiete des Zufälligen. Orakel von dieser Art gehörten nicht in das Reich des Apollo. Einst übergab er ein solches Steinchen-Orakel, mit dem er sich, wie er sagte, nur wie mit einem Knabenspiele beschäftigt habe, seinem listigen Bruder, dem Hermes. Aber er nennt es nicht untrüglich; es führe wohl, sagt er, die Befragenden bisweilen auf Irrwege.

Als Apollo um die Liebe der Kassandra, der Tochter des troischen Königs Priamos warb, lehrte er sie, um sie zu gewinnen, die Weissagung. Da sie ihn aber nicht erhörte, nahm er ihren Verkündigungen die Wirkung. Vergebens schaute und weissagte die Seherin das kommende Verhängnis, denn niemand schenkte ihr Glauben.[115]

Die Fülle der weissagenden Kraft Apollos schildert ein alter Dichter in hoher Weise: „Aller Weltdinge festes Ziel weißt du samt allen Pfaden. Du weißt, wieviel Blätter im Frühlinge die Erde hervorbringt und wieviel Sandkörner in Fluß und Meer die Woge wälzt. Auch was geschehen noch wird und wann es kommt, du erkennst es."

Die Zahl der Stätten, wo Apollo als Orakelgott waltend gedacht wurde, war nicht gering[116], allein keine war so lange dauernd, noch so allgemein geehrt, wie das Heiligtum zu Delphi. Der Einfluß, der von hier aus auf das Leben der einzelnen, wie auf die Geschicke des gesamten Griechenlandes bei großen Entscheidungen, und auch auf die Entwicklung staatlicher Einrichtungen geübt wurde, ist bekannt und läßt den Apollo als eine der bedeutsamsten Göttergestalten erscheinen.

d) Apollo, der Gott des Gesanges

Mit der Gabe des Schauens in die verborgenen Tiefen der Dinge erschien als eins oder doch in sehr naher Berührung jene Stimmung des Gemüts, aus welcher Gesang und Tonfülle emporquillt. Lichtes Verständnis des Daseins, schöpferische Bewegung und unaufhaltsamer Drang nach Klang und Wort sind dieses der Weissagung verwandte Gebiet, welches Apollo als der Gott der Laute durchwaltet. So wie er aber als Orakelgott ein Organ der Verkündigung suchte, so wurde ihm auch das Werkzeug der Töne, die Laute, von anderer Hand dargeboten. Hermes hatte sie erfunden, indem er die gewölbte Schale der Schildkröte mit sieben Saiten überspannte. Es ist, als ob die kluge Verwendung materieller Kräfte dem höheren Schaffen dargereicht werden müsse. „Ich bin der Gefährte der Musen", sprach Apollo zu Hermes; „Chortanz und Gesang und Flötengetön erfreuen mich, doch staunend vernehme ich die neuen Klänge der Kithara. Nie rührte ein anderes so mir das Gemüt." Fortan, als Hermes ihm die Laute abgetreten hatte, war sie sein eigen und gehörte ganz zu seinem Wesen. Er trägt sie im Arm, wenn er als Sangesgott und Musenführer, das Haupt mit dem Lorbeerkranz geschmückt, im langen wallenden Gewande einherschreitet:

> „Es hub Apollo Lautengetön an,
> Schön umwandelnd und hehr, und ein Lichtglanz strahlet ihm ringsum,
> Schnelle Bewegung der Füß' und des schöngewobenen Mantels."

Sein Gesang und Lautenspiel erhebt den fröhlichen Mut und belebt die Wonne des Festgelages; es sänftigt den Kummer und die lastenden Qualen des Gemüts. Auch der Unsterblichen hohe Gewalt wird durch Apollo gemildert; des Blitzstrahls wilder Pfeil in der Hand des Zeus wird gedämpft, sein Adler schläft ein, und selbst des Krieges rauher Gott labt sein Herz an der Lust der Töne. Überall wird die lindernde, sanft bezwingende Macht Apolls gepriesen; nur der Götter Feinde, die wilden Gewalten der Zerstörung, entsetzen sich, wenn sie seine Klänge vernehmen. So ist Apollo der Führer der Musen, der Musaget, der mit dem Chor seiner Genossinnen das Leben durchgeistigt und schöpferisch bewegt. Dann heißen auch die Sänger der Vorzeit, Orpheus und Linos, sowie die Dichter überhaupt, die Söhne des Apoll. Weiter aber gehört alles, was die Dinge zu einem würdigen, wohllautenden Dasein zusammenfügt und gestaltet, in diese Machtsphäre des Gottes; darum möchten wir auch hierher beziehen, daß er als der Gott gepriesen wird, der sich an der Gründung der Städte erfreut und die Grundmauern auch wohl selbst richtet.

Für sein Verhältnis zur Athene, insofern auch sie als Vorsteherin der Künste gilt, weisen wir auf das an dortiger Stelle Gesagte zurück. Sie ist die Göttin jenes künstlerischen Tuns, welches in materiellen Stoffen arbeitet oder im Lernen und Wissen lebt und webt. Apollo ist in tieferem Sinne der Gott der Kunst. Ihm gehört die aus freiem, eingeborenem Vermögen schaffende Macht, die Poiesis; jenes Tun und Dichten, welches

Fig. 33

nur mit geistigen Mitteln dem Worte, dem Klange und der rhythmischen Bewegung wirkt.

Aber nur in feierlicher Erhabenheit, nur in verklärender, reinigender Wirkung ist Apollo der Meister der Laute und des Gesanges. Wie unwürdig ihm die Verwendung der Musik zu wildem Taumel und niederträchtiger Lust erscheint, zeigt sich in der Mythe von seinem

Wettstreit mit Marsyas. Dieser war ein Silen oder Satyr, also zum lärmenden Kreise des Dionysos gehörig. Er hatte die von Athene weggeworfene Doppelflöte gefunden und sich auf ihr geübt. Nun forderte er den Apollo zu einem Wettkampf der Flöte mit dem Lautenspiele heraus. Wer Sieger bleibe, solle mit dem Gegner nach Belieben verfahren dürfen. Der Gott nahm seine Kithara umgekehrt und spielte; dann hieß er den Marsyas mit seinem Instrument dasselbe tun. Als dieser es nicht vermochte, hängte Apollo den Besiegten an eine Fichte und zog dem noch Lebenden die Haut ab. Ein Fluß der Gegend in Phrygien, wo das Ereignis geschah, soll aus dem Blut des Geschundenen entstanden sein und trug seinen Namen. Es läßt sich diese Mythe, ähnlich der von dem Wettstreit der Arachne mit Athene, ohne weitere Deutung aus dem Neid der Götter erklären, der alles verfolgt und vernichtet, was ihnen gleich sein will; man kann aber gar dabei wohl auch einen feindlichen Gegensatz gewahren, in welchen Apollos hohe feierliche Kunst zu der sinnebetäubenden Musik des bacchischen Gefolges gestellt wird. Dann wäre dieser Sieg eine Feier der Übermacht höherer Begeisterung über taumelndes Lustgetön, vielleicht sogar ein Gegensatz des griechischen Apollodienstes gegen den lärmenden Kult der phrygischen Kybele; aber der Zusammenhang für diese Auffassung ist verlorengegangen, wenn er überhaupt vorhanden war.[117]

e) Apollo, der Gott des Bogens

Die Bedeutung des Bogens, den Apollo führte, leitet auf seine Macht als Gott der Lichtstrahlen zurück, die er gleich Pfeilen versendet. Wie unter der Glut des Sonnenstrahles das Leben der Pflanze verwelkt, so trifft Apollos Geschoß bald mit furchtbarer Gewalt,

Fig. 34

bald mit sanfter Berührung, immer aber unerwartet und rasch. Er ist der Meister des Bogens, der Ferntreffer, und auf alles, was ihm feindlich ist und ihn nicht ehren will, richtet er seine Geschosse. Wenn er so zürnt, dann wandelt er düsterer Nacht gleich; es klingen die Pfeile in seinem Köcher, als könne sich Strahl und Klang nicht trennen, und grauenvoll tönt das Geschwirre der Pfeile von silbernen Bogen. So heißt es, als eine Pest im Lager der Griechen vor Troja wütete:

„Schon neun Tage durchflogen das Heer die Geschosse des Gottes."

Nicht immer aber ist Apollos Bogen ein Werkzeug der Vergeltung. Auch mit sanften Pfeilen rafft er da und dort ein blühendes Leben hin, und wenn einem Greise im hohen Alter ein schneller Tod nahte, dann hatte ihn das linde Geschoß vom silbernen Bogen Apollos getroffen.

Den Gott des Bogens verherrlicht eines der berühmtesten Kunstwerke des Altertums, der Apollo von Belvedere, Fig. 34. Wahrscheinlich ist der Moment dargestellt, wo Apollo den Drachen getötet hat. Die Linke hält den Bogen, die Rechte hat eben den Pfeil abgesendet, welchem der Blick des Gottes noch zürnend folgt. Es ist die volle herbe Schönheit der Männlichkeit über dieses Götterbild ausgegossen; diese Bewegtheit, Spannung und Ruhe, die geistige Gewalt dieser Gestalt erfüllen mit einem Nachgefühl des Ideals, zu welchem die Griechen ihren Apollo erhoben hatten.

So war er selbst von den Göttern im Olymp gefürchtet. Sie springen erschrocken von ihren Sitzen auf, wenn er naht und den strahlenden Bogen spannt. Nur Zeus und Leto bleiben, und mit milder Gewalt spannt ihm die Mutter den Bogen zurück, sie nimmt ihm den Köcher von der Schulter und hängt denselben an die Säule am Thron des Vaters. Da kehren die Götter wieder auf ihre Sitze im festlichen Kreise zurück.

Dieselbe Leto aber, die im Göttersaal mit so lieblicher Würde den furchtbaren Bogen dämpft, begehrt sogleich die vernichtenden Pfeile Apollos, wenn sie beleidigt wird. Der

Fig. 35

Riese Tityos, ein Sohn des Zeus und der Elare, welche der Gott aus Furcht vor Here unter die Erde verborgen hatte, war als Pflegling der Erde an das Tageslicht gekommen und zu ungeheurer Größe emporgewachsen. Er sah die Leto nach Delphi hin wandeln; ihre Schönheit reizte sein Verlangen, er wollte sie in seine Umgebung ziehen. Da rief Leto nach dem Beistande ihrer Kinder, und Apollos Pfeil streckte den Frevler nieder, der noch in der Unterwelt seine Begierde büßte. Ausgestreckt auf dem Boden liegt er dort, neun Hufen

Land bedeckend, und zwei Geier hacken ihm unaufhörlich an der Leber. Vergeblich sucht sie der Riese mit den Händen abzuwehren; wiederum, gleich Ixion, ein düsteres Bild ruhelos marternder Leidenschaft.

Furchtbarer noch traf der Zorn der Latoniden die Niobe, des Tantalos Tochter. Sie war an jenen Amphion vermählt, nach dessen Saitenspiel sich die Mauern von Theben zusammengefügt hatten. Sechs aufblühende Söhne und ebensoviel liebliche Töchter umringten sie; da schwoll ihr Herz in mütterlichem Übermut. Stolz auf ihre Abstammung, auf ihre Schönheit und ihre zahlreichen Kinder verschmähte sie es, die Leto zu ehren, und höhnend warf sie der Göttin die geringe Zahl ihrer Kinder vor. Aber sie sollte die so vermessen herausgeforderte Macht der Göttin schrecklich erfahren. Auf Letos Ruf erhob Apollo seinen Bogen. Die Söhne der Niobe jagten auf dem Kithäron; sie fielen alle, getroffen von den Pfeilen des zürnenden Gottes. Die Pfeile der Artemis streckten die Töchter der Unglücklichen in der Nähe des Hauses nieder. Verzweifelnd irrte die Mutter unter den Lei-

Fig. 36

chen der Kinder hin. Als nur die jüngste Tochter noch übrig war[118], umfaßte Niobe in ungeheurer Angst dies letzte Kind: „O laß mir die eine!" ruft sie. „Eine nur von den vielen begehre ich, die Jüngste!" Aber während sie flehte, traf auch diese der unerbittliche Pfeil. In ihrem unermeßlichen Weh erstarrte das Gefühl und der Klagelaut; Niobe wurde zum Stein, der in rastlos rinnenden Tränen das leidvolle Bild der vereinsamten Mutter bewahrte.[119]

Vielfach haben die Dichter und Bildhauer des Altertums diese tragische Mythe behandelt. Wir haben aus den Gruppen der Niobe-Statuen zwei Momente ausgewählt: ein Sohn, von seinem Führer, dem Pädagogen, geleitet, strebt zu entfliehen. Die Pfeile schwirren, der Schrecken fesselt die Füße des Jünglings, bald wird er vor seinem Begleiter niedersinken. – Die Gestalt der Niobe mit dem an sie geschmiegten Kinde, dies wahre, lebende Bild der höchsten Mutterangst, bedarf keines erläuternden Wortes.

Mit der Führung des furchtbaren Bogens, der Verderben und Tod herabsendet, hängt in seltsamer, aber erklärlicher Weise die Auffassung des Apollo als Heilgott zusammen. Es ist der Glaube, daß der Sonnenstrahl wie verderbend so auch heilend und helfend wirke; daß man zu demselben Gott, dessen Strahlengewalt töten könne, auch flehen dürfe um Verschonung und Abwendung des rasch hinraffenden Übels. So wurde er nicht nur als der

Vater des Heilgottes Asklepios, sondern als der Vater der Heilkunde selbst verehrt, von dem, wie ein Dichter sagt, die Ärzte den Aufschub frühzeitigen Todes erlernt haben.

f) Apollo als Hirt bei Admet

Die Beweglichkeit der Mythe, der es eigen ist, neben der festgehaltenen Grundlage einer Göttergestalt in lebensvollen Beziehungen seitwärts abzuschweifen, läßt den Gott des Lichtes und des Klanges auch als Hüter und Pfleger der Herden erscheinen. Apollo diente auf Geheiß des Zeus ein Jahr lang dem troischen König Laomedon als Hirt seiner Rinderherden um bedungenen Lohn, den ihm der König dann treulos vorenthielt. Bekannter ist sein Dienst bei dem thessalischen König Admet, von Zeus ihm als Strafe auferlegt. Denn Apollo hatte im Zorn darüber, daß Zeus seinen Sohn Asklepios mit dem Donner erschlagen, die Kyklopen als die Verfertiger des Donnerkeiles getötet. Dafür wollte ihn Zeus in den Tartaros werfen, doch auf die Fürbitte der Leto verurteilte er ihn, ein Jahr lang (d. h. ein Götterjahr) bei einem Menschen zu dienen. Apollo begab sich nach Pherä zu Admet und diente demselben als Hirt. Wunderbar gediehen die Herden unter der Pflege des Gottes; sein Lied belebte die Flur, die zierliche Hirschkuh tanzte nach den fröhlichen Tönen, und selbst des Waldes wilde Tiere kamen und lauschten. Es ist auch hier noch die Macht des Klanges, welche die Mythe festhält; zugleich aber das heitere frische Naturleben auf den Weideplätzen des Hirten. Auch Liebesverhältnisse des Gottes zu Nymphen und schönen Erdentöchtern flechten sich, jedoch nicht immer glücklich erwidert, in diese Zeit, wo er als Hüter der Herden die Fluren Thessaliens durchwanderte, und hierher gehört auch der schalkige Rinderdiebstahl des Hermes. Mit Admet verknüpfte den Apollo eine dankbare Freundschaft, und der König durfte sich der Nähe seines göttlichen Dienstmannes wohl erfreuen. Admet warb damals um die Liebe der Alkestis, der Tochter des Pelias. Dieser wollte nur den zum Tochtermann annehmen, welcher einen Wagen mit Löwen und wilden Ebern bespannen würde. Apollo half seinem Dienstherren, das Verlangte auszuführen; Admet kam mit dem begehrten Gespann und führte die Alkestis heim. Bei der Hochzeitsfeier aber vergaß er, die Artemis zu ehren, und fand das Brautgemach mit Schlangengewinden angefüllt. Wiederum war es Apollo, der die zürnende Göttin versöhnte, und in seiner Dankbarkeit erlangte er sogar von den Parzen die Zusage, daß Admet vom Sterben befreit sein solle, wenn ein anderer für ihn freiwillig den Tod erleiden wolle. Als nun eine Krankheit Admet ergriff und es zum Sterben kam, war niemand, der für ihn eintrat; selbst Vater und Mutter fanden sich nicht dazu bereit, den Rest ihrer Tage für den Sohn hinzugeben. Da entschloß sich Alkestis, für den Gatten zu sterben. Er genas, sie verschied. Aber Herakles, der auf einer seiner Wanderungen eben in der Stunde der Bestattung in den Königspalast eintrat und von dem Geschehenen hörte, holte die treue Gattin aus der Unterwelt wieder herauf und führte sie in die Arme Admets zurück.

g) Die Hyperboreer. Hyakinthos

Die Erzählung von der Freundschaft Apollos für Admet leitet zu anderen Lieblingen des Gottes hin. Unter diese Bezeichnung gehört zunächst das mythische Volk der Hyperboreer, weit über den Nordwind hinaus wohnend in einem Lande leichter, lebensvoller Glückseligkeit. Wie das Märchen überall so gern von Gegenden fabelt, wo die Heimat aller Lust und alles Reichtumes sei und wie dann solche Gegenden von allerhand Gefahren und Schreckissen umgeben werden, so wohnen vor den Hyperboreern erst die einäugigen Arimaspen und dann die goldhütenden Greife. Die Hyperboreer selbst aber sind ein für sich heiliges, dem Walten der Nemesis entzogenes Volk. Bei ihnen ist kein Streit und keine Mühsal, sie kennen weder Krankheit noch das Alter, überall tönen Harfen und Flöten zum wirbelnden Tanze der Jungfrauen, und die andern, mit goldnen Lorbeerkränzen geziert, sitzen behaglich beim Schmause. Was von Glanz und Herrlichkeit irgend zu denken ist, das hat hier seine Stätte; gleichsam eine fortdauernde Heimat des goldenen Zeitalters. Sie sind fromme Verehrer des Apollo, der gern bei ihnen weilt und erst mit dem Herannahen der sonnigen Jahreszeit nach Delos zurückkehrt. Auch dorthin folgt ihm die Verehrung der

Hyperboreer, denn sie tragen Weizenbündel als Opfergaben für den Gott an ihre Grenzen und übergeben sie den Nachbarn mit dem Auftrage, dieselben weiter zu senden. So von Volk zu Volk getragen, kommen diese heiligen Gaben nach Delos. Anfänglich hatten die Hyperboreer ihre Opferbündel durch zwei Jungfrauen nach Delos gesendet; als diese aber nicht wiederkamen (sie starben dort, und ihr Andenken wurde durch fromme Gebräuche geehrt), wählten die Hyperboreer jene Weise der Versendung.

Ist eine Kunde von den langen Tagen des Nordens in diese Sage gedrungen? So wie Ares, der heftige, stürmende, von vornherein ein Gegner des Apollo war und niemals die Insel Delos betreten durfte, so schafft diese Mythe dem Apollo ein Land voll Licht und Frieden, wohin er sich zurückzieht, wenn der rauhe Boreas die lichtschwachen Tage des Winters durchstürmt.

Auch die Mythe von Hyakinthos[120] bewahrt einen Zug von der zwischen Apollo und den Windgöttern bestehenden Feindschaft. Apollo liebte den schönen lakonischen Jüngling, und um seine Zuneigung zu gewinnen, unterwies er ihn in allen seinen Künsten: in Gesang und Weissagung, Bogenkunde und Ringkunst. Einst übten die beiden das Diskoswerfen; da lauerte Zephyros (der Westwind), neidisch auf Apollo und lenkte tückisch die von dem Gott geworfene Scheibe dem Hyakinthos ins Antlitz, so daß er getötet niederstürzte. Wehklagend verwandelte Apollo den Körper des Geliebten, um seiner Liebe ein Zeichen zu erhalten, in eine Blume, auf deren Blätter er den Klagelaut Ai Ai (wehe, wehe!) schrieb.[121] Die Erinnerung an Hyakinthos wurde in seiner Heimatstadt Amyklä, in der Nähe von Sparta, alljährlich zur Zeit der längsten Tage durch ein dreitägiges Fest, die Hyakinthien, gefeiert. Auf den düsteren Ernst und die Klage des ersten Tages folgen heitere Festzüge und fröhliche Schmausereien; ein Kultus des hinwelkenden und wiedererstehenden Naturlebens, der dem Adonisfeste ähnlich den Schmerz der Vergänglichkeit mit dem Jubel der Hoffnung und heitrem Genuß der Gegenwart in sich verband.

h) Liebesverhältnisse des Apollo

Als weibliche Mythengestalten im Gebiete von Licht und Klang stehen dem Apollo die Musen, zunächst aber seine jungfräuliche Schwester Artemis zur Seite; für eine Gemahlin ist der Mythe kein Raum geblieben. Selbst die Liebesverhältnisse des Gottes sind ohne jenes behagliche Verweilen der Sage; es bleibt ihnen etwas Knappes und Strenges eigen, und sie scheinen weniger um ihrer selbst willen als für die daraus sich erzeugenden Verbindungen vorhanden zu sein. Doch wird mancherlei erzählt von der Liebe Apollos zu fröhlichen Nymphen und schönen Töchtern aus göttererzeugten Geschlechtern, und es sind dabei charakteristische Züge aus der Verbindung des lichtbringenden Gottes mit der Pflanzenwelt bemerkbar. Wir berühren nur vorübergehend die Namen: Aethusa, Aria, Phtia, auch die Muse Thalia, mit der Apollo die Korybanten erzeugt haben soll, und verweilen bei einigen näher in die Mythologie eingreifenden Verhältnissen.

Einige dieser Sagen sind offenbar mehr einer lokalen und sozusagen genealogischen Überlieferung zugehörig als einer allgemeinen nationalen Bedeutung. So rühmte sich das Prophetengeschlecht der Jamiden der Abstammung von Apollo. *Evadne*, eine Tochter des Poseidon und der Flußnymphe Pitana, wurde von dem Arkaderfürsten Aipytos auferzogen. In ungebundener Jugendlust durchstreifte sie die Fluren am Alpheus; dort nahte ihr Apollo und verband sich mit ihr. Dem Aipytos blieb die Liebe des Mädchens nicht verborgen, aber er kannte den Urheber nicht, und voll Sorge für die ihm anvertraute Tochter eilte er nach Delphi, um dort Auskunft zu holen. Währenddessen wurde Evadne an einsamer Waldquelle Mutter eines Knaben. Zwar verließ sie ihn, von Angst hinweggescheucht, aber zwei Feuerdrachen kamen und nährten das Kind mit Honig. Aipytos kehrte zurück und fragte sogleich nach dem Kinde, welches, wie ihm verkündigt worden, geboren sei; Apollo sei dessen Vater. Aber niemand wußte von dem Kinde. Man suchte und fand es im Schilfgebüsch liegend von goldgelben und purpurnen Veilchen umblüht. Darum gab ihm die Mutter den Namen Jamos.[122] Als dieser Knabe zum Jüngling erwachsen war, trat er höheren Dranges voll zur Nachtzeit tief in das Strombett des Alpheus und flehte laut rufend den

Ahnherrn Poseidon und seinen Vater Apollo um ein Ehrenamt an. Da tönte ihm die Stimme des Vaters entgegen; sie wies ihn nach Olympia, wo er eine Wahrsagung gründen und verwalten solle. Hier am Altare des Zeus weissagte Jamos aus den dargebrachten Brandopfern, und seinem fortblühenden Geschlechte ist dieses Amt an der ruhmvollen Stätte eigen geblieben.

Eine ähnliche Bedeutung hat die Sage von der Erzeugung des kyrenäischen Kulturgottes Aristäos. In den waldigen Schluchten des Pelion hatte Apollo die *Kyrene*, die Tochter des Lapithenkönigs Hypseus, geschaut, wie sie als furchtlose Jägerin den Wurfspieß schwang und selbst den Kampf mit dem Löwen nicht scheute. Von Liebe ergriffen befragte Apollo den Kentauren Chiron, ob er die Jungfrau mit stürmischer Gewalt bezwingen oder in sanfter Überredung mit ihr sich vereinigen solle. Da lachte der Kentaur laut auf, daß der Gott, der selbst alles wisse, ihn befrage; aber er riet ihm, in sanfter Liebe das Mädchen zu gewinnen. Apollo tat es und führte die Geliebte auf goldenem Wagen über das Meer hin nach Libyen zu der Stadt, die von ihr den Namen empfing. Hier feierte er seine Vermählung mit Kyrene, die ihm den Aristäos gebar, der von den Horen und der Gaea auferzogen wurde und als Begründer der Viehzucht, der Bienenkunde und des Gebrauches der Silphiumpflanze (Laserkraut) göttliche Verehrung erwarb. Auch in Hellas ehrte man ihn als Zeus-Aristäos und herdenschützenden Apollo, und hier wie dort galt er für den Wohltäter, welcher durch kühlende Winde (die Etesien) die Glut der Siriustage linderte.

Schon in diesen beiden Sagen ist die Liebeswerbung Apollos das Nebensächliche; in den bekannteren Mythen dieser Art, wie die von Daphne und Koronis, erfährt die Liebe des Gottes geradezu Abweisung und Verschmähung. Es ist ein schöner Zug der Dichtung aus dem Kerne der Apollogestalt heraus, daß ihm als dem in Licht und Wahrheit waltenden Gotte das Treiben der Leidenschaft versagt bleibt; und wenn die Mythe in freiem Spiele von diesem innersten Kerne abweicht und den Apollo auch von Liebesleidenschaft ergriffen werden läßt, so ist sie sich darin treu geblieben, daß die Neigungen des Gottes jene sinnliche Fülle entbehren, welche solchen Sagen sonst eigen ist. Reine Verehrung, aber nicht verwirrende Leidenschaft ist dem hohen Wesen Apollos zugehörig.

Von der Schönheit der *Daphne*, der Tochter des Stromgottes Peneus, ergriffen, bewarb sich Apollo als thessalischer Hirt um die Liebe der Nymphe. Aber sie blieb unempfindlich, auch selbst dann, als er ihr bekannte, wer er sei. Bedrängt von seiner Werbung wollte sie ihm entfliehen. Er eilte ihr nach, und als sie ihm nicht länger entrinnen konnte, flehte sie zu ihrem Vater, dem Stromgott, daß er ihr die verlockende Schönheit der Gestalt entziehe. Da wurzelte ihr Fuß im Boden, den schönen Körper umgab verhüllende Rinde, und mit glänzenden Blättern umlaubte sich das Haupt. Daphne war in den Lorbeerbaum verwandelt, der dem Apollo heilig blieb und mit dessen Zweigen er sein Haar und seine Leier bekränzte. Der Glanz des Ruhmes für das Glück der Liebe; so ist der Lorbeer bedeutungsvoll das Ehrenziel der Dichter und der Sieger geblieben.

Auch um die rasche *Marpessa* warb Apollo vergeblich. Sie wurde von dem tapferen Idas auf einem geflügelten Wagen entführt, den ihm Poseidon geschenkt hatte. Evenos, der Vater der Jungfrau, setzte den Flüchtigen nach, konnte sie aber nicht einholen; da tötete er die Pferde seines Wagens und stürzte sich in den Fluß Lykormas, der von nun an Evenos hieß. Idas gelangte mit dem geraubten Mädchen in seine Heimat Messene. Hier trat ihm Apollo entgegen, aber der kühne Held scheute den Kampf nicht und spannte den Bogen auf den Gott. Da trennte Zeus die Kämpfenden und hieß die Marpessa selbst wählen, wem von den beiden sie angehören wolle. Einen Augenblick schwankte ihre Wahl, doch bedenkend, daß der Gott sie verlassen werde, sobald sie altere, wählte sie den sterblichen Helden, dem gleich ihr die Tage des Alters bevorstanden.[123]

Eine noch ärgere Verschmähung erlitt Apollo von der *Koronis*, eine Tochter des Phlegias in Thessalien. Schon war sie mit dem Gotte durch Liebesgemeinschaft verbunden, aber ihr untreuer Sinn wurde von einer anderen Liebe zu Ischys, einem arkadischen Gastfreunde, erfüllt, und sie zog es vor, dessen Gattin zu werden. Das sträfliche Hochzeitsfest wurde gefeiert; die Nachricht davon erhielt Apollo durch den Raben. Er verwandelte sogleich das bis dahin weiße Gefieder des unwillkommenen Verkünders und sendete seine Schwester Artemis, deren verderbliche Pfeile die Koronis und viele andre bei dem Hochzeitsfest anwesende Frauen töteten. Als nun Freunde die vom Zorne des Gottes Getroffenen auf dem Scheiterhaufen bestatteten und die Flammen schon auflodern, rettete Apollo sein Kind aus dem Leichname der Mutter. Es war Äskulap, der berühmteste unter den Söhnen des delphischen Gottes.

i) Bildliche Darstellung. Attribute. Feste

Die frühesten Darstellungen des Apollo waren, gleich andern Verbildlichungen, einfache Symbole, welche an die Nähe der Gottheit erinnern sollten, etwa eine kegelförmig zugespitzte Säule. Berühmt war ein altes Bild des Apollo zu Amyklä; auf einem Thronsessel stehend eine pfeilerartige Säule, welcher man ein helmbedecktes Haupt, Füße und Hände nebst Bogen und Lanze gegeben hatte. In den späteren Zeiten ihrer Vollendung bildete die plastische Kunst der Griechen die ihrer Mythe ureigene Gestalt des Apollo zum Ideal hoher, jugendlicher Mannesschönheit aus. So wie aber die Mythendichtung das Wesen des Apollo fern hält von dem weichen Glück der Liebe, so ist der Typus der Apollogestalt auch ferngehalten von jener Schönheit, welche, wie die des Dionysos, in sinnlichem Genießen schwelgt; die Bilder des Apollo vollendeten sich zu der Erhabenheit der Jünglingsgestalt, in welcher geistige Kraft und Hoheit unter anmutigen Formen zur Bewunderung reizt und zugleich mit Ehrfucht erfüllt. Mochte Apollo als Sängerfürst und Musenführer (Fig. 33), oder als ferntreffender Gott des Bogens (Fig. 34) dargestellt sein; immer war es die Majestät des Genius, angetan mit dem frischen Reize der Jugendkraft, welche in ihm zur Erscheinung kam. Diese Gestalten sind ein verkörperter Ausdruck für die Kunst, als deren Meister und Vorsteher Apollo gilt, die Kunst der Poesie: geistige höchste Gewalt in schönster Form.

So singen die Dichter von ihm, daß er einherschreitet:

„Rings in Purpurgewölk die breiten Schultern verhüllet"

und

„Lauteres Gold sind Phöbos Umhüllungen, golden die Spangen
Und die Guitarr' und der Bogen, der Lyktische, gleichwie der Köcher,
Golden die Sohlen ihm auch, denn goldreich ist ja Apollo.
Schön auch ist er allstets, stets jugendlich; nimmer entkeimte
Nur soviel Flaumhaar auf den rosigen Wangen des Phöbos."

Als das Ideal geistiger Anmut waren die Bildsäulen des Apollo häufig neben Hermes und Herakles auf den Plätzen zu finden, wo die griechische Jugend in gymnastischen Künsten sich übte. Es sind außer den beiden berühmten Bildwerken, die wir in Figur 33, 34 wiedergegeben haben, noch zahlreiche Darstellungen dieses Gottes vorhanden. Bald ruht er tief in sich selbst verloren, bald schreitet er die Zither schlagend begeistert dahin; oder er lehnt sich ruhend an einen Baumstamm, an welchen er seine Geschosse aufgehängt hat; oder er bildet mit seinem Lieblinge Hyakinthos neben sich eine anmutige Gruppe. Überall ist er der ernste Götterjüngling in durchgeistigter Schönheit. Dieses Wesen der Gestalt Apollos mit Verständnis in sich aufgenommen zu haben, galt dem Griechen für eine Veredelung des innersten Gemütes:

„Nicht jedwedem erscheint Apollo, sondern dem Guten.
Wer ihn erblickt, ist groß, wer nicht, der ist ein Geringer."

Die Attribute des Apollo gehören zum Teil der höheren Auffassung seines Wesens zu, wie Dichtung und Bildnerei es ausgestattet hatte; andere sind nur Zeichen des tiefer stehenden Volksglaubens, und es wird auch in dem Kreise dieser Attribute fühlbar, wie stark in dem alten Religionswesen ein niedriger Aberglaube sich in sinnvolle Erhebung religiöser Ideen hineinmischte. Wir haben einige solcher Attribute in den vorangehenden Abschnitten bereits aufgeführt; dahin gehören: der pythische Dreifuß, die Zither (Phorminx), Pfeil und Bogen, sowie der Lorbeer, der Delphin, der Schwan und der Rabe. Von der Stätte der Geburt her stand die Palme, der man später auch den Ölbaum hinzufügte, in besonderer Beziehung zu Apollo. Unter den Tieren waren ihm noch eigen: der goldhütende Greif, die sangliebende Zikade, die kluge Schlange als Symbol des Heilgottes und der wie der Lichtstrahl schnelle Habicht. Es mag in den meisten dieser Zeichen eine Andeutung auf weissagendes Wesen oder auf Vorliebe für das Sonnenlicht enthalten gewesen sein. Daß aber auch Heuschrecken, die Eidechse, die Maus und der Wolf in Beziehung zu Apollo standen, gehört wohl jenem vulgären Religionsglauben zu; ein rechter Zusammenhang mit dem sonstigen hohen Wesen Apollos ist nicht deutlich offenbar. Vielleicht war der Wolf als ein rauhes, ungestümes Tier ein Sinnbild der feindlichen Gewalten, welche der Gott überwand, sei es als Herdengott oder als der lichte Strahlenbringer, der mit jedem Frühling das Ungestüm des Winters besiegte. Der Beiname, lykischer Apollo, wurde von dem Namen des Wolfes (griechisch lykos) hergeleitet.[124] Den Beinamen Smintheus (Mäusegott) führte Apollo deshalb, weil er die Fluren gegen die Plage der Feldmäuse schützte.

Feste wurden dem Apollo vielfach und unter reger Beteiligung gefeiert. Die Hyakinthien in Amyklä sind oben erwähnt worden. In Sparta feierte man ihm die Karneien, ursprünglich ein Hirtenfest, später umgewandelt in das Fest eines kriegerischen Heerlagers. Zur Zeit des Frühlings, wenn mit der zunehmenden Macht des Sonnenlichtes der Gott von den Hyperboreern zurückkehrte, veranstaltete man ihm auf seiner Insel Delos ein heitres Fest. Hier lag sein Heiligtum am Fuße des Berges Kynthos, daher der Beiname Kynthios. Das berühmteste aller apollinischen Feste waren die in Delphi, oder vielmehr in der nahen Ebene bei Krissa in jedem dritten Olympiadenjahre gefeierten pythischen Spiele. Auch hier, wie in Olympia, ergötzten sich die zahlreichen Zuschauer an den Ringkämpfen und Wettrennen; doch in den Vordergrund der Leistungen und der Teilnahme traten hier die Wettkämpfe in Musik und Dichtung, welche den Sieg des Gottes über den Drachen Python verherrlichten. Die Sieger erhielten einen Palmenzweig und wurden mit dem Lorbeerkranze gekrönt, zu welchem die Zweige in feierlicher Prozession von dem heiligen Lorbeerbaume im Tempeltale geholt worden waren.

––––––––––

In den Mythenkreis des Apollo fügen wir noch die ihm zugehörigen Heilgötter Asklepios, Hygieia und Telesphoros ein.

j) Asklepios oder Aesculap

Lebensgefahr und wunderbare Errettung waren dem Sohne des Apollo und der Koronis schon bei seiner Geburt nahe gewesen, als ob dergleichen Ereignisse dem Gott der Heilkunde vorbedeutend gebührten. Neben dieser thessalischen Sage erhob die Gegend von Epidauros den Anspruch, die Geburtsstätte des Asklepios zu sein. Es wurde hier erzählt, daß Koronis mit ihrem Vater, welchem die Liebesgemeinschaft der Tochter mit Apollo verborgen gewesen, in den Peloponnes gekommen sei und hier in der Nähe von Epidauros ihr Kind geboren habe. Sie habe es an einem Berge ausgesetzt; eine Ziege nährte den Verlassenen, und der Wachthund einer dort weidenden Herde blieb schützend in der Nähe. Als der Hirt die Entfernung des Hundes bemerkte und ihn suchte, fand er das Kind, um dessen Haupt ein feuriger Glanz schimmerte, und von der Ahnung eines göttlichen Geheimnisses ergriffen verbreitete er die seltsame Kunde in der Gegend.

Die Erziehung seines Sohnes übertrug Apollo dem Kentauren Chiron. Dieser unterwies seinen Pflegling in der Heilkunde, welche derselbe bald so meisterhaft und eifrig ausübte, daß er jegliche Krankheit oder Verwundung zu heilen wußte. Er kannte die Kräfte der Kräuter und bereitete aus ihnen lindernde Tränke, oder er heilte durch Zaubersprüche sowie durch das aus den Adern der Gorgo geflossene Blut, welches er von Athene erhalten hatte. Und nicht nur vom Tode errettete er die Menschen, sondern er erweckte auch Verstorbene zum Leben. Aber diese Störung der für das Menschenleben gesetzten Grenze blieb nicht ungestraft; Zeus tötete den Asklepios mit dem Blitzstrahle, damit er nicht weiter fürchten müsse, daß die Menschen Rettung vom Tode fänden. Warnend sagt ein Dichter zu diesem Ereignisse:

„Trachte nicht nach ewigem Lose
Und erschöpfe in leeren Mühen nicht deine Kraft".

Nun aber lehnte sich Apollo, zürnend über den Verlust des Sohnes, gegen die Macht des Olympiers auf. Er tötete die Kyklopen, weil sie dem Zeus den Donnerkeil geschmiedet hatten. Wie er dafür von Zeus bestraft wurde und als Hirt bei Admet dienen mußte, ist uns bereits bekannt.

Fig. 37   Fig. 38

Die Kunst des Vaters wurde von den Söhnen des Asklepios, Podalirios und Machaon, fortgesetzt. Wir finden sie unter den Freiern der Helena; später waren sie Ärzte des griechischen Heeres in dem Kampfe vor Troja.

Asklepios wurde als bärtiger, würdevoller Mann, angetan mit einem faltenreichen Mantel dargestellt. Väterliche, wohlwollende Weisheit und Milde spricht aus der Haltung und den Gesichtszügen. Immer trägt er den Knotenstock oder Keulenstab, um welchen sich eine Schlange windet. Bisweilen findet sich neben ihm der kesselartige Deckel des Dreifußes, der sogenannte Omphalos oder die Kortina, um die durch Orakelsprüche bewirkte Heilung anzudeuten. Ist er mit dem Lorbeer bekränzt, so bezeichnet ihn dies als den Sohn des Apollo. Die Ziege und der Hund sind ihm aus der Mythe von seiner Geburt her zugehörig.

Unter den Kultusstätten des Asklepios war sein Tempel in Epidauros an der Ostküste des Peloponnes am meisten berühmt. Das Bild des Gottes war thronend, in der einen Hand hielt er den Stab, in der andern die Schlange; ihm zur Seite war ein Hund. Zahlreiche Leidende kamen hierher und erwarteten in dem heiligen Tempelbezirk ihre Heilung, teils durch Offenbarung des Heilmittels im Traume, teils durch Anwendung von Tränken, Bädern u. drgl. Die Dankbarkeit der Genesenen machte diesen Ort zu einem der reichsten Tempel in Griechenland[125]; auch war es ein frommer Brauch, die Art der Heilung auf einem Täfelchen oder in einer Inschrift zu verzeichnen. Daher wurden die Tempel des Äskulap zu einer Fundgrube für das Studium der Ärzte.

Von Epidauros wurde der Dienst des Äskulap nach Rom übergeführt. Als einst eine Pest diese Stadt heimsuchte (es war zehn Jahre vor dem Kriege mit Tarent), fragte man bei dem Orakel in Delphi um Rat und Hilfe. Der Orakelspruch wies die Gesandten nach Epidauros. Sie begaben sich dorthin, und wie sie flehend vor dem Bilde des Gottes standen, kroch eine Schlange hervor und erschütterte den Altar und das Bild. „Sehet, der Gott!" rief der Priester, und alle feierten mit andächtiger Verehrung die Erscheinung. Die Schlange aber schlüpfte die Stufen hinab und nahm ihren Weg durch die Straßen der Stadt zum römischen Schiffe. Froh erstaunt schlachteten die Männer ein Rind zum Opfer und lösten die Segel zur Heimfahrt. In Italien angekommen sprang die Schlange bei der Einfahrt in die Tiber vom Schiff auf eine Insel, wo sie liegen blieb. Die Pest hörte auf, und dem Äskulap wurde auf jener Insel ein Tempel erbaut.

k) *Hygieia. Telesphoros*

Neben Äskulap wurde Hygieia oder Hygea als Heilgöttin verehrt; bald heißt sie seine Tochter, bald seine Gemahlin. Ihre Bildung und Attribute entsprechen dem Wesen des Gottes, mit dem sie verbunden war. Eine schöne, milde Jungfrauengestalt in langem verhüllenden Gewande, welche die Schlange aus einer Schale tränkt, so war sie gebildet, Fig. 38. In anderen Darstellungen windet sich die Schlange um ihren Leib, und die Göttin hält einen Lorbeerzweig in der Hand.

In der Begleitung dieser Gottheiten findet sich bisweilen die Gestalt eines fröhlich aussehenden Knaben in einem weiten Kapuzenmantel, den er so trägt, daß die Beine entblößt erscheinen. Es ist Telesphoros, der Gott der Genesung, „der leibhaftige Ausdruck eines in der Wiederherstellung befindlichen Kranken".

Fig. 39

7. Artemis

a) *Artemis, die Tochter des Zeus*

An dem Palmbaume auf Delos, wo Latona aus der Liebe des Zeus den Apollo gebar, brachte sie auch dessen Zwillingsschwester ans Licht. Jedoch wird als Geburtsstätte dieser Göttin auch Ortygia (Wachtelfeld) genannt.[126] Diesen Namen tragen mehrere in den Kultus der Artemis verwebte Stätten, vornehmlich ein Hain bei Ephesos und eine Insel bei Syrakus oft aber wird der Name Ortygia in Verbindung mit Delos erhalten. In den Lobpreisungen, mit denen Mythe und Dichtung die Geburt des Apollo verherrlichen, tritt Artemis fast unbeachtet zurück; erst später stellt sich ihr Name in vollen Ehren neben den des Bruders. Dann sind sie beide die glänzenden Kinder der Latona, beide vom holdesten Wuchs und leuchtender Schönheit; der Stolz der Mutter, die um ihrer Kinder willen von Göttern und Menschen gepriesen wird.

Und auch das Gemüt des Erzeugers, des Göttervaters auf dem hohen Olymp, erfüllte sich mit Freude über die liebliche Tochter, als das Kind, ihm auf die Knie gesetzt, seine Wünsche und Bitten offenbarte. Die Dichtung spielt mit dem Bilde eines zärtlichen Familienhauptes; das Kind müht sich, mit den kleinen Händen das Kinn des Vaters zu erreichen, und Zeus nickt lächelnd und liebkosend auf das Töchterchen herab. „Gib mir", bat Artemis, „die Bewahrung ewiger Jungfrauenschaft; gib mir Bogen und Pfeil und das kurzgeschürzte Jagdkleid; gib mir die hallenden Waldgebirge, von den Städten aber nur eine; schenke mir auch zwanzig Nymphen als Dienerinnen, und sechzig chortanzende Okeaniden mögen meine fröhlichen Genossinnen sein." – Also flehte das Mägdlein mit schmeichelndem Bemühen, und Zeus gab ihr Gewährung. „Nimm", sprach er, „was du aus eigenem Willen erbatest, und Größeres noch schenke ich dir. Dreißig Städte sollen dich als Schirmherrin ehren; in allen Städten und auf allen Inseln sollen Opferaltäre für dich errichtet sein. Auch über die Straßen und Häfen setze ich dich zur Hüterin." Und mit dem Haupte nickend bekräftigt der olympische Vater seiner Tochter die Verleihung der Gaben und Würden.

Die Göttin eilte, sich das Gewährte zu eigen zu machen. Zuerst holte sie sich aus den Waldgebirgen Kretas die dienenden Nymphen, dann ging sie zum Strome des Okeanos und erwählte sich aus der Töchterschar der alten Meermutter Tethys die reiche Zahl der Gespielinnen. Umgeben nun von Okeaniden und Nymphen begab sich Artemis zur Werkstatt der Kyklopen auf der Insel Lipara. Hier standen die greulichen Riesen um die Ambosse und schmiedeten ein Trinkbecken für die Rosse des Poseidon. Der Anblick der einäugigen Ungetüme und die hochgeschwungenen Hämmer, die in wechselnden Schlägen auf die Ambosse niederfielen, und das mächtige Blasen der Bälge über das glühende Erz, es machte die Meerjungfrauen erbeben, und wie Wasser und Feuer sich fliehen, so drängte sich der Kreis der Okeaniden vor den Kyklopen zurück. Aber Artemis trat getrost zu den Feuergöttern hin und bat, ihr die Jagdwaffen – Bogen, Köcher und Pfeile – zu fertigen. Und jene ließen von ihrer Arbeit und schmiedeten rasch die Waffen der Artemis. Da war die Göttin bewehrt, und sich freuend des Bogens und der Pfeile eilte sie nun nach Arkadien hin zum Feldhofe Pans; der schenkte ihr die Hunde zum Jagen – sechs gewaltige, wie sie zum Fange des Löwen gehören, und sieben windschnelle, die den Hirsch und das Reh erspüren und erjagen. Köstliche Jagdbeute war bald gefunden. An den Bergen Arkadiens weideten Hirschkühe mit goldnen Geweihen, fünf an Zahl. Vier davon fing Artemis im schnellen Laufe ohne die Hunde; die fünfte entrann.[127] Mit den vier eingefangenen Hirschen bespannte Artemis ihren goldenen Wagen und fuhr zu den thrakischen Bergen auf die Höhen, von denen Boreas eisig herabweht. Dort spaltete die Göttin vom kienigen Baumstamme einen Ast ab zur Fackel, die sie am flammenden Blitze des Zeus entzündete, und ließ nun in der Überfülle der Kraft und Jägerlust ihre Pfeile fliegen zuerst auf Ulmen und Eichen, dann auf das Wild. Aber auch auf frevelnde Städte, in denen die heilige Ordnung und das Gastrecht der Fremdlinge nichts galt, richtete Artemis zürnend ihre verderblichen Geschosse; da verwüstet der Hagel die Felder, Seuchen verzehren die Herden, und kräftige Männer und Frauen sinken hin getroffen vom Pfeile des Todes. Dort jedoch, wo Eintracht und Ordnung walten, gedeiht durch die Huld der Göttin das Saatgefild und die Herde, und die Menschen erfreuen sich eines langdauernden Lebens.

b) Die jungfräuliche Jagdgöttin und Chorführerin

Aus dieser Dichtung treten schon die Hauptzüge für das Wesen der Göttin deutlich hervor. Artemis ist die pfeilfreudige Jägerin, die mit Vorliebe für Arkadien einhergeht.

> „Über Taygetos Hö'n und das Waldgebirg Erymanthos,
> Und sich ergötzt, Waldeber und flüchtige Hirsche zu jagen."

Wenn sie auf den umwaldeten Höhen ihre Pfeile vom goldenen Bogen hinschnellt, dann erbeben die Häupter des Gebirges, der Bergwald erdröhnt, und rings schauert die Erde auf. So streift sie umher und vertilgt die Geschlechter des Wildes.[128]

Hat sie der Jagdlust Genüge getan, dann erfreut sich Artemis im Kreise ihrer Nymphen des munteren Tanzes im schattigen Waldgrunde, und über alle lieblich hinschwebenden Gestalten ragt die Göttin an Größe und Schönheit vor. Oder sie zieht nach vollendeter Jagd nach Delphi hin zum Heiligtume des Bruders; dort hängt sie Bogen und Köcher hoch an die Säule, ordnet den Chortanz der Musen und Chariten und führt den herrlichen Reigen.

Wenn aber Artemis nach der Jagd den goldenen Wagen zum Hause des Zeus lenkt, dann kommen ihr Hermes und Herakles entgegen, nehmen ihr das Jagdzeug ab und das heimgebrachte Wild; der Heros in unersättlichem Hunger, der auch im Olymp nicht ruht, emsig geschäftig um den erbeuteten Eber und den mächtigen Stier. Die dienenden Nymphen spannen die Hirsche ab und bringen ihnen Futter, schnell wachsenden Klee von der Wiese der Here; und Artemis schreitet nun zum Palaste des Vaters, von allen Göttern begrüßt und gerufen; doch sie thronet nur neben Apollo. Erklingt dann im Göttersaale der Gesang der Musen und erheben sich die Göttinnen zum festlichen Reigen, so ist auch neben den Chariten und Horen und neben Aphrodite selbst Artemis noch groß zu erschauen und von herrlicher Bildung.

Fig. 40

In solchem jugendfrischen, hochgemuten Wesen verschmäht Artemis die Fesseln der Liebe und Mütterlichkeit. Sie wirft das Sinnen und Sehnen der Weibesnatur von sich; ihr spröder, herber Mut lebt nur in jungfräulicher Ungebundenheit und Reinheit. Niemals vermag Aphrodite diesen Sinn ihr zu schmeidigen oder zu belisten; gleich Athene und Hestia erhält sie sich frei von der süßen Gewalt, die Götter und Menschen bändigt; aber in ganz eigentümlicher Weise. Denn in Athene ist nicht eigentlich ein Widerstreben gegen die Regungen der Liebe, sie gewinnt nur nicht Zeit dazu in ihrem klugen, tätigen Schaffen und Erfinden; Hestia ist ganz die Würde der Weiblichkeit, die das Haus durchwaltet, so hoch und hehr, daß nur die Ehrfurcht, kein andres Empfinden gegen sie aufblüht; Artemis dagegen ist der männerscheue Wildfang der Mythe. Als einst der Flußgott Alpheus um die Gunst der Jagdgöttin warb, floh sie vor seinem ungestümen Drängen zum Waldplatze in den Kreis ihrer Gespielinnen. Rasch bestrich sie sich und den Nymphen das Gesicht mit feuchter, schwarzer Erde und entstellte sich so, daß der nachkommende Alpheus sie nicht zu erkennen vermochte und verlacht und verspottet sich zurückwenden mußte. – Schwereren Zorn der jungfräulichen Göttin mußte Aktaeon, der Enkel des Kadmos, erfahren.[129] Von Chiron erzogen und zum Jäger gebildet, durchstreifte er mit zahlreicher Meute (es werden 50 Hunde genannt) die Waldungen des Kithäron. Dort in tiefer Verborgenheit breitete ein Quell seine klaren Wellen aus, und am Ufer der kühlen Flut hingen die laubigen Zweige der Bäume herab. Artemis badete hier, und eben kam auch Aktaeon zu der umschatteten Quelle. Er schaute die Göttin. Ob auch ihre Nymphen sogleich die Gebieterin umringten, ob auch Aktaeon nur zwecklos herumirrend hierher gekommen war; der Zorn der Göttin duldete nicht, daß der lebe, der sie entblößt geschaut. Sie spritzte dem erschrocken staunenden Jäger mit hohler Hand Wasser über das Haupt, Geweihe entsprossen ihm aus der Stirn, er war in einen Hirsch verwandelt. Seine von der Göttin in Wut versetzten Hunde fielen den unerkannten Herrn an; vergeblich war sein Bemühen zu entrinnen, er wurde von den wütenden Tieren in Stücke zerrissen. – Wie streng Artemis unverletzte Jungfräulichkeit von ihren Genossinnen forderte, dafür kann, wenn es nicht schon ein selbstverständliches Charakterzeichen wäre, die Mythe von Kallisto eine Bestätigung geben. Die schöne Tochter des arkadischen Königs Lykaon, Jagdgefährtin der Artemis, hatte dem Werben des Zeus nicht widerstanden. Sie wurde in eine Bärin verwandelt und von den Pfeilen der beleidigten Göttin getötet.[130]

Hier erinnern wir uns auch, wie sie den Otos, einen der Aloïden, der übermütig die Artemis zur Gemahlin begehrte, samt seinem Bruder ins Verderben stürzte. Sie lief als Hirschkuh zwischen den beiden Gewaltigen hin, welche die Wurfspieße auf das Tier schleuderten, es verfehlten und sich so einer den anderen töteten. Rascher, unerbittlicher Groll und Zornmut sind in das Wesen der Artemis gemischt und zeichnen ihre Gestalt; bald machtvoll aufstürmend gegen die Feinde und Verächter der Mutter, wie gegen Tityos und Niobe; bald mädchenhaft-launisch auffahrend bei geringer Vernachlässigung. Oeneus, König in Kalydon, hatte das Erstlings-Opfer der Jahresfrüchte allen Göttern dargebracht und einzig die Artemis vergessen. Da verwüstete, von der Göttin gesendet, ein ungeheurer Eber das Land, verhinderte die Aussaat und zerriß die weidenden Herden wie die begegnenden Menschen. Die Jagd dieses kalydonischen Ebers, eine der ältesten Mythen der Heroensage, endete zwar mit der Erlegung des furchtbaren Tieres, wurde aber dem Hause des Oeneus verderblich, denn in den daraus folgenden Ereignissen verloren Althäa, die Gattin des Oeneus, und Meleager, sein Sohn, durch erschütternde Schicksals-Verkettung ihr Leben. – Durch einen Eber befriedigte Artemis auch ihre Feindschaft gegen Adonis. Dieser schöne Liebling der Aphrodite wollte auch die Freude der Jagd genießen. Aber als ob es eine Schmach für sie sei, daß ein Mann, welcher dem Reiche der Liebesgöttin zugehörte, auch in ihr Reich eindringen wolle, ließ sie den Adonis, als er in den Wald jagen kam, durch einen Eber auf den Tod verwunden. – Admet, der aus dem Mythenkreise des Apollo uns bekannte Herrscher von Pherä in Thessalien, hatte bei seiner Vermählung mit Alkestis zwar geopfert, aber die Artemis übersehen. Er fand dafür das Brautgemach mit Schlangen angefüllt; doch gelang es Apollo, den Groll der Schwester zu versöhnen. – Am bittersten mußte Agamemnon den Haß der Artemis empfinden. Er hatte in den Tagen, wo die Griechen sich zur Abfahrt nach Troja in Aulis versammelten, eine der Jagdgöttin heilige Hirschkuh erlegt und sich mit übermütigen Worten gerühmt, Artemis selbst könne besser nicht treffen. Da legte sich eine regungslose, ununterbrochene Windstille über den Hafen und das Meer; die Überfahrt nach Troja wurde unmöglich, und auf das Befragen der Griechen, welche Gottheit also zürne, erklärte der Oberpriester Kalchas, Artemis fordere zur Sühne für die getötete Hirschkuh die Opferung der ältesten Tochter Agamemnons, Iphigenia. Mit List und Lüge lockte der geängstigte König seine Gattin Klytämnestra und seine Tochter in das Lager und senkte so den Keim zu späteren Verbrechen in das Herz der Königin; ein furchtbarer Kampf zwischen seiner Liebe zur Tochter und seiner Pflicht als Heerführer tobte in der Seele Agamemnons. Da entschied Iphigenia selbst die Qual; in freier Hingebung bot sie sich zum Opfer dar. Nun war die Göttin versöhnt. Sie entrückte die Jungfrau fernhin in ihren Tempel zu Tauris und vor den Blicken der staunenden Griechen lag im Altarraum an der Stelle der Königstochter eine blutende Hirschkuh.

Homer zeichnet diese rasche, eifernde Gereiztheit trefflich neben der maßvollen Würde Apollos. Als im Kriege vor Troja die Götter sich in den Kampf mischten und gegeneinander stritten, forderte Poseidon den Apollo auf, mit ihm zu kämpfen. Aber Apollo, groß und besonnen, lehnte es ab, hinfälliger Menschen wegen, die wie das Laub des Waldes heut grünen und morgen verweht sind, mit dem Herrscher des Meeres zu streiten. Da schalt und eiferte Artemis und höhnte den Bruder, als ob er sich fürchte. Apollo schwieg und wendete sich hinweg. Nun, froh der Gelegenheit, die Beschämte tiefer demütigen zu können, trat Here mit erniedrigenden Worten an Artemis heran, ergriff mit der Linken ihr beiden Hände am Knöchel, zog mit der Rechten Pfeile aus dem Köcher an den Schultern und gab ihr mit den Geschossen schmachvolle Streiche um die Ohren; die Getroffene beugte sich zurück, und die Pfeile entfielen dem Köcher. Weinend floh Artemis zu Zeus, ihre Schmach dem Vater zu klagen; Latona sammelte die verstreuten Geschosse der Tochter.

c) *Wesen und Bilder*

Im tiefsten Ursprunge ist auch das Wesen der Artemis, gleich dem des Apollo, zu Licht und Klang hingewendet, aber schwächer und formloser. Das Hallen in den Schluchten und Tälern, das Schallen und Dröhnen im Bergwalde, die Laute alle, welche die Stille des Waldes durchklingen, und besonders das Rauschen und Brausen, wenn der Sturm durch den Forst hinfährt – das ist eines der Gebiete der Artemis. Gegenüber den rhythmisch bewegten Klängen Apollos ist es ein bloßes Naturklingen, regellos und wild, doch erfüllt es die Seele auch mit schauernder Gewalt. So ist Artemis die rauschende, vor der die Häupter des Gebirges erbeben und die Erde rings aufschauert. Wenn es daneben heißt, daß Artemis auch den Chorgesang der Musen ordne und führe, daß ihr also auch rhythmische Schönheit des Klanges eigen sei, so hat die mythische Gestaltung der Artemis dieses vereinzelte Motiv nicht weiter ausgeprägt; sie ist in jenem Falle nur an die Stelle Apollos getreten. In ihrem Gebiete als Lichtgöttin steht Artemis in nächster Beziehung zum Monde. Die aus den morgenländischen Religionen stammende Mondgöttin hat wahrscheinlich den Anstoß zu dieser Mythengestalt gegeben, und von diesem Ausgangspunkte aus hat sich dann die griechische Artemis entwickelt. Die Pfeile der Göttin sind die Strahlen des Mondlichts; ursprünglich wohl nur Attribute für das schnell bewegte, schimmernde Licht, dann überleitend zu Artemis der Jägerin, welche die schwirrenden Pfeile hinschnellt vom goldenen Bogen auf das flüchtige Wild oder als Fackelträgerin Busch und Wiese durchstreift. So tritt sie in Verbindung mit dem Tierleben draußen im Walde und im Freien; sie ist die Verfolgerin des Wildes, es gehört ihr, und nun wird sie auch seine Schützerin und Herrin. Besonders war die schnelle, schlanke Hirschkuh das von ihr geliebte und ihr geheiligte Tier. In dieses frische Leben der Waldfreiheit mischen sich die vom Schallen und Klingen hergeleiteten Charakterzüge; es tönen die Pfeile der Göttin, ihr Jagdzug braust lärmend vorüber, und wenn nach befriedigter Verfolgung des Wildes die Okeaniden und Nymphen um die Göttin auf dem Waldplatze den schallenden anmutigen Reigen schlingen, dann will Helios das Anschauen des lustigen Treibens nicht bloß vorübereilend genießen; er verweilt auf seiner Bahn.

Das sind alles Züge eines frischen Naturlebens in Berg und Wald, wie es sich in der Sommerzeit am kräftigsten entfaltet; zugleich aber auch Züge, die aus dem Menschengeiste herüberspiegeln: weibliche Jugendfrische, kecker Freimut, Jungfräulichkeit, die sich von Aphroditens Treiben instinktiv abwendet, wie gleichartige Naturkräfte sich abstoßen. In Artemis hat die Mythe eine der lieblichsten Episoden des weiblichen Lebens aufgefaßt und gezeichnet: jene spröden, hastigen, mutsprühenden Gestalten, die in scheuem Fernbleiben vom Manne am ehesten in männliche Art und Weise verfallen.

So wie neben dem Lichtgotte Apollo der Sonnengott Helios, so war auch neben Artemis, der Göttin des nächtlichen Lichtes, eine Mondgöttin, Selene, vorhanden. Beider Gebiete berühren sich; sie sind auch später, besonders als römische Diana und Luna, ineinandergeschoben und vereinigt worden. Daß Artemis auch als Geburts- und Todesgöttin erscheint, ist eine jener Ausdehnungen mythischer Kreise, die sich aus dem freien Spiele der Phantasie, zumeist aber aus dem Zusammenstoße verschiedener lokaler Sagen in einer Mythengestalt ergeben. Artemis, vor Apollo ohne Wehe und Angst der Latona geboren, hat ihre Mutter bei der Geburt ihres Zwillingsbruders unterstützt. So ist sie mit Eileithyia, die sonst als Helferin der Latona genannt wird, verwechselt und als solche, von den Römern als Lucina, verehrt worden. Frauen rufen zu ihr in den Schmerzen der Entbindung, und obgleich sie die Städte vermeidet, kommt sie auf solchen Ruf doch auch dahin. So waltet sie als Helferin nicht bloß im Menschenleben, sondern auch unter den Tieren. Es liegt nahe, diese dem Charakter der jungfräulichen Artemis widerstrebende Eigenschaft einer Geburtsgöttin auf die asiatische Mond- und Lebensgöttin zurückzuleiten, die, wie bereits angedeutet, einer der Keime für die griechische Artemis gewesen ist. Ebenso ist sie eine Todesgöttin, und zwar eine Bringerin des unvorhergesehenen, rasch hinraffenden Todes, entweder allein oder gemeinsam mit Apollo. Sie ereilt mit lindem Geschoß die jugendliche Kraft wie die sanft gealterten Greise.

Auch diese Beziehung reicht auf die Macht der beiden großen Gestirne, auf den Einfluß zurück, den das Menschenleben und die Ackerfurche von den Strahlen der Sonne und des Mondes erleiden, daher Artemis ebensowohl eine Segensgöttin ist, welche Gedeihen und Fruchtbarkeit verleiht, als eine Todesgöttin, welche die Herden mit Seuchen schlägt und die Menschen rasch hinwegnimmt.

Die Darstellungen der Artemis bei Dichtern und Künstlern sind immer hohe Bilder weiblicher Jugendschönheit in frischer Behendigkeit und Kraft. Wenn der Dichter die reizende Nausikaa zeichnen will, wie sie im Kreise ihrer Gespielinnen hervorragt, dann sagt er: „Sie war, wie Artemis herrlich einhergeht." Auch die züchtige Penelope, ja selbst Helena, wenn sie als Hausfrau durch die Gemächer wandelt, erhöhen ihre Schönheit durch solchen Vergleich. Schön von Wuchs und lieblich mit dem Kranze geschmückt, ist sie die Führerin des Reigens der Nymphen und des fröhlichen Spieles in den Bergen; zumeist aber ist sie als Jägerin dargestellt, in hochgeschürztem Chiton, den Mantel

Fig. 41

leicht über die Schulter geworfen und um den Leib gegürtet, mit Bogen und Köcher und neben sich einen Hund; oft auch als Pflegerin und Schützerin des Wildes mit der Hirschkuh zur Seite. In unserer Darstellung hat Artemis eben den Pfeil abgeschossen, sie tritt zurück, um den Erfolg des Schusses zu beobachten, doch schon wieder bereit, vorwärts zu eilen einem anderen Wilde nach, auf welches der Hund bereits losspringt. Im Antlitz leuchtet der Triumph der Jagdlust, die ganze Gestalt, der Faltenwurf der Bekleidung sind auf das Lebendigste bewegt.

Die jungfräuliche Göttin wurde besonders als Schutzherrin des unvermählten Jugendalters verehrt. Jungfrauen dienten ihr in den heiligen Hainen und Tempeln als Trägerinnen des mystischen Korbes (Kanephoren), und nach der Vermählung weihten sie der Artemis den jungfräulichen Gürtel, daher sie in Athen auch die Gürtellösende hieß.

d) Die taurische Artemis. Tauropolos. Britomartis.
Diana von Ephesos

Das Heimatland des Artemis-Dienstes und einige Stationen aus der Wanderung desselben nach Westen hin werden durch einige Nebenformen der echt griechischen Gestaltung erkennbar. Es sind Richtungen, welche auf die asiatische Lebensgöttin und speziell auf die phönizische Astarte zurückweisen. Im taurischen Chersones herrschte der Kultus der taurischen Artemis, wahrscheinlich einer Mondgöttin als Jungfrau und Fackelträgerin, einer zornigen, strengen Gottheit, welcher Menschenopfer dargebracht wurden. Dieser Taurierkönigin hatte Iphigenia, nachdem sie vom Opferaltare hinweggerückt worden war, ihr Leben als Oberpriesterin geweiht; dorthin kam der wegen des Muttermordes von den Furien verfolgte Orestes und fand hier, bereits mit dem Opfertode als Fremdling bedroht, Erlösung von seinem Fluche. Er entführte zugleich mit seiner Schwester auch das Bild der Göttin nach Griechenland, wo es die Athener in Brauron, aber auch die Spartaner in ihrem limnäischen Tempel zu besitzen glaubten. Diese letztere Gottheit hieß auch Artemis Orthia oder Orthosia, die Straffe, wohl von der aufrechten Haltung des Bildes. Vor dem Altare dieser Artemis Orthia fand alljährlich die Geißelung der spartanischen Knaben statt, jene Probe der Schmerzüberwindung, vielleicht als Ersatz für die Menschenopfer der taurischen Göttin, die sich dennoch bisweilen erneuerten, wenn einer der Knaben lautlos unter den Streichen niedersank. Mit dieser taurischen Artemis ist wahrscheinlich die ursprünglich davon verschiedene Artemis Tauropolos zusammengeflossen, eine auf einem davoneilenden Stiere sitzende weibliche Gestalt mit einem segelartig über sich zusammengebauschten Schleier; wohl eine Verbindung des männlichen und weiblichen Prinzips mit Andeutung der Macht über die wehenden Winde, also Beziehung auf Artemis als Seegöttin und Schützerin der Häfen. Spätere Darstellungen der Artemis Tauropolos zeigen dieselbe in einem Wagen stehend, der von zwei Stieren gezogen wird. Sie trägt eine Fackel; das Merkmal des fliegenden Gewandes ist auch hier geblieben.

Auf der Insel Kreta wurde Artemis unter dem Namen *Britomartis* oder *Diktynna* verehrt. Als Ursprung dieses Kultus gilt folgende Sage. Britomartis, eine kretische Jungfrau, durchstreifte als unermüdliche Jägerin Berge und Wälder. Ihre Schönheit hatte das Verlangen des Minos, des Herrschers der Insel, erregt; er verfolgte die Jungfrau, die lange Zeit sich vor ihm zu verbergen wußte. Endlich schien sie der Verfolgung nicht weiter entrinnen zu können, sie fand sich auf einen Felsenvorsprung des Meeresufers hingedrängt. Schon wollte Minos sie umfassen, aber entschlossen stürzte sie sich hinab und fiel in die dort ausgespannten Netze der Fischer.[131] Es wurden ihr Altäre errichtet und Opfer gebracht, doch durfte zu den bei dieser Feierlichkeit gebrauchten Kränzen die Myrthe niemals verwendet werden, weil ein Myrthenzweig das Gewand der Fliehenden erfaßt und sie gehindert hatte. Die Myrthe aber ist der Aphrodite heilig, und es ist sinnig motiviert, wie sie also der liebesscheuen Jagdgöttin nicht zieme. Denn diese jagdliebende, jungfräuliche Britomartis ist die kretische Artemis selbst, eine Lokalgestaltung dieser Gottheit, die als ein Übergang von der fast noch ganz asiatischen Tauropolos zu der echt griechischen Artemis erscheint und in gleich naher Beziehung zur Jagd wie zu dem Leben der Fischer und Seeleute steht.

Völlig von der griechischen Artemis verschieden war der berühmte Kultus der Artemis, oder wie sie allgemeiner genannt wird, der *Diana von Ephesos*. Hier ist nicht an den Charakter einer jungfräulich-strengen, wild-lustigen Waldgöttin zu denken; diese ephesische Diana ist ein mütterliches Götterwesen, eine vielbrüstige Allernährerin, eine Göttin der Fruchtbarkeit, des Wachsens und Gedeihens nicht allein für das Tierleben. Im Frühling wurde das Hauptfest gefeiert mit begeisterten Tänzen und lärmendem Getön der Rohrpfeifen und der wölbigen Schilde, denn dieser Kultus war sehr alt und mit der fanatischen Weise der asiatischen Heiligtümer verschwistert. Amazonen sollen das Bild der Göttin unter einem Eichenbaume aufgerichtet, um dasselbe ihre schallenden Tänze aufgeführt und diesen Dienst weiter verbreitet haben. Nachdem diese Gegend von griechischen Kolonisten besetzt worden war und Ephesos emporkam, wurde dem alten Kultusbilde jener prachtvolle Tempel erbaut, in dessen Besitz sich das ganze griechische Kleinasien geehrt fühlte. Zum Hause der großen Göttin von Ephesos strömten von fern und nah die verehrer; eine zahlreiche Priesterschaft erhöhte das Ansehen des Tempels, der aus dem von Herostrat mutwillig verursachten Brande in noch größerer Herrlichkeit sich erneuerte.

Das Gebäude hatte eine Ausdehnung von 425 Fuß in der Länge, 220 Fuß in der Breite[132] und war ein so großartig-schönes Werk der Baukunst, daß noch seine kleinen Nachbildungen in Silber als Zimmerzierde viel gekauft wurden. Das Innere war mit vielbewunderten Gemälden und Statuen geschmückt, unter denen die Amazonenbilder der berühmtesten Meister besonders hervorragten; vor allem angestaunt aber war jene Menge von 127 freistehenden Säulen, jede die Tempelgabe eines Königs und alle kostbar durch Reichtum

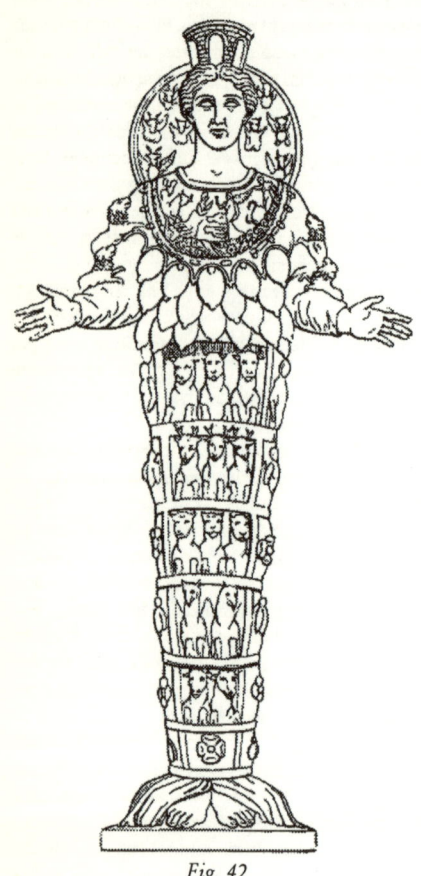

Fig. 42

des Materials und die Kunst der Form; doch wurden 36 dieser Prachtwerke als unter dem Herrlichsten noch hervorstrahlend gerühmt.[133] So wetteiferten Baukunst, Bildnerei und Malerei, um diesen Tempel zu einem Wunderwerke des Altertums zu machen. Das Kultusbild selbst, dessen Form in der Hauptsache althergebracht war, welches aber im Fortgange der Zeit mit einer Menge von Attributen überhäuft wurde, breitet die geöffneten Hände aus, wie es in ähnlicher Weise die Gestalten der Geburtsgöttin zu tun pflegen; Beine und Leib sind umschnürt und die Bedeckung mit Bildern heiliger Tiere verziert. Die vielen Brüste deuten auf die allernährende Mutter der Wesen, an den Oberarmen und Schultern schmiegen sich Löwen an, der Halsschild ist mit Bildereien geschmückt, feierliche Tänze und herbeigeführte Opfertiere darstellend; ebenso zeigt der runde Schild hinter dem Haupte geflügelte Stiere, und endlich verkündigt die Turmkrone des Hauptes die Gründerin der Städte und die Schützerin gesichert wohnender Völker.

Eine ähnliche Gottheit wurde in Magnesia am Mäander als Artemis-Leukophryne verehrt. Die Gestaltung war nahezu dieselbe wie bei der ephesischen Diana. Noch andere Formen dieses Kultus, die weiter nach Asien hineinreichen, wie die persische Artemis, gehen vollständig in die orientalische Natur- und Mondgöttin über und haben so wenig Gemeinschaft mit der griechischen Artemis, daß ihre Tempel mitunter den üppigen Dienst der Priesterinnen kannten, wie er bei der armenischen Anahid und der babylonischen Mylitta vorkam.

e) Hekate

Dieses machtvolle Götterwesen, dem jedoch eine rechte sich selbst angehörende Gestaltung fehlt, war unterirdisch und überirdisch zugleich, ebenso dem Hades wie dem Olymp angehörend. In der älteren Mythendichtung war sie die Tochter des Perses und der Asteria, also gleich Apollo und Artemis aus dem Titanengeschlecht des Koios und der Phoebe stammend. In dieser Gestalt gehörte sie in das obere Reich, wo ihr ein den Kindern der Latona, namentlich der Artemis nahes Gebiet eigen war, obwohl mit undeutlich gewordener Begrenzung. Sie war eine Göttin von hoher Macht und glänzenden Gaben,

„Deren Gewalt ausgeht durch Erd' und Himmel und Meerflut."

Sie hilft dem Krieger im Schlachtgewühl, bei den Gebietern sitzt sie in der Ratsversammlung, dem Wettkämpfer auf dem Ringplatz ist sie erkräftigend nahe; dem Fischer auf dem Meere treibt sie reichen Fang in das Netz, hebt aber auch wohl den schon erscheinenden wieder hinweg; dem Hirten macht sie die kleine Herde groß oder auch, wie der Wille sie treibt, die große wieder klein; sie verleiht den neugeborenen Knaben Nahrung und Gedeihen. Wer zu den Göttern betete oder ihnen Sühneopfer brachte, der rief auch die Hekate an; ihr war an dem Walten und der Ehre jedes Gottes ein Anteil gegeben. So war sie eine Gottheit in der Weite und Ferne, sie war die fernhin Erhörende; ja, sie erscheint, so wie Helios der alles Schauende ist, als die alles hörende Gottheit. Bei dem Raube der Proserpina, den niemand erschaute als der leuchtende Helios, hörte auch keiner der Götter und Menschen den Angstruf der Entführten; nur Hekate vernahm ihn in ihrer Grotte. Dann half sie die Verlorene suchen, und als Proserpina von Hermes auf die Oberwelt zurückgeführt war, begrüßte Hekate die Wiedergefundene so freudig und innig, daß sie von nun an die Freundin und Dienerin der Proserpina wurde.

Aus dieser älteren Hekate, deren Machtübung, ob auch zu launenhafter Gunst geneigt, doch durchaus nicht schreckhaft und übelwollend war, ist durch Umbildung der Mythe die spätere Hekate geworden, ein nächtliches, furchtbares Götterwesen. Sie gilt dann als die Tochter der Nacht oder auch des Tartaros; doch findet sich auch hier noch die frühere Abstammung festgehalten. Schon in der älteren Gestalt in den Gebieten aller Gottheiten heimisch, erscheint sie auch jetzt mächtig im Himmel, auf der Erde und vornehmlich in der Unterwelt. Sie ist auf das engste mit Proserpina vereinigt und wird als solche Hekate-Brimo (die zornig-schnaubende) genannt; ebenso ist sie mit Artemis als Mondgöttin verbunden. Diese Hekate, begleitet von wütenden heulenden Hunden, stürmt durch die Nacht dahin; sie waltet auf den Kreuzwegen (Hekate-Trivia) und an verrufenen Stellen, sie erscheint auf den Ruf der Zauberer und Beschwörer. So ist Hekate allmählich die Herrin der Geister und Gespenster, die bevorzugte Gottheit des mit dem Sinken der Mythenzeit immer mehr sich ausdehnenden Zauberwesens geworden. Wer durch magische Kräfte begehrtes Glück sich zuwenden, Unglück abwenden oder einem Feinde Schaden bereiten wollte, der rief zur unterirdischen Hekate; auch bei Liebesbeschwörungen wurde Hilfe und Gelingen von ihr begehrt. Die dabei zu beobachtenden Gebräuche waren immer düster und bisweilen ohne Überwindung des Grausens nicht zu vollbringen. In stiller Mitternachtsstunde begab sich der Anrufende an den Fluß, wusch sich und legte ein blaues Gewand an, dann machte er eine Grube und schlachtete ein weibliches Lamm, welches auf einem über der Grube errichteten kleinen Scheiterhaufen verbrannt wurde. Darauf geschah die Anrufung der Göttin, siebenmal, und es wurde dabei Honig in das Opfer gespendet. Nach Vollendung dieser Gebräuche verließ der Opfernde die Stelle, durfte sich nun aber nicht mehr zu ihr zurückwenden, sonst wurde das Opfer vergeblich. Ob es hinter ihm tönte und schallte wie herannahende Fußtritte oder auch wie heranspringende heulende Hunde, nichts durfte ihn bewegen zurückzublicken.

Man kann einige Spuren auffinden, welche von der älteren zu der späteren Hekate hinführen. Schon dort erscheint sie in Verbindung mit Proserpina, als deren Freundin und Dienerin sie völlig zur stygischen Gottheit, zu einem machtübenden Wesen der Unterwelt ausgebildet worden ist. Mit Artemis, welche als die Ferntreffende auch den Beinamen Hekate hatte, ist schon hierdurch eine Verwandtschaft angeknüpft.

Noch näher wird dieselbe durch die beiderseitige Beziehung auf die Mondgöttin, ferner durch das Jägerleben der Artemis im nächtlichen Walde, wenn sie ihn mit ihren lärmenden Hunden bei Fackelschein durchstreift. Es liegt überhaupt in dem Schallen und Tönen, welches der Artemis eigen ist, eine tiefe Zugehörigkeit mit jenem Hören in die Ferne, jenem Erlauschen der Rufe, wie es die ältere Mythe der Hekate gibt. Auch das ist ein Zug von Verwandtschaft, daß Artemis wohl auch als zürnende, grollende Göttin erscheint, die dann allerhand zauberähnliche Wirkungen ausübt, wie Windstille, das verwüstende Einbrechen des Ebers, das mit Schlangen angefüllte Gemach u. a.

Über den Ursprung der unterirdischen Hekate wurde auch folgende Fabel erzählt. Aus der Liebe des Zeus und der Here entsproßte eine Tochter, Angelos genannt. Das Götterkind wurde der Wartung und Erziehung der Nymphen übergeben; als sie aber herangewachsen war, versteckte sie einst das Salbengefäß der Here und schenkte es der Europa, der Tochter des Phoenix. Here entdeckte den Frevel und fuhr zornig auf, da entfloh Angelos auf die Erde und kam zuerst in das Haus einer Wöchnerin, von dort weitereilend verbarg sie sich in die Begleitung eines Leichenzuges. Nun ließ Here vom Zorne ab, Zeus aber befahl den Kabiren die Reinigung und Sühnung der Tochter; sie vollbrachten dieselbe am Acherusischen See. Zu den oberen Göttern kehrte jedoch Angelos nicht zurück, sie wurde eine Göttin der Verstorbenen und der Unterwelt und erhielt den Namen Hekate.

Für die künstlerische Gestaltung war das Wesen der Hekate von vornherein zu weit umschrieben; die spätere Hekate ist dargestellt worden, allein das Streben, ein dreifaches Machtgebiet in der Gestalt auszudrücken, machte dieselbe zu einem monströsen Bilde, oder wo dies vermieden wurde, machen zahlreiche Attribute das Bild mehr zur Allegorie als zum Kunstsymbol. Sie wurde dargestellt eingestaltig mit sechs Händen, oder mit drei Häuptern und sechs Händen, in denen sie Fackeln oder Dolche hält; auch gibt ihr die Dichtung, wenn sie als Tochter des Tartaros herauffährt, drei Tierköpfe, des den dichtmähnigen Rosses, des wütenden Hundes und zwischen diesen den Kopf eines Raubtieres. Ist sie mit menschlichem Antlitz gebildet, dann hat sie Schlangen um den Hals oder auf

Fig. 43

dem Haupte; ihr Typus ist dann überhaupt gorgonenartig. Die üblichste Auffassung der Hekate war ein dreigestaltiges Götterbild, wie die Athener ein solches am Eingange zur Akropolis aufgestellt hatten. Drei gleichgekleidete Frauengestalten sind mit dem Rücken gegeneinander oder an eine Säule gelehnt. Die uns zugewendete Gestalt trägt in der Rechten einen Schlüssel, das Zeichen der Herrschaft in der Unterwelt, in der Linken ein Bündel Stricke, auf dem Haupte eine Sonnenscheibe. Die Figur rechts hält eine Fackel (auch in der hier nicht sichtbaren anderen Hand); an die Binde, welche das Haupt umschlingt, ist ein Halbmond befestigt, über welchem sich ein nicht deutlicher Gegenstand zeigt, den man für eine Lotosblume oder für kleine Federn gehalten hat. Der Kopfschmuck der Gestalt links ist eine phrygische Mütze, um welche ein Kranz von sieben Strahlen liegt; die Hand hält eine nach unten gekehrte Schlange, die andre, abgewendete einen Dolch.

Die Mannigfaltigkeit der Attribute erschwert die Deutung, doch wird es sich wesentlih dabei um den Gegensatz der unterirdischen und überirdischen Gottheit handeln. Es sollen Zeichen der Macht oben am Himmel, unten im Hades, wohl auch über das Meer (in andern Bildern hält sie einen Delphin) ausgedrückt sein; vielleicht sind auch Beziehungen auf Morgen, Mittag und Nacht sowie auf Anfang, Verlauf und Ende des Lebens in den Attributen enthalten.

8. Aphrodite und Eros

a) Die Mythen von dem Ursprung der Aphrodite

Mitten unter den ungeheuerlichen Gebilden der ältesten Götterzeit und unmittelbar neben Gestaltungen des Grausens und der Pein erhebt die Mythe ihr schönstes Werk, das blendende Bild der Liebesgöttin. Rätselhaft entstanden ist Aphrodite sogleich die Vollendung alles Liebreizes; mit ihr wird jene geheimnisvolle Macht der Schönheit geboren, die, wo sie erscheint, durch ihre Erscheinung schon an sich zieht.

Als Kronos seinen Vater Uranos mit der diamantenen Sichel verwundet hatte, entstanden aus den auf die Erde fallenden Blutstropfen die schrecklichen Erinnyen und die Giganten. Um die ins Meer geschleuderten Körperteile erhob sich weißer Schaum, und wie der Schaum über die Wogen hinwallte, erwuchs aus ihm ein göttliches Weib. Ein sanfter Westwind führte sie an die Gestade der Insel Kythera hin, dann weiter nach Kypros. Dort entstieg die Göttin den Wogen des Meeres; da waren sogleich bei ihr Eros und Himeros (Liebe und Sehnsucht), und wie sie hinwandelte über den schwellenden Rasen, blühten Blumen empor um ihren Fuß. Sie schritt zum Saale der Olympier hin; die Horen traten ihr dienend entgegen, umhüllten die blendende Gestalt mit leuchtenden Gewändern, befestigten aufs Haupt ihr einen duftenden Veilchenkranz und schmückten ihr den Hals und die Schultern mit goldenen Ketten. So trat die Göttin ein in die Versammlung der Götter. Und alle staunten und waren betroffen von der Schönheit der veilchenbekränzten Kythere; ihr ist ja eigen:

> „Jungfraunhaftes Gekos', anlächelnder Blick und Betörung,
> Auch holdselige Lust, Liebreiz und schmeichelnde Anmut."

Mit erhobener Rechter grüßten die Götter die Eintretende;

> – – – „es wünschte ein jeder die Göttin
> Sich zum blühenden Jugendgemahl und heim sie zu führen,
> Hoch die Schön' anstaunend der veilchenumkränzten Kythere."

Mit diesem reizvollen Bilde von der aus dem Meere emporsteigenden Liebesgöttin haben Sage und Kunst sich gern beschäftigt und es mannigfaltig ausgestaltet. Auf der Vorderseite des Fusses der Zeusstatue zu Olympia war Aphrodite gebildet, wie sie dem Meere entstieg von Eros empfangen und von Peithos[134] bekränzt; in anderen Darstellungen wird sie auf einer Meermuschel über die Wellen zu dem Gestade der Insel hingetragen – oder Thalassa, die Meergöttin, hielt die aus den Wogen Auftauchende empor, und jubelnde Tritonen und Nereiden umringten und begrüßten die Göttin.

An diese Mythen von ihrem Ursprunge knüpfen sich die Namen: Aphrodite, die dem Schaum Entstiegene, gewöhnlich die Schaumgeborene (Aphrogeneia) – Anadyomene, die Auftauchende – Kythereia (Cythere), Kypsis, Kyprogeneia, von den Inselgestaden, welche sie zuerst betreten, und Paphia von dem Haine zu Paphros auf Zypern, wo ihre Verehrung blühte.

Ein andrer Mythos, völlig verschieden von jenen in das Gebiet hineinreichenden Sagen, macht die Aphrodite zu einer Tochter des Zeus und der Dione, einer Titanide aus dem Geschlechte des Uranos und der Gaea. In dem uralten Orakeldienste zu Dodona wurde Dione als Gemahlin des Zeus verehrt, aber der Mythos von diesem Ursprunge der Aphrodite ist wenig ausgebildet worden. Ihm gehört jene Erzählung zu, daß Aphrodite im Kampfe vor Troja sich einst unter die Kämpfenden mischte und von Diomed mit der Lanze an der Hand verwundet wurde. Von Schmerz gepeinigt eilte die Göttin in dem Kriegswagen des Ares zum Olymp hin und flüchtete klagend in den Schoß ihrer Mutter Dione. Diese umarmte besänftigend ihre erschrockene Tochter, streichelte sie, trocknete mit beiden Händen die Wunde, und ganz in der Weise, wie Mütter weinende Kinder beruhigen, so beschwichtigte sie die Erregte. „Gedenke doch, Töchterchen, wie auch andre Götter schon Gram von Menschen erdulden mußten; wie die Aloïden den Ares gefesselt hielten, wie Herakles die Here und selbst den furchtbaren Pluto verwundet hat. An Diomedes wird der Frevel nicht unvergolten bleiben, denn

> – – „nicht lange besteht, wer wider Unsterbliche kämpft."

Schnell waren die Schmerzen besänftigt und die Wunde geheilt, aber Pallas-Athene begann zu sticheln und zu spotten: „Ein schönes Griechenweib wird sie wieder beredet haben, zu den Troern mitzugehen; an deren Gewande hat sie geschönt und gestreichelt und an einer Spange sich die zarte Hand verletzt." Da lächelte sanft der Vater der Götter und Menschen und sprach zu Aphrodite:

> „Nicht dir wurden verliehn, mein Töchterchen, Werke des Krieges.
> Ordne du lieber hinfort anmutige Werke der Hochzeit;
> Jene besorgt schon Ares, der Stürmende, und Athenäa." –

b) Das Reich der Aphrodite

Die anmutigen Werke der Hochzeit, als deren Ordnerin und Schützerin Aphrodite genannt wird, sind eines der wenigen großen Gebiete, auf welche sich die griechische Götterschar trotz aller Mannigfaltigkeit zurückführen läßt. Wenn alles untergeordnete Wesen, alle abgeleitete Macht, wenn die Nuancierungen und Verwandtschaften recht erkannt und nach ihrem gemeinsamen Verbindungspunkte hingewendet werden, dann wird kaum eine Göttin neben Aphrodite auf eigenem Fußgestell bleiben; wie unter den Göttern wohl nur Zeus, der machtvolle Weltordner, und Apollo, der Gott des lichten Geisteslebens, eine von andern Göttern unabhängige Stelle behalten. Gleich diesen beiden großen Göttern hat Aphrodite ein ureigenes Gebiet, es ist die Vergöttlichung des weiblichen Lebens in seiner Naturkraft, in Schönheit, Reiz und Liebe. In diesem Gebiete ist Aphrodite Herrin und Königin, umringt von einer lieblichen Mannigfaltigkeit zugehöriger Gestalten. Selbst Here, die stolze Gebieterin, auch der spröde Jungfrauenmut der Artemis und die sinnreiche Künstlerin Athene, wie selbständig diese Gestalten auch erscheinen, sind doch nur erweiterte oder gegensätzliche Erscheinungen aus dem Gebiete der Aphrodite. Daß die griechische Mythe die angedeuteten Keime zu getrennten Gestalten ausgebildet hat, ist eine der schönsten Entfaltungen ihrer Kraft und ihres reinen Formensinnes. Es ist dadurch der Mythenkreis nicht nur mit herrlichen Gestalten bereichert, sondern auch das Bild der Aphrodite selbst in schöner Begrenzung gehalten und eine Gruppe geschaffen worden, in welcher Äußerungen alles weiblichen Tuns und Treibens die Betrachtung fesseln. Nur für die Mütterlichkeit zeigt die Mythe eine geringe und einseitig beschränkte Anempfindung.

Jene Aphrodite, welche als die Tochter des Zeus und der Dione genannt wird, ist der den Griechen ureigene Kern des schönen Götterbildes, aber es hat sich ihm ein fremder Einfluß zugesellt und mit größerer Macht die Entwicklung des Einheimischen ergriffen. Dieser Anstoß war die Übertragung der vorderasiatischen Lebensgöttin an griechische Küsten. Noch zeigt sich in den Anfängen die unschöne Verschwommenheit dieser Elemente. Sie sind wie über das Meer heranschwimmende Schaumhügel, aus denen der Griechensinn das blendende Bild seiner Liebesgöttin hervortreten ließ. In der Betrachtung der phönizischen Gottheiten ist bereits darauf hingedeutet worden, daß Astarte, die phönizische Form der Lebensgöttin, durch Handelsverkehr den Griechen bekannt worden sein mag. Sie haben das vielbedeutende Götterbild aufgenommen und dasselbe so reizvoll ausgestaltet, daß ihrer Aphrodite allerdings keine andre Gemeinsamkeit mit Astarte geblieben ist als die der ersten Motive. Die orientalische Lebensgöttin waltet nur im Gebiete des niederen Triebes, in der Erfüllung der Begehrlichkeit eines Geschlechtes nach dem andern; Aphrodite ist dies alles auch, aber in ihr darf die Natürlichkeit nicht ohne Schönheit, Reiz und Liebe erscheinen.

Alles was Aphrodite umgibt und womit sie zu schaffen hat, strahlt Schönheit und Wonne aus. Der Wind, der sie über die Meereswogen hinführt, wird zum kühlen Gesäusel des Westwindes; die grüne Uferflur erblüht unter ihren Tritten; das Violet des duftenden Veilchenkranzes im Haare der Göttin gesellt eine sinnige warme Empfindung in das Staunen über ihre Schönheit: ihre Gewande, von den Chariten gewebt, strahlen heller als des Feuers Glanz und duften vom Wohlgeruche der Frühlingsblumen; Schwäne, oder auch

Tauben, ziehen, wenn sie fährt, den Wagen der Göttin. Will sie sich salben und schmücken, dann ist sie von den Chariten als Dienerinnen umgeben, und ihr Schmuck, die gewundenen Armbänder, die Spangen, die glänzenden Ketten um den blendenden Hals, alles erhöht ihre Anmut und Herrlichkeit. In ihrer Gestalt feiert weibliche Schönheit ihre Vollendung; aus ihrem Auge und dem holdanlächelnden Antlitz glänzt eine süße Gewalt und ihre Worte umstricken unwiderstehlich die Sinne des Hörers. Das ist die goldene Aphrodite, mit deren Schönheit keine Göttin um den Preis werben durfte. Als bei dem Hochzeitsfest der Thetis und des Peleus alle Götter versammelt waren, warf Eris, die Göttin der Zwietracht, die niemand eingeladen hatte, um sich zu rächen, einen goldenen Apfel mit der Inschift „die Schönste soll ihn haben" in den Kreis der Götter. Sogleich erhob sich unter den Göttinnen der Streit um den Vorzug der Schönheit; Here, Pallas-Athene und Aphrodite wollten keine der anderen weichen, die übrigen traten vor diesen hohen Gestalten zurück. Da verwies Zeus die streitenden Göttinnen an das Urteil des Paris, eines trojanischen Königssohnes, welcher auf dem Idagebirge seine Herden weidete. Die Göttinnen eilten zum Waldgebirge hin und warben mit enthüllten Reizen um den Richterspruch des Königssohnes. Jede verhieß, wenn ihr das Urteil günstig wäre, dem Wählenden köstliche Gaben; Here versprach ihm die Herrschaft über Asien und Europa, Pallas-Athene wollte ihn zum Weisesten aller Sterblichen erheben, Aphrodite lockte ihn mit dem Versprechen, daß die schönste Frau sein eigen werden solle. Und Paris reichte den Apfel der Göttin der Schönheit und der Liebe, die ihm ihre Verheißung durch den Besitz der schönen Helena erfüllte.

Keine unter allen Göttinnen vereinigte so wie Aphrodite mit der Schönheit den Liebreiz. Sie ist es, welche der Scherz und das Verlangen umschwebt. Dieser Liebreiz wohnte in dem Gürtel der Göttin:

> – – – „dort waren die Zauberreize versammelt,
> Dort war die schmachtende Lieb' und Sehnsucht, dort das Getändel,
> Dort die schmeichelnde Bitte, die oft auch den Weisen betöret."

Selbst Here, wenn sie, um den Zeus zu berücken, sein Liebesverlangen gewinnen will, vertraut nicht auf die Macht ihrer hohen Schönheit allein; sie leiht, um ihre Absicht sicher zu erreichen, von Aphrodite den Gürtel der Reize.

Mit dieser Fülle der Schönheit und des Liebreizes war Aphrodite gepriesen als die Göttin der Liebe, und dies ist ihr heimisches Reich. Alles Lebende empfindet ihre Gewalt und freut sich dessen:

> „Luftdurchfliegend Gevögel zumal samt allem Gewilde,
> Alle, wieviel rings nähret die Veste nur, wieviel die Meerflut;
> Alle sie pflegen die Werke der schön umkränzten Kythere."

Wenn sie durch den Bergwald hinwandelte, dann kamen die Wölfe und die Löwen, die Bären und die Panther, und die Ungetüme drängen sich schmeichlerisch an die Göttin heran. Sie ergötzt sich an dem Anblick der gebändigten Wildheit, erfüllt sie mit mächtigem Verlangen, und bald ruhen sie gesellig vereint je zwei in den dunkelumwaldeten Schluchten. So gehorcht auch das Furchtbare in der Natur ihrem freundlichen Zwange, und das Wilde wird durch sie besänftigt. Den Menschen gibt sie die süßen Geschenke der Liebe, und indem sie die vorüberwandelnden Reihen der Menschengeschlechter alle unter ihr Joch beugt, ist sie es, durch deren Trieb und Macht das Geschlecht selbst fortdauert. Sie vereinigt das Getrennte, auf ihrer Gewalt ruht die Erhaltung der Geschöpfe. Auch den Göttern erregt sie süßes Gelüsten, und sogar des Donnerers Kraft und Weisheit wird von Aphroditens sanftem Drängen bestrickt, daß er seine Gattin, die ruhmwürdige Here, vergißt aus Liebe zu sterblichen Frauen. Sie ist ja selbst der Gewalt hingegeben, die von ihr ausgeht, und muß dem sanften Zuge folgen, sei es in die Arme eines Gottes oder eines sterblichen Mannes. So ist durch sie der Olymp mit der Erde verknüpft, die Himmlischen mit der Menschen Geschlechtern verwandt geworden. Die Dichtung sagt mit Recht: „Sie hat alles verbunden."

Drei Göttinnen nur sind es, denen sie nicht vermag, den Sinn zu schmeidigen oder zu belisten: Pallas-Athene, Artemis und Hestia. Künstlerisches Sinnen und Schaffen hat für Aphroditens Gemeinschaft keine Zeit, und Athene blickt mit vornehmer Geringschätzung auf diese Tändeleien nieder; der kühle, spröde Jugendmut der Artemis flieht Fesseln und Hingebung, und das ehrwürdige Walten am Herde und in der Behausung macht Hestia erhaben über die Berührung mit diesen vor Leidenschaft und Erregung erfüllten Lebensgebieten. In der Emanzipation dieser drei Göttinnen von der Macht der Aphrodite liegt ein nicht unwichtiger Beitrag zu der Ansicht der Griechen von der Kulturentwicklung des Frauenlebens; gleichzeitig erläutern diese Ausschließungen eine die andre. Noch aber ist der stärkste Gedanke in dieser Befreiung der, daß jene Göttinnen sich mit ihrer Freiheit dem naturgemäßen Gebiete entziehen; Athene und Artemis sind zwischen männliches und weibliches Wesen hingelehnt, und in Hestia erhebt sich die Würde weiblicher Entsagung.

Alles andre Frauenleben ist von Aphroditens Macht beherrscht, und niemals wird sie ungestraft vernachlässigt oder verschmäht. Als sie einst die Helena aufforderte, dem aus dem Kampfe zurückgekehrten Paris in sein Gemach entgegenzueilen, weigerte sich diese, vor deren Seele die Erinnerung an den kraftvollen Helden Menelaos vorüberzog. Da fuhr die Göttin zornig auf: „Reize mich nicht, sprach sie, daß ich nicht ebensosehr dich hasse, als jetzt ich dich liebe", und Helena wagte nicht, weiter zu widerstreben; sie senkte den Schleier herab und folgte der führenden Göttin. – Die Frauen auf Lemnos hatten die Opfer der Aphrodite geringschätzig vernachlässigt; dafür wurden sie mit einem so unleidlichen Geruche behaftet, daß ihre Männer sich von ihnen abwendeten und andre Frauen nahmen. Die lemnischen Weiber töteten darauf aus Rache und Verschmähung ihre Väter und Männer; Blutschuld und Verwirrung kam über die Insel.[135] – Auf die morgenfrühe Eos war Aphrodite wegen deren Liebe zu Ares eifersüchtig und plagte sie mit unaufhörlichen Liebschaften. An andern rächte sie sich durch allerlei oft unnatürlichen Liebesdrang, oder sie strafte ihre Gegner durch Untreue der Frauen.

Die Gegensätze des Hohen und des Niederen, des Edlen und des Gemeinen, welche sich in der Gestalt der Aphrodite vereinigen, haben die philosophierende Mythenbetrachtung zu einer Trennung in zwei Gestalten hingeführt; es wird eine himmlische Aphrodite, Urania, unterschieden von der für den großen Haufen bestimmten Göttin der feilen Liebe, Aphrodite-Pandemos. Es lag nahe, daß man die schöne blumenbekränzte Spenderin der seligsten Gefühle, die Schützerin des reinen ehelichen Glückes und des fröhlichen Kindersegens, endlich die hohe Göttin, welche das Wildeste bändigt, das Getrennte vereinigt und auf deren Macht die Erhaltung der Welt beruht, als ein himmlisches Wesen verehrte, von welchem man jene andre Göttin entfernt halten wollte, die nur als Führerin der bloß sinnlichen Liebe, als Vorsteherin der Hetären erschien. Es ist, als ob in der Urania dem Altertume eine tiefere Ahnung von fernher dämmerte. Aber dieser Gedanke gehört, wie schon angedeutet, der späteren Philosophie und Dichtung an; in der Mythe liegen nur die Keime dazu verborgen.[136]

c) *Bilder, Attribute, Kultusstätten*

Wir haben aus den auf uns gekommenen Idealgestalten des Altertums die Abbildung einer Statue der Aphrodite in den vatikanischen Gärten gewählt, ein Werk, welches sich auszeichnet „durch die wunderbarste Verbindung von großartiger Auffassung mit dem höchsten Schmelze der Schönheit." Die Göttin ist im Begriff, in das Bad zu steigen; neben ihr steht das Salbengefäß, die Linke hält noch den Mantel, als wolle sie ihn wieder ergreifen und überwerfen. Das Gesicht wendet sich um, wie wenn sie das Nahen eines unberufenen Lauschers vernähme und angstvoll schamhaft bitten wolle: Schone mich, nahe nicht weiter! Schone mich! Es liegt in der Miene, in den Bewegungen der Glieder der innige Ausdruck der erschreckten Überraschung, und es ist dem Künstler gelungen, das Widersprechende zu vereinigen: völlige Entblößung und wahrempfundene Scham. Was ein reiner Sinn bei diesem Erblühen der Schönheit empfinden konnte, das hat einer unsrer Dichter ausgesprochen, dessen Worte, obwohl auf einen anderen Gegenstand gerichtet, doch ganz und gar aus dem Anblicke dieses Bildes zu quellen scheinen.[137]

> „Hüllenlos, von Unschuld nur umgeben,
> Scheint sie sich der Schönheit unbewußt.
> Ihre leichtgebognen Arme schweben
> Vor dem Schoß und vor der zarten Brust.
> Reine Harmonie durchwallt die Glieder,
> Deren Umriß von dem Scheitel nieder
> Zu den Sohlen hingeatmet fliegt,
> Wie sich Well' an Welle schmiegt.
>
> Schön begrenzt ihr Dasein stille Gnüge,
> Friedlich wohnet es in sich daheim,
> Und es ruht im Spiel der linden Züge
> Unentfaltet künft'ger Liebe Keim.
> Gleich als ob sie nimmer traur' und zürne,
> Lacht ihr heller Blick, die ebne Stirne;
> Ihre halbgeschlossne Lippe schwoll
> Süßer Tön' und Küsse voll."

Dieses friedliche in sich Daheimwohnen, die stille Befriedigung in den Grenzen eines von reiner Harmonie durchwallten Daseins sind Gedankenstrahlen, mit welchen der Dichter in den innersten und tiefsten Gehalt dieses Götterbildes eindringt. Die sanfte Erhabenheit der Schönheit, welche über der ganzen Gestalt ruht, und das Walten und Schwingen des Lebens durch sie hin machen einen Eindruck, der wohl vermag, sich von niederer Begehrlichkeit frei zu erhalten und über bloß sinnliche Auffassung zu erheben. Ähnliche Bilder der Liebesgöttin sind die mediceische Venus, neben deren Füßen ein Delphin auf die Beziehung zum Meere hindeutet, und die kapitolinische Göttin mit dem Salbengefäß und dem darüber hingebauschten Mantel zur Seite.

Als die plastische Kunst der Griechen anfing, sich nach den ältesten Symbolen, wo auch Aphrodite zu Paphos in dem Zeichen eines von brennenden Fackeln umgebenen Kegels verehrt wurde, zu Gestaltungen der Götter zu erheben, bildete man die Aphrodite nur bekleidet. Man gab ihr einen Apfel oder eine Blume in die Hand, oder es machte ein Kaninchen, eine phrygische Kopfbedeckung die Göttin kenntlich. Von einem sinnlichen Reiz ist bei diesen Darstellungen keine Spur. Aber die Mythe von der Geburt der Göttin trug eine solche Fülle des Reizes in sich, und die Dichtung hatte in ihre Schilderungen von Aphrodite so viel Schönheit ausgegossen, daß die bildende Kunst in ihrem Fortschritt zur Meisterschaft sich aufgefordert fühlen mußte, mit jenen dichterischen Gestaltungen zu wetteifern. So entstanden die halb entblößten, bald auch die ganz enthüllten Bildwerke der Aphrodite, in denen die Kunst die volle Macht weiblicher Schönheit wiedergab. Daß es in diesen Darstellungen nicht mehr allein auf fromme Vergegenwärtigung der Gottheit, sondern auch auf sinnliche Wirkung abgesehen war, ist nicht zu leugnen. Um die Enthüllung zu motivieren, bildete man die Aphrodite gern als dem Meer entstiegen oder im Begriff, sich zu baden, bald in der reizendsten Stellung sich zusammenschmiegend, bald in vollem Anblick der aufgerichteten Gestalt. Apelles hatte die Göttin gemalt, wie sie den Wellen entsteigt und mit ihren Händen das Wasser aus den langen Haaren ausdrückt. Pallas-Athene sah, so sagt ein Dichter, die Göttin so, und von dem Zauber dieses Anblicks besiegt, sprach sie zu Here gewendet: „Mit *der* werden wir nicht mehr um den Apfel der Eris streiten." Das Ideal der im bloßen Schmuck natürlicher Schönheit dargestellten Aphrodite erreichte die im Tempel zu Knidos aufgestellte Statue des Praxiteles. Dies Bild ist in der schamhaften Bewegung der Arme und Hände, in der leichten Neigung des Kopfes und der anmutigen Seitenwendung der Gestalt das Vorbild zahlreicher Nachahmungen geworden.

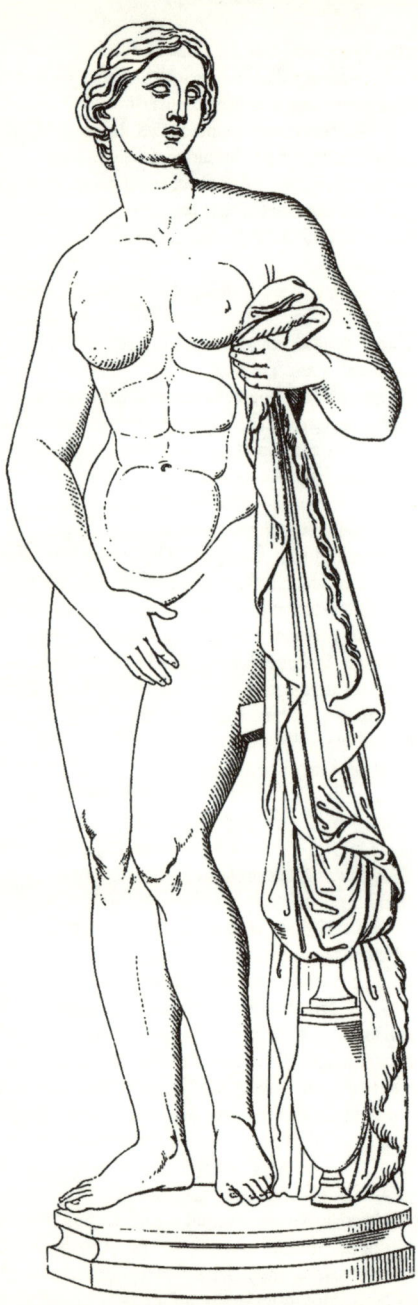

Fig. 44

Völlig verschieden von diesen Idealgestalten des weiblichen Liebreizes wurde in mehreren Städten, unter anderen auch in Sparta, das Bild einer bewaffneten Aphrodite verehrt. Vielleicht war diese Vorstellung mit der Mythe von ihrer Verbindung mit Ares verwandt. Mag nun aber darin eine Beziehung auf die waltende Macht einer Naturgöttin, oder die Hindeutung auf ihre alles besiegende Liebesgewalt gelegen haben; schon dem Altertum war die Deutung dunkel geworden, und ein Dichter durfte fragen: „Warum belastest du dich, o Liebesgöttin, mit dem Gewicht der Lanze? Den Kriegsgott selbst hast du mit deiner bloßen Schönheit besiegt; unnütz trägst du für sterbliche Männer die Waffen." Bogen und Pfeile wurden in späteren Zeiten, besonders bei den Römern, dem Bilde der Liebesgöttin zu Füßen gelegt; es war die Venus Victrix, die siegende Schutzgöttin berühmter Geschlechter. In statuarischen Darstellungen erscheint sie dann in stolzer Haltung und setzt den einen Fuß auf den Helm des Ares; auf Münzen lehnt sie sich an eine Säule, das Sinnbild der Festigkeit, und vermischt sich so mit der symbolischen Darstellung der Securitas. Doch ist es wahrscheinlich, daß auch ein Werk von rein griechischer Auffassung, die in neuerer Zeit aufgefundene Venus von Melos (Milo), zu dieser Gattung der Venusbilder gehört habe. – Als Ehe- und Muttergöttin (Venus Genetrix) läßt ihr Gewand die eine Hälfte der Brust unbedeckt; wurde sie als Gottheit der Seefahrer (Venus Euploia) dargestellt, so steht sie auf einem Schiffe und hält mit beiden Händen ein vom Winde geschwelltes Segel. Endlich gedenken wir eines Bildes der Venus-Urania, wie sie einen Fuß auf eine Schildkröte, das Symbol der Häuslichkeit und Sittsamkeit, setzt; neben ihr stand das Bild einer Aphrodite-Pandemos auf einem Bocke reitend.

Das alles sind vereinzelte Auffassungen, Ausstrahlungen dieses Götterwesens in nähere und entferntere Gebiete hin. Möge ihnen das Recht einer Erwähnung eingeräumt sein, sie dürfen aber das ursprüngliche Bild nicht ins Schwanken bringen: die liebeatmende Göttin des geschlechtlichen Lebens und des weiblichen Reizes. Von Scherz und Verlangen umflattert, ist dies ihre wahre Gestalt, welche dann gern beflügelte Liebesgötter umgeben, bald ihr dienend, bald mit ihr tändelnd. Dann ist häufig der Spiegel ihr Attribut; auch von einer Liebesfackel reden die Dichter. Die duftenden Blumen sind ihr heilig, besonders die Rose und die Myrthe; auch der Apfel, das uralte Symbol der Liebe und der Lust. In ihrer Beziehung zum Meere sind ihr der Delphin und die Muschel eigen; der Schwan mag eine ähnliche Bedeutung zu ihr gehabt haben. Unter den Tieren gehört ihr zu, was eine Hindeutung auf Liebesannäherung gibt: die Taube, der Sperling, das Kaninchen und auch der Widder.

Die Wohnstätten der Liebesgöttin waren zahlreiche Tempel, vornehmlich aber Haine, die in der Nähe des Meeresufers lagen. Vor allen berühmt waren solche Haine zu Alt-Paphos und zu Amathus auf der Insel Kypros (Paphia, Amathusia). Dort wurde in fröhlichen Festen die Geburt der Göttin gefeiert und ihr Bild gebadet und gesalbt; zahlreiche Priesterinnen waren in ihrem Dienste geschäftig und machten diese Orte, wie auch andre verkehrsreiche Seestädte, zu Stätten ausschweifender und zügelloser Lust. Am Westende Siziliens, auf dem Berge Eryx war ihr ein weithin angesehenes Heiligtum geweiht, von welchem die römischen Dichter sie zu nennen liebten. Allnächtlich reinigte hier Aphrodite ihren Altar mit Tau und frisch belebtem Graswuchs von den Spuren der dargebrachten Opfer; und wenn die auf dem Berge vielgehegten Tauben nach Libyen wegzogen oder wiederkehrten, dann wurden, als ob die Göttin selbst mit ihnen ginge und käme, festliche Tage gefeiert.

d) *Liebesverhältnisse*

Farbenreicher als die nachfühlende Betrachtung es zu geben vermag, tritt Bild und Wesen der Aphrodite in ihren Liebesabenteuern hervor. Zeus selbst, der nicht wollte, daß sie frei bliebe von dem süßen Verlangen, mit welchem sie Götter und Sterbliche vereinte, senkte ihr die Liebe zu Anchises, einem troischen Königssohne, in die Brust. Die Göttin erglüht für den schönen Hirten auf dem Idagebirge; sie eilt nach Paphos, verschließt dort die strahlenden Flügel und läßt sich von den Chariten salben und schmücken. Nun schwingt sie sich durch das Gewölk zum Waldgebirge hin; Löwen, Bären und Pardel drängen sich schmeichlerisch an sie heran und werden von ihr sanft zueinander gesellt; den Anchises fand sie, wie er allein im verlassenen Gehöfte fröhlich singend umherwandelte. Sobald er sie schaute in dem strahlenden Glanze ihrer Schönheit, erglühte er und begrüßte sie als Göttin. Ob sie Artemis oder Leto oder eine der Chariten, vielleicht die goldene Aphrodite selber sei, er wolle sie durch einen stattlichen Altar auf dem Berggipfel ehren; sie möge ihm ihre Liebe schenken und ihm dann ein langes und schönes Leben verleihen. Aber Aphrodite beginnt mit süßer Redegewalt ihn zu umstricken: „Sie sei nicht eine Göttin, eine Königstochter aus Phrygien sei sie, von Hermes aus dem Kreise der Jugendgespielen entführt, damit sie die Gattin des Anchises werde. Nun habe der Götterbote sie im Waldgebirge verlassen; so sei sie daher gekommen. Sie fleht mit innigem Drängen zu ihm, daß er sie, die Unerfahrene, schone; sie kniet vor ihm und bittet, daß er sie erst zu Vater und Mutter und den Brüdern führe, ob sie denen als seine Gattin ziemlich erscheine; auch daß er ihren Eltern Kunde gebe und von dort den reichen Brautschatz empfange. Dann möge das wonnige Hochzeitsfest gerüstet werden. So redete die Göttin „und senkte ihm süßes Gelüst ein". Was solche Bitten und Worte wollten, erreichte sie. Die Glut des Anchises flammte auf. „Bist du ein sterbliches Weib", sprach er, „und bist du zur Gemahlin mir hierher geführt, dann soll kein Gott, kein sterblicher Mann mir die Feier der Liebe mit dir verwehren. Ob auch Apollo den stöhnenden Pfeil auf mich schnellte; ich will gern zum Hades hinabgehen, wenn ich deiner Liebe teilhaftig bin." Und er erfaßte ihre Hand; sie senkte die reizenden Augen, und anmutvoll zur Seite gewendet folgte sie ihm zum bräutlichen Lager. Als sie dann süßen Schlummer über den Geliebten ausgegossen, erhob sich die Göttin und legte die glänzenden Gewänder wieder an; hoch ragte ihr Haupt und ambrosische Huld umstrahlte die Wangen. „Wache auf, Anchises", rief sie. „Sage, ob ich dir noch als dieselbe erscheine, wie du zuerst mich schautest." Erschrocken wendete Anchises das Auge ab, verhüllte das Haupt und sprach: „O ich wußte es wohl, du seist eine Göttin. Aber ich flehe dich an, lasse nicht in ohnmächtiger Schwäche mich hinschwinden! Ach, es ja dem Manne nie ein blühendes Leben beschieden, der sich mit einer Unsterblichen in Liebe vereinte." „Fürchte dich nicht", erwiderte die Göttin, „du sollst kein Unheil von mir erdulden; ein liebes Kind werde ich dir schenken, einen Gebieter unter den Troern, dessen Nachkommen blühen werden bis zu der Grenze der Zeiten. Aeneas wird er genannt sein. Aber das lastende Alter wird über dich kommen; ich wähle nicht, daß du unsterblich werdest in kraftloser Hinfälligkeit. Unsern Sohn werden die Nymphen erziehen; in fünf Jahren bringe ich dir ihn, dann freue dich seiner und sage, eine Nymphe habe ihn dir geboren. Niemals, das wahre dir im Gemüte, rühme dich, daß du Aphroditens Liebe genossen; der Blitz Kronions würde dich zermalmen." – So sprach die Göttin und entschwang sich wieder aufwärts zum Himmel.[138]

In dieser schönen Dichtung ist Aphrodite ganz die Göttin, welche ihre eigene Macht an sich selbst erdulden muß. Sie ist voll Sehnen und Liebe, voll glühender Hingebung an den Geliebten, in dem sie gleiche Leidenschaft entzündet; aber soll diese Hingebung über die Erfüllung der Sehnsucht hinausdauern? „Wärest du immer wie heut", spricht sie zu Anchises, „immer dir gleich an Kraft und Wuchs, nie würde das Scheiden mein Gemüt belasten; aber zu dir kommt das niederdrückende Alter – ich kann mit dir nicht verbunden bleiben." In diesen Worten zu dieser Stunde enthüllt sich das Wesen der Göttin. Sie will nichts sein als Schönheit, Kraft und Jugend, Göttin der liebenden Naturgewalt, des Sehnens und des Genießens; Bleiben und Festhalten, Treue über das Vergängliche hinaus weist sie von sich. Der tiefe volle Klang, der für uns aus dem Worte „Liebe" tönt und die edlen sittlichen Beziehungen, ohne welche wir dieses Wort nicht mehr kennen, sind dem Götterbilde der Liebesgöttin nicht eigen; wir würden sein Verständnis verlieren, wenn wir es, anstatt vom Boden der Mythe, von da aus anschauen wollten.

Aphrodite war auch vermählt, und es ist schon oben bei Hephaistos als ein sinniger Zug der Mythe bemerkt worden, daß dem fleißigen, erfinderischen Künstler die Göttin der Schönheit angehören soll. Vielleicht ist es auch grade der Gegensatz der Schönheit und der

Häßlichkeit gewesen, welcher zu dieser Verbindung gereizt hat. Überhaupt ist die Göttin jener Naturgewalt, deren Schwüre von den Winden über das Meer verweht werden, nicht eine Göttin des Ehelebens; und wenn sie dennoch da oder dort einmal als Ehekönigin gepriesen wird, so geschah es in ihrer Bedeutung für den Kindersegen. Als eigentlicher Göttergenosse wird ihr Ares zugesellt, mit dem sie in dem kunstvollen Netze gefangen wurde, wie es an seiner Stelle erzählt worden ist. Auch die bildende Kunst stellte sie gern neben Ares hin. Ihm, nicht dem Hephaistos, gab sie Kinder: die schöne Harmonia, welche dem Kadmos vermählt wurde, aber auch Deimos und Phobos (Grauen und Entsetzen), die Begleiter des Schlachtengottes. Tiefer hinab in den üppigen Grenzgebieten ihres Reiches läßt die Mythe aus Aphroditens Buhlschaft mit Hermes den Hermaphroditos entstehen, welcher das Geschlecht des Vaters und der Mutter in sich vereinigte. Sie liebte auch den Dionysos, buhlte aber während seiner Abwesenheit auf dem Zuge nach Indien mit Adonis und gebar durch Einwirkung der zürnenden Here den mißgestalteten Priap.

Von der Adonis-Sage ist bereits weiter oben geredet und auf ihren Zusammenhang mit dem Orient hingewiesen worden. Sie ist in ihrem griechischen Gewand hauptsächlich auf dem brünstigen Boden des kyprischen Mythenkreises entstanden. Kinyras, der Abkömmling eines von Göttern entsprossenen syrischen Königsgeschlechtes[139], hatte die Stadt Paphos gegründet und verwaltete als Hauspriester der Aphrodite dort ihren Dienst. Aber seine Tochter Myrrha (auch Smyrna genannt) achtete die Göttin nicht und wurde von der darüber Zürnenden mit unnatürlicher Liebe zu ihrem Vater entflammt. Vergeblich kämpfte die Tochter gegen das verbrecherische Gefühl; unter Beihilfe ihrer Amme gelang es ihr, den Vater zu täuschen. Sobald er es jedoch inne wurde, verfolgte er sie mit gezücktem Schwert; da flehte die Geängstigte zu den Göttern, sie unsichtbar werden zu lassen. Von Mitleid bewogen verwandelten die Himmlischen sie in einen Baum, den man Myrrhe nennt, immer aber noch tropfen ihre Tränen als wohlriechendes Harz aus der Rinde. Nach zehn Monaten platzte der Stamm, und ein wunderbar schöner Knabe, Adonis, wurde geboren. Aphrodite, von seiner Schönheit entzückt, verbarg ihn in eine Kiste und vertraute ihn der Proserpina an, die ihn jedoch nicht wieder herausgeben wollte. Der Richterspruch des Zeus entschied, daß Adonis einen Teil des Jahres sich selbst leben durfte, den zweiten Teil sollte er der Proserpina, den dritten der Aphrodite zugehören. Aber er weihte der Vereinigung mit dieser auch seinen eigenen Jahresteil. Doch liebte er die Jagd, und wie sehr auch die Göttin ihn abmahnte, ließ er nicht ab, den Wald zu durchstreifen. Da zürnte Artemis, daß der Liebling der Aphrodite in ihr Gebiet eindringe, und sandte einen verderblichen Eber, welcher den Adonis tödlich verwundete. Von Schmerz und Jammer überwältigt eilte Aphrodite zu dem Sterbenden und ließ, als die das fliehende Leben nicht zurückhalten konnte, aus dem Blute des Geliebten die Rose und aus seinen Tränen die Anemone erblühen.

Alljährlich, wenn die Sonne am heißesten glühte, wurde der Todesfeier des Adonis erneuert. Auf den ersten Tag der Wehklage und der Totenopfer folgte am anderen Tage unter lautem Jubel und Festgesängen die Feier des Wiederaufgelebten mit Ausstellung seines Bildes auf einem von Liebesgöttern, Laubgewinden und sogenannten Adonisgärten umgebenen Lager.

Mit Recht haben die alten Dichter die an der Leiche des Adonis klagende Liebesgöttin, die Schönheit im Schmerze, die Herrin der Freude getroffen von der Vergänglichkeit, gern und gefühlvoll geschildert. In der Mythe selbst ist Liebe, Sommerlust und Vergehen, Blühen, Kosen und Hinwelken sinnig vereinigt und die Bedeutung der Aphrodite als Frühlingsgöttin gefeiert; aber es läßt sich doch empfinden, daß die wahre griechische Aphrodite in diese orientalische Allegorie vom Kommen und Scheiden des Sommers, von dem Erblühen der Pflanzenwelt und dem sie versengenden Glutwinde nur wie hineingeliehen erscheint.

e) Eros

Als am Anfang der Dinge aus dem Chaos die Erde, der feste Sitz der Ewigen, und der grauenvolle Tartaros in der Tiefe des Erdreichs hervorging, wurde auch Eros geboren,

> – – – „der, geschmückt vor den Ewigen allen mit Schönheit,
> Sanft auflösend den Menschen gesamt und den ewigen Göttern
> Bändiget tief im Busen den Geist und bedachtsamen Ratschluß."

So feiert die Mythe den Eros als einen der ältesten unter den Göttern, der die Trennung und die Unruhe der Wesen löst und mildert, den mächtigen Gott, der mit seinem Sehnen und Verlangen Himmel und Erde durchdringt und verbindet. Dieser Eros empfing die Aphrodite, als sie aus dem Meere emporstieg, und begleitete sie zum Olymp. Neben diesem sinnvollsten Ursprunge hat die Dichtung den Liebesgott auf mancherlei andre Weise entstehen lassen. Da ist er aus einem Ei, einer Erzeugung der Nacht, hervorgegangen und hat mit dem Chaos alle Götter erzeugt; oder er ist bei einem Göttermahle entstanden, als Poros, der Gott des Überflusses, vom Nektar berauscht in den Gärten des Zeus die Penia, die Göttin der Armut, fand und sich ihr zugesellte. Gewöhnlich aber galt Eros für einen Sohn der Aphrodite, denn ihr und ihrem Wesen gehörte er an, und so ist er auch wie sie von der späteren Betrachtung als ein himmlischer und als ein gemeiner Eros unterschieden worden.

Doch ist es nicht diese Unterscheidung, welche der anfänglichen Doppelrichtung zugrunde gelegt werden darf, dem Eros der Theogonie und dem Eros als Sohn der Liebesgöttin. Zwar sind beide mächtig und voll Gewalt über Götter und Menschen, aber jener legt seine sanften Fesseln um den Kampf der Elemente wie um den unruhig bewegten Menschengeist, denn er schafft dem Meere Stille, den Winden Ruhe und dem Menschen Frieden; während dieser ausschließlich im Gebiete der Leidenschaft der Liebe waltet, ein mutwilliger, übermütiger, beseligender und quälender Dämon. Nach beiden Richtungen hin preiset ein Dichter die Gewalt des Eros in folgenden schönen Strophen:

> „O Eros, Allsieger im Kampf!
> Du, der sich stürzt über die Beute,
> Der nachts auf schlummernder Jungfrau
> Zart blühenden Wangen webet:
> Fern über Meere schweifst du, besuchst
> Ländliche Wohnstätten;
> Und kein ewiger Gott kann dir entrinnen,
> Kein Sterblicher auch, des Tages Sohn;
> Der Ergriffene raset.
> Du lockst auch unschuldigen Sinn
> In böse Schuld, ihm zum Verderben.
> Im Blick der holdseligen Braut
> Leuchtet der Sehnsucht Macht
> Siegreich, thronend im Rat hoher Gesetze;
> Denn nimmer bezwungen übt ihr Spiel
> Aphrodites Gottheit."

Dagegen wird Eros als der schalkhafte Begleiter der Liebesgöttin in ganz andrer Weise geschildert:

> – – – „er gleicht dem Feuer, die Augen
> Leuchten von flammendem Licht, Sinn boshaft, freundliche Sprache,
> Denn nicht ähneln bei ihm sich Wort und Seele: Dem Honig
> Gleich ist die Stimme, doch drin sitzt Gall' ihm; grausam und trugvoll
> Lügt er in allem, ein Kind voll Kniffen zu blutigem Spiele.
> Üppig gelockt ist das Haupt, doch Frechheit blitzt aus dem Antlitz;
> Klein und zierlich die Händchen, doch trifft er damit in die Ferne,
> Trifft zu dem Acheron, trifft noch des Aides dunklen Beherrscher.
> Nackt an dem Leib ist er zwar, doch hüllt sich in allem der Sinn ihm,

Und wie ein Vogel beschwingt, umflattert er Männer und Weiber,
Wechselnd von einem zum andern, und setzt in den Busen sich ihnen."

So war er der listige Götterknabe, der unerkannt und sich verstellend mit irgendeiner Bitte nahte und dann den arglos ihn Aufnehmenden hohnlachend verwundete: oder er scheint zu schlafen, aber er blinzelt und trifft rasch, wenn jemand zutraulich herankommt; nicht bloß zu Jünglingen und Jungfrauen schaut er hin, er treibt auch mit Greisen seinen grausamen Spott und macht sie zu Kindern. Selbst die eigene Mutter verschonte er nicht, als er ihr die Liebe zu Adonis ins Herz senken wollte. Er nahte ihr schmeichelnd, und wie er sie küßte und umarmte, verwundete ein aus dem Köcher hervorragender Pfeil ihre Brust. Er scheute sich nicht, dem Zeus mit seiner Macht zu drohen. „Gib mir Gewährung", rief er einst nach einer Bitte an Zeus, „oder ich werfe auf dich, Stier der Europa, das Joch!" Dichtung und Kunst wurden nicht müde, die Macht, Schönheit und Schalkigkeit des Eros zu preisen und zu bilden.

Fig. 45

Doch klingt auch jener tiefere Zug wieder, daß er das Widerstreitende bändigt und das Wildeste sänftigt. Auf einem Löwen sitzt er, der zarte Knabe, und führt das gewaltige Tier mit den süßen Klängen seiner Leier. Wie einst Aphrodite durch das Waldgebirge wandelnd die Bären, Pardel und Löwen sänftigte; wie die Sänger der Vorzeit das Seelenlose belebten und das Wilde dämpften, so vereinigt sich hier die Macht der Liebe und die Macht der Töne; das Gewaltige wird ihnen fügsam und dienstbar. – Oft ist dem Eros eine Fackel gegeben, das Sinnbild der zündenden Liebesglut; am häufigsten aber sind Bogen, Köcher und Pfeile seine Waffen. Schon die griechische Dichtung unterschied beseligen Pfeile, welche die Liebesneigung erregen, und verderbliche, von denen das Herz abgewendet wird. Nach einem römischen Dichter führt der Liebesgott zweierlei Geschosse in seinem Köcher; eins weckt, eins scheucht die Liebe. Golden und spitzig sind die Pfeile, mit denen er die Leidenschaft erregt; bleiern und stumpf diejenigen, mit denen er sie verscheucht. Unglücklich wird das Paar, welches er mit dem goldenen und bleiernen Pfeile zugleich trifft.

Da wo die Kunst mehr als das bloß tändelnde Liebesspiel darstellen wollte, bildete sie den Eros als einen an der Grenze des Jünglingsalters stehenden Knaben. Auch unsere Darstellung zeigt ihn so. Er ist mit dem Bogen beschäftigt; nicht, daß er ihn spannt, er prüft ihn nur. Der Aus-

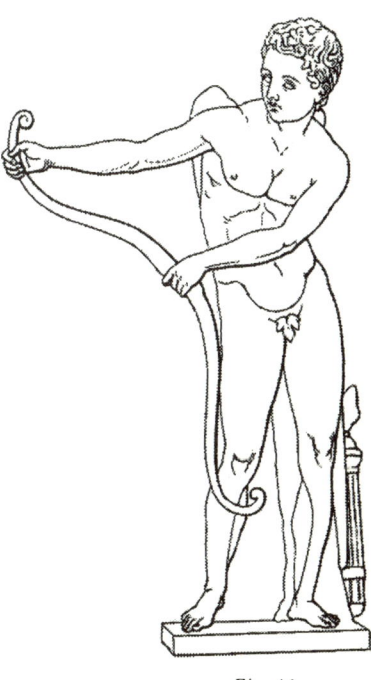

Fig. 46

druck des jugendlichen Kraftgefühls, der Liebreiz der Bewegungen, der strahlende Blick, das geistvoll-gespannte Antlitz und das dicht-weiche Lockenhaar – es ist alles ein Blühen der Schönheit. Auch die Flügel, die ihm und der Siegesgöttin ein besonders eigenes Merkmal sind, fehlen nicht.[140]

Diese Beflügelung des Eros ist mehr als das, wofür sie meisthin genommen wird, mehr als ein Sinnbild der Unbeständigkeit; sie ist vielmehr eine tiefe Hindeutung auf das Trachten und Sehnen der Liebe, welches sich herausschwingen möchte, als wüchsen ihm Flügel.

Neben Eros erscheint in einigen Darstellungen sein Bruder Anteros, die Gegenliebe. Eros hält einen Palmzweig, den ihm Anteros zu entringen sich müht, wohl um ihren Wettstreit anzudeuten. Oder sie halten gemeinsam eine Kugel mit einem Antlitz über sich, eine sinnvolle Symbolisierung des Gedankens, daß auf der Liebe und Gegenliebe die Welt beruht. Andre Gefährten des Eros sind Himeros und Pothos, Sehnsucht und Verlangen. Sie sind Verdoppelungen seines Wesens ohne festen und kennbaren Unterschied der Merkmale.

Mit unerschöpflicher Erfindsamkeit schuf die Dichtung und Kunst in der Begleitung des Eros und der Aphrodite noch eine Schar beflügelter Kindergestalten. Diese *Eroten* (Amoretten) sind Kinder der Nymphen, so zahlreich wegen der vielen Dinge, woran die Menschen ihre Lust haben. Sie tanzen und spielen, sie ringen miteinander und üben sich mit Bogen und Pfeil, sie vergnügen sich im Apfelgarten oder sie taumeln trunken um ein Weingefäß her. In alle Lebensverhältnisse dringen sie ein, wie die Liebe ja überall da ist; die mannigfaltigen Werkzeuge menschlicher Tätigkeit, selbst die Attribute der Götter werden ihr Spielzeug. Endlich finden sie sich sogar wie eine muntre Vögelschar dargestellt, im Käfig zusammengesperrt, aus dem sie zu entwischen streben, und anmutig ihn umflatternd dem Alten Mühe machen, der sie zum Verkauf ausbietet.

In der römischen Mythensprache waren Eros und Himeros ohne wesentliche Veränderung in die Gestalten des Amor und Cupido übergegangen.

Auch ein Gott der Vermählung, *Hymen* oder *Hymenaios*, hatte sich unter den Gottheiten dieses Gebietes eingefunden. Der Gesang des Hochzeitsliedes (Hymenaios) und der Glanz der Fackeln waren alte Gebräuche eines Brautzuges. Von ihnen aus ist der Name und die Gestaltung eines Gottes entstanden, den man dann für einen Sohn der Aphrodite und des Dionysos hielt. Dieser Hochzeitsgott wurde vorgestellt als ein schöner, freundlich-ernster Jüngling in einem safranfarbigen Gewande (die Farbe der Festfreude) und bekränzt; in der Linken trägt er die Fackel, in der Rechten einen Rosenkranz oder auch einen Schleier.

f) Amor und Psyche

Es lebte in alten Zeiten ein König, dessen drei Töchter sich durch Schönheit auszeichneten, am herrlichsten Psyche, die jüngste der Schwestern, deren überwältigende Reize die Menschen so sehr fesselten, daß die Tempel der Aphrodite vereinsamten. Der König fürchtete den Neid der Götter und sann auf Vermählung der Psyche; da befahl ihm das Orakel, seine Tochter in einem Trauerzug auf die Spitze eines hohen Berges zu führen und sie dort zu verlassen. Der Zorn der Liebesgöttin war gegen die schöne Psyche entbrannt; sie hatte dem Amor befohlen, ihr eine niedrige und gemeine Liebe einzuflößen. Als aber der Gott sie sah, wurde er von heftiger Liebe zu ihr erfüllt; Psyche fühlte sich von dem sanften Wehen des Zephyros emporgetragen und in ein wundervolles Tal versetzt, in einen Palast von überirdischem Glanze und Schönheit. Unsichtbar waltende Dämonen kamen jedem ihrer Wünsche entgegen, freundliche Stimmen gaben ihr Trost und Beruhigung. War sie am Abend auf ihrem Lager entschlummert, dann kam der Geliebte; wenn das Frührot winkte, verließ er sie wieder. Er verhieß ihr alles Hohe und Herrliche, nur sollte sie niemals versuchen, seine Gestalt zu schauen und zu erfahren, wer er sei, weil er alsdann sie verlassen müsse. Ungern schon erfüllte er ihre Bitte, die Schwestern, nach denen sie sich sehnte, zu ihr zu bringen; er warnte, sich nicht zur Neugier verführen zu lassen. Doch Psyche, von den Schwestern mit argwöhnischen Vermutungen über den Gatten geängstigt, zündete einst, als der Gott in Schlummer gesunken war, eine Lampe an und nahte mit einem Schwerte bewaffnet dem Lager des Gatten. Und nicht ein Ungetüm erblickte sie; vor ihr lag der schöne Liebesgott, zu seinen Füßen Bogen und Pfeile. Wie sie sich, von dem Anblicke des Geliebten hingerissen, über ihn hinbeugt, fällt ein Tropfen heißen Öles auf die Schulter des Schlummernden. Er erwacht, er weiß das Vorgefallene und eilt zornig hinweg. Alle Herrlichkeit des wundervollen Tales und des strahlenden Palastes waren verschwunden.

Psyche, verlassen und in einer Einöde umherirrend, flehte zu den Göttern um Beistand und begann den Geliebten in allen Tempeln zu suchen. Vergeblich war ihr Mühen und Ängsten; verzweifelt kam sie endlich zu Venus selbst und erflehte sich von ihr den Tod. Aber dies war es nicht, was die erzürnte Göttin wollte; als Sklavin sollte Psyche ihr dienen und durch die unerhörtesten Aufgaben geplagt werden. Drei Züchtigungen mußte sie erdulden, dann sollte sie drei Prüfungen auf Erden und drei Versuchungen in der Unterwelt bestehen. Nur durch den Beistand des Geliebten, der allezeit ihr nahe war, konnte sie das Unausführbare vollenden. Zuerst war ihr geboten, einen gewaltigen Haufen vermischter Samenkörner verschiedenster Art an einem Tage in seine Arten abzusondern; da kam eine Schar Ameisen, welche die Arbeit verrichteten. Dann sollte Psyche einen Flocken Wolle von dem goldnen Vliese heiliger Schafe holen, die in einem tiefen Walde weideten und deren spitze Hörner und giftiger Biß den Menschen gefährlich waren. Sie hielt sich für verloren, da tönte aus dem Schilfe eines Flusses der Rat der Schildkröte, zu warten, bis die Tiere von der Mittagshitze bedrückt eingeschlummert dalägen; dann dürfe sie ohne Gefahr ihnen nahen. Kaum war dies vollführt, so erhielt Psyche den dritten Befehl, von dem Gipfel eines hohen, steilen Felsens einen Krug Wasser herabzubringen; Drachenbrut wohnte in den Höhlen des Berges. Hier flog ihr der Adler des Zeus entgegen, der das Gefäß in seine Krallen nahm und das Wasser schöpfte. Nach diesen Prüfungen begehrte Aphrodite, daß Psyche in die Unterwelt hinabsteige und von Proserpina eine mit Schönheitssalbe gefüllte Büchse heraufbringe. Alle Verlockungen und Schrecknisse des Weges waren schon glücklich überwunden, die Herrscherin der Unterwelt hatte ihr die Salbe gereicht; da konnte sie der Begierde, die verschönende Salbe an ihren gramentstellten Zügen zu versuchen, nicht widerstehen. Sie öffnete die Büchse. Eine finstere Dampfwolke stieg empor und umhüllte ihr das Haupt; sie stürzte nieder. Aber Amor war auch hier rettend nahe. Er verschloß den Dampf in die Büchse zurück, berührte das Haupt der Geliebten mit seinem Pfeile und erweckte sie zum Leben; dann eilte er mit ihr zum Olymp. Venus war versöhnt. Zeus gab der Psyche die Unsterblichkeit und verband sie auf ewig mit Amor. Die neidischen Schwestern stürzten sich von einem Felsen herab.

An diesem berühmten Mythos des Apulejus ist viel herumgedeutet worden. Schön und treffend erscheint uns folgende Auslegung[141]: „Diese Fabel ist eine Versinnlichung des Schicksals der menschlichen Seele. Sie, göttlichen Ursprungs, ist hier im Kerker (im Leibe) dem Irrtum unterworfen. Daher stehen ihr Prüfungen und Läuterungen bevor, um der höheren Ansicht der Dinge und der wahren Lust hier und dort fähig zu werden. Zwei Eroten begegnen ihr: der irdische, der Verführer, der sie zum Irdischen herabzieht; der himmlische, der ihren Blick zum Urschönen und Göttlichen lenkt, der, über seinen Nebenbuhler siegend, die Seele als seine Braut heimführt.

Eine andre Allegorie von Amor und Psyche wurde durch die Bedeutung des Wortes Psyche als Seele und Schmetterling veranlaßt und mit besonderer Vorliebe von der bildenden Kunst benutzt, auch mit der oben erzählten Mythe in Verbindung gebracht. Wie der Schmetterling aus dem niederen, gebundenen Zustande der Raupe und der Verpuppung auffliegt, so schwingt sich die Seele aus den Fesseln des Irdischen zu Freiheit und Licht empor. Psyche trägt darum Schmetterlingsflügel, und Eros spielt mit Schmetterlingen oder peinigt sie an der Flamme seiner Fackel. Auch in der hier gewählten Darstellung dieser Allegorie hält Eros weinend und abgewendet den Schmetterling über die Flamme der Fakkel; ein schönes Sinnbild der von der Leidenschaft gequälten Seele. Hinter dem Schmetterling steht Nemesis, die Vergelterin, lüpft das Gewand und senkt den Blick sinnend in den

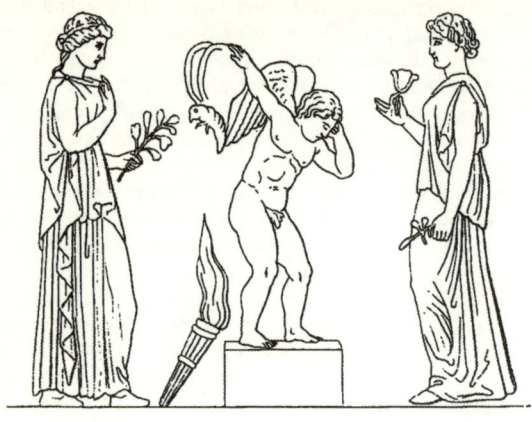

Fig. 47

Busen. Vor den schmerzbewegten Eros aber tritt Elpis, die Hoffnung, tröstend mit einer Lilienblume in der Hand. Herrlich spricht aus diesem Bilde der Gedanke der Entzweiung und der Einigung, des Verlierens und Wiederfindens.

9. Hermes

a) Die Geburt des Gottes. Die Laute. Der Rinderdiebstahl

Über die Täler Arkadiens ragte gegen Norden der Berg Kyllene empor. Dort in den Felsen der Gipfelhöhe, von Gebüschen umschattet und von duftenden Kräutern umblüht, war eine Grotte, die Wohnung der Maja, einer der Töchter des Atlas. Köstliche Reichtümer waren in der Grotte gehäuft, glänzende Dreifüße und Becken, prangende Purpurgewande und schneeweiße Hüllen der Göttin in den Gemächern, dazu auch goldene und silberne Geräte und labende Fülle von Nektar und Ambrosia. In nächtlicher Stunde, wenn die Götterkönigin Here von Schlummer umfangen ruhte, kam Zeus zum Felsendunkel und erfreute sich in Verborgenheit der Liebe der lockigen Maja. Nach Vollendung der Monate gebar sie den Hermes, den vielgewandten, listigen Gott, der die Nacht durchspäht, Türen und Tore belauert und die umstrickenden Träume bringt. Bald nach seiner Geburt kroch er aus der Wiege heraus, verließ die Grotte und traf draußen eine Schildkröte, wie sie eben durch die Kräuter hinschlich. „Sei mir willkommen", rief er, „du buntfleckiges Spielwerk! Dich will ich nützen." Er hob sie empor, rasch war sie getötet, dann nahm er sie aus, spannte sieben Saiten über die wölbige Höhlung und setzte den Griff an. So war die Leier erfunden. Und wie der Gott mit dem Schlegel die Saiten berührte, erscholl lautrauschender Klang; er sang aber von der Liebe des Kroniden zu der umlockten Maja, von seiner eigenen Geburt, auch von dem Reichtume und Glanz der mütterlichen Behausung. Die Freude genügte ihm nicht lange, schon flogen die begehrlichen Gedanken hinaus zu Raub und Trug; er legte die Laute in seine Wiege, verwahrte sie sorgfältig und verließ dann wiederum die Grotte.

Er sprang zum Berggipfel empor. Helios senkte sich eben mit seinen Rossen zum Okeanos nieder, die Schatten der Nacht legten sich über Gebirg und Flur. Das war ja seine liebe Zeit, die rechte behagliche Stunde; hurtig wanderte Hermes in das Dunkel hinein nach Pieria am Olympos hin, wo die Rinder des Apollo weideten, herrliche Tiere, glänzend weiß und mit goldenen Hörnern. Fünfzig Rinder trieb er von der Herde hinweg, lenkte vom Wege ab, und um die Spur unkenntlich zu machen, drehte er ihnen die Klauen um;

sich selbst aber band er laubige Zweige unter die Sohlen und wanderte rücklings. Nur ein Greis, der an seinem Weingelände arbeitete, sah den seltsamen Trug; Hermes verhieß ihm reiches Gedeihen seiner Pflanzung, wenn er schweigen und dem Fragenden verbergen würde, was er gesehen habe.[142] Darauf trieb er die Herde in die Gegend von Pylos in eine hochgewölbte Grotte, entzündete dort ein Feuer, indem er Holzstücke heftig aneinander rieb, und brachte zwei der Rinder den zwölf Göttern zum Opfer dar. Als er dies alles vollendet hatte, eilte er zurück zur mütterlichen Wohnung. Sein nächtlicher Pfad war einsam und still, niemand begegnete ihm, selbst das Hundegebell schwieg. Gleich einem Lüftchen schlüpfte er durch das Türschloß der Grotte und in die Wiege hinein; dann legte er sein Spielwerk, die Laute, neben sich, hüllte die Decke um sich her und erwartete, was kommen würde.

Die Mutter hatte die Entfernung wie die Rückkehr des Kindes wohl wahrgenommen und schalt: „Woher, du Schalk, kommst du in nächtlicher Stunde? Denkst du wohl gar, dich in den Vorhof des Apollo diebisch zu schleichen oder ihm den Köcher von den Schultern zu entwenden? Schwer wird sein Zorn dich strafen!" – „Mutter", antwortete Hermes, „warum bemühest du dich, mich zu schrecken, als wäre ich der winzigen, schüchternen Kindlein gleich! Ich will mich der Kunst bemächtigen, welche die beste ist für mich wie für dich. Dann werden wir nicht, wie jetzt, wenig geachtet in der umdüsterten Felsengrotte hausen; herrlicher wird es sein, bei den seligen Göttern zu leben, reich und an Gut gesegnet. Zu gleicher Ehre wie Apollo will ich für mich emporsteigen. Bewilligt Zeus mir dies nicht, dann werde ich selbst es versuchen, und sollte ich Anführer der Räuber werden. Wenn aber Apollo mir jetzt nachforschet, so wird ihm mehr noch begegnen; dann schleppe ich ihm Dreifüße, Becken, Gold und Gewänder aus seinem Hause zu Pytho hinweg."

Doch Apollo kam. Als die leuchtende Eos emporstieg, hatte er sich aufgemacht, die entwendeten Rinder zu suchen. Jener Greis in der Weinflur konnte einige Auskunft geben; ein Kind, sagte er, habe die Rinder vorübergetrieben, und als nun Apollo gleich darauf einen Adler hoch in den Lüften schweben sah, da erkannte er, daß der Sprößling des Zeus den Raub verübt habe. Er wendete sich nach Pylos, dann zum Gipfel des Kyllene hin, und Staunen ergriff ihn auf dem Pfade, als er den rückwärts gewendeten Gang der Rinder und die rätselhaften Fußspuren des Führers erschaute. Nun sah Hermes den Zürnenden in die Grotte eintreten und verbarg sich tief in die Windeln, als ob er schliefe, so daß er dalag „wie wenn die weiße, weichliche Asche glühende Kohlen umhüllt". Aber Apollo durchspähte die Grotte, auch die Gemächer des Vorrats und sprach drohend: „Du dort in der Wiege, zeige mir eilig die gestohlenen Tiere, sonst schleudre ich dich in den Tartaros." – Hermes antwortete ihm mit listiger Rede: „Was kommst du doch hierher, Apollo, deine Rinder zu suchen? Gleiche ich wohl dem starken Manne, der Stiere treibt? Ich sehne mich nach Schlummer, nach dem lauen Bade und nach der Nahrung der Mutterbrust! Siehe die zarten Füße, kann ich wohl über den harten Erdboden hin wandeln! Willst du, so schwöre ich dir bei dem Haupte des Vaters, daß ich nicht schuldig bin." Und wie er so den trüglichen Sinn in die Kunst der listigen Worte verhüllte, da blinzelte er, zuckte mit den Brauen, zischte laut und blickte hierhin und dorthin. Apollo lächelte sanft über dies trügerische Bemühen des Kindes und gedachte seiner künftigen Taten nach solchem Anfange: „Das wird deine Ehrengabe bei den Göttern sein, Diebanführer genannt zu werden. Aber jetzt steige empor aus der Wiege, du Genosse der düsteren Nachtzeit!" Mit diesen Worten faßte Apollo den Knaben, zog ihn hervor und ließ ihn hoch in seinen Händen schweben; doch der Unartige nötigte bald den Gott, ihn wieder nieder zu lassen. Sie redeten und stritten noch viel, endlich berief sich Hermes auf die Entscheidung des Zeus. So schritten sie hin zum Olymp; dort war Chortanz und festliche Götterversammlung; die beiden achteten aber nicht darauf, sondern traten vor Zeus, und Apollo begann mit seiner Anklage. Darauf leugnete Hermes auch hier den Raub und wußte geschickt von der Unmöglichkeit zu reden, daß er ihn begangen habe:

> „Vater Zeus! Ich will dir anjetzt Trugloses verkünden,
> Denn truglos bin ich und der Lügenred' unkundig.
> Nimmer verließ ich die Schwell'; und das sag ich dir all nach der Wahrheit.
> Aber den Helios acht' ich in Scheu und alle die Götter,
> Lieb' auch dich, und vor dem sehr fürcht' ich mich. Selber doch weißt du,
> Wie unschuldig ich bin; und ich schwöre den mächtigen Eidschwur
> Dir allhier bei der Götter so schmuck verzieretem Vorhof."

Und wiederum blinzelte er viel bei dem Reden und hüllte die Arme in die Windeln ein.

> „Lautauf lachete Zeus, den schelmischen Knaben erschauend,
> Klar sich bewußt, daß wegen der Rinder er hatte gelogen."

Dann befahl der Göttervater beiden, daß sie einmütiglich hingingen, die Herde zu suchen; Hermes voran möge anzeigen, wo er sie verborgen halte. Zeus winkte – und Hermes gehorchte. Eilig gelangten sie zu den hochgewölbten Grotten von Pylos; Hermes trieb die Schar der Rinder hervor ans Licht, doch bemerkte Apollo sogleich die Häute der geschlachteten Tiere hoch auf dem Felsen und bewunderte aufs neue die Kraft des Götterknaben. Wie jener aber nun um die Füße der wiedergefundenen Stiere weidene Ruten band, da wurzelten diese sogleich in dem Boden nach dem Willen des Hermes; doch ehe noch der staunende Apollo aufzürnen konnte, sänftigte er ihm den Mut durch den Klang der Laute.

> – – – – „Die schön einstimmenden Saiten
> Schlug er gesamt mit dem Schlegel der Reihe nach. Unter den Händen
> Schallten sie rauschenden Klangs; doch es lächelte Phoebos Apollon
> Hochentzückt, und die Seele durchschallte Wonnegetön ganz
> Ihm vom göttlichen Klang, und ihm regte sich süßes Gelüsten,
> Dies im Gemüt anhörend."

Von heftigem Velange getrieben, bot Apollo dem Hermes die fünfzig Rinder für die Laute, und beteuerte, daß er ihm Ehre geben wolle unter den Göttern. „Nimm sie, sprach Hermes,

> – – – – – – – – – „die silberstimmige Freundin,
> Sie, die des Tags und der Nacht Lustspenderin. Wer aus derselben,
> Wohl in den Künsten gelehrt und der Weisheit, locket die Stimme,
> Tönendes Schalls lehrt den sie des lieblichen viel im Gemüte,
> Leise gerührt aufsingend beim Wonnegelag der Genossen,
> Fliehend der Arbeit Mühe, schwerlastende. Aber wenn jemand
> Ganz unkundig der Künste mit Ungestüme sie reizet,
> Fruchtlos strebt er mit ihr dann höheres Spiel zu versuchen."

Nun will ich dir die Laute geben; du lehre mich das Verhängnis kennen, wie Zeus es beschließt, daß ich die Zukunft den Menschen verkündige und reiche Gaben empfange. Jetzt aber laß uns die Herde treiben zur nährenden Weide und zürne nicht länger!"
    So reichte Hermes die Laute dem Apollo, dieser übergab ihm die Herde und auch die Geißel zum Zeichen der Würde als Herdengott. Hocherfreut schritten beide dahin; Apollo sang zu den Klängen der Laute, und nachdem sie die Herde zur Wiese getrieben, kamen sie zum Olymp. Da freute sich Zeus, daß er die beiden in Liebe vereinigt hatte. Sie schworen sich Eintracht und Freundschaft; Apollo schenkte dem Bruder nun auch die Rute des Segens und des Reichtums, golden und dreifach belaubt. Sie ist für ihn bald das Zeichen seines Heroldsamtes unter den Göttern geworden. Jedoch die Kunde der Zukunft, das Wissen und die Verkündung dessen, was Zeus untrüglich sinnt und beschließt, dies teilte Apollo dem Hermes nicht mit. „Heiße mich nicht", sprach er, „dich das Verhängnis lehren! Ich habe dem Zeus geschworen, daß kein andrer unter den Göttern seinen Rat ausforschen werde." Nur zu dem Orakel der Thrien wies Apollo den Bruder hin. Dies sind drei Schwe-

stern, geflügelte Jungfrauen, wohnend am Parnass. Sie haben das Haupt mit Mehl bestreut und fliegen umher, dahin und dorthin, Honig zu suchen. Wenn sie solchen gefunden, dann weissagen sie untrüglich; fehlt ihnen diese Labung, dann führen sie den Fragenden irre. „Diese gebe ich dir, o Hermes! Forsche sie aus und verwalte ihre Weissagung!"[143]

b) Hermes als Götterbote

Die Ratschlüsse des Zeus zu ergründen und zu schauen, war dem Hermes versagt; es war nicht seine Sache, das Werdende zu ahnen und die wirkenden Kräfte der Zukunft zu verstehen. Dafür war ihm in andrer Beziehung gegeben, den Sinn des Zeus zu kennen: er durchschaute das Beschlossene, verständig und gewandt erfaßte er die bereitliegenden Entschlüsse und Befehle des olympischen Herrschers; er war sein Diener und Bote bei Göttern und Menschen, und er war als solcher stets unermüdlich, voll richtiger Auffassung der Absichten und der Mittel und voll gewinnender Beredsamkeit.

Daß er, wie andre Götter, in der Gigantenschlacht mitkämpfte und den Hippolytos tötete, hat keine besondere Beziehung auf dieses Dieneramt; wohl aber, daß er den Zeus rettete, als dieser vom Typhon verwundet worden war. Das Ungeheuer hatte dem Gott die Sehnen an Händen und Füßen abgeschnitten und dieselben in ein Bärenfell gewickelt in eine Höhle gelegt. Hermes wußte den Drachen, welcher zur Wache gestellt war, zu täuschen; er stahl die Sehnen hinweg und fügte sie dem Zeus heimlich wieder zusammen, so daß der Götterkönig den Kampf erneuern konnte. Auch dem Ares half Hermes aus dem ehernen Kerker, in welchem Otos und Ephialtes ihn gefangen hielten, und wiederum heißt es, daß er ihn heimlich aus dem Kerker entwendet habe. Immer ist er ein eifriger Überbringer der Botschaften des Zeus, und er versteht es, schlau und beredt seine Zwecke auch dann zu erreichen, wenn der Befehl Leid und Verdruß bringt. Als der Kalypso geboten ward, den Dulder Odysseus zu entlassen, und Hermes mit klugen Worten ihr das schmerzliche Gehorchen erleichtern wollte, da rief sie: „Grausam seid ihr, o Götter, und eifersüchtig vor andern!" Aber Hermes mahnte: „Scheue den Zorn des Kroniden!" und die Nymphe fügte sich der Warnung des Götterboten. – Nicht so gut gelang es ihm bei dem gefesselten Prometheus, als er denselben bewegen wollte, dem Zeus die seiner Herrschermacht gefährliche Ehe zu enthüllen. Prometheus behandelte den Hermes mit trotziger Geringschätzung, er nannte ihn einen hochfahrenden Götterknecht, dessen schnöde Dienstschaft er verschmähen würde, selbst wenn er damit Befreiung aus seinen Fesseln erlangen könnte. Und als auch der Chor der Okeaniden den unbeugsamen Dulder nicht verlassen wollte und die Aufforderung des Hermes zurückwies, weil er niederen Sinnes Tat anrate, da erhob der Götterbote seinen warnenden Zuruf: „Nimmer scheltet auf Zeus, als hätt' er euch ungewandt ins Verderben gestürzt. Nicht er, ihr selbst habt es getan; denn ihr verstrickt euch in die Netze der eigenen Torheit." Die vorsichtige Geschmeidigkeit des Hermes, seine kluge Erwägung der Folgen tritt hier in das hellste Licht gegenüber der finstern Unbeugsamkeit und der trotzigen Hoheit des in sich erstarrenden Willens. Dieser Gegensatz des Hermes zur Prometheus-Sage ist in seiner Begegnung mit dem Sohne des Dulders völlig gemildert. Deukalion war nach überstandener Flut auf dem Parnass aus seinem Schiffskasten gestiegen und hatte dem Zeus geopfert. Da brachte ihm Hermes die Gewährung seiner Bitte, daß wiederum ein Menschengeschlecht erstehen dürfe aus Steinen, welche Deukalion und seine Gattin Pyrrha rückwärts über den Kopf werfen sollten.

In allen solchen Beziehungen erscheint der Götterbote als Warner und Ratgeber; auf dem Olymp war er der ordnende Hausgeist der Götterversammlung. Wenn Artemis von der Jagd zurückkehrt, nimmt er ihr das Jagdzeug ab; er bereitet den Saal für den Festreigen der Himmlischen, er sorgt für die Götterspeise und für Bereitschaft und Spendung des Nektars. Auch auf die Opfer erstreckte sich nach Art der Herolde seine Fürsorge; wie wir ihn schon bei dem Rinderdiebstahle walten sahen, als er zwei der Tiere schlachtete, das Opferfeuer entzündete und die zwölf Spenden den Göttern weihte.

Daß er sich bei den Liebeshändeln des Zeus gern nützlich machte, ist an dem eifrigen Boten und Diener nicht zu verwundern. Als Zeus die in eine Kuh verwandelte Io aus der lästigen Obhut des hundertäugigen Argos befreien wollte, sendete er den Hermes. Vergeblich war dieser bemüht, die Kuh heimlich wegzubringen; alle seine List und Kunst wurde durch die niemals unterbrochene Wachsamkeit des Argos vereitelt, denn während ein Teil seiner Augen schlief, wachten die anderen. Da dehnte Hermes, der als Hirt zu Argos gekommen war, mit geschwätziger Rede die Stunden, und als Argos mit Mühe die umstrikkende Gewalt des Schlummers von sich wehrte, senkte jener durch liebliche Töne der Hirtenflöte ein Auge nach dem anderen in Schlaf und vollendete die Betäubung durch die Berührung mit seinem Stabe. Dem Schlafenden hieb er dann eilig das Haupt ab. Von dieser Tat ist ihm der gebräuchlichste seiner Beinamen, der Argostöter, geblieben. Immer zeigt er sich bereit, den eifersüchtigen Ränken der Here entgegenzuwirken. So brachte er den kleinen Arkas, den Sohn des Zeus und der Kallisto, als Here sie verfolgte, in Sicherheit; und als Dionysos geboren wurde, übergab ihn Zeus dem Hermes, der ihn nach mancherlei Widerwärtigkeiten dennoch den Nachstellungen der Here entzog und zu den Nymphen von Nysa in Asien rettete. Diese Beflissenheit und Behendigkeit hat, freilich in späterer Zeit, wo die Göttergeschichten mit ungebundenem Humor behandelt wurden, dem Diener und Boten der Götter die niedrige Rolle eines lockeren Helfershelfers eingetragen, der den Zeus bei seinen Liebesabenteuern unterstützt und ihm leuchtet, wenn er die Leiter an das Fenster einer Geliebten legt.

Den Zeus-Söhnen stand er in ihren Heldenkämpfen gern und brüderlich bei. Als Perseus sich aufmachte, das Haupt der Gorgo zu holen, geleitete ihn Hermes zu den drei Phorkiden, damit er sich von ihnen den Weg zu den Nymphen zeigen lasse. Hier fand der Heros, was er suchte: den unsichtbar machenden Helm, die Flügelschuhe und den Schubsack; Hermes gab ihm noch eine eherne Sichel. So ausgerüstet vollführte Perseus sein Unternehmen und brachte das Haupt der Gorgone Medusa. Dem Hermes übergab er dann Flügelschuhe, Schubsack und Helm, aber dieser behielt diese Gegenstände nicht, sondern überließ sie wiederum den Nymphen.[144] – Als Herakles von den Göttern wehrhaft gemacht wurde[145], schenkte ihm Hermes das Schwert; und als der Heros einem Orakelspruch zufolge in dreijährige Dienstbarkeit verkauft werden sollte, um dadurch Heilung von einer schweren Krankheit zu erlangen, da versteigerte Hermes den Herakles, und es erstand ihm die Lydier-Königin Omphale. – Dem Amphion, einem Sohn des Zeus und der Antiope, gab Hermes die Lyra, nach deren Tönen bei dem Bau der Mauern von Theben die Steine sich ordneten und zusammenfügten. – Auch menschlichen Helden war Hermes in Gefahr und Nöten günstig und hilfreich. Odysseus war an der Insel der Kirke gelandet und hatte die Hälfte seiner Genossen als Kundschafter vorausgesendet. Die Zauberin hatte sie in Schweine verwandelt. Auf die Kunde davon eilte Odysseus, in edlem Mute die Gefahr verachtend, zum Palaste der mächtigen Göttin hin. Da trat ihm Hermes entgegen mit goldenem Stabe, einem blühenden Jüngling gleich, faßte ihn freundlich die Hand und sprach: „Wohin eilest du? Willst du die Freunde erlösen? Schwerlich gelingt dir's; auch du wirst bleiben, wo die anderen sind. Aber nimm dieses Kraut, des Tugend dich gegen den Zauber schützt." Und er gab dem Helden das Kraut: schwarz war die Wurzel und milchweiß die Blüte, Moly wird es von den Göttern genannt. Auch mancherlei Ratschläge verkündete der Gott dem Odysseus, dem es unter solchem Schutze völlig gelang, sich selbst zu bewahren und seine Freunde zu erlösen. – In ebenso freundlich gewandter Weise nahte Hermes dem alten, ehrwürdigen Trojanerkönige Priamos, als dieser die nächtliche Fahrt zu dem Lager des Achilles unternahm, um den Leichnam des Hektor aus der Hand des Feindes zu lösen. Zeus hatte erbarmend auf den leidvollen Vater herabgeschaut und sendete den Hermes, um jenen durch das Gefilde zu führen, daß keiner der Griechen ihn sähe und bemerke. Das wußte Hermes auf das trefflichste zu vollenden; er nahte in der Gestalt eines Jünglings aus der Zahl der Genossen des Achilles, ermutigte den erschreckten Greis, tröstete ihn durch rühmende Worte von Hektor und stärkte sein Gemüt zur Vollendung seines Weges. Am Ziele angelangt, senkte der Gott die Hüter des Tores in Schlaf, hob den Riegel und führte den Priamos hinein. Dann aber offenbarte er sich dem König und verließ ihn, ehe Achilles nahte:

– – – – – – – – – „denn unanständig ja wär' es,
Wenn ein unsterblicher Gott für Sterbliche sorgte so sichtbar."

Hermes ist auch der Bote zwischen der Oberwelt und Unterwelt. Dieses Amt, „daß er allein sei ein Bote zum Hades", ist ihm ausdrücklich eingeräumt, und es würde die Auffassung als Götterbote überhaupt zu diesem Ausgangspunkte als eine spätere Erweiterung hinzugekommen sei. Es ist seinem Wesen eine Kraft über die nächtliche Seite des Lebens, über Schlaf und Traum eigen, und so geht er auch als Führer aus dem Reiche des Lichtes in das Reich der Schatten da wie dort ein und aus. Als Pluto die Proserpina raubte, führte Hermes die Rosse der Unterwelt (siehe Fig. 57); wenn Proserpina im Wechsel der Zeiten zurückkehren darf, holt sie Hermes und geleitet sie aus der düstern Tiefe nach oben. – Als Herakles den Befehl auszuführen hatte, den Kerberos an die Oberwelt heraufzubringen, war Hermes sein Führer hinunter und herauf. Dann ist er auch der Führer der Seelen Verstorbener geworden (Hermes Psychopompos). So rief er die Seelen der von Odysseus erschlagenen Freier und regte den Schwarm mit seinem goldenen Stabe an; sie aber folgten ihm schwirrend wie Fledermäuse. Auch finden sich bildliche Darstellungen, wo Hermes als Seelenführer die Hingeschiedenen zum Hades geleitet und sie dem Herrscher der Tiefe übergibt.[146]

In diese Beziehung zu den Mächten der Erdtiefe gehört auch die Erzeugung der Laren. Lara, eine Nymphe, hatte der Gemahlin des Götterkönigs hin und her Nachrichten über dessen Untreue hinterbracht. Zeus zürnte und beraubte die Schwätzerin ihrer Zunge; dann verbannte er sie an einen See der Unterwelt, wo sie als Nymphe der düstern, schweigenden Gewässer einen ihr passenden Aufenthalt haben sollte. Hermes erhielt den Auftrag, sie dorthin zu geleiten. Wie er mit der Jungfrau den Hain des Hades durchschritt, erregte die Sprachlose, die nur in Blicken zu ihm reden konnte, das Wohlgefallen des Gottes. Sie wurde die Mutter des Zwillingspaares der Laren, die als Schutzgeister der Fußsteige und als wohlwollende Hüter des Hauses und des Herdes walteten. – Verwandt ist die Sage, daß die stygische Hekate dem Hermes drei Töchter geboren habe. – Dasselbe Ungestüm und plötzliche Liebesverlangen charakterisiert auch andre Liebschaften dieses Gottes. Als er die Polymele, eine Tochter des Phylas, bei dem Feste der Artemis im Reigentanze der Sängerinnen sah, entzündete die Anmut des Mädchens seine Liebe, und er eilte zum Söller, um mit ihr zu kosen. Der Sohn dieser Liebe war Eudoros, einer der Kriegsobersten des Achilles. – Apemosyne, eine Enkeltochter des Minos, war mit ihrem Bruder Althamenes von Kreta nach Rhodos entwichen, denn ein Orakelspruch hatte verkündet, daß Catreus, ihr Vater, durch eines seiner Kinder werde getötet werden. Darum hatten sie die väterliche Insel verlassen. In Rhodos erblickte Hermes die Apemosyne, und schnell entflammt versuchte er die Fliehende einzuholen. Aber sie übertraf den raschen Götterboten an Schnelligkeit. Da warf er ihr frisch abgezogene Felle auf den Rückweg. Sie glitt nun im Laufe aus und konnte den Gott nicht länger abwehren. Als ihr Bruder das Geschehene erfuhr, tötete er seine Schwester.[147] – Auch Herse, die Tochter des Kekrops, wurde von Hermes geliebt; er hatte die attische Königstochter als Korbträgerin bei einem Festzuge erblickt, und sie hatte seinem raschen Liebeswerben Gehör gegeben. Sie gebar den Kephalos, den in seiner Jugendblüte die strahlende Eos zum Liebling erkor. – Seltner ist eine der, übrigens sehr zahlreichen, Liebschaften des Hermes von Ausdauer und planvollem Werben begleitet, wie es bei der Tochter des Dryops, eines arkadischen Mannes, geschah. Von Liebe zu dem Mädchen bewogen, hütete Hermes die Herde des Dryops, bis er die Gunst der Geliebten gewann. Sie wurde die Mutter des fröhlichen, schalkhaften Feld- und Herdengottes Pan.

Unter den vielen Söhnen des Hermes möge noch Aethalides erwähnt werden, ein ruhmvoller Herold, der gleich seinem Vater auf der Oberwelt und in der Unterwelt zu weilen vermochte und auch unter den Schattengestalten Erinnerung und Geisteskraft nicht verlor. Die meisten dieser Erzeugungen vervollständigen das Gebiet des Hermes und sind auch ihrerseits ein Beleg für die Ansicht, daß die Liebschaften der Götter überhaupt nur Verhüllungen der Begriffe des Schaffens und Bildens sind.

c) *Bedeutungen des Hermes*

Als Apollo dem Hermes für die Lyra die geraubten Rinder überließ, reichte er ihm die Geißel als Zeichen der Herrschaft über die Herden und setzte ihn ein zum Hüter und Pfleger des schwer hinwandelnden Hornviehs, weißwolliger Schafe, der Sauen mit blinkenden Hauern, auch der Rosse und Maultiere. So ist Hermes als Herden- und Weidegott verehrt worden, und es heißt von ihm wie von Hekate, daß er die Zucht und die Triften des Viehes gedeihen lasse und mächtig sei, aus Wenigem Großes zu verleihen, aber auch Großes zu Geringem zu erniedrigen. Von dem Trojaner Phorbas, den großer Reichtum an Herden auszeichnete, heißt es, daß Hermes ihn begünstigte und gesegnet habe. Die Hirten gedachten des Gottes bei ihren Gebeten und Opferspenden, wie Eumaios es tat, als er dem noch unerkannten Odysseus das Mahl bereitete, zuerst aber den Nymphen und dem Hermes Opferstücke weihte. Darum, weil er Gedeihen und Fruchtbarkeit verleiht, heißt er „der Gesegnende" und „der Bringer des Heils", obgleich diese letztere Bezeichnung bereits in seine weitere Bedeutung als Götterbote hinüberreicht. Aber daß er der Vater des Pan wird, jener Lieblingsgottheit der Hirten und Feldbewohner, dies bezeichnet den Hermes recht deutlich als einen Gott, der mit Herden und Triften zu schaffen hat.

Jedoch scheint es, als ob diese Bedeutung des Hermes zwar im Volksglauben bewahrt, in der Mythe aber nur nebenhin erhalten worden sei. Dagegen sind seine Beziehungen zum Nächtlichen und Unterweltlichen reichlich und lebendig. Wir sind schon darauf aufmerksam geworden, daß seine Würde als Bote zum Hades das Motiv zu seinem Amte als Götterbote geworden sein könnte. Er heißt der listige Späher der Nacht, Dämmerung und Dunkelheit sind ihm befreundet; regen Geistes und tatenlustig erhebt er sich, wenn der Tag niedergesunken ist, als ob nun seine rechte Stunde gekommen sei. Daß er auf dem Kampffelde vor Troja, als Götter gegen Götter zum Streite stürzten, der Leto sich gegenüberstellte, die eine Göttin der dunkelragenden Himmelstiefe war, gibt auch ein Erkennungszeichen für Hermes, als eines Gottes, dessen Machtgebiet eine Zugehörigkeit darbot; denn in diesen Gegenüberstellungen sind Verwandtschaften des Wesens, der Würde oder der Macht, und selbst im Gegensatze eine Zusammengehörigkeit unverkennbar. In dem Kampfe gegen die Giganten trug Hermes den unsichtbar machenden Helm des Pluto; auch seine Schützlinge, wie Perseus in seinem Abenteuer mit der Medusa, wurden auf seine Veranstaltung mit dem verbergenden Helme und den Flügelschuhen ausgerüstet. Dies alles sind Hindeutungen darauf, daß nächtliches Dunkel und umschattende Verborgenheit Elemente waren, in denen Hermes gern wirkte und waltete. So ist er ganz offenbar ein Gebieter über Schlaf und Traum geworden. Wenn er den Argos berücken will, senkt er Schlaf auf denselben, und wenn er den Priamos zu Achilles hinführt, läßt er dessen Torhüter in Schlummer versinken. Er heißt „der Bringer der Träume" und mit seinem goldenen Stabe schließt er die Augen der Sterblichen zum Schlummer und öffnet sie wieder. Darum pflegte man, wie es die Phäaken-Fürsten taten, wenn man zur Ruhe gehen wollte, dem Hermes das letzte Trankopfer zu spenden.

Doch ist trotz vielfacher und bedeutender Beziehungen zum Gebiete der Unterwelt Hermes keineswegs dem Reiche des Pluto, sondern der lebenskräftigen Oberwelt zugehörig. Ihm hat Zeus es verliehen, Werke des Wechsels zu verwalten bei den Sterblichen; so ist er bald geschäftig auf der Nachtseite des Lebens, bald wieder das frische und gewandte Haupt der regsamsten Tummelplätze des Tagesverkehres.[148]

Der Bringer des Schlafes und der Träume ist zugleich der Schutzgott der Palästra; der schweigsame Seelenführer ist ebenso der redefertige Gott des Handels und Wandels. Er ist eine mythische Doppelnatur, in welcher die eine Erscheinung kaum einen Raum für die Vermutung der anderen läßt, und doch ist die volle Gestalt niemals ein Zerrbild, sondern ein immer schöner Götterjüngling.

Hermes vereinigt in sich kraftvolle Schönheit mit geistiger Beweglichkeit. Er ist es, der

– – – – – – – – „den Menschen
Allzumal ihr Beginnen mit Trefflichkeit schmücket und Anmut."

Darum heißt er „der Anmutgeber" und ist der Schutzgott aller Leibesübungen und Kampfspiele. Er galt für den Erfinder und Stifter dieser Übungen, und die Palästra, der Ringplatz, wo die griechische Jugend in Kraft und Gewandtheit glänzte, war ihm als dem Verwalter des Kampfes geweiht; auch dankten die Sieger in den Festspielen ihm gern für die Hilfe zum gewonnenen Siege. Ebenso war Hermes der Schutzgott des Verkehres in Handel und Wandel, denn sein angenehmstes Geschäft war es, „Männern gesellig zu nahen". Wie sein Wesen ihn zum Boten und Vermittler unter den Göttern machte, so ist er auch der Schirmherr der Marktplätze, der Gott der Kaufleute und des Handelsgewinnes geworden, weshalb seine Darstellungen ihn oft mit dem gefüllten Beutel in der Hand zeigen. In dem römischen Merkur ist diese Eigenschaft zur hervorragenden Geltung gekommen. Die Kunst der Überredung, Erfindsamkeit und List, wie dies alles dem Verkehr eigen bleibt, werden von ihm verliehen, und es ist sinnreiche Lüge und gewandter Diebstahl keineswegs unwürdig, von ihm beschützt zu werden. Dem Autolykos, dem Großvater des Odysseus, der bei seinen Diebereien sich trefflich herauszureden und herauszuschwören wußte, wird nachgerühmt, daß er diese Gabe von Hermes empfangen habe. In dieser Richtung und von seiner eigenen Neigung zum Stehlen und zum Truge ist er sogar zum Schutzgott der Diebe geworden. Auch war es Hermes, welcher der Pandora die redende Stimme gab, zugleich aber „sanft einnehmende Worte und Lug und betörende Schalkheit". Diese erfinderische Gewandtheit der Rede fügte seinen Würden auch die eines Meisters der Beredtsamkeit[149] hinzu, den die Redner als Vorbild und Führer ansahen. In dieser Auffassung geht Herms dann in das Gebiet einer Gottheit der Kenntnisse und Wissenschaften über, wie er in Verknüpfung mit dem ägyptischen Thoth und dem phönizischen Taaut für den Erfinder der Buchstabenschrift und der Zahlenkunst gehalten worden ist und als Hermes Trismegistos (der dreimal Größte) endlich die vollendete Würde eines Gottes magischer Weisheit erworben hat.

Gegenüber dieser geistigen Richtung wurde Hermes nach der Seite des Naturlebens hin für einen Wind- und Regengott gehalten. Einen Stützpunkt findet diese Ansicht in der Beflügelung der Füße und in der Schnelligkeit der Bewegungen; auch ist in Hermes wirklich manche Annäherung an das Gebiet des Luftreiches wahrzunehmen. Aber die festen Umrisse der Gestalt werden durch diese nebenher schwebenden Bildungen nicht gestört; sie sind Anknüpfungen, welche in dem Reichtum der Kombination auf die Größe des Gebietes einer Göttergestalt hinweisen.

Lassen wir unsern Blick, um das Verständnis des schönen, schlauen, eilenden Sohnes der Maja zu vollenden, noch einige Augenblicke auf ihm weilen, wie er neben seinem Bruder Apollo daherschreitet. Beide sind Ideale jugendlicher Mannesschönheit, doch Apollo hervorragend im Ausdrucke des Erhabenen, Hermes in dem der Beweglichkeit und Gewandtheit. Sie sind Freunde geworden und haben den Bund der Treue geschlossen, sobald sie sich in ihrer Kraft und Würde erkannten, aber in Gemüt und Wesen sind diese Zeussöhne völlig verschieden. Apollo ist der wahre, ernste Götterjüngling, aus dessen Auge und Antlitz eine Seele schaut, die sich mit der Kunde der tiefweisen Beratungen des Zeus erfüllt; Durchdringung des Verborgenen und Fernen, Licht und Aufhellung, erhabene Verkündigung sind die Hauptlinien seines Wesens. Ganz anders Hermes, der jugendlich Gewandte. Der schaut nicht in die Tiefen der Dinge, er blickt um sich klar und schlau und weiß, wie er sie zusammenstellt und zum Vorteil dreht; seine bewegliche Seele kennt kein erhabenes Festhalten des Willens, er schmiegt sich, er wechselt und erreicht in praktischer Rührigkeit und Umsicht das Ziel. Apollo ist das Enthüllende, Lichtmachende, das eigen-wahre Götterwort; Hermes ist der Verhüllende, dessen Rede je nach dem Vorteil wahr oder trügerisch ist, immer aber einen Zweck hat. So stehen beide Göttergestalten nebeneinander, jeder ein andrer, und doch in immer gern betrachteter Vereinigung, weil eine Gestalt die andre bestrahlt und verdeutlicht.[150]

d) Darstellungen. Attribute. Die Hermen

Wie die Dichtung den Hermes schilderte,

> „Jetzo kam Hermeias mit goldenem Stab mir entgegen,
> – – – – – – ein blühender Jüngling von Ansehn,
> Dem erst keimet der Bart im holdesten Reiz der Jugend."

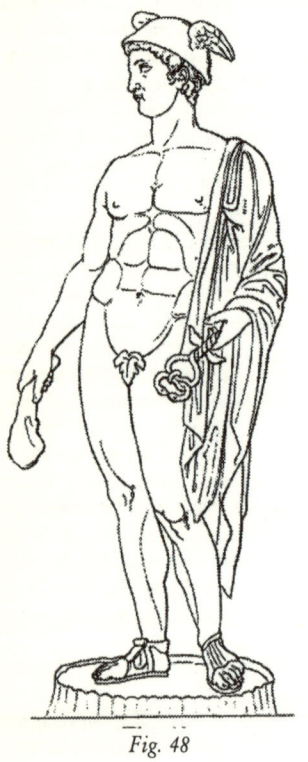

so stellte ihn die Kunst am häufigsten dar in jugendlicher Kraft und Gewandtheit. Der nur von einer Schulter getragene Mantel (Chlamys) zeigt die leichte, anmutig-bequeme Haltung der Gestalt, das Haar ist kurz und gekräuselt, der Ausdruck des Antlitzes freundlich, besonnen, ja schlau. Auf dem Haupte trägt er den flachen Wanderhut, zuweilen wie hier mit Flügeln, die sich jedoch in andern Darstellungen unmittelbar am Kopfe befinden. Oder die Beflügelung ist an den Bändern der Sohlen geheftet; es gibt auch Abbildungen, in denen Haupt und Füße zugleich beflügelt sind. In der rechten Hand hält er den Beutel, der ihn als den Gott der Kaufleute kennzeichnet, zugleich aber das Sinnbild des Segens und des Reichtumes ist: die Linke trägt den Schlangenstab, das Amtszeichen seiner Würde als Götterbote.

Auch wird Hermes abgebildet den Widder tragend oder auf dem Wider sitzend, oder auch den Widder führend und eine Opferschale in der andern Hand haltend; alles entweder Hindeutungen auf seine Eigenschaft als Herdengott oder Beziehungen auf sein Walten als Herold bei den Opfern, vielleicht auch auf besondre Vorfälle, wie z. B. erzählt wird, daß er eine von der Pest betroffene Stadt durch Umhertragen eines Widders von der Krankheit befreit habe. In noch andrer Auffassung erscheint Hermes in der Haltung eines Redners und erinnert an das Dichterwort: facundus nepos Atlantis.

Fig. 48

Der Heroldsstab des Hermes (caduceus) war ursprünglich eine goldene, dreifach belaubte Rute, die Segen und Reichtum verleiht.[151] Dann ist es

> – – – „der Maßstab
> Schön aus Golde gebildet, womit er der Sterblichen Augen
> Zuschließt, welchen er will, und die Schlummernden wieder erwecket."

Immer ergreift er diesen Stab, wenn er eine Botschaft antritt, mit ihm führt er auch die Seelen in die Unterwelt. Endlich ist der Caduceus zum Schlangenstab geworden. Hermes sah, so heißt es, ein Paar miteinander kämpfender Schlangen und warf seinen Stab zwischen sie hin. Die Schlangen ringelten sich am Stabe empor und blieben an ihm in Freundschaft verbunden. So ist der Schlangenstab ein schönes Sinnbild der Macht, die auch das Widerstreitende und Feindliche zu versöhnen weiß. Auch die Beflügelung ist an den Stab hinzugefügt worden, und so ist dieser mit der bevorzugten Auffassung des Merkur als Handelsgott das Symbol der Kaufleute geworden.

Unter den Tieren waren dem Hermes geheiligt: der Widder, die Schildkröte und der

Hahn, letzterer entweder als Sinnbild der Wachsamkeit oder des streitbaren Mutes in Beziehung auf den Schutzgott der Gymnastik.

Wir erwähnen zum Schluß noch die häufig in Griechenland vorhandenen Hermesbilder, Hermen genannt. Es war eine alte Sitte, dem Hermes an Wegen, besonders an Kreuzwegen, Steinhaufen mit einem dabeistehenden Holz- oder Steinpfeiler zu errichten. Daraus entstanden jene viereckigen Säulen mit phallischer Andeutung und dem oben darauf gesetzten Kopfe des Gottes. Diese Hermesbilder sollen zuerst in Athen Eingang gefunden haben und waren dort häufig auf den Straßen und öffentlichen Plätzen zu finden. Bekannt ist es, wie die Verstümmelung dieser Hermen, als der Verdacht der Freveltat sich auf Alkibiades lenkte, für diesen Feldherrn und mit ihm für das Schicksal Athens verhängnisvoll wurde. Es waren aber solche Säulen nicht auf Hermes beschränkt; auch andern Göttern und Göttinnen wurden sie errichtet, und es gab Hermen der Athene, der Hestia, des Eros u. a.

10. Hestia

a) Hestia, die Göttin des häuslichen Herdes

In den Behausungen der älteren, einfachen Zeit stand in der Mitte des Raums, welcher die eigentliche Wohnstätte war, der Herd des Hauses. Auf ihm leuchtete die Flamme des nährenden Feuers, hier versammelten sich die Hausgenossen zur Stunde der Mahlzeit und der Erholung, ein Teil der Hausarbeit selbst wurde hier in täglich wiederkehrender Ordnung vollbracht. In diesem Raume waltete mit überschauendem Blick und tätiger Hand die Hausfrau, die Kinder wuchsen hier vor dem Auge der Mutter auf, Siegeszeichen oder Bilder der Ahnen waren hier aufgehängt, und für die Haus- und Familiengötter war der Herd auch die würdigste Stelle. So wurde der Herd die Stätte, wo Frömmigkeit und treue Vätersitte, wo Fleiß und Ordnung, Freude, Friede, Eintracht und Segen walteten. Von so vielen edlen Gütern her zog sich ein tief eingeprägtes Gefühl heiliger Scheu um den Herd; vor ihm die Sitte, die Scham und das Recht zu verletzen wurde als ein Frevel angesehen; Fremdlinge, die um Schutz flehend in das Haus eintraten, setzten sich an den Herd nieder, und zu Beteuerungen der Wahrheit wurde der Herd angerufen. Es war wie ein natürliches Gefühl über jene Zeitalter und Lebenskreise verbreitet, daß um und über dem Herde etwas Göttliches und Heiliges walte.

Die Gottheit dieses heiligen Herdes war *Hestia*. Weniges ist von ihr zu erzählen; sie war als ein echtes Musterbild der Häuslichkeit ganz einfach und ohne viele Nachrede. Vom alten Kronos und der Rhea stammte sie her als deren älteste Tochter. Nach der Besiegung der Titanen und dem Sturze des Kronos gab Zeus, der neue Götterherrscher, seiner Schwester Hestia Gewährung für das, was sie bitten werde; und sie bat, daß sie ewig Jungfrau bleiben dürfe, aber auch, daß die Erstlinge aller Opfer und Spenden ihr dargebracht würden. So war sie wie Athene und Artemis frei von der Macht der Aphrodite, und ob auch Poseidon und Apollo um sie warben, blieb sie doch festen Sinnes und willfahrte nicht. In immer gleicher würdevoller Ruhe thront sie in dem olympischen Götterhause, und während die andern Götter den Reigen schlingen oder in anmutigem Verkehre auf und nieder schreiten, verharrt Hestia allein stetig auf ihrem Platze. Auf Erden gibt ihr das Recht der ersten Spende ihren Wohnsitz in allen Tempeln und in allen Häusern. Bei allen Festen und festlichen Mahlen des Familienlebens wurde am Anfang wie am Schlusse feierliche Anrufung und Libation der Hestia dargebracht.

> „Schönes Entgelt verlieh der Vater ihr statt der Vermählung,
> Und in der Hausung Mitte nun sitzet sie, Spenden empfangend.
> Auch ringsum in den Tempeln der Seligen ist sie gefeiert,
> Und bei allen den Menschen die altehrwürdigste Göttin.“

Aus dieser Bedeutung einer schützenden und ordnenden Gottheit des Hauses erweiterte sich ihre Würde zur Schirmerin der Heimat. Wie es eine Hestia des Hauses gab, so hatte auch die Stadt und die Gemeinde ihre Hestia. Das Heiligtum dieser heimatlichen

Hestia befand sich in einem Hause im Mittelpunkte der Stadt. Dies war das Prytaneum (Hestia Prytanitis). Hier auf dem „Stadtherde" brannte ein ewiges Feuer, von welchem auswandernde Kolonien das geheiligte Feuer mitnahmen, welches auf dem Gemeindeherde des neuen Wohnsitzes entzündet werden sollte; ein Sinnbild, und mehr als ein Sinnbild, eine fortwirkend lebendige Verbindung der sich ablösenden Glieder der Volksgemeinde mit dem Vaterhause der alten Heimat. – In ähnlichem, womöglich noch höherem Sinne hatten auch große Heiligtümer ihre Hestia. Eine solche Schutzgöttin war die Hestia des prythischen Apollo zu Delphi. Da dieser Tempel für den Mittelpunkt der Erde galt[152] und da er wie Olympia ein nationaler Mittelpunkt aller Griechen war, so stand diese Hestia, „die dem Fernhintreffer Apollo den heiligen Tempel umwandelte", in hohem Ansehen bei den Tempelbesuchern, und von ihrem Altare, der gleichsam ein Heimatherd des gesamten Griechenlands war, entzündeten andre Altäre bei feierlichen Veranlassungen ihr Feuer.

b) Bedeutungen. Darstellungen

Fig. 49

Es konnte nicht fehlen, daß eine Gottheit, welche sich den einfachsten, heiligsten Lebensverhältnissen zuwandte, bald eine entschiedene sittliche Bedeutung gewann. Von vornherein eine Göttin des stillen Segens im Hause und der treuen Gemeinsamkeit der Hausgenossen, ebenso zugänglich dem Diener und Sklaven wie dem Herrn, wurde Hestia eine Göttin innerer Reinheit und Wahrheit, auch des Friedens und der Eintracht; Tugenden, für welche der Herd und seine Flamme ein so schönes Symbol waren. Jene Klugheit und Gewandtheit, welche auf dem Markte des Lebens viel galt, mußte im Mittelpunkte des Hauses der ungefärbten Wahrhaftigkeit und Offenheit den Platz lassen; die Leidenschaften und die schwankenden Bewegungen, welche draußen herrschten, durften in das Haus, wo nur Stetigkeit und Ausdauer das Ziel erreichen, nicht eindringen. Gar mancher unklare, ungestüme Sinn, bezwungen von der Nähe der heiligen Herdflamme, mag sich hier geklärt, geordnet und befestigt haben.

Beziehungen der Hestia zur Erdgöttin lagen nahe, und sie ist da und dort in die Gottheit der Rhea oder der Gaea übergegangen. Dann wurden ihr Blumen oder auch Mehl zum Opfer gebracht; ebenso mag der Gebrauch, ihr grüne Gräser auf den Altar zu streuen, einen ähnlichen Ursprung haben. – In ganz selbständig sich eigen bleibender Gestalt wurde Hestia bisweilen neben Hermes gestellt. Auf dem Fußgestelle des Zeus zu Olympia waren beide Gottheiten nebeneinander gebildet. Es ist nicht bloß der Gegensatz des Flüchtig-Beweglichen zu dem Heimatlich-Dauernden, der hier seinen Ausdruck fand. Hestia und Hermes waren, wie ein alter Hymnus es verkündet, beide Götter des häuslichen Lebens:

> – – – – – „ihr beide bewohnet der Erdenmenschen
> Prächtige Hausungen ja, auch einander in Mut wertachtend,
> Kundig der trefflichen Werke, mit froh einträchtigem Sinne."

Hermes war dann der Schutzherr der tätigen Geschäftigkeit des Hauses und ihres Zusammenhanges mit der Außenwelt, Hestia die Schirmerin der heiligen Ruhe und Sicherheit im Inneren der Schwelle; beide zusammengehörende Götter des Gedeihens und Segens.

In älteren Zeiten fehlten bildliche Darstellungen der Hestia; die Flamme des häuslichen Herdes oder des Opferaltars war ihr Symbol, und vor diesem heiligen Feuer geschah ihre Anrufung und Verehrung. Später ist auch Hestia abgebildet worden, immer entweder sitzend oder ruhig stehend in würdevoller Haltung. So auch unsre Darstellung (Fig. 49). Ein Schleier wallt vom Hinterhaupt über die Schultern herab, der Oberkörper ist verhüllt, das Gewand bedeckt die ganze Gestalt. Ungescheitelt legt sich das Haar über die Stirn, der Ausdruck der Gesichtszüge ist ernste Ruhe, sittliche Würde; über der ganzen Haltung liegt die Einfachheit des Vorbildes der Matronen. Nur die Bewegung der Arme und Hände bringt Leben in diese abgeschlossene Ruhe. Die Rechte stützt sich gelassen und befriedigt auf die Hüfte, die Linke erhebt sich warnend und weist zum Himmel.

In andern Darstellungen trägt Hestia das Zepter, welches ihr als Obergöttin gebührte. Ihr Symbol war bisweilen die Lampe.

C. Die Genossen des olympischen Götterhauses

Die hohen Götter des Olymp werden von der Mythendichtung mit einer Reihe von Gruppen und Gestalten umringt, in denen sich Gedanken und Worte verkörpern, die von den großen Göttergestalten wie treibende Blütenzweige von einem Baume herabgesenkt erscheinen. Einfache, vielbedeutende Namen aus dem Leben der Natur und des Geistes, auf welchen dasselbe ruht und sich bewegt, erfüllten in schöner Gestaltung die Räume des Göttersaales zwischen den Thronsesseln der großen Götter. Es sind fast ausschließlich weibliche Gottheiten, von der Dichtung und von der Kunst mit solcher Vorliebe und Meisterschaft herausgefunden und vollendet, daß einige dieser Gestalten bis auf den heutigen Tag Nennworte und Symbole geblieben sind.

1. Die Horen

Die Wahrnehmung der wunderbaren Ordnung und Bestimmtheit im Zeitenlaufe und der damit verbundenen regelmäßigen Abwechslung der Erscheinungen in der Natur und im Menschendasein regte die Mythendichtung zu den freundlichen Gestalten an, welche diese Ordnung verwalten. Es sind die Horen, die Ordnerinnen der Zeit; sie spenden die Gaben der Jahreszeiten, aber sie hüten auch die Ordnung des Rechtes unter den Menschen. Zeus, um dessen Thron sie stehen, ist ihr Vater, und Themis, die zweite seiner Gemahlinnen, ihre Mutter. Freundliche Tätigkeit, das Geziemende und Sinnvolle, der Rat und Antrieb zum entscheidenden Entschluß, dies waren die Gebiete in denen diese Göttin waltet und aus denen sie ihren Töchtern, den Horen und den Parzen, vieles zu eigen gab, so daß die Dichter das goldene Geschlecht der Themis preisen. Gewöhnlich werden drei Horen genannt, ohne feststehende Reihenfolge: *Eunomia, Dike, Eirene*, und in diesen Namen – gesetzliche Ordnung, Gerechtigkeit, Friede – ist ihr Walten angedeutet. Sie hüten die Tore des Olymp

„bald die verhüllende Wolke eröffnend, bald sie verschließend";

wenn aber Here, die zürnende, friedlose Götterkönigin, den Wagen herauslenkt, dann heißt es nicht, daß die Horen die Himmelstore öffnen; sie krachen dann von selbst auseinander. Beziehungen dieses Eröffnens und Schließens der Himmelstore auf den Feldbau, vorzüglich aber auf die Einteilung und den Wechsel der Zeiten sind deutlich. Die Horen sind es, welche alle Früchte zeitigen und reifen lassen; sie nehmen, was einmal begonnen ward, in ihre Obhut und bringen es an das Ziel. Sie sind die sanft wandelnden Führerinnen des immer wiederkehrenden Kreislaufes der Monate:

> „Langsam geh'n die Horen vor andern seligen Göttern,
> Aber sie kommen mit Gaben auch stets und von allen ersehnet."

Solcher Ordnung und freundlichen Tätigkeit fehlt dann auch die sittliche Wirkung nicht. Die Horen sind gleich der Themis, ihrer Mutter, Rechtsschützerinnen; wenn Dike beleidigt oder verletzt wird, dann eilt sie zum Olymp, setzt sich am Throne des Götterherrschers nieder und klagt das Unrecht der Sterblichen an; von allen dreien aber wird gerühmt, daß sie den Hochmut im Zaum halten, „den wortfrechen Vater der Willkür".

Gern und oft nannte man die Horen „die freundlichen". Sie sind heitere, jugendliche Göttergestalten; freundlich waltend, wenn sie der Here geschäftig den Wagen abschirren oder wenn sie Aphroditen bekränzen und zum Olymp führen. Am liebsten dachte man sich die Horen im Tanz wie sie unter den Göttinnen im olympischen Festsaale den Reigen schlingen; das Hinwandeln und Wiederkehren in ihrem Kreislaufe war wohl selbst wie ein Reigen der Zeiten. „Wunderlieblich sind die Horen. Wie ist ihr Gesang! wie der Schwung ihres Reigens! Alle kommen auf uns zu, von keiner sehen wir die Rückseite. Siehe das Hochschwebende des Armes und das frei flatternde Haar und die von der Bewegung erhitzte Wange und die mittanzenden Augen! In solchen entzückten Worten wird ein Gemälde beschrieben, welches den Tanz der Horen darstellte.

Am Throne des Zeus zu Olympia waren auch die Horen gebildet, die Ordnerinnen der Zeit. Auf einem noch vorhandenen Denkmale des Altertums sind drei Horen dargestellt, bekleidet und mit goldenem Stirnbande; eine trägt einen Zweig, die andre eine Weinrebe, die dritte eine Blume. Insofern aber die Horen nach und nach ausschließlich für die Göttinnen der vier Jahreszeiten genommen wurden, steigt ihre Zahl auf vier. So erscheinen sie auf

Fig. 50

unsrer Darstellung, kenntlich an den Gaben, die sie bringen, und auch an der Bekleidung. Voran schreitet die Hore des Winters in Schuhen und wärmender Verhüllung; sie bringt die Jagdbeute – ein Wildschwein, eine wilde Ente und einen Hasen. Ihr folgt die Hore des Herbstes mit einem Kopftuch bekleidet, einen Teller voll Früchte tragend und eine Ziege führend. Nun kommt der Sommer mit einem Blumengewinde; fast schwebend ist seine Haltung, die wehenden Gewänder deuten auf das Bedürfnis der Kühlung, während der Oberkörper sich leicht entblößt. In ähnlicher Bekleidung schließt die Hore des Frühlings den Zug; in dem Bausche ihres Gewandes bringt sie auch die Gaben der aufblühenden Fluren.[153]

2. Die Chariten

Thalia, Euphrosyne, Aglaja, die Huldinnen, sind die Töchter des Zeus und der Okeanide Eurynome.

> „Diesen enträuft von der Wimper im Anblick süßes Verlangen,
> Schmelzendes; denn sie blicken so hold aus der Brauen Umwölbung."

Anmut, Frohsinn, Glanz sind in ihnen verkörpert; vor allem aber spricht sich der Reiz der Gestalt in ihnen aus, wie er sich in Blick, Miene, Bewegung, Haltung und Belebung kundgibt. Sie sind gern die Begleiterinnen der Schönheit und gehören darum oft in das Gefolge der Liebesgöttin, um die sie als Dienerinnen geschäftig sind, wenn sie sich badet oder schmückt. Aber auch die geistige Erhabenheit des Apollo kann sie nicht entbehren (das Bild des delischen Apollo trug sie auf der Hand), und mit den sinnigen Musen halten sie freundliche Gemeinschaft. Mit ihnen und den Horen schweben die schönlockigen Chariten bei dem Festreigen auf dem Olymp im Tanze dahin „die Hände in die Hände ge-

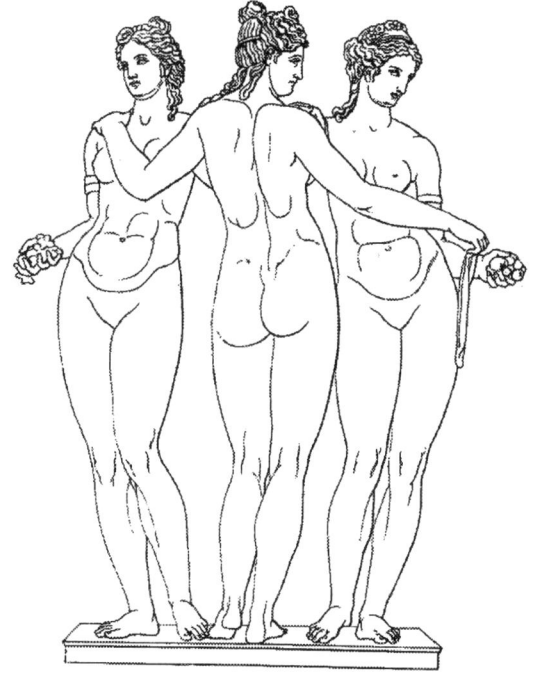

Fig. 51

schlungen". Selbst Zeus in seiner machtvollen Würde und auch die hoheitblickende Here haben gern eine Charis neben sich, als fehle dem Höchsten und Vollkommensten ohne sie der gewinnende Reiz. Durch sie nur wird die Schönheit lieb, die Weisheit gefällig, die Herrlichkeit gewinnend. „Was bleibt Holdes den Menschen ohne die Chariten?" ruft ein Dichter, und ein andrer erhebt sie in begeisterten Worten: „Wird durch euch doch jedes bezaubernde, wonnigliche Gut den Erdekindern beschert; jedem, wenn weise, wenn schön, wenn herrlich er dasteht. Selbst die Götter ja gehn ohne die heilgen Huldinnen zu keinem Tanz, keinem Mahl; nein, alles Tuns Schaffnerinnen im Himmel stellen sie nächst Apollo ihre Thronstühle hin, des olympischen Vaters Majestät verehrend."

Zu Orchomenos in Böotien, in dessen Nähe die akidalische Quelle die Göttinnen als Badeplatz anlockte, hatte ein alter König Eteokles den ältesten Kultus der Chariten errichtet; auch hier, wie es bei andern Gottheiten uns bekannt geworden, waren vom Himmel gefallene Steine das Symbol für die Verehrung. Festliche Spiele wurden ihnen hier gefeiert, die Charitesien, hauptsächlich ein Wettstreit der Gesänge, daher sie auch die vielbesungenen Königinnen der alten Prachtstadt der Minyer heißen. Als die Kunst es unternahm, die Gestalten der Chariten zu bilden, waren es blühende Jungfrauen, die sich die Hände reichen.

Anfänglich erschienen sie ganz bekleidet, dann löste sich Gürtel und Gewand, bis sie in der am meisten bekannten Gruppe ganz unbekleidet beieinander stehen, jungfräuliche, heiter-lächelnde Gestalten, in Stellung und Bewegung vom Zauber der Anmut umschwebt.[154] Ihr sicherstes Attribut ist die freundliche Vereinigung der Hände; andre Attribute wechselten nach der Gottheit, welcher sie eben zugehörten. War es Apollo, dann hielten sie die Lyra, die Flöte und die Hirtenpfeife; war es Aphrodite, so trug eine Charis die Rose, die andre den Würfel als das Sinnbild heitren Spieles, die dritte den Myrthenzweig.

Wie bei den Horen ist mit ihrer Erscheinung der Zweck ihres mythischen Daseins abgeschlossen. Es gibt nichts von ihnen zu erzählen, doch ist zu erwähnen, daß Aglaja, die fein umschleierte Charis schön und hold, die Gattin des Hephaistos genannt wird und als solche in der Gruppe der Chariten mit der phrygischen Mütze vorkommt. Sparta verehrte nur zwei Chariten, Kleita und Phaena; auch wird noch ein andres Paar genannt, Auxo und Hegemone. Selbst auf eine größere Zahl der Chariten wird hingedeutet, wenn Here einst dem Schlafgott eine der jüngeren Chariten, die Pasithea, als Gattin verhieß. Aber durch diese Abweichungen wurde die allgemeine Annahme von der Dreizahl der Chariten nicht gestört.

3. Die Musen

Der freundlich geordnete Wechselgang des Naturlebens, die Anmut der Erscheinungen haben in den Horen und Chariten ein mythisches Leben erhalten; nun fehlt zu diesen Grundelementen der vollen Daseinslust noch das dritte, die seelenvolle und sinnige Bewegung der geistigen Kraft. Sie ist in den Musen gegeben, den neun Töchtern des Zeus und der Titanide Mnemosyne. Sie sind die schönen, braunlockigen Göttinnen, welche gleichsinnig, stets des Gesanges eingedenk, in der Brust unsorgliche Herzen bewahren und das Götterhaus des Olymp mit fröhlichen Klängen beleben. Wenn ihr Gesang sich weithin ausgießt, dann hallen die Höhen des Götterberges. Sie feiern in ihrem Liede das selige Dasein der Götter, den Ursprung der Himmlischen und die hohe Macht ihres Vaters, auch die heiligen Ordnungen und Gebräuche der Götterverehrung. Bei ihren Klängen reihen sich die Göttinnen zum fröhlichen Tanze, bis Apollo erscheint und mit Lautengetön unter ihnen umherwandelt.

Aber in den Musen löste sich nicht allein die Begeisterung der Seele für das Göttliche, ihre Kraft steigt auch herab in das Erdeleben und entfesselt seine Flügel aus mühseliger Befangenheit. Zeus hat ihnen geordnet,

„Trost dem Leide zu sein und Linderung aller Betrübnis."

Selig ist, welchem die Musen huldreich nahen! Durch ihre und des Apollo Gaben sind die Männer des Liedes und des Harfengetöns auf der Erde. Sie sind die Schützerinnen der Dichtkunst und der Musik, überhaupt aber aller geistigen Bewegung, aller Kunde und Wissenschaft. Apollo ist darum ihr Führer und Meister; von den Musen umgeben erscheint er als Musaget. Die Eingebungen der Musen werden von den Dichtern angerufen. „Ihr waret bei allem und wißt es", spricht der Sänger der Ilias zu ihnen, „wir Sterbliche horchen allein dem Gerüchte." Es ist ein wunderbarer Vorgang, wie in allen diesen Anrufungen der Mensch die Kraft und Begeisterung seines innersten Lebens erst vergöttlicht und dann zu dieser eigenen Vergöttlichung, wie zu einer höheren Kraft, um Beistand und Begabung ruft. Wen die Musen mit ehrendem Blicke bei der Geburt anschaun, dem wird die Zunge mit süßem Taue beträufelt, und der Gesang durchdringt auch die gramvollen Herzen mit des Leides Vergessenheit. Und wie gegen Sorge und Gram, so sind auch gegen die Leidenschaften, insbesondere gegen Qualen der Liebe die Musen als freundliche Helferinnen bekannt. „Musengesang schafft Linderung der Liebe", ruft ein Dichter, und ein andrer bekennt: „Gegen die Liebe ist kein andres Mittel außer der Musen Kunst. Ihr Balsam ist mild und lieblich, aber nicht jeder findet ihn." An ihr immer heiter bewegtes Wesen und ihren fröhlichen Sinn dringt Leid und Trauer zwar nicht heran, aber einen gefallenen Helden wissen sie mittrauernd zu ehren, wie es an der Leiche des Achill geschah, wo sie einen so rührenden Klagegesang erhoben, daß keiner unter den Göttern und Menschen, die ihn hörten, tränenlos blieb.

Doch erhielt sich auch dieses von Liedern und Klängen bewegte Musenleben nicht frei von Anfeindungen und Kampf, wobei eine Gegnerschaft der Here sichtbar wird. Die Götterkönigin hatte die Sphinx, eine der alten, ungeheuerlichen Erzeugungen, in die Gegend von Theben gesendet, um die Nachkommen des Kadmos mit Unheil zu züchtigen. Das Ungetüm hatte von den Musen ein Rätsel gelernt, von dessen Lösung die Befreiung von dem Verderben abhing: „Es hat nur *eine* Stimme, wird vierfüßig, zweifüßig, dreifüßig." Oedipus löste das Rätsel dadurch, daß der Mensch gemeint sei[155], aber mit dieser Lösung geriet er in die tragische Verstrickung seines Schicksals, und die Musengabe wurde hier die Veranlassung zu unsäglichem Leide. – Auf Anreizung der Here geschah es auch, daß einst in Kreta die Musen von den Sirenen zum Wettgesange aufgefordert wurden. Die ersteren siegten, beraubten die Überwundenen ihrer Flügel und schmückten sich das Haupt mit den erbeuteten Federn. – Thamyris, ein Thraker, hochberühmt durch Gesang und Zitherspiel, wagte es, den Musen einen Wettstreit anzubieten. Als Preis des Sieges begehrte er die Liebe jeder einzelnen von ihnen; werde er besiegt, so wolle er erdulden, was sie beschließen würden. Er wurde überwunden, und die Musen nahmen dem Begehrlichen das Licht der Augen und die Gabe des Gesanges. – Endlich wird noch von einem Wettkampfe zwischen den Musen und den neun Töchtern des Königs Pieros erzählt, welche nach ihrer Niederlage in geschwätzige Elstern verwandelt wurden.

Auf dem Olymp gibt die Mythe den Musen ihre prangende Wohnung neben den Chariten und neben Himeros in schöner Hindeutung auf die den Gesang begleitende Macht der Anmut und des Sehnens. Auf der Erde waren Berge und Quellen die bevorzugten Stätten ihres Dienstes, vor allen der Olymp, der Helikon und der Parnass. Am Olymp, in der Landschaft Pierien (daher ihr Name: Pieriden), lagen ihre heiligen Quellen Libethron und Pimpleia; noch berühmter waren die Musenquellen Aganippe und Hippokrene am Helikon, und der kastalische Quell am Parnass.

Eine Dreizahl der Musen, Melete, Mneme, Aöde (Nachdenken, Gedächtnis, Gesang), findet sich in späterer Zeit neben ihrer gewöhnlichen Zahl; sie gehören dann dem helikonischen Musendienste an und werden als die älteren von den neun jüngeren unterschieden. Doch dürfen in der gebräuchlichen Mythologie Zahl und Namen dieser neun als die wirklich berechtigten Musen gelten; es sind: Kalliope, Klio, Melpomene, Euterpe, Erato, Terpsichore, Urania, Thalia, Polymnia. Ihre Bildung wird immer schön und edel, aber nicht zum Sinnesreiz, sondern zum Ausdruck geistiger Bewegung hinstrebend gedacht; das Haupt ist mit goldenem Stirnbande oder mit einem Kranze geschmückt. Obwohl diese Göttinnen dem eigentlichen Gebiete der Aphrodite fern bleiben, spricht die Mythe doch von Kindern der Musen. Von Kalliope und Oeager (oder auch von Apollo) stammen die Sänger Linos und Orpheus her; Klio gebar dem Pieros den schönen Hyakinthos, Euterpe von dem Flußgott Strymon den Thrakerfürsten Rhesos; Thalia gab dem Apollo die Korybanten, und Melpomene (oder auch Terpsichore) wurde von dem Flußgott Acheloos die Mutter der Sirenen.

Die ältere Auffassung unterschied eine besondere Tätigkeit der einzelnen Musen nicht, man nannte sie gleichsinnig, nur der Kalliope wurde ein Vorrang vor den Schwestern zuerkannt, weil sie von den Königen am meisten geehrt sei. Später sind den einzelnen Musen gesonderte Ehrenämter zugeteilt worden, und mit den dafür bestimmten Attributen hat sich ihre zerteilte Auffassung allgemein befestigt.

1. *Kalliope*. Sie trägt einen Efeukranz, während die übrigen Musen sich mit Lorbeer-kränzen schmücken. Eine Schriftrolle, welche sie mit beiden Händen an der Brust hält, oder auch Schreibtafel und Griffel sollen sie als Muse der *epischen Dichtung* bezeichnen, und es deutet auf das hohe Ansehen dieser Dichtung hin, daß von Kalliope gerühmt wird, mit ihr verkehrten die König.

2. *Klio*, die Muse *der Geschichte*, sitzt und hält in der Linken eine entfaltete Papierrolle. Neben dem Sessel steht ein Rollenbehälter.

3. *Melpomene*. Ihr Haupt ist mit Weinlaub und Trauben geschmückt, in der Rechten trägt sie eine tragische Maske, in der Linken ein Schwert. Oder sie hält die Maske in der Linken und in der Rechten eine Keule. Nachdenklich beugt sie das Haupt nach links und stützt den linken Ellenbogen auf das Bein, welches sie auf einen Felsblock gestellt hat.

Fig. 52

Fig. 53

Miene und Haltung sind voll feierlicher Würde und Erhabenheit, wie es der Muse der *Tragödie* zukommt, Fig. 52.

4. *Euterpe*, mit einer oder auch zwei Flöten; mitunter fehlt überhaupt jedes Attribut. Ihre Tätigkeit und Würde ist nicht genau ermittelt.

5. *Erato* trägt und spielt ein größeres Saiteninstrument, die Psaltria, oder sie ist ohne Saiteninstrument in lebhafter Tanzbewegung. Sie ist die Muse *der zärtlichen und weichen Lieder der Liebe*, oder auch diejenige *des Tanzes*.

6. *Terpsichore*. Eine lyra spielend ist sie im Begrif, sich zum Tanze zu bewegen; der rechte Arm ist entblößt. Sie ist, gleich Erato, eine Muse des *Tanzes* und der *erotischen Dichtung*, Fig. 53.

7. Thalia. Auf einem Felsstück sitzend (Hindeutung auf den Helikon oder Parnass) hält sie mit der Linken die Handpauke (Tympanon), in der Rechten einen Hirtenstab. Das Haupt ist mit Efeu bekränzt, neben sich hat sie eine komische Maske. Auch findet sich ihr Obergewand mit Fransen besetzt und der Kopf in ein Tuch gehüllt. Die heiteren ländlichen Dichtungen und die Komödie sind ihr Gebiet, Fig. 54.

8. Urania, mit einem Stäbchen auf die von der Linken gehaltene Himmelskugel zeigend, ist die Muse der *Sternkunde* und der mit ihr verwandten Wissenschaften.

9. Polymnia in reich verhüllender Gewandung hält den Zeigefinger der Rechten an den Mund und legt die linke Hand mit ausgespreizten Fingern an den Leib. Sonstige Attribute fehlen ihr. Sie gilt für die Muse der *Mythen* und der den Göttern geheiligten Dichtung. Ihre Haltung deutet auf Nachdenken und Sinnen; später ist sie auch für die Muse der Pantomimen angesehen worden.

Fig. 54

4. Die Moiren oder Parzen

Über allem, was entsteht und vergeht, waltet nach den Aussprüchen der Mythendichtung eine unabwendbare Gewalt, welche Heil und Unheil zuteilt, die guten und die bösen Tage und auch die Stunde des Todes vorausbestimmt. Es ist die über jedes Wesen verhängte Notwendigkeit (Heimarmene), dunkel, schreckenvoll und unerbittlich. Niemand, selbst ein Gott nicht, vermag es, ihr zu entrinnen. Unabweislich erfüllt sich, was vorbestimmt und beschlossen ist.

Der oberste Herr der Geschicke ist der hochdonnernde Zeus, der alles mit Weisheit lenkt. Es sind aber als Verwalterinnen des Verhängnisses, als schweigende Beraterinnen der vorbestimmten Ratschlüsse drei Schwestern eingesetzt, die Moiren oder nach römischer Bezeichnung Parzen. Sie sind Töchter des Zeus und der Themis, also Schwestern der freundlich-ordnenden Horen. Ihre gemeinsame Benennung, Moiren wie Parzen, bezeichnet sie als die Zuteilenden; ihre einzelnen Namen: Klotho, die Spinnende – Lachesis, die Losende – Atropos, die Unabwendbare – weisen auf ihre besonderen Tätigkeiten hin. Diese Moiren sind es:

> – – – „welche zur Mitgift
> Bei der Geburt austeilen den Sterblichen Gutes und Böses."

Der Mensch muß erdulden:

> „was sein Los ihm bestimmt und die unerbittlichen Schwestern,
> Als ihn die Mutter gebar, in den werdenden Faden gesponnen." –

So ist der Faden, wie er vom Rocken herab gesponnen, fortgezogen und abgeschnitten wird, als ein unübertreffliches Sinnbild der in höherer Gewalt ablaufenden Lebenszeit den Parzen ganz eigen geworden, und es hat sich die vielbekante Vorstellung gebildet: Klotho mit dem Spinnrocken beginnt den Lebensfaden, Lachesis zieht ihn weiter, und Atropos mit der Schere schneidet ihn ab.

Dichter und Philosophen schildern die Parzen als greise, ehrwürdige Jungfrauen. In weißem Gewande, das Haupt bekränzt, sitzen sie auf hohen Thronen, spinnen und trennen und stimmen mit ihrem Gesange in die Harmonie des Weltalls ein.

Diesen Vorstellungen entspricht die bildliche Darstellung der Moiren nur zum Teil. Sie sind hier nicht greisenhaft, sondern kräftige Frauengestalten; auch das Sinnbild vom Lebensfaden ist hier nicht durchgeführt. Zwar hält Klotho überall, wo die Parzen erscheinen, den Rocken und spinnt, Lachesis aber steht häufig vor einem Himmelsglobus und deutet mit einem Griffel auf eine darüberhinliegende Schriftrolle, Atropos zeigt auf die Sonnenuhr, an der die Stunde des langhinbettenden Todes gekommen. Auch in unsrer Darstellung

Fig. 55

ist nur Klotho zweifellos erkennbar; über die andern beiden Gestalten kann die Meinung geteilt sein. Wir glauben, daß auch hier wie in andern Moirenbildern Lachesis es ist, welche vor dem Globus steht und die Schriftrolle hält – das Los, welches eingefügt in die Weltordnung ausgelebt werden muß; Atropos mit der Schere durchschneidet den Lebensfaden. Was die Reihenfolge anbetrifft, so denken wir uns die Gestalten nicht auf einer graden Linie, sondern im Dreieck stehend.[156]

In abweichender Auffassung findet sich die Schicksalsmacht, die, selbst unbewegt, aber in strenger Wahrheit der Götterbeschlüsse, frohe wie ernste Tage zuteilt, in einer ganz unbekleideten, spinnenden Parze dargestellt, die auf einer tragischen Maske sitzt; vor ihr liegt eine komische Maske.

Mit den Moiren werden da und dort die Keren, Töchter der Nacht, die Todesgöttinnen des Schlachtfeldes, zusammengestellt und eine Vorstellung in die andre verschoben. Immer würdigt sie Zeus ausnehmender Ehre; er achtet das Verhängnis und läßt es walten, auch da, wo es ihm selbst leidvoll ist. So ist er als der Oberherr aller Geschicke auch der Meister und Führer der Moiren, der Moiraget.

5. Die Erinnyen und Eumeniden

Nur mit geteiltem Rechte gehören die Erinnyen in den olympischen Götterkreis. Diese furchtbaren Gestalten gleiten wie finstre Schatten durch jene hohen, freundlichen Gebilde hin. Aber sie hausen nicht in der Unterwelt allein, wohin sie freilich zunächst gehören; sie sind auch Dienerinnen des Zeus als des Lenkers der Weltordnung, sie treten zu seinem Throne, und wo von der Schicksalsmacht und der Notwendigkeit zu reden ist, da dürfen die Erinnyen nicht weggewiesen werden. Mögen sie also neben den Moiren, mit denen vereint sie die Steuerlenkerinnen der Notwendigkeit genannt werden, unsre Aufmerksamkeit beschäftigen.

Die Ordnung der Welt, der Zusammenhang der Ursachen und Wirkungen, die sittliche Gebundenheit des Lebens ruhen auf festen, richtigen und weisen Gesetzen, deren Hüter und Ordner Zeus selbst ist. Wer mit Verletzung oder Verachtung dieser Gesetze die Ordnung der Welt stört und gegen sie frevelt, der fällt der Strafe und der Rache der Götter anheim. Dieses Straf- und Rächeramt verwalten die Erinnyen. Sie heißen Erinnyen, d. i. Zürnende, Grollende, weil ihr Zorn sich ruhelos gegen die Frevler wendet, welche das heilige Recht zertreten haben. Es reicht nicht hin, sie als Personifikationen der Gewissensangst aufzufassen; mehr als dieses sind sie die Straf- und Rachegötter der entwürdigten Fundamente alles Bestehenden.

Nach alter Sage sind die Erinnyen aus den Blutstropfen des Uranos entstanden, welche zur Erde fielen, als Kronos ihn verstümmelte. Nach andern Aussprüchen sind sie die Töchter der Nacht. Ihre Wohnung ist in der Unterwelt, aber sie hausen auch oben unter den Lebenden. Schreckhafte Frauengestalten sind es, mit furchtbarem Blick und Schlangenhaaren; scharf spähen sie umher, und wo sie einen Frevler gewahren, verfolgen sie ihn schnell und unermüdlich, bis sie ihn mit ihren Schlangengeißeln erreichen und er unter ihren Schrecknissen zusammensinkt. Sie umschweben die Eide, auf welche Treue und Glauben sich gründen, und sie strafen den Meineid; die Armen und Hilfeflehenden stehen unter ihrem Schutze; Mangel an Fügsamkeit unter ältere Personen wird von ihnen gezüchtigt, besonders aber rächen sie die Freveltaten der Kinder an ihren Eltern, wie es Oedipus, Orestes und auch Alkmäon, der Mörder seiner Mutter Eriphyle (in den Sagen vom Halsband und Schleier der Harmonia) erfahren mußten.

Aber neben dieser Verwaltung des zur Sicherheit des Rechtes dienenden Strafamtes sind die Erinnyen auch willkürlich unheilvolle Gottheiten, welche dann und wann Herz und Sinne trefflicher Menschen verwirren und verblenden, daß sie in Leidenschaft und Schuld geraten. Die Rachegöttinnen verursachen dann selbst, was sie sonst bedrohen und bestrafen – die Übertretung des geheiligten Rechtes. Es sind eben übermächtige, finstre Kräfte, denen man auch solche dämonisch hervorstürzenden Leidenschaften mit ihren Verwicklungen, wie z. B. der Zwist des Agamemnon mit Achilles, zuschrieb, als sollte angedeutet werden, daß die Verblendung selbst eine von grollenden Göttern verhängte Strafe sei. Von einem bloßen Widerspruch im Wesen muß man absehen; wir erinnern uns vielmehr daran, daß die Gestalten der Mythe zwar reiche Beziehungen zur sittlichen und geistigen Welt enthalten, durchaus aber keine sittlichen Ideale sind.

Je größer und geheimnisvoller die Macht der Erinnyen war, desto erklärlicher wird die Scheu, welche man vor ihnen hegte. Ihre Anrufung geschah mit tiefster Erschütterung des Gemütes, sonst ihren Namen auszusprechen, wurde vermieden; an ihrem heiligen Haine bei Athen ging man ohne hinzublicken vorüber, und bei ihren Opfern herrschte die sorgfältigste Stille, als habe sich jeder zu scheuen, die Grollenden aufzustören. Um sie zu nennen, gab man ihnen später den Namen „Eumeniden, d. i. die Wohlwollenden, Gutgesinnten", in Athen auch die Ehrwürdigen genannt. Mit diesem veränderten Namen tritt aber auch das ganze Gebilde der Rachegöttinnen in einem milderen Wesen auf. Indem sie den

Fig. 56

Frevler verfolgen, rächen sie nicht mehr unerbittlich die verübte Tat; sie blicken auch auf die Verstrickungen, welche zur Tat hingerissen; sie sind dann gnädig und versöhnlich und lassen ab von dem Unglücklichen, der seine Schuld sühnen mag. Auch darin ist der Name der Wohlwollenden begründet, daß sie in der Verfolgung der Verbrecher den Frieden und die Sicherheit des Rechtes schützen halfen. Ihre Auffassung ist allmählich aus den Rachegöttinnen des gesellschaftlichen und natürlichen Rechtslebens immer mehr zu den Rachegöttinnen des geängstigten Gewissens geworden. Die römischen Furien sind fast nur Gebilde dieser Auffassung.

Die Zahl der Erinnyen, in älterer Zeit größer und nicht bestimmt, hat sich später auf drei beschränkt: Tisiphone, Alekto und Megära. Wie schrecklich ihre Erscheinung gedacht wurde, ist erwähnt; doch wurde dieses Bild des Volksglaubens durch die Darstellung der Eumeniden auf der Schaubühne noch entsetzlicher. Sie erschienen da schwarz, alt und medusenähnlich, mit triefenden Augen und blutgierigem Ausdrucke. Nur im Vorüberziehen war der furchtbare Eindruck zu ertragen; in den festen Bildern der Plastik erscheinen sie nicht ganz so grausenhaft. Oft sind sie geflügelt, fast immer in eilender Bewegung als die hurtigen Verfolgerinnen, in irgendeiner Weise mit Schlangen versehen, sei es in der Hand oder als Gürtel oder im Haupthaare. In unsrer Abbildung, welche einer Gruppe entnommen ist, wo Orest sich gegen verfolgende Eumeniden wehrt, bemerken wir den Spiegel mit dem Bilde der Klytämnestra, welches die Erinnyen dem Verfolgten entgegenhält, ein Sinnbild der ruhelos marternden Erinnerung an die Tat.

Die ersten Frühlingsblumen, Narzissen und Krokus, waren den grollenden Rachegöttinnen geweiht. Die Opfer, welche ihnen dargebracht wurden, bedurften einer sehr genauen Erfüllung der vorgeschriebenen Gebräuche.

6. Nemesis

Als einst Pindar einen olympischen Sieger verherrlichte, schloß er sein Lied mit dem Wunsche: „Möge es, ob des frohen Loses, nicht die Mißgunst der Nemesis erregen!" Denn im Griechenvolke lebte der Glaube, daß gehäuftes Glück gar leicht zum Übermut führe und das rechte Maß des sterblichen Loses störe. Die Götter sorgten daher für die Bewahrung dieses richtigen Maßes im Menschenleben, und der mythische Ausdruck dieses Volksglaubens ist die Gestalt der Nemesis.

Sie ist eine Tochter der Nacht und gehört in den Kreis der Gottheiten des Schicksals. Wo zuviel Glück sich häuft, da nimmt sie hinweg oder schickt ein Leid, damit der Übermut sich beuge; wo Glück und Freude mangeln, da legt sie es hin und hebt verkanntes Verdienst. Überall achtet sie auf richtiges Gleichgewicht der Gaben und ordnet alles nach Maß; darum heißt sie „die Verteilerin" und ist eine wohlmeinende Göttin des Rechtsgefühls und des Gleichgewichts; da aber ihr Walten am häufigsten den durch Glücksgaben genährten Übermut und Dünkel trifft, so wurde sie vorzugsweise als züchtigende Straf- und Rachegöttin aufgefaßt. Eine in gleichbedeutendem Sinne verehrte Göttin ist die Adrasteia.

Zu Rhamnus in der Nähe von Athen stand ein berühmtes Bild der Nemesis, welches von Phidias aus einem Marmorblock verfertigt worden war, den die Perser bei ihrem Einfall in Attika mitgebracht hatten, um ihn als Siegeszeichen aufzustellen. Ein solches Bild an diesem Orte war ein still aber eindringlich redendes Zeichen der Gottheit, welche die Pläne des Übermutes umwirft.

Die Darstellungen der Nemesis zeigen eine edle Frauengestalt, welche in der Linken einen Zweig hält und, indem sie mit der Rechten das Gewand über den Busen lüpft, den Blick sinnend herabsenkt (Fig. 47), als wolle sie andeuten: „Blicke in dich! Scheue den Übermut und die Vermessenheit! Die Götter wachen und wägen." Oft findet sich in den Bildern der Nemesis zu ihren Füßen ein Rad und ein Greif, um ihre Schnelligkeit zu bezeichnen, oder sie ist in demselben Sinne beflügelt. Manchmal hält sie auch einen Zaum, als Sinnbild der Bezähmung des Übermutes.

7. Ate und die Liten

Unter die düsteren Gestaltungen der Gemütszustände und Ereignisse, welche sich da einfinden, wo der Mensch abirrt vom richtigen Wege, gehört auch Ate, die Schuld. Bald gilt sie für eine Tochter der Eris und scheint dann im allgemeineren Sinne jede aus der Ungesetzlichkeit entstehende Verschuldung zu bedeuten; bald heißt sie eine Tochter des Zeus und ist dann besonders die aus Verdüsterung des Urteils und jäher Gemütsverblendung aufsteigende Schuld, welche auch die Guten und Besonnenen wohl einmal befällt und sie in böse Wirrsale hineinzieht. Ähnliches wurde schon von der Erinnye gesagt. Diese Ate wohnte bei den Göttern des Olymp; als sie aber den Zeus einst zu Ruhmseligkeit und unbedachtem Eidschwur betörte[157], da faßte der zürnende Götterherr die Ate bei den glänzenden Locken und schleuderte sie vom Himmel herab auf die Erde. Seitdem wandelt sie hier von Land zu Land; hurtig und frisch ist sie zu Fuß, doch niemals tritt sie auf den festen Grund des Erdbodens; sie schreitet hoch auf den Häuptern der Männer, reizt sie zum Fehltritt, und wenigstens einen verstrickt sie, daß er, weder durch Gewalt noch List gezwungen, sehenden Auges die Beute der eigenen Torheit wird.

Hinter Ate aber mühten sich die Liten nachzukommen, die reuigen Bitten, auch Töchter des Zeus. Sie sind lahm und runzligen Ansehns; seitwärts irrt ihr Blick. So müssen sie sich anstrengen, der Schuld, die gern vorausläuft, zu folgen. Wer sie aufnimmt, dem frommen sie sehr; wenn aber jemand sie verschmäht, dann flehen sie zu Zeus, daß solchem die Schuld gesellt bleibe, bis er durch Schaden gebüßet habe.

8. Die Kinder der Styx

Styx, die angesehenste Tochter des Okeanos, vermählt mit dem Titanensohn Pallas, war, als Zeus die Götter zum Kampfe gegen die Titanen aufrief, zuerst gekommen und hatte sich ihm zur Seite gestellt. Mit ihr waren vier Kinder: Eifer und Sieg, Kraft und Gewalt (Zelos und Nike, Kratos und Bia). Das waren treffliche Bundesgenossen des Herrscheramtes; sie sollten, so ordnete Zeus, auf immer bei ihm wohnen und um seinen Thron stehen. Die Mutter ehrte er dadurch, daß er sie zur Eidesgottheit erhob, bei der die Götter ihren Schwur leisten.

Unter diesen Kindern der Styx ist Nike die bekannteste und bedeutendste. Sie ist die Siegesgöttin geworden, welche mit der Palme in der einen, mit dem Kranze in der andern Hand den Sieger des Schlachtfeldes oder des Ringplatzes oder auch des Sängerkampfes auszeichnet und als die Namenverleihende hochgeehrt wurde. In älter Zeit stellte man sie ungeflügelt dar, bald aber gab man ihren Bildern die Flügel; auch Waffenstücke dienten als Attribute. Größere Statuen des Zeus und der Pallas-Athene wurden bedeutungsvoll mit Bildern der Siegesgöttin geziert. Besonders an dem berühmten Tempelbilde zu Olympia war der Gedanke, daß Zeus vom Sieg umgeben sei und den Sieg verleihe, reichlich ausgedrückt. Das gewaltige Götterbild hielt auf der rechten Hand eine Nike, auch an den Füßen des Thrones und am Sockel waren Bilder der Siegesgöttin angebracht.

Unserm mythologischen Vorstellungskreise ist die römische Siegesgöttin, die Victoria, zugänglicher geworden als die griechische Nike.

9. Tyche

Weder der Glaube an die Lenkung aller Dinge durch Zeus noch die scheue Ehrfurcht vor dem Walten des Verhängnisses waren imstande, die Überzeugung von der Macht des Zufalls zurückzudrängen. Von jeher hat der Mensch, unbekannt mit dem verborgenen Zusammenhang der Dinge oder leichtfertig die Leitung höherer Fügung abweisend, seinen Sinn der Verehrung einer Gottheit zugewendet, welche eine Kette von Wünschen gelingen läßt oder vereitelt, plötzliche Hindernisse bringt oder hinwegräumt, das Unerwartete trefflich regiert, mit unberechenbaren Zwischenfällen hilft oder schadet; jener Gottheit, welche launenhaft sich den Törichten und Verdienstlosen zum Lieblinge wählt, mühseliger Trefflichkeit aber den Weg erschwert und das Ziel verrückt. Den Griechen hieß diese rätselhafte Glücksgöttin Tyche. Ihr Name wurde unter den Okeaniden und auch unter den Gespielinnen der Proserpina genannt; jedoch ohne Beziehung auf die Vorstellungen, welche man später mit der Tyche verband. Sie gilt auch für eine Tochter des Zeus, und dann heißt es von ihr:

> – – „Du lenkst auf Meeresbahn schnellfahrende
> Schiffe, lenkst auf festem Boden raschtobenden Krieg,
> Und des Volks Tagsatzungen auch; doch der Männer
> Hoffnungsnachen rollt hinauf, rollt wieder hinab."

Das Unvorhergesehene, das aus verborgenen Ursachen sich Ereignende, das machtvolle Spielen mit dem Schweren und das Belasten des Leichten, dann die willkürliche und wandelbare Wahl der Begünstigung – dies sind die Elemente des Waltens der Tyche. Darum heißt sie verwegen, ungestüm, leichtsinnig, eine Mutter der Toren, Stiefmutter der Guten; aber immer ist sie die gefürchtete und umschmeichelte Herrin der Dinge. Sie wird blind genannt, oder es wird gesagt, daß sie mit blinden Rossen fährt; ihre Attribute sind das Füllhorn, auf den Reichtum ihrer Gaben deutend, und das Steuerruder, welches ihre Lenkung des Lebensschiffes bezeichnet. Bisweilen steht sie auf einer Kugel oder einem Rade, dem Sinnbilde ihrer Schnelligkeit und Wandelbarkeit.

Auch hier haben wir zu bemerken, daß die römische Fortuna uns bekannter geworden ist als die Tyche der Griechen. An Orten, wo Wagnisse unternommen wurden, wie in den Rennbahnen der Festspiele, stand gewöhnlich ein Altar „des guten Glücks", und mit der Formel „zu gutem Glück!", d. h. „mit Gunst der Tyche" wurden die öffentlichen Urkunden eingeleitet.

10. Kairos

Wer das Glück gewinnen will, darf den günstigen Augenblick nicht versäumen. Von seiner Benutzung hängt in den Unternehmungen gewöhnlich das Gelingen ab. Schnell kommt er heran, rasch muß er erfaßt werden, scharf und gewogen sei die Entscheidung. Diese Vorstellungen von dem günstigen Augenblicke und der Gelegenheit bildeten die Griechen zu einer jugendlichen Göttergestalt, Kairos, und umgaben sie mit sinnvollen Attributen. Auch er hieß ein Sohn des Zeus und hatte zu Olympia einen Tempel neben Merkur. Sein Bild war das eines zum Jüngling erblühenden Knaben, weil das Rechtzeitige immer jugendkräftig und schön ist; die Füße sind beflügelt, und mit der Fußspitze steht er auf einer Kugel; reiche Locken hat er vorn am Scheitel und an den Schläfen, während das Hinterhaupt kahl ist; in den Händen trägt er Scheermesser und Wage. In der Vorhalle eines Tempels zu Sikyon stand ein Bild dieser Gottheit, welches ein Dichter also schildert und deutet:

> „Wer und woher dein Meister? Aus Sikyon. Kennst du den Namen?
> Heißet Lysipp. Und wie du? Kairos, allzwingender Gott.
> Auf den Spitzen stehst du? Stets rollend lauf ich. Die Fersen
> Wie so doppelter Art? Flieg ich doch rasch wie der Wind.
> Und in der Rechten das Messer wozu? Um den Menschen zu zeigen,
> Daß mein luftiger Fuß, eh' es noch schneidet, enthüpft.
> Und dein Haar im Gesicht, wozu das? Dem Begegner zu fassen,
> Trefflich fürwahr; doch wozu hinten dein Haupt so kahl?
> Wenn ich nur einmal auf flüchtigen Füßen vorübergerannt bin,
> Nie mehr, wenn er's auch wünscht, mich er zu fassen vermag."[158]

D. Die Götter des Erdesegens

Alles menschliche Sorgen und Mühen, Dichten und Trachten ist in der Mythe vergöttlicht worden. Auch die Lebenserhaltung durch Speise und Trank hat zu mythischen Gestalten hingeführt, in denen weit über das erste Bedürfnis hinaus die Freude und Mannigfaltigkeit des Genusses, seine Sicherung und Befestigung durch Ordnung und Gesetz mitgefeiert werden. Es sind dies die Ackergöttin Demeter, der Weingott Dionysos und die dämonischen Götterwesen der Wälder und Fluren.

1. Demeter

a) Demeter und Persephone

Drei Töchter waren aus der Ehe des Kronos und der Rhea entsprossen; jede derselben hatte die Beherrschung eines Elementes erhalten. Hestia, die erstgeborene, waltete über dem irdischen Herdfeuer; Here, die jüngste, beherrschte das Luftreich; Demeter, die zweite der Schwestern, war eine Göttin der fruchtbringenden Kraft des Erdbodens, die nährende Erdmutter. Zeus hatte sich mit ihr vor seiner Vermählung mit Here verbunden, und sie hatte ihm die Kore, öfter Persephone (Proserpina) genannt, geboren. Auf lieblichem Wie-

Fig. 57

sengrün in den Fluren von Enna auf Sizilien spielte die schöne Götterjungfrau mit befreundeten Nymphen; auch Artemis, Athene und Aphrodite waren unter der fröhlichen Schar. Aber der König der Unterwelt, der düstre Pluto, hatte die Schönheit der Persephone geschaut und sie von Zeus begehrt, der ihm ohne Wissen der Mutter Gewährung gab. Wie nun die Göttinnen aus Violen und Krokus, Hyazinthen und Lilien Kränze wanden, da erblickte Persephone eine herrliche Narzisse[159] und griff mit beiden Händen nach den strahlenden Blüten. Da gähnte die Erde auf, die Rosse der Unterwelt stiegen herauf, und der Herrscher des Totenreiches stürzte hervor, sich die Jungfrau zu rauben. Sie sträubte sich, laut schallte ihr Angstruf empor, doch nur Hekate vernahm ihn und der alles schauende Helios. Von Hermes geführt eilten die Rosse hinweg; wir sehen in unsrer Abbildung das furchtbare Gespann über die Flußgötter der Unterwelt hinstürmen. Solange Persephone den ragenden Himmel und die Strahlen der Sonne noch schaute, hoffte sie auf Rettung; als aber die schwarze Tiefe sich öffnete, erhob sie ein so durchdringendes Angstgeschrei, daß die Mutter es vernahm.[160]

Sogleich eilte Demeter, die verlorene Tochter zu suchen. Sie entzündete ihre Fackeln am Feuerstrahle des Ätna, sie durchstreifte die Erde bis zu den fernen Äthiopen und bis zu den Gärten der Hesperiden, sie aß nicht, trank nicht und badete nicht, immer wieder kehrte sie zu der und jener Stelle zurück, um die Verlorene zu finden. Neun Tage irrte die gramerfüllte Göttin umher, am zehnten traf sie auf Hekate, von der sie an Helios verwiesen wurde. Zu diesem, dem Späher der Götter und Menschen, sprach Demeter: „Angstruf vernahm ich im veröderen Äther, als ob meine Tochter bewältigt würde. Verkünde mir, wer sie geraubt!" Und Helios verkündigte der Göttin, daß Zeus ihre Tochter dem Pluto als Gattin gewährt habe, von diesem sei sie hinweggeführt worden. Ehrenvoll sei ihr Los, es zieme nicht, länger zu zürnen und eitlen Groll zu hegen. Als er dies gesagt hatte, rief er seine Rosse wieder an und trieb sie weiter. Demeter aber nun von noch herberem Zorn ergriffen, verließ den Olymp und begab sich in unkenntlicher Gestalt zu den Gefilden der Menschen. In Eleusis setzte sie sich auf einen Stein an einem Brunnen nieder, einer alternden Frau gleich, wie es Kinderwärterinnen und Schaffnerinnen sind. Da kamen die Töchter des Keleus, eines der sechs Gebieter von Eleusis, zum Brunnen, Wasser zu schöpfen, und sie sahen die Fremde. Schlimm ist es für Sterbliche, Götter zu schauen, heißt es, aber auf freundlichen Gruß und Anfrage erhielten die Mädchen den Bescheid, die Fremde sei aus Kreta hinweggeführt worden, sie sei ihren Räubern entflohen und möchte nun im Königspalast in der Weise alternder Frauen beschäftigt sein, am liebsten als Pflegerin eines jüngeren Kindes.

> „Mutter! Was Götter verleihn, unwillig wiewohl doch gezwungen
> Müssen wir Menschen erdulden; denn mächtiger sind sie bei weitem."

Mit solchen Spruchworten hatte die eine der Königstöchter ihre Antwort an die Bittende begonnen, dann erzählte sie vom Vater und von der Mutter Metanira, und wie lieb es diesen sein werde, für ihren spätgeborenen Sohn, den Demophon, eine treue Pflegerin zu erhalten.

Die Fremde nickte zustimmend mit dem Haupte, nun hoben die Jungfrauen die Krüge und Becken und schritten brüstenden Ganges auf den Palast zu; hurtig meldeten sie dort der Mutter, was sie gesehen und gehört hatten. Metanira hieß ihnen, die Fremde unter Verheißung reichen Lohnes zu rufen, und frisch wie die Hirsche erfaßten die Mädchen den Saum der Gewänder und schwangen sich über den Weg, daß die Locken wie Blumen um die Schultern flatterten. Sie fanden die Alte auf dem Platze, wo sie dieselbe verlassen hatten, und forderten sie auf, mitzukommen; die Göttin folgte langsam und mit verhülltem Haupte. Als sie über die Schwelle des Saales schritt, wo die Königin an der Säule saß mit ihrem Demophon auf den Armen, da rührte ihr Haupt an die Decke, und Lichtglanz floß umher. Alle erschraken und staunten in Ehrfurcht; die Königin erhob sich und bot ihr den eigenen Sessel dar, doch Demeter nahm einen andern Sessel, den sie den Schleier sich vor und saß lange lautlos und betrübt, weder Speise noch Trank berührend. Da war eine Dienerin im Saale, die lustige Jambe, die ihre Scherze gegen die Trauernde richtete und ihr ein Lächeln abgewann. Den dargereichten Becher wies Demeter zurück, sie begehrte einen Trank von Wasser mit Gerstenmehl und Polei gemischt. Darauf begrüßte Metanira die Fremde: „Edler Abkunft bist du, die Ehrfurcht und Anmut deines Wesens verkündigen es. Genieße, mir gleich, alles was wir besitzen, und wenn du den Knaben, den spät, doch vielersehnt die Götter mir gaben, mir bis zum Jugendziele aufserziehst, dann will ich mit reichem Lohne dir danken. – Ihr antwortete Demeter: „Freude dir, Königin! Verleihen die Götter dir Segen! Willig empfange ich von dir den Sohn, ihn zu pflegen und zu behüten." Mit diesen Worten nahm sie den Knaben auf ihren Schoß, und es freute sich herzlich die Mutter. So nun erzog die Göttin das Kind, daß es aufsproßte wie ein Gott. Sie salbte es mit Ambrosia, sie schmiegte es an sich und wehte es mit ihrem Hauche an, des Nachts aber verbarg sie den

Knaben im Feuer, um ihn vor dem sterblichen Wesen zu läutern, daß er nie alternd den Himmlischen gleich werde. Es gelang ihr nicht. Metanira hatte einst das nächtliche Tun der Göttin belauscht; als sie ihren Demophon in den Flammen liegen sah, schluchzte sie laut und wehklagte. Die Göttin vernahm es. Tiefzürnend hob sie das Kind aus der Glut, legte es von sich hinweg auf den Boden und rief:

„Törichte Menschen, o stets unberatene! Weder das gute
Schicksal, das auf euch harret, erkennet ihr noch auch das böse.“

„Wisse, o Königin, unendliches Leid hast du dir zugefügt. Deinem Sohne wollte ich göttliche Ehre gewähren, daß er nimmer altere und sterbe; nun kann er den Tod nicht vermeiden. Ich bin Demeter, welche Göttern und Menschen die reichsten Gaben bringt; wohlan! Erbaut mir einen Tempel und Altar dort am Brunnen. Ich selbst will euch die Gebräuche lehren, mit denen ihr mir opfern und mich versöhnen sollt.“ Nach diesen Worten legte die Göttin die Gestalt einer Greisin ab.

– – – „rings umhauchte sie Schönheit,
Und es entquoll dem Gewand, wie lieblicher Atem, der Opfer
Weihrauchgedüft; ein Glanz von den himmlischen Gliedern der Göttin
Funkelt’ umher, und es hüllte das blonde Gelock ihr die Schultern;
Lichtglanz füllte das Haus, das gediegene, ähnlich dem Blitzstrahl;
Und sie entschritt dem Palast.“

Lautlos, vom Schrecken gefesselt, stand die Mutter; die Töchter mußten herbeieilen, sie hinwegzuführen und das jammernde Kind zu pflegen. Die ganze Nacht hindurch ehrten sie die Göttin mit Sühngebeten; bei Anbruch des Tages verkündigten sie alles, was die Göttin geboten, ihrem Vater, dem König. Keleus berief die Volksversammlung und ordnete den Aufbau des Tempels, der bald stattlich emporstieg.

Dort saß Demeter, von den Göttern getrennt, und Sehnsucht nach der Tochter bewegte ihr das Gemüt. Da verlor auch die Erde ihre Fruchtbarkeit, ein schreckliches Jahr kam über das Menschengeschlecht; nicht den ausgestreuten Samen gaben die Felder wieder. Der Hunger raffte die Menschen hin, Tempel und Altäre wurden leer, und den Göttern drohte der Verlust aller Opfer und Ehrengeschenke. Das sah und erwog Zeus; er sandte die Iris, um Demeter zum Olymp zurückzurufen. Aber die zürnende Göttin kam nicht. Einen der Himmlischen um den andern hieß Zeus zu ihr hingehen; sie kamen alle und baten und versprachen herrliche Ehrengaben, aber Demeter wies ihre Bitten und Anerbietungen zurück: sie werde nicht eher zum Olymp zurückkommen, und der Fluch der Unfruchtbarkeit werde nicht eher von der Erde genommen werden, bis sie ihre Tochter Persephone wiedergesehen habe.

Als Zeus diesen Entschluß vernahm, entsendete er den Hermes zur Unterwelt, damit er den Pluto mit sanfteinschmeichelnden Worten bewege, die Persephone wieder herauf zu entlassen zu den lichten olympischen Göttern. Der Götterbote fand das Herrscherpaar der Unterwelt auf den Thronen sitzend; Persephone unmutig und unheilsinnend, denn sie sehnte sich zur Mutter hin. Ihr Gemahl, der finstergelockte Schattenfürst, hörte die Botschaft von Zeus sanft und lächelnd an. Er willigte ohne Murren ein und hieß sogar die Persephone, hurtig zu sein und fröhlichen Geistes die Ehren einer Herrscherin des Erebos nicht zu vergessen. Insgeheim aber gab er vor dem Scheiden der Persephone die süße Frucht der Granate zu kosten. Mit ihrem Genuß war sie an die Unterwelt gebunden. Und nun schirrte der düstere Herrscher selbst die Rosse an den goldnen Wagen, Hermes faßte die Zügel, und nicht unwillig verließ mit ihm Persephone den Palast. Unendliche Bahnen durcheilten sie, über die Wogen des Meeres, über Täler und Berggipfel hin zerschnitten sie jagend die Lüfte, bis Hermes am Tempel anhielt, wo Demeter weilte. Wie eine Mänade schwang sie sich ihrem Kinde entgegen; Persephone sprang vom Wagen herab, eilte der Mutter entgegen, küßte ihr das Haupt, herzte ihr die Hände; sie umschlangen sich, und des Grams wehmütige Sehnsucht hielt sie umfangen.

Die ersten Worte der Mutter waren die Frage, ob die Tochter irgend welche Speise bei dem Fürsten der Unterwelt genossen habe. „Aßest du, dann mußt du den dritten Teil des Jahres in der Unterwelt hausen, doch wenn das Land im Frühling rings aufblüht, dann kehrest du wieder aus der düstern Tiefe und weilest die andern zwei Teile des Jahres bei mir und den Himmlischen."

Persephone bekannte, was geschehen war; sie erzählte auch der Mutter, wie es bei ihrem Raube zugegangen sei; den ganzen Tag saßen sie beieinander und ergötzten sich das Herz in treuer Liebe. Dann kam Hekate, die wieder vereinigten Göttinnen zu begrüßen, und wurde deshalb die Freundin und Dienerin der Persephone.

Nun sandte Zeus die Rhea, um die Demeter zu den Unsterblichen zurückzuführen; er hatte festgesetzt, daß Persephone zwei Teile des Jahres bei der Mutter, den dritten Teil in der Unterwelt wohnen werde. Rhea betrat die rharischen Felder bei Eleusis, die wüst und unfruchtbar lagen; nun sollten sie wieder aufgrünen mit ragenden Ähren. „Auf, mein Kind!" ermahnte die Göttermutter nach der herzlichen Begrüßung, „kehre zurück zum Chore der Seligen! Zürne nicht mehr, und gib auch den Menschen wiederum die ernährenden Früchte des Feldes."

Demeter willfahrte dem Zureden der Göttermutter; bald erfüllte sprießendes Grün das weite Erdreich ringsumher. Ehe aber die Göttin zum Olymp zurückkehrte, lehrte sie den Fürsten von Eleusis die heiligen Gebräuche ihres Tempels und stiftete die Kenntnisse des Ackerbaues.

b) Triptolemos. Das Roß Arion. Jasion. Erysichthon

An die Sagen von der Einführung der Saatfrüchte und der Ackerbestellung knüpft sich der Name Triptolemos. Bald ist er, gleich Keleus, einer der Fürsten von Eleusis, bald wird von ihm dasselbe erzählt, was unsre Mythe von Demophon sagte, bald gilt er für einen älteren Bruder des Demophon, oder die Sage schweift weiter, sogar bis zu einem Sohne des Okeanos und der Gaea hin. Mag nun auch die Abkunft des Triptolemos noch so verschiedenartig gedeutet werden, so ist doch das gewiß, daß er als eine der Hauptpersonen in den eleusinischen Mythenkreis gehört. Ihn hatte Demeter den Anbau der Saatfrüchte gelehrt[161], sie hatte ihm auch die Kunst des Mähens und des Dreschens gewiesen, und die Tenne des Triptolemos auf dem heiligen Felde blieb eine der merkwürdigen Stätten von Eleusis. Dann sendete Demeter den Triptolemos auf einem Schlangenwagen in die Welt hinaus, daß er die Segnungen des Ackerbaues unter allen Völkern verbreite. Deshalb wurde er als ein segenspendendes Wesen verehrt und häufig abgebildet, wie er auf seinem mit Schlangen bespannten und an den Rädern mit Schwanenflügeln versehenen Wagen dahinfährt oder wie er von Demeter Ähren und Werkzeuge des Ackerbaues empfängt.

In Arkadien hegte man die Sage, daß Demeter während der Zeit, wo sie den Göttern zürnte, in den dortigen Bergen Verborgenheit gesucht habe. Hier wurde der Meerherrscher Poseidon von Liebe zu ihr ergriffen; die Göttin, um ihm zu entgehen, nahm die Gestalt eines Rosses an; Poseidon tat dasselbe, und so entstand das Wunderroß Arion mit hellblauer Mähne. In dem Kampfe der Sieben gegen Theben gehörte dieses Roß dem Adrast, König von Argos, welchen es durch seine Schnelligkeit errettete, so daß er allein von allen seinen Genossen entkam. Demeter wird in dieser Mythe eine Erinnys, also eine Grollende, Zürnende genannt; entweder weil sie eben dem Harme und der Trauer hingegeben war oder weil sie wegen der von Poseidon ihr angetanen Gewalt grollte. Es wird dabei auch noch von einer mit Poseidon erzeugten Tochter der Demeter erzählt, deren Name auszusprechen für eine Versündigung gehalten wurde. Man bezeichnete sie als Despona, die Herrin; es ist wiederum Persephone, nur in umgestalteter Sage.

Doch erscheint Demeter nicht immer in so ernster und fast düsterer Gestalt. Sie hegte sich auch einmal einen Liebling, Jasion, mit dem sie in Kreta auf dreimal geackertem Brachfelde ruhte. Darüber zürnte Zeus und erschlug den Jasion mit der Flamme des Blitzes. Der Sohn dieser Verbindung war Plutos, der Gott des Reichtumes, den die Mythe in sinniger

Symbolisierung aus der Kraft des Bodens und der Arbeit des Ackerbaues entstehen läßt. Während die einen sagten, er sähe scharf und erkenne bestimmt den tüchtigen Mann, meinten andere, Plutos sei blind und wähle seine Günstlinge ohne Unterscheidung. Immer aber wurde er als ein furchtsamer Gott geschildert, der stets für sein Leben und seine Schätze besorgt sei. In Theben trug ein Bild der Glücksgöttin Tyche den Plutos als Kind auf ihren Armen.

Eine Umkehrung des Segens der nährenden Kraft zum Fluche eines nie gesättigten Verlangens erscheint in der Sage von dem thessalischen Königssohne Erysichthon. Es war dort ein heiliger Hain der Demeter; die laubigen Zweige der mächtigen Bäume drängten sich dicht aneinander, auf dem grünen Grunde sprangen und glitzerten die Quellen; gern spielten hier die Nymphen, und die Göttin selbst liebte die Stätte. In diesem heiligen Haine fällte Erysichthon einen der am höchsten ragenden Bäume und wollte trotz der Warnung der Göttin, welche in der Gestalt der Priesterin vor ihn trat, seinen Frevel fortsetzen, um, wie er sagte, sich aus dem Holze einen Saal für seine Gelage zu erbauen. Aber die Göttin erhob sich in ihrer Hoheit und bestrafte den Erysichthon mit einem nie zu sättigenden Hunger. Vom Morgen bis zum Abend aß er und trank; je mehr er verzehrte, desto mehr begehrte er. Von dieser Unersättlichkeit hieß er auch Aethon (der Brennende). Als er die Vorratskammern und Ställe aufgeräumt und alle seine Habe verkauft hatte, verkaufte er auch seine Tochter Mestra, die jedoch, weil sie als Geliebte des Poseidon die Gabe der Verwandlung besaß, wieder entschlüpfte und zum Vater zurückkehrte. Immer wieder verkaufte er sie, und ebensooft entwich Mestra, bald als Roß, bald als Kuh, oder als Hund oder Vogel. Endlich, als alles erschöpft war, saß der Königssohn am Wege und bettelte um die Brocken und den Abfall des Mahles, bis er endlich in wütendem Heißhunger die eigenen Glieder aufzehrte. In dieser Sage mag wohl eine mystische Beziehung auf Vorgänge des Naturlebens, zunächst auf die verzehrende Glut der Sonne, enthalten gewesen sein; uns liegt aber die andre Beziehung auf das Seelenleben näher. Die immer wache, nie gestillte Begierde, das Sehnen und Verlangen, welches nie befriedigt wird, ist auch hier, wie in der ähnlichen Strafe bei Tantalos, als die größte Qual der Menschennatur von der Mythe herausgefühlt worden. Nur darin liegt ein Unterschied, daß Tantalos, umringt von Gütern, deren Genuß ihm nie zuteil wird, ein Bild des schmerzlichen Zwanges der Entsagung ist, während Erysichthon das schreckhafte Gleichnis derer wird, welchen in der Erreichung die Befriedigung verschwindet, ein Dasein – in der Fülle ebenso ärmlich, wie in der Entbehrung.

c) Deutungen. Bilder. Attribute. Feste

Demeter ist als Erdmutter zunächst die Ackergöttin, die Schutzgottheit der fruchttragenden Kraft des Bodens. Zu ihr beteten die Landleute um das Gedeihen der Saat, welche dabei der heilige Kern der Demeter genannt wird. Sie hatte die Menschen den Ackerbau gelehrt, der Pflug war ihr Geschenk, und ebenso war die Unterweisung im Mähen, Dreschen und Mahlen mit den zugehörigen Werkzeugen ihre Gabe. Als diese Schutzgöttin des Ackerbaues ist Demeter nun auch eine Volksmutter, eine Göttin der Zivilisation geworden. Mit dem Ackerbau gewinnt der Mensch den sicheren Boden der Heimat, er tritt in die Gemeinschaft, welche den Menschen zum Menschen gesellt; er ordnet sich die Zeiten des Jahres nach den Gaben der Göttin, die darum auch Jahrlenkerin hieß; der Besitz des Bodens bedarf den Schutz des Rechtes, die Gemeinschaft fordert Ordnung und Gesetz – Demeter ist es, welche die erfreulichen Satzungen schenkte. Auf diesen beruhigten, gesitteten Zuständen erblüht dann die Kraft des Geistes in ihren edelsten Trieben und Wirkungen, und so steigert sich die Machtbedeutung der Göttin, so daß man wohl zu ihr rief:

> „Nähre den Frieden, damit, wer säete, dieser es ernte!"

In ihrer Hauptbedeutung aber ist Demeter „die Nährerin", welche dem Boden die goldenen Ernten abgewinnt. Sie steht in inniger Beziehung zum Leben der Pflanzenwelt, deren Keimen, Emporblühen, Reifen und Verwelken ganz und gar ihr Reich ist. Hier ist sie mit ihrer Tochter Persephone zu einer Doppelnatur vereinigt, wie es uns der schöne Mythos vom Raube der Persephone gezeigt hat. Wie diese sinkt auch das Kind der Demeter, das Saatkorn, in die Erde, ruht dort einen Teil des Jahres, bis es zu neuem Leben ans Licht emporkeimt. Mit diesen auf der Oberfläche dieser Mythe liegenden Gedanken verknüpften sich aber tiefere Hinweisungen auf das Scheiden und Fortleben der Seele. Die Ähnlichkeiten lagen so nahe, vom Hineinsinken des Samenkornes in die Erde blickte man unwillkürlich auf die Bestattung der Toten, so daß Ahnungen in das Gebiet des nach dem Tode

Kommenden, in die Unterwelt hinüber nicht ausbleiben konnten. Demeter tritt dann, besonders in Verbindung mit Persephone, auch in Beziehung auf die Toten als eine Göttin der düsteren Erdtiefe, als eine Gebieterin der Unterwelt auf.

Bei dem Hinblick auf den Mythos vom Raube der Persephone darf uns das in den Mythen nicht eben häufige Hervortreten der Mütterlichkeit nicht unbemerkt bleiben. Es tritt nicht bloß in dem Schmerze der Demeter, in ihrem Suchen des Kindes, in der Wonne des Wiederfindens hervor, sondern auch in der Innigkeit, mit der die Göttin den kleinen Demophon pflegt; es ist auch weiter noch in der mütterlichen Unterweisung des Triptolemos erkennbar.

Eine andre Verknüpfung der Demeter ist die mit Dionysos. Das Gebiet des fröhlichen Weingottes grenzte an dasjenige der nährenden Erdmutter, und beide wurden da und dort zusammen verehrt. In Eleusis, wo dies auch geschah, führt Dionysos den Namen Jakchos. Darum heißt er der Tempelbruder der Demeter, und diese wird die erzrauschte ge-

Fig. 58

nannt von dem Lärme der Pauken, wie er dem bacchischen Kultus eigen war. Beide Gottheiten erscheinen auch darin zusammengehörig, daß sie den ägyptischen Göttern Osiris und Isis vergleichend gegenübergestellt werden. Die Ähnlichkeiten bieten sich leicht dar, und es ist offenbar, daß diese griechische Mythe den Keim, den sie vielleicht aus dem Orient empfangen, reichlich an die ägyptische Sage zurückerstattet hat.

Die Darstellungen der Demeter zeigen eine hohe Frauengestalt von sanfter, matronaler Haltung. Das Haupt ist entweder wie hier mit einem Ährenkranze oder mit einer bloßen Binde geschmückt; immer fällt ein reiches Lockenhaar auf die Schultern herab. In der Rechten hält sie eine Fackel, in der Linken einen Korb voll Blumen als Hindeutung auf die Frühlingszeit, also auf das Wiederkommen der Persephone, so daß in diesen beiden Zeichen, Fackel und Blumenkorb, Verlieren und Wiederfinden auf sinnige Weise angedeutet ist. In andern Bildern findet sich das Körbchen mit Ähren gefüllt als Beziehung auf die Erntegöttin; Ährenkränze wurden als Opfergabe gern an die Tempel der Demeter gehängt. Neben den Bildern der Göttin findet sich nicht selten der mystische Korb, welcher in den Aufzügen bei ihren Festen umhergetragen wurde. Ein andres Attribut sind Mohnköpfe, welche die Göttin entweder im Haar trägt oder in der Hand hält, ebensowohl als Sinnbild der Fruchtbarkeit wie als Hindeutung auf das andre Machtgebiet der Göttin, Todesschlummer und Unterwelt. Eine ähnliche Verknüpfung mag auch der Schlangenwagen haben, auf welchem Demeter in mythischen Gruppierungen fahrend abgebildet wird.

Das große Ansehen dieser Göttin im Volksglauben läßt sich aus den berühmten Festen und Gottesdiensten erkennen, welche ihr gefeiert wurden, am glänzendsten zu Eleusis. Eine heilige Straße, reich ausgestattet mit religiösen Erinnerungszeichen, führte von Athen nach Eleusis und bereitete das Gemüt auf die Eindrücke vor, welche dort in die Seele drangen. Hier waren die geheimnisvollen Tempelgebäude, die uralten Stätten der mythischen Tradition, wie der Trauerfelsen Agelastos an dem Brunnen Kallichoros, wo Demeter von den Königstöchtern getroffen worden war, die rharischen Felder und die Tenne des Triptolemos. Ehrwürdige Priesterfamilien, besonders die Eumolpiden und die Kerykiden, bewahrten die heiligen, von der Göttin hier zurückgelassenen Satzungen; die höchsten Tempelämter (der Hierophant, der Daduchos) waren in diesen Familien erblich, welche an der Spitze einer großen Zahl von Priestern und Priesterinnen (Melissen) die Gottesdienste und Mysterien verwalteten. Zweimal im Jahre wurden sie gefeiert; die kleinen Mysterien im Februar zu Agra bei Athen, wo man die niederen Weihen bis zum Grade der Mysten erhielt; die großen Mysterien im September zu Eleusis. Neun Tage dauerte dieses Fest. Eine vollständige und sichere Vorstellung von dieser vielbesuchten Feier und den Mysterien ist aus dem Altertume zu uns nicht herübergekommen. Nur soviel ist deutlich, daß viele dieser gottesdienstlichen Gebräuche sich auf die im Mythos erzählten Vorgänge und auf eine Verherrlichung der Demeter und des Jakchos bezogen, wobei das Suchen und Wiederfinden der Persephone in einem ähnlichen Wechsel von Trauer und Freude sich äußerte, wie dies bei den Festen des Adonis, des Osiris und der Isis stattfand. Die Mysterien, zu denen Verbrecher und sittenlose Personen, in älterer Zeit auch Ausländer, nicht zugelassen wurden, bezweckten in ihrem tieferen Grunde wahrscheinlich sittliche Kräftigung, Tröstungen in den Wechselfällen des ungewissen Menschenloses und Erhebung des Geistes zu höheren Ansichten von der Zukunft nach dem Tode. In diesen Kern, soweit er vorhanden war, werden freilich nicht alle der Eingeweihten (Epopten) eingedrungen sein; der Sinn der Mehrzahl blieb auch hier wohl an den bildlichen Vorstellungen haften, in welche man jene Erkenntnisse verhüllte, oder er befriedigte sich an der mit den Mysterien verbundenen Geheimniskrämerei oder an einer abergläubischen Zuversicht auf die Wirkung der Weihen, so daß viele sogar den Kleidern, in denen man die Weihe empfangen hatte, eine magische Kraft zuschrieben.

Einen Monat nach den großen Eleusinien feierte man das Fest der Thesmophorien, gleichfalls zu Ehren der Demeter als der Stifterin bürgerlicher Gesetze und als der Göttin der Saat mit weiterer Beziehung auf Eheleben und mütterliche Fruchtbarkeit. Denn dieses Fest wurde nur von Frauen gefeiert, welche in bloßen Füßen und mit nicht aufgebundenen Haaren sich zum Festzuge scharten, bei welchem der heilige Korb nicht fehlte. Die anderen dabei vorkommenden Gebräuche erinnerten auch an die Vorgänge des Mythos, wie das Scherzen und Lachen der Thesmophoriazusen; wahrscheinlich Späße in Worten und Gebärden von nicht eben feiner Art, wodurch die erheiternden Scherze der Jambe wiederholt werden sollten. Am vorletzten der fünf Festtage wurde gefastet und getrauert; der letzte Tag war der Kalligeneia, der Mutter der schönen Kinder, gewidmet, entweder in Beziehung auf Demeter oder auf mütterlichen Beruf überhaupt. Mit einem gemeinsamen Festschmause schloß die Feier, dann kehrten die Frauen in die Gewohnheit des Hauses zurück. – In Böotien trug man bei diesem Feste kleine Kapellchen mit dem Bilde der Achäa (der trauernden Demeter) herum, und man nannte dieses Fest Epachthe d. h. Trauerfest, wegen der Betrübnis der Göttin über das Hinabsteigen der Tochter in die Unterwelt.

2. Dionysos oder Bacchus

a) Geburt und Erziehung

Im Hause des Kadmos, des Gründers von Theben, wuchsen vier Töchter empor: Autonoe, die Mutter des Aktäon – Ino, die Gattin des Athamas – Agave, vermählt mit Echion, einem der sogenannten Sparter d. h. der aus den Drachenzähnen emporgewachsenen Männer – Semele, von hohem Wuchs und langwallendem Haar, deshalb die Lockenmaid genannt – und ein Sohn Polydor, der Ahnherr des schicksalvollen Oedipus. Eine düstere Macht voll Ungestüm und Verwirrung beherrschte das Geschick der Glieder dieses Königsgeschlechtes, aber aus diesem düsteren Grunde hebt sich eine der glänzendsten Mythengestalten empor, der schöne, freudvolle Dionysos. Zeus hatte Wohlgefallen an der lockigen Semele und besuchte sie in menschlicher Gestalt. Neidisch und eifersüchtig kam Here, als sie diese Untreue gewahrte, in eine alte Frau verwandelt zu Semele und wußte sie zu dem Wunsche zu verleiten, daß Zeus ihr nahen möchte in seiner wahren Göttererscheinung. „Laß es dir", flüsterte die Alte, „beim Styx beschwören, daß dein Geliebter dir den Wunsch erfüllen werde." Darauf entfernte sich die böse Ratgeberin. Als nun Zeus wiederkam, bat Semele, er möge ihr mit dem Göttereide die Erfüllung eines Wunsches versichern. Voreilig willfahrte der Götterherr, aber wie sehr erschrak er, als Semele verlangte: „Erscheine mir in der Kraft und Herrlichkeit, wie du der Götterkönigin nahest." Gebunden von seinem Eide mußte Zeus das verderbliche Verlangen erfüllen; er kam umgeben von Blitz und Donner und den Donnerkeil schleudernd. Das sterbliche Weib, von den Feuerstrahlen ergriffen, sank in Todesnacht, ihrem Schoße entrang sich der Sohn, der feuergeborene, den sogleich aufsprießender Epheu umschattete, und Zeus nahm das also gerettete Kind, nähte es in seine Hüfte und gebar nach Erfüllung der gesetzten Zeit den Dionysos. Darum heißt dieser der zweimütterliche, der zweimal geborene.

Hermes, welchem Zeus die Fürsorge für den Dionysos übergab, brachte ihn zur Schwester der Semele, zu Ino und ihrem Gatten Athamas; sie sollten das Kind als Mädchen aufziehen. Aber Here in ihrem ruhelosen Grimm strafte die Pfleger des Kindes mit Wahnsinn, in welchem sie gegen ihre eigenen Kinder wüteten. Athamas verfolgte den älteren Sohn Learchos wie einen Hirsch und traf ihn mit seinen Pfeilen zum Tode; als er darauf sich auch gegen den jüngeren, Melikertes, wandte, nahm Ino denselben, eilte mit ihm an das Meer und stürzte sich von dem steilen molurischen Felsen[162] hinab in die Flut. Freundliche Nereiden nahmen sie auf; unter ihnen weilt sie, von nun an Leukothea, die Weißschimmernde, genannt und göttliche Ehre genießend, eine den Seefahrern und Schiffbrüchigen hilfreiche Gottheit, deren Schleier auch aus dem Drange der empörten Wogen rettete. Ihr Sohn Melikertes wurde unter dem Namen Palämon gleichfalls als ein Gott der Schiffer und der Häfen verehrt. Er wurde als blühender, schöner Knabe dargestellt auf einem Delphin oder von den Wogen selbst getragen; die Römer nannten ihn Portunus und bildeten ihn als Hafengott mit einem Schlüssel in der rechten Hand.

Um nun den wiederum verwaisten Dionysos der Rachsucht der Götterkönigin zu entziehen, verwandelte ihn Zeus in einen Ziegenbock und ließ ihn von Hermes zu den Nymphen von Nysa[163] in Asien bringen. Hier in den kühlen Schluchten und Grotten des Waldgebirges wuchs das Götterkind auf, von den Nymphen so sorglich verpflegt, daß Zeus sie später mit dem Namen Hyaden (Regengestirn) unter die Gestirne versetzte.

b) Wanderungen

Als Dionysos großgezogen war, bekränzte er sich mit Epheu und Lorbeer und schwärmte durch die dichtbewaldeten Schluchten. Mit ihm zogen die Nymphen, er aber eilte voran, und lustiges Toben erfüllte die Waldung. Denn schon hatte er den Weinstock gepflanzt, den berauschenden Spender der Lust, dessen Anbau er nun auch die Menschen lehrte. Da war Oeneus, König von Kalydon, bei dem Dionysos einkehrte und welchem er das erste Senkreis des Weinstocks gab; aber auch seine Gattin Althäa wurde von dem Gotte geliebt und bekam von ihm die Dejanira, welche als Gattin des Herakles in der

Mythe von dem Tode desselben berühmt geworden ist. Dann kam Dionysos nach Attika und wurde hier von Ikarios aufgenommen, welchem er eine Weinranke schenkte. Nachdem Ikarios die Zubereitung des Weines gelernt hatte, füllte er den köstlichen Trank in lederne Schläuche und zog bei den Hirten umher, welche den ungemischten Wein in vollen Zügen genossen. Als der Rausch über sie kam, hielten sie sich für vergiftet und erschlugen den Ikarios. Am andern Tage ernüchtert, bereuten sie die Tat und bestatteten den Leichnam. Erigone, die Tochter des Erschlagenen, suchte den Vater; ihr treuer Hund Mära entdeckte die Stelle, wo er lag, und Erigone, von Schmerz überwältigt, erhängte sich selbst an dem Baume, welcher das Grab beschattete. Die Hirten wurden von Dionysos bestraft, Erigone aber und ihr Hund an den Himmel versetzt, wo sie als Jungfrau und als Sirius glänzen.

Den Dionysos machte die immer noch grollende Here wahnsinnig. So durchirrte er Ägypten und Syrien, bis er in Phrygien von der Göttermutter Kybele entsühnt und in ihren Geheimdienst eingeweiht wurde. Nun kam er mit seinem Gefolge von Nymphen und Satyrn nach Thrakien, wo Lykurgos, der König der Edoner, dem lärmenden Schwarme feindselig entgegentrat und ihn zurückjagte. Dionysos floh in das Meer, wo Thetis ihn aufnahm; die Bacchantinnen und Satyrn wurden gefangen, sogleich aber wieder in Freiheit gesetzt, denn Lykurgos, mit Raserei bestraft, tötete seinen Sohn, indem er glaubte, einen Weinstock umzuhauen, und wurde von wilden Pferden zerrissen.

Nirgends vermögen es die Verächter des Dionysos, ihm zu widerstehen. Weit nach Osten hin zieht er als Sieger und Eroberer, die Mythe dehnt diese Züge bis nach Indien hin aus. Umschwärmt von den Scharen der Satyrn, Silene und Bacchantinnen oder Mänaden unterwirft er alle jene Länder seiner wohltätigen Macht. Überall erscheint er mit seinem rauschenden Schwarme als der freudenreiche Gott, der Gott der Lust; sie schwingen die Thyrsosstäbe, und wo sie den Erdboden oder den Felsen schlagen, springen Quellen auf, Wasser oder Wein, Milch oder Honig, wie sie es begehren. An den Grenzen der Ostwelt angekommen, errichtet Dionysos dort ein hochgetürmtes Denkmal, so wie Herakles an den Grenzen der Westwelt seine Säulen gesetzt hatte.

Er kehrte nach Griechenland, und zwar nach Theben, zurück. Der wild-begeisterte Schwarm forderte die thebanischen Frauen auf, das Fest des Gottes auf dem Kithäron mitzufeiern. Es galt, in der Heimat des Dionysos ihm Ehre und Verherrlichung zu erweisen, aber der Herrscher von Theben, Pentheus (der Trauerer), widersetzte sich, obgleich seine Mutter Agave eine Schwester der Semele war, neidisch und düsteren Sinnes den Ehren seines Verwandten. Begierig, das Fest und seine Teilnehmerinnen zu schauen, eilte er hinaus zum Kithäron und spähte von einem Fichtenbaume herab zur Mänadenfeier hinüber. Da wird er erblickt. Die Rasenden stürzen zum Baume hin, Dionysos steigert ihre Kraft, und unter ihrer Gewalt bricht die Fichte zur Erde. Pentheus wird hinabgeschleudert unter die Bacchantinnen, welche ihn durch des Gottes Verblendung für ein wildes Tier halten und nach ihm fassen. Vergebens ist sein Flehen, den Taumelnden tönt es wie Gebrüll; sie zerreißen ihn, und die eigene Mutter wird mit dem Blute des Sohnes bespritzt. Der Gott aber, mit zornerglühten Wangen, schaut dem Unwesen zu und verstärkt die wilde Verzückung.

Als Dionysos in Argos gleichfalls Widerstand und Geringschätzung erfuhr, strafte er auch hier die Weiber mit Raserei, so daß sie auf dem Gebirge umhertobten und wilden Tieren gleich ihre Säuglinge töteten und aufzehrten.

Anmutiger als in dieser grausenhaften Wildheit des bacchischen Taumels erscheint der Zorn des Gottes in der Mythe von seinem Raube durch die Tyrrhener. Es heißt, daß Dionysos auf seiner Wanderung nach Naxos, als er am Meeresgestade hinwandelte, im Purpurgewande und dunkelgelockt, von tyrrhenischen Seeräubern ergriffen, in ihr Schiff geführt und gebunden worden sei. Aber die Fesseln fielen ab von Händen und Füßen, und mildlächelnd schaute die Gefangene die Räuber an. Der Steuermann warnte seine Genossen: „Wen wollet ihr fesseln? Ein Gott ist er. Entlasset ihn, berühret ihn nicht, damit er nicht zürne und Sturm und Unwetter uns errege!" Doch der Schiffsherr trotzte der Warnung und richtete das Schiff zur Abfahrt. Plötzlich erschien ein Wunder. Ein Weinstrom durchrauschte das Schiff, köstlich zum Trunk und von süßem Geruch; um die oberen Segel rankten sich Reben mit zahllosen Trauben, den Mast umzog dunkelgrüner Epheu, und Kränze umwanden die Bänke der Ruderer. Rasch wollten nun die erschrockenen Seeleute zum Lande lenken, aber es war nicht mehr Zeit. Dionysos, zum Löwen verwandelt, stand auf dem Vorderverdeck, im Mittelraume erschien ein zottiger Bär, in Angst drängten sich die Seeleute auf das Hinterverdeck um den Lotsen, und wie der Löwe nun plötz-

lich auf den Schiffsherrn einstürmte und ihn packte, da sprangen jene, um zu entfliehen, hinab in das Meer. Sie wurden zu Delphinen. Nur der verständige Steuermann blieb verschont; Dionysos gab sich ihm zu erkennen und nahm ihn in sein Gefolge auf.

Auf Naxos fand Dionysos die schlafende Ariadne, die Tochter des kretischen Königs Minos. Als Theseus nach Kreta gekommen war, um den Kampf mit dem Minotaurus im Labyrinthe zu bestehen, hatte Ariadne, für den herrlichen Jüngling erglühend, ihm ein Schwert gegeben, mit welchem er das Ungeheuer töten, und einen Faden, durch welchen er sich aus dem Labyrinthe herausfinden sollte. So konnte der Held das Abenteuer vollenden; Ariadne hatte dann mit ihm die Insel verlassen. Aber schon in Naxos ließ Theseus seine Retterin zurück, sei es, daß er sie bei der Abfahrt vergaß oder daß er in untreuer Liebe zu einer anderen sie verlassen wollte, oder auch daß Dionysos ihm durch einen Traum geboten hatte, die Jungfrau hier zurückzulassen. Sie ruhte noch im arglosen Schlummer, als Dionysos, im Purpurgewande und das Haupt mit Rosen bekränzt, sich ihr näherte. Nach einer andern Mythe durchirrte Ariadne die Insel, den Theseus suchend, und brach in laute Verzweiflung aus, als sie am Meeresgestade das hinwegsegelnde Schiff des Treulosen erblickte. So fand sie der Gott. Mag nun der Schlummer ihren Jugendreiz verschönt oder mag die Besiegung ihres Schmerzes den Gott begeistert haben, er gewann ihre Liebe und machte ihre Klagen verstummen. Die Götter feierten ihre Vermählung mit, und Ariadne, die Bacchusbraut, in ihrer Schönheit und Lie-

Fig. 59

be ist im Altertum, ja bis auf die Neuzeit herab, von der Kunst und von der Dichtung vielfältig verherrlicht worden. Ihm zur Seite und wie der Gott selbst mit Weinlaub oder Epheu bekränzt, ist sie als seine Gattin eine liebliche Erfüllung seines Wesens geworden, eine Göttin der rauschenden Freude und der allen Zwang und alles Feindliche überwältigenden Jugendlust. Ihre Söhne Phanos und Staphylos werden unter den Helden des Argonautenzuges genannt.

Dionysos hatte auf weiten Zügen und durch viele Machterweisungen seine Verehrung unter den Menschen gesichert. Nun führte er seine Mutter aus der Unterwelt herauf und stieg mit ihr und mit Ariadne, welcher Zeus Unsterblichkeit in nie veraltender Jugend verliehen hatte, zum Olymp empor. Semele erhielt nun den Namen Thyone. Von dieser Wandelung ihres Geschicks singt ein Dichter: „Aufwallender Mißmut erstirbt, überwunden vom Hochgefühl der Freuden, sobald dich hebt Gottes Schickung durch ein erhabenes Heil. Das hat sich bewährt an den Jungfrauen des Kadmos, die so Schreckliches betraf; doch die Last des Grames sank vor herrlicherem Gut. Nun lebt sie bei den Olympiern – sie, die der Blitz in den Tod dahinschmetterte, die Lockenmaid Semele."

c) *Darstellung. Attribute.* Gefolge

Die Bilder, welche die vollendete Kunst von Dionysos schuf, stellen ihn dar in blühender, reizvoller Jugend, angenähert an die weichen, vollen Formen weiblicher Schönheit. Dieser thebanische Dionysos ist gewöhnlich unbekleidet, bisweilen hat er das Fell des Panthers oder das einer Hirschkuh, die Nebris, umgeworfen. Auch in der hier ausgewählten Darstellung ist die Weichheit und Anmut der Formen, die Schwellung, welche die Glieder umfließt, der lachende Mut und die schwärmerische Begeisterung des Antlitzes wiedergegeben. Ein Kranz von Weinlaub (sonst auch von Epheu) schmückt das leicht zur Seite geneigte Haupt, in langen Ringellocken fällt das Haar auf die Achseln hinab. Anmutig lehnt er sich an einen Baumstamm, an welchem eine Weinrebe emporrankt, die Linke faßt eine Traube, mit der Rechten stützt er sich auf den Thyrsos, der im Bilde nur angedeutet ist. Das ist der Gott, welcher in seiner unversiegbaren Jugend als der schönste gepriesen ward. Ein Blick auf Apollo lehrt uns diese Schönheit des Dionysos verstehen. Dort ist das Urbild männlicher Vollendung in Kraft und aus sich selbst aufleuchtender Geistigkeit; hier ist Fülle und Reiz, bewegt von dem schwärmerischen Feuer der Weinbegeisterung.

In älteren Darstellungen ist auch der griechische Dionysos bekleidet, bärtig und in gereifter Männlichkeit. Um das Haupt liegt eine Binde (Mitra) mit herabhängenden Bakkenflügeln; in der einen Hand hält er eine Schale oder ein Trinkgeschirr, in der andern einen Zweig. Der Weinstock, oder auch nur Laub und Trauben, war dem Dionysos recht eigentlich angehörig, ebenso der Epheu. Auch das Trinkgeschirr macht ihn kenntlich, das Hauptattribut des Gottes und seiner Schar ist aber der Thyrsos, eine Lanze, deren Spitze in einer Umkränzung von Epheu umhüllt war, oder ein Stab (Narthex) mit aufgestecktem Pinienzapfen, umschlungen von herabhängenden Binden und Epheu oder Weinlaub. Oft ist dem Dionysos ein Löwe oder ein Panther zugesellt, oder er ist mit dem Pardelfell bekleidet. Schön ist eine Darstellung, wo der Gott sanft und sorglos ruht und sich dem schmeichelnd herandrängenden Löwen entgegenhebt, um ihn aus dargereichter Schale zu tränken. Solche Vertrautheit des Dionysos mit den wildesten Naturen liegt aber nicht bloß der Gedanke an die Bändigung des Wilden durch die freundliche Gewalt des Gottes zugrunde; es ist hier auch darauf hingedeutet, daß in dieser Gewalt selbst etwas Ungebändigtes und Wildes liegt.

Das Aufgeregte und Zügellose des bacchischen Kultus tritt am sichtbarsten in dem Gefolge (Thiasos) hervor, welches den Gott umgibt. In diesem lärmenden Zuge wirren Pan und Silen, Satyrn, Nymphen und Mänaden durcheinander, ausgelassen und neckisch, wein-

Fig. 60

selig, in Verzückung und rasender Begeisterung. Die Thyrsosstäbe werden geschwungen, die Fackeln strahlen, Flöten und Cymbeln ertönen, und die Handpauken tosen; so stürmt der rauschende Schwarm dahin. Den Wald- und Feldgöttern dieses Zuges werden wir bald in einem eigenen Abschnitte näher begegnen; hier soll nur von dem weiblichen Gefolge des Dionysos, den Bacchantinnen und Mänaden, Lenäen, Thyaden und Mimallonen Erläuterung gegeben werden. Die Bacchantinnen oder Mänaden umfassen die Gemütszustände von der in träumerische Melancholie sich verlierenden Stimmung bis zum lautesten Jubel festlicher Raserei. Dann ist der Körper der gewaltsamsten Bewegung hingegeben, wie hier, wo der wallende Mantel die rechte Seite des Körpers bloßläßt; der Kopf ist zurückgeworfen, das Haar flattert im Winde, und wie sie dahinschreitet oder tanzt, mischt sie in die Schläge der Handpauke die wilden Rufe taumelnder Begeisterung. Hinter der Mänade schreitet ein Satyr mit Pardelfell und Thyrsos. Allerlei Waldtiere wie Rehe, Hirschkälber, Böcke werden von den Mänaden getragen und gewartet, dann erwürgt, zerrissen und wohl gar das rohe Fleisch gekostet. – Die Lenäen sind am häufigsten den Bacchantinnen gleichbedeutend; sollen sie unterschieden werden, so stehen sie in besondrer Beziehung zum Keltern des Weines als die lustigen Spenderinnen des verlockenden berauschenden Mostes. – Thyaden sind ebenfalls Bacchantinnen, aber mit Opferhandlungen bei den bacchischen Orgien beschäftigt. Athenensische Frauen zogen als Abgesandte ihrer Stadt unter diesem Namen alljährlich auf den Parnass, um ein Fest des Dionysos mitzufeiern. – Endlich bezeichnen die Mimallonen die kriegerischen Genossinnen des bacchischen Zuges.

d) Bedeutung. Der indische Dionysos. Zagreus. Bacchische Feste

Aus der Zeit und den Gebräuchen der Feste des Dionysos erscheint die Bedeutung dieses Gottes zunächst als die eines Herrn und Verwalters der Vegetation überhaupt, wie sie im Frühlinge in Laub und Blumen hervorsprießt und dann die Früchte reifen macht. Nicht die eigentlich nährenden Gaben der Pflanzenwelt – diese gehören der Demeter an – sind das Reich des Dionysos, sondern die Gaben der Freude und des Wohllebens, Baumfrüchte und Trauben. Weil nun besonders durch die letzteren Lust und Fröhlichkeit gespendet wird, ist der Weinstock und seine Gaben das eigentliche Gebiet des Dionysos geworden. Er ist der Gott der aus der Rebe quillenden Freude und damit auch der aus der Weinbegeisterung hervorbrechenden erhöhten Gemütsstimmung und ihrer Wirkungen. Musik und dichterische Begeisterung gehören in sein Gebiet; Dithyrambe, Tragödie und Komödie verdanken diesen Anregungen ihren Ursprung. Deshalb wird Dionysos mit seinem Bruder Apollo, dem Führer der Musenkünste, zusammengestellt; doch entspringt bei diesem das dichterische und tönende Schaffen rein aus innerster Regung, während Dionysos die durch äußere Erregung bewegte Stimmung beherrscht. Seine Wirkungen sind stürmischer und leidenschaftlicher. Er waltet in der Fülle der Erdenfreude bis zur Ausgelassenheit und Üppigkeit. So steht er in seiner weichen, reizvollen Schönheit da als das männliche Gegenbild zu der schönen Herrscherin Aphrodite. Diese beiden waren die Götter, denen die Sinnenwelt gehörte, die Lust des Genießens und des süßen, sorglosen Schwärmens; ein Gebiet, von dem es dann allerdings nicht weit ist zu der niedrigen Auffassung, die sich in der gewöhnlichen Zusammenstellung von „Venus und Bacchus" ausspricht.

Die Hauptgestalt des Dionysos im griechischen Sinne ist in den voranstehenden Abschnitten umschrieben, doch gibt es, wie auch bei andern Göttern, noch einige Nebenformen, welche von ausländischen Mythen hereingebracht worden waren. Nach dem Zuge Alexanders des Großen nach Indien trat da und dort die Verehrung eines indischen Dionysos auf. Alexander soll in Indien den Sagen vom Zuge des schwärmenden Gottes und seiner rauschenden Scharen begegnet sein. Die Bedeutsamkeit der schon vorhandenen griechischen Sage steigerte sich dadurch; sie wurde durch die Eroberungszüge selbst bereichert und ausgeschmückt. Für diesen indischen Dionysos galt dann die Auffassung als bärtiger kräftiger Mann in der Haltung eines Weisen und Gebieters. Das weite Gewand fließt lang herab; das Antlitz ist nachdenklich-ernst mit einem Anfluge von Melancholie. Der Name Sardanapallos auf dem Bilde ist entweder später hinzugefügt, oder das ganze Werk stammt aus einem Kultus, wo Sardanapallos und der bärtige Dionysos eins waren. Indische Sagen erzählen von den Zügen des Siwa und von der siegreichen Verbreitung seines Kultus nach der Westwelt hin. Die Inder nennen ihn Siwa-Devanichi, d. h. der Gott von Nicha.[164] Es ist möglich, daß eine Kunde von diesen indischen Mythen in die Bildung der Mythe von dem Dionysoszuge eingedrungen ist und daß dabei die Mythe von Westen nach Osten umgewendet wurde. Oder es wurde bei der Berührung Griechenlands mit Indien durch Alexander die indische Mythe mit der griechischen verbunden und diese durch den indischen Dionysos erweitert. In den aus dem makedonischen Weltreiche hervorgegangenen Hauptstädten, besonders in dem ägyptischen Alexandria, wurde dieser Kultus gepflegt; er scheint mit seinen stolzen, üppigen Aufzügen und Festgelagen bei Kriegsleuten und Herrschern beliebt worden zu sein.

Andre ausländische Formen, welche sich mit dem Dionysosdienst verknüpften, waren der phrygische Sabazios und der thrakische Bassareus. Der Dienst des Sabazios war mit dem der phrygischen Göttermutter eng verbunden, übelberüchtigt wegen seiner wilden und ausgelassenen Feste und Mysterien. Das Attribut dieses Gottes, der als jugendlicher Herrscher thronend dargestellt wurde, war die Schlange. – Der Name Bassareus wird von der lydischen Stadt Bassara, oder von den lang herabwallenden Gewändern der Priester dieses Kultus, Bassariden genannt (Bassaris eigentlich Fuchspelz), hergeleitet. In Thrakien bestand bei dem Bergvolke der Satren ein Orakel des Dionysos auf einer der höchsten Stellen des Gebirges. Die Priester hießen Besser. Aus Kreta stammte die Sage von Zagreus, dem Sohne der Proserpina. Alle Götter, so heißt es, bewarben sich um die schöne Tochter der Demeter. Streit und Unheil fürchtend, schloß die Mutter die Tochter in eine Höhle ein und ließ sie durch ihre Schlangen bewachen. Aber Zeus selbst, der Vater, schlich in der Gestalt einer Schlange in die Höhle und erzeugte mit Persephone den Zagreus mit dem Stierhaupte. Geschützt von den Kureten wuchs das wunderbare Götterkind auf. Aber der Neid der Here reizte die Titanen auf, die nun in veränderter Gestalt während der Waffentänze der Hüter sich des Knaben bemächtigten, ihn zerstückten und verzehrten. Nur das noch schlagende Herz entriß ihnen Pallas-Athene und brachte es dem Zeus, der es selbst verschlang (oder auch der Semele gab), worauf ein andrer Zagreus, der jüngere Dionysos, geboren wurde. Die Überreste des Zagreus ließ Zeus durch Apollo auf dem Parnass bestatten, die Titanen erschlug er mit dem Blitze und verbrannte sie zu Asche, aus welcher die Menschen entstanden, in denen also der Kampf zwischen Gutem und Bösem durch ihre Entstehung aus Teilen der Titanen und des Dionysos erklärbar wird. Diese Sage von Dionysos-Zagreus, dem Sohne des Zeus und der Persephone, gehörte mehr den Mysterien als dem Volksglauben an. Dort wurde Dionysos häufig als „heiliger Stier" angerufen und dargestellt, entweder in vollkommener Stierge-

Fig.61

stalt oder als Stier mit einem Menschenkopfe, oder auch ganz menschlich mit bloßer Andeutung der sprossenden Hörner.

Die Feste dieses Kultus begannen im Dezember mit den kleinen oder ländlichen Dionysien. Es war das Fest der Winzer nach vollbrachter Weinlese und wurde nur auf dem
Lande gefeiert. In ungezwungener Fröhlichkeit hielt man einen Umzug zum Heiligtume
des Ortes, man schmauste und zechte und trieb allerhand Schwänke, unter denen ein Spiel,
wo ein Tänzer auf einem Beine sich auf einem mit Luft gefüllten und mit Öl bestrichenen
Lederschlauche zu erhalten bemühte, die meiste Heiterkeit erregte. Auch Verkleidungen
und mimische Darstellungen fehlten nicht; zuerst improvisierte Deklamationen aus dem
Sagenkreise des Dionysos, bis Thespis eine vorher aufgezeichnete Szene aufführte und, mit
seinem Karren von Dorf zu Dorf ziehend, großen Beifall erntete. So sind aus dieser Festfreude die Anfänge der dramatischen Dichtkunst und des Theaters hervorgegangen, welches in der Hauptstadt Athen bald zur herrlichsten Blüte emporstieg. Hier wurde, nachdem alle ländlichen Dionysien beendet waren, im Januar ein Kelterfest, die Lenäen, gefeiert
in dem sogenannten Lenaion, einem alten Heiligtume des Gottes. Dann belebten dramati-
sche Darstellungen das Fest. Im Februar folgte das Fest der Anthesterien; die Natur begann wieder zu erwachen, und die Fässer des neuen Weines wurden eröffnet. Man opferte
dem Gotte von seinen Gaben, man ahmte in Verkleidungen die Gestalten des bacchischen
Zuges nach und hielt Wettkämpfe im schnellen Trinken; die Kinder vom dritten Jahre ab
wurden mit den jungen Blüten bekränzt. Aber man gedachte auch der Verstorbenen und
spendete an ihren Gräbern von dem neuen Weine. Wenn endlich der Winter ganz überwunden war und die Flur im Schmucke des Frühlings prangte, dann feierte man im März
die großen oder städtischen Dionysien als das Fest des Sieges über die finstern, erstarrenden Mächte. Die glänzendsten unter den sechs Tagen dieses Festes waren die der dramatischen Spiele. Athen zeigte sich hierbei in der Herrlichkeit seines Reichtums und seiner
Bildung, und in diesen festlichen Aufführungen entfalteten sich die Tragödie und die Komödie zu den Meisterwerken, welche die Bewunderung aller Zeiten bleiben werden.

Mit dem Feste der Lenäen war die Feier der bacchischen Mysterien verbunden, in
welchen der Gott, wie in Eleusis, den Namen Jakchos führte. Fremde waren von diesen
Weihen, die man wahrscheinlich zur Nachtzeit feierte, ausgeschlossen; statt des Epheu
schmückte man sich hier mit Myrthen und trug die Nebris als das heilige Kleid. Junge
Mädchen trugen Feigen in goldnen Körben, auch um den Hals hatten sie Schnüre von
getrockneten Feigen. Diese Mädchen hießen die Kanephoren (Korbträgerinnen). Im Heiligtume des Gottes verwalteten vierzehn angesehene Frauen der Stadt, die Ehrwürdigen
(Gerären) genannt, die geheimen Gebräuche. An ihrer Spitze stand die Gemahlin des Ar-
chon-Basileus; diese wurde bei der Feier mit dem Dionysos in einer symbolischen Handlung vermählt, wahrscheinlich um auszudrücken, wie der Gott des Gedeihens der Fluren
und der Weingärten sich aufs neue mit dem Volke von Athen vereinigt habe.

E. Die Gottheiten der Fluren und Wälder

1. Die Nymphen

Wie die großen Götter des Olymp von den anmutigen Gruppen der Horen, Chariten
und Musen umgeben wurden, so zeigte auch das Naturleben in Flur und Wald eine Fülle
von Dämonen, die bis auf wenige individuelle Gestalten sogleich als Gattung erscheinen.
Derselbe mythisch schaffende Sinn, welchem die Erscheinungen im hohen Luftraume zu
Göttergestalten wurden, ist auch in das Bergtal und zur Waldwiese eingedrungen und hat,
was sich dort regt, schallt und vorüberblinkt, mit lustiger ja übermütiger Laune zu Mythenwesen gestaltet. Es ist das Erwartungsvolle jener Orte, wie es sich dort der Seele be-
mächtigt, wenn sich die Sinne dem Naturleben entgegenspannen, als sollte ein geheim hier
verborgenes Wesen lieblich oder schreckhaft heraustreten. Dieses Gefühl ist ergriffen und

ausgestaltet worden; Haine und Täler, Quellen und Walddunkel haben sich damit belebt. Die Keime ruhten im Volksleben, die Mythendichtung hat sie entwickelt und vollendet. So sind die Nymphen und Pan mit seiner schalkhaften Genossenschaft entstanden.

Die Nymphen werden Töchter des Zeus, oder auch des Okeanos genannt. Ihr Name (Nymphe, bräutliches Mädchen) zeichnet auch ihre Gestalt. Sie sind jungfräuliche Wesen, schön und voll Liebreiz, mit schnellem Blick und rascher Bewegung, bald neckisch bald sinnig, verlockend doch gutartig. Gern spielen sie im Waldschatten, oder sie wandeln durch die waldigen Krümmungen des Gebirges, oder sie ruhen auf sonniger Aue unter einem weitästigen Baume; andre wohnen an Quellen und Flüssen oder in der Tiefe der klaren Flut. Heiteren Sinnes lieben sie alle den Tanz; es ist, als ob es sich von selbst verstände, daß die blendenden, lachenden Gestalten, wo sie zusammen sind, den Reigen schlingen. Auf den Olymp kommen sie wohl auch, und wenn ein großer Götterrat berufen wird, dann darf keine der Nymphen fehlen; aber sonst gehören sie nicht in die hohen Götterpaläste, sie weilen am liebsten in dem ihnen angehörenden Naturleben der Erde. Ein bemerkenswerter Zug für ihr Wesen ist, daß, wo die Sage in entlegene Gegenden der Erdscheibe hinüberspielt, dort auch Nymphen wohnen. Nach den verschiedenen Gebieten, in denen sie walten, werden sie unterschieden als Najaden, Wassernymphen und Oreaden oder Dryaden, Berg- oder Waldnymphen; letztere in Beziehung auf ein ihnen zugehörendes Baumleben auch Hamadryaden genannt. Andre Namen sind ihnen von ihren Wohnstätten beigelegt worden, z. B. Nysäische Nymphen, oder Diktäische, Idäische u. a. Unsterblich sind sie nicht, wohl aber lange lebend:

> „Neun Geschlechter durchlebt die geschwätzige Krähe von Männern
> Frisch andauernder Kraft; und der Hirsch drei Alter der Krähe;
> Drei Hirschleben hindurch wird der Rab' alt, aber der Phoenix
> Dauert neun Rabengeschlecht; und wir zehn Alter des Phoenix,
> Wir schönlockige Nymphen, des Aegiserschütterers Töchter."

Von den Dryaden, besonders den Hamadryade wurde geglaubt, daß bei ihrer Geburt zugleich ein Baum sich erhebe mächtig emporragend, und das Leben dieses Baumes verknüpfe sich mit dem Leben der Nymphe, so daß beide zusammen vergehen müßten.

Diese Verbindung mit dem Naturleben ist überhaupt der Charakter aller dieser mythischen Bildungen, und es ist in ihnen die Meinung dargestellt, daß Haine und Quellen, Grotten und Berghöhen, Bäume und Wälder von zugehörigen Götterwesen belebt und behütet seien. Fürsorge für die ihnen eigenen Örtlichkeiten ist auch das Amt der Nymphen, sie sind die Schutzgottheiten einer Landschaft, und es ist bedeutungsvoll, daß Odysseus, als er nach Ithaka zurückgekehrt seine Insel wiedererkennt, nun mit dem ersten Anruf inniger Rührung die Nymphen begrüßt und die flehenden Hände zu ihnen emporhebt. In dieser Macht über das Naturleben einer Gegend lag es auch, wenn sie einem begünstigten Jäger reichliche Wildbeute gewähren; und mehr noch, daß sie das Gedeihen der Herden fördern, daher Hirten und Landleute nicht versäumten, die Nymphen zu verehren und ihnen Milch und Honig oder ein Lamm, eine Ziege zu opfern. Selbst über das Geistesleben ist ihnen eine Macht gegeben, jedoch von unheimlicher Art. Die Kraft des Vorherschauens und Weissagens konnte auch von den Nymphen gegeben werden; das Außersichgeraten, die begeisterte Verzückung wurde ihrem Einflusse zugeschrieben. In diesem Sinne galt es für gefährlich, das Antlitz der Nymphen im Wasserspiegel der Quelle zu schauen; wer das Bild erblickte, verfiel in jene Verzückung und Raserei. Dergleichen Wirkungen waren aber ihrem Wesen nur beigemischt, in der Hauptsache ist dasselbe lustig, neckisch und verliebt. Sie spielen mit den Satyrn und jagen mit ihnen durch Flur und Wald; sie gesellen sich gern zu schönen Hirten, rauben auch wohl einen Liebhaber, damit er ganz ihnen eigen sei. Oft scharen sie sich zum Gefolge der Artemis oder des Dionysos; mit jener als Jägerinnen, mit diesem als lärmende Mänaden. Aber auch Sorgfalt und Mühe ist ihnen nicht fremd, daher sie zur Erziehung von Götterkindern sehr geschickt waren. Nicht nur Dionysos, sondern auch Pan, Aristäos und selbst Demeter sollen von den Nymphen erzogen worden sein.

Einzelne Mythen aus dem Kreise des Nymphenlebens sind vorhanden; wir blicken auf einige dieser lieblichen Bilder hin. Ein solches ist der Raub des Hylas. Als Herakles an dem Zuge der Argonauten teilnahm, war ein schöner Knabe mit ihm, sein Liebling Hylas. Einst bei der Mittagsrast, es war am Gestade der Propontis, entfernte sich der Knabe, um Wasser zu der Mahlzeit zu schöpfen. Er kam zur Quelle am Bergabhange, dort grünten Binsen und Epheu um das klare Gewässer. Wie sich nun Hylas hinabneigte und seinen Krug an die Oberfläche der Flut schmiegte, um ihn einzutauchen, da sahen die Nymphen des Quells – es waren ihrer drei – den schönen Knaben, und „um das luftige Herz zog allen der Liebe Umhüllung". Sie faßten alle die Hand ihm, und er glitt in das Wasser, wie ein funkelnder Stern vom Himmel gleitet. Drunten hielten die schmeichelnden Nymphen den weinenden Knaben, er hörte den Ruf des angstvoll ihn suchenden Herakles, aber seine antwortende Stimme verklang aus dem Wasser. Herakles schweifte weiter und weiter; die Argonauten mußten nach langem Harren ohne ihn ihre Fahrt fortsetzen.

Eine andre Sage erzählt von der Lieb zwischen einer Nymphe und einem sizilischen Hirten, dem Daphnis. Ein Sohn des Hermes und einer Nymphe, wurde er in der schönen Gegend Siziliens geboren und dort von Nymphen erzogen. Reich an Herden und von schöner Gestalt, war er das Urbild eines vollkommenen Hirten und ergötzte die Artemis und deren Schar durch seine lieblichen Hirtengesänge. Eine ihrer Nymphen verband sich mit ihm in treuer Liebe, aber sie begehrte seinen ausschließlichen Besitz, sonst werde er mit Blindheit gestraft werden. Lange Zeit verschmähte er alle anderen Verlockungen, da gelang es einer Königstochter, ihn in der Trunkenheit zur Untreue zu verleiten. Er wurde des Gesichts beraubt und verlor die Liebe der Nymphe, um welche er nun vergeblich in den süßesten Liedern warb, bis er vor Sehnsucht starb. Nach anderen wurde er von der zürnenden Nymphe in einen Stein verwandelt.

Gleichfalls unglücklich endigte die Liebe der Echo, der Nymphe des Widerhalls in den Bergen, zu dem schönen Narkissos. Er blieb unempfindlich für ihr glühendes Werben, in welchem sie sich verzehrte, so daß nichts als die Stimme von ihr übrigblieb. Doch auch den Spröden traf seine Bestrafung. Einst sah er sein eignes Bild in der glänzenden Flut einer Quelle. Von der heftigsten Liebe zu sich selbst ergriffen, sah er beständig starr in den Wasserspiegel, bis er so sich verzehrend seinen Tod fand. An der Quelle aber wuchs eine Blume, die, wenn sie am Rande des Wassers herabgeneigt gleichsam ihr Spiegelbild beschaut, immerdar an den unglücklichen Jüngling erinnert.

Eine ähnliche Sage von nicht erhörter Liebe einer Nymphe ist die von der Najade Salmakis. Sie liebte den Hermaphroditos, einen Sohn des Hermes und der Aphrodite, aber ihr Mühen und Ringen um seine Gunst blieb unerwidert. Endlich wurde ihr Sehnen nach Vereinigung dadurch gestillt, daß sie mit dem Geliebten zu einem Leibe verwandelt wurde.

2. Pan

Hermes hatte sich, wie oben erzählt ist, mit der Tochter des Dryops, eines arkadischen Mannes, vermählt. Sie gebar ihm einen Sohn, wunderbar zu schauen – doppelgehörnt, ziegenfüßig, aber freundlich lächelnd und mit tüchtiger Stimme. Erschrocken wendete sich die Mutter von der Mißgestalt ab, Hermes dagegen nahm den Knaben, hüllte ihn in dichte Felle von Berghasen und trug ihn zum Olymp. Hier zeigte er fröhlich den Göttern sein Kind, und sie freuten sich mit ihm, vor allen Dionysos, der lustig schwärmende. Sie nannten ihn Pan, denn er hatte allen den Sinn erheitert.[165]

Von den Nymphen erzogen, wuchs der seltsam gestaltete Knabe in seinem Geburtslande auf, und Arkadien ist auch seine eigentlich Heimat geblieben. Mit der Hirtenflöte in der einen und dem Hirtenstabe in der anderen Hand schreitet er fürbaß, die kurze gedrungene Gestalt auf den rauhbehaarten Ziegenfüßen, mit mächtigem Bart und Hörnerschmuck. Doch hat er sich mit einem Kranze (oft ist es ein Fichtenkranz) und mit einer Schnur um die Brust verziert. Der zurückgelehnte Kopf, die vorgeworfenen Lippen und die aufgezogenen Brauen zeigen die derbe Heiterkeit und die sich selbst wichtige Pfiffigkeit der ländlichen Sitten, in welche der Schwung und die Größe der Weltdinge nicht hineinpassen, denn „wir haben unsre eigene Lust."

Pan ist darum als der Führer dieser eng begrenzten Tüchtigkeit noch weniger ein Genosse der olympischen Herrlichkeit als die Nymphen, die auch nur auf Befehl dort waren. Er ist der rüstige Berggeist, der schalkhafte oder auch zornbereite Schützer der Hirten und Landleute. Bald jagt er das Wild am Fuße der Berghöhen, bald durchrennt er die Täler und Schluchten und schwimmt durch die Flüsse, oder er steigt hinauf zur hohen Warte des Gipfels und blickt scharf aus nach den Herden. Mit lärmender Lustigkeit begleiten ihn seine Genossen, die Satyrn, denn er ist wie Dionysos ein Freund der lautschallenden Freude. Am Abende wandelt er heim zu seiner Grotte; dort auf dem blühenden Wiesenplane gesellen sich die fröhlich tanzenden Nymphen zu ihm, und er läßt sein Flötengetön so holdselig erschallen, daß keine Nachtigall im Waldgebüsch süßer singen könnte. Legt er die Flöte weg und mischt er sich unter die Tanzenden, dann hallt die wilde Lust durch das Gebirge. Aber er ist mit seinen kecken, bocksartigen Seitensprüngen ein schlechter Tänzer, und durch die zudringlichen Neckereien wird er sogar den Nymphen beschwerlich.

Fig. 62

Um die Mittagszeit, wenn in der Sommerglut die Natur in matter Stille liegt, ruhet auch der von der Jagd und dem Umherschweifen ermüdete Pan und schläft. Dann wird auch das muntere Leben der Waldleute still, und der Hirt wagt es nicht, die Flöte zu blasen, denn sie hüten sich alle, den Pan zu wecken und fürchten seinen leicht erregten Zorn. Niemand möchte dem Furchtbaren begegnen, und mancher, der ihn zu erblicken oder sein plötzliches Tosen zu hören glaubte, wurde jählings von Angst und Sinnlosigkeit überfallen. Das ist der sprichwörtlich gewordene panische Schrecken, ein bis heute geltender Name für unaufhaltsame Mutlosigkeit. Pan mit seinem Schrecken hat sogar eine Bedeutung in der griechischen Geschichte erhalten. Bei dem ersten Einbruch der Perser in Griechenland forderten die Athener durch einen Eilboten die Spartaner zu Hilfe auf. Dieser Bote hörte im arkadischen Grenzgebirge seinen Namen rufen; es war Pan, der zu ihm redete: warum doch die Athener so wenig an ihn dächten, da er doch ihr Freund sei. Er habe ihnen schon oft Gutes erwiesen und wolle ihnen auch künftig helfen. Als nun in der Schlacht bei Salamis Verwirrung und hastige Flucht über die Perser kam, gedachten die Athener nach dem Kriege an jene Verheißung und den Beistand des Pan und stifteten ihm ein Heiligtum an der Burg. Auch bei dem Einfall der Gallier in Griechenland half Pan mit seinem Schrecken, der in einem nächtlichen Kampfe die Feinde ergriff und in die Flucht trieb.

Daß Pan ein sehr zudringlicher Liebhaber der Nymphen war, ist schon angedeutet. Sie trieben wohl auch einmal ihren Mutwillen mit ihm und banden ihn, während er schlief; oder sie entliefen ihm und verschmähten seine Bewerbungen, wie es die Echo tat, die freilich dafür mit gleichfalls unerwiderter Liebe gestraft wurde. – Als die Syrinx dem Pan entfliehen wollte, wurde sie von dem Laufe eines Flusses aufgehalten, und Pan glaubte schon, die spröde Nymphe erfassen zu können. Aber sie flehte zu den Göttern um eine rettende Verwandlung, und Pan umfaßte statt ihrer Gestalt nur das Schilfrohr, zu welchem sie geworden war. Er bildete aus dem Rohre die abgestufte Hirtenflöte und nannte dieselbe Syrinx, zur Erinnerung an den Namen der Nymphe. Auf diesem ländlichen Instrumente blies Pan mit so großer Meisterschaft, daß es ihm einst sogar einfiel, mit dem Saitenspiele Apollos einen Wettstreit einzugehen. Der Gott des Tmolosgebirges in Phrygien sollte

Kampfrichter sein, auch der phrygische König Midas war zugegen.[166] Zuerst ließ Pan sein leichtes, anmutiges Getön erschallen, dann rauschten die Saiten der Leier Apollos mit kunstfertigem Wohllaut. Entzückt gab der Bergalte der Leier den Sieg, und allen gefiel sein Richterspruch; nur Midas nannte ihn ungerecht, denn ihm hatte die Panspfeife besser gefallen. Apollo strafte ihn, indem er die törichten Ohren in Eselsohren verwandelte.

Schon diese Sage von dem Wettstreite, offenbar ein Nachklang der Sage von Marsyas, führt zu dem lärmenden Kultus der phrygischen Göttermutter Rhea hin. Noch in anderen Richtungen ist die festgezeichnete und volkstümliche Gestalt des griechischen Pan von mythischen Erweiterungen umgeben worden. Dem lauten, lustigen Herdengotte Arkadiens noch recht nahe steht die Sage, daß Pan mit Dionysos nach Indien gezogen sei als ein willkommener Genosse seiner schwärmenden Schar, und daß er durch seinen Schrecken jenes Land habe erobern helfen. Sogar in den äußersten Westen schweift die Willkür der späteren Sage hinüber; Pan soll mit Dionysos Iberien erobert haben und dieses Land nach ihm Pania, später Hispania genannt worden sein. Dieser Berührung mit dem wild begeisterten bacchischen Kultus wird auch die wahrsagende Kraft, die man dem Pan zuschrieb, angehören; er soll den Apollo in der Wahrsagekunst unterrichtet haben. In einem andern Sinne galt Pan als Licht- und Feuergott, wahrscheinlich mit Anknüpfung an ältere aus dem Orient stammende Vorstellungen aus dem Sonnenkultus. In Olympia stand ein Altar des Pan, auf welchem Tag und Nacht das Feuer brannte; in einem arkadischen Tempel wurde er als Gott des ewigen Feuers verehrt, und der festliche Fackellauf bei der Feier des Pan zu Athen gehörte auch in den Kreis dieser Vorstellungen.

3. Silen

Eine vorzüglich bemerkenswerte Gestalt im bacchischen Zuge ist jener weinselige Alte an der Spitze eines schwärmenden Haufens, Silen, der mit einer Beimischung von Humor als die lustige Figur in der jauchzenden Schar erscheint. Von kurzer Gestalt, das kahle

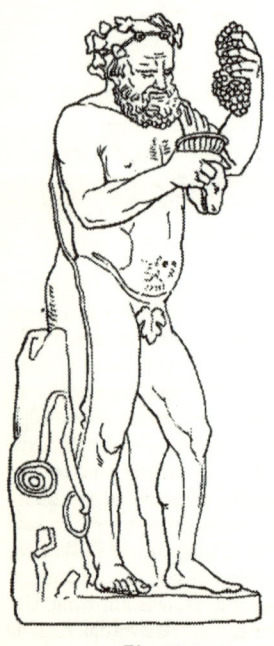

Haupt herabgesenkt, dickbäuchig und aufgedunsen, aber mit schmächtigen Beinen, die Augen klein und halbgeschlossen – so ist er das Urbild eines alten freundlichen Trinkers. Bald liegt er, den gestrigen Rausch ausschlafend, in einer Höhle, bald reitet er oder liegt auf einem Weinschlauche, oder er steht und preßt bedächtig den Saft der Traube in seinen Becher. Seinen eigentlichen Platz aber hat er, wenn er als Führer der Satyrn und Silene auf einem Esel sitzend dem Zuge voranzieht. Immer trunken und taumelnd, schwankt er und hängt haltlos auf seinem Tiere; die Satyrn unterstützen ihn, damit er nicht herabfalle, oder ist es schon geschehen, dann rufen sie ihm zu: „Väterchen, stehe auf!" und sind geschäftig, ihm zu helfen. Das Übermaß seiner Formen ist gegenüber der weichen Schönheit des Dionysos so wie seine zerrüttende Berauschung für dessen lebensvolle Begeisterung ein kräftiger Gegensatz, an welchem sich das Götterbild vorteilhaft abhebt. Die Attribute seiner Begleitung, der Epheukranz, der Thyrsos, oder wie in unserem Bilde die lärmenden Metallbecken, sind auch ihm eigen.

In dem Gigantenkampfe half Silen zum Siege mit Sein Esel schrie, als der Zug des Dionysos herankam, so gewaltig, daß die erschreckten Giganten flohen. – Eine Begegnung des Silen mit Midas (eine andre als die bei Pan erzählte) hat dem Silen den Ruf eines Propheten

Fig. 63

und Weisheitslehrers verschafft. Midas hatte dem Silen, den er zu fangen wünschte, nachgestellt und ihn dadurch in seine Gewalt bekommen, daß er Wein in eine Quelle goß und den Alten trunken machte. Für seine Freilassung versprach er dem König Offenbarungen tiefer Weisheit und verkündete darauf, nicht geboren zu werden sei dem Menschen das beste, demnächst aber ein frühzeitiger Tod. Ob in diesen Aussprüchen, mit denen Silen noch Enthüllungen über die Natur und den Anfang der Dinge verbunden haben soll, nur die mit dem Schein der Weisheit ausgestattete Rednergabe erscheint, welche der Wein so häufig erzeugt, oder ob sich hier eine ältere Mythe von einem prophetischen Silen zeigt, die später von dem bacchischen Silen zurückgedrängt worden ist, mag zweifelhaft sein. In jener Auffassung wird Silen auch der Erzieher und Lehrer des Dionysos genannt.

4. Silene, Satyrn und Panisken

Dämonen von niederer Art, wie sie als Berg- und Waldgeister überall in dem sich selbst und dem Verkehr mit der Natur überlassenen Leben der Hirten und Landleute entstehen, scharen sich auch um Pan und Silen und beleben die Landschaft mit neckischem Spuk. Der Volksglaube auf dieser unteren Stufe, der sie erzeugt, fürchtet sie und hängt doch an ihnen; er gibt diesen dämonischen Wesen eine schreckhafte Gestalt mit

Fig. 64   *Fig. 65*

tierischen Abzeichen und verschwistert sie dennoch mit seinem Tun und Treiben, seinem Dichten und Sinnen. So sind auch die Silene und Satyrn der griechischen Mythe Bilder des derb-sinnlichen Naturtriebes, voll lüsterner Begierde und durchtriebener Schalkhaftigkeit, keck und feig, pfiffig und albern, tüchtige Tänzer und Trinker. Diesen vom niederen Volksglauben gehegten Götterwesen wurde von dem Drama, als es die Satyrspiele neben die Tragödie stellte, ein erweiterter Raum gegeben, und die bildende Kunst führte ihre Gestaltung weit über den ursprünglichen Volksglauben hinaus. Ihre Darstellung ist dann eine sehr verschiedene geworden; bald idealisiert und von jugendlicher Anmut, bald langgereckte Figuren, bald grob-sinnlich und verzerrt. Am unteren Rücken haben sie einen Pferdeschwanz (Fig. 64), die Ohren sind spitzig und ziegenartig, bisweilen sprossen ihnen Hörner über der Stirn, und am Halse zeigen sich die Ziegenwarzen (Fig. 65). Ein Unterschied zwischen Silenen und Satyrn besteht nur darin, daß jene älter, diese jugendlicher dargestellt werden. Der obenstehende Satyrkopf zeigt in trefflicher Charakterisierung ein breites Gesicht mit starken Backenknochen und ausgearbeiteten Muskeln; das verzogene Lachen des Mundes und die lüsternen, zornmutigen Augen vollenden den Ausdruck.

Der Thyrsos oder auch ein Hirtenstab, Trinkgefäße, die Hirtenflöte, ein Kranz von Epheu oder von Fichtenzweigen sind ihre Attribute. So durchschweifen sie Wald und Feld, lärmen und musizieren, necken die Hirten und verfolgen zudringlich die Nymphen; oder sie gesellen sich, wie in Fig. 60, als tüchtige Genossen in das Gefolge des Dionysos.

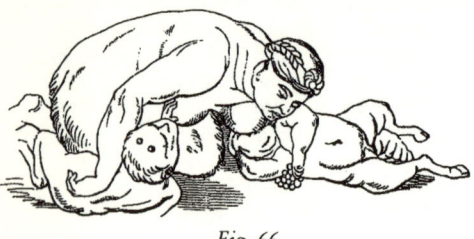

Fig. 66

Die bildende Kunst hat die Form dieser Feldgötter auch auf die weibliche Gestalt übertragen, und wie sie überhaupt eine ganze Gattung Pane, die sogenannten Panisken, schuf, auch bocksfüßige Pansweiber mit ihren Kindern gebildet; alles Bilder des mächtigen, ungezügelten Lebenstriebes in der Natur.

5. Die Kentauren

In Thessalien, wo ein kräftiger Volksstamm zuerst das Roß in den Dienst des Reiters zwang und die heransprengenden Männer das Bild der mit dem Pferdeleibe verwachsenen Menschengestalt gaben, scheint die Heimat der Sage von den Kentauren zu sein. Die Mythe erzählt, daß Ixion, ein thessalischer König, als er in sträflicher Liebe zur Götterkönigin entbrannt, statt ihrer ein Gewölk (Nephele) umarmte, den Kentauros erzeugt habe, welcher mit Rossen sich vermischend der Stammvater der Hippokentauren geworden sei. In diesen wunderbaren Gestalten hat die Phantasie den Leib des Menschen bis zur Weiche mit dem Körper des Rosses vereinigt. Mutig und wild, wie das Ansehen ihrer Gestalt, ist auch die Gemütsart der Kentauren. Voll ungebändigter Kraft sind sie ein Geschlecht von Raufern und Trunkenbolden, immer zu Raub und Gewalttat bereit. Laut jubelnd und zur Lust der Liebe und des Weins stürmend, hebt der Kentaur in unsrer Abbildung den rechten Arm, die Hand des linken Armes, über welchen ein Kalbfell herabhängt, hält einen Hirtenstab; sein Antlitz zeigt das wilde, verzerrte Lachen eines Satyrs. Der Pinienzweig und die Hirtenflöte an dem Baumstamme unter dem Pferdeleibe deuten auf die Zusammengehörigkeit der Kentauren mit dem Gefolge des Dionysos. Hier hat die darstellende Kunst dieses herrlich und in Freuden lebende Geschlecht zu anziehenden Bildern verwendet; Kentauren sind vor den Wagen des Dionysos gespannt, oder es trabt einer dahin, auf seinem Rücken eine Mänade tragend, die ihn mit dem Thyrsos antreibt, oder sie scherzen mit Liebesgöttern. Auch Kentaurenweiber sind gebildet, in behaglicher Mütterlichkeit von ihrer Nachkommenschaft umgeben.

Eine hervorragende und von der Art seiner Genossen abweichende Gestalt ist der Kentaur Chiron. Ihm gibt die Sage auch einen andern Ursprung; denn er ist ein Sohn des Kronos und der Okeanide Philyra, der aus Furcht vor der Rhea in Rossesgestalt sich mit ihr vereinigt hatte. Chiron wohnte in einer Höhle am Berge Pelion; kundig des Waldlebens, kannte er die heilenden Kräfte der Kräuter und war ein Meister der Heilkunst; erhabene Gesänge waren seine Freude und sein Gemüt voll Gabe der Weissagung. Darum heißt er der Tiefdenker im Geklüft und vor allen Kentauren der gerechteste. Keine unter allen Mythengestalten zeigt eine solche Selbstlosigkeit wie Chiron; sie treiben alle mehr oder weniger ihre eigene Sache, er begehrt nichts für sich und dient, wo er kann, als Ratgeber, Förderer oder Retter. Mit diesen Eigenschaften wurde er der trefflichste Erzieher, er kann als der Pädagog des Olymp gelten. Ruhmvolle Göttersöhne, wie Aesculap, Herakles und Achilles sind von ihm erzogen worden. Er nährte sie mit Milch, Mark und Honig, und bildete sie durch Gesang und Lehre zu tüchtiger Kunst und Heldentum. In einer anmutigen Szene dieses Lebens trägt Chiron den kleinen Achill auf seinem Rücken und trabt sanft einher, um ihn das Reiten zu lehren. Der Knabe jauchzt vor Vergnügen und drängt zu rascherem Laufe, Chiron wendet sich lächelnd um und spricht: „Schau, ich trabe dir unangetrieben! Auf einem wilden Rosse würde dir das Lachen vergehen, aber von mir getragen und geübt, wirst du einst deinen Xanthos und Balios (Lichtbraun und Schecken) tummeln und im Kampfe die feindlichen Krieger verfolgen und töten."

Fig. 67

Neben den Kentauren wohnten in Thessalien die Lapithen, Männer wie die hochgegipfelten Eichen der Berge, wetterhart und von gewaltigen Gliedern. Als ihr König Peirithoos, der Freund und Waffengenosse des Theseus, seine Vermählung mit Hippodamia feierte, waren auch die Kentauren zum Hochzeitsfeste geladen. Vom Wein und wilder Lust erglühend, wollten sie sich der Braut und der anwesenden Frauen bemächtigen; die Lapithen fuhren zornig auf, und es entbrannte ein furchtbarer Kampf. Die Becher flogen herüber und hinüber, die Tische wurden umgestürzt, bald zog sich das Getümmel hinaus, und mit Speeren und Felsstücken wurde erbittert gestritten. Theseus kämpfte an der Seite seines Freundes; die Kentauren wurden besiegt und aus Thessalien vertrieben. Sie zogen nach Arkadien. Dieser Kampf der Kentauren und Lapithen war in herrlichen Bildwerken am Tempel des Zeus zu Olympia und am Theseustempel zu Athen dargestellt. Als Herakles nach Arkadien kam, um den Erymanthischen Eber zu fangen, fand er bei dem Kentauren Pholos gastliche Aufnahme, aber die andern Kentauren, vom Geruche des geöffneten Weinfasses angelockt, umringten die Höhle und versuchten einzudringen. Herakles jagte sie mit Feuerbränden hinweg und verfolgte sie mit Pfeilschüssen. Sie flüchteten sich zu

Chiron, welcher sich auch dort niedergelassen hatte. Ein Pfeil des Herakles traf unglücklicherweise den Chiron in das Knie. Bekümmert über die unvorsätzliche Verwundung seines alten Freundes, versuchte Herakles die Wunde zu heilen, aber sie war unheilbar. Chiron wünschte sich den Tod und konnte doch nicht sterben, da er unsterblich war. Erst dann wurde er vom Leben erlöst, als er sich für Prometheus als dessen freiwilliger Stellvertreter dem Zeus zum Tode stellte. Die Kentauren waren entflohen; einige entkamen, die übrigen fing Poseidon auf einer der Sireneninseln und bedeckte sie mit einem Berge.

F. Die Götter der Lichterscheinungen und der Luftbewegung

An dem Würfel, welcher die thronende Bildsäule des Zeus zu Olympia trug, waren die Gestalten der olympischen Götter zu schauen, unter ihnen auch Apollo und Artemis. An der einen Seite dieser Gruppen stieg der Sonnengott Helios mit seinem Wagen empor, an der andern senkte sich die Mondgöttin Selene mit ihrem Gespann herab. Also auch das Götterleben war von dem Kommen und Gehen der Tage umschlossen und abgegrenzt. Über den olympischen Häusern wie über dem Getümmel auf der nahrungsprossenden Erde und den waldigen Berghöhen stiegen Helios, Selee und ihre Schwester Eos auf und nieder, ließen den Tag entstehen und verschwinden und teilten den Lauf und Wechsel der Zeiten. Ihnen war kein behagliches Weilen und Bleiben eigen, kein Schall und Lustgetön; hier ist nur ewiges Wandeln, schwindelnde Höhe und still leuchtender Glanz. Aus der Titanen stolzem Geschlechte waren diese drei glänzenden Götter der Tageszeiten entsprossen. Hyperion, der hochwandelnde, ein Sohn des Uranos und der Gaea, war ihr Vater; Theia, die Himmelspracht, seine Schwester und Gattin, ihre Mutter. Dies sind die glänzenden Götter, welche

– – – „den Erdebewohnenden leuchten
Und den Unsterblichen rings im weitumwölbten Himmel.“

1. Helios

Ein schöner, kräftiger, rastloser Gott, um dessen Haupt ein Kranz von Strahlen glänzt, so ist Helios der Führer der täglich am Himmel hinwandelnden Sonne, ja diese selbst. Wenn das Frührot blinkt, besteigt er seinen Wagen, hebt sich aus dem Okeanos empor und lenkt die vier weißen, feuerschnaubenden Rosse[167] zum ehernen Himmel empor.

– – „Fürchterlich luget das Aug' ihm
Vor aus dem goldenen Helm; hellfunkelnde Strahlen vom Gotte
Sprüh'n ringsum Lichtglanz, und die glitzernden Wangen des Helmes
Dicht an der Schläf' umfahn von dem Haupt sein reizendes Antlitz
Fernhinleuchtend; den Leib umfunkelt ihm liebliche Hüllung,
Feingewebt, im Hauche der Winde.“

Wie ein Held, der seine hohe, gefahrvolle Bahn rastlos vollendet, erscheint Helios in dieser Schilderung des Dichters; aber er umscheint die Welt nicht bloß mit leuchtender Helle, er ist auch der alles Sehende, der scharf mit strahlenden Augen daherblickt, der Späher der Götter und der Menschen. Als Ares heimlich sich zu Aphrodite gesellt hatte, verkündigte es Helios dem betrogenen Hephaistos, und ebenso erfuhr Demeter durch ihn, wer ihre Tochter geraubt hatte. Darum wurde er neben Zeus und den Erinnyen bei Eidschwüren als der Zeuge der Wahrheit angerufen. Ist seine aufsteigende Bahn vollendet, dann lenkt er seine Rosse wieder zum Okeanos hinab und taucht bei den Gärten der Hesperiden in die kühlende Flut.

Dann, wenn die dunkle Nacht über die Erde zieht und ihre Schwingen ausbreitet, kehrt der Sonnenwagen unter der vom Okeanos begrenzten Erdscheibe zum Aufgange zurück. Nach einer anderen Sage fährt Helios in einem seltsamen Fahrzeuge auf dem Okeanos wieder zurück. Es ist ein goldener tiefer Becher, eine Schale, von Hephaistos geschmiedet. In diesem Sonnenbecher, wie in einem Kahne, wird Helios von der Strömung des Okeanos schlafend zurückgetragen. Es ist nicht Ermüdung von der hohen schwindelnden Bahn, woran bei dieser schönen Vorstellung gedacht werden darf; es ist eine sanfte Beruhigung, oder vielmehr eine zeitweise Aufhebung der leuchtenden Kraft. Um dem Strahlen und Glänzen Ruhe zu geben, läßt die Mythe das Auge des Sonnengottes in Schlaf versinken und führt ihn so vom Niedergange zum Aufgange hin.

Diesen Sonnenbecher lieh Helios einst dem Herakles. Er hatte den Mut des Helden bewundert, als dieser, von den brennenden Strahlen gequält, seinen Bogen gegen den Gott gespannt hatte. Nun half er ihm. In dem goldnen Kahne fuhr Herakles über den Okeanos und holte die Rinder des Geryon von der Insel Erythia.

In den Gegenden, wo Helios auf- und niedersteigt, besonders in der heiligen Gegend des Sonnenaufgangs, wohnen die dunkelfarbigen Äthiopen, glücklich und mit aller Fülle gesegnete Menschen, zu denen sich auch die Götter zu festlichen Mahlen begeben. Dort am Aufgange steht die glänzende Burg des Sonnengottes. – Auf der Insel Thrinakia (Sizilien) weideten die heiligen Herden des Helios, siebenmal fünfzig Rinder und ebensoviel Schafe, an denen der Gott seine Freude hat, wenn er von hoher Himmelsbahn auf sie niederschaut. Zwei seiner Töchter, Lampetia und Phaethusa, hüten diese Herden, die sich niemals vermehren noch vermindern. Man hat in der Zahl siebenmal fünfzig eine Beziehung auf die Tage und Nächte des Mondjahres erkennen wollen. Vor allen Orten dem Helios besonders eigen war die Insel Rhodos. Als Zeus den Weltkreis mit den Göttern teilte, vergaß man, ein Los für Helios zu lassen, welcher fernhin über Land gezogen war. Auf seine Klage wollte Zeus das Versehen gutmachen und die Lose umstellen, doch Helios ließ dies nicht zu. Er hatte auf der Tiefe des Meeres ein Inselgefilde erblickt; dieses begehrte er für sich. Bald hob es sich aus den Fluten empor und wurde sein Ehrengeschenk. Auf dieser Insel stand in der Nähe des Hafens der Stadt das berühmte Bild des Helios, der Koloß von Rhodos, eine 105 Fuß hohe Erzstatue. Alljährlich wurden hier zu Ehren des Gottes Festspiele gefeiert und ein Zug geweihter Rosse ihm als Opfer ins Meer gestürzt.

Auch Eber wurden dem Helios geopfert. Der Hahn, der Verkündiger des anbrechenden Lichtes, war ihm heilig, unter den Bäumen die Weißpappel, aus deren Blättern man den Kranz für die Sieger bei diesen Festspielen flocht. – Die bildlichen Darstellungen des Helios zeigen ihn, wie wir oben bereits bemerkt haben, in männlicher Schönheit; ein der Rundung sich näherndes Antlitz, umgeben von einem Kranze aus sieben oder zwölf Strahlen; wiederum eine Beziehung auf die Zeiteinteilung in die sieben Wochentage oder die zwölf Monate. In späterer Zeit ist die Gestalt des Helios mit der des Phoebos-Apollo häufig vereint worden. Der Gott des Lichtstrahles und der Sonnengott gingen einer in den andern über, und die Namen Helios (Sol) und Titan galten dann auch für Apollo.

Eine Gemahlin war dem Helios nicht gegeben, aber Kinder des Helios (Heliaden) und mehrerer Nymphen werden genannt. Die Okeanide Perseis gebar ihm den Aeetes und die Kirke, die in der Argonautensage und in der Odyssee durch ihre Zauberkräfte berühmt geworden sind. Auch Pasiphae war eine Tochter des Helios. An dieser rächte sich Aphrodite für jenen Verrat ihrer Buhlschaft mit Ares und erfüllte sie mit Leidenschaft zu einem Stier, von welchem sie die Mutter des Minotauros wurde. – Die beiden Töchter des Helios und der Nymphe Neaera, Lampetia und Phaethusa, sind als Hüterinnen der Sonnenherden oben genannt worden.

Mit der Vorliebe des Helios für die Insel Rhodos verknüpften sich Sagen von einer Nymphe Rhodos. Bald wird sie seine Geliebte genannt und gilt dann als die Stammutter der drei Gebieter dieser Insel, Lindos, Kamiros und Jalysos, von deren Städten der Name Tripolis, Dreistadtinsel, herrührte; bald heißt Rhodos eine Tochter des Helios und der Aphrodite. Als die Göttin der Liebe sich mit dem schönen Sonnengott vermählte, fiel ein goldner Regen auf die Insel herab und Rosen blühten empor, von denen sie den Namen trug. – Unter den Söhnen des Helios ist Phaethon am meisten bekannt geworden. Der schöne Jüngling bestürmte seine Mutter Klymene, eine Okeanide, mit Zweifeln, ob Helios sein Vater sei. Sie verwies ihn an den Gott, und Phaethon eilte zu dessen glänzender Burg. Bereitwillig schwor ihm Helios die Gewährung einer Bitte, da forderte Phaethon die Lenkung des Sonnenwagens für einen Tag. Der Gott erschrak und drang in den Sohn, die Bitte zurückzunehmen: Keiner als er selbst sei imstande, das Sonnengespann zu führen. Phaethon aber verschmähte alle Warnungen und hielt an seinem Entschlusse fest. Als er nun den Wagen bestieg und hinaufstrebte auf der Himmelsbahn, merkten die Feuerrosse die unkundige Leitung und jagten wild im unendlichen Raume dahin. Phaethon, die jähe Tiefe unter sich erblickend, wurde vom Schwindel erfaßt, und die Zügel entfielen seinen Händen. Regellos schweifte der Sonnenwagen bald in die Höhe, bald in die Tiefe; da verdorrten die Fluren der Erde, die Wälder brannten, Quellen und Ströme versiegten, und bis in den Tartaros leuchtete die Glut. Von der Erdgöttin um Rettung angefleht, schleuderte Zeus seinen Blitz auf den Urheber der Verwüstung, und vom zerschmetterten Wagen stürzte Phaethon hinab in den Eridanos[168]; dort begruben ihn die hesperischen Nymphen. Seine Schwestern, die Heliaden, welche in schmerzlicher Klage die Überreste des Unglücklichen gesucht hatten, wurden an seiner Grabstätte in Pappeln verwandelt, und ihre Tränen erstarrten zu goldhellem Bernstein. Damals geschah es auch, daß die Völker Äthiopiens dunkle Farbe erhielten, daß der Nil seine Quellen verbarg und Libyen zur Wüste vertrocknete.

2. Selene

Die erdumlaufende Sonne wurde von männlicher Kraft am Himmel hinaufgeführt, den milden Mond leitete eine Göttin auf seiner Bahn. Wenn Helios niedergesunken war, dann erschien seine Schwester, die hehre Selene, am umdunkelten Himmel. Aus dem kühlenden Bade im Okeanos hebt sie sich empor und legt ihr schimmerndes Gewand an; blendend wie Schnee sind Arme und Nacken, und auf dem Haupte strahlt die goldene Krone. Hurtig treibt sie ihre Rosse hinauf; sie hat deren zwei, beide weiß, oder auch nur das eine weiß, das andre schwarz; weitleuchtende Helle erfüllt den Lichtkreis und blinkt auf die Erde herab. So war die schöne Göttin das milde Auge der Nacht, besonders wenn ihre Bahn sich vollendete und der lichteste Glanz der gewachsenen Scheibe vom Himmel funkelte, Zeichen und Merkmal für die Menschen. Denn unter allen Gestirnen hat keines in gleichem Grade wie der Mond für das menschliche Gemüt die Bedeutung eines befreundeten Begleiters gewonnen; Neigung wie Aberglauben haben sich von jeher und überall dem Monde und seinen wechselnden Erscheinungen zugewendet. So ist auch im griechischen Volksleben Selene eine beliebte Göttin gewesen; die Zeit des Vollmondes, ebenso die der endenden Kraft, die Tage des Neumondes, wurden mit frommer Verehrung und mit Opfern heilig gehalten.

In andrer Vorstellung schreitet Selene, in der einen Hand eine Fackel, mit der andern das wehende Gewand über dem Kopfe bauschig haltend, als Führerin der Gestirne dahin; oder sie fährt mit zwei Stieren und schwingt ihre Fackel. Sie ist in diesen Darstellungen in ähnlicher Weise mit Artemis verschmolzen wie Helios mit Apollo und wird auch Titania genannt. Daß sie als eine Tochter des Helios angesehen worden ist, mag als eine nebenhergehende Vorstellung erwähnt werden.

Von der jungfräulichen Artemis bleibt Selene durch ihre Neigung zu Liebschaften unterschieden. Zeus selbst gesellte sich ihr in Liebe, und sie gebar ihm die Pandia, die in erhabener Gestalt unter den Unsterblichen leuchtet. – Pan gewann die Gunst der Mondgöttin, indem er sie durch eine Herde weißer Lämmer in den Wald lockte, und sie verschmähte den Rufenden nicht. – Am bekanntesten ist ihre Liebe zu Endymion, und die verschiedene Auffassung dieser Sage zeigt ihre volkstümliche Verbreitung. In Elis war er ein Königssohn, welchem Selene fünfzig Töchter gebar. Auf dem Gebirge Latmos in Karien war Endymion ein Hirt, welchen Selene in seiner Höhle gern besuchte; am lieblichsten aber ist diese Sage da, wo sie erzählt, daß Zeus dem Endymion ewige Jugend in nie aufhörendem Schlafe verliehen habe. Allnächtlich vorüberwandelnd, nahte Selene dem schlummernden Geliebten, ihn zu küssen und im Anschauen seiner Schönheit sich zu erfreuen. In alter und neuer Zeit hat man in diesem Schlafe des Endymion ein Bild des sanften Todesschlummers gefunden, um den nie rastende Liebe weilt. Diese Auffassung mag nicht ganz unberechtigt sein, aber der rechte Sinn dieser Mythe liegt in dem Gedanken, daß dauerndes Leben in voller Kraft den Sterblichen, auch den Lieblingen der Götter, versagt ist. Jugendschönheit und Unvergänglichkeit sind im Leben des Menschen niemals vereinigt; darum mußte Endymion vom Schlummer gefesselt sein, damit sich die Göttin ewig seiner Schönheit erfreuen durfte. So ist er ein Gegenstück zu der Sage von Tithonos, von der wir im nächsten Abschnitte erzählen.

3. Eos (Aurora)

Die dritte der Lichtgeschwister, die Göttin des Tagesanbruchs, hebt den dunklen Schleier der Nacht mit Rosenfingern im Osten empor und steigt, gleich den anderen, in leuchtender Schönheit aus dem Gewoge des Okeanos auf. In unbeschreiblicher Farbenpracht schimmert ihr Gewand[169], wenn sie es um Meer und Land hinbreitet; mit rötlich strahlenden Rossen geht sie hervor als die Verkündigerin des nahenden Helios. Da freut sich alles Lebendige, dem sie den Schlaf von den Augen schüttelt, sei es in den Wohnstätten der Menschen oder auf dem Lager der Tiere des Waldtales, oder in den wimmelnden Fluten des Meeres; alles blickt mit frischer Regung auf die schimmernde Eos. Doch ist sie keineswegs allein die Führerin des Morgenrots, sie ist auch die Göttin der Morgenzeit, überhaupt des emporsteigenden Tages.

Ihr Gatte war der Titanensohn Asträos; von ihm wurde sie die Mutter der Windgötter Zephyros, Boreas, Notos und der Sterne, insbesondere des Phosphoros (Lucifer, Morgenstern), welcher voranstrahlend ihr Vorbote war. Aber Aphrodite zürnte der Eos, weil sie heimlich den Ares geliebt hatte, und verleitete sie darum zu beständigen Liebschaften.

So geschah es gar häufig, daß jugendlich schöne Jägersleute, welche in der Morgenfrühe der Eos begegneten, von ihr verlockt wurden. Orion, der als eines der bekanntesten und prächtigsten Sternbilder am Himmel glänzt, mußte ihr nach Delos folgen[170]; den Klitos, einen Königssohn aus Argos, entführte sie seiner Schönheit wegen zum Sitze der Unsterblichen; auch mit Kephalos, dem Sohne des Hermes und der Herse, buhlte sie, mußte ihn aber, freilich nur zürnend, wieder entlassen, weil er sich nach seiner Gattin Prokris zurücksehnte.[171] Unter diesen Liebschaften nimmt Tithonos, den die Sage bald einen Sohn des Laomedon, bald einen König aus dem Äthiopenlande nennt, mit Umgehung des Asträos den Platz eines Gemahles der Eos ein. Sie hatte für den Geliebten bei Zeus nie endendes Leben erfleht, aber sie hatte vergessen, unsterbliche Jugend zu erbitten. Solange die Jugendkraft blühte, wohnte Eos mit ihm am Saume des Erdreichs im äußersten Osten.[172] Dort erhob sie sich, wenn die Nacht vergangen war, vom schimmernden Lager des Tithonos und kehrte nach vollbrachtem Scheinen und Glänzen zu ihm heim. Aber das Haar begann ihm zu bleichen, und Kraft und Schönheit verging. Eos erschrak und entwich von dem Lager, aber im Innern des Palastes pflegte sie ihn mit Nektar und Ambrosia und schmückte ihn mit prangenden Gewändern. Doch unaufhaltsam kam das lastende Alter über den Geliebten der ewig jugendfrischen Göttin; er konnte sich nicht mehr rühren und regen. Da verschloß ihn Eos im Gemache, und er nahm immer mehr ab, bis zuletzt nur noch die kleinlaute Stimme übrig war und er in eine Zikade verwandelt wurde, die mit ihrem zirpenden Geschwirre noch immer am Morgen sich regt.

In Thitonos erscheint, wie bereits angedeutet ist, ein Gegenbild zu Endymion. In beiden bestätigt es sich, daß unvergängliches Dasein für das irdische Leben niemals in voller Genüge vorhanden ist. Endymions dauernde Jugendblüte und Kraft ist von ewigem Schlummer umhüllt und gefesselt; dem Tithonos wird zwar dauerndes Leben zuteil, aber ohne Kraft und Schöne. Nur die Götter sind ewig lebend in nie ermattender, immer regsamer Stärke.

Eos und Tithonos hatten zwei Söhne, Memnon und Emathion. Von Memnon, welcher vor Troja durch die Hand des Achilles fiel, erzählt die Sage, daß seine Bildsäule zu der Stunde, wenn Eos aufstieg, die Mutter mit einem klagenden Tone begrüßt.

4. Die Windgötter

Neben den Erscheinungen des Lichtes und glänzender Farbenpracht walteten im Lichtreiche auch die dämonischen Mächte, welche das Wehen der Lüfte beherrschten. Den mythischen Vorstellungen darüber haftet etwas Luftiges, unsicher Begrenztes an; sie nehmen einen weiten, leicht dehnbaren Umfang ein. Fürerst walten die hohen Götter mit eigener Kraft in diesem Gebiete. Oberster Herr der Winde und Stürme war Zeus; „die Winde Kronions" heißen sie in einfacher Bezeichnung, und wie er es für gut findet, schickt er sie über Land und Meer. Auch Here vermag es, die Wut unbändiger Winde über das Meer aufstürmen zu lassen. Daß Poseidon die Orkane erregt, muß ihm vollkommen zugehörig erscheinen; aber auch Apollo leitet, wenn es nottut, den Anhauch des Windes; Pallas-

Fig. 68

Athene hat gleichfalls Macht über sie, indem sie den einen Ruhe gebietet und andre wehen läßt; selbst die Nymphe Kalypso kann den Odysseus mit günstigem Fahrwinde von ihrer Insel entlassen. Dieses Schalten und Walten hat jedoch der Mythe noch Raum zur Gestaltung eigner Windgötter gelassen. Sie sind aus dem Geschlechte der Unsterblichen entsprossen und, wie es ihre Natur erheischte, ungestüm und von großer Gewalt. Trotz ihrer Furchtbarkeit werden diese Göttersöhne doch heilsam für den Menschen genannt; ganz so, als ob ihre Bedeutung für den inneren Haushalt der Natur von der Mythe gefühlt worden wäre. Ausdrücklich werden sie von den verderblichen Stürmen unterschieden, die von dem schrecklichen Typhon herstammen und in denen wohl ursprünglich die Glutwinde der Wüste bezeichnet werden sollten. Diese sind immer unheilvoll, mögen sie Staub aufwirbelnd über den Boden hinwehen und die schöne Bestellung der Äcker verderben; oder in rasender Wut in die Wogen des Meeres sich stürzen und die Schiffe mit ihrer Mannschaft versenken.

Jene anderen heilsamen Windgötter, Notos, Boreas und Zephyros (Süd-, Nord- und Westwind), waren Söhne des Asträos und der Eos. Auf dem Gebirge Thrakiens hatte *Boreas,* der gewaltigste unter ihnen, seine Grotte und stürmte von dorther mit eisigem Stoße und hohlem Sausen herab. Dann umhüllte dunkles Gewölk die Erde, Gewässer und Wälder erbrausten, und Eichen und Tannen stürzten unter dem Anprall nieder; Menschen und Tiere bis ins innerste Mark erschauernd, suchten ein Obdach. Fährt Boreas über die Meerflut hin, dann wühlt er die Wogen auf und treibt die Schiffe, Mast und Segel zerbrechend und zerreißend, vor sich her. So wurde der Gewaltige dargestellt als ein kraftvoller Mann mit ernstem, fast wildem Blick, winterlich bekleidet und die Tritonsmuschel blasend als Bezeichnung seines lauten, sausenden Getöns. Einst erblickte Boreas die schöne Orithyia, eine Tochter des attischen Königs Erechtheus, wie sie mit ihren Gespielinnen am Flusse Kephissos Blumen pflückte. Von schneller Liebe entzündet, raubte er die Jungfrau und entführte sie in seine Grotte, wo sie ihm zwei Söhne, Zetes und Kalais, und zwei Töchter, Kleopatra und Chione, gebar. Die Boreassöhne waren beflügelt, wie der Vater, und genossen deshalb nicht geringes Ansehen unter den Helden der Argonautenfahrt, an welcher sie teilnahmen. Doch wurde ihnen dieser Vorzug zur Veranlassung ihres Unterganges. Die Argonauten kamen am östlichen Gestade Thrakiens zur Stadt des Königs Phineus, des Gemahls der eben genannten Kleopatra. Dieser König war von den Harpyien, Aello und Okypete, geplagt und mit dem Hungertode bedroht. Die Unholdinnen kamen, wenn der Tisch zur Mahlzeit bereitet war, herabgeflogen und raubten oder besudelten die Speisen. Auch als Phineus die Argonauten gastlich aufnahm, kamen die Harpyien und beraubten den Tisch. Da zogen die beflügelten Boreassöhne ihre Schwerter und verfolgten sie durch die Lüfte. Es war aber nach einem Spruche des Schicksals bestimmt, daß die Harpyien durch die Söhne des Boreas umkommen sollten, jedoch diese gleichfalls, wenn

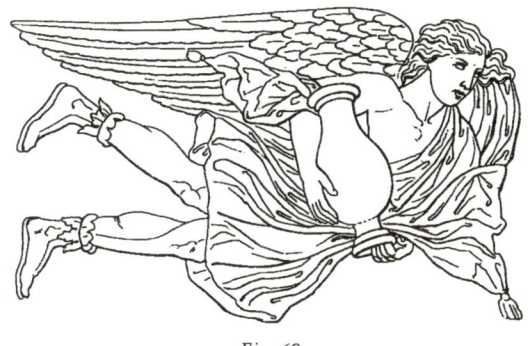

Fig. 69

sie das Ziel der Verfolgung nicht erreichten. Aello stürzte in einen Fluß; Okypete kam bis zur Propontis, wo sie bei den Strophaden (Umkehrinseln) ihren Flug zum Ufer zurückwendete, aber vor Ermattung niederfiel, mit ihr jedoch auch ihr Verfolger.

Es werden außer den genannten zwei Töchtern des Boreas noch drei andre erwähnt, Upis, Loxo, Hekaerge, welche die heiligen Garben der Hyperboreer nach Delos gebracht haben sollen. Denn über die Gebirge des thrakischen Boreas hinaus, in den sagenhaften weiten Norden hinein dachte man sich das Land der glücklichen Hyperboreer, die ohne Wintersturm, Krankheit und schwächendes Alter in Fülle und Freude dahinlebten. Die Windgötter selbst lebten in ihrer Grotte auch schon in Saus und Braus, und da jene drei Jungfrauen von dorther kamen, wo Boreas in Behaglichkeit wohnte, sind sie seine Töchter genannt worden.

Bisweilen wurde das rasche Wehen und Stürmen der Luft durch die Gestalt des schnell dahineilenden Rosses bezeichnet, wie in der Schilderung von den zwölf Füllen, welche Boreas mit den weidenden Stuten des dardanischen Fürsten Erichthonios erzeugt hatte. Diese herrlichen Geschöpfe liefen über die Halme eines Ährenfeldes dahin, ohne sie zu knicken; sie eilten auch über das wallende Meer und berührten die schäumenden Wellen nur oben am Kamme.

Notos war der gewaltige, regenschwere Sturmgott, der von Süden her wehte. Mit dunklem Gewölk umhüllt, schnaubte er herauf, wühlte das Meer auf und ließ unendlichen Wolkenerguß niederströmen. Darum ist sein Haupthaar von Feuchtigkeit schwer; der Mantel hebt sich zur Seite, um den mit Wolken umhüllten Himmel anzudeuten, und die Hände halten den umgestürzten Krug, aus welchem er den Regen herabgießt.

Sanft anatmend, wehte von Westen her *Zephyros,* der freundliche Windgott der sommerlichen Zeit, welcher in leichtes Gewand gehüllt die Blumen über die Erde schüttet und die Früchte gedeihen läßt. Er war der Gatte der Blumengöttin Chloris, die er entführt hatte; aber auch mit der Harpyie Podarge hatte er auf der grünenden Flur am Okeanos gebuhlt und mit ihr den Xanthos und Balios, die Rosse des Achilles, erzeugt. Als Achilles den Scheiterhaufen zur Bestattung seines Freundes Patroklos rüstete, und der Brand nicht aufflammen wollte, eilte Iris zur Wohnung der Winde, um sie herbeizuholen. Sie fand die Windgötter in der Grotte des Zephyros beim festlichen Schmause. Wie die Götterbotin auf die Schwelle trat und die Winde sie erblickten, da sprangen sie alle auf von ihren Sitzen, und jeder hätte die freundliche Iris gern neben sich gehabt; aber sie wehrte die Auffordernden ab, denn sie eilte, um noch zum Festschmause und Opfer bei den Äthiopen zurechtzukommen. Auf ihre Botschaft erhoben sich willfährig Boreas und Zephyros mit lautem Getöse, flogen zum Scheiterhaufen hin und fachten den Brand zu mächtiger Glut an. Die Flammen wühlten und knatterten die ganze Nacht hindurch, und als am Morge das Gerüst in Staub zusammengestürzt war, kehrten die beiden Windgötter in die Heimat zurück.

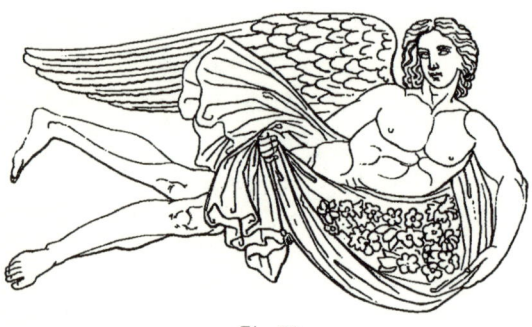

Fig. 70

Außer den hier genannten drei Söhnen des Asträos gab es noch andre Windgötter. Es werden folgende genannt: Kaikias der Nordostwind, Apeliotes der Ostwind, Euros der Südostwind, Libs der Südwestwind, Skiron der Nordwestwind.[173] Sie sind sämtlich nebst den vorigen an dem Turme der Winde zu Athen, einem noch erhaltenen Bauwerke des Altertums, bildlich dargestellt. Ihre Gestalt und Attribute entsprechen den Wirkungen, die sie hervorbringen. So trägt Kaikias eine Wanne mit Schlossen und Hagel, Apeliotes Obst und Trauben im Mantel, Euros, der schwüle, dunkelwolkige, hat den rechten Arm eingewinkelt, Libs hält mit beiden Händen eine Schiffszierart (? Anspielung auf die Schiffstrümmer, die er nach der Schlacht bei Salamis an die attische Küste warf), Skiron trägt ein bauchiges Gefäß, mehr einem Feuertopfe als einem Wasserkruge ähnlich.

Ein wahres mythisches Leben fehlt diesen das Luftreich und sein Wehen bezeichnenden Götternamen. Sie sind ohne persönliche Selbständigkeit, modifizierte Wiederholungen einer Gestaltung, die sich durch Attribute zu einigem Unterschiede verhelfen. Nur Boreas, die eigentliche Hauptgestalt, und nach ihm Zephyros gehen über die allegorische Personifikation hinaus. Aber auch sie sind von dem Schwanken der Sage über die Natur und Heimat dieser Luftwesen nicht frei geblieben. Denn neben der Mythe von der Grotte des Boreas und des Zephyros in den thrakischen Bergen findet sich eine andre Ursprungsstätte der Winde in der Sage von der äolischen Insel, nicht fern von der hallenden Werkstätte des Hephaistos auf dem Eilande Lipara. Auf jener Insel wohnte Aeolos, des Hippotes Sohn,

„denn zum Schaffner der Wind' hat ihn geordnet Kronion,
Jeden, nachdem er will, zu besänftigen und zu empören."

Seine sechs Söhne hatte er mit seinen sechs Töchtern vermählt; alle hausten im Palaste des Vaters und führten ein lustiges Leben bei nie fehlendem reichlichem Schmause und Flötengetön. Schwimmend war die Insel, umschlossen von einer unzerbrechlichen Mauer von Erz, und glatt umlief sie die Felswand. Als Odysseus auf seiner Irrfahrt zu dieser Insel des Aeolos kam, nahm ihn der Beherrscher der Winde gastlich auf, beherbergte ihn einen ganzen Monat und gab ihm bei der Abfahrt einen ledernen Schlauch, worin er die unbändigen Winde verwahrt hatte. Der König selbst band ihn im Schiffe fest und ließ dann zu günstiger Heimfahrt des Gastes den Zephyros wehen. Aber die Gefährten des Odysseus öffneten, während dieser schlief, vorwitzig den Schlauch, und sogleich sausten die Stürme heraus und jagten die Schiffe zur Insel des Aeolos zurück, der aber diesmal den Odysseus nicht mehr aufnahm, sondern mit zornigen Worten hinwegtrieb.

G. Das Götterreich des Meeres

Wie das Himmelgewölbe und das Luftreich über der Erde aufragt so bildete es mit seinen Erscheinungen und Kräften das erste und größte Mythengebiet; das zweite Reich der Mythe ist das umschließende Meer geworden, wie es sich überall an die Länder heranhebt und sie gleichsam trägt. Die Gestalten, mit welchen dieses Reich der Gewässer sich belebt, tragen den Charakter des wechselnden Eindrucks an sich, welchen das Meer, bald freundlich-anziehend bald furchtbar abstoßend, auf das menschliche Gemüt hervorbringt. Der wunderbare Zug der Sehnsucht, den die sich breitende Wasserfläche erregt, wenn die umblaute See vom Lufthauch sanft bewegt wird, hat jene reizvollen Bilder der Meergöttinnen geschaffen, die verlockend aus den Wellen emportauchen; aus der Größe der Empfindung, wenn die schäumenden Wogen sich wölben und dahinrollen, sind die gewaltigen Gestalten des Meerbeherrschers und seiner Genossen entstanden. Dann hat das freie, ja willkürliche Spiel der Mythe, wie überall, auch in diesem Gebiete reichlich gewaltet und neben den bestimmten, deutsamen Gestalten seltsame Wundergeschöpfe gesellig zusammengeschart.

1. Poseidon und Amphitrite

a) *Würde und Wesen des Poseidon*

Nach der am meisten verbreiteten Sage war Poseidon, ebenso wie die anderen Kinder des Kronos, bald nach seiner Geburt vom Vater verschlungen, später aber von Zeus durch das dem Kronos eingegebene Mittel der Metis wieder befreit worden. Dann hatten die Kroniden den Kampf gegen die Titanen begonnen. Eine andre, besonders in Böotien heimische Sage erzählte, daß von der Göttermutter Rhea Poseidon in eine Herde Schafe versteckt und statt seiner ein Füllen, welches sie vorgab geboren zu haben, dem Kronos zum Verschlingen dargereicht worden sei. Poseidon soll dann von Schafhirten aufgezogen worden sein. Als die drei Söhne des Kronos nach ihrem Siege über die Titanen um die Herrschaft in den drei Reichen des Himmels, des Meeres und der Unterwelt das Los warfen, traf es den Poseidon, „das graue Meer zu bewohnen". Die Kyklopen hatten ihm für den Titanenkampf den Dreizack geschmiedet, welcher nun das Abzeichen seines Reiches und das Werkzeug seiner Macht wurde. Den Dreizack in der Hand haltend, wandelt er mit hurtigem Schritte über die Wellen dahin, der kraftvolle Meerbeherrscher mit schwarzgelocktem Haupte, bläulich schimmernden Augen und im blauen Gewande. Oder er fährt, wie es in einer schönen Schilderung heißt, mit dem Viergespann aus seinem goldenen, schimmernden Palaste in der Tiefe des Meeres herauf. Die Hufe seiner Rosse sind ehern, golden ist ihre Mähne und ihr Lauf wie stürmender Flug. Nachdem er sie angeschirrt hatte, hüllte er sich in sein Gewand, erfaßte die Geisel und trat in den Sessel des Wagens,

> „Lenkte dann über die Flut; die Ungeheuer des Abgrunds
> Hüpften umher aus den Klüften, den mächtigen Herrscher erkennend;
> Freudig trennt auseinander die Woge sich, und wie geflügelt
> Eilten sie, ohne daß unten die eherne Ache genetzt ward."

War Poseidon aber zornig und wollte er einen ihm verhaßten Seefahrer ins Verderben bringen, dann versammelte er die Wolken und empörte die Meerflut,

> „Schwingend der Macht Dreizack in der Hand; auch erregt er Orkane
> Rings mit Orkanen zum Kampf, und ganz in Gewölke verhüllt er
> Erde zugleich mit Gewässer; gedrängt vom Himmel entsinkt Nacht.
> Unter sich stürmen der Ost- und der Süd- und der sausende Westwind,
> Auch hellwehender Nord, und wälzt unermeßliche Wogen."

Fig. 71

So hat er den Ajas in die Flut versinken lassen und den Odysseus mit Schiffbruch und Todesnot geängstet. Wem er aber hold war, dem gab er freundliche Seefahrt.

In andrer Weise ließ Poseidon seinen Zorn an übermütigen Verächtern dadurch aus, daß er ihr Land überschwemmte und Meerungeheuer zur Plage der Bewohner schickte. Fragten diese dann bei einem Orakel um Rettung an, so hieß es gewöhnlich, daß die Königstochter des Landes dem Ungetüme hingeworfen werden solle, wie es mit der Andromeda in Äthiopien und mit der trojanischen Hesione geschah.[174] Auch der schöne Stier möchte hier zu erwähnen sein, welchen Poseidon dem Minos auf dessen Anrufung aus den Fluten steigen ließ. Als Minos sein Gelübde, den Stier zu opfern, nicht hielt, zürnte Poseidon und erfüllte mit Zutun der Aphrodite die Gemahlin des Minos, Pasiphae, mit sträflicher Liebe zu dem Stiere.

Poseidon, der finstergelockte, war aber nicht bloß der mächtige Herrscher des Gewässers, er heißt auch der Umuferer, der Landumstürmer und Erderschütterer, der mit seinem Dreizack den festen Boden erbeben macht. Die Inseln des Meeres hat er aus dem festen Grunde heraufgehoben und in die Fluten gewälzt; im Gigantenkampfe riß er ein Stück von der Insel Kos ab und warf es auf den Giganten Polybotes (das Eiland Nisyron). Die Kentauren bedeckte er mit einem Berge; in Thessalien spaltete er dem Peneus sein Flußbett durch die Felsen in das Meer, und als vor Troja der Kampf der Götter gegeneinander entbrannte, erschütterte Poseidon die Erde so gewaltig, daß die Berge wankten und der König der Unterwelt von seinem Throne emporsprang und aufschrie, es reiße ihm die Erde über dem Haupte auseinander und die Unterwelt werde sichtbar. In diesen großen Machterweisungen tritt der Glaube hervor, daß die gewaltsamen Umbildungen der Gestade und die Erdbeben aus der Tiefe des Meeres herauf ihren Ursprung hätten. Auch die Festigkeit des Bodens hinge demnach von Poseidon ab, weshalb er als der erdstützende, sichernde Gott verehrt wurde, besonders in Gegenden, welche von Erdbeben heimgesucht waren.

Eine freundliche Beziehung zu den Herden und Triften ließ sich schon in der Sage erkennen, daß Poseidon bei den Hirten auferzogen worden sei. Als der Herrscher über die Quellen und Gewässer, welche den Fluren Gedeihen und Fruchtbarkeit geben, wurde er der Stierernährende genannt. Schwarze Stiere wurden ihm zum Opfer gebracht. Es ist eine dieser Beziehung verwandte Sage, welche von seiner Liebe zur Ackergöttin Demeter erzählt wird.

Diese wenigen großen Züge aus dem Naturleben stellen das Bild des Meerbeherrschers als auf einer höchst energischen, aber vollkommen äußerlichen Naturgewalt ruhend dar. Es ist die der machtvollen Bewegung, zunächst der wallenden Flut, aber auch der Stürme und des Bodens. In diesen drei Reichen, Luft, Wasser und Erdboden, ist die Bewegung der großen Massen das ursprüngliche Machtgebiet des Poseidon. Wenn er mit einer gewissen Hervorhebung „der Erdbeweger" genannt wird, so ist dabei in die schwierigere Bewegung des Festen auch die des Flüssigen und Leichten eingeschlossen. Die Kräfte des rätselhaften Abgrundes und einer unermeßlich sich breitenden Ausdehnung, der furchtbare Anprall der Gewässer und der Lüfte, ebenso das riesenhafte Heben und Schüttern der Erdmassen sind ihm eigen; eine Wirkung in das geistige Gebiet hinein war ihm nicht gegeben. Auch in seinem Verhältnis zu den Göttern zeigt sich das gleiche Wesen. Sie ehrten seine hervorragende Würde und Stärke, aber es war die scheue Ehrerbietung vor der Gewalt, ohne zutraulichen, hingebenden Verkehr. Selbst der Lichtgott Apollon vermied es ehrfurchtsvoll, den Arm gegen des Vaters Bruder zu erheben, und wich im Götterkriege vor Troja dem Kampfe mit dem Länderumstürmer aus. Ein eigentümlicher Zug von dieser gemessenen Würde Poseidons erscheint in seinem Benehmen bei der ärgerlichen Schaustellung, zu welcher Hephaistos die Götter berief, als er den Ares und die Aphrodite in dem Netze gefangen hatte. Während die anderen lüstern scherzten und lachten, lachte er nicht zugleich, sondern verlangte, sich selbst zum Bürgen der Sühne erbietend, daß Hephaistos das unwürdige Schauspiel beende. Gegen Pallas-Athene zog er in dem Wettstreite um Athen den Kürzeren. Beide Götter wollten hier ihre bevorzugte Verehrung gründen. Poseidon schlug den Burgfelsen mit seinem Dreizack und ließ eine Quelle Meerwasser hervorsprudeln; Athene dagegen ließ einen Ölbaum hervorsprossen. Da berief Zeus den Rat der Götter zur Entscheidung, und nach ihrem Ausspruche wurde die Stadt der Athene zuerkannt. Zornig wich Poseidon zurück und tobte mit überschwemmenden Wogen gegen das attische Land. Doch war er später wieder versöhnt, als auch ihm dort neben Athene eine fromme Verehrung gewidmet wurde. Vor Zeus, in welchem sich die natürliche und die geistige Oberherrschaft vereinigen, hegte Poseidon, wiewohl nicht immer willig, Ehrerbietung und Nachgiebigkeit. Er verschmähte es nicht, dem gewaltigeren Bruder zu dienen, wenn sich die Gelegenheit bot, und ihm die Rosse abzuschirren; offen bekannte er dem Zeus, daß die höhere Weisheit und der Eifer desselben ihn zügele und zurückhalte. War er auch einmal anderen Sinnes und wollte er gegen den Willen des Zeus den Griechen vor Troja beistehen, so tat er es nicht auffällig und offenbar. Nur an jenem Tage, wo Zeus von der listigen Here berückt auf der Höhe des Ida eingeschlummert war, glaubte Poseidon die sonstige Zurückhaltung vergessen zu dürfen. Mit wildem Rufe reizte er die Griechen zum Ansturme gegen die verhaßten Trojaner, er schritt als Führer der Scharen voran, ein langes, entsetzliches Schwert schwingend wie einen flammenden Blitz. Die Trojaner wurden zurückgescheucht. Da erwachte Zeus, und sein Antlitz verfinsterte sich bei dem Anblicke des Kampffeldes. Sogleich sendete er die Iris zu Poseidon, daß er den Kampf verlassen sollte. Unmutsvoll hörte der Meerbeherrscher das Gebot, der Stolz der gleichen Abkunft fuhr ihm durch den Sinn; mit zornigen Worten verweigerte er es, Folge zu leisten. Und doch, als Iris ihn verständig fragte, ob sie seine Rede, so ungestüm, so trotzig, dem Zeus überbringen sollte, da besann sich auch hier Poseidon, verließ das Griechenheer und tauchte mit grollenden Worten in seine Fluten.

Immer liegt ein schwer niedergehaltener Zorn und Trotz wie ein dunkles Dräuen zwischen Zeus und Poseidon. Die mythischen Gestalten sprechen mit scharfen Zügen dieses gegenseitige Andrängen der Machtgebiete aus. Wie die Meereswogen sich mit ruheloser Wut emporheben und das finstre Sturmgewölk den Himmel einhüllt, der doch, von allem Drohen und Wüten unangetastet, immer wieder in regender Herrlichkeit erscheint, so der finstergelockte Poseidon, der das Meer bewegt, die Erde erschüttert, die Winde aufstürmt, gegenüber der erhabenen Klarheit auf der Stirn des Zeus, dessen Hand den schmetternden Blitz, aber auch die Waage der Geschicke hält. Von jenem Grollen und Drohen berichtet auch die Mythe, wo Poseidon mit den andern Göttern sich verbunden hatte, den Zeus zu fesseln. Nur die Dazwischenkunft des hundertarmigen Briareus, der neben Kronion trat, schreckte die Götter von ihrem Vorhaben ab. Mit übergewaltigen Kräften, die ihm dienen, scheuchte Zeus die Empörung der Gewaltigen zurück. Aber Poseidon und Apollon wurden von Zeus ein Jahr lang in die Dienstbarkeit des trojanischen Königs Laomedon verbannt. Hier baute der Meergott die Mauern von Troja, Apollo weidete die Herden; als aber die Zeit vollendet war, verweigerte Laomedon den Göttern den ausbedungenen Lohn und bedrohte sie mit Mißhandlungen. Darauf ließ Apollo eine Pest über das Land kommen, und Poseidon schickte ein Seeungeheuer, welches die Menschen auf dem Felde wegraubte. Auf den Ausspruch des Orakels mußte Laomedon seine Tochter Hesione an einen Uferfelsen anfesseln lassen, dem Ungeheuer zur Beute.[175] Von jener Zeit an blieb Poseidon ein Feind Trojas, und als die Stadt von den Griechen erobert war, stürzte er mit seinem Dreizack die von ihm erbauten Mauern wieder um und vertilgte jede Spur des verhaßt gewordenen Werkes.

Es mag hier die Stelle sein, des am Altare des Poseidon vorgefallenen Ereignisses zu gedenken, welches zur Erfüllung des Verhängnisses entscheidend mitwirkte und durch ein vielbewundertes Kunstdenkmal des Altertums ein fortdauerndes Interesse gewonnen hat. Zehn Jahre hatten die Griechen Troja belagert, es schien trotz der ruhmvollsten Kämpfe unmöglich, die Stadt zu gewinnen. Da riet Odysseus zu einer List, und Pallas-Athene half bei der Ausführung. Ein hölzernes Pferd von riesenhafter Größe wurde erbaut, und in die Höhlung seines Inneren verbarg sich eine Schar auserlesener Krieger; die Griechen verließen darauf ihr Lager und zogen ab, als gäben sie die Belagerung auf. Aber bei Tenedos legten sie sich in Hinterhalt. – In Troja überraschte der Abzug der Feinde, doch bald gab man sich dem freudigen Eindrucke hin; die Tore wurden geöffnet, und von langem Zwange erlöst, strömten die Bewohner hinaus, das Griechenlager zu besehen. Bald scharte sich die Menge um das zurückgelassene Pferd; die einen wollten es in die Stadt ziehen, hinauf auf die Burg; die andern argwöhnten eine List und rieten, Feuer unter das Pferd zu legen oder doch seine Höhlung zu untersuchen. Da eilte Laokoon, ein trojanischer Priester und Königssohn, herbei und redete warnend zum Volke: „Trauet dem Pferde nicht! Ich fürchte die Danaer, auch wenn sie Gaben reichen." Mit starker Hand schleuderte er einen Speer in die Seite des Pferdes, daß die Höhlung erdröhnte. In diesem Augenblicke brachte eine andere Schar einen gefangenen Griechen herbeigeführt. Er nannte sich Sinon. Mit trugvoller Redekunst berückte er die Trojaner zu dem Glauben, daß mit dem Besitze des Pferdes Macht und Ruhm für ihre Stadt gesichert sein würde. Und ein furchtbares Götterzeichen bestätigte die Rede des schlauen Griechen. Laokoon, welcher die Lanze gegen das Pferd gewor-

Fig. 72

fen, hatte sich darauf zum Altare des Poseidon gewendet, einen Stier zum Opfer darzubringen. Da wälzten sich vom Meeresufer her zwei entsetzliche Schlangen heran; Alles
floh, aber nur auf Laokoon schossen die Ungetüme dahin, umschlangen ihn und seine
beiden Söhne und töteten die drei mit wütenden Bissen. Darauf krochen die Schlangen
zum Tempel der Athene und legten sich unter dem Schilde der Göttin nieder. Die Trojaner
aber, nun von der heiligen Bedeutung des Pferdes überzeugt, rissen die Mauer nieder und
zogen es in die Stadt hinein. In der Nacht öffnete Sinon die Höhlung des Pferdes, die
Griechenfürsten stiegen heraus, erschlossen die Tore, durch welche nun das zurückgekehrte Griechenheer eindrang, und so wurde die nach der Festfreude in tiefen Schlummer
versunkene Stadt bezwungen und zerstört.

Das über Laokoon und seine Söhne verhängte Verderben ist in dem hier abgebildeten
Kunstwerke dargestellt (Fig. 72). Es ist eines der vollendetsten Werke der antiken Plastik.
Die schreckenvolle Gruppe erscheint in einem Momente, wo der Zustand jeder der Figuren
die vorhergegangene Bewegung erraten, die nachfolgende mitschauen läßt. Stufenweise ist
das allen gemeinsame Verderben in drei Hauptmomenten lebendig gemacht. Der jüngere
Sohn zur Rechten des Vaters ist unter den Umstrickungen der Schlange und ihrem tödli-
chen Bisse dem Verscheiden nahe; seine Hand faßt nur noch bewußtlos zum Kopfe der
Schlange hin. Der älteste Sohn, erst leicht umstrickt, könnte noch entfliehen; er schaut voll
Angst zum Vater hin, und in seiner kindlichen Teilnahme wird er die für die Rettung noch
möglichen Augenblicke versäumen. Laokoon selbst, an den Beinen umschlungen, ist in
dem Augenblicke der Verwundung dargestellt, die Schlange beißt, der Körper wirft sich
gewaltsam nach der entgegengesetzten Seite, und in den sich vordrängenden Schultern, in
der aufgetriebenen Brust und dem eingezogenen Unterleibe, in der ganzen angstvollen
Energie des Körpers wird ebenso die Furchtbarkeit des Schmerzes wie das Seelenleiden des
Vatergefühles sichtbar. Besonders im Antlitz erscheint die Qual des Dulders; er wendet
das seitwärts gebeugte Haupt mit verzweiflungsvollem Blicke zum Himmel, aber auch er
ist bereits tödlich getroffen, und auf seinen Versuch, sich zu erheben, muß das rettungslose
Zusammenbrechen folgen.

Zur Totalwirkung der Gruppe sei noch bemerkt, daß der rechte Arm des Laokoon,
welcher bei dem Auffinden des Kunstwerkes fehlte, sehr wahrscheinlich unrichtig restau-
riert ist, indem er sich nach oben ausstreckt. Es wird aus entscheidenden Gründen angenommen, daß dieser Arm sich zurückbeugend den Hinterkopf angefaßt habe.

b) Amphitrite

Die Gemahlin des tosenden Ländererschütterers, die schöne Amphitrite, war schon
durch ihre Abstammung eine Göttin der Flut, denn sie wird eine Tochter des Okeanos,
häufiger noch eine der Nereiden genannt. Poseidon warb um ihre Liebe, aber sie verschmähte ihn und entfloh bis an das äußerste Ende des Meeres. Da sendete Poseidon einen
Delphin als Liebesboten zu ihr hin, dem es gelang, sie zu bewegen, die Gemahlin des
Meerherrschers zu werden. Nach einer anderen Sage sah sie Poseidon bei einem Reigentanze der Nereiden auf Naxos und entführte sie. Ihre Kinder waren der gewaltige Triton, die
Rhode, welche Helios heimführte, und die Benthesikyme. Außer diesen kargen Zügen des
mythischen Lebens ist die Gestalt der Amphitrite nur durch das Walten in ihrem Elemente
gezeichnet. Sie ist die mütterliche Herrscherin des Meeres, dessen zahllose, vielgestaltige
Geschöpfe sie nährt und um sich her spielen läßt; sie heißt die Brausende und Schäumende,
wenn ihre Wogen donnernd emporbranden, oder auch die Bläuliche von der Farbe der sich
hinbreitenden Meeresfläche. An der Seite ihres Gemahls fährt sie über die Wogen, bisweilen auch allein, oder sie sitzt auf einem ihrer Seepferde (Hippokampen). In der hier gewählten Abbildung sehen wir die Amphitrite auf dem Rücken eines mächtigen Tritonen reitend, den Dreizack in der Hand; eine anziehende Versinnlichung der schönen Königin der
Gewässer, die auch die furchtbare Kraft ihres Elementes mit reizvoller Leichtigkeit beherrscht. Mitunter taucht sie auch als das Meerweib mit feuchtem Lockenhaar in wilder
Schönheit aus der Tiefe herauf, und ein sonnenähnlicher Schimmer verbreitete sich aus

Fig. 73

ihren Augen über die glitzernden Wellen. Um sie her scherzt und plätschert die Schar der andern Meerfrauen, die mit den Tritonen ihr lustiges, verlockendes Spiel treiben und das öde Meer mit Liebreiz beleben.

c) Poseidons Söhne

Dem Bruder gleich in leicht erregter Liebe war Poseidon wie Zeus oft und viel bemüht, die Gunst der Nymphen oder schöner Erdenfrauen zu gewinnen. Doch sind seine Liebschaften ohne den schmückenden Reiz geblieben, welchen die Leidenschaftlichkeit des Gemütes bei Zeus in dessen Abenteuer mit ihren Schlichen, Verheimlichungen und Ränken verwebt hat. Poseidons Liebeswerben ist rasch, ungestüm und vorübereilend wie die Woge. Aus diesen Begebnissen mögen einige zur Charakterisierung erzählt werden. – Chione, eine Tochter des Boreas, hatte sich dem Poseidon ergeben und ohne Wissen ihres Vaters einen Sohn, den Eumolpos, geboren, welchen sie ins Meer warf, damit sein Vater für ihn sorge. Poseidon nahm den Knaben auf und brachte ihn zu seiner Tochter Benthesikyme nach Äthiopien, wo dieselbe vermählt war. Hier wuchs er heran und nahm die Tochter seiner Pflegerin zur Gattin, wurde aber, als er deren Schwester gewalttätig beleidigte, verbannt. Bald bei einem Könige Thrakiens, bald in Eleusis sich aufhaltend, übernahm er endlich das Reich jenes Königs und zog den Eleusiniern zu Hilfe gegen Erechtheus von Attika. Dieser opferte seine jüngste Tochter, um einen Orakelspruch, der ihm in diesem Falle den Sieg verhieß, zu erfüllen; aber treu einem Gelübde, zusammen zu sterben, töteten sich nun auch die Schwestern der Geopferten selbst. Als nach diesem Blutbade die Schlacht losbrach, erschlug Erechtheus den Eumolpos im Kampfe, fand aber auch bald durch Veranstaltung des Poseidon sein Ende. Diese Mythe ist wie das inhaltlose Sausen eines Windes, der alles Begegnende packt und zusammenwirbelt, aber keine andere Stätte hat als die Spuren seiner Verwüstung. – Anmutiger ist die Sage von der Amymone, einer Tochter des Danaos. Ihr Vater sandte sie, dort Wasser zu schöpfen, wo der Inachos in das Meer mündet, denn Poseidon hatte die Quellen der Gegend versiegen lassen, weil sie nicht für sein Eigentum erklärt worden war. Die Jungfrau, bei ihrem Schöpfgange auch zur Jagd gerüstet, schoß einen Pfeil nach einem Hirsche, traf aber einen schlafenden Satyr. Aufgeweckt erblickte dieser das Mädchen und näherte sich in der begehrlichen Weise seines Geschlechtes. Aber schon hatte auch Poseidon die erschrockene Amymone gesehen, und rasch trat er aus dem Meere. Der Satyr mußte vor seinem Drohen entfliehen, dann trat der Gott zu der Jungfrau, deren zitternder Hand das Wassergefäß entglitt, und zum Dank für ihre ihm gewährte Liebe schlug er den Boden mit dem Dreizack und ließ die reichlich strömende Quelle von Lerna emporsprudeln. Amymone gebar den Nauplios, einen tüchtigen Seefahrer, der nebst seinem Sohne Palamedes in dem Sagenkreise vom trojanischen Kriege bekannt geworden ist.[176] – Tyro, des Salmoneus Tochter, war von Liebe zu Enipeus, dem schönsten der Stromgötter, befangen und lustwandelte oft an seinen Gewässern. Da nahte ihr Poseidon in der Gestalt des Geliebten und ruhte mit ihr am Vorgrunde des Stromes. Wie Zeus auf dem Gipfel des Ida dichtes Gewölk um sein bräutliches Lager mit Here hüllte, so wölbten sich hier die Wogen purpurbraun zum Brautgemach für Poseidon und Tyro. Später wurde sie die Gattin des Kretheus, des Königs von Jolkos, von welchem Jason, der Argonautenführer, abstammte; vom Poseidon war sie die Mutter des Pelias und Neleus geworden, von denen rühmliche Helden entsprossen, denn Pelias war der Ahnherr des Patroklos und Neleus der Vater des reisigen Nestor.

Alle Söhne Poseidons, und ihre Zahl ist sehr groß, ragten entweder als Stammväter sagenreicher Geschlechter hervor, wie Agenor und Belos von der Libya, oder durch mächtige rauhe Sinnesart, wie der gewaltige einäugige Kyklop Polyphem und die himmelstürmenden Riesen Otos und Ephialtes. Auch der goldne Widder der Argonautensage und das Flügelroß Pegasos galten als Erzeugungen des Poseidon.

d) Attribute, Darstellung, Verehrung

Als Herrscher des Wasserreiches hält Poseidon den Dreizack (Tridens), mit welchem er die Wogen aufwühlt, die Stürme erregt oder besänftigt, die Felsen spaltet und die Erde erschüttert; der Dreizack ist sein Szepter und die Waffe für seine bewegende Kraft. Das andre selten fehlende Attribut war der Delphin. Dieses im Mittelmeere besonders häufige schnelle und kluge Seetier war dem Poseidon so zugeordnet wie der Adler dem Zeus. Er

begleitete nicht bloß in geselligen Scharen den Wagen des Umuferers; der Delphin war auch immer mit ihm und neben ihm. Poseidon sendete ihn, wie wir wissen, als Boten zu Amphitrite, und auch sonst ist der Delphin in schöne Meersagen anmutig verflochten, wie in die von dem Sänger Arion oder von den räuberischen Schiffern, welche den Dionysos fesseln wollten.

In bildlichen Darstellungen trägt Poseidon den Delphin gewöhnlich auf der Hand, mitunter setzt er einen Fuß auf ihn. In ähnlicher Stellung hebt der Meergebieter den Fuß auf einen felsigen Vorsprung und lehnt sich machtvoll an den Dreizack. Wie er über das Meer wandelt oder mit seinen vier Rossen dahinfährt, ist oben geschildert worden. Dieses Gespann sind mitunter aber auch Seepferde, sogenannte Hippokampen, mit dem Vorderleibe des Rosses und einem fischähnlichen Hinterkörper. Immer ist Poseidon in macht-

Fig. 74

voller Stärke gebildet; in feuchten, schweren Locken fällt das Haupthaar auf den kräftigen Nacken; kühn und unerschrocken ist der Ausdruck seines Antlitzes, wenn er sich aus den Fluten erhebt und mit düsterem Drohen über die Wogen blickt.

Neben der Beherrschung des Meeres und den dazugehörigen Attributen war dem Poseidon auch das Roß und seine Zähmung eigen. Waren es die Schiffe, „die Rosse des Meeres", in denen der erste Anlaß zu dieser Beziehung des Meergottes gefunden werden kann;

oder waren es die Wogen, wenn sie hochgebogen mit schäumendem Kamme wie laufende
Rosse mit wehender Mähne sich über die Fläche bewegten; jedenfalls haben diese Anlässe
bald aus bildlichen Vorstellungen heraus für das wirkliche Roß eine Bedeutung gewonnen,
denn es heißt von Poseidon, es sei ihm zugeordnet,

> „daß er sei ein Zähmer des Pferds und Schiffern ein Retter."

Fast wie ein zweites Gebiet neben der Beherrschung des Meeres wird hier die Bändigung
dieses edlen Tieres erwähnt. Der Anlaß zu dieser Verknüpfung mit dem Meergotte wird
wohl vornehmlich in der Natur und Art des Rosses zu suchen sein. Die Wellenlinien der
Gestalt, die stete Beweglichkeit der Glieder sowohl wie die zitternden Zuckungen der
Haut, dazu der feuchte Glanz des Körpers lassen das Roß recht eigentlich als das Tier der
wallenden, zitternden Flut erscheinen, wie dies in einem dichterischen Ausdrucke für einen
Trupp Pferde „weidende Fluten" trefflich bezeichnet wird. Poseidon soll das Roß geschaffen haben; bald wird Attika und der Wettstreit mit Pallas-Athene, in welchem dann mit
veränderter Sage dem Geschenke des Ölbaums nicht die Quelle, sondern das Pferd gegenübergestellt wird, bald Thessalien, wo der Gott das Roß mit dem Dreizack aus dem Felsen
herausschlug, als die Ursprungsstätte genannt. Dann hat Poseidon auch die Kunst der
Lenkung der Rosse und des Reitens erfunden; wie die Wellen, so bändigt und führt er auch
das wellenähnliche Tier. Im einzelnen möchte hier nochmals auf Arion, das redende Wun-
derpferd und auf den Pegasos hingewiesen werden.

Diese beiden Machtgebiete, Seeherrschaft und Rossezucht, lassen sich auch in den Stätten der Verehrung des Poseidon wiedererkennen. Vorgebirge, Küstengegenden; Inseln,
dann wieder Landschaften, wo das Pferd besonders gedieh, sind am meisten für die Tempel
und Heiligtümer des Poseidon ausgewählt worden. Unter diesen Kultusorten werden
Aegä und Helike schon in der ältesten Dichtung genannt; dort, in Aegä, in der Tiefe des
Meeres sollte das schimmernde Haus des Meerbeherrschers stehen, und beide Heiligtümer
wurden wegen der reichen Opferspenden, die dort zusammenflossen, gerühmt. Wo diese
Orte gelegen haben, ist nicht sicher bestimmbar; am wahrscheinlichsten an einem der
Gestade des ägäischen Meeres. Doch machten unter den mehrfachen Orten dieses Namens
das am korinthischen Meerbusen gelegene Aegä und Helike einen besonderen Anspruch
darauf, daß sie jene uralten Stätten seien. Die berühmtesten Tempel des Poseidon waren
die auf dem Isthmos und am Vorgebirge Tänaron; am gefeiertsten der erste. Hier auf der
Landenge waren schon in ältester Zeit Spiele zu Ehren des Melikertes von Sisyphos eingerichtet worden, wie die griechische Sage erzählt; wahrscheinlich war es ein von phönizischen Seefahrern oder Kolonisten hier eingeführter Kultus des Melkarth. Theseus erneuerte diese Feier und weihte sie dem Poseidon. Der hier auf der „Meerbrücke" gegründete sehr
angesehene Tempel des Gottes war von einem Fichtenhaine umgeben; alle drei Jahre zur
Zeit der Sommer-Sonnenwende wurden hier feierliche Spiele gehalten, welche unter dem
Namen der isthmischen als eines der vier großen Nationalfeste der Griechen bekannt sind.
Gymnastische Wettkämpfe und Wagenrennen, letztere hier an der gefeierten Stätte des
rosseliebenden Gottes wohl mit bevorzugter Stattlichkeit ausgerüstet, waren die Hauptbe-
standteile des Festes; doch waren musische Wettkämpfe nicht ausgeschlossen. Die Sieger
wurden mit einem Kranze von Epheu, später von Fichtenzweigen geschmückt.

2. Triton

Der gewaltige Sohn des Poseidon und der Amphitrite, der weitvermögende Triton,
wohnte mit Vater und Mutter in dem goldnen Hause auf dem tiefen Grunde des Meeres.
Sein Oberleib war der eines Mannes von kräftigem, rauhen Ansehen, einem Kentauren
ähnlich (Fig. 73), der untere Teil des Körpers hatte die Gestalt eines fast schlangenähnli-
chen Seetieres mit Schuppen und Flossen. Erhebt er sich aus den Wogen, dann sind seine
mächtigen Schultern mit Muscheln bedeckt, das Meer schäumt auf unter der Brust des
kraftvollen Schwimmers. So gesellt er sich zum Vater und ist ihm behilflich, hauptsächlich

als sein Herold und Wärter. Denn es ist sein eigentliches Amt, auf bläulicher Meermuschel zu blasen, daß es weithin tönt von einem Ende des Meeres bis zum andern. Dann erschrekken die Ungetüme des Abgrundes und verbergen sich in ihre Klüfte, die hochgehenden Wogen glätten sich besänftigt oder das ruhige Meer wallt auf, je nachdem der Ruf des Herrschers ertönt. Als Triton das Blasen der Muschel erfunden hatte, ließ er die wilden Töne zum erstenmal im Gigantenkriege erschallen, so schreckhaft und unerhört, daß die Giganten, wie vor einem herannahenden Ungeheuer, sich zur Flucht wendeten. Im Kreise der ihn gern umgebenden Nereiden ist Triton neckisch und lustig, ganz so wie Pan auf der Waldflur unter seinen Nymphen; den Küstenbewohnern aber war er dort, wo er sich zeigte, furchtbar. Er griff die leichteren Fahrzeuge an und machte sich über das Vieh her, welches zum Meerstrande getrieben wurde. Um ihn zu besänftigen, hatten die Bewohner von Tanagra in Böotien ein großes Mischgefäß voll Wein am Ufer ausgestellt; Triton, vom Geruche angelockt, schlürfte den Wein hinunter, worauf er am hohen Gestade einschlief und jählings hinabstürzte. Ein Tanagreer hieb ihm nun mit einem Beile das Haupt ab; nach anderen soll ihn Dionysos getötet haben. Die Gestalt des Triton ist von der Mythe allmählich zu einer ganzen Schar Tritonen herübergenommen worden, schreckhafte Fabelwesen der Wasserwelt, deren Haare den Blättern von Seepflanzen gleichen, mit bläulichen Augen, einem weiten Munde mit furchtbaren Zähnen und Händen wie Muschelschalen.

Weiter erzählt die Mythe von einem Triton in Libyen, der dort in einem großen See Tritonis als der Gott dieses Gebietes waltete. Hierher wurden Jason und die Argonauten verschlagen; Triton zeigte ihnen den Ausweg, wofür ihm Jason einen ehernen Dreifuß schenkte. Nun weissagte Triton mit göttlicher Stimme, daß wenn ein Nachkomme der Argonauten einst diesen Dreifuß holen würde, hundert Hellenen-Städte sich um den See Tritonis erheben sollten. Da versteckten die eingeborenen Libyer den Dreifuß, damit er nicht gefunden werden könne.[177] – In dieses libysche Seegebiet gehört auch die Mythe, daß Athene nach ihrer Geburt dem Triton übergeben und von ihm zugleich mit seiner Tochter Pallas erzogen worden sei, woran sich denn die Sage von dem Ursprunge des Palladiums und, wie dies nach Troja gekommen ist, knüpft.

3. Nereus und die Nereiden. Thaumas. Phorkys

Unter den ältesten Göttern, die selbst noch chaotisch und ungeheuerlich aus den ersten Erzeugungen des Chaos hervorgingen, war Pontos, das verödete Meer mit stürmender Woge, unterschieden von Okeanos, der Flut, welche die Erdscheibe umströmt. Beide waren Erzeugungen der Erdmutter Gaea; sie hatte den Okeanos vom Uranos geboren, den Pontos aber aus sich selbst erzeugt. Nun gesellte sich Pontos zur Gaea, und es entstanden Nereus, Thaumas und Phorkys – Meergötter, in welchen die freundlichen, wunderreichen und furchtbaren Erscheinungen der wogenden Tiefe mit Gestalt und Namen begabt sind.

Nereus, der Meergreis genannt, der freundliche, ehrwürdige Alte, denn er war gerecht und ohne Trug, wohnte im Abgrunde des Meeres in einer schimmernden Grotte. Der Schmuck der Stierhörner, wie bei den Flußgöttern, deutet auf seine Kraft; Haare und Bart sind feucht und entkräuselt, zackige Blätter einer Seepflanze bedecken Wangen, Kinn und Brust, Delphine spielen durch seinen Bart, und die Trauben mit dem Weinlaube, die ihn umkränzen, zeigen auf die weinreichen Inseln des ägäischen Meeres, wo er sein Haus hatte. Selten nur tritt er

Fig. 75

aus seiner friedlichen Behaglichkeit heraus, wie damals, als Herakles sich aufgemacht hatte, die goldnen Äpfel der Hesperiden zu holen und den untrüglichen Alten aufsuchte, damit er ihm den Weg verkündige. Der Heros fand den Meergreis am Ufer des Eridanos schlafend, band ihn und ließ ihn trotz aller Verwandlungen, durch welche jener entwischen wollte, nicht eher los, als bis er angezeigt hatte, wo die Hesperiden zu finden seien. Am meisten ist er bekannt als der Vater der Nereiden, der fünfzig lieblichen Töchter, welche ihm seine Gemahlin, die Okeanide Doris, geboren hatte. Das sind die schönen Meerfrauen, welche den finstergelockten Poseidon begleiten oder um den rauhen Triton her sich scharen, wenn er auf seiner tönenden Muschel musiziert. Ein andermal sitzen sie auf felsigen Klippen und trocknen ihr grünliches Haar; gern auch belustigen sie sich mit Reigen und Tanz auf einem umbuschten Uferplane, denn sie scheuen es, von Sterblichen gesehen zu werden. Bei einem solchen Spiele hatte Poseidon die Amphitrite, die schönste der Nereiden, erblickt und sie

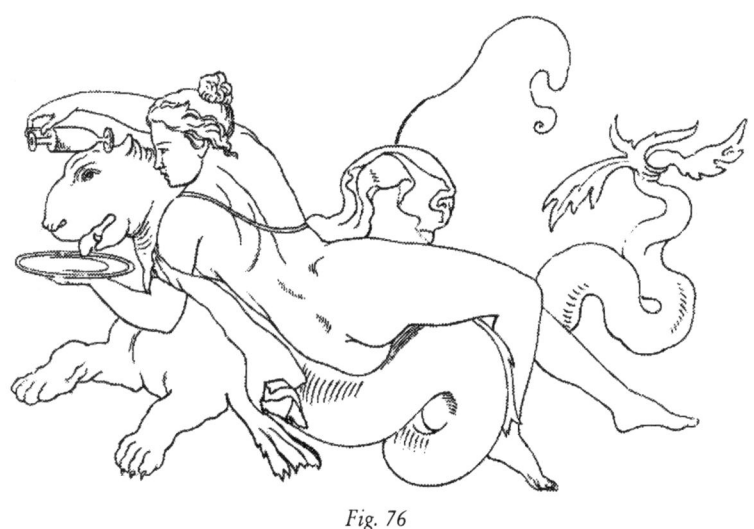

Fig. 76

als seine Gemahlin hinweggeraubt. Am anmutigsten aber zeichnet sich die sanfte Schönheit des Wellenspieles in diesen Gestalten dann ab, wenn sie schwimmend über die Wellen gleiten oder auf dem Rücken eines Delphins oder eines Seepanthers sich schaukeln (Fig. 76).

Bedrängten Schiffern waren sie hilfreich; mit ihrem Beistande kamen die Argonauten durch die Gefahren der Charybdis und der Skylla. Darum wurden den Nereiden, besonders an den Küsten des ägäischen Meeres, Opfer dargebracht, um von ihnen die Beruhigung widriger Winde zu erlangen. Trotz ihres gutartigen Wesens aber zürnten sie heftig, wenn eine Sterbliche es wagte, ihnen den Vorzug der Schönheit streitig zu machen, wie es Kassiope, die Mutter der Andromeda, erfuhr.

Nächst Amphitrite war *Thetis*, die silberfüßige Göttin, die gefeierteste unter den Nereiden. Sie nahm den Hephaistos in ihre Grotte auf, als er vom Olymp herabgeschleudert wurde, und erzog ihn; zu ihr flüchtete sich Dionysos, als der thrakische König Lykurgos ihn verfolgte. In einem Orakelspruch der Themis war geweissagt worden, daß der von Thetis geborene Sohn größer werden würde als sein Vater. Diese Weissagung war das Geheimnis, welches der gefesselte Prometheus kannte und nach seiner Befreiung dem Zeus offenbarte, denn dieser hatte die Liebe der Thetis begehrt. Nun entsagte Zeus seinem Verlangen und bestimmte sie dem Peleus, dem Sohne des Aeakos, zur Gattin. Der Kentaur Chiron lehrte diesen, wie er die Göttin ergreifen und festhalten könne, denn sie wollte der

Werbung des Peleus in allerlei Verwandlungen entschlüpfen. Aber dieser hielt sie fest, obgleich sie bald Feuer, bald Wasser, bald ein wildes Tier wurde, und ließ sie nicht eher los, bis er sah, daß sie ihre Gestalt wieder angenommen hatte. Auf dem Pelion wurde die Hochzeit des Peleus und der Thetis gefeiert; auch die Götter erschienen und verherrlichten das Fest mit Gesang und reichen Gaben. Da waren köstliche Waffen von Hephaistos und Athene „Wunder dem Anblick", von Chiron die mächtige Lanze von Eschenholz, von Poseidon die unsterblichen Rosse Xanthos und Balios; alles für den Sohn des gefeierten Paares bestimmt. Als Thetis diesen Sohn geboren hatte, tauchte sie ihn in das Wasser der Styx und machte ihn dadurch unverwundbar; nur die Ferse des rechten Fußes, wo sie das Kind hielt, wurde von dem Wasser nicht benetzt. Auch wollte die Göttin ihren Sohn unsterblich machen und verbarg ihn des Nachts im Feuer, um ihn von seinen sterblichen Teilen zu läutern. Bei Tage salbte sie ihn mit Ambrosia. Aber Peleus belauschte sie einst und schrie laut auf, als er seinen Sohn in den Flammen erblickte. An ihrem Vorhaben verhindert, verließ Thetis den Knaben und begab sich wiederum zu den Nereiden. Peleus brachte nun seinen Sohn zu Chiron, welcher ihn Achilleus nannte (bisher hieß er Ligyron, der Wimmernde) und ihn erzog. Als der Kriegszug gegen Troja gerüstet wurde, versteckte Thetis ihren Sohn in Mädchenkleidern bei Lykomedes auf Skyros, denn sie wußte, daß er in diesem Kriege den Tod finden würde. Troja aber konnte nach einer Weissagung ohne Achilleus nicht eingenommen werden. Deshalb suchte ihn Odysseus, dem jener Aufenthalt verraten worden war, auf und erkannte ihn im Kreise der Mädchen an dem Eindruck, welchen das Blasen einer Kriegstrompete auf ihn machte. Nach anderen soll Odysseus, als Kaufmann verkleidet, Schmucksachen und Waffen vor den Mädchen ausgebreitet und den Achilleus daran erkannt haben, daß ihm die Waffen wohlgefielen. Achilleus zog nun mit nach Troja. Nachdem sein Freund Patroklos, den er mit seinen göttlichen Waffen zum Kampfe gegen Hektor ausgerüstet hatte, von diesem getötet und beraubt worden war, hörte Thetis in den Abgründen des Meeres das laute Weinen ihres Sohnes. Sie eilte herauf zu ihm, umschlang selbst laut weinend sein Haupt und fragte, was ihn so heftig betrübe. Und als sie es vernommen, billigte sie obwohl unter Tränen, weil bald nach Hektors Tode auch ihm das Leben verblühen werde, den ruhmwürdigen Entschluß des Sohnes, gegen Hektor zu kämpfen, und versprach ihm neue stattliche Waffen. Darauf begab sie sich zu Hephaistos, der in dankbarer Erinnerung an ihre Fürsorge nun ihr Begehren rasch erfüllte und neue wundervolle Waffen für Achilleus schmiedete, die Thetis sogleich zu ihm hintrug. Als dann nach dem Falle Hektors der Spruch des Geschickes sich an dem göttergleichen Achilleus erfüllte und er durch den Pfeilschuß des Paris den Tod erlitt, da stürmte das Meer auf, und es erhob sich ein Rauschen der Wogen, als klagten sie um den Sohn der Nereide. Seine Gebeine barg Thetis in einem goldnen Gefäße, welches einst Dionysos ihr geschenkt hatte, als sie ihn bei sich aufnahm.

Von *Thaumas*, dem zweiten Sohne des Pontos und der Gaea, läßt sich nur aus seinem Namen und seinen Kindern erkennen, daß er in den seltsamen wunderbaren Erscheinungen des Meeres waltete. Er war mit der Okeanide Elektra vermählt; ihre Kinder waren die Iris und die Harpyien. Iris, die Führerin des Regenbogens, dessen Farbenpracht schnell erscheint und verschwindet, war die hurtige Botin der Götter, insonderheit die Dienerin der Here. Die Harpyien waren beflügelte Götterwesen der Luftbewegung, welche die hochschwebenden Vögel erfassen oder die Winde überholen und bekämpfen, Wind gegen Wind, also wirbelndes Stürmen, wahrscheinlich auch die furchtbare Gestaltung der Wasserhose. Auch galten die Harpyien für hinraffende, geheimnisvoll hinwegnehmende Wesen, denn von plötzlich Gestorbenen oder von unerklärlich Verschollenen hieß es, daß sie von den Harpyien geraubt seien. Gewöhnlich werden ihrer zwei genannt, Aello und Okypete, doch schwankt die Zahl wie die Namen; es wird auch, wie in der Mythe von Zephyros, von einer einzelnen Harpyie Podarge erzählt.

In dem Geschlechte des dritten unter den Söhnen des Pontos, des *Phorkys* oder Phorkos, vermählt mit seiner Schwester, der schönen Keto, treten die schreckhaften Ungetüme hervor, welche die Phantasie, erregt von den aus der schlammigen Tiefe sich heraufwälzenden Gestalten, gebildet hatte. Da war der entsetzliche Drache, der die goldnen Äpfel der Hesperiden hütete; die drei Gräen oder Phorkyden, Enyo Pephredo und Dino, welche nur ein Auge und einen Zahn hatten, in deren Gebrauche sie abwechselten; die drei Gorgonen, Stheno, Euryale, Medusa, mit schuppigem Haupte und großen Hauzähnen, ein so schrecklicher Anblick, daß, wer sie sah, in Stein verwandelt wurde. Aus dem Blute der von Perseus getöteten Medusa entsprang das Flügelroß Pegasos und Chrysaor, welcher den dreiköpfigen Riesen Geryon und die Echidna, halb Nymphe halb Schlange, erzeugte, von der endlich noch eine Reihe Ungeheuer abstammte: der Kerberos, die lernäische Schlange, die Chimära mit den drei Köpfen – eines Löwen, einer Ziege und eines Drachen, und der nemeische Löwe. Perseus, Bellerophon, Herakles, am meisten der letztere, haben gegen diese Ungetüme gekämpft; sie erscheinen in diesen Abenteuern als die Helden eines Zeitalters, welches die wilden Schrecknisse der Anfänge durch eine festere Gestaltung des Erdelebens hinwegtilgte.

4. Proteus. Glaukos

Proteus, der untrügliche, fehllos redende Meergreis, ist eine dem Nereus so ähnliche Gestalt, daß er für eine lokal ausgestaltete Wiederholung oder Umbildung desselben angenommen werden darf. Er gilt für einen Sohn des Poseidon, oder auch des Okeanos und der Tethys; in der Tiefe der Flut hat er seine Behausung, steigt aber gern herauf an den Strand, wo die Robben sich lagern, die er zählt und mustert. Dann legt er sich mitten unter ihnen zur Ruhe, und so ist er recht eigentlich der Hirt der Robbenherde. Aber er durchschaut auch die Tiefen des Meeres und weiß alles, was sich ereignet, daher er ein trefflicher Verkündiger des Geschehenen und guter Ratgeber war. Auch besaß er die Gabe der Verwandlung, wie sie dem Nereus und der Thetis eigen war, in so bevorzugter Weise, daß sein Name in dieser Beziehung typisch geworden ist. Sein Gebiet war besonders die Meergegend vor der Mündung des Nils, wo eine Insel, Pharos genannt, sein liebster Aufenthalt war.[178] Hier überfiel Menelaos, als er auf seiner Rückfahrt von Troja in diese Gegend verschlagen worden war, nachdem des Proteus Tochter, die Meernymphe Eidothea, ihm Rat gegeben hatte, den Meergreis mit List und Gewalt, um von ihm den Weg in die Heimat zu erfahren. Vergebens verwandelte sich Proteus, als Menelaos ihn gefaßt hatte, in einen Löwen, Pardel, Drachen, Wildschwein, in Wasser, sogar in einen Baum; der Held hielt ihn fest, bis er ihm Rede stand und ihm Weg und Fahrt, auch die Schicksale seiner Kampfgenossen verkündete. Die Söhne des Proteus, Polygonos (auch Tmylos) und Telegonos, waren gewaltige Ringkämpfer, aber von wilder und grausamer Gemütsart, und wurden von Herakles, als sie ihn bei seiner Rückkehr von der Amazonenkönigin Hippolyta zum Kampfe forderten, getötet.

Glaukos, mit dem Beinamen Pontios, war nicht göttlichen Ursprungs, aber die Sage von ihm gehörte zu den beliebtesten Schiffersagen des Mittelmeeres. Er war ein Fischer in der böotischen Stadt Anthedon gewesen. Als er einst den Fang seines Netzes in das Gras am Ufer ausgeschüttet hatte, sah er mit Verwunderung, daß die Fische bei ihrer Berührung mit dem Grase anfingen, sich schwimmend zu bewegen, und ins Wasser zurück flüchteten. Er nahm nun selbst von dem Grase, und kaum hatte er davon genossen, so fühlte er einen unwiderstehlichen Trieb, sich in die Flut zu stürzen. Von da ab lebte er im Wasser; Okeanos hatte ihm die Gestalt eines Meerwesens gegeben, ähnlich dem Triton. Sein Bart war feucht und weiß, wie der Schaum eines Sturzbaches; seine langen Haare, vom Seewasser schwer, ruhten auf seinen Schultern; die Augenbrauen waren zottig in eins verbunden. Unter seinen schwimmgeübten Armen ebneten sich die Wogen, kraus war die Brust von Seemoos und Tang, und von den Hüften an ging der Körper in die Fischgestalt über. So war Glaukos das Wunder des Meeres, eine so seltsame, schreckhafte Erscheinung, daß selbst die beherzten Argonauten bei seinem Anblick im Rudern innehielten; nur Herakles blieb ruhig und unbetroffen, weil er schon viele ähnliche Wunder erlebt hatte. Auch Glaukos besaß die Gabe der Weissagung, so daß er der Dolmetscher und Seher des Nereus genannt wurde.[179] Von seinen Liebschaften wurde da und dort an den Küsten des Mittelmeeres erzählt; auch die Sage von der Skylla gehört hierher. Diese war einst eine schöne Jungfrau, welche gern mit den Nereiden verkehrte. Als Glaukos sie sah, begehrte er ihre Liebe; sie verschmähte ihn und entfloh. Nun klagte er der Zauberin Kirke seine Verschmähung und bat sie, die Skylla ihm geneigt zu machen. Kirke aber wurde selbst von Liebe zu Glaukos ergriffen, doch konnte sie sein der Skylla zugewandtes Gemüt nicht gewinnen. Gekränkt und rachbegierig begab sich die Zauberin zu der Jungfrau, als diese nach ihrer Gewohnheit an dem Felsen des Meerstrudels ein kühlendes Bad suchte. Sie sprengte giftige Säfte in die Wellen, und mit Entsetzen sah Skylla, daß sich ihre Glieder, soweit sie im Wasser stand, in schnappende, grimmig heulende Hunde verwandelten. So wurde die Skylla zu dem Ungeheuer, welches der Schrecken der Schiffer in der Meerenge zwischen Italien und Sizilien war.

5. Leukothea und Palämon

Die thebanische Königstochter Ino, vom Hasse der Here wegen ihrer Pflege des kleinen Dionysos mit Raserei bestraft, hatte sich mit ihrem Sohne Melikertes vom molurischen Felsen herab ins Meer gestürzt. Zwar behaupteten die Megarenser, daß der Leichnam der Ino an die Küste ihrer Gegend herangeschwemmt und dort bestattet worden sei, aber nach der Mythendichtung war Ino von Poseidon auf die Bitte der Aphrodite in eine Meergöttin verwandelt und Leukothea (die weiße, die schimmernde Göttin) genannt worden. Dieser Name deutet auf eine Beziehung zu Licht und Glanz hin. Sie war eine Göttin der sanften Meeresstille, eine freundliche Nothelferin der Schiffbrüchigen, daher sie von den Seefahrern um Besänftigung der Wogen und um glückliche Fahrt angerufen wurde. Als Odysseus auf der Insel der Kalypso sich ein Floß gebaut hatte und, von der Sehnsucht nach der Heimat getrieben, die Fahrt dorthin wagte, wurde er von einem furchtbaren Sturme überfallen und schwebte auf seinem gebrechlichen Fahrzeuge in den Ängsten des Todes. Da tauchte Leukothea aus den Fluten auf und reichte ihm ihren Schleier, mit dem er sich unter der Brust umgürtete und sich so an das Ufer der Phäaken rettete. Hier warf er mit abgewendetem Antlitz den Schleier zurück in die Wellen, und Leukothea nahm denselben sogleich wieder auf. In der römischen Sage war sie nach ihrem Sprunge von dem Felsen von den Nereiden an die Mündung der Tiber geleitet worden, wo sie dann eins wurde mit der Matuta, einer Göttin der Seefahrer und der Häfen wie auch der lichten Morgenfrühe, und als Geburtsgöttin eine Schützerin des zum Licht sich emporringenden Lebens.

Melikertes war von einem Delphin an das Gestade des Isthmos getragen worden; dort empfingen ihn die Nereiden, die eben in fröhlichen Tänzen versammelt waren. Sisyphos, der Bruder seines Vaters Athamas, weihte ihm ein Heiligtum und stiftete ihm zu Ehren die isthmischen Spiele. Auch er wurde als eine freundliche Meergottheit verehrt und angerufen; der gute Palämon, so wurde er genannt, ein schöner Knabe, auf dem Rücken eines Delphins über die Wellen fahrend. Sein Name (der Kämpfer) bezieht sich entweder darauf, daß er ein Schützer der Kampfspiele auf der Landenge war oder daß er die wilde Gewalt des Meeres bekämpfte, denn er galt besonders als Hüter und Patron der Häfen. Darum wurde er von den Römern ihrem Hafengotte Portunus gleichgestellt und trug als solcher dann einen Schlüssel in der rechten Hand.

6. Die Sirenen

Die Sirenen waren Töchter des Flußgottes Acheloos und der Muse Terpsichore oder der Melpomene. Ihre Zahl und ihre Namen werden verschieden angegeben; bald sind ihrer zwei, bald drei: Telxiope, Molpe und Aglaophonos, oder Parthenope (nach welcher Neapolis genannt wurde), Ligeia und Leukosia. Einst waren sie Gespielinnen der Persephone, und lange suchten sie die Verlorene, bis sie endlich an der Küste Siziliens oder Italiens sich niederließen. Hier saßen sie am grünen Gestade ihrer Insel und ließen die verlockenden Lieder erschallen, mit denen sie den Sinn der Vorüberschiffenden bezauberten, denn sie sangen einem jeden von dem, was ihn ergötzte; dem Helden von Kämpfen und Siegesruhm, dem Lustbegierigen von süßer Liebeswonne, und alles, was irgend geschah auf der Erde, wußten sie und lockten die Hörer mit geheimnisvoller Verkündigung.

Wer ihnen nun töricht sich näherte, den zogen sie ins Verderben; es war keine Heimkehr von ihnen, und ihr Gestade war voll von den Gebeinen modernder Männer. Denn nur oberwärts waren sie schöne Jungfrauen, unten endigte ihr Leib in Vogelbeine und Krallen. Als sie aber die vorüberschiffenden Argonauten anlockten und diese, vom verderblichen Klange gefesselt, die Ruder schon sinken ließen, stimmte Orpheus schnell seinen Gesang an. Da mußte das Lied der Sirenen verstummen, Flöte und Laute entsank ihrer Hand, sie stürzten sich in das Meer und erstarrten zu Felsen. Doch erzählt auch die Sage von den Irrfahrten des Odysseus, daß er an der Insel der Sirenen vorübergekommen und nur dadurch ihnen entgangen sei, daß er die Ohren seiner Gefährten mit Wachs verklebt und sich selbst am Maste des Schiffes habe festbinden lassen.

Fig. 77

Auf Kreta wurde von einem Wettstreite der Sirenen mit den Musen erzählt. Jene unterlagen, und zur Strafe rupften ihnen die Göttinnen des olympischen Gesanges die Federn aus, die sie dann selbst als Kopfputz trugen.

In einer ganz anderen, der Unterwelt zugewendeten Bedeutung erscheinen die Sirenen, wenn von ihnen gesagt wird, daß sie bei der Trauer um Verstorbene ihre Klagegesänge angestimmt hätten. Darum findet man sie als Sängerinnen der Totenklage auf Grabmälern abgebildet. Unsere obige Darstellung zeigt eine Sirene mit dem Tympanon und der Binde, also in bacchischer und erotischer Beziehung.

7. Die Flußgötter

Bis auf den heutigen Tag wird in dem beweglichen Wellenspiele der Flüsse, wie sie einer schweigenden Landschaft Laut und Stimme geben, etwas einer lebendigen Ansprache der Natur Ähnliches empfunden. Um wieviel stärker wird ein solches Gefühl dem kraftvollen Natursinne der ältesten Zeiten eigen gewesen sein! Jenen frühesten Ansiedlern erschienen die Flüsse ihrer Gegend in der nährenden und belebenden Kraft, welche von ihnen ausging, als wohltätige und machtvolle Wesen, denen man eine dankbare Verehrung widmete. Es wurden ihnen Heiligtümer errichtet, und man betete zu ihnen wie zu göttlichen Wesen:

„Niemals darf durch der Ström' unversiegende lautere Wasser
Waten dein Fuß, eh' schauend zur herrlichen Flut du gebetet,
Rein erst waschend die Hand in der schönen kristallenen Welle.
Welcher den Strom durchwandelt, die Hand nicht spülend vor Bosheit,
Den trifft göttlicher Zorn und sendet ihm Leid in der Zukunft."

Die Ströme galten als Söhne des alten Okeanos und der Tethys und waren eine so zahlreiche Nachkommenschaft, daß kein Sterblicher ihre Namen alle zu wissen vermag. Nur die Anwohner kannten die ihnen zunächst fließenden Bäche und Ströme. Aber viele unter ihnen waren durch höheren Ruhm ausgezeichnet und wurden als die Stammväter uralter Götter- und Helden-Geschlechter genannt. Es bestätigt die älteste Bedeutsamkeit der Flüsse, daß die Verbindungen der hohen Götter mit irdischen Wesen vielfach bei den Stromgöttern sich anknüpften, deren Töchter, wie überall die Wasserfrauen, mit verlockendem Liebreiz begabt waren. Oft ist in den Abschnitten von den olympischen Göttern davon geredet worden. Die erste sterbliche Geliebte des Zeus war Niobe, die Tochter des

Flußgottes *Inachos* in Argos; auch die vielverfolgte Io war aus diesem Geschlechte. Aegina, die Tochter des *Asopos* in Achaja wurde durch die Liebe des Zeus die Ahnfrau der Okeaniden. Von dem Flußgotte *Alpheus* in Elis erzählt die Sage, daß er aus Liebe zur Quellnymphe Arethusa unter dem Meere hingeströmt sei, um sich mit ihrer Quelle auf der Insel Ortygia bei Syrakus zu vereinigen. In Aetolien strömte der vielberühmte *Acheloos*, der mit Herakles um die Dejanira kämpfte. Der Flußgott hatte sich in einen Stier verwandelt, sein Gegner brach ihm eins seiner Hörner ab. Auf diese Weise war Acheloos überwunden, aber er forderte sein Horn zurück und gab dafür das Horn der Amaltheia, welches die Kraft besaß, daß es sich mit Speise oder Trank, wie der Besitzer es wünschte, füllte. Acheloos wird auch als Vater der Sirenen und der Quellnymphe Kastalia genannt. Der thessalische Stromgott *Peneus* ist als der Vater der Daphne bei Apollo und der hyperboreische *Eridanos* in der Mythe von Phaethon erwähnt worden.

Man stellte die Flußgötter in Bezeichnung ihres gewundenen Laufes unter dem Bilde einer Schlange dar, häufiger aber als Stiere mit menschlichem Antlitz. Die Gründe zu dieser Bildung werden verschieden angegeben; am treffendsten ist wohl die Beziehung auf die ungestüme Bewegung und den brüllenden Laut der Strömung. In der späteren Zeit der Kunstentwicklung bildete man die Flußgötter in Menschengestalt, je nach ihrer Größe entweder als bärtige, kraftvolle Männerfiguren oder als unbärtige Jünglinge. Sie ruhen neben einem umgestürzten Kruge hingelagert, aus welchem das Wasser strömt; dabei darf das Attribut eines Ruders oder des Schilfrohres nicht fehlen. Einer ähnlichen Abbildung des Nil ist bereits an anderer Stelle gedacht worden. In einigen solcher Darstellungen hebt sich die Gestalt des Flußgottes mit dem Oberleibe aus den Fluten empor, und mancherlei nähere Bezeichnungen sind hinzugefügt, z. B. bei der Donau die Felsenbehausung, bei der Tiber das Füllhorn in der Linken und der Lorbeerkranz.

H. Das Reich der Unterwelt

Es ist dem mythischen Vorstellungskreise der Griechen nicht wenig schwer geworden, aus den freundlichen Reichen des Lichtes und des Lebens, in denen sich alle Göttergestalten, welche an uns vorübergegangen sind, bewegen, zu den Gebilden der Unterwelt hinabzusteigen. Denn solange das Gemüt von der bloßen Natürlichkeit beherrscht wird, läßt es die Nachtseite des Lebens nur mit Scheu an sich herantreten und weicht ihr, wo es kann, bald wieder aus. Darum sind die Vorstellungen über die Unterwelt schattenhaft und an Zahl gering geblieben, dafür aber ist ihnen eine düstere Energie eigen geworden. Zwei Gegensätze sind es, welche in diesem Gebiete unausweichlich den schöpferischen Sinn berührten und die Gebilde der schreckenvollen Tiefe entstehen ließen: das nächtliche Dunkel als der Gegensatz des heiteren Lichtes – und der Tod gegenüber dem Leben. Kein Klang, kein Strahl, kein rhythmischer Wohllaut der Bewegung waltet hier; es ist alles nur schreckenvolles Schweigen, grauenhaftes Düster und starre Ruhe oder angstvolle Hast, wie in einer unheimlichen verzauberten Gegend.

Dieses Reich der unterweltlichen Mächte ist in zwei nicht nur hinsichtlich der Örtlichkeit, sondern auch im Bilde selbst verschiedenen Vorstellungen geschildert; einmal als der eigentliche alte Tartaros, dann als der Hades. Jener erscheint als die ursprüngliche, dieser als die später entwickelte Vorstellung, mit welcher sich allmählich die ersten Bilder in der Weise vereinigten, daß einzelne Hauptzüge festgehalten wurden, andre entschwanden.

1. Der Tartaros

Der Tartaros war zugleich mit der Erde aus dem Chaos entstanden. Aber während die Erde mit dem Olympos als der dauernde Sitz der ewigen Götter angekündigt wird, dehnt sich unter der Erde die grauenvolle Öde des Tartaros hin. So hoch wie über der Erde der

Himmel ragt, so tief liegt unter ihr der Abgrund des Tartaros. Wenn neun Tage und Nächte ein eherner Ambos hinabfiele, am zehnten Tage erst würde er den Abgrund erreichen. Dort sind Anfang und Ende der Erde, des Meeres und des Himmels miteinander vereinigt; fürchterlich, voll Wust, selbst den Göttern ein Grauen, dehnt sich die unendliche Kluft. Rings um den Tartaros zieht sich eine eherne Mauer, und dreifache Finsternis lagert sich um den mit ehernen Pforten verschlossenen Eingang am Rande der Erde. Hier ist die Behausung der Nacht und ihrer Söhne, des Schlafes und des Todes; tiefer im Inneren des Raumes steht die Burg des unterirdischen Herrschers und seiner Gemahlin; ihren Zugang bewacht der schreckliche Kerberos. Auch die Styx wohnt hier in einem Felsengewölbe, von dem herab sie ihren Strom stürzen läßt, bei dessen Wasser, welches Iris in silberner Schale heraufholt, die Götter ihren Eid leisten. In diesen Tartaros warf Zeus die Titanen hinab, als er sie überwunden hatte, und setzte die hundertarmigen Riesen Kottos, Briareos und Gyges als die Wächter des Ausganges ein, so daß keiner der Eingekerkerten zu entfliehen vermochte.

In diesen düsteren Umrissen wird der Tartaros noch nicht als das Totenreich bezeichnet. Eine Andeutung und Anknüpfung zu dieser Vorstellung liegt jedoch bereits darin, daß Pluton und Persephone hier ihre Burg haben und daß der Gedanke, wie leicht der Zugang zur Unterwelt, wie unmöglich aber die Rückkehr sei, darin anklingt, daß der Kerberos die der Burgpforte Nahenden zwar einläßt, aber hinausgehen darf keiner mehr. Im ganzen aber bleibt die Beziehung auf das Schattenreich der Toten hier nur nebenhergehend und verhüllt. In seiner eigentlichen Bestimmung ist der ältere Tartaros der Strafort der Götterfeinde, wo sie ihren Widerstand gegen die Weltordnung des Zeus verbüßen müssen.

2. Hades oder das Schattenreich

Nach dem Volksglauben der Mythenzeit lag der Hades in der Tiefe der Erde. Andeutungen dafür sind zahlreich vorhanden; hier mögen wenige Hinweisungen genügen: Bei Anrufungen unterweltlicher Götter schlugen die Knieenden mit der Hand auf die Erde, daß jene es hören sollten; von Abgeschiedenen heißt es, daß sie hinabgingen zu den Tiefen der Erde in die Wohnung des Hades; Plutons furchtbares Haus stand im Inneren der Erde, denn als im Götterkampfe der Boden wankte und krachte, sprang der düstere Herrscher von seinem Throne auf und schrie, daß ihm von oben die Erde aufreiße und seine Behausung sichtbar werde. Zu dieser unterweltlichen Tiefe waren mehrere Eingänge vorhanden, und zwar an weit auseinanderliegenden Orten, wo entweder eine grauenvolle Kluft oder ein düsteres Gewässer oder vulkanische Erscheinungen einer Gegend den Charakter einer Pforte der Unterwelt gaben. Als solche Stellen waren bekannt und gefürchtet eine Höhle bei dem Poseidon-Tempel am Vorgebirge Tänaron, wo Herakles zur Unterwelt hinabstieg; dann die Grotte der Sibylle bei Kumä, durch welche Aeneas in den Orkus eintrat. In ähnlichem Sinne, dazu auch als Totenorakel, wo die Geister der Verstorbenen mit Beschwörungen heraufgerufen wurden, stand die Gegend am Acheronflusse in Thesprotien (Epirus) in Ansehen. Endlich werden noch Orte erwähnt wie Eleusis, Trözen und Lernä, wo Götter in die Unterwelt ein- und ausgegangen waren.

Von diesen Vorstellungen, welche das unterweltliche Reich in das Innere der Erde versetzen, weicht die Sage von dem Abenteuer des Odysseus ab, als er auf das Gebot der Kirke zum Hades hinging. Fernhin zum äußersten Westen, wo an der Grenze des Okeanos die Sonne niedersinkt[180], fuhr der Held mit seinen Gefährten und trat dort in die Behausung des Pluton und der Persephone. An einem Felsen, wo sich die Ströme der Unterwelt vereinigten, grub er eine Gruft, mischte Honig, Milch und Wein und ließ das Blut geopferter Schafe hineinströmen; da kamen die abgeschiedenen Toten, begierig, von dem Blute zu trinken, und drängten sich mit grauenvollem Geschwirre um ihn her, daß er sie mit dem Schwerte abwehren mußte. Auch als Hermes die Seelen der getöteten Freier zur Unterwelt führte, zog er mit ihnen zum Westen hin an den Toren des niedersteigenden Helios und am Lande der Träume vorüber, bis sie zur Asphodeloswiese kamen, wo die Seelen der Toten wohnen.

Die herrschende Vorstellung von der Unterwelt in der Tiefe der Erde war die von einem unermeßlich weiten Raume. Kein Laut einer Stimme, kein Licht bewegte das öde Gefilde; schreckhaftes Schweigen lag über den Räumen, farblos war alles und in düsteres Dunkel gehüllt. Nur das dumpfe Brausen der Ströme, welche die Oberwelt von der Unterwelt schieden, schallte durch die Öde. Zuerst floß der Strom der Trauer, der Acheron, mit einem Nebenstrome, dem flammenden Pyriphlegethon; dann wälzte die Styx ihre furchtbaren Gewässer, und in sie ergoß sich der Klagestrom Kokytos.[181] In gedrängten Scharen harrten die Schattengestalten der abgeschiedenen Seelen am Ufer des Acheron der Überfahrt; Greise und Jünglinge, Mütter, Bräute und Jungfrauen, heldenhafte Männer und ruhmloses Volk, alle mußten unterschiedslos dem mürrischen Fährmann der Unterwelt gehorchen, wie er sie auswählte oder zurückscheuchte; hier waren der königliche Agamemnon und der bettelhafte Iros, der häßliche Thersites und der götterähnliche Achilles gleich ohnmächtig und hilflos. Seelen unbeerdigter Menschen wurden nicht in die Unterwelt hinübergelassen; ruhelos schwebten ihre Schatten am Ufer des Trauerstromes hin und her, immer sich zum morschen Kahne herandrängend, sobald er nahte, und immer zurückgewiesen.[182] Denn streng und unerbittlich verwaltete der grämliche Charon sein Amt. Sein greisenhaftes, abgefallenes Aussehen, struppig der Bart und das Haar, das schmutzige Gewand, alles ließ ihn als den rechten Führer der Schatten erscheinen, wenn er mit seiner Ruderstange das Ufer erreichte und sie ihn umringten. Dann nahm er in seinen Kahn auf, wer seiner mürrischen Laune eben beliebte, und führte die Seelen hinüber in die Gefilde, aus denen eine Wiederkehr nicht möglich war. Der furchtbare Wachthund an dem Pfade zu der Pforte Plutons, der scheußliche Kerberos, ließ die Ankommenden zwar mit arglistiger Freundlichkeit an sich vorüber, aber mit schrecklicher Wut fuhr er gegen jeden los, der zurück und wieder hinaus wollte. In einer Höhle lag das Ungetüm, dreiköpfig, von Schlangen umringelt (Fig. 15, 78), der Hinterleib als Drache endigend. Mythe und Dichtung haben sich aber damit noch nicht begnügt, ihn dreiköpfig zu schildern; es sind ihm auch fünfzig, ja sogar hundert Köpfe zugeschrieben worden. Das Grausenhafte seines Anblicks, seine Wut und der eherne Laut seiner Stimme machten ihn zu einem der gefürchtetsten Schrecknisse der Unterwelt. Den Kerberos bezwungen und an das Licht der Oberwelt heraufgebracht zu haben[183], erschien selbst unter den Großtaten des Herakles noch besonderen Ruhmes würdig.

Drüben nun über den Flüssen dehnte sich der eigentliche Hades hin; dort lag die Behausung des Herrschers, die hallende Burg Plutons mit den hohen ehernen Pforten, rundumher ein weites Gemäuer, der Totenhof; alles in Größe und Ähnlichkeit den Götterhäusern des Olymps vergleichbar, aber düster und verödet. Um diese Mauern her schwebten und hausten die Dämonen, welche das Erdleben beschweren und ängstigen; die Geister der Nachtseite des Lebens, die aus der Tiefe heraufsteigen: Trauer, Schwermut und Furcht, die rächenden Sorgen, Krankheit, unseliges Alter, Dürftigkeit, Mühsal und Betäubung, Mord und Krieg mit dem wilden, blutgierigen Blicke, die hart ringende Zwietracht und die schrecklichen Eumeniden. Alles was an dem sterblichen Dasein nagt und es niederzieht und zerstört, umkreiste hier die herbeirrenden Seelen, eins oder das andre wie der Sieger über die nun bewältigte Beute. Auch ohne diese furchtbaren Scharen war dieser Aufenthalt und der Zustand der Abgeschiedenen ein klägliches, jammerwürdiges Dasein. Luftgebilde waren nun die Toten, die ehemalige Gestalt zwar bewahrend, aber ohne Stärke und Spannung, besinnungslose Traumwesen, ermüdete, leere Schattenbilder einstiger Fülle und Regung. „Rede mir nicht tröstende Worte vom Tode", sprach der Schatten des Achilles zu Odysseus, als dieser ihn wegen seiner gebietenden Würde im Totenreiche preisen wollte; „lieber möchte ich da oben das Feld als Tagelöhner bestellen, ein armseliger und gering geachteter Mann, als hier der Herrscher sein über die sämtlichen Scharen der Toten."

Dieser schattenhafte Zustand in immer gleicher Leerheit war das allgemeine Los der Hadesbewohner, und auch die Edlen und Rühmlichen waren ihm unterworfen. Er haftete also als eine unvermeidliche Schwäche und Unvollkommenheit am menschlichen Dasein an sich; der Gedanke an eine Strafe war ihm von vornherein nicht eigen. Doch zeigte sich ein solcher Gedanke schon in den Verurteilungen der Götterverächter und Übermütigen, von denen wir sogleich hören werden, und bald trat die Vorstellung hinzu, daß im Hades eine lohnende oder strafende Erfüllung dieses Lebens auf die Abgeschiedenen warte. Diese Vorstellung findet sich in der Mythe von den unterweltlichen Richtern ausgedrückt. Auf der Asphodeloswiese an dem Scheidewege, welcher zu dem Straforte, dem Tartaros, und zu den Wohnungen der Seligen führte, saßen die drei Richter der Unterwelt, ehrwürdige Männer der Vorzeit und alle drei Söhne des Zeus – Minos, Rhadamanthys und Aeakos, – und sprachen hier auf dem Felde der Wahrheit ihr Urteil. Minos war als der gerechteste, Rhadamanthys als der gemäßigste und Aeakos als der gottesfürchtigste der Menschen zu dem hohen Amte eingesetzt worden. Als Abzeichen ihrer Würde hielten Rhadamanthys und Aeakos einen Zweig in der Hand; der letzter trug auch die Schlüssel zum Hades. Es heißt, daß er vornehmlich diejenigen gerichtet habe, welche aus Europa zum Hades hinabstiegen; Rhadamanthys aber die Abkömmlinge aus Asien. Minos thronte mit goldenem Stabe an den Pforten der plutonischen Burg und entschied als Obmann die zweifelhaften und streitigen Fälle.[184]

Wenn auch diese Bilder der Phantasie von dem unterweltlichen Leben durchaus nicht in dem Sinne einer allgemein geltenden und feststehenden Überlieferung aufzufassen sind, denn die Vorstellungen schwanken oder finden sich nur vereinzelt, halten auch eine die andere nicht immer fest, so kann doch deutlich erkannt werden, daß mit dem Glauben an den Urteilsspruch der Totenrichter auch eine Scheidung in einen Ort der Strafen und Qualen und in einen andern Ort der Belohnung und des seligen Genusses aufgekommen ist; jener der Tartaros, dieser die Inseln der Seligen oder Elysium. Die Schilderungen und bildlichen Darstellungen steigerten sich nach beiden Richtungen hin zu immer lebhafterer Versinnlichung dieser Vorstellungen, und die Einwirkung der Mysterien in ihrer Überzeugung von dem Glück der Eingeweihten und der Verwerfung der nicht Geweihten unterstützte dieses Streben. In die Tiefe des Tartaros hinabgestürzt, waren die Verurteilten einer wilden Verfolgung durch furchtbare Rachegeister mit Schlangengeisseln und Fackelbränden preisgegeben; es gab kein Entweichen aus dieser ruhelosen Marter und Pein. Aber diese grausenhaften Bilder erreichten doch nicht die einfache Energie der Qualen, mit denen nach der älteren Mythe die Frevler gestraft waren. Da lag *Tityos*, der von der Erde groß gezogene Sohn des Zeus und der Elare, auf dem Boden ausgestreckt; neun Hufen bedeckte der riesige Leib. In schnöder Brunst hatte er die Latona umarmen wollen und war durch die rächenden Pfeile des Apollo und der Artemis gefallen. Nun hackten zwei Geier ihm die immer wieder wachsende Leber aus, den Sitz seiner sträflichen Begierde; vergebens war er bemüht, die gierigen Vögel mit seinen Händen abzuwehren. – *Tantalos*, auch ein Sohn des Zeus und der Gemeinschaft mit den Göttern gewürdigt, hatte in maßlosem Übermute Nektar und Ambrosia entwendet und mit seinen Freunden Götterschmaus gehalten; er hatte den alles wissenden Sinn der Götter zu prüfen gewagt, indem er seinen Sohn Pelops geschlachtet und den Himmlischen zur Speise vorgesetzt hatte.[185] Dafür leidet er nun die Qual einer nie endenden Angst, denn ihm zu Häupten hängt ein Felsblock, der herabzustürzen droht und den er doch nicht wegwälzen kann. Oder es ist die Marter eines stets unbefriedigten Schmachtens, zu der er verurteilt war. Er steht im Wasser, bis an das Kinn reicht ihm die kühle Flut, und von brennendem Durste gepeinigt neigt er sich, um zu trinken. Aber sogleich schwindet das Wasser zurück, und der Boden zu seinen Füßen wird bloß. Ragende Bäume strecken ihre Zweige voll saftiger Früchte um sein Haupt her, und doch, sowie er die Hände ausstreckt, um sie zu erfassen, schwingen sich Äste und Früchte empor, und von der Fülle umringt muß der Gemarterte darben. In diesen beiden Bildern von der Qual des Tantalos liegt ein so tief treffender Ausdruck für immer vorhandene menschliche Zustände, daß sie sprichwörtlich geblieben sind. Das ist die stolze Maßlosigkeit des Willens, welche sich auch an die Prüfung der Götterkräfte heranwagt und dann vom Zorn der Himmlischen, wie von jenem drohenden Felsblock, herabgedrückt, zum engsten Ziele alles Sinnens und Tuns, zur ruhelosen Sorge um das gefährdete Dasein verurteilt wird; jenes Schmachten in der Fülle aber ist die marternde Mahnung an den Übermut, daß er den Vorzug der

höchsten Göttergaben vergeudet hat und nun, von ewigem Winken und Locken der Ge-
nüsse gereizt, doch niemals mehr Befriedigung findet. Beide Vorstellungen sind auch vereinigt und in einem Bilde dargestellt worden. Eine Häufung der Motive ohne Verständnis für
ihre einfache Kraft! Denn jene Furcht und jenes Schmachten sind jedes für sich so überwältigende Seelenzustände, daß einer den andern ausschließt oder doch zurücktreten läßt. –
An einer andern Stelle arbeitete *Sisyphos* in nie endender Mühsal. Er war der Herrscher von
Ephyra gewesen (später Korinth), vielbekannt wegen seiner unergründlichen List. So hatte
er auch die Wege des Zeus belauert, als dieser die Aegina, die Tochter des Flußgottes Asopos entführte, und hatte dem Asopos verraten, daß Zeus der Räuber sei. Dafür wurde
Sisyphos im Hades bestraft. Er wälzt mit Anwendung der Hände und des Kopfes ein Felsstück und bestrebt sich, dasselbe auf einer Anhöhe zu überstürzen. Allein es rollt, von ihm
aufwärts gestoßen, mit Gewalt zur Tiefe zurück. Wiederum ist die Kraft und Einfachheit
dieses Bildes zu bewundern. Der Listige, der sich immer einen Erfolg zu erzwingen wußte,
arbeitet nun vergeblich; von den Gliedern fließet der Angstschweiß, das Haupt dampfet
von der gewaltigen Anstrengung; diesmal muß es gelingen, diesmal – so hofft er in einem
erneuten Versuchen, und immer, so nahe am Ziele, wird's vereitelt. Mühe und Annäherung
an das Ziel, ohne es jemals zu erreichen, das ist so häufig das Los der Menschentage, und je
schlauer und berechneter das Streben ist, desto hartnäckiger wird die Meinung, daß es
erreicht werden müsse. – Eine ähnliche Beziehung waltet in der Mythe von den *Danaiden*,
den fünfzig Töchtern des Danaos, welcher aus Furcht vor den fünfzig Söhnen seines Bruders Aegyptos aus Libyen nach Argos entflohen war. Als die Söhne des Aegyptos hierher
nachkamen und die Töchter des Danaos zu Gemahlinnen verlangten, willigte dieser wohl
ein, aber er tat's nur, um seinen Haß zu befriedigen. Auf sein Geheiß töteten die Töchter in
der ersten Nacht ihre in Schlaf versunkenen Männer. Nur die eine, Hypermnestra, rettete
ihren Gatten Lynkeus; ihre Schwestern wurden verurteilt, im Hades ein Faß mit durchlö-
chertem Boden mit Wasser zu füllen.[186] Sie laufen und schöpfen das Wasser, sie bringen es
und beugen sich, indem sie es in das Faß gießen, über den Rand desselben, um zu schauen,
ob sich der Raum nun nicht füllen wird. Auch hier ein ewig erfolgloses Mühen; denn wie sie
gegen das Vertrauen gefrevelt haben, so soll ihnen nun niemals mehr die Erwartung des
Gelingens sich erfüllen. – Furchtbar war auch die Strafe des *Ixion*, der mit vermessenem
Gelüste nach der Liebe der Götterkönigin getrachtet hatte und nun an ein geflügeltes Rad
gebunden rastlos im Kreise umgewälzt wurde, ein erschreckendes Bild ruheloser Begierde
und Leidenschaft. – Doch als ob neben diesen tragischen Szenen in der düsteren Unterwelt
auch ein scherzendes Gegenbild nicht fehlen dürfe, ist die Sage von dem Greise *Oknos*
dorthin gestellt. Oknos dreht ein nicht endendes Seil, welches ein vor ihm stehender Esel
immer wieder verzehrt. Die Gruppe verbirgt in ihren einfachen Umrissen einen tiefer eindringenden Sinn: den nach Stimmung oder Zeitrichtung verschieden sich ausdrückenden
Gedanken, daß wir unaufhörlich die Reihe der Tage fortspinnen, die doch einer nach dem
andern hinweggezehrt werden, als seien sie nicht dagewesen. Dürften wir einen Augenblick
bei einer Auslegung nach moderner Richtung hin verweilen, so würde die Allegorie das
hastvolle Jagen unserer Zeit abbilden. Rastlos bringt die Erfindsamkeit in den Genüssen
und die Triebkraft in den Arbeiten immer neue Erscheinungen, die auftauchen und verschwinden, jede von dem Kommenden verdrängt und verzehrt.

Weitab von diesem Tartaros, dem Orte der Qual, wo die Ungerechten und Frevler ihre
Strafe abbüßen, führte der andre Scheideweg in die Gefilde, wo die Gerechten und die
Götterfreunde ihren Lohn empfangen. Schon die älteste Mythendichtung hatte von der
elysischen Flur an den Enden der Erde erzählt,

> – – – „wo der bräunliche Held Rhadamanthys
> Wohnt, und ganz mühlos in Seligkeit leben die Menschen:
> Nimmer ist Schnee noch Winterorkan noch Regengewitter;
> Ewig wehen die Gesäusel des leis' anatmenden Westes,
> Die Okeanos sendet, die Menschen sanft zu kühlen."

Dort auf den Inseln der Seligen, fern im Westen, waltet Kronos als der Herrscher im Reiche des Friedens und der Fülle. Bei ihm wohnen die beglückten Heroen, von aller Sorge- und Mühsal entlastet, denn reichlich bringt die dreimal im Jahre spendende Flur ihre Früchte dar. Hier,

– – – „wo Luft vom Ozean gelind
Um Inseln der Verklärten spielt, wo man die Goldblumen sieht
Erglühn, einige vom Strand auf Lichtbäumen, andre pflegt Wassers Tiefe,
Mit deren Flechten sie den Arm umwinden und das Gelock.“

Ohne Ruhm also und rühmliche Kränze, herrlicher noch als die der olympischen Sieger, ließ sich das Glück der elysischen Flur nicht denken; vornehmlich aber bestand es in der Befreiung von dem Kampf mit unholden Naturkräften, in einem friedvollen, von keiner Sorge und keinem Mangel gestörten Dasein. Aus diesen Vorstellungen, welche sich an die einfachen Grundbedingungen des Lebens hielten, hob sich das Bild eines Elysiums der späteren Zeit mit reicheren und verfeinerten Zügen heraus. Die Inseln der Seligen wurden zu dem Elysium, welches als der Gegensatz des Tartaros und seiner Schrecknisse in glänzenden Bildern prangte. Hauptsächlich lockte der Gedanke an die Fortsetzung und Vollendung des Glücks, wie es im Erdeleben jedem das erwünschteste gewesen war. Dort winkten die Freuden des Mahles und des Gelages, dort tändelten Jünglinge und Jungfrauen in lieblichem Spiele, und auch jene süßen Kriege, welche Amor erregt, sollten nicht fehlen; aber ebenso war den Freuden eines edleren Strebens Raum gegeben. Auf grünendem Kampfplatze übte sich die Blüte der Jugend in den Künsten der Gymnastik oder im Wettfahren, und der Glanz der Wagen und der Rosse war bewunderungswürdig; Klingen und Tönen belebte das Gefilde, sei es durch die Stimmen der Vögel oder in dem Liede eines Sängers, der vor einem begierigen Hörerkreise die Taten der Götter und die Geheimnisse der Natur oder des Schicksals feierte.

Solche Ausführungen bestätigen, daß die Motive zu den Freuden Elysiums auch in der griechischen und später in der römischen Mythe in einer Steigerung der irdischen Freude gesucht wurden. Dichter und Künstler gaben solchen Vorstellungen Ausdruck und verschönerten sie; in den Mysterien war die Beschäftigung mit ihnen eine Hauptsache. So erhielten sie sich als Sprache der Symbolik eine Existenz auch in die Zeiten hinein, wo der Glaube an solche Mythenbilder lange schon unterhöhlt und wankend geworden war und wo das spottende Wort des Dichters auch in den Kreisen des Volkslebens Wiederhall fand: „Das mag ein Knabe glauben, der noch von der Mutter gewaschen wird.“

3. Pluton

Das Reich des nächtlichen Dunkels war das Los, welches bei der Teilung der Herrschaft nach dem Titanenkampfe dem dritten unter den Kroniden-Brüdern zufiel. Deshalb galt er als der Herr der fernen Gegenden des Abends, wo das Tageslicht verschwindet und die Finsternis über die Helligkeit siegt; vornehmlich aber war er der Herrscher in der finstren Tiefe der Unterwelt. Aïdes oder Hades, der Nicht-Sichtbare, auch Aidoneus, war sein ursprünglicher Name; der später hinzugefügte Beiname Pluton ist dann die gebräuchlichere Bezeichnung dieses Gottes geworden. Mit diesem Namen eröffnet sich eine Reihe von Vorstellungen, welche in dem finstren König der Schatten noch eine zweite Gestalt erkennen lassen. Pluton, d. h. ein Gott des Reichtums, heißt er, weil die Schätze der Tiefe sein eigen sind, vielleicht auch weil er der alles-Umfassende ist, zu dem alle Dinge zurückkehren und welcher sie aufnimmt; besonders aber ist er der reiche und Reichtum gebende Gott genannt worden in Beziehung auf die nährende Feldfrucht, welche er aus der Erdtiefe heraufwachsen läßt. In solcher Auffassung wurde er als der untere oder der unterweltliche Zeus verehrt, und die Landleute richteten an ihn, wie an die Demeter, ihre Gebete um Gedeihen der Saat. Den Bildern des Pluton ist dann das Attribut der Ähren gegeben, oder er trägt sogar ein Füllhorn als ein Segen spendender, Überfluß gewährender Gott. Ein Bild, wo er als Knabe von der Göttin des Friedens als seiner Wärterin getragen dargestellt wurde, deutet in gleichem Sinne darauf hin, daß der Ackersegen und die Fülle der Frucht die Pflege des Friedens bedürfen.

Aber dies sind doch nur vereinzelte, nebenhergehende Vorstellungen, nur eine Beigabe zu dem Hauptcharakter dieser Göttergestalt.

Dieses eigentliche Wesen des Pluton war die Herrschaft über die Abgeschiedenen; er war der furchtbare, unerbittliche und unversöhnliche Gott der Unterwelt. Schweigend und starr thront er in seiner Burg, Göttern und Menschen verhaßt; seine Haltung, die Art des Faltenwurfes am Gewande, die düstere Miene und das über die Stirn herabfallende Haar,

Fig. 78

dazu der dreiköpfige Hund, kündigen eine rauhe Niedrigkeit an, welche sich im Unscheinbaren und Schrecklichen gefällt. Wenn es auch einmal heißt, daß er mit seinem Stabe die Schatten der Verstorbenen durch die engen Zugänge der Unterwelt treibe, so soll damit weniger eine bewegliche Tätigkeit als vielmehr die Macht angedeutet werden, der die Abgeschiedenen anheimfallen. Er übergibt die Schatten den Richtern der Unterwelt, und er verkündigt den Urteilsspruch, so daß alle Entscheidung als von ihm herrührend erscheint. Darum ist Pluton, ob er auch in der Szenerie der Unterwelt wenig sichtbar wurde, doch die Hauptfigur dieses Gebietes, und in einzelnen Aussprüchen steigerte sich seine Würde zu sittlicher Hoheit. „Nach dem Tode büßt die Seele der Unbändigen schwer, und alles, was sie frevelten in Zeus' Reich auf Erden, rügt *Einer* streng in der Unterwelt." Der hier ausgesprochene Gedanke an einen vergeltenden Zusammenhang zwischen diesem und jenem Leben fällt wie ein Lichtblick in dieses düstere Gebiet und insbesondere auf das Mythenbild Plutons. Doch ist es nur ein vorüberfliegender Schein; das finstre, unbewegliche Wesen des Gottes wird nicht gemildert. Der Charakter der Bewe-

gungslosigkeit war ihm in solcher Ausschließlichkeit eigen, daß ein unter den Göttern verkehrender und sich bewegender Pluton außer aller Vorstellung lag. So erscheint das Viergespann schwarzer Rosse, mit welchem die Dichter ihn ausgestattet haben, im Grunde als eine nur nachahmende, an sich überflüssige Beigabe. Die Namen dieser Rosse: Orphnos oder Orphneus der finstre trübselige, Nykteus der nächtliche traurige, Aethon der brennende[187], Alastor der rächende strafende – erinnern in unverkennbarer Verwandtschaft mit den Namen der unterweltlichen Flüsse an Vorgänge und Zustände des Schattenreiches.

Es scheint fast, als sei dieses Gespann dem Pluton nur wegen des Raubes der Proserpina gegeben worden, wie diese Mythe überhaupt, neben wenigen flüchtigeren Sagen, die einzige vollendete ist, von der bei dieser Göttergestalt erzählt werden kann. Bereits in dem Abschnitte über Demeter ist uns diese schöne und reiche Sage bekannt geworden. Pluton so heißt es, empfand es übel, daß ihm, dem machtvollen Herrscher und Bruder des Zeus eine Gemahlin fehlte. Aber keine der Göttinnen zeigte sich geneigt, die Königin des finsteren Reiches zu werden. Pluton entschloß sich zu einem Raube; die schöne Tochter der

Demeter hatte ihm wohlgefallen, und Zeus hatte seine Zustimmung gegeben. Auf einer Flur Siziliens stieg der Fürst des Schattenreiches mit seinen Rossen aus der Tiefe herauf: dort pflückte Persephone mit ihren Gespielinnen duftende Blumen. Da nahte ihr der schreckliche, unsichtbare Gott, erfaßte sie wie eine geknickte Blume und eilte mit ihr hinweg und zurück in die Unterwelt (Fig. 57).

Kaum läßt sich neben dieser inhaltsvollen Sage ein unbedeutendes Abenteuer erwähnen, in welchem ein schwaches Nachbild der zahlreichen gleichen Vorgänge bei Zeus und Poseidon erscheint. Pluton hatte ein Liebesverhältnis mit Menthe oder Minthe, einer Tochter des Flusses Kokytos, angeknüpft. Es blieb der Persephone nicht verborgen, und die Zürnende verwandelte die Nebenbuhlerin in das stark duftende Kraut, welches den früheren Namen behielt. Dieses Ereignis trug sich bei Pylos zu, wo der Verehrung des unterweltlichen Gottes ein ansehnlicher Tempel gewidmet war. Ein Berg dieser Gegend führte den Namen Minthe in Beziehung auf die Geliebte des Pluton, vielleicht auch auf jenes dort sehr reichlich wachsende Kraut.

Zu den mythischen Ereignissen, in welchen Pluton auftritt, gehört endlich noch sein Kampf mit Herakles. Der Heros war gegen Neleus, den König von Pylos, zu Felde gezogen, weil dieser ihm die verlangte Entsühnung von einem Morde nicht gewährt hatte. Dem Neleus standen Poseidon, sein Vater, und Phoebos bei; auch Pluton mischte sich in den Kampf und schwang seinen Stab gegen Herakles. Dieser traf ihn aber mit seinem Pfeile in die Schulter, und Pluton stieg zum Olymp hinauf, wo ihm der Götterarzt Päeon die Wunde heilte.

Kränze von Narzissen, Zypressen und Frauenhaar (Adianth) waren die Gaben, welche man dem Pluton darbrachte; auch Stiere wurden ihm, wenigstens in der älteren Zeit, geopfert. Für solche auf die Unterwelt und die Abgeschiedenen bezüglichen frommen

Fig. 79

Gebräuche fand nächst der Erinnerung an die Sterbetagen eine allgemeine Feier im Februar statt, wo die Natur sich zu verjüngen beginnt. Diese Totenfeier war in Griechenland mit dem bacchischen Feste der Anthesterien verbunden; in Rom beging man den eigens dazu bestimmten Tag der Feralia und ließ darauf ein Fest gemütlicher Familienvereinigung folgen, um sich in gegenseitiger Treue und Anhänglichkeit zu befestigen. Von dieser Totenfeier im Februar ist dem Pluton auch der Name Februus beigelegt oder wohl gar ein besondrer Gott dieses Namens angenommen worden.

Auf die bildlichen Darstellungen des Pluton hat die bildende Kunst und auch die Dichtung wenig Gunst gewendet. Die vorhandenen Bilder tragen den Charakter des Düsteren und, wie schon angedeutet wurde, des Niedrigen, Ungeschlachten an sich; gleichsam um auch hierdurch den Gegensatz zu der Hoheit und Majestät des Zeus zu bezeichnen. Als in späterer Zeit der Kultus des ägyptischen Serapis aufkam, erhielten die Darstellungen dieses Gottes eine dem Pluto angenäherte Bildung, aber in edlerer Haltung (Fig. 15). Er trägt dann gewöhnlich das Maß, den Modius, auf dem Haupte, um anzuzeigen, daß er ohne Unterschied und gerecht richte. Wir fügen der in Figur 78 gegebenen ganzen Gestalt hier noch einen schönen Kopf des Pluton hinzu, an welchem wiederum das ungepflegte, verwirrte Haar und die finstre Miene bemerkbar sind. Doch ist der Ausdruck des Antlitzes der Würde eines unterweltlichen Herrschers wohl entsprechend. Die Dichter nennen ihn den Schwarzgelockten und reden auch von den schwarzblauen Augen des Pluton. Die ihm eigenen Attribute sind mannigfaltig. Der Szepterstab, wie in Figur 78, bezeichnet ihn als Herrscher; für den Titanenkampf hatten ihm die Kyklopen einen unsichtbar machenden Helm gegeben; der Zweizack, wie ihn Serapis in Figur 15 hält, war ursprünglich ein Werkzeug des Feldbaues und steht also in Beziehung auf Befruchtung und Ackersegen; die Schlüssel endlich sind das Zeichen der Herrschaft in der Unterwelt, jener unerbittlichen Macht, wie sie der Dichter schildert: „Und wenn du an jeglichem Tage, so viele derselben dir auch erscheinen, dreihundert Stiere opfertest, den Pluton zu versöhnen, du wirst ihn nicht erweichen, denn er erhört weder Bitten noch Tränen."

4. Persephone

Die doppelte Richtung, welche schon in dem Wesen des Pluton als befruchtender Gott und als Herrscher des Totenreiches erkennbar wird, ist in Persephone zu einer so vollständigen Entfaltung gekommen, daß ein mythisches Doppelwesen entstanden ist, „zwei Reichen gesellt als gemeinsame Gottheit", deren Auffassung in *einem* Bilde unmöglich erscheint. Sie ist Kore, die Jungfrau, das fröhliche, blumensammelnde Kind der Demeter, und durchschweift mit der Mutter die sommerlichen Fluren; sie ist Persephone, die Gemahlin des Pluton und thront neben ihm als die umschleierte, düstere Königin des Schattenreiches. Oberwelt und Unterwelt, Licht und Finsternis, Leben und Tod gehören ihr in wechselnder Besitznahme an, und in jeder dieser Erscheinungen war sie eine machtvolle Göttergestalt. In ihr hatte die Symbolik des Naturlebens einen vollendeten Ausdruck gewonnen; das in der dunklen Erde ruhende Samenkorn, sein Aufsprießen zum Licht und das Blühen der Pflanzenwelt, dann wiederum ihr Verwelken und Vergehen war in seinem immer erneuten Kreislaufe der Inhalt des Waltens der Persephone. Sie wurde ein Bild der lebensvollen Sommerzeit wie der abgestorbenen Winteröde, und beides mit gleicher Energie. Dann treten die tieferen Beziehungen auf das Seelenleben hinzu; Schmerz und Klage, Beruhigung und Tröstung und ähnliche aus der Vergänglichkeit des Daseins herrührende Gegensätze, wie sie sich im Gemüte des Menschen mit den Gedanken an Trennung und Wiederfinden unaufhörlich wiederholen. Wenn so bedeutungsvolle und vielempfundene Kontraste eine Vereinigung finden, dann geschieht es leicht, daß die Nachempfindung derselben ihre Grenze übersieht und mehr ein begriffliches als ein gestaltetes Götterwesen hervorbringt; wie es dem Altertume selbst nicht anders ergangen ist, denn die Persephone, welche mit Demeter, Pluton, Dionysos, Zeus und Zagreus in Wechselwirkung gebracht wurde, war wohl in Gedanken-Kombinationen, aber nicht in einer bildlichen Auffassung und Darstellung vorhanden.

Als Zeus, um die zürnende Demeter zu versöhnen, dem Pluton die Botschaft sandte, daß er der Mutter die geraubte Tochter zurückgeben solle, gab dieser ihr heimlich den Kern einer Granatfrucht (nach anderen drei Körner eines punischen Apfels) zu essen, damit sie unwiderruflich an die Unterwelt gebunden sei; und Persephone, den Zusammenhang nicht ahnend, genoß das Dargereichte. Nun trat Askalaphos, ein Sohn des Acheron, als Zeuge wider sie auf, wofür Demeter ihn bestrafte, indem sie ein Felsstück auf ihn wälzte. Als Herakles in die Unterwelt hinabgestiegen war, befreite er den Unglücklichen von seiner Last, doch Demeter verwandelte ihn nun in eine Eule.

Das Geschehene vermochte auch Zeus nicht unwirksam zu machen; mit dem Genusse der Granatkerne war die vollkommene Rückkehr der Persephone zur Oberwelt verloren; einen Teil des Jahres mußte sie von nun an bei Pluton zubringen. Dies verkündigte ihr bei dem Wiedersehen die Mutter selbst:

> – – – „Kehrend zurück in die Schlünde des Erdreichs,
> Wirst du hausen allda die dritte der Jahreszeiten,
> Aber die zwei bei mir und den anderen Kronionen.
> Doch so das Land ringsum mit des Frühlings duftigen Blumen
> Bunt erblüht, dann kehrst du vom nachtenden Düster des Abgrundes,
> Großes Wunder den Göttern und sterblichen Erdenmenschen."[188]

Das Aufsteigen aus der Unterwelt, die Rückkehr zur Mutter und zur Oberwelt geschah im Beginn des Frühlings. Mit weißen, schimmernden Rossen kommt die Göttin herauf, immer aufs neue, wie die Blumen, jugendlich erblühend. Man feierte ihr ein fröhliches Fest mit reichlichen Blumen und Kränzen und anderen heiteren Gebräuchen. Obwohl dieser Kultus überall, wo griechisches Leben waltete, geübt wurde, galt doch Sizilien als seine bevorzugte Stätte; denn es hieß, daß Zeus, um die Persephone zu versöhnen, ihr die schöne Insel zum Eigentum gegeben habe. Ihr Verbleiben auf der Oberwelt war aber an die Kraft des vegetativen Lebens geknüpft. Wenn die Pflanzen wiederum abstarben und der Trieb der Natur erlosch, dann schied auch Kore von der lichten Oberwelt und stieg als Persephone wieder hinab zu ihrem Throne an der Seite Plutons. Dieses Hinabsteigen wurde mit Klagen und trauervollen Gebräuchen gefeiert, als eine sich stets wiederholende Erinnerung an den Raub der Jungfrau und ihre Trennung von der Mutter.

Doch nicht mit Demeter allein, sondern auch mit Dionysos war Persephone durch ihr Wesen verbunden. Wie sie als fröhliches Mädchen an der Seite der Mutter die Fluren durchschweift, so wird sie auch an der Seite des Dionysos gesehen, wenn er auf seinem Wagen, den Thyrsos schwingend von lustigen Kentauren gezogen und von seinem lärmenden Gefolge begleitet, dahinzieht. Sowohl an das Gedeihen der nährenden Feldfrucht wie der begeisternden Gabe des Weinstockes knüpft sich also das Walten der Kore. In Eleusis und den dortigen großen Festen, wo Dionysos unter dem Namen Jakchos verehrt wurde, vereinigte man mit ihm, so wie in mütterlicher Beziehung die Demeter, auch die Persephone als Schwester und freundliche Gefährtin, und steigerte die Feier zu mysteriösen Beziehungen auf das menschliche Leben und auf Vorgänge aus dem Gebiete des geistigen Daseins, wozu die immer neu belebte Mythe vom Raube der Kore beliebte Sinnbilder hergab. Dunkler ist der Zusammenhang der Persephone mit der Sage von Zagreus, welcher als ihr und des Zeus Sohn gilt und mit Nachklängen aus der Mythe von Osiris, in der überhaupt viele Berührungen mit Demeter und Persephone wie mit Dionysos sich finden, in das Gebiet dieses letzteren übergeht.

So nahm die mythische Betrachtung des Halblebens der Persephone auf der Oberwelt eine Richtung, welche sich gänzlich ins Weite zu entfernen in Gefahr stand. Wir wenden uns zurück zu dem Ausgangspunkte, wo diese Göttin eine beiden Reichen, der Oberwelt und der Unterwelt, gemeinsame Gottheit wurde, und gedenken nun ihres anderen Halblebens im Schattenreiche. Nur der Zwang des Schicksals und des Götterspruches hat sie dahin zurückgeführt, mit Unwillen nimmt sie von dem Throne und der Würde, die ihr keine Freude macht, Besitz. So thront sie neben dem unwillkommenen Gemahle in düsterer Hoheit und matronaler Haltung. In der Weise, wie es

Fig. 80

auch bei den anderen ehrwürdigen Göttinnen, Rhea und Hestia, geschieht, ist ihr Hinterhaupt mit dem Schleier verhüllt; die Schlangenbilder auf dem Diadem deuten auf die Unterwelt. Es ist, als ob in diesem Antlitz ein überwundenes Leid erstarrt sei; nicht eine Verklärung des Schmerzes, sondern der Stolz seiner Besiegung blickt aus den Zügen, und die gedrückte, unfreie Stirn vollendet den Ausdruck des düsteren Ernstes. Persephone war als Herrscherin im Hades so wie als Führerin der Erinnyen eine gefürchtete, schrekkenvolle Gottheit. Die Größe dieser Furcht wird in folgendem Vorfalle deutlich. Odysseus hatte bei seinem Hinabsteigen in die Unterwelt unverzagt so vielen Schrecken getrotzt; als ihn aber der Gedanke erfaßte, daß ihm die furchtbare Persephone mit der Schreckensgestalt des Gorgonenhauptes entgegentreten werde, da ergriff ihn das Entsetzen und er eilte hinweg.

Zu den Opfern für Persephone wählte man gern dunkelfarbige, unfruchtbare Tiere; die Opfernden bekränzten sich mit Narzissen, denn diese Blume war ihr, wie dem Pluton, geweiht. Ein eigentümlicher Vorfall brachte auch die Gans, obgleich dieselbe der Here zugehörte, in Verbindung mit der Herrscherin der Unterwelt. Es war noch in der Zeit, wo sie als Mädchen auf den Fluren spielte; da war ihr eine Gans entlaufen und hatte sich in einer Höhle unter einen großen Stein versteckt. Kore hatte sie dort aufgefunden und zog sie hervor; an der Stelle aber entsprang sogleich ein Fluß. Dies soll bei Lebadea in Böotien geschehen sein; einen weiteren Zusammenhang gibt die Mythe nicht.

Inhaltsvoller ist eine andre mit der unterweltlichen Göttin verknüpfte Sage von Theseus und Peirithoos. Die beiden Helden hatten sich durch einen Eidschwur verbunden, daß jeder dem andern bei seiner Brautwerbung beistehen solle. Peirithoos hatte sein Versprechen erfüllt, denn er war dem Theseus bei dem Raube der Helena behilflich gewesen. Nun begehrte er, daß jener ihm helfen solle, die Persephone aus der Unterwelt zu rauben; nach ihrem Besitze trachtete der kühne Lapithenkönig. Die Helden stiegen zur Unterwelt hinab. Dort ließen sie sich auf einen Felsen nieder, um auszuruhen; aber aufzustehen vermochten sie nicht. Sie waren mit unsichtbarer Gewalt an den Stein gefesselt. So lagen sie in der Öde und Verlassenheit, bis Herakles herabgestiegen kam, um den Kerberos ans Licht empor zu holen. Ihm streckten die Helden sogleich die Hände entgegen, Hilfe und Rettung aus der finsteren Tiefe verlangend. Herakles ergriff den Theseus bei der Hand und richtete ihn auf, er versuchte es auch mit Peirithoos, aber die Erde bebte, und die zürnende Göttin ließ den übermütigen Frevler aus seinen Banden nicht los. Nur Theseus, den nicht eigenes Trachten, sondern der Eidschwur der Freundschaft hinabgeführt hatte, durfte zur Oberwelt zurückkehren.[189]

Andre freundliche Züge mildern die furchtbare Strenge in dem Bilde der Persephone. Alkestis, die Gemahlin jenes thessalischen Königs Admet, welchem Apollon die Herden weidete, hatte freiwillig sich dargeboten zu sterben, um ihrem Gatten das Leben zu erhalten. Denn Admet hatte auf Apollons Fürsprache von den Schicksalsgöttinnen die Zusage erhalten, daß er, wenn es bei ihm zum Sterben käme, vom Tode befreit sein solle, falls jemand freiwillig den Tod für ihn übernähme. Weder Vater noch Mutter, obgleich beide, schon alternd, nur wenig noch zu leben hatten, waren bereit, sich zu opfern; denn „kommt der Tod erst, o da weigert jeder sich zu sterben, und das Alter ist nicht lästig mehr." Alkestis aber gab ihr Leben dahin, damit ihr Gatte länger noch das schöne Licht der Sonne schauen könne; nicht in stumpfer Gleichgültigkeit oder aus Überdruß wählte sie den Tod, sie bekannte noch im Scheiden, daß Leben stets das Allerköstlichste sei. Eine so seltene Treue und Hingebung bewegte den strengen Sinn der Herrscherin des Totenreiches; Persephone sandte die Alkestis in die Oberwelt zurück zum Gemahle und den Kindern, von denen sie so schwer und so edelgesinnt sich getrennt hatte.[190] – Auch Orpheus wurde begünstigt, als er zur Unterwelt hinabstieg. Seine Gattin Eurydike, von einer Schlange in die Ferse gestochen, hatte in jugendlicher Schönheit und Kraft zum Orkus hinabsteigen müssen. Orpheus vermochte nicht, seinen Schmerz zu besiegen: er nahm seine Leier und folgte durch den Eingang bei Tänaron der Gattin nach, um entweder die Hingeschiedene zurückzuerlangen, oder, würde dies nicht gewährt, bei ihr zu bleiben. Der Schall seiner Saiten und seines Leides übte auch in der Unterwelt jene ihm eigene Macht, Qualen zu besänftigen und das Unholde zu zähmen. Kerberos vergaß seine Wildheit, Tantalos haschte nicht nach den entweichenden Wellen, Sisyphos ruhte auf seinem Steine, und die Danaiden mit ihren Wasserurnen standen still. Und als nun Orpheus mit seinem Saitenspiele vor den Thron der furchtbaren Herrscher trat, blieben sie nicht unerbittlich. Er sang ein Lied zum Preise aller Götter, dann bat er, daß es der Eurydike gestattet werde, mit ihm wieder auf die Oberwelt zu gehen.

„Alle gehören wir Euch, und wir eilen nach kurzem Verweilen
Früher und später hinab zu dem einen gemeinsamen Wohnsitz;
Hierher müssen wir all', und dies ist die letzte Behausung.
Über das Menschengeschlecht übt Ihr die dauerndste Herrschaft.
Sie auch fällt, wenn reif sie verlebt die gebührenden Jahre,
Eurem Rechte anheim. Gönnt uns nur noch die Gemeinschaft.“

Da gab ihm Persephone die Gattin wieder, daß er sie mit sich hinaufführe in das Leben
des Lichtes; doch unter der Bedingung, daß er sich nicht umschaue nach ihr, bis er aus den
Pforten der Unterwelt getreten sei. Das vermochte Orpheus nicht über sich zu gewinnen.
Schon nahe an der Oberwelt ergriff ihn der Zweifel, ob Eurydike auch nachfolge, so unbe-
zwinglich, daß er sich nach ihr umwendete. Da sah er die geliebte Gestalt hinter sich, aber
sie sank zurück in die öde Tiefe, vergeblich die Arme nach ihm ausstreckend, daß er sie
erfasse und halte. Sie war ihm nun unwiederbringlich verloren.

5. Tod und Schlaf

In der Tiefe des Tartaros, dort wo Atlas das Gewölbe des Himmels trägt, stand das
Haus der Nacht, in dunkles Gewölk eingehüllt. Von hier aus wandelten die Nacht und der
Tag hervor. Wenn die eine hinabstieg, ging der andere schon aus der Pforte heraus; nie
herbergte das Haus beide zugleich. Der Tag brachte die Helle des Lichtes mit sich für die
Bewohner der Erde; die Nacht, die Bändigerin der Götter und der Menschen, trug in ihren
Armen den Schlaf.

Denn auch Schlaf und Tod, die Söhne der Nacht, hatten dort ihre Behausung. Zwillingsbrüder wurden sie genannt, weil man von den ältesten Zeiten her die Übereinstim-
mung ihrer Wirkung nicht besser bezeichnen zu können glaubte. Ein tiefer und fester
Schlaf wird geschildert als

– – – „der Schlaf mit sanfter Betäubung,
Unerwecklich und süß und fast dem Tode vergleichbar.“

Ebenso wird der Tod als „der Schlaf“ bezeichnet, besonders da, wo man der Erregung des
Gemütes in einer beruhigenden Auffassung und mit einem milderen Namen begegnen
wollte. Doch in ihrem Wesen trugen die Zwillingsbrüder eine große Verschiedenheit an
sich. Starr und unbeugsam, wie das Eisen, war der Sinn des Todes; mitleidslos schritt er
durch die Wohnplätze der Menschen, und wen er erhaschte, den hielt er fest. Darum
nannte man ihn den Menschen feindlich und den Himmlischen verhaßt, wie es ebenso von
Pluton hieß, der im Grunde genommen mit dem Thanatos ein und dasselbe Wesen hat.
Dieser wurde bisweilen geradezu als der König der Geister bezeichnet. Wurde er dargestellt, so erschien er im schwarzen Gewande mit schwarzen Flügeln, ein kurzes Schwert in
der Hand tragend, um mit ihm das Haupthaar seiner Opfer zu berühren. Derjenige, dem
dies Geschah, war dadurch unrettbar den Göttern der Unterwelt verfallen.

Ganz anders erscheint Hypnos, der freundliche Gott des Schlafes. Ruhig wandelt er
über die Erde oder schwebt mit goldnen Flügeln dahin und dorthin; immer ein Freund
der Menschen, ein sanfter Helfer in ihrer Mühe und Not. Denn er bringt allen Geschöpfen Frieden und Ruhe; Alles tilgt er, das Gute wie das Böse, sobald er die Augen umschattet. In tiefempfundenen Worten preisen die Dichter diese sanfte, lindernde Macht des
Schlafes:

„O Schlaf, du lieber Freund, du Lindrung aller Schmerzen,
Wie süß bist du, wenn du dem Müden nahst!
Umschattend mit Vergessenheit des Übels,
Hebst du der Sorge Last und bringest Frieden.

Oder in einer andern Stelle:

> „Schlaf, du sanftester Gott, du Ruhe der Wesen, der Seele
> Frieden, o Schlaf, der Sorge du bannst und ermüdete Glieder
> Nach dem beschwerlichen Dienst neu labst und stärkest zur Arbeit."

Solche Äußerungen gelten nun allerdings mehr einer Personifikation des Schlafes als einem mythischen Wesen. Aber dieses war auch vorhanden, und es wird eine liebliche Sage von ihm erzählt. Bei dem Versuche, welchen die Götterkönigin Here unternahm, den Zeus zu täuschen, um dem Kampfe zwischen den Griechen und Trojanern eine für die ersteren günstige Wendung zu geben, bedurfte sie außer dem Gürtel der Aphrodite, welchen sie sich geliehen hatte, auch die Hilfe des Schlafgottes. Sie traf ihn auf Lemnos. Mit freundlichen Worten begrüßte ihn Here als den mächtigen Gott, der alle Götter und Menschen beherrscht, und verhieß ihm ein prächtiges Geschenk, einen goldnen Sessel und Schemel, wenn er die Augen des Zeus einschläfern wolle. Hypnos war gar nicht sogleich bereit, der Göttin zu willfahren; er gedachte eines früheren Vorfalls, wo er auch von Here beredet den Zeus eingeschläfert hatte und dann dem Zorne des Erwachenden nur mit Not entgangen war. Nur daß die Nacht, die Bändigerin der Götter und Menschen, den Fliehenden aufnahm, hatte ihn gerettet, denn selbst Zeus mochte der schnellen Nacht nichts zum Verdruß tun. Aber in der Erinnerung an diesen Schrecken fürchtete sich der Schlafgott, noch einmal gegen Kronion sich zu versuchen. Da wiederholte Here dringender ihre Bitte; eine der Chariten wolle sie ihm zur Gattin geben, wenn er tue, was sie begehre; sie wisse es ja, wie lange schon Hypnos sich nach einer solchen Gattin gesehnt habe. Diese Verheißung machte den Schlafgott freudig und willfährig. Die Göttin mußte ihm mit einem Eidschwur das Versprechen wiederholen, dann ging er mit ihr zum Gipfel des Ida, wo Zeus weilte, und setzte sich von diesem ungesehen auf eine hohe Tanne, deren Zweige ihn verbargen, wie der tönende Vogel, der nachts den Bergwald durchflattert. Und als Here mit listigem Mute den Zeus berückt hatte, da senkte sich der Schlaf auf die Augen des Göttervaters und umhüllte ihn mit sanft betäubendem Schlummer; dann eilte er, den Poseidon aufzufordern, daß er die Stunden benutze, den Griechen Ruhm zu verleihen.

In den Darstellungen des Schlafes, wie auch des Todes, waltet eine sehr mannigfaltige Auffassung. Den Tod, vor dessen schreckhafter Gestaltung die Kunst Bedenken trug, nannte und bildete man gern als Schlaf. So hier, wo er als schlafender Knabe mit Schulter-

Fig. 81

flügeln erscheint, der mit übergeschlagenen Beinen und mit übereinandergelegten Händen das Gewand im Arm hält und auf eine umgestürzte Fackel sich stützt. In einem griechischen Tempel war die Nacht dargestellt, wie sie den Tod und den Schlaf als zarte Knaben in ihren Armen hielt; jener dunkelfarbig und einem Schlafenden ähnlich, dieser weiß und schlafend; die Füße waren bei beiden verkrümmt, wohl um die gehemmte Bewegung des Lebens zu bezeichnen, wenn nicht überhaupt anzunehmen ist, daß nur eine Verschränkung der Füße bezeichnet sein soll. Eine andere Gruppe zeigt beide Zwillingsbrüder als Jünglinge. Sinnend und zur Erde blickend lehnt sich der Schlaf an die Schulter des ernsten Bruders, welcher eine Fackel umstürzt und auslöscht, eine zweite in der andren emporhält.[191] Auch sonst findet sich der Schlaf als Jüngling gebildet in lebhaftem Dahineilen und aus einem Horne den einschläfernden Saft ausgießend. Er ist an den Schläfen beflügelt und hält einen Mohnstengel in der anderen Hand. Ganz abweichend von diesen Auffassungen erscheint der Schlafgott als schlummernder Greis mit großen Flügeln an den Schultern und kleineren am Haupte. Er steht mit übergeschlagenen Beinen und stützt sich auf eine umgewandte Fackel, welche hier als Zeichen des erfüllten Tages das Aufhören des wachen Zustandes bedeuten würde.

6. Die Träume

Mit derselben Vorliebe, welche die Mythendichtung der Gestaltung des Todes und des Schlafes zugewendet hat, sind auch die Träume ausgestattet worden. Wenn manche andre Gestalt, selbst Pluton und Persephone nicht ausgenommen, im Reiche der Unterwelt nur wie hineingestellt, wie ein dort eingewandertes Gebilde erscheinen, geben sich der Tod, der Schlaf und die Träume durch die Fülle und Leichtigkeit ihres Verständnisses, so wie durch ihre treffende Natürlichkeit und Sinnigkeit als in dieser Schattenwelt heimatlich und von Hause aus zugehörig zu erkennen. Sie gehörten auch in der Mythe zusammen, denn das schwärmende Volk der Träume wurde entweder für Kinder der Nacht oder des Schlafes gehalten. Dort wo das Haus dieser Gottheiten stand, nahe am Eingange zur Unterwelt, lag auch das Land der Träume, aus welchem zwei Pforten herausführten. Die eine dieser Pforten war von Elfenbein, und die Traumgebilde, welche hier heraushingen, täuschten und brachten wahrheitslose Verkündigung; die andre von geglättetem Horn war der Ausgang der wahren Träume. Denn es gibt Träume, so glaubte man, die von Zeus herkommen, warnende und deutende Erscheinungen, in denen er seinen Willen ankündigt; wohl aber auch berückende, durch welche er den Sinn verwirrt, wenn seine Pläne es so erfordern. Es kommt sogar vor, daß Götter, wie Pallas-Athene, einen Traum gestalten oder selbst in ein Traumbild sich umwandeln. Andrerseits war man trotz aller Wichtigkeit, die man den Träumen beizulegen geneigt war, doch natürlich auch überzeugt, daß es Träume gibt, „die sinnlos reden und eitel", und nicht alles geht der Sterblichen in Erfüllung. Daher galten die Träume als luftige, in alle Gestalten hinein wechselnde, neckisch-unerfaßbare Wesen, deren Darstellung selten versucht wurde. Geschah dies, so erscheint der Traum als ein alter, geflügelter Mann im weißen und schwarzen Gewande mit Mohnblüten in der Hand neben einer schlafenden Gestalt stehend. Aber die Träume und ihre Wohnstätte zu schildern ist recht eigentlich ein Vorrecht der Dichtung geblieben. Sie hat die anmutigsten Bilder entworfen. Da flattern die Träume in den lichtlosen Räumen, wo die Flüsse der Unterwelt brausen, hin und her und hängen sich wie Schmetterlinge oder Fledermäuse unter die Blätter einer alten, weitverzweigten Ulme, so zahlreich, daß kein Blatt mehr ist, unter welchem nicht ein solcher Traumflügler säße. Eine andre Schilderung macht eine Höhle fern im Westen im Lande der Kimmerier zur Stätte des Schlafgottes und der Träume. Dort herrscht schweigende Ruhe, kein Laut, kein Luftzug stört die Stille, ringsum blühten üppiger Mohn und schlafbringende Kräuter; drinnen aber ruht auf einer Lagerstatt von Ebenholz und auf dunkelfarbigem Pfühle der Schlafgott, und um ihn her liegen zerstreut die Träume, so zahlreich wie die Ähren des Feldes oder wie die Blätter des Walddickichts. Drei aus der gaukelnden Schar werden genannt: Morpheus (Bildner), welcher Menschen darstellt in täuschender Nachahmung des Ganges, der Gebärden, der Kleidung und der Gewohnheit der Redeweise; Ikelos oder Phobetor (Erschrecker), der in den Gestalten der Tiere erscheint; Phantasos (Vorspiegler), dessen Gabe es ist, sich in die seelenlosen Körper, in Steine, Bäume, Wasser u. a. zu verwandeln. In ähnlicher Weise führt eine andre Dichtung das Bild einer Stadt der Träume aus. Sie liegt in einer weiten Ebene, um sie her zieht sich ein Wald von riesenhaftem Mohn, Alraun und vielen Pflanzen von betäubender Kraft; kein Vogel belebt das Dickicht, nur Fledermäuse und Eulen flattern umher. Die Mauern der Stadt bespült der Lethe, ein Fluß, dessen Gewässer dick wie Öl ist und träge dahinfließt; dann führen zwei Tore hinein, das eine von Horn, das andre von Elfenbein. Im Inneren der Stadt erhebt sich ein ehrwürdiger Tempel der Nacht und die Heiligtümer der Gottheiten des Truges und der Wahrheit, die hier ihre Orakelstätten hatten. Die Stadt selbst ist von den Träumen bewohnt, eine sonderbare Genossenschaft, denn keiner hat das Aussehen und die Gestalt des andern; alle Abstufungen vom Zierlichen und Kleinen bis zum Verkrüppelten und Ungeheuerlichen, vom Lieblichen und Erhabenen bis zum Schrecklichen und Gemeinen sind hier zu finden. Da sind Lachende und Weinende, Freundliche und Widerwärtige, und während die einen in Armut und Blöße sich nahen, schreiten andre in königlicher Pracht dahin. Sie drängen sich um den Sterblichen, der ihre Stadt betritt, und schmeicheln ihm Gestalten geliebter Menschen oder erlebter Ereignisse vor die Augen, aber sie sind zum größten Teile ein lügenhaftes, trügerisches Volk und haben das Gegenteil ihrer Verheißungen im Sinne.

Der Lethe, der Strom (oder auch der Quell) der Vergessenheit, der hier nach der Sage die Stadt der Träume umfloß, gehörte als eine spätere Zutat zu den Gewässern der Unterwelt. Die Lehre von der Seelenwanderung und der Wiedergeburt machte es notwendig, daß den Seelen, wenn sie in das Leben der Oberwelt zurückkehren sollten, Vergessenheit der Glückseligkeit gegeben würde, welche sie da unten bereits erlangt hätten; sonst würden sie sich immer dorthin zurücksehnen. Darum tranken sie vor ihrer Rückkehr aus dem Lethe, und wer dies Wasser trank, vergaß sogleich alles Vergangene. Dann ist der Lethe den Flüssen der Unterwelt überhaupt zugesellt worden. Alle die hinabstiegen in die Unterwelt, tranken aus seiner Flut und wurden dadurch von der Erinnerung an die Mühsale und Schmerzen des Erdelebens befreit. In dieser Auffassung ist der Lethe am meisten bekannt geworden.

I. Herakles

Fast in alle größeren Mythen ist in irgend einer Beziehung der Name des Herakles verwebt. Diese nach so vielen Richtungen stattfindende Verbindung läßt seine große Bedeutung für die griechische Mythologie erkennen. Herakles ist mehr als ein Heros, obgleich er diesen Namen trägt; er ist, ähnlich dem Prometheus, ein ganz eigengeartetes Mythenwesen, und es erscheint darum notwendig, seine an so viele Stellen zerstreute Auffassung in einen Überblick seiner Taten und Schicksale zusammenzufassen.

1. Jugendgeschichte

Als Amphitryon, der Gemahl der Alkmene, die Überzeugung gewonnen hatte, daß Herakles der Sohn des Zeus sei, sorgte er mit ehrerbietigem Fleiße für seine Erziehung. Er selbst unterwies ihn im Wagenlenken; im Ringen, Bogenschießen und Fechten übergab er ihn tüchtigen Meistern. Im Zitherspiel und Gesang sollte ihn des Orpheus Bruder, der Sänger Linos, unterrichten; dieser setzte aber durch sein unzufriedenes Eifern den Herakles in solche Wut, daß dieser die Zither nahm und ihn totschlug. Darauf schickte ihn Amphitryon hinweg und gab ihn zur Aufsicht über die Herden. Hier wuchs er zu dem machtvollen Göttersohne empor; Feuerglanz entstrahlte seinen Augen, seine Stärke war unüberwindlich, nie verfehlte sein Pfeil oder sein Speer das Ziel. In diese Zeit hinein ist die bekannte Erzählung „Herakles am Scheidewege" gedichtet worden. Einst traten zwei schöne Frauen zu ihm und boten sich ihm als Führerinnen auf dem Lebenswege an. Die Wollust in reizender Gestalt, mit rosigen Wangen und weiten, großen Blicken, verhieß ihm ein genußvolles, freudenreiches Leben; die Tugend, im einfachen Gewande und mit schamhaft-bescheidenem Blicke, zeigte ihm eine mühselige, dornenvolle Laufbahn, am Ende derselben aber unsterblichen Ruhm. „Wähle!" sprach sie, „ohne Arbeit und Mühsal verleihen die Götter keinen Ruhm. Willst du den Göttern wert und bei den Menschen geehrt sein, so folge mir!" Herakles wählte nicht lange; er entschied sich für den harten Weg der Tugend. Bald hatte er Gelegenheit, seine Stärke zu erproben. Auf dem Berge Kithäron hauste ein Löwe und richtete große Verheerungen unter den Herden an. Herakles bezwang ihn und warf seine Haut sich als Gewand um. In einem Kriege der Minyer von Orchomenos gegen die Thebaner half Herakles unter Amphitryons Führung (dieser blieb in dem Kampfe) den letzteren zum Siege. Zum Lohne gab ihm Kreon, der König von Theben, seine Tochter Megara zur Gemahlin, und die Götter rüsteten ihn mit Wehr und Waffen aus. Von Hermes erhielt er das Schwert, von Apollo die Pfeile, von

Hephaistos den Köcher, von Athene den Waffenrock; die Keule schnitt er sich selbst in Nemea. Durch den Groll der Here wurde er in einen wahnsinnigen Zustand versetzt, in welchem er seine zwei Kinder und die seines Bruders Iphikles tötete. Nachdem er sich von dieser Blutschuld durch die üblichen Gebräuche gereinigt hatte, ging er nach Delphi, wo ihm die Pythia den Namen Herakles gab, denn bis dahin hatte er Alkides geheißen. Sie befahl ihm, daß er zwölf Jahre seinem Verwandten, dem Eurystheus, König von Mykene, dienstbar sein und die zwölf Arbeiten verrichten solle, welche dieser ihm auferlegen würde.

2. Die zwölf Arbeiten im Dienste des Eurystheus

In der Vollendung dieser mühevollen Aufgaben erscheint Herakles als der Überwinder verderblicher Ungetüme, welche zum großen Teile die Erzeugungen des Phorkys und der Keto waren. Es waren dies: 1. Der Nemeische Löwe. Da er unüberwindbar war, erwürgte ihn Herakles und trug ihn so nach Mykene, wodurch Eurystheus in solchen Schrecken über die Kraft des Helden geriet, daß er ihm befahl, die Beweise seiner geleisteten Arbeiten nur an die Tore der Stadt zu bringen. 2. Die Lernäische Hydra. Herakles überwand das neunköpfige Ungeheuer mit Feuerbränden, wobei ihm sein Gefährte Iolaos behilflich war. In ihre Galle tauchte er seine Pfeile und machte sie dadurch unfehlbar tödlich. 3. Die Kerynitische Hirschkuh. Sie war der Artemis heilig, darum tötete Herakles das Tier nicht, sondern verfolgte sie ein Jahr lang, bis er sie lebendig fing. 4. Der Erymantische Eber. Auch ihn brachte der Held gebunden nach Mykene. Bei diesem Abenteuer traf Herakles mit den Kentauren zusammen und verwundete absichtslos den Chiron. 5. Die Reinigung der Ställe des Augias, Königs in Elis. Herakles vollbrachte das in einem Tage zu vollendende Werk dadurch, daß er die Flüsse Alpheus und Peneus durch die Ställe leitete. 6. Die Stymphalischen Vögel. Die furchtbaren Raubvögel hatten eiserne Schnäbel und Klauen. Herakles scheuchte sie durch eine von Athene erhaltene Klapper auf und erlegte sie dann mit seinen Pfeilen. 7. Der Kretische Stier. Weil er dem Poseidon heilig war, brachte ihn Herakles lebendig nach Arkadien und ließ ihn hier wieder frei. 8. Die Rosse des Diomedes. 9. Der Gürtel oder das Wehrgehenk der Hippolyta Auf der Rückkehr landete er bei Troja und befreite die Königstochter Hesione, drohte aber, als ihm der versprochene Lohn (die nach dem Raube Ganymeds geschenkten Rosse) vorenthalten wurde, Troja mit Krieg zu überziehen. 10. Die Rinder des Geryon. Auf diesem an Abenteuern reichen Zuge errichtete er an den Grenzen Europas und Libyens die nach ihm genannten Säulen, spannte seinen Bogen gegen den Sonnengott Helios, kam dann mit den Rindern nach Italien und bestand den Kampf mit dem Riesen Cacus, welcher ihm einige Rinder geraubt hatte, und brachte endlich seine Beute zu Eurystheus. Acht Jahre und ein Monat waren über diesen Taten vorübergegangen, da aber Eurystheus die Arbeiten mit den Ställen des Augias und mit der Lernäischen Hydra nicht gelten ließ, so mußte Herakles noch zwei Aufgaben erfüllen. 11. Die Äpfel der Hesperiden. Herakles sollte die goldenen Früchte, das Brautgeschenk der Here, holen; sie wurden von einem Drachen bewacht. Auf dem Wege bestand er einen Zweikampf mit Kyknos, dem Sohne des Ares, und dem Kriegsgotte selbst, überwand dann den Riesen Antäos, welcher als ein Sohn der Erde aus der Berührung mit dem Boden immer neue Kraft gewann, nun aber von Herakles in die Luft gehoben und erdrückt wurde. Nach andern Abenteuern in Libyen und Arabien kam Herakles zum Kaukasus, wo er den Adler, welcher den Prometheus quälte, mit seinem Pfeile erlegte und den Dulder befreite. Endlich gelangte er zu dem Titanen Atlas, welchem er das Himmelsgewölbe abnahm und den er schickte, die goldenen Äpfel zu holen. Atlas brachte die Äpfel, wollte nun aber seine Last nicht wieder übernehmen. Da bat ihn Herakles, es nur solange zu tun, bis er sich einen Bausch von Stricken um den Kopf gewunden habe. Atlas trat wieder unter das Himmelsgewölbe, doch Herakles nahm nun die Äpfel und ging davon. Nach anderen soll er den Drachen selbst getötet und die Äpfel gepflückt haben. Athene trug dieselben wieder an ihren Ort zurück, denn es war ihrer heiligen Bestimmung zuwider, irgendwo anders verwahrt zu werden. 12. Der Kerberos. Herakles sollte ihn aus der Unterwelt heraufbringen. Um sich für das Hinabsteigen in den Hades zu weihen, ließ er sich in die Mysterien von Eleusis aufnehmen. Dann stieg er zur Unterwelt hinab, befreite den Theseus und brachte den Kerberos auf die Oberwelt, mußte ihn aber auf Befehl des Eurystheus wieder zum Hades zurückführen.

3. Weitere Taten und Abenteuer

Nachdem die zwölf Arbeiten und mit ihnen die Jahre der Dienstbarkeit vollbracht waren, kam Herakles nach Theben und trat hier seine Gattin Megara an seinen Gefährten Iolaos ab. Er selbst wollte nun die Jole, die Tochter des Eurytos, heiraten, aber sie wurde ihm verweigert. Darauf kam er zu Admet und holte dessen Gattin Alkestis aus der Unterwelt herauf, fiel dann aber wieder in einen Zustand des Wahnsinns und tötete den Iphitos, den Bruder der Jole. Da er deshalb von einer schweren Krankheit befallen wurde, suchte er bei der Pythia in Delphi Heilung und wollte, weil die Pythia sich weigerte, das Heiligtum plündern. Er trug den Dreifuß weg und errichtete ein eigenes Orakel. Darüber geriet er in einen Kampf mit Apollo, doch Zeus warf einen Donnerkeil zwischen die Streitenden. Nun erhielt er einen Orakelspruch, nach welchem er von seiner Krankheit befreit werden sollte, wenn er sich zu dreijährigem Dienste verkaufen ließe. Hermes übernahm den Verkauf; Omphale, die Witwe des Königs der Lydier, erstand den Heros. In ihrem Dienste bekämpfte er die räuberischen Kerkoper bei Ephesos, gab sich aber einer üppigen Weichlichkeit hin, so daß er Weiberkleider anlegte, während Omphale seine Löwenhaut trug. Nach Beendigung dieser Dienstbarkeit führte er seinen früher schon angedrohten Zug gegen Troja aus und eroberte die Stadt. Auf der Heimfahrt ließ Here ein furchtbares Ungewitter gegen ihn losbrechen, weshalb sie von Zeus schwer gestraft wurde. Die Mythenerzählung gedenkt darauf in schwieriger Verbindung mit dem übrigen Zusammenhange des Beistandes, welchen Herakles dem Zeus im Gigantenkampfe leistete. Es folgten dann vielfache Kämpfe im Peloponnes, die Stiftung der olympischen Spiele nach der Einnahme von Elis, die Verwundung des Pluto und der Here, als diese dem König von Pylos zu Hilfe gekommen waren, und der Krieg gegen Kakedämon, wo Herakles den Tyndareus, den Gemahl der Leda, zum Herrscher einsetzte. In Tegea hatte er eine Buhlschaft mit der Auge, unwissend, daß sie eine Priesterin der Athene war. Sie gebar das Kind heimlich und legte es in den Tempel der Göttin nieder; ihr Vater setzte es aber im Gebirge aus, wo es von einer Hirschkuh gesäugt wurde, daher die Hirten, welche den Knaben fanden, ihn Telephos (Hirschsauger) nannten. Darauf kam Herakles nach Kalyon und freite um die Dejanira, die Tochter des Königs Oeneus, mußte aber, um sie zu besitzen, mit dem Flußgotte Acheloos kämpfen. Da er bald darauf wegen einer unvorsätzlichen Mordtat sich selbst mit Landesverweisung bestrafte und nach Trachin ging, mußte er über den Fluß Evenos setzen, wo der Kentaur Nessos der Dejanira Gewalt antun wollte. Herakles erschoß ihn mit einem seiner Pfeile. Der Kentaur gab das aus der vergifteten Wunde fließende Blut der Dejanira und riet ihr, es als ein Mittel zu bewahren, sich der Liebe ihres Gemahls zu versichern. Mehrere hierauf folgende Abenteuer (u. a. der Raub des Hylas) beschloß Herakles mit einem Rachezuge gegen den Eurytos, den er tötete und seine Tochter Jole gefangen hinwegführte. Zum Danke für diesen Sieg wollte Herakles dem Zeus ein Opfer bringen und schickte seinen Herold Lichas nach Trachin zu Dejanira, um ein Feierkleid zu holen. Von diesem erfuhr Dejanira, was mit Jole vorgegangen war. Um sich die Liebe ihres Gatten zu bewahren, bestrich sie das Feierkleid mit dem von Nessos erhaltenen Mittel. Herakles legte das Kleid an und opferte; da, in der Wärme der Opferflamme, wirkte das Gift. Von wütenden Schmerzen gepeinigt, versuchte er das Kleid abzureißen, ergriff den Lichas und warf ihn ins Meer; Dejanira hatte sich auf die Kunde des Geschehenen selbst erhängt. Dann begab sich Herakles auf den Berg Oeta, errichtete daselbst einen Scheiterhaufen und befahl, denselben, wenn er ihn bestiegen habe, anzuzünden. Niemand von den Seinigen wollte sich hierzu verstehen, bis Poeas, ein vorüberkommender Hirt, den Holzstoß anzündete.

Ihm schenkte Herakles seine Pfeile. Als der Scheiterhaufen in Flammen stand, senkte sich eine Wolke nieder und nahm den Herakles unter Donnerschlägen zum Himmel auf. Nun wurde er der Unsterblichkeit teilhaftig; Here war versöhnt und gab ihm ihre Tochter Hebe zur Gemahlin.

4. Bedeutung und Darstellung

Es ist oben bereits darauf hingewiesen worden, daß Herakles über die Bedeutung eines bloß nationalen Heroen hinausragt, daß ihm ein der Göttlichkeit angenähertes Wesen eigen war. Man hat in seiner ursprünglichen Bedeutung ein Symbol der Sonne und ihres Laufes gesehen und seine zwölf Arbeiten als die Bahn der Sonne durch den Tierkreis aufgefaßt. Von dieser dunkel gewordenen Natursymbolik mögen Elemente in seine historische Gestaltung übergegangen sein,wodurch dieselbe in eigentümlicher Weise sich charakteri-

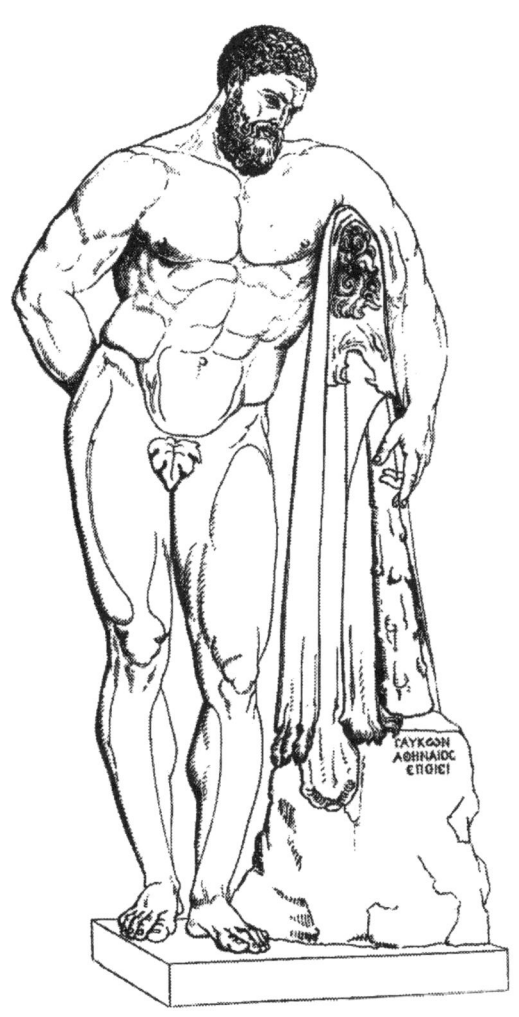

Fig. 82

siert. Als dergleichen Beziehungen lassen sich seine Kämpfe mit den Göttern Helios, Apollo, Ares, Pluto erkennen; insbesondre mag die Feindschaft zwischen Here und Herakles ihren Ursprung in dem Sinnbilde sich bekämpfender Naturmächte haben. Dazu kommt, daß um einen dem griechischen Boden zugehörenden Kern dieser Mythen ganz offenbar auswärtige Sagen sich angelegt haben, wodurch der ganze Mythenkreis jenen Umfang gewonnen hat, der wie der Heros selbst alles gewohnte Maß überschreitet. Die Ägypter kannten einen Herakles (Khunsu); in Phönizien verehrte man den tyrischen Herakles oder Melkarth, und die Seefahrten der Phönizier haben gewiß zur Ausdehnung dieser Sagen manches beigetragen; in Lydien mag, wie sich dies aus dem orientalischen Wesen der Episode von Herakles und Omphale vermuten läßt, auch ein eigener Sagenkreis vorhanden gewesen sein; in italische Sagen reichte Herakles gleichfalls hinein, und selbst bei den germanischen Volksstämmen wurde ein dem Herkules vergleichbares Götterwesen gefunden. So hat sich nach verschiedenen Richtungen hin die griechische Heraklesmythe ausgedehnt und ist dann auch auf dem eigenen Gebiete von dem Vergrößerungstriebe ergriffen worden, wohin unter anderem die Verknüpfung mit dem Argonautenzuge und die schöne Episode vom Tode des Hylas gehören.

Die große Verehrung des Herakles, die sich in den ihm gewidmeten Festen und den fast aller Orten vorhandenen Heiligtümern aussprach, ruhte hauptsächlich auf der historischen Bedeutung seiner Mythe. In diesem Sinne wurden seine Taten in den Reliefs und Wandgemälden des Nationalheiligtums zu Olympia verherrlicht. Man feierte den göttergleichen Helden, welcher die verderblichen Ungeheuer vertilgte, räuberische Riesen bezwang, den Menschenopfern Einhalt tat und so als Retter (Soter) und als Abwehrer des Unheils (Alexikakos) in dankbarer Verehrung stand. Zu dieser historischen Würdigung gesellte sich eine ethische. Herakles war das Vorbild ruheloser Ausdauer und unbezwingbaren Duldens im Streben nach Ruhm und Größe geworden; seine vorleuchtende Heldenbahn war eine stete Anstrengung der höchsten Kraft und unermüdete Besiegung der entgegentretenden Hindernisse. Wie sehr man sich dieser ethischen Auffassung bewußt war, zeigt sich in dem Ansehen, welches Herakles auf den Stätten der Leibesübungen, den Gymnasien, genoß. Auch das ist ein Zeichen davon, wieviel er als Vorbild der Jugend galt, daß die sinnvolle Erzählung von der Wahl der Lebenswege dem Herakles zugeschrieben wurde. Bildliche Darstellungen des Herakles mußten wegen der kolossalen Verhältnisse, in denen immer noch die Grenzen der Kunst innezuhalten waren, schwierig und gewagt erscheinen. Das Genie der Künstler hat auch diese Schwierigkeiten überwunden. Unsre Illustration (Fig. 82) stellt die Farnesische Kolossalstatue dar, die in den Thermen des Caracalla aufgefundene Nachbildung eines von Lysippos gearbeiteten Werkes. Der Nachbildner, ein athenischer Bildhauer Glykon, ist an der Statue genannt. Herakles stützt sich mit dem Ausdrucke düsteren Duldens auf seine mit der Löwenhaut überhangene Keule. Das Haupt beugt sich sinnend herab. Es ist, als ob er nach Vollbringung eines Werkes wiederum schon die folgende schwere Arbeit vor sich sähe und einen Augenblick unter der lastenden Empfindung seines vielausduldenden Geschickes sich beugte. Aber bald wird er sich emporrichten zur Vollendung seiner mühevollen Laufbahn, denn die Äpfel der Hesperiden, welche die rückwärts gelegte Hand hält, deuten darauf hin, daß dieser Herakles sich dem Ziele seiner Taten nähere.

K. Das griechische Götterhaus

So wie die Götterhäuser des Olymp, die Paläste des Poseidon und des Pluto in ihren mythischen Schilderungen uns bekannt geworden sind, so möge nun am Schluß der griechischen Mythologie auch der Wohnstätte gedacht werden, welche der Mensch mit Aufbietung höchster Kraft und Intelligenz damals seinen Göttern, insbesondre ihrem Bilde, in den Tempeln errichtet hat.

Der Tempel bestand in seinem wesentlichen Teile aus dem heiligen Raume, in welchem das Bild oder das Symbol der Gottheit aufgestellt war. An diesen eigentlichen Tempelraum, für welchen der römische Name Cella üblich geworden ist, schlossen sich die anderen, äußeren Teile des Tempels in mannigfach verschiedener Gestaltung an.

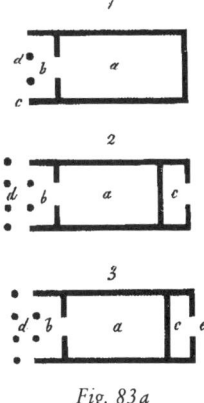

Als Grundform für die Tempelanlage war das längliche Viereck, mit der schmalen Eingangsseite womöglich nach Osten gerichtet, vorherrschend; Rundtempel sind, wenn sie überhaupt vorkamen, selten gewesen. Auf dieser Grundform haben sich folgende Anlagen entwickelt.

Die einfachste Form war der Tempel Nr. 1, welcher die Cella *a* und die Vorhalle *b* (Pronaos) enthielt, die dadurch gebildet wurde, daß die Seitenmauern *c* (Anten) bis unter den Giebel vortraten und Säulen *d* zwischen sich hatten; daher der Name Antentempel. – Wenn, wie in Nr. 2, vor die Vorhalle eine Säulenreihe *d* hinzukam, so hieß der Tempel ein Prostylos. Hier ist auch, entsprechend der Vorhalle, eine Hinterhalle *c* (Opisthodom oder römisch Posticum) hinzugefügt. – Nr. 3 zeigt dieselbe Anlage mit einer Säulenreihe vor der Hinterhalle *e*, der Amphiprostylos. – Nr. 4 ist der Peripteros, welcher auf allen vier Seiten von Säulenreihen umgeben ist. – In Nr. 5,

Fig. 83 a

Pseudoperipteros, erscheint der vorige Grundriß wieder, doch so, daß die Säulen der Langseiten und der Hinterseite in die Mauer als Halbsäulen eingefügt sind. – Nr. 6 ist der Dipteros, mit einer zweifachen Säulenreihe auf allen vier Seiten. – Nr. 7 der Pseudodipteros, wenn die innere Säulenreihe nur Halbsäulen sind. – Nr. 8 wird nachfolgend erläutert werden.

Zur Veranschaulichung der Vorderseite eines Tempelgebäudes möge die Abbildung des Theseustempels zu Athen, eines Peripteros, dienen. Über den Säulen liegt der Hauptquerbalken, Architrav, auf welchem die Längsbalken der Decke aufliegen und den Fries bilden. Die Felder zwischen den Balkenköpfen, die Metopen, und das über dem Gesims sich erhebende Giebelfeld waren gewöhnlich mit Skulpturen verziert, welche eine Beziehung auf die Gottheit des Tempels hatten. Am Theseustempel stellen die zehn Metopenbilder der Ein-

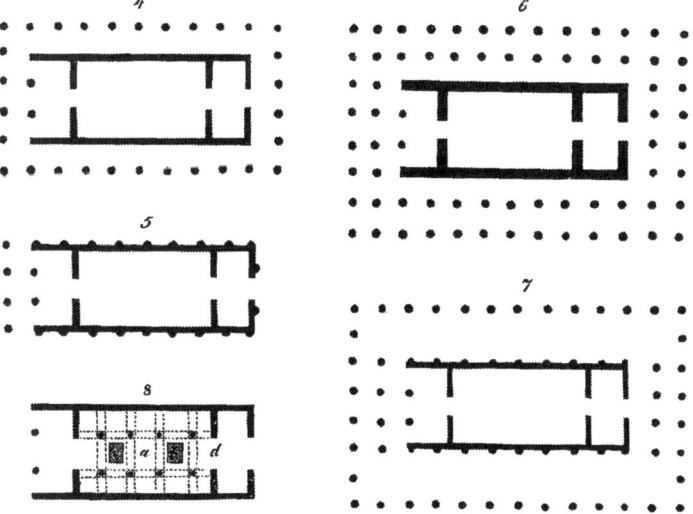

Fig. 83 b

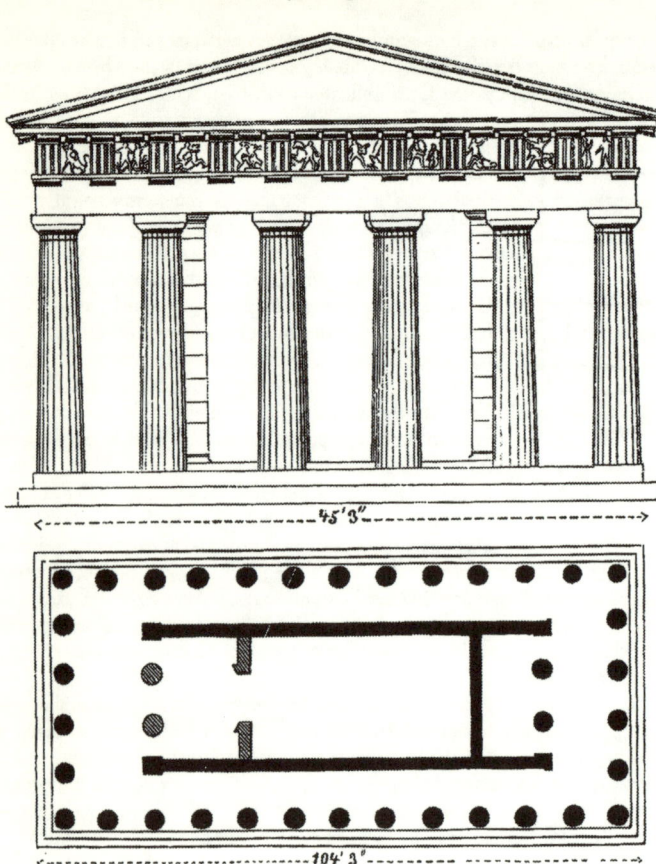

Fig. 84

gangsseite Taten des Herakles dar; an jeder Langseite folgen dann vier Metopenbilder mit
Darstellungen aus dem Tatenkreise des Theseus. Auch der Fries der Cella ist auf den
kurzen Seiten mit Bildwerken geschmückt; über der Hinterhalle sieht man den Kampf der
Kentauren und Lapithen.[192]

Um die Tempel, für welche natürlich eine ausgezeichnete und ihrer Bestimmung würdige Lage gewählt wurde, zog sich ein heiliger Tempelbezirk, ein Vorhof, dessen Umfassungsmauer (Peribolos) sich in einem der Örtlichkeit angemessenen Eingange oder Portale
zusammenschloß. Der schönste solcher Portalbauten waren die Propyläen, der Zugang zu
der Akropolis von Athen und zu den dort oben befindlichen Tempeln. Auf dem Platze des
Tempelbezirkes erhob sich der Tempel auf eine Grundlage hoher Stufen, deren Zahl eine
ungrade war, um die erste und letzte mit dem rechten Fuße betreten zu können. Der oben
abgebildete Theseustempel zeigt nur zwei Stufen, wahrscheinlich deshalb, weil er nur einem Heroen, nicht einem Gotte geweiht war. In der Vorhalle deutete der Schmuck der
Bildwerke und Wandgemälde auf die hier verehrte Gottheit hin; es war manches zum
Tempel gehörende Gerät hier aufgestellt, z.B. die Gefäße mit dem geweihten Wasser,
womit sich die Eintretenden besprengten; doch geschah dies auch wohl schon am Eingange
des Peribolos. Die Hinterhalle war in gleicher Weise wie die Vorhalle mit bedeutungsvollen
Bildnereien ausgestattet und zur Aufbewahrung von Weihegeschenken und Tempelgerät

bestimmt. Auch wurde, wenn ein Tempelschatz vorhanden war, derselbe in diesem dann mit besondrer Sorgfalt gesicherten Teile des Gebäudes verwahrt. Der heilige Raum, die Cella, war bei größeren Tempeln durch Säulenreihen in ein größeres Mittelschiff und zwei schmälere Seitenschiffe geschieden. Die Seitenschiffe waren dann auch nach der Höhe zu geteilt, so daß mit einer zweiten Säulenreihe sich oben eine Galerie herumzog, in welcher Weihegeschenke aufgestellt werden konnten. Der aus der Vorhalle hereinführenden Tür gegenüber stand das Götterbild, mitunter von Schranken umzogen, und vor ihm ein Speiseopfertisch oder Altar für unblutige Opfer. Das Licht für die Cella fiel, da Fenster in den Seitenwänden nicht vorhanden waren, entweder durch die Eingangstür, deren Flügel niemals sich nach innen, sondern immer nur nach außen öffneten; oder es fiel durch eine über dem mittleren Raume des Hauptschiffes angebrachte Öffnung des Daches ein. Tempel von dieser Bauart wurden mit dem Namen Hypäthraltempel bezeichnet. In solchen Tempeln stand das Götterbild, um es vor der Einwirkung des Wetters zu sichern, häufig in einer Nische und war wohl überdem noch durch Vorhänge geschützt; die Lichtöffnung des Daches war in der rauhen Jahreszeit, und bei Festtempeln vielleicht immer außer den Tagen der Festfeier, durch eine Vorrichtung zugedeckt. Denn es gab, wie eben angedeutet wurde, zwei Klassen von Tempeln. Tempel im wahren Sinne des Wortes waren die Kultustempel; sie enthielten das heilig verehrte Bild und vor ihm den Altartisch, während der Altar für die blutigen Opfer vor dem Tempel und tiefer als derselbe stand. An den Festtempeln war dieser äußere Opferaltar gar nicht vorhanden, der innere Speiseopfertisch diente der Ausstellung der Siegespreise und ihrer Verteilung, und das Götterbild war weniger ein gottesdienstlich verehrtes Heiligtum als vielmehr ein an festlichen Tagen bewundertes Schaustück. In Nr. 8 Fig. 83 b. ist mit *a* die Cella, mit *b* die Stelle des Tempelbildes, mit *c* der Altar und darüber die Lichtöffnung (Hypäthron) angegeben; *d* bezeichnet die Türe zum Opisthodom.

Nach dieser allgemeinen Veranschaulichung des griechischen Tempelbaues mögen nun zum volleren Verständnis desselben einige Grundrisse von Tempelgebäuden dienen, deren in den Abschnitten von den Göttern, welchen sie geweiht waren, gedacht worden ist. Fig. 85 gibt den Plan des Zeustempels zu Olympia. Er war ein in dorischem Stile ausgeführter

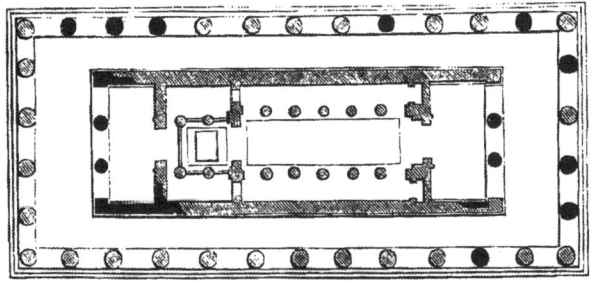

Fig. 85

Peripteros von sechs Säulen an der Vorder- und Hinterseite und dreizehn Säulen an den langen Seiten. Das Giebelfeld über dem Eingange stellte den bevorstehenden Wagenkampf des Pelops und Oenomaos dar;[193] auf der Rückseite war der Kampf der Kentauren und Lapithen bei der Hochzeit des Peirithoos gebildet. Am Friese der Vorhalle und der Hinterhalle sah man die Arbeiten des Herakles. Die Cella, deren Zeichnung nach den wahrscheinlichsten Vermutungen aufgestellt ist, war durch zwei Säulenreihen in einen breiteren Mittelraum und zwei schmälere doppelstöckige Seitenräume geteilt. Der Eingangstür gegenüber stand in einer Nische die vielbewunderte Bildsäule des thronenden Zeus. Von den oberen Galerien aus konnte man neben und hinter das Zeusbild gelangen. Wandgemälde aus der nationalen Sage und Geschichte erhöhten und vollendeten den tief ergreifenden Eindruck dieses inneren Tempelraumes. Das Licht fiel durch eine Hypäthralöffnung ein.

Das vollendetste Werk griechischer Tempelbaukunst war der Tempel der Pallas-Athene auf der Akropolis von Athen, das Parthenon. Er war ebenfalls ein dorischer Peripteros von acht Säulen in der Front, siebzehn in der Länge. Auf dem einen Giebelfelde erblickte man die Geburt der Athene, auf dem andern ihren Wettkampf mit Poseidon; auch die

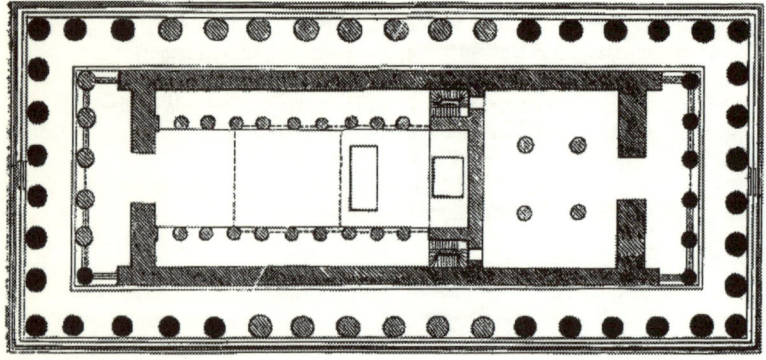

Fig. 86

Bildwerke der Metopen gehörten zu dem Mythenkreise der Athene. Dann zogen sich über den Säulen der Vorhalle und rings um die Cella in fortlaufenden Reliefs Abbildungen des Festzuges der Panathenäen, und über dem Eingange zur Vorhalle war eine Versammlung von Göttern dargestellt, wie wenn sie den herannahenden Festzug begrüßten. Auch bei diesem Tempel war die Cella durch zwei Säulenreihen in drei ungleich breite Räume eingeteilt. Am Ende des Mittelraumes erhob sich das herrliche Pallasbild des Phidias; in den Nischen am Ende der Säulenhallen waren die Türen zur Verbindung mit der Hinterhalle, und Treppen führten aufwärts zur oberen Galerie. In dem Opisthodom, dessen Decke durch vier Säulen gestützt war, wurden Weihegeschenke und andre Kostbarkeiten, auch wichtige Urkunden aufbewahrt. – Diesen bewunderungswürdigen Tempel hatte man im Mittelalter zu einer Kirche der heiligen Jungfrau umgestaltet, er blieb aber im Ganzen wohlerhalten. So stand das Gebäude bis 1687. Da wurde in einem Kriege der Venetianer mit den Türken, wo die Cella den letzteren als Pulvermagazin diente, durch eine Bombe eine Explosion herbeigeführt, welche das Gebäude in zwei Hälften auseinanderriß und fast vernichtete. Ein großer Teil der oben erwähnten Bildwerke befindet sich jetzt in dem britischen Museum zu London; die noch stehenden Trümmer erfüllen noch heute mit einem machtvollen Eindrucke, welcher die einstige Würde und Schönheit des Ganzen ahnen läßt.

Alle bisher erläuterten Grundrisse bezogen sich auf Tempel, welche keine andre Bedeutung hatten, als die Wohnstätten einer Gottheit zu sein. Versammlungsorte zu religiösen Zwecken, wie unsre Kirchen es sind, waren jene Tempel nicht. Selbst in dem Zudrange festlicher Tage trat dieser Zweck zurück, es fand auch da nur ein zahlreicheres Zugehen und Abgehen der Tempelbesucher statt, und die andachtsvolle Stimmung des einzelnen, wie stark sie auch sein mochte, führte doch nicht zu gemeinsamer Kultushandlung. Eine Ausnahme war der Tempel zu Eleusis, dessen Grundriß darum hier beigefügt ist. Dieser Tempel war dazu bestimmt, bei der Feier der Mysterien der Versammlungsort für die große Menge der Eingeweihten zu sein. Daher war sein Grundplan von den übrigen völlig verschieden. Er bildete ein gleichseitiges Viereck, dessen innerer Raum durch sechs Säulenreihen in Abteilungen geschieden wurde, wahrscheinlich wie die verschiedenen Grade der Eingeweihten und die hier üblichen Kultusgebräuche es erforderten. Vor dem Eingange zum Tempel war durch eine Reihe von zwölf dorischen Säulen eine Vorhalle gebildet. Eine zweifache Umfassungsmauer umgab das Gebäude. Durch die äußere führten die großen Propyläen, wie ihr Vorbild zu Athen ein ansehnlicher Portalbau; dann trat man durch die

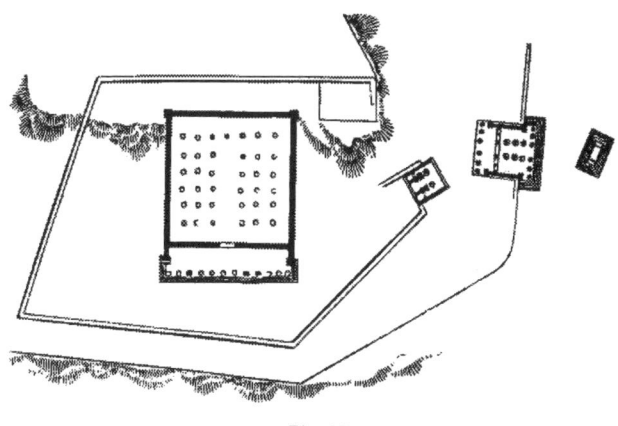

Fig. 87

kleinen Propyläen in den inneren Peribolos ein. In der Illustration ist außerhalb des Tempelbezirks nahe am großen Eingange noch ein kleiner Tempel angedeutet.

Der Hauptteil des griechischen Tempels war die Säule, ja es ist durch die Art und die Verwendung der Säule außen und innen geradezu die Art und das Wesen des Tempels selbst bedingt. Es soll hier nicht auf die architektonische Bedeutung der Säule im allgemeinen eingegangen werden; nur daran mag der richtigeren Auffassung wegen erinnert sein, daß die Mauer, insofern sie bestimmt ist, über ihr liegende Lasten zu tragen, ersetzt werden kann durch eine Säulenreihe mit dem darüberliegenden Tragebalken oder durch Pfeiler und Bogen. In beiden Fällen wird bewirkt, „daß an die Stelle der Masse die Kraft tritt". Zu dieser Überwindung der Masse hat sich der griechische Tempelbau der Säulen bedient. Ihr Verständnis hat also darauf zu achten, wie die tragende Kraft, welche wesentlich eine Stütze ist, dann wie die durch ihre Schwere wirkende Last sich zu künstlerisch schönen Formen entwickelt haben.

Die dorische Säule, wie sie in der Abbildung des Theseustempels Fig. 84 erscheint, steigt ohne Basis von der Grundlage auf. Ihr kreisrunder Schaft, dessen Länge fünfmal das Maß des unteren Durchmessers beträgt, hat in der Mitte eine leise Anschwellung (Enthasis), verjüngt sich stark nach dem oberen Ende hin und ist der Länge nach durch Vertiefungen, die Kannelierungen, verziert. Das Kapitäl dieser Säule bestcht aus dem Säulenhalse mit Einschnitten und Ringen, aus einem konvex vorragenden Teile, dem Echinus, und aus der darüberliegenden Platte, dem Abakus. Auf dieser Platte ruht der Quertragebalken, der Architrav, über welchem die Balkenköpfe (Triglyphen) der Längsbalken mit den zwischenliegenden Feldern (Metopen) den Fries bilden, worauf das Kranzgesims folgt, auf dem sich dann das Giebelfeld erhebt. Diese Säulenordnung wirkte mit einem würdig einfachen, sinnvoll ernsten Eindrucke.

Leichter und anmutiger wirkend war die ionische Säulenordnung. Diese Säule erhebt sich auf einer Basis, die aus einem oder zwei polsterartigen Vorsprüngen und je zwei oder einer Hohlkehle besteht. Der kreisrunde schlanke Schaft – er ist gewöhnlich acht Durchmesser hoch – zeigt eine geringere Verjüngung; die Kannelierungen lassen schmale Strei-

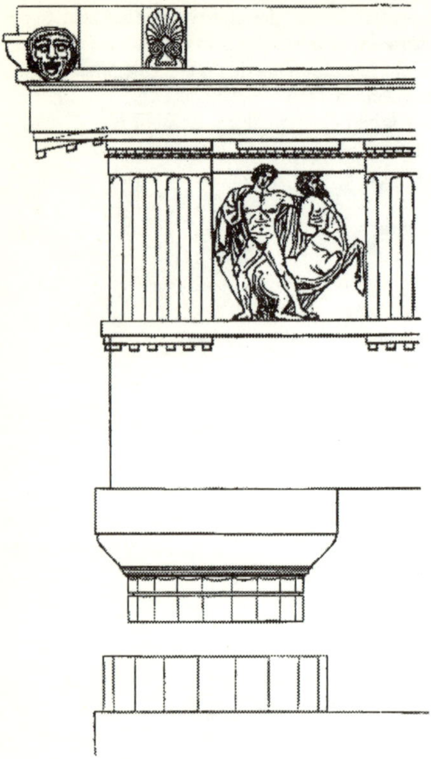

Fig. 88

Fig. 89

fen, sogenannte Stege, zwischen sich. Der Hals des Kapitäls ist mit Skulpturen verziert, der den Echinus ersetzende Eierstab tritt weniger hervor, und statt des Abakus schwillt der obere Teil, wie von der Last gepreßt, über den Eierstab herab und bildet auf der Vorder- und Rückseite die spiralförmigen Voluten, auf der rechten und linken Seite sogenannte Polster. Darüber liegt eine dünne, verzierte Platte, welche den Architrav aufnimmt, der hier aus mehreren übereinander vortretenden Balken besteht. Der Fries ist in der Regel mit fortlaufenden Reliefs geschmückt, und auch das Kranzgesims zeigt mannigfaltigere, reicher verzierte Teile.

Fig. 90

Die korinthische Ordnung ist im Bau des Säulenschaftes der ionischen ähnlich und unterscheidet sich wesentlich nur durch das Kapitäl. Um das Ende des Schaftes läuft eine Perlenschnur, dann zieht sich ein Kranz von acht Akanthusblättern mit vorgebogenen Spitzen herum, über denen sich ein zweiter Kranz erhebt, aus welchem Spiralen emporsteigen und den Abakus an seinen Ecke stützen. Zwischen den Spiralen sprossen niedrigere sich einander zuneigende Ranken auf, und über ihnen reicht eine den Mittelraum füllende Palmette bis an den Abakus hinauf. Diese Kapitälbildung wurde in Rom, als dessen Reichtum und Luxus sich mit den Werken der griechischen Kunst schmückte, mit Vorliebe aufgenommen, so daß auch von einer römischen Säulenordnung geredet wird, welche jedoch ohne alle Selbstständigkeit der Form nichts anders war als eine nach Effekt haschende Zusammenstellung griechischer Elemente. Man verband das ionische mit dem korinthischen Kapitäl, indem man den Eierstab und die Voluten auf den oberen Akanthuskranz setzte, doch so, daß die Voluten mit Wegfall der Seitenpolster und mit Laubverzierung in den Spiralen zu Eckvoluten wurden. Auch mit dem Säulenschafte wurden Veränderungen vorgenommen. Die Kannelierung in den beiden oberen Dritteilen zeigte sich reicher als in dem unteren, oder man ließ sie schräg ansteigen, oder man kannelierte die Säule gar nicht, besonders wenn das Material, wie die Härte

Fig. 91

des Granits oder die feine Äderung mancher Marmorarten, widerstrebte. Denn in diesen Zeiten des überladenen und sinkenden Geschmacks hatte die Pracht und Kostbarkeit des Marterials einen höheren Wert als die künstlerische Schönheit der Form.

VII. Der Götterdienst der Römer

A. Vergleichungen zwischen Griechenland und Rom

Wenn man von der griechischen Mythe herkommend der Betrachtung des römischen Götterwesens sich zuwendet, so machen sich sogleich einige deutliche, bald aber auch verborgenere Unterschiede wahrnehmbar. Zunächst tritt die Verschiedenheit der Namen für dieselbe Göttergestalt hervor, da und dort auch eine verschiedene Abgrenzung der Machtgebiete; dann zeigen sich einige Gestalten als dem italischen Mythenkreise allein und eigentümlich zugehörig. Doch ist mit der Beachtung dieser oben liegenden Unterschiede eine befriedigende Einsicht in das gegenseitige Verhältnis so leicht nicht gewonnen, und das Gefühl davon drängt weiter zu einer tiefergehenden Auffassung der inneren Verschiedenheit beider Mythenkreise. Vor allem muß man darauf vorbereitet sein, daß von der Beweglichkeit im Leben und Weben der griechischen Götter, von der Fülle und dem heiteren Colorit der griechischen Mythologie in dem Kultus der Römer wenig zu spüren sein wird. Dieser Kultus und mit ihm das Volksleben wendete sich ab von der eigentlichen Göttersage; was von Sagen vorhanden ist, trägt einen mystischen Charakter oder grenzt an das Gebiet des Schwanks. Als die hellenische Mythe nach Rom kam, nahm man sie hier, ohne dabei von einem religiösen Gefühl erwärmt zu werden, für Spiele des Dichtergeistes. Es war nicht ein vereinzelter leichtfertiger Einfall, was Tibull aussprach: „Wenn es nicht Gedichte gäbe, so hätte an des Pelops Schulter kein Elfenbein geglänzt." Gleichgesinnte Stellen aus philosophischen Schriften zeigen, daß dem ernsten Römer die Göttersage, wie sie dem Griechen als Bestandteil des religiösen Dichtens und Trachtens gefiel, fremd blieb und wohl gar töricht erschien.

Ebenso lehnte sich der Sinn des Römers gegen die Auffassung einer persönlichen Gestaltung der Götter, in älterer Zeit wenigstens gegen ihre bildliche Darstellung auf. Numa untersagte alle Götterbilder. Später ist die bildende Kunst, welche zuerst in Griechenland die ursprünglich an einfachen Symbolen haftende Verehrung in Besitz genommen hatte, mit ihren Götterbildern auch in Rom eingezogen, aber die widerstrebende Stimmung des Volksgeistes ist hier nie ganz überwältigt worden, und der altrömische Gegensatz gegen dieses Treiben ist lebendig geblieben. „Diejenigen", sagt ein römischer Schriftsteller, „welche zuerst den Völkern Götterbilder aufgestellt haben, entzogen ihren Mitbürgern die Gottesfurcht und gaben ihnen den Irrtum." Die Götter Roms hatten keinen Olymp, sie feierten keine Feste, und vom Jupiter Optimus Maximus wurden weder Liebschaften noch Abenteuer erzählt. Diese Götter waren geheimnisvolle höhere Wesen, mehr in einem ahnungsvollen Typus der Erscheinung als in einem fertig ausgedrückten Umrisse und Bilde aufgefaßt. An einem bestimmten Orte waltete die Nähe ihrer göttlichen Kraft, ihr Numen, an diese unsichtbare, aber in einer ihr zugehörigen Erscheinung vorhandene Gottheit wendete sich der Opfernde und Betende. Ein eigentlich persönliches Walten und Leben war diesen Göttern nicht eigen; sie waren überhaupt nicht um ihrer selbst willen, sondern nur wegen ihrer Beziehungen zu den Menschen da.

Hieraus erhellt ein dritter und tiefster Gegensatz zwischen den griechischen und den römischen Göttern; wir möchten ihn durch die Worte Naturleben und Rechtsleben bezeichnen. Griechenlands Götter erschienen in und mit den uranfänglichen Kämpfen der Elemente, sie selbst waren die ungeheuren Kräfte, welche miteinander um die Bildung fester Formen der Dinge gerungen hatten; und als nun die Ordnung der Welt im Reiche des Zeus und seiner Brüder befestigt war, da zeigten sich die großen wie die kleinen Götter jeder als die persönlich gewordene Vergöttlichung einer Naturkraft oder Naturerscheinung, wobei manche hierher gehörenden Vorgänge aus dem Seelenleben des Menschen als mit inbegriffen zu nehmen sind. So war der griechische Olymp im ganzen und großen eine Vergöttlichung des Naturlebens. Ganz anders gestaltete sich der innerste Gedanke des römischen Götterwesens. Hier war das wichtigste, daß sich alles mit dem Menschenleben verknüpfte, mit seiner Arbeit, seinen Verbindungen und seinen Satzungen. Diese Gestalten waren Götter des Hauses, der Familie und des Staates; sie wurden als Schützer dieser Gemeinschaften verehrt und in ungewissen Dingen, wie bei der Vornahme aller wichtigen Handlungen, um die Anzeige ihres Willens befragt. Das Verhältnis zur Natur, welches diesen Göttern in ihren altitalischen Formen ursprünglich war und in mehrfacher Richtung eigen geblieben ist, reichte doch eigentlich nur soweit, als die Natur mit dem Menschenleben und seinen Verbindungen in Verkehr steht oder im Verkehr gedacht wird. Eine Götterentstehung in dem gewaltigen Kampfe der Urkräfte, einen Kampf der Götter gegen einander kannte die römische Mythologie allein aus sich heraus nicht, sie hat ebensowenig Gestalten wie die Chariten, den Pan, den Boreas u. a. geschaffen, aber sie hat ihrem innewohnenden Sinne getreu die griechische Pallas-Athene zur Minerva, der Göttin der Weisheit und Erfindsamkeit, den Hermes zum Handelsgotte Mercurius umgebildet und selbst den Ordner der Welt Zeus auf das Gebiet der Jupiter Optimus Maximus, des idealen Staatsoberhauptes von Rom, beschränkt.

Also kann von einer römischen Mythologie, wenigstens in demselben Sinne wie bei der griechischen, nach strengerem Verständnis des Wortes nicht geredet werden. Es fehlt die Fülle der Sage, es fehlt der Götterverkehr und die sich selbst genügende Abspiegelung des Naturlebens. Hier war alles praktisch, alles geordnet und feierlich. Die Ereignisse des Tageslaufes, die Begebenheiten des Lebens sowohl für den einzelnen als für die Familie und den Staat fanden für jeden Fall ihre vorgeschriebenen Gebräuche; auch das Eintreten des Zufalls wurde mit religiöser Scheu behandelt, und es war eine peinlich beobachtete Gewissenssache, die Verehrung der Götter nach dem Herkommen und nach der Satzung zu erfüllen. Diese Religiosität d. h. die Beobachtung dessen, was in göttlichen Dingen nach der Satzung zu tun oder zu unterlassen war, umgrenzte mit fester Bedingung alle Kreise des Lebens. Daher konnte Cicero rühmend sagen: „Wenn wir unsre Zustände mit denen anderer vergleichen, so werden wir in den übrigen Dingen ihnen gleich oder untergeordnet erfunden werden, in der Religion aber, d. h. in der Verehrung der Götter, stehen wir voran." Das römische Götterwesen war also nicht Mythologie, sondern Kultus und Zeremonie, was freilich dahin führte, daß in der Werkheiligkeit der Formen das lebendige Bewußtsein des Inhalts erstarrte, wie sich das auch daraus zu erkennen gibt, daß die spätere Zeit von der Bedeutung einiger altitalischer Götternamen, ja selbst von Janus eine sichere und vollständige Kenntnis nicht mehr besaß.

Von einer nationalen Grundlage altitalischer Religionsvorstellungen aus, die in ihrem Kerne, wie dies auch die vorstehende Vergleichung zeigte, sich lange erhalten und ihre Eigentümlichkeit bewahrt haben, ist das römische Götterwesen bald der Mittelpunkt von auswärts, namentlich von Griechenland eindringender Götterdienste geworden. Allmählich wurde die römische Religion in ihrem äußeren Bestande völlig hellenisiert, griechische Götter wurden aufgenommen und die vorhandenen römischen jenen gleichartig gemacht, griechische Künstler bauten die Tempel und errichteten die Götterbilder, mit der griechischen Literatur kamen die Mythen nach Rom. Allerdings blieb, wie schon bemerkt, das Innere des religiösen Lebens auch während dieser Umwandlung noch eine Zeitlang altrömisch; allmählich aber verloren sich die Überzeugungen auch hier, und der alte Kultus samt den hellenischen Götterdiensten sank zum Formel- und Formenwesen, freilich großartig und glänzend, herab. Ein religiöses Scheinleben, hervorgerufen durch die ästhetische Wirkung der griechischen Götterdienste, fristete sich noch einige Zeit hin. Endlich war

alles Superstition und Unglaube. Rom hatte, als sein Schwert und sein Recht die damalige
Welt zusammenfaßte, den in der großen Monarchie sich gegenseitig annähernden Völkern
keinen kraftvollen religiösen Mittelpunkt zu bieten; im Gegenteil war die Hauptstadt gie-
rig nach den aus dem Orient herbeigeholten Mysterien. Es war der letzte Versuch, religiöse
Furcht oder Sehnsucht zu befriedigen; die Zeit der alten Götter war unwiderbringlich
dahin.

Dies sind die Hauptzüge der Entwicklung, welcher wir in ihren hervorragenden Mo-
menten nun näher folgen.

1. Altitalische Gottheiten

Die nationale Grundlage des römischen Götterwesens wurzelte in den religiösen Vorstellungen, welche bei den Volksstämmen im mittleren Teile der Halbinsel, besonders bei
den Sabinern, Latinern und Etruskern, heimisch waren. Ein Grundzug dieser Vorstellungen war die Übung eines stets bereiten Verkehrs mit den Unsichtbaren, wie sich dies
einerseits mit dem Glauben an die Schutzgeister (Genien, Laren, Penaten), andererseits in
dem Glauben an Götterzeichen (Augurien oder Deutung des Vögelfluges, Haruspizien
oder Eingeweideschau, Fulgurien oder Deutung des Blitzes) aussprach. Als höchster Gott,
der Himmel und Erde regiert und die Blitze sendet, wurde Jupiter[194] verehrt; neben ihm
und mit ihm gemeinsam die Göttinnen Juno und Menerva oder Minerva. Auch stand um
Jupiter eine Versammlung von zwölf hohen Göttern, Consentes genannt, sechs männliche
und ebensoviel weibliche. – Eigentlicher Nationalgott dieser mittelitalischen Gebiete war
Mars oder Mavors, bei den Sabinern Quirinus, ursprünglich ein Gott des Frühlings und
der Fruchtbarkeit, welcher Herden und Äcker gedeihen läßt, aber auch gegen Feinde ver-
teidigen hilft und die Seinigen zum Siege führt; daher weiterhin seine kriegerische Natur
vortrat. Wolf und Specht waren ihm geheiligt, und sein Attribut war, besonders in Rom,
der Speer. Zur Gemahlin war ihm die sabinische Göttin Nerio (Neriene) gegeben, wahrscheinlich ein mit Minerva verwandter Name. Auch die volkstümliche Anna Perenna, in
deren am Tiberufer gelegene Haine ein lustiges Frühlingsfest gefeiert wurde, gehört, wahrscheinlich als Göttin der sich erneuenden Fruchtbarkeit, in den Kreis des Mars.[195] Ganz
eigentümlich war die bei den Sabinern und Latinern übliche Sitte des „Weihefrühlings"
oder des „heiligen Lenzes", ver sacrum. Wenn schwere Zeit, wie Mißwachs und Pestilenz,
über das Land kam, oder wenn im Kampfgedränge die Hoffnung auf den Sieg schwand,
dann wurde gelobt, alles, was der nächste Frühling bringen würde, dem Mars zu weihen.
Der Ertrag der Herden und die Früchte des Feldes wurden wirklich zum Opfer gebracht;
die in einem solchen Weihefrühling geborenen Kinder ließ man heranwachsen, bis sie als
Jünglinge oder Jungfrauen, als eine dem Gott geweihte Schar, über die Grenzen des Landes
getrieben wurden. Der Sage nach suchten sie, gewöhnlich von einem dem Mars geheiligten
Tiere geführt, eine neue Heimat, und mehrere italische Völkerschaften leiteten ihren Ursprung von solchen Weihescharen ab.[196] – Eine sehr alte, besonders in die mythische Vorzeit der Latiner hinaufreichende Gottheit war Saturnus. Jedenfalls ein Gott der Erde und
ihrer in der Feldfrucht erscheinenden Kraft, ein Gott der Saaten, ist er überhaupt als der
Begründer und Schützer des Ackerbaues verehrt worden. Die Zeit seiner Herrschaft wurde als die des goldenen Zeitalters gepriesen. Da war keine Dienstbarkeit, denn es gab in
allgemeiner Gleichheit weder Sklaven noch Herren; niemand besaß gesondertes Eigentum,
weil alles gemeinsam und ungeteilt allen gehörte; der goldene Friede waltete überall und
die Fülle ohne der Arbeit Mühe und Last. Auch in andrer Weise noch war der Name des
Saturnus mit der sagenhaften Vorzeit verknüpft. Er galt als der Vater des Picus, der mit
seinem Sohne Faunus zu den ältesten Nationalgöttern Italiens gehörte. Nach dem Saturnus soll das Land Saturnia geheißen haben, und auch Latium, das Land der Latiner, verdankte ihm seinen Namen. Denn mit diesem alten Nationalgotte verschwisterte sich die
Sage vom griechischen Kronos. Als Saturnus von Jupiter entthront war, kam er nach langem Umherirren an die Mündung der Tiber. Er fuhr den Strom hinauf bis zum Hügel

Janiculum, wo ihn der in der Sage gleichfalls vielberühmte Janus gastlich aufnahm. Nun wohnte Saturnus am Fuße des Hügels, welcher nach ihm der saturnische, später aber der capitolinische hieß, und er gab dem Lande, wo er Verborgenheit und Zuflucht gefunden hatte, den Namen Latium. Auch hier kam mit ihm die glückliche Zeit der Gerechtigkeit und des sorglosen Friedens, so daß, als er hinweggeschwunden war, sein Andenken in dankbarer Verehrung blieb. Sein Attribut, die Sichel oder das Winzermesser, zeigen auf seine Bedeutung als Stifter des Ackerbaues, der Baumzucht und des Weinbaues hin. Später, unter dem Einfluß der zunehmenden Hellenisierung des Götterwesens, ist Saturnus immer mehr dem griechischen Kronos gleichgestellt worden und endlich in einen Gott der Zeit übergegangen. An die frühere Bedeutung lehnte sich das Fest der Saturnalien, welches um die Zeit der Winter-Sonnenwende vom 17. Dezember an sieben Tage lang gefeiert wurde. Es war eins der volkstümlichsten Feste in Rom. Die Gerichte und ihre Strafen ruhten, denn es sollte Frieden sein; die Sklaven wurden den Herrn gleichgehalten oder wohl gar von diesen bedient, um an die Gleichheit der goldenen Zeit zu erinnern; eine lärmende Festlust durchtönte die Stadt, denn alle Häuser waren zu Fülle und Wohlleben gerüstet, und man suchte sich die Freude durch gegenseitige Geschenke, unter denen kleine Figuren von Ton und Kerzen besonders beliebt waren, zu erhöhen. Die Gemahlin des Saturnus, Ops oder Opis, war gleich ihm eine gütige Gottheit der Fülle und des Überflusses in Beziehung auf Saat und Ernte, dann aber auch die Göttin, welche als Erdmutter die neugeborenen Kinder in ihren Schoß aufnimmt und nährt. In den Saturnalien wurden auch der Ops Opfer dargebracht, und zwei Tage des Festes hießen Opalia. Neben Saturnus-Kronos ist Ops im Laufe der Zeit völlig zur griechischen Rhea ganz im Sinne einer großen Göttermutter geworden. Als alte Gottheiten der Saat und der Ernte sind noch Consus, welchem im August ein Fest gefeiert wurde, und die Dea Dia, die Göttin der Arvalischen Brüder, zu nennen. – Neben diesen Gottheiten des Feldbaues gab es auch eine Hirten- und Herden-Gottheit, Pales genannt. Der Name, wohl zusammenhängend mit dem des Palatinischen Hügels, findet sich mitunter von einer männlichen Gottheit gebraucht, gewöhnlich aber und als die bei dem zugehörigen Feste gefeierte Gottheit wurde Pales als Göttin gedacht. Die Gebräuche dieses Festes, welches am 21. April begangen wurde, Palilia oder Parilia hieß und als Gründungsfeier der Stadt Rom galt, weisen darauf hin, daß Pales eine Gottheit der einfachen Zustände des Hirtenlebens war. Der Schutz der Herde gegen hereinbrechende Fruchtbarkeit des Viehes und für den Hirten Wohlwollen und günstiges Walten, dies alles ging von Pales aus und wurde von ihr erbeten. Das Fest war sehr alt; es soll schon vor der Eroberung Roms gefeiert worden sein. Ein eigentümlicher Gebrauch dabei war der Sprung durch das Feuer. Wenn die versammelten Hirten im Jubel der Festlust von lustigem Liedersang und reichlichem Weine fröhlich geworden waren, dann wurden die leichte Strohhaufen angezündet, und die Hirten sprangen durch die heiligen Flammen. Wahrscheinlich lag dieser Gewohnheit ein tieferer, später vergessener Gedanke zugrunde, entweder an die reinigende, sühnende Kraft des Feuers oder an einen stellvertretenden Ersatz für abgeschaffte Opfer; vielleicht war es auch nur ein in ausgelassener Stimmung einmal aufgekommener und dann festgehaltener Gebrauch. – Das religiöse Ansehn des auf dem häuslichen Herde brennenden Feuers war auch in Italien sehr alt, und Vesta, die Göttin des Herdfeuers, gehörte zu den bei den altitalischen Volksstämmen heimischen Gottheiten. Ihr Dienst ist in Rom eingeführt und, wie wir sehen werden, mit großer Treue bewahrt worden.

Dies sind die vornehmsten italischen Gottheiten, welche in das römische Götterwesen übergegangen sind. Unter den minder bedeutenden möchten wir noch des Semo Sancus gedenken, eines bei den Sabinern verehrten Heros, welcher dem Herkules[197] gleichbedeutend gewesen sein soll. In Rom, wohin die Sabiner seinen Kultus mitbrachten, hieß er auch Dius Fidius und galt für einen Gott der Wahrheit, des Worthaltens und der Treue, also für einen Schwurgott. Da er bei Eidschwüren nur unter freiem Himmel angerufen werden durfte, so hatte man in dem Dache seines Tempels eine Öffnung gelassen, so daß der Schwörende unter den sichtbaren Himmel treten konnte.

Mehr des Ursprungs als der Verehrung wegen ist unter den Gottheiten dieses Abschnitts noch der etruskische Tag zu erwähnen. In der Nähe der Stadt Tarquinii erhob sich einst beim Pflügen des Ackers aus der Furche ein Knabe, ausgerüstet mit der Weisheit eines Greises. Er lehrte sogleich die Kenntnis göttlicher Dinge, das Verständnis des Vogelfluges und die Kunst, in den Eingeweiden der Opfertiere die Anzeigen der Gottheit zu lesen. Ihm und seinem Schüler Bakches verdankten die etruskischen Priester die heiligen Bücher mit den Belehrungen über die religiösen Gebräuche, die Entsühnungen und die Meteore; denn dieses alles, besonders auch die Lehre von der Bedeutung der Blitze, wurde in dem Kultus der Etrusker mit dem peinlichsten Eifer abgewartet. Auch soll Tages Unterweisungen über die Natur des Bodens, über den Einfluß der Witterung, den Lauf der Sterne und die Zeiten des Jahres gegeben haben, so daß dieses greisenhafte Kind unter den Mythen von den ältesten Gründern des Ackerbaues eine Stelle erhalten hat.

2. Grundlagen des Kultus im alten Rom

a) Anfänge durch Romulus

Alles, was die sagenhaften Nachrichten von Romulus, dem Gründer der Weltstadt, erzählen, zeigt, daß die Anfänge Roms nicht ohne Verehrung der Götter gewesen sind, aber eine feste, von vornherein eigentümliche religiöse Einrichtung nicht gehabt haben. Einzelne Charakterzüge der Sage bestätigen, daß die Verehrung des Jupiter und des Mars, angelehnt an altitalische Überlieferungen, in der neugegründeten Stadt ein besonderes Ansehen genoß. Romulus soll nach seinem Siege über Akron, den König von Caenina, dessen Waffen und Rüstung auf einem Gestell zur Figur geordnet, die ersten Spolia opima, dem Jupiter Feretrius geweiht haben, und als im Kampfe gegen die Sabiner das Römerheer zurückwich, erhob Romulus die Hände zum Himmel und wandte sich mit Flehen und Gelübden an Jupiter Stator (den standhaltenden Jupiter). Als die Weichenden dies sahen, verwandelte sich ihr Zagen in kühnen Mut, und sie hielten wiederum stand. Daß die Verehrung des Mars zu den Anfängen Roms gehöre, wird durch die enge Verbindung dargetan, in welche Romulus zu dem Gotte gesetzt wurde. Mars soll sein Vater gewesen sein, seine heiligen Tiere Wolf und Specht sollen die ausgesetzten Zwillinge Romulus und Remus genährt haben, und nach seinem Tode oder vielmehr seinem Verschwinden wurde der vergötterte Romulus als Quirinus mit Mars verschwistert. Auch jener Vorfall, wo aus der Lanze des Königs ein Kornellenbaum emporwächst, scheint den zum Kultus des Mars oder Quirinus gehörenden Ideenkreis zu berühren. Romulus schleuderte einst seine Lanze vom Aventinus mit solcher Kraft herab, daß niemand vermochte, sie wieder aus dem Boden herauszuziehen. Der Schaft von Kornellenholz trieb Wurzeln und wuchs zu einem außerordentlich großen Kornellenbaum auf, der gleichsam als die fortgrünende Lanze des Romulus-Quirinus für ein Heiligtum gehalten und mit einer Mauer umzogen wurde, weil man glaubte, daß von seinem Wachstum und Gedeihen das Fortbestehen der Stadt abhänge.

Zu den in die Sagenzeit des Romulus hinaufreichenden Anfängen gehört auch der schon erwähnte Gott Consus und sein Fest, die Consualia. Die Bedeutung dieses Gottes und die Erklärung seines Namens war im späteren Rom unsicher geworden. Man hielt ihn für einen Gott des Rates oder wegen der Wettrennen bei dem Hauptfeste für den ritterlichen Neptun (Neptunus Equester), aber er wird mit größerem Rechte für einen Gott der Erde und des Ackerbaues zu halten sein, der in der verborgenen Tiefe kräftig ist. Sein Altar war unterirdisch und versteckt. Immer mit Erde überschüttet, wurde er nur an seinen Festen aufgedeckt. Romulus habe diesen verborgenen Altar gefunden, so heißt es, und zwar zu der Zeit, wo er die Notwendigkeit erkannt hatte, den Einwohnern seiner Stadt Frauen durch Raub zu verschaffen. Er kündigte nun zur Feier der Entdeckung des Altars ein glänzendes Opfer und festliche Wettkämpfe an, zu denen er die benachbarte Umgegend einlud. Viele kamen, zum größten Teile Sabiner; die Römer stürzten bei dem von Romulus gegebenen Zeichen auf die Zuschauer los und raubten die Töchter der Sabiner, während sie diese selbst unverfolgt entfliehen ließen. Das durch die Erinnerung an diesen Raub der Sabinerinnen berühmte Fest der Consualien wurde im August begangen. Die Vestalinnen brachten das Opfer, darauf fand das Wettrennen statt; alle Zugtiere aber durften an diesem Tage ruhen, auch pflegte man dieselben zu bekränzen. Wahrscheinlich war also die Feier ein Fest nach vollendeter und in die Scheuern geborgener Ernte.

Ein anderes mit den Sagen von Romulus sich verknüpfendes Fest war das der Arvalischen Brüderschaften. Acca Larentia, die Gattin des Hirten Faustulus, welcher die in der Wanne ausgesetzten Zwillingssöhne der Rhea Silvia gefunden und mit sich genommen hatte, war nicht allein die Pflegemutter der Zwillinge geworden, sondern auch die Mutter von zwölf eigenen Söhnen, mit denen sie alljährlich ein Opfer für die Fruchtbarkeit der Äcker brachte. Einer der Söhne starb, und Romulus trat an seine Stelle, worauf er mit seinen Genossen das Collegium der Arvalischen Brüder stiftete. Ihre Gottheit, der sie dienten, hieß Dea Dia, wahrscheinlich nur im Namen von der Acca Larentia verschieden und gleichfalls eine Göttin der Fluren und des Ackerbaues, die an die griechische Ceres (auch an den Namen Deo) erinnert. Die Arvalische Brüderschaft, an deren Spitze ein Vorsteher oder Meister (Magister) stand, feierte im Mai ihr mehrtägiges Hauptfest. Opfer und mancherlei Zeremonien, besonders die segnende Berührung getrockneter und frischer Feldfrüchte, Gebete und feierliche Mahlzeiten im Hause des Meisters, wobei am Schluß Salben und Rosen verteilt wurden, waren die festlichen Gebräuche des ersten und letzten Tages; am mittleren Festtage fand eine mehr öffentliche Feier in dem vor dem Tore gelegenen Haine der Dea Dia statt. Mit verhülltem Haupte, geschmückt mit dem Ährenkranz und der weißen Binde zogen die Brüder hinauf zum Haine der Göttin, dann in den Tempel derselben und vollzogen unter Absingung eines sehr alten Liedes, dessen Inhalt ein Gebet um den Schutz der Gottheit war, ihre treu bewahrten Festgewohnheiten und Gebräuche. Darauf folgte die Wahl des Meisters für das nächste Jahr, und ein Wettrennen mit Verteilung silberner Kränze an die Sieger beschloß dann das Fest in dem Haine. Wenn auch die Traditionen dieser Arvalischen Brüder sowie die Wurzeln der anderen hier angedeuteten Sagen zu Romulus hinaufreichen, so darf doch deshalb nicht die Meinung entstehen, daß die angedeuteten Zustände und Einrichtungen schon damals in ihrem späteren Umfange vorhanden gewesen seien. Die Anfänge der Kultusgebräuche Roms sind ohne wesentliche Bedeutung; erst Numa hat ein römisches Religionswesen gegründet.

b) Die religiösen Einrichtungen des Numa Pompilius

Als der Sabiner Numa zum König erwählt worden war, schritt er von Auguren und Priestern begleitet den Tarpejischen Hügel hinauf, um vor seiner Annahme der Würde den Willen der Gottheit zu erforschen. Der Augur wandte ihm das verhüllte Gesicht gegen Mittag, trat dann hinter ihn, berührte sein Haupt mit der Rechten, sprach ein Gebet und schaute ringsum, wie sich der Wille der Götter im Fluge der Vögel oder anderen Zeichen werde zu erkennen geben. Lautloses Schweigen herrschte unter der Menschenmenge unten auf dem Marktplatze, indem alle mit gespannter Erwartung der Entscheidung harrten, bis günstige Vögel erschienen und rechts heranflogen. Nun erst legte Numa den Königsmantel um und stieg zum Volke herab, welches ihn mit lauten Freuderufen willkommen hieß.

In dieser Erzählung deutet die Überlieferung auf den Geist hin, der mit Numa zur Herrschaft kam. Dieser König darf als der religiöse Gesetzgeber Roms gelten. Er hat der Stadt und ihren Einrichtungen sowie dem Sinne der Bürger eine mystisch-zeremonielle Ehrfurcht und mit ihr jenes festgegründete Wesen aufgeprägt, welches aus der gesicherten Gemeinschaft mit den Unsichtbaren hervorgeht. Diese Religiosität ist einer der Grundpfeiler geworden, auf denen Roms Macht und Größe emporgestiegen ist. Etwas durchaus Neues war es nicht, was Numa ersann und einführte, nicht eine systematisch ausgedachte Lehre, noch weniger ein einfacher, die Dinge um sich her beglänzender Grundgedanke. Numa lehnte seine Religions-Verfassung an die altitalischen Namen und Vorstellungen an, er benutzte nationale Gewohnheiten und Gebräuche für seinen Kultus. Diese älteren Elemente müssen ein einfaches und nahezu bildloses Wesen gehabt haben, denn Numa duldete keine Bilder der Gottheit, keine Darstellungen in Tier- oder Menschengestalt, wohl in der Erkenntnis, daß es unheilig sei, das Edlere duch das Unedlere darzustellen; auch die Tempel waren mehr nur geheiligte Räume mit einem einfachen Altar als prangende Gebäude, welche die Würde der Gottheit auch in ihrem Hause hätten darstellen wollen. Mit Genugtuung erzählen die alten Berichte, daß einhundertsiebzig Jahre lang kein Götterbild, weder von der Hand des Malers noch des Bildners, in Rom vorhanden gewesen sei. Aber wenn Numa die sinnlich wahrnehmbar gestaltete Vergegenwärtigung der Gottheit von seinen gottesdienstlichen Einrichtungen fernhielt, so hat er das Gefühl von der Nähe des göttlichen Numens desto fester durch Zeremonien in das Gemüt geprägt und die Abhängigkeit von der Gottheit durch genau vorgeschriebene Gebräuche darin lebendig erhalten. Zu dieser Vielbeschäftigung des Gewissens oder vielmehr zu dem Bedürfnis, sich durch genaue Erfüllung dieses Formendienstes den Göttern gegenüber sicherzustellen, kam dann noch die Bedeutung so vieler Zufälligkeiten als Götterzeichen hinzu, wodurch das Leben mit einer tiefen Scheu vor jenen Dingen umstrickt wurde, welche jeder Einwirkung des menschlichen Willens entzogen waren.

Ohne einen inhaltsvollen Kern und ohne ein tiefgreifendes Grundprinzip, wie diese Religion beschaffen war, ist Numas Bedeutung als Religionsstifter nur eine lokal beschränkte geblieben, dennoch erschien sein Werk so großartig und tauchte mit soviel Eigentümlichkeit vor den Blicken der Menschen auf, daß ein göttlicher Ursprung oder doch eine andre bedeutsame Entstehung wahrscheinlich erschien. Numa soll, so heißt es, mit dem griechischen Philosophen Pythagoras in Verkehr gestanden haben und durch dessen Lehren zum Gesetzgeber gebildet worden sein; eine andre bedeutendere Sage ist die von seiner Verbindung mit der Göttin oder Nymphe Egeria. Sie war eine der Kamenen, Quellnymphen und weissagende Gottheiten, welche später den griechischen Musen gleichgestellt worden sind. Vor dem Kapenischen Tore lag der ihnen geheiligte Hain, und dort lag auch die Grotte und der Quell der Egeria. Die Sage erzählt von ihrer Liebe zu dem König Numa, von seinen Zusammenkünften mit ihr in der Grotte und wie er in dem Genusse ihres Umganges und eines überirdischen Ehebundes ein hocherleuchteter Mann geworden sei und nach ihrer Anweisung den römischen Gottesdienst geordnet habe.

An die meisten der von Numa gegründeten Einrichtungen werden wir in einer kurzen Beschauung näher herantreten; hier genügt es also, sie zu nennen und zusammenzufassen. Er ordnete den Dienst des sabinischen Quirinus oder des vergötterten Romulus durch Einsetzung eines der angesehensten Priester, des Flamen Quirinalis; er verherrlichte den Dienst des Mars durch die Stiftung der Priesterschaft der Salier; der Kultus der Vesta wurde in Rom eingeführt und als Amt der Vestalischen Jungfrauen gegründet; auch der Verehrung des altitalischen Janus errichtete er ein Heiligtum und gewann eine Gemeinschaft mit Picus und Faunus, welche ebenso zu den älteren Gottheiten gehörten; der Fides und dem Terminus erbaute er den ersten Tempel, und endlich setzte er die Kollegien der Pontifices und der Fetialen ein, ordnete auch die wohl schon vor ihm bestehende Tätigkeit der Auguren waren.

c) Erweiterung des Kultus durch die Tarquinier

In diese einfachen Anfänge drang durch die Tarquinier ein neues, prunkendes Element ein. Der Vater des älteren Tarquinius, Demaratos, war als Flüchtling aus Korinth nach der etrurischen Stadt Tarquinii gekommen und hatte die Vorliebe für griechische Götter und ihren Kultus auf seinen Sohn vererbt. Dieser hatte den Aufenthalt in Tarquinii mit dem in Rom vertauscht und war hier durch Tüchtigkeit, Volksgunst und rasche Entschlossenheit nach dem Tode des Ancus Marcius auf den Thron gelangt. Seine religiösen Überzeugungen begehrten eine andre Form des Götterdienstes als die, welche ihm in den mystischen Gebräuchen und wunderlichen Zeremonien der Stadt entgegentrat. Nach seiner Ansicht sollte die Macht und Hoheit der Götter nicht allein im fürchtenden Gemüte der Gläubigen oder in der stillen, scheuen Heiligkeit eines Platzes fühlbar sein, sondern in anschaubarer Majestät und Herrlichkeit erkennbar werden. Wie vorsichtig aber König Tarquinius in der Kundgebung seines Sinnes verfahren mußte, zeigt der Vorfall mit dem Augur Attus Navius. Der König hegte den Wunsch, die Zahl der Tribus (bisher drei: Ramner, Titier, Lucerer) zu vergrößern, also die bürgerliche Verfassung Roms abzuändern. Dem trat der Augur Attus Navius entgegen, es dürfe nur dann geschehen, wenn die Vögel günstige Anzeichen gäben. Da fährt der König im Zorne mit seinen verborgensten Gedanken heraus, und höhnend spricht er zum Augur: „Wohlan, weissage aus dem Vogelfluge, ob das geschehen könne, was ich jetzt im Sinne trage." Und jener vollzieht die Augurien, dann verkündet er, was der König sinne, werde geschehen. „Das habe ich in meiner Seele gedacht", spricht nun dieser, „daß du einen Wetzstein mit dem Schermesser durchschneiden werdest. Hier ist Stein und Messer, nimm und führe aus, was deine Vögel für möglich anzeigen!" Doch ohne Zögern ergreift der Augur das Dargereichte und zerschneidet den Wetzstein mit dem Schermesser. Der König unterließ die vorgehabte Änderung und hütete sich nach einer solchen Befestigung des Volksglaubens, denn der zerschnittene Stein blieb als Erinnerungszeichen an jener Stelle bewahrt, mit Neuerungen gegen den in Rom heimischen Kultus vorzugehen. Er ließ alles bestehen und suchte seinen Überzeugungen dadurch Raum zu schaffen, daß er einen neuen Götterdienst einrichtete oder vielmehr einem schon bestehenden eine andre Stelle und ein andres Wesen gab. Es war natürlich, daß sich diese reformatorische Erweiterung des Kultus der höchsten Gottheit zuwandte, und so war es der Dienst des Jupiter, welcher durch Tarquinius den älteren zu höherem Ansehen gehoben wurde. Zunächst benutzte er einen großen über die Etrusker errungenen Sieg, um in der Feier dieses Ereignisses ein altes, aber in Verfall geratenes Fest des Jupiter Latiaris auf dem Albanerberge wiederherzustellen und gleichsam neu zu stiften. Es war ein Bundesfest der unter Roms Führung verbündeten Städte und Staaten, zu dem alle obersten Würdenträger der Bundesglieder sich am Albanerberge versammelten und in feierlichem Zuge hinaufstiegen. Oben wurde ein junger weißer Stier von dem Konsul dem Jupiter Latiaris geopfert und dann ein gemeinsames Opfermahl gehalten. Dieses schöne Verbrüderungsfest, die sogenannten latinischen Ferien, wurde anfänglich zwei Tage, bald drei oder vier Tage lang gefeiert. Nach der Wiederherstellung dieses Festes mag in der Seele des Königs ein früher schon in einem Sabinerkriege getanes Gelübde zur Ausführung gedrängt haben, dem Jupiter als dem Lenker der Geschicke Roms hier ein Heiligtum zu erbauen, welches in der Majestät seines Anblickes den verkündigen sollte, der hier verehrt wurde. Der capitolinische, damals noch der tarpejische Hügel wurde als die Stätte des Tempels auserwählt; da aber der Raum der Hügelspitze zu beschränkt für einen solchen Bau erschien, so ließ Tarquinius mit gewaltigen Schüttungen und Unterbauten den geeigneten Platz herstellen. Über diesen Anfängen des Werkes traf den König der tödliche Streich des Meuchelmörders. Nicht sein unmittelbarer Nachfolger Servius Tullius, sondern sein nach diesem herrschender Sohn Tarquinius Superbus hat jenen Tempelbau weitergeführt und ihn den drei Gottheiten Jupiter, Juno und Minerva gewidmet.

3. Die drei capitolinischen Gottheiten

Es scheint bei den altitalischen Volksstämmen landesüblich gewesen zu sein, die drei Gottheiten Jupiter, Juno und Minerva gemeinsam zu verehren. Heiligtümer solcher Art waren bei den Etruskern, auch bei den Sabinern vorhanden. Indem nun die Tarquinier mit ihrem von griechischer Götterfurcht erfüllten Sinne die Verehrung Jupiters zu erhöhen trachteten, befriedigten sie durch die Vereinigung der drei capitolinischen Gottheiten zugleich ein einheimisches religiöses Grundprinzip. Jedenfalls haben die Tarquinier gemeint, mit der Aufstellung dieser drei gemeinsamen Gottheiten einen sehr hohen und ehrwürdigen Gottesdienst, ja den ehrwürdigsten unter allen, in Rom einzuführen.

Wunderzeichen verkündigten den Vorzug des Ortes. Bei der Aufrichtung der Grundfesten des Tempels fand man in der aufgedeckten Tiefe ein Menschenhaupt mit unversehrtem Antlitz. Das war ein Zeichen, daß die Stätte das Haupt des Erdkreises sein werde, und der Hügel hieß fortan das Capitolium. Noch eine andere Götteranzeige belebte die Heiligkeit dieses Raumes. Es waren schon damals auf der tarpejischen Höhe mehrere kleine

Tempel und Heiligtümer errichtet worden. Wohl um den Raum nicht eingeschränkt zu sehen, wohl auch um die Stätte der ungeteilten Verehrung der drei hohen Tempelgötter weihen zu können, wurde die Verlegung jener kleinen Heiligtümer beschlossen, was natürlich ohne Befragung der Augurien nicht geschehen durfte. Bei allen willigten die Vogelzeichen in die Ausweihung, nur bei den Tempeln des Terminus und der Juventas stimmten sie nicht ein; daher verblieben diese in dem neuen Tempelraume, und man erblickte in dem Vorgange eine Verheißung, daß das Reich in ewiger Jugend und Festigkeit bestehen werde. Der Tempel selbst, welchen Tarquinius Superbus fast bis zur Vollendung führte, dessen Einweihung aber in den ersten Jahren der Republik erfolgte, war nach altitalischer oder etruskischer Bauweise aufgeführt. Er bestand aus einer vorderen, nach Süden gerichteten Hälfte, welche nur von Säulen eingenommen und von keiner Mauer umschlossen war; in der hinteren Hälfte dagegen befanden sich unter dem gemeinsamen Dach die drei Cellen der capitolinischen Gottheiten. In der mittleren und größten Celle thronte das aus Ton gebrannte und von etruskischen Künstlern gearbeitete Bild des Jupiter, den Blitz in der Rechten haltend; in den kleineren Cellen rechts und links standen die Bilder der Minerva und der Juno. Auf der Spitze des vorderen Giebels war Jupiter das Viergespann lenkend zu schauen. Das Bauwerk im Ganzen wie in seinen Teilen trug den Charakter der Großartigkeit und Majestät und war ein des römischen Namens würdiges Nationalheiligtum. Hier legte die dankbare Verehrung römischer Heerführer und Staatsmänner, später die zitternde Ergebenheit unterworfener Völker kostbare Weihegeschenke nieder; hier bildete sich ein Mittelpunkt nicht bloß für die Aufstellung andrer Götterbilder, welche sich um die drei großen Götter scharten, sondern auch für die Statuen berühmter Römer, so daß der Platz um den Tempel wie eine verkörperte Geschichte römischer Vaterlandsliebe und Großtaten dem Beschauer entgegentrat.[198] Zu diesem Heiligtume stiegen die siegreichen Heerführer, wenn sie im Triumphe in Rom einzogen, hinauf und legten einen Lorbeerkranz oder einen Palmenzweig vor das Bild Jupiters nieder, wodurch der Triumph selbst in seinem Glanze und seiner Würde wie ein dem Gotte dargebrachtes Opfer erschien. War so das capitolinische Heiligtum als der höchste Hort des römischen Staatslebens aufs innigste mit demselben verbunden, so erhielten andrerseits die jährlich wiederkehrenden Festspiele und feierlichen Opfer das Ansehen dieser Stätte im Volksleben unvergänglich. Es waren dies namentlich die im September abgehaltenen Römischen Spiele, das größte und beliebteste Fest der Hauptstadt. Nachdem wie auf dem Albanerberge ein weißer Stier geopfert worden war, folgte der Opferschmaus (das Jupitersmahl) auf dem Capitol, an welchem die vornehmsten Magistratspersonen teilnahmen; dann bewegte sich eine reichbelebte Prozession vom Capitol herab über das Forum in den Circus, voran der Consul oder Prätor, welcher den Vorsitz bei den Spielen führte, mit dem Purpurmantel geschmückt und begleitet von seinen Angehörigen und der Schar seiner Clienten; hinter ihm die sogenannten Tensen oder Wagen der drei capitolinischen Götter mit ihren Attributen, worauf ein buntes Gewühl von Männern zu Pferde und zu Fuß, Priestern mit Götterbildern; von Opfertieren, von Tänzern und Musikern sich anschloß. Die Spiele auf der Rennbahn des mit einer dichtgedrängten Volksmenge besetzten Circus waren ursprünglich nur circensische, d. h. Wettrennen, mit der Zeit aber traten auch Bühnenspiele hinzu.

Der ältere Tarquinius, auf welchen die Stiftung dieser römischen Spiele zurückreicht, hatte dabei wohl im Sinne, ein durch feierliche Würde und Glanz ausgezeichnetes Gegenbild zu den altitalischen Festgewohnheiten, welche stark an die lustigen Scherze des Hirtenlebens und an ländliche Einfachheit erinnerten, aufzustellen. Eine andre, stillere, aber sehr mächtige Gegenwirkung gegen das Übergewicht der Auguren und Pontifices führte Tarquinius Superbus durch die sibyllinischen Bücher herbei. Die Sage ist bekannt, wie die kumäische Sibylle in der Gestalt einer Greisin dem König neun Bücher, dann nachdem sie auf seine Ablehnung drei ins Feuer geworfen, sechs und nach Wiederholung des Vorgangs die letzten drei, immer um den anfänglich für alle genannten Preis, angeboten habe. Diese drei Bücher kaufte der König. Sie enthielten Sprüche und Weissagungen der Sibylle, in griechischer Sprache abgefaßt und mit der Verehrung des Orakelgottes Apollo zusammenhängend. Tarquinius ließ diese heiligen Bücher in dem capitolinischen Tempel bewahren und setzte eine priesterliche Genossenschaft zu ihrer Beaufsichtigung und Befragung ein. In Zeiten der Not und bei außerordentlichen Veranlassungen geschah diese Befragung, jedoch stets nur auf Anordnung des Senates. Griechische Dolmetscher sorgten für das richtige Verständis der Sprüche, alle hierher gehörenden Opfer und Zeremonien wurden nach griechischem Herkommen vollbracht, und mehrere ansehnliche griechische Götterdienste sind auf das Geheiß der sibyllinischen Bücher in Rom eingeführt worden. Es kam mit ihnen ein das altitalische Religionswesen leise verdrängendes Element aus Griechenland herüber; vielleicht eine nachgeholte Antwort auf jenen Vorfall, wo der Augur dem älteren Tarquinius den zerschnittenen Stein entgegengehalten und der König in scheinbarer Fügsamkeit geschwiegen hatte.

Wenden wir uns nun noch mit einigen Blicken zu den capitolinischen Gottheiten selbst zurück! Jupiter erscheint, gleich seinem Gegenbilde, dem griechischen Zeus, als der höchste Gebieter in der lichten Himmelshöhe, der die Blitze schleudert und den Donner rollen läßt, von dem Regen, Hagel und Schnee, überhaupt der Wechsel der Jahreszeiten herrührt. Aber er ist auch der gütige oder der zürnende Spender der Geschicke um Menschenleben, der Schützer des Rechtes und der Treue, weshalb es ihm besonders zusteht, die Herrschaft über die Gewaltigen der Erde in gleicher Weise zu üben, wie diese über die Völker gebieten. Obwohl er bestimmt der Allesvermögende und der König der Götter genannt wird, fehlt um den Jupiter her doch die Herrscherherrlichkeit des Olymp und die schöpferische Fülle der griechischen Sage. Für diesen Mangel an poetischer Verherrlichung war ihm aber eine andre reale Würde gegeben; er war der Jupiter Optimus Maximus, d. h. der Vollkommenste und Mächtigste, und als solcher das „ideale Staatsoberhaupt" von Rom. Bei allen großen Akten des römischen Staatslebens wurde der Jupiter auf dem Capitole angerufen und verehrt, und zwar nicht bloß im Sinne einer der höchsten Gottheit schuldigen Pietät, sondern auch mit dem Gedanken, daß ihm als dem Herrscher und unsichtbaren Lenker des staatlichen Lebens Weihe und Verehrung gebühre. – Neben diesem Jupiter Optimus Maximus gab es noch mannigfaltige, auf einzelne Machterweisungen bezügliche Kulte, wie J. Stator, der Standhaltende – J. Feretrius, welchem die spolia opima geweiht wurden – J. Victor, der Gott des Sieges – J. Fulgurator und J. Tonans[199], von dem Blitz und dem Donner, der in seiner Hand ruhte, u. a.

Juno war das Vorbild matronaler Würde und Wirksamkeit. Sie waltete als Schutzgottheit über dem weiblichen Leben, namentlich über Ehe und Mütterlichkeit, und fast alles, was an Attributen und Kultusgewohnheiten ihr zugehörte, hatte einen Bezug auf jene Gebiete. Dazu trat ihre Würde als Gemahlin Jupiters, obwohl dieses Verhältnis bei der Ausschließung aller Liebesabenteuer und daraus entstehender Verwicklungen ein sehr ruhiges blieb und außer der Erhebung zur Königin des Himmels wenig Verherrlichung in sich trug. Der Juno waren die ersten Tage des Monats (calendae) als die des beginnenden Wachstums der Mondscheibe geheiligt; jedenfalls auch in Beziehung auf das eigentliche Gebiet der Göttin, denn wie das Licht, so ringt sich auch das Leben aus dem Dunkel heraus. Der Monat Junius, dessen Kalenden der Juno in erhöhter Bedeutung heilig waren, hatte seinen Namen nach ihr erhalten. In der Hauptsache muß festgehalten werden, daß Juno eine Vorsteherin und Helferin des weiblichen Lebens war; dafür zeugt der altitalische Volksglaube, daß, wie jedes männliche Wesen seinen Genius habe, der mit ihm entstehe und vergehe, so habe jede Frau und jedes Mädchen ihre Juno, welche man zur Beteuerung anrief („Bei meiner Juno!") und der am Geburtstage geopfert wurde.

Wie bei Jupiter so gab es auch bei dieser Gottheit mehrere abgezweigte Kultusformen. In dem capitolinischen Heiligtume wurde Juno als Himmelskönigin verehrt; ihr Bild, ein goldnes Zepter haltend, stand in der Cella zur Linken des Donnergotes. Hier wurden die der Juno geheiligten Gänse unterhalten, und es gibt einen Beweis für die religiöse Gewissenhaftigkeit der Römer, daß bei der Belagerung des Capitols durch die Gallier, als die Not der Belagerten schon sehr hoch gestiegen war, dennoch niemand sich an den heiligen Vögeln vergriff. Dieser Enthaltsamkeit verdankten sie ihre Rettung. Denn durch das Schreien der Gänse und ihr unruhiges Flügelschlagen in der Nacht, wo die Gallier das Capitol erstiegen, wurde Manlius aufgeweckt, der nun mit schnell ergriffenen Waffen dem Feinde entgegenstürzte und seine Genossen wach rief. Zur Feier dieses Ereignisses wurde alljährlich bei Wiederkehr dieses Tages eine Gans auf einer Sänfte in ansehnlichem Umzuge um den Tempel getragen. – Am meisten und ihrer Bedeutung auch völlig entsprechend wurde Juno als Lucina, d. h. als Licht und Leben bringende Göttin, verehrt, besonders von den Frauen mit mancherlei Gebräuchen vor und nach der Entbindung. Am 1. März wurde dieser Göt-

tin ein Fest des ehelichen und häuslichen Glücks, die Matronalien, gefeiert. – Ein andrer auch sehr angesehener und besonders in der alten Stadt Lanuvium heimischer Kultus war der der Juno Sospita. Diese Göttin wurde in einem eigentümlichen Bilde verehrt (Fig. 92). Über das Gewand war ein Ziegenfell geworfen, welches zugleich als Helm und Panzer diente. Bemerkenswert sind auch die gebogenen Schnabelschuhe und die Schlange zu den Füßen des Bildes. Der Schild ist eingebogen, mit der Rechten erhebt die Göttin den Jagdspieß, der Ausdruck des Antlitzes ist streng. Wahrscheinlich war also diese Juno Sospita eine kriegerische Göttin. Doch deutet ein andrer Gebrauch darauf hin, daß sie zugleich eine Göttin des Naturlebens und der Weiblichkeit war. Bei dem Tempel zu Lanuvium lag ein Hain mit einer Höhle, worin die Schlange der Göttin sich aufhielt. Zur Zeit des wiederkehrenden Frühlings wurde eine Jungfrau mit verbundenen Augen in die Höhle geführt, um der Schlange einen Opferkuchen darzubringen. Wenn das Tier von dem Opfer genoß, so rief das versammelte Volk: „Das Jahr wird fruchtbar sein!" Das Gegenteil wurde für eine Vorbedeutung der Unfruchtbarkeit gehalten, und zugleich galt der Vorfall

Fig. 92

auch für eine Prüfung der Jungfräulichkeit des Mädchens. – Unter den übrigen Formen des Junodienstes (die Sabinische J. Curilis, die J. Pronuba) heben wir noch die Juno Lacinia hervor, deren Tempel in der Höhe von Kroton in Unteritalien lag.

Minerva, die dritte der capitolinischen Gottheiten war auch eine altitalische, besonders in Etrurien verehrte Gottheit, deren Bedeutung schon in dieser ursprünglichen Verehrung auf das Gebiet der Intelligenz zurückzuführen ist. Als Tarquinius die Minerva an die andre Seite Jupiters stellte – ihr Bild stand in der Cella ihm zur Rechten – tat er es gewiß in dem Sinne, daß die höchste Gottheit des römischen Staates umgeben sein solle von den Schutzgottheiten der zeugenden und der erfindsam-bildenden Kraft. Die waltende Macht der Geschicke stützt sich gleichsam auf die Spenderinnen des Ehesegens und der sinnigen Betriebsamkeit. Minerva war in dieser älteren römischen Auffassung noch nicht die Göttin der Wissenschaft und der Geistigkeit, sondern die Patronin gewerblicher Geschicklichkeit und Erfindungskraft. Daher wurde ihr im März gefeiertes Fest, Quinquatrus genannt, von mehreren Handwerksgenossenschaften fröhlich mitgefeiert, besonders aber von den Hausfrauen und Töchtern, weil Minerva als Erfinderin der Webekunst und Spinnerei die Beschützerin dieser häuslichen Tätigkeiten war. Auch als allmählich die römische Minerva immer mehr der griechischen Pallas-Athene gleichgestellt wurde, blieb die friedliche Seite ihres Wesens in der öffentlichen Verehrung bevorzugt. Das kriegerische Wesen der Göttin mit Helm und Lanze kam in Rom niemals zu allgemeiner Geltung, es verschwand nach und nach völlig, und Minerva war ausschließlich die gefeierte Göttin aller geistigen Bestrebungen in Künsten und Wissenschaft, natürlich auch die Patronin aller Stätten der Intelligenz. – Mit dem Mythenkreise der Pallas-Athene hing das Palladium zusammen, ein vom Himmel gefallenes Bild der Göttin, welches durch Aeneas nach Italien gebracht worden war und zu Rom im Tempel der Vesta aufbewahrt wurde. Es galt als eines der ehrwürdigsten Heiligtümer der Stadt und als eines der Unterpfänder ihres Bestehens.

4. Janus

Janus ist ein mythologisches Rätsel genannt worden, und gewiß nicht mit Unrecht. Unzweifelhaft war er ein sehr alter italischer Gott, denn er wird geradezu als der älteste der Götter bezeichnet. Die mit seinem Kultus in Rom verbundenen Gebräuche sind stehengeblieben, während sich die Kunde von dem ihm eigentümlichen Wesen verloren hat. Dann sind neue, obwohl dem Alten verwandte Anschauungen und Gewohnheiten zu diesem hinzugetreten, und dieses Spätere und Frühere ist wiederum mit dem Fortgange der Zeit durch Alter ehrwürdig geworden. So ist es gekommen, daß schon im römischen Altertum die eigentliche Bedeutung seines Wesens unbekannt geworden war und daß die Ansichten über die ihm zugehörigen Gebräuche, selbst über seine Gestalt nach verschiedenen Richtungen hin schwankten. Neuere Forscher haben aus dem Namen Janus, als der Maskulinform zu der Mondgöttin Jana oder Diana, die Behauptung hergeleitet, daß Janus ein alter Licht- und Sonnengott gewesen, dessen ursprüngliche Bedeutung als Pförtner und Eröffner des Himmels sich verloren habe und in die von einem Gotte des Anfangs übergegangen sei.

Als traditionell feststehend läßt sich Folgendes zusammenfassen. Janus wird von der Sage als Stifter des geselligen Lebens und der staatlichen Gemeinschaft unter den Menschen gepriesen, denn er gewöhnte die Menschen aus ihrer Verwilderung heraus zur Gemeinschaft und Ordnung; oder es wird erzählt, daß er in jener goldenen Zeit geherrscht habe, wo die Menschen in Unschuld und im ungestörten Verkehre mit den Göttern dahinlebten. Immer wird seine Regierung als eine Zeit des Glückes und des Friedens geschildert. Am Hügel Janiculum soll er gewohnt und hier den als Flüchtling ankommenden Saturnus gastlich aufgenommen haben. Als seine Gattin wurde die Nymphe Camasene oder auch die Segensgöttin Juturna genannt. Schon Romulus soll die Verehrung des volkstümlichen Janus in Rom eingeführt haben, als seine Hilfe die Stadt in Feindesgefahr gerettet hatte. Im Kampfe mit den Römern drangen die Sabiner durch ein geöffnetes Tor, welches sich durchaus nicht hatte verschließen lassen, in die Stadt ein; da brach plötzlich eine heiße Schwefelquelle hervor und ergoß sich gegen die Feinde, welche zurückweichen mußten. Romulus weihte das Tor und die Quelle dem Janus, weil seiner Gunst dieses Ereignis zugeschrieben wurde. Die Verehrung des Gottes in Rom wurde durch Numa eingeführt, welcher ihm einen Tempel mit zwei Türen erbaute und den ersten Monat des Jahres nach ihm benannte. Der Tempel war ein kleines Gebäude, eigentlich nur der Raum zwischen zwei Torbogen mit einem flachen Dache, auf welchem der Doppelkopf des Gottes (Janus Geminus) zu sehen war. Diese Tore blieben nur dann geschlossen, wenn überall Friede war; sobald ein Krieg ausbrach und die römische Mannschaft ins Feld zog, taten sie sich auf und blieben geöffnet bis zum wiedererlangten Frieden.[200] Öffnung und Schließung geschahen in feierlicher Weise durch den Consul. So war dieser Janus ein Anzeiger des Friedens und des Krieges und hieß wegen dieses kriegerischen Wesens auch Janus Quirinus. Im allgemeinen galt Janus als ein Gott des Eingangs und des Ausgangs, der Eröffnung und Schließung, weshalb auch die Türen und die mit dem Bogen überspannten Durchgänge nach ihm genannt wurden. Man verehrte ihn als den Gott, welcher den Anfang der Dinge regiert; Jupiter, so hieß es, waltet über die höchsten Dinge, Janus über die ersten. Bei allen Opfern und Gebeten wurde seiner zuerst gedacht und sein Name noch vor dem des Jupiter genannt. Er erscheint als der Führer, gleichsam als der Ehrenherold der Götter, und es würde dabei der Gedanke nicht fernliegen, daß in allen ernsten und heiligen Dingen, wo

Götter mithelfend gedacht wurden, Janus ihnen vorangegangen sei. Dann läßt sich auch jener Gebrauch der Öffnung und Schließung seiner Tempeltore in der Weise auffassen, daß Janus seine Stelle vor den Kriegsgöttern als den Führern des Heereszuges eingenommen habe und, wenn es nichts mehr zu kämpfen gab, in sein Haus zurückgekehrt sei. Der Beiname J. Quirinus unterstützt diese Auffassung. Als der Eröffner und der Gott des Anfangs erscheint Janus auch darin, daß der erste Monat des Jahres von ihm den Namen hat; ein Moment, dessen Bedeutung dadurch nicht geschwächt wird, daß früher das Jahr mit dem März begann. Denn der erste Januar, der wie alle ersten Monatstage dem Janus und der Juno heilig war, aber als der erste Tag des ihm geweihten Monats in bevorzugter Weise, hat eben den früheren Anfang zurückgedrängt. Man vermied an diesem ersten Jahrestage alles Störende und Widerwärtige, weil man einem gestörten Anfange weiteres Unglück zuschrieb; Glückwünsche wurden dargebracht und auch kleine Geschenke, strenae genannt[201], welche gewöhnlich in Näschereien und Süßigkeiten bestanden. In den letzten anderthalb Jahrhunderten der Republik traten die Consule am 1. Januar mit einem feierlichen Zuge auf das Capitol und an einem dort dargebrachten Opfer ihr Amt an.

Die Bilder des Janus in ganzer Figur, wie sie aus Beschreibungen bekannt geworden sind, trugen in der Rechten einen Stab (Szepter oder Meßstab?), in der Linken einen Schlüssel, sonst das Zeichen der Herrschaft im Himmel und in der Unterwelt, hier wohl dem Gotte der Eröffnung der Dinge zugehörig. Die herkömmliche und gebräuchlichste Darstellung des Janus war der ihm eigentümliche Doppelkopf, der jedoch sehr verschieden gebildet und gedeutet wurde. Er findet sich mit einem männlichen und einem weiblichen Angesicht, worin man den Sonnengott und die Mondgöttin (Janus und Diana) erkennen will.

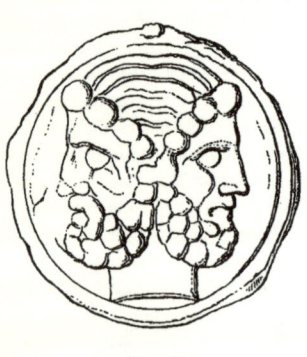

Die bildende Kunst hat zu der Zeit, wo sie ohne ängstliche Rücksicht auf das wahre Wesen der darzustellenden Gottheit im Grunde ihren eigenen Zwecken nachging, auch den Januskopf umgestaltet und das eine Gesicht als bärtigen Dionysos, das andere als Libera (Proserpina) gebildet und das Haar mit Weinlaub und Trauben bekränzt, eine schöne, aber freilich vom alten Janus ganz entfernte Darstellung. Die wirkliche römische Gestaltung des Doppelkopfes waren zwei gleichartige Gesichter, entweder beide, wie hier, bärtig oder beide unbärtig, aufzufassen in dem Sinne, daß Janus als Sonnengott und Himmelspförtner nach Morgen und Abend, zum Aufgange und zum Untergange schaut. Man hat aber in

Fig. 93

alter und in neuer Zeit viel an dem Januskopfe herumgedeutet, bis er als Greis und als Jüngling zu einem Symbol der Weisheit geworden ist, die das Vergangene und Kommende mit gleicher Achtsamkeit schaut und erwägt.

5. Picus. Faunus. Silvanus

Diese drei mythischen Wesen waren dem italischen Boden ureigene Feld- und Waldgötter, ebenso als Schützer wie als Plagegeister von den Hirten, Landbauern und Waldleuten geehrt und gefürchtet. Jene einfache alte Zeit machte sich gern mit diesen Dämonen zu schaffen, deren Dasein auf den Fluren und in den Wäldern ein von dem damaligen Leben untrennbarer und fest darin sich fortlebender Glaube war. Eine Gestalt mit immer wiederkehrenden Merkmalen hat dieser älteste Glaube jenen dämonischen Wesen nicht verliehen wie ein Spuk waren sie da und wieder fort. Man spürte ihr Tun in Haus und Gehöfte oder im Felde, man war ihnen bald in zutraulicher, bald in schreckhafter Erscheinung begegnet wußte es aber erst nach dem Scheiden, wer sie gewesen. Von diesen Waldgeistern und Feldgöttern sind ohne Zweifel allerlei ungeheuerliche Traditionen in Umlauf gewesen, di sich zu Sagen und Märchen gestaltet haben; manches daran ist erhalten worden, anderes nur in Andeutungen erkennbar. Die sich entwickelnde Kultur, besonders das Stadtleben, wandte sich von den Dämonen des Naturlebens ab und drängte den Glauben an sich in engere Kreise, in welchen dann die nachwirkende Phantasie nicht allein manches früher Schwankende und Unbedeutende befestigte und hervorhob, sondern auch historische Sagen der Uhrzeit damit verknüpfte. So sind auch Picus und Faunus neben ihrer Geltung als Flurgötter, welche gern an wasserreichen Quellen und schattigen Bergabhängen wohnten, zu Königen der italischen Vorzeit mit bestimmter Einfügung in örtliche und Stamm-Sagen geworden.

Picus ist am wenigsten in den Volksglauben übergegangen oder hat sich am ehesten daraus verloren. Er wird neben Faunus als ein mit magischen Künsten und wunderbaren Arzneien vertrauter Halbgott genannt; zunächst ein Dämon der Berge und Wälder, dann aber auch der bebauten Fluren, in welcher letzteren Eigenschaft er Picumnus hieß und für den Erfinder der Düngung galt. Sein Bruder Pilumnus soll das Stampfen des Getreides erfunden haben. Außerdem wurden beide in einer rätselhaften Wendung ihrer Bedeutung als Schutzgötter der Wochenstube und der kleinen Kinder angerufen.

Aber dies waren vereinzelte Gewohnheiten; Picus war wohl schon in römischer Zeit zur mythischen Antiquität geworden, und sprach man von ihm, so geschah es, um die urälteste, abgeschlossene Vergangenheit zu bezeichnen. Da war Saturnus sein Vater und Faunus sein Sohn; er selbst war König von Laurentum. Weiter erzählt die Sage von seiner Liebe zu Canens, der schönen Tochter des Janus, die mit ihrem Gesange die wilden Tiere zähmte, die Ströme aufhielt und die Steine bewegte. Einst auf der Jagd im Walde erblickte die Zauberin Kirke den Picus, lockte ihn mit Truggebilden des Wildes ins tiefe Dickicht und umzog den Himmel mit Dunkelheit. Nun nahte sie dem schönen Jäger mit schmeichelnden, verlockenden Worten, aber Picus wies rauh und fest ihre Liebe ab; niemals werde er seinen Bund mit Canens entweihen. Da berührte ihn die beleidigte Kirke dreimal mit ihrem Stab und verwandelte ihn in einen Specht. Vergebens harrte Canens auf die Rückkehr des Picus; sie eilte hinaus und durchforschte Wald und Flur, sechs Tage lang, bis sie vom Leid erschöpft am Ufer eines Baches niedersank und in Tränen und Klagen hinschwindend in wehende Lüfte zerging. – Diese Sage führt in das Gebiet des Mars, dessen heiliger Vogel der Specht war. Bei den Sabinern war ein auf einer hölzernen Säule stehender Specht als Orakel in Ansehn.

Faunus ist aus denselben Anschauungen und Einbildungen der Naturreligion oder, hier besser gesagt, des ländlichen Aberglaubens hervorgegangen wie Pan bei den Griechen. Doch hat ihn diese Sage als König der Aboriginer verherrlicht, zu dessen Zeiten Evander aus Arkadien nach Latium gekommen sei und, da ihn Faunus gastlich aufgenommen, nahe an der Tiber eine Ortschaft Palatium gegründet habe.[202] Noch näher in die sagenhafte Vorzeit Roms tritt Latinus, der Sohn des Faunus, ein, welcher den Aeneas, als er nach langer Irrfahrt an den Gestade der Tibermündung die vom Schicksal ihm bestimmte Stelle fand, freundlich aufnahm und ihm seine Tochter Lavinia zur Gattin gab. Wunderbare Zeichen haben den Latinus auf die Ankunft der Fremden vorbereitet, und das Orakel des Faunus im Haine an der Quelle Albunea (bei Tibur) hatte geweissagt, daß Lavinia mit keinem eingeborenen Latiner vermählt werden solle; aus der Fremde würde ein Mann erscheinen, den das Geschick zum Nachfolger in Latium bestimmt habe und dessen Nachkommen über den Erdkreis herrschen würden. So knüpften sich die Sagen von den Anfängen Roms an den alten italischen König Faunus, in dessen Orakel der Stolz der Römer eine uralte Versicherung von der ewigen Dauer ihrer Größe suchte. Noch volkstümlicher aber ist Faunus als lustiger, gutmütiger, neckischer Dämon der Fluren und Wälder geworden; von ihm hing das Gedeihen der Herde und des Weideplatzes ab, daher der Landmann durch Opfer und Verehrung ihn günstig zu erhalten bemüht war. Wie sehr die weissagerische Natur solcher Dämonen auch dem Faunus eigen war, ist daraus deutlich geworden, daß er an der Quelle Albunea einen Orakelort hatte. Die Befragenden legten sich auf die Felle der als Opfer dargebrachte Schafe zum Schlafe nieder und empfingen so die Weissagungen in wunderbaren Erscheinungen oder Stimmen. Als Numa Aufschluß über einige göttliche Geheimnisse, namentlich über das Sühnopfer beim Blitzschlag zu erlangen wünschte, suchte er den Faunus, der mit Picus den aventinischen Hügel zu besuchen liebte, in seine Gewalt zu bekommen. Es gelang ihm unter dem Beistande von zwölf Jünglingen, die Dämonen zu fangen, indem er Wein und Honig in die Quelle mischte, aus welcher jene gewöhnlich tranken. Die Gefangenen verwandelten sich in viele Gestalten und gaukelten dem König furchtbare Erscheinungen vor; da er sie aber nicht losließ, lehrten sie ihn jenes Sühnopfer und offenbarten viele verborgene Dinge. Von gleicher wahrsagerischer Natur war auch die Gattin oder Schwester des Faunus, Fauna oder Fatua genannt. – Das dem Faunus am 15. Februar (dies februatus) gefeierte Fest hieß Lupercalia, so genannt von dem Lupercal oder der Höhle am palatinischen Hügel, welche Evander dem Pan, den die Römer Lupercus nannten, geweiht hatte. In dieser Höhle soll auch die Wölfin des Mars den Romulus und Remus gesäugt haben. Zwei Brüderschaften oder Kollegien, aus jungen Leuten bestehend und Luperci genannt, waren zur Ausführung des Festes eingesetzt. Sie versammelten sich am Lupercal und brachten ein Bocksopfer dar; dann wurden zwei vornehme Jünglinge herbeigeführt, deren Stirn man mit dem blutigen Schlachtmesser berührte und dann sogleich das Blut mit Wolle, die in Milch getaucht war, wieder abwischte. Wenn das geschehen war, so erforderte der Gebrauch, daß die beiden Jünglinge lachten. Darauf schnitten die Luperci die Felle der geopferten Böcke in Riemen und liefen ganz unbekleidet, nur mit einem Gürtel umschürzt, durch die Strassen der Stadt, indem sie jeden, der ihnen begegnete, mit dem Riemen schlugen. Junge Frauen stellten sich gerne den Herumlaufenden in den Weg und ließen sich von ihnen auf die flache Hand schlagen. Bei diesem Umlauf der Luperci oder Wölfe war die Stadt von Lust und Ausgelassenheit erregt, und das Fest war so tief in das römische Volksleben eingedrungen, daß man auch unter den neuen Kultusformen der Kaiserzeit daran festhielt, und daß noch in den letzten Jahren vor dem Ende des weströmischen Reiches, als dasselbe schon im unvermeidlichen Zusammensturz wankte, die Lupercalien mit allen ihren Gebräuchen jubelnden Beifall fanden.[203] – Dieser alte volkstümliche Faunus, dessen Erinnerung in solchen Festen aufgefrischt wurde, hatte ursprünglich, wie bereits bemerkt ist, eine ihm bestimmt zugehörige Gestalt nicht; es genügte, sich ihn als einen rauhen, unruhigen Waldbewohner, wohl auch als koboldartiges Wesen vorzustellen. Als aber der griechische Pan und Satyrn in Italien bekannt wurden, schlüpfte der römische Faunus in die Gestalt des Pan hinein, und es zeigte sich, wie gleichartig das Wesen beider aus ähnlichen Vorstellungen des Naturlebens hervorgegangen war. Nun dachte man sich, als hätte es nie anders sein können, den Faunus mit Hörnern und Bocksfüßen und mit dem lustigen, begehrlichen Gesichtsausdruck der Feld- und Waldgötter.

Von jeher war Faunus ein lüsterner Spukgeist gewesen, vor dessen Überraschungen sich die Frauen, sogar in der Wohnung noch, fürchteten und durch Zaubersprüche zu sichern suchten; nun er in seiner griechischen Gestaltung noch dazu auch die fliehenden Nymphen haschte und ihnen nicht Ruhe ließ, ist seine zudringliche Begehrlichkeit in dem Ausdrucke „faunisch" sprichwörtlich geblieben. Auch die Schar seiner Genossen war von gleicher Art. Denn wie Pan von Satyrn umgeben war, so hatten sich um den Faunus allmählig zahlreiche Faunen eingefunden, und man gewöhnte sich daran, Felder und Wälder von einer Menge dieser ländlichen Dämonen bewohnt zu denken.

Silvanus war, wie der Name andeutet, der Waldhüter, gleichsam ein recht eigentlich dem Wald zugehöriger Faunus, ein rauher, rüstiger Alter von schreckhaftem Ansehen, aber von gutartigem Wesen. Jedoch wurde Silvanus auch als Schutzgeist der Fluren und der Viehherden, überhaupt als Schützer des ganzen ländlichen Besitztums angerufen und verehrt (tutor finium). In diese Obhut über die Grenzen möchte auch jener Vorfall gehören, wo in der Nacht nach der Schlacht zwischen den von Tarquinius herbeigeführten Etruskern und den Römern, als beide Heere sich den Sieg zuschrieben, die Stimme des Silvanus aus dem Wald erscholl, daß die Römer gesiegt hätten. Immer wird sein Aussehen als bäuerlich geschildert, mag er nun einen jungen, noch bewurzelten Zypressenbaum als Stab gebrauchen oder sich in grotesker Weise mit Lilien und blühendem Ginster schmücken.[204]

Wie er überhaupt wenig von Faunus verschieden war, so zeigte er sich diesem auch gleich als lüsterner Plagegeist der Frauen, die sich vor seinem Heranschleichen zu hüten hatten. Auch Silvanus ist mit Pan identifiziert und diesem gleich gebildet worden.

6. Mars und die Salier

Von Mars als dem heimatlichen Gotte der altitalischen Stämme ist schon oben unter den altitalischen Gottheiten geredet worden. In dieser ältesten Auffassung war er vorzugsweise ein friedlicher Gott des Ackerbaus und der Viehzucht, dessen Gunst der Landmann anrief; der kraftvolle Gott des mit dem Frühling sich erneuernden Naturlebens. Daher war ihm der Märzmonat geweiht, mit welchem in der älteren Zeit das Jahr begann. Schon damals aber war Mars zugleich ein streitbarer Gott, welcher die kriegerische Lanze führte und feindliche Gewalt abwehrte. Die ihm geheiligten Tiere gehören beiden Bedeutungen an: der Ackerstier und das Streitroß, besonders aber der furchtbare Wolf und der eifrige, gleichsam ruhelos angreifende Specht. Auch in Rom ist Mars als der Gott der Naturkraft verehrt worden, wie mehrere Spuren es andeuten; doch ist hier sein kriegerisches Wesen bald zur höheren Geltung gekommen. Hierauf bezieht sich die Sage, daß die Gründer der Stadt, die Zwillingsbrüder Romulus und Remus, Söhne des Kriegsgottes gewesen seien; und die übermenschliche Stärke und Behendigkeit, mit welcher Romulus im Kampfe seine Abstammung bekundete, sowie seine Verherrlichung als Quirinus, welcher der sabinische Gott der Kriegslanze war, bestätigen die in Rom hervortretende Bedeutung des Mars als Gott des Kampfgewühles. Die Begründung des Kultus dieses Gottes ist von Numa ausgegangen, mit unverkennbarer Anlehnung an die altitalische Beziehung auf das Naturleben und den Jahresverlauf. Die Veranlassung wurde in folgender Sage überliefert. Im achten Jahr der Regierung des Numa wütete eine Pest in Italien und suchte auch Rom heim. Allgemeine Mutlosigkeit ergriff die Bewohner, der fromme König richtete seine Gebete zu den Göttern. Wie er so eines Morgens vor dem Königshause stand und betete, fiel vom Himmel herab ein Schild in seine emporgehobenen Hände, und eine Stimme erschallte, daß Rom, solange es diesen Schild bewahre, blühen und der mächtigste aller Staaten sein werde. Numa nannte den Schild wegen seiner zu beiden Seiten eingebogenen Gestalt ein Ancile und ließ auf den Rat der Egeria elf gleiche Schilde fertigen, an Form, Größe und Aussehen übereinstimmend, damit die vollkommene Ähnlichkeit es einem Diebe oder Feinde unmöglich mache, den vom Himmel gefallenen Schild herauszufinden. Dem Künstler, welcher die Nachbildung unternahm, gelang dieselbe so vollständig, daß Numa selbst die Schilde nicht mehr zu unterscheiden vermochte.

Zu Wächtern dieser heiligen Schilde und zu Priestern der bei diesem Kultus des Mars Gravidus eingeführten Gebräuche setzte Numa das Kollegium der zwölf Salier ein. Es waren dies die palatinischen Salier, denen Tullus Hostilius ein zweites Kollegium, die quirinalischen, hinzufügte. Sie mußten von patrizischer Abkunft sein. Über jedes Kollegium war ein Meister (magister Saliorum) gesetzt; nach diesem folgte der Vortänzer (praesul), welcher den Reigen anführte, und der Vorsänger (vates). Die Tracht bei den festlichen Umzügen war eine bunte Tunica mit einer ehernen Umgürtung und darüber die Toga mit dem Purpurstreifen. Das Haupt bedeckte der spitze priesterliche Hut, der sogenannte Apex; an der Seite hing das Schwert, und am linken Arme trugen sie das Ancile, in der Rechten aber eine Lanze (oder einen Stab). Am ersten Tage des Märzmonats, dem alten Jahresanfange, hoben die Salier die Ancilien aus dem Heiligtume in der Regia, wo sie verwahrt wurden, zogen durch die Straßen und führten bei den Tempeln und Heiligtümern Waffentänze aus, Schwenkungen und Renkungen im raschen Takte, wobei sie mit ihren Lanzen an die Schilde schlugen und uralte Lieder[205] sangen zur Anrufung der Götter. Diese Umzüge mit den darauffolgenden reich ausgestatteten Mahlzeiten wiederholten sich an den übrigen Festtagen dieses Monats; die Schilde wurden während dieser Zeit in besonders dafür bestimmten Häusern untergebracht, bis sie nach Vollendung der Feierlichkeiten wiederum in der Regia aufgehängt wurden. Dort stand auch die heilige Lanze,

welche selbst mit dem Namen des Gottes, Mars, genannt wurde. In dieses Heiligtum
begab sich bei Ausbruch eines Krieges der Feldherr, ehe er die Hauptstadt verließ, schlug
an die heiligen Schilde, dann an die Marslanze und rief den Gott an: „Halte die Wacht,
Mars!" – Regte oder rückte sich die Lanze, ohne berührt zu sein, so nahm man es für ein
Unglück drohendes Zeichen, und es mußte durch den Konsul eine Sühnung vorgenommen werden.

Es ist eine sehr glaubliche Annahme, daß die Zahl der zwölf Schilde mit zwölf Monaten
des Jahres zusammenhängt und daß das feierliche Umhertragen der Ancilien am Anfang
des Jahres eine Beziehung hatte auf den segenspendenden Mars, den alten Frühlingsgott
des italischen Volksglaubens. Auch die wahrscheinliche Zusammengehörigkeit der Saliarischen Gesänge mit dem Liede der Arvalischen Brüder deutet auf dieselbe Beziehung hin.
Aber sie ist unkenntlich geworden und verschollen; der alte Frühlingsgott ist im Verlaufe
der römischen Geschichte ausschließlich zum Kriegsgott Mars geworden und in die Bedeutung des griechischen Ares übergegangen. In diesem Sinne wurden ihm neue glänzende
Tempel und Tempelbilder errichtet; besonders angesehen war das von Augustus dem Mars
Ultor[206] erbaute prachtvolle Heiligtum.

7. Vesta und die Vestalinnen

Das Gefühl einer frommen Verehrung für den häuslichen Herd war auch in dem Leben
der altitalischen Stämme fest begründet. Die Bauart des Hauses, wo ein großer, allgemeiner
Raum der Hauptteil der Wohnung war und die zur Seite liegenden Nebengemächer eine
geringere Wichtigkeit hatten, führte den einfachen und natürlichen Sinn der Bewohner
ganz ungekünstelt zu diesem Gefühl hin. In diesem Raume, das Atrium genannt, stand der
Herd, hier waltete den Tag über die Hausfrau, und zu den Mahlzeiten wie zum Feierabend
versammelten sich hier die Hausgenossen. Von hier ging alle Genüge, Freude und Segen
aus, das trauliche Gefühl der Zusammengehörigkeit und der Eintracht war heimatlich in
diesem Raume, und das Symbol dieses Gefühles war die Flamme des Herdes. Die Gottheit
aber, welche in dieser Flamme über dem häuslichen Dasein waltete, war Vesta.

Die ältere Mythologie hat von einer älteren Vesta, der Mutter des Saturn, und von einer
jüngeren, seiner Tochter, geredet. Jene wird der Erdgöttin, Gaea oder Tellus, gleichgestellt
und also für eine mütterlich wirkende Gottheit gehalten; diese wird die Göttin des Feuers
genannt, des den Äther erfüllenden reinen Feuers, und war jungfräulichen Wesens. Beide
Vorstellungen, wenn sie überhaupt jemals getrennt voneinander vorhanden waren, haben
sich früh vereinigt; denn es wird im Kultus nur die eine Vesta genannt, die jungfräuliche
Göttin des Feuers, und zwar der auf dem Hausherde flackernden Flamme. Doch schließt
ihre Jungfräulichkeit jene Seite der Mütterlichkeit nicht aus, welche in matronaler Würde
und friedlicher Fürsorge über dem Hauswesen waltet. Daher ist es nicht befremdlich, wenn
die jungfräuliche Vesta auch als Vesta-Mutter genannt wird, das Urbild der Hausfrau.
Auch heißt sie von ihrer uralten Verehrung her die Altersgraue, und wegen der von ihr
behüteten Pfänder des Bestehens der Stadt heißt sie die Ewige.

Als Numa den Dienst der Götter in Rom begründete und ordnete, erbaute er auch der
Vesta einen Altar und umgab ihn mit einem runden Tempel. Dieses Gebäude lag in der
Nähe der Regia, auf dem Altare, gleichsam dem Stadtherde von Rom, brannte das heilige
Feuer, welches Tag und Nacht und alle Zeit hindurch unterhalten werden mußte. Niemals
sollte dieses Feuer erlöschen, und geschah dies ja einmal, wie es im Mithridatischen und im
Bürgerkriege vorkam, so wurde es für ein Anzeichen schwerer Unglücksfälle gehalten. Die
Erneuerung des Feuers durfte dann an keinem anderen irdischen Feuer geschehen; die
Flamme des heiligen Herdes sollte sich nur an der reinen und unbefleckten Flamme der
Sonne wieder entzünden.[207] Oder man gewann das neue Feuer dadurch, daß ein Stück
Holz von einem fruchttragenden Baume solange durch Bohren erhitzt wurde, bis sich eine
Flamme bildete, welche eiligst zum Altare der Vesta getragen wurde. Solche Gebräuche
konnten leicht zu der Vorstellung führen, daß das Feuer der Vesta nicht das irdische durch

mancherlei Verwendung entweihte, sondern das reine himmlische Feuer wäre. Am ersten Jahrestage, also in älterer Zeit am 1. März, wurde alljährlich das Altarfeuer des Vestatempels erneuert, als ob es notwendig sei, die durch längeren Gebrauch dem irdischen Feuer ähnlich gewordene Flamme mit einer reinen, unentweihten zu ersetzen. Es läßt sich aber bei dieser Erneuerung wohl richtiger an die sich erneuernde Natur und die wiederum aufsteigende Sonnenkraft, also an den Frühlingsanfang denken, wo auch die Flamme des Stadtherdes sich frisch beleben sollte.

Im Tempel der Vesta wurde aber nicht nur das heilige Feuer gehütet, sondern es wurden hier auch Heiligtümer bewahrt, welche ihres hohen Altertums wegen und weil das Bestehen der Stadt an ihre Erhaltung geknüpft schien, mit ganz besondrer Verehrung angesehen waren. Das vornehmste dieser Heiligtümer war das troische Palladium, welches im innersten Raume des Tempels verborgen gehalten wurde; mit ihm noch andere altertümliche Götterfiguren, die sogenannten troischen Penaten[208] und mancherlei Überreste der Vorzeit, auch das Symbol der zeugenden Naturkraft.[209] Diese Heiligtümer blieben allen unsichtbar, außer den Vestalinnen, und ihre Verborgenheit wurde so heilig gehalten, daß sogar der Oberpriester Metellus, als er bei einer Feuersbrunst das Palladium gerettet hatte, darüber blind wurde. Bei dem Einfall der Gallier vergruben die Vestalinnen einen Teil ihrer Heiligtümer in die Erde unter den Tempel des Quirinus, mit dem Feuer der Vesta aber und den am höchsten geachteten heiligen Unterpfändern flüchteten die Jungfrauen den Fluß entlang. Da begegneten sie einem Manne vom Plebejerstande, der seine Frau und kleinen Kinder mit den zusammengerafften Habseligkeiten auf einem Wagen fortbrachte. Als dieser Mann sah, wie die Vestalinnen mit den Heiligtümern im Arme mühselig und ohne Beistand dahinzogen, hieß er schnell die Frau und die Kinder den Wagen verlassen und räumte die Sachen herunter; dann übergab er das Gefährte den Jungfrauen, darauf zu steigen und in eine der griechischen Städte zu flüchten. Diese in der äußersten Not bewiesene Ehrerbietung zeigt, wie tief die fromme Scheu vor der Vesta und ihren Priesterinnen im Gemüte des Volkes lebte.

Für den Dienst der Vesta setzte Numa jungfräuliche Priesterinnen ein, anfänglich zwei, dann vier, bis in den letzten Zeiten des Königtumes ihre Zahl auf sechs vermehrt wurde, wobei es geblieben ist. Aus den angesehensten Familien, wo Vater und Mutter noch am Leben waren, wurden die Vestalinnen gewählt und traten zwischen dem sechsten und zehnten Lebensjahre in den Tempeldienst ein, welchen sie dreißig Jahre lang verwalten mußten. Im ersten Drittel lernten sie, was sie zu tun hatten; in den folgenden zehn Jahren übten sie das Erlernte aus, in den letzten zehn unterwiesen sie die jüngeren. Die Aufsicht über die heiligen Jungfrauen führte der Pontifex Maximus, und diese Aufsicht war so streng, daß der Oberpriester sogar mit Schlägen strafen durfte. Ihre Verpflichtung war, stets in der Nähe des Tempels zu bleiben, das ewige Feuer Tag und Nacht zu behüten und zu unterhalten; auch hatten sie den Tempel täglich zu reinigen und zu besprengen, weshalb sie viel mit dem Schöpfen und Tragen des Wassers beschäftigt waren. Sie holten es in dem ihnen geweihten Brunnen der Egeria. Wie ihr Tempel war auch die äußere Erscheinung der Vestalinnen ein Vorbild der höchsten Einfachheit und Reinheit. Ihre Kleidung war weiß; um die Stirn trugen sie ein weißes Stirnband, und während des Opfers oder bei Feierlichkeiten bedeckte sie ein weißer Schleier, den unter dem Kinn eine Schnalle zusammenhielt. Waren in Erfüllung dieser strengen Pflichten und in dieser schweigenden Absonderung von der Welt die dreißig Jahre vergangen, dann war es den Vestalinnen gestattet, auszutreten, und von ihrer priesterlichen Verpflichtung entbunden durften sie sich vermählen. Wenige haben es getan, und man glaubte, nicht zum Glück, sie verfielen gewöhnlich in eine beängstigende Schwermut, welche sie nicht mehr verließ. Die meisten „schweigenden Jungfrauen" blieben bis ins Alter und ans Grab dem Gelübde treu im jungfräulichen Stande.

So schwerer Entsagung und einem so heiligen Dienste entsprach die Würde, welche die Vestalinnen genossen. Über alle ihre Angelegenheiten durften sie ohne einen Vormund schalten. Auf der Straße schritt ein Lictor vor ihnen her, und jeder Begegnende, selbst der

Konsul, trat ehrerbietig vor ihnen zur Seite. Bei allen öffentlichen Feierlichkeiten wurden ihnen die Ehrenplätze eingeräumt. Was aber mehr als andere die Heiligkeit ihres Wesens bekundete, war das Recht der Gnade, welches von ihrer Begegnung ausging. Ein zum Tode geführter Verbrecher entging der Strafe, wenn eine Vestalin dem Zuge begegnete und beteuerte, es sei dies zufällig und ohne Absicht geschehen.

Furchtbar war die Bestrafung einer Vestalin, wenn sie das Gelübde der Keuschheit verletzt hatte. Sie wurde lebendig begraben. Vor dem Collinischen Tore war ein sich hindehnender Erdhügel; dorthinein wurde ein enges Gemach gebaut. Darin stand ein mit Polstern versehenes Lager, ein brennendes Licht und, schmal zugemessen, die notwendigsten Nahrungsmittel: Brot, Milch, Öl.

Die Verurteilte wurde in einer dicht verhangenen Sänfte zu der Stätte hinausgetragen: tiefe Stille und Trauer lag an solch einem schauerlichen Tage über der Stadt. War der Zug an Ort und Stelle angekommen, so sprach der Oberpriester mit erhobenen Händen geheime Gebete zu den Göttern und führte dann die Verurteilte zu der Leiter, welche in das unterirdische Gemach hinabführte. Darauf wandte er sich mit den übrigen Priestern ab, und von Licht und Leben scheidend stieg die Unglückliche in die Tiefe hinab. Dann zog man die Leiter herauf und verschüttete das Grab der Lebenden mit vieler Erde, bis der Boden wieder so hoch war wie der übrige Hügel. Auch den Verführer traf schwere Strafe: er wurde auf öffentlichem Markte zu Tode gegeißelt. Gegen zwölf solcher Hinrichtungen gefallener Vestalinnen werden gezählt in der Zeit von Tarquinius, wo es zum erstenmale vorkam, bis auf Domitian, welcher nach vorangegangenen Versuchen eines weniger harten Verfahrens die alte Strenge erneuerte.

Der Kultus der Vesta, tief eingedrungen in den Volksglauben, hat sich bis in die letzten Tage des römischen Götterwesens erhalten; er ist durch sein Fortbestehen ein Pfeiler des zusammenbrechenden alten Glaubens gewesen, und als zu den Zeiten Stilichos endlich die Flamme auf dem Herde der Vesta erlosch, war auch die Religion des alten Roms erloschen.

8. Die Laren, Penaten und Genien

Die Götterverehrung des alten Italien hegte mit einer besonderen Vorliebe den Glauben an immer nahe, dem einzelnen angehörende und darum allerdings auch kleinere, niedere Gottheiten. Dieser Glaube war eine der entschiedensten Eigentümlichkeiten jener Religion. Wenn in der griechischen Mythe Zeus, der erhabene Lenker der Geschicke, das Los der Menschen selbst abwägt, so sind in diesem schönen Gedanken doch nur die hervorragenden Häupter des Volkes, nicht die Individuen der Masse getroffen, welche im einzelnen unbeachtet wie die Blätter des Waldes abfallen und verweht werden. Im altitalischen Volksglauben dagegen ward die göttliche Lenkung nicht von so stolzer Höhe aus aufgefaßt, dafür aber in größerer Allgemeinheit und Milde. Hier war jede Familie von einem ihr angehörenden göttlichen Walten beschirmt, jedes Haus hatte seine Schutzgötter, jedem einzelnen Menschen war sein ihm eigener Genius gegeben. Alles Individuelle, und sei es das dunkelste Menschenleben, alles in einer lebensvollen Erscheinung Existierende stand in einer sichernden Verbindung mit einer Göttlichkeit. Diese Götterwesen wurden nicht aus ehrfurchtsvoller Ferne verehrt, nicht mit dem Gefühl unnahbarer Erhabenheit ins Bewußtsein geschlossen, es waren vertrauliche Lebensgenossen, mit denen man auf leichtere Weise umging, alte Freunde in Freud und Leid, die man hegte und pflegte und zu denen man, auch wenn einmal etwas nicht recht gewesen war, immer zurückkehrte. In diesen kleinen Gottheiten lag ein eigentümlicher Reiz jenes Volksglaubens; vielleicht ist in der Zuwendung des Gemütes auf die nahe, vertraute Schutzgottheit dann auch die Ursache zu finden, daß in dem alten Italien die größere Mythe und Götterbildung einen recht heimatlichen Boden nicht hat gewinnen können.

Auf dem Grunde des Vorstellungskreises also, in welchem diese Gottheiten entstanden sind, gehörten sie zusammen, und sie sind demgemäß auch eigentlich immer zusammen geblieben, wiewohl vieles über ihre Verschiedenheit geredet worden ist. Die Laren sollen, gleichbedeutend mit den Manen, die Seelen der Abgeschiedenen, besonders die Geister der Vorfahren gewesen sein, welche als Wächter und Hüter das Haus beschützten. Das Wort Lar heißt Herr, Fürst; es mögen die Laren ursprünglich als die Geister bestimmter Fluren, als die unsichtbaren Schutzherren derselben gedacht worden sein, also Erdgeister, welche dann der Familie, die sich auf der Flur ansiedelte, zugehörten, daher später noch der väterliche Grund und Boden und der Lar gern zusammen genannt wurden. Ganz besonders aber galt der Lar familiaris in diesem Sinne als der Schutzgeist der Familie auf ihrem Vätererbe, daher derjenige, welchen keine pietätvolle Rücksicht mehr an einen Lar familiaris knüpfte, ohne Heimat und Familie in die Fremde hinausgestoßen war. Über den Ursprung der Laren war eine gewiss spätere Sage vorhanden, nach welcher sie Söhne des Merkur und der Lara gewesen sein sollen. Die Penaten waren die Schutzgeister, die um den Herd des Hauses walteten und für den täglichen Mundvorrat (penus) sorgten, verborgene Kräfte, aus denen der Segen der Erhaltung und einer glücklichen Genüge entspringt. Immer liegt in ihrem Namen wie in ihrem Begriff eine Hindeutung auf ein dem innersten Wesen des Hauses angehörendes Walten. Der Genius war der freundliche, immer wohlwollende Schutzgeist des einzelnen Menschen, „sein guter Geist", wie man es gerne ausdrückt, wobei jedoch nicht ausschließlich an eine sittliche Einwirkung zu denken ist, denn der Genius war in einem umfassenderen Sinne der Führer, welcher auch das zufällige Glück und die gute Stunde festzuhalten wußte. „Bei dem Genius!", wobei man auch wohl „bei den Penaten!" hinzusetzte, pflegte man als Bekräftigung der Rede hinzuzufügen, etwa in dem Sinne „bei allem, was mir teuer ist!". Dieser Genius entstand mit der Geburt des Menschen und hörte mit seinem Tode auf. Aber nur Männern war ein Genius zugeeignet, Mädchen und Frauen hatten in gleichem Sinne ihre Juno.

Die Vorstellungen von den Laren und Penaten hatten sich allmählich erweitert, so daß es auch öffentliche Schutzgeister dieser Art gab, wobei es scheint, als hätten die Laren eine Beziehung auf die Flur und die Penaten auf die Wohnstätte behalten. Man verehrte Schutzgeister der Straßen und besonders der Kreuzwege (Lares viales, compitales); ebenso wurde von öffentlichen Penaten mit Ehrfurcht gesprochen, wie von Hütern und Wächtern der Stadt und des römischen Volkes. Der Sage nach waren es die Penaten von Troja, welche Aeneas aus dem Untergang seiner Vaterstadt gerettet und mit nach Italien gebracht hatte. Es waren alte Bilder und Heiligtümer, die im Tempel der Vesta verwahrt wurden, bis sie im Neronischen Brande zugrunde gingen. Auch die drei großen capitolinischen Götter finden sich als die öffentlichen Penaten genannt; andere glaubten dagegen, es seien dies Apollo, Neptun und Vesta.

Was nun auch über den Unterschied zwischen Laren und Penaten gesagt sein mag, sie waren ihrem Wesen nach von so gleicher Art, daß sie dieselben Prädikate erhielten, am häufigsten „die väterlichen, die heimatlichen, die sicheren"; und daß beide Namen, Laren wie Penaten, gradezu in die Bedeutung von Haus und Heimat übergingen. Auch ihre Verehrung war die gleiche. Ihre einfachen aus Holz geschnitzten Bilder standen auf dem häuslichen Herde, bei den Mahlzeiten wurde ihnen ihr Anteil von den Speisen in kleine Schüsseln auf den Herd gesetzt und in das Feuer geschüttet; bei besonderen Gelegenheiten opferte man ihnen Weihrauch und Wein oder Erstlinge der Früchte und schmückte die Bilder mit Kränzen, oft so großen, daß die Gestalten kaum noch sichtbar blieben. Bei allen Familienfesten und bedeutsamen Tagen wurde mit frommer Verehrung der Laren und Penaten gedacht, am Geburtstage wurde besonders dem Genius geopfert, und so prägte sich der Dienst dieser kleinen Gottheiten mit unauslöschlicher Anhänglichkeit in das Gemüt aller Angehörigen der Familie.

Als der Luxus und seine Neuerungen in das römische Haus und die Familie eindrangen, konnte selbstverständlich die Verehrung der Laren und Penaten auf dem häuslichen Herde nicht fortbestehen; man stellte die Bilder, welche nun häufig von Silber waren, in eigenen Behältnissen, sogenannten Lararien, auf, die bei vornehmen Römern sehr reich ausgestattet waren. Trotz dieser Ausartung blieb doch im Volksleben eine dem älteren Kultus ähnliche

Verehrung der Laren, Penaten und Genien lebendig, und es bedurfte, als das Christentum den Götterdienst überwunden hatte, erneuter scharfer Edikte gegen die im geheimen fortdauernde Anhänglichkeit an die Schutzgottheiten des Hauses und der Person.

9. Die unterweltlichen Gottheiten

Der Nachtseite des Lebens, die mit ihren Meinungen und Vorstellungen von dem Walten der Todesgötter und von dem Zustande der Abgeschiedenen überall in die Mythenkreise eingedrungen ist, war in dem Götterdienste der Römer früh schon eine scheue Verehrung geweiht. Aber eine in sich ausgebildete, zusammenhängende Vorstellung von einer Unterwelt war es nicht. Soweit die religiöse Gedankenbewegung diesen Dingen zugewendet war, richtete sie sich nicht sowohl auf ein für sich bestehendes Schattenreich, welches als ein unterweltliches Jenseits hinter dem Leben gelegen hätte; man hielt vielmehr an einem bleibenden Zusammenhang fest, welchen die Verstorbenen in ihrer schattenhaften Fortdauer mit dem Schauplatze ihres Erdenlebens unterhielten. Während die griechische Sage von der Unterwelt sich in zahlreichen Hemmnissen gefällt, welche sie der Rückkehr der Schatten entgegenstellt, läßt der italische Glauben einen gewissermaßen regelmäßig eingerichteten Verkehr der Unterirdischen mit der Oberwelt zu. Es ist, als ob sich die Schattengestalten von der oberen Stätte nicht trennen könnten, als ob sie dieselbe fortdauernd umschwirren müßten.

Die Geister der Abgeschiedenen nannte man die *Manen* (Manes, Divi Manes). Sie hatten ihren Wohnsitz in der Tiefe der Erde, von wo aus sie zu bestimmten Zeiten hervorkamen und zwischen Mond und Erde herumschweiften. Diese Manen, denen man Altäre, mit schwarz-blauen Binden und düsteren Zypressen geschmückt, errichtete, waren identisch mit den Laren, wenn man sie als die verklärten Geister der Vorfahren und als freundliche Hüter des Besitztums dachte, weitergehend auch als die Geister der Straßen und Kreuzwege. Waren es unruhige, bösartige Schattenwesen, so hießen sie *Larven*, denen dann eine schreckhafte, gespensterartige Gestalt zugeschrieben wurde. Ihnen gleichbedeutend waren die *Lemuren*, die zur Nachtzeit umherschwebten und die Lebenden ängstigten. Um sie abzuhalten und zu verscheuchen wurde im Anfange des Mai ein Sühnfest begangen, die Lemuralien, deren Stiftung bis zu den Anfängen der Stadt hinaufreicht. Romulus hatte den Geist seines erschlagenen Bruders, der ruhelos die Stadt umschwebte und Unglück drohte, nur durch Stiftung einer sühnenden Feier beruhigen können. Man warf während dieses Festes zur Nachtzeit schwarze Bohnen aus dem Fenster hinaus und sagte, daß man die Lemuren hinaustreibe. Als die Stammutter dieser unterweltlichen und nächtlichen Wesen wurde die Mania angerufen, welche wohl gleichbedeutend war mit der Lara oder Larunda, von welcher erzählt worden ist, wie sie vom Merkur geliebt und die Mutter der an den Kreuzwegen waltenden Laren wurde. Numa ordnete die Verehrung der *Libitina* an, als der Göttin, welche über den Gebräuchen der Totenbestattung waltet. Sie war aber auch eine Göttin des keimenden Pflanzenlebens und seiner Früchte, eine der Venus verwandte Gestalt, so daß also unter ihrem Einfluß der Anfang und das Ende des Lebens stand.

Alles unterweltliche faßte man wie eine abschließende Vorstellung in den Namen des *Orkus* zusammen, womit ebensowohl die düstere unterirdische Tiefe, in welcher die Abgeschiedenen hausen, bezeichnet wird als auch der unerbittliche, erbarmungslose Herrscher dieses Reiches. In der weiteren Ausbildung dieser Vorstellungen kam der Name Dis Pater hinzu, welchem alle Kraft der Erde zugeeignet war; der reiche Fürst der Tiefe, welcher dem griechischen Pluto gleichgestellt wurde, weil alles aus der Erde hervorgeht und in die Erde zurückfällt. Unter dem Einfluß der eindringenden hellenischen Mythen von der Unterwelt gingen dann auch Pluto und Proserpina mit ihrem unterirdischen Hause, die Flüsse Acheron und Styx, Charon der Fährmann und der furchtbare Kerberus in den Vorstellungskreis der Römer über, wie es Vergil in seiner Beschreibung von dem Hinabsteigen des Aeneas in den Orkus geschildert hat.

Wir haben hier noch eines aus Etrurien nach Rom übergegangenen Gebrauches zu gedenken, des sogenannten Mundus. Bei der Gründung der Stadt ließ Romulus auf das Geheiß etruskischer Männer eine runde Grube graben, in welche man die Erstlinge aller zum Leben nötigen Bedürfnisse niederlegte, worauf jeder Anwesende ein Stückchen Erde seines Heimatlandes hinzutat. Die Grube wurde mit Erde zugeschüttet und mit einem Steine, dem Lapis Manalis, verschlossen. Um diese Stätte, wie um den Mittelpunkt eines Kreises, zog man dann mit einer Pflugschaar den Umfang einer Stadt. Diese Grube erhielt den Namen Mundus, weil sie das umgekehrte Sinnbild des Himmels sein sollte. Sie war den Manen geheiligt, und der verschließende Stein hieß der Schlund des Pluto. Dreimal im Jahre wurde der Mundus geöffnet, am 24. August, 5. Oktober, 8. November. Da stiegen die Scharen der abgeschiedenen Geister auf und nieder; „Mundus patet" hieß es, und es wurde an diesen Tagen weder im öffentlichen Leben noch in der Familie etwas Wichtiges unternommen.

10. Die römische Priesterschaft

Aus dem bisherigen Mitgeteilten läßt sich erkennen, daß in dem religiösen Leben Roms weit mehr vom Götterdienste als von den Göttern selbst die Rede war. Es wird also, da der übliche Begriff von der Mythologie in römischen Dingen unverändert nicht beibehalten werden kann, auch nicht seltsam erscheinen, wenn hier zur Vollendung der Anschauung vom römischen Götterwesen auch der Priesterschaft gedacht wird. Ohne diese Kenntnis läßt sich das Bild der Überlieferungen, die etwa noch als römische Mythologie bezeichnet werden könnten, nicht richtig auffassen, denn die Priesterschaft war einesteils selbst ein ansehnliches Stück der religiösen Einrichtungen Roms, und zwar ein so festgemauertes Stück, daß man sie als die Zitadelle des römischen Kultus bezeichnen könnte, anderenteils lag in ihren klugen und energischen Händen die Macht, welche die traditionelle Gestalt dieses Kultus aufrechthielt und fortsetzte[210], damit zugleich aber eine wesentliche Einwirkung auf die bürgerliche Verfassung übte. Die Ansicht, daß die römische Religion dem Rechtsleben näher gestanden habe als dem Naturleben, gewinnt durch einen Überblick über die Priesterschaft an Klarheit und Verständnis.

Zur Zeit der Könige hatten diese an der Spitze des Gottesdienstes und der religiösen Gebräuche gestanden, und ein Teil der Opfer war von ihnen selbst besorgt worden. Zur Verwaltung dieser Opfer, namentlich der sacra des Janus, wurde nach der Vertreibung der Könige ein Opferkönig, Rex Sacrorum, ernannt; dem Range nach der Erste und Vornehmste der ganzen Priesterschaft, im übrigen ohne erheblichen Einfluß und Bedeutung. Hinter ihm nahmen die drei Flamines majores die höchsten Stufen ein, der Flamen Dialis, Fl. Martialis, Fl. Quirinalis oder die Opferpriester des Jupiter, des Mars und des Quirinus.[211] Die Vorschriften für das Verhalten dieser Opferpriester waren sehr mannigfaltig und streng, namentlich für den Flamen Dialis. Dieser durfte nie mehr als zwei Nächte, und dies auch nur zweimal im Jahre, außerhalb der Stadt zubringen; ein Pferd zu besteigen, war ihm nicht gestattet, eine Ziege, einen Hund, rohes Fleisch durfte er nicht berühren. An seinem Leibe durfte nichts Gebundenes und kein Knoten sein, also mußte seine Kleidung durch Spangen befestigt werden. Aus demselben Grunde, weil er alles Verschlungene und Verstrickte zu meiden hatte, durfte er den Epheu nicht berühren, auch in die Rebenlaube nicht eintreten. Öffentlich erschien er nie anders als in seiner Amtskleidung. Die Kopfbedeckung, Apex genannt, durfte er unter freiem Himmel niemals abnehmen; fiel sie ihm vom Haupte, so mußte er sein Amt niederlegen. Einen Toten zu berühren oder eine Grabstätte zu betreten, war ihm untersagt; dagegen wurden Gefesselte, wenn sie in sein Haus traten, von ihren Fesseln befreit, welche dann vom Dache des Hofes aus auf die Straße geworfen wurden. Nur einmal durfte er sich vermählen. Seine Gattin, die Flaminica Dialis, war Priesterin der Juno und in Kleidung und Lebensordnung ebenfalls den genauesten Vorschriften unterworfen. – Außer diesen drei höchsten Opferpriestern, welche nur aus den Patriziern gewählt wurden, gab es noch zwölf Flamines minores für den Kultus der anderen Gottheiten. Auch die 30 Kurien oder Gemeinden Roms hatten jede ihren Flamen und ihren Vorsteher (curio), welche die Opfer besorgten; über allen stand ein Curio Maximus. – Nach den drei Flamines folgte im Range der Vorsteher des Kollegiums der Pontifeces, zuerst 4, dann 8, später 15 Mitglieder, der Pontifex Maximus. Sein Amt war es, die Kunde göttlicher und menschlicher Dinge zu haben und zu verwalten, und sein Einfluß war so bedeutend, daß er entschieden das Oberhaupt der römischen Priesterschaft war. Vom Volke gewählt, hatte er als der eigentliche Hausvater des heiligen Stadtheeres seine Wohnung in der Regia und führte die Oberaufsicht über die Vestalinnen, ernannte aber die höheren gottesdienstlichen Würdenträger und übte über dieselben eine Disziplinargewalt aus. Diese Befugnisse gaben dem Pontifex Maximus Würde und Ansehen; Wichtigkeit erlangten er und sein Kollegium durch die ihm obliegende Aufzeichnung der religiösen Annalen und durch die Bewahrung des Archives; Macht und Einfluß endlich gewann er überall dadurch, daß die Pontifices den Staatskalender führten und darauf achteten, daß die gottesdienstlichen und gerichtlichen Handlungen am rechten Tage vorgenommen wurden. Dadurch war die allgemeine Oberaufsicht über den Gottesdienst in seine Hände gekommen, ein Recht, welches bei dem engen Zusammenhange des Kultus mit den Staatshandlungen von erheblicher Bedeutung war. Auch in das Leben der einzelnen und der Familien reichte seine Macht, da bei wichtigen Handlungen seine Entscheidung darüber angerufen wurde, ob dabei nicht irgendwie das göttliche Recht verletzt würde.

Derselbe Charakterzug dieser Religion, in entscheidungsvollen Stunden des Lebens dem Willen der Götter nach traditionell feststehender Weise gerecht zu werden, lag der Genossenschaft der Auguren zugrunde. Diese Männer besaßen die Kunde, zu bestimmen, unter welchen Bedingungen ein Zeichen als Anzeichen des Willens der Gottheit (auspicium) erscheinen mußte und ob dasselbe günstig oder ungünstig war. Solche Zeichen wurden hauptsächlich an den Vögeln beobachtet, entweder in ihrer Stimme, wie bei dem Raben, der Krähe, der Nachteule, dem Specht und dem Hahne, oder in ihrem Fluge, wie bei dem Adler, Habicht und Geier. Kamen die Vögel von rechts herangeflogen, so war die Anzeige günstig. Eine andere Art der Zeichendeutung wurde aus dem Fressen der heiligen Hühner entnommen, besonders bei den Vorfällen im Kriegslager. Bei den Beobachtungen der Blitze galten die von links herkommenden für die günstigen. Bei allen Staatshandlungen, bei Volksversammlungen, Weihungen heiliger Orte oder priesterlicher Ämter, bei dem Amtsantritt der Magistrate wurden die Auspizien befragt. Die Magistratsperson, welcher es zukam, ordnete die Auspizien an; Der Augur nahm in der Mitte des geweihten Raumes (templum) seine Stellung, teilte mit seinem Lituus[212], einem knotenlosen, an der Spitze umgebogenen Stabe den Himmelsraum in die erforderlichen Regionen ein, wendete sich dann nach Süden und schaute auf die erwarteten Zeichen. – Eine ähnliche Befragung des Götterwillens war die Eingeweideschau, indem aus sorgfältiger Untersuchung des Herzens, der Leber und der Lunge der Opfertiere durch die Haruspices die günstige oder ungünstige Anzeige entnommen wurde. Doch war diese Eingeweideschau und die Beobachtung der Blitze mehr in Etrurien als in Rom zu Hause, wo diese Auspizien erst in späterer Zeit Eingang fanden.

Für die Befragung und Auslegung der sibyllinischen Bücher war, wie weiter oben bereits mitgeteilt ist, ein eigenes Kollegium eingesetzt, anfänglich aus zwei Mitgliedern, dann aus zehn, endlich aus fünfzehn bestehend. Nur auf Befehl des Senats durfte die Befragung dieser Bücher geschehen. Sie wurde hauptsächlich dann angeordnet, wenn man in Notständen oder bei schreckhaften Wunderzeichen nicht wußte, welche Gottheit versöhnt werden sollte.

Zu den priesterlichen Genossenschaften gehörten auch die Arvalischen Brüder, die Salier und die Luperker, von denen an den betreffenden Stellen bereits geredet worden ist. Sie unterschieden sich von den anderen Kollegien dadurch, daß sie nur zu bestimmten Zeiten für festliche Handlungen in Funktion traten. Eine ähnliche Genossenschaft waren die Titier (Sodales Titienses), von König Titus Tatius zur Erhaltung heiliger Gebräuche der Sabiner eingesetzt.

Endlich müssen wir des Kollegiums der Fetialen gedenken, der zwanzig Staatsboten, welche zur Abschließung von Bündnissen und Friedensverträgen oder auch zur Kriegserklärung gesendet wurden. Bei solchen Sendungen, zu denen gewöhnlich vier Fetiales berufen wurden, trugen sie ein Büschel Gras von einer geweihten Stelle des Capitolums, einen heiligen Kieselstein (Jupiter Lapis) und ein altes, in einem Tempel des Jupiter verwahrtes Zepter. Einer dieser Sendboten, der Pater patratus, führte als der Sprecher das Wort und leistete im Namen des Römischen Volkes den Eidschwur. Es läßt sich an diesen Fetialen deutlich erkennen, mit welcher Starrheit die römische Religion an einmal festgesetzten Gebräuchen festhielt, selbst dann, wenn sie zum wesenlosen Scheine herabgekommen waren. Bei der Kriegserklärung begaben sich die Fetialen an die feindliche Grenze, der Pater patratus schleuderte eine blutige Lanze in das feindliche Gebiet und kündigte in Gegenwart von mindestens drei Männern den Krieg an. Bei zunehmender Entfernung der Grenzen wurde die Ausführung dieser Zeremonie in hergebrachter Weise untunlich. Da wurde ein Stückchen Land vor dem Tore der Stadt (es war in dem Krieg gegen Pyrrhus von einem feindlichen gefangenen Krieger auf römisches Geheiß erkauft worden) für das Gebiet erklärt, welches in jedem gegebenen Falle das feindliche Land vorstellte. Eine hier errichtete Säule, die Columna bellica, bezeichnete den Grenzpfeiler. Hierher begaben sich die Fetialen, und über die Kriegssäule hinaus warf der Pater patratus die blutige Lanze in das vor dem Stadttore liegende Feindesland.

11. Die Einführung fremder Götterdienste

Die Götterdienste, welche in den vorhergehenden Abschnitten vorgeführt worden sind, bildeten die einheimische römische Religion, wie sie von den älteren Zeiten her bestand und in ihrem Kerne auch dann verblieb, als fremde Götterdienste in Rom Eingang fanden und die Gestalt des religiösen Lebens änderten oder ihr doch eine den ursprünglichen Formen unbekannte Außenseite gaben. Von den Gottheiten italischer Volksstämme, wenn sie, wie es mehrfach vorkam, in Rom aufgenommen wurden, ist ein kaum merklicher Teil jener Veränderung ausgegangen, obwohl die durch Servius Tullius bewirkte Einführung der latinischen Bundesgöttin Diana auf dem Aventin wegen der Neuerung des zugleich eingeführten Kultusbildes nicht unwichtig war; auch die Verehrung des gleichfalls den Latinern angehörigen Jupiter Latiaris scheint nicht ohne Einfluß auf die Stiftung des capitolinischen Tempels geblieben zu sein. Die Juno Sospita aus Lanuvium, die Juno Regina von Veji und andere ähnliche Fälle sind als verwandte Formen eines schon bestehenden Kultus ohne weiter reichende Einwirkung nach Rom gebracht worden. Aber durch die Einführung griechischer Götter erfolgte eine bedeutende Veränderung auf dem religiösen Gebiete. Inwieweit ein ursprünglicher Zusammenhang der griechischen und italischen Gottheiten stattgefunden hat und in welchem Maße ältere Einwirkungen vorhanden gewesen sind, darf hier unerörtert bleiben. Herkules war in der altitalischen Sage, sogar in der römischen Stadtsage wohlbekannt; auch die Dioskuren erscheinen in alten Erzählungen als bekannte Gottheiten, und mit dem griechischen Apollo und seinem delphischen Heiligtume war man in Etrurien und Rom sehr früh verbunden. Daß auch bei der Gründung des Kultus der kapitolinischen Gottheiten griechische Sinnesweise mitgewirkt hat, läßt sich aus der Herkunft der Tarquinier und ihrem Streben leicht erkennen; den entschiedensten Schritt zur Hellenisierung des römischen Kultus haben diese Könige durch die Einführung der sibyllinischen Bücher getan. Aufgrund der Aussprüche dieser heiligen Bücher kam nach und nach die Verehrung einer Reihe griechischer Gottheiten nach Rom, natürlich mit Begründung eines Tempels und des darin auszuübenden Kultus. Solche Tempel wurden in griechischer Weise und von griechischen Künstlern aufgeführt; auch die Götterbilder nahmen das Gepräge der griechischen Kunst an. Einer der ältesten Götterdienste dieser Art war der der Ceres (Demeter), des Liber (Dionysos) und der Libera (Proserpina), auch der Tempel der Castoren wird schon 485 genannt. Es folgte ein Tempel des delphischen Apollo 431 und der Aphrodite 295. Mit

der griechischen Göttin der Liebe vereinigten sich die in Rom schon früher bekannte Venus, eine Göttin der Gärten und des Frühlings, welche bald, namentlich nach der Aufnahme der Erycinischen Venus, ganz in die griechische Auffassung überging und von dem
Gefolge ihrer Liebesgötter umgeben war. Zur Abwendung einer heftigen Pest wurde 291
die Schlange des Aesculap von Epidauros nach Rom geholt und diesem Gotte hier ein
Heiligtum gegründet. Und je mehr Rom mit diesem griechischen Leben in Unter-Italien
und mit Griechenland selbst in Berührung kam, desto zahlreicher und wirksamer wurden
die religiösen Anknüpfungen. Alle die hohen und niederen Götter des hellenischen
Olymp fanden dann ihre Häuser und Altare in der Hauptstadt am Tiberstrom und zogen
hier ein, als wollten sie nun von dieser Stätte aus die Welt beherrschen.

Von den sibyllinischen Büchern ging auch die Einführung der Lectisternien aus. Es
wurden den Göttern in ihren Tempeln Pfühle hingebreitet, auf welche man entweder ihre
Attribute oder ihre Büsten legte und ihnen dann Speisen vorsetzte. An solchen Tagen
wurden feierliche Gebete angeordnet und Wein und Weihrauch geopfert; das Volk drängte
sich durch die Straßen zu den Tempeln hin, denn jeder wollte an der Lagerstätte der Gottheit sein Gebet darbringen.

In den letzten Jahren des zweiten punischen Krieges, als Hannibal noch in Italien
stand, wurde durch einen sibyllinischen Ausspruch die Einführung eines kleinasiatischen
Gottesdienstes bewirkt. Der aufgefundene Spruch verhieß, daß, wenn ein ausländischer
Feind in Italien eingebrochen sei, es gelingen werde, denselben zu vertreiben, sobald die
Idäische Mutter aus Pessinus nach Rom gebracht worden sei. Diese Gottheit, auch die
große Mutter vom Ida genannt und identisch mit der Göttermutter Kybele oder Rhea,
wurde zu Pessinus, einer galatischen Stadt, unter dem Bilde eines Steines (wohl ein Meteorstein) verehrt. Eine aus den angesehensten Männern gewählte Gesandtschaft ging auf
fünf Schiffen, um die Würde des römischen Namens zu zeigen, nach Kleinasien unter
Segel, befragte aber auf dem Wege das Orakel zu Delphi und erhielt hier den Götterspruch, daß sie durch den König Attalus ihr Ziel erreichen würden. Wenn sie dann die
Göttin nach Rom brächten, möchten sie dafür sorgen, daß jene von dem besten Manne
der Stadt aufgenommen werde. In Pergamum nahm König Attalus die Gesandten wohl-
wollend auf, führte sie nach Pessinus und übergab ihnen den heiligen Stein, von dem man
glaubte, daß er die Göttermutter sei. Nun eilte einer der Gesandten nach Rom voraus, wo
Publius Scipio, ein naher Verwandter des zu Karthago zu Felde liegenden Scipio, für den
besten Mann erklärt und mit allen Matronen der Göttin nach Ostia entgegengeschickt
wurde. Hier nahm P. Scipio den heiligen Stein aus dem Schiff auf, trug ihn ans Land und
gab ihn den Matronen, welche ihn eine um die andere trugen. Eine spätere Sage schmückt
diese feierliche Einholung mit einem wunderbaren Vorfall. Das stromaufwärts gezogene
Schiff blieb plötzlich stecken und war nicht von der Stelle zu bringen. Da trat eine Vestalin, Claudia Quinta, deren Ruf durch üble Nachrede gelitten hatte, hervor und betete vor
allem Volke, daß die Göttin, so wahr sie reinen Herzens sei, ihr folgen müsse. Darauf
nahm sie ihren Gürtel, und an diesem zog sie das Schiff mit Leichtigkeit von der Stelle. In
der Stadt wurde die Göttin mit festlichem Jubel und Gebeten empfangen, daß sie willig
und gütig einziehen möge. Räucherbecken, aus denen der Dampf des Weihrauchs emporstieg, waren vor die Türen gestellt. Der heilige Stein wurde fürerst in den Tempel der
Victoria gebracht, viel Volks brachte fromme Gaben dar, und es wurde ein Lectisternium
angeordnet, auch feierliche Spiele, die Megalesien, gestiftet. Dann begann man noch in
demselben Jahre den Bau eines Tempels der Göttermutter. Für ihren Kultus wurde ein
phrygischer Priester und eine Priesterin eingesetzt, neben denen noch eine Zahl ver-
schnittener Priester, von den Römern wegen ihrer galatischen (keltischen) Abkunft Galli
genannt, zu diesem Dienste gehörte. Die Gallen hielten jährlich einmal einen Umzug in
der Stadt nach phrygischer Weise mit großem Lärm ihrer Handpauken und Flöten; dabei
sammelten sie Gaben für ihre Göttin. Den Römern war die Teilnahme an diesen Aufzügen untersagt, auch wurden die Gallen und ihr Treiben mit Geringschätzung angesehen,
aber die Megalesien fanden lebhaften Beifall, und der ganze Kultus der Göttermutter trug

viel dazu bei, die Bevölkerung Roms für Einführung anderer Götterdienste des Orients geneigt zu machen.

So wurde die Götterverehrung der Römer allmählich umgestaltet. Die neuen Götter traten im allgemeinen mit der ihnen eigenen Würde und ihrem Wirkungskreise in Rom ein; nur einige erfuhren hier eine Beschränkung ihres Gebiets. Merkur z. B. wurde fast ausschließlich zum Gotte des Handelsverkehrs; Minerva galt, wie schon oben gesagt ist, vorzugsweise als die Göttin der Weisheit und Erfindung. Mit der Aufnahme hellenischer Gottheiten drang auch die reiche griechische Göttersage in Rom ein, doch ergötzte man sich an ihr kaum anders als an einem poetischen Spiele, denn es widerstrebte dem Sinne der Römer, die Mythen in ihre religiöse Überzeugung aufzunehmen. Der Gesamtblick auf dieses späte römische Göttertum schaut ein zwiefach geteiltes Bild. Die alten Kulte und Festgewohnheiten waren geblieben; die Salier tanzten mit ihren Schilden durch die Strassen, die Luperker trieben ihre Späße, und die Arvalischen Brüder sangen ihre unverständlich gewordenen Lieder; am innigsten hing das Volk am Vestadienste, an den häuslichen Laren und Penaten. Und neben diesen alten Glauben trat die hohe, reiche griechische Götterschar, die sich endlich auch heimatlich machte in dem Leben der Hauptstadt. Es war ein Doppelleben, welches sich bei aller scheinbaren Vereinigung leise aneinander aufrieb, so daß der glänzende Götter-Apparat endlich ein hohles Gepränge wurde, welches nur an wenigen Stellen noch mit einem lebensvollen Bewußtsein zusammenhing.

12. Einzelne kleinere Gottheiten

Den mythischen Gestalten ist in vielen Fällen jene im Naturleben wohlbekannte Kraft eigen, wo Glieder eines Wesens sich vom Ganzen loslösen und dann als für sich bestehende Wesen das Dasein fortsetzen. Der Prozeß, welcher die Mythengötter als vereinzelte Wirkungen *einer* göttlichen Kraft überhaupt hat entstehen lassen, wiederholt sich an diesen Gebilden. Es fallen von ihrem Gebiete einzelne Wirkungen wie Zweige ab, welche in der Phantasie neue Wurzeln treiben und sich als eigene kleinere Gebilde beleben. So sind auch hier die zusammengestellten Gottheiten entstanden; sie sind mythische Vorstellungen, welche nach beiden Seiten hin, sowohl dem älteren nationalen als auch dem später eingewanderten Götterkreise, größeren Gestalten zugehören.

Terminus war der Urheber und Hüter der Grenzen bei allem öffentlichen und privaten Eigentum. Numa soll ihm den ersten Tempel errichtet haben. Als bei dem Bau des capitolinischen Tempels die kleineren dort stehenden Heiligtümer aufgehoben wurden, willigten die Augurien bei dem des Terminus nicht ein. Er blieb, und das Symbol, unter dem man ihn verehrte, ein Grenzstein, wurde in den Tempel des Jupiter, des höchsten Hüters aller Grenzen, so aufgenommen, daß das Dach über dem Stein eine Öffnung erhielt, weil die Gebräuche bei seiner Verehrung unter freiem Himmel geübt wurden. Man feierte dem Terminus das ländliche Fest der Terminalien; die Grenzsteine wurden bekränzt, ein Lamm geopfert, dann vereinigten sich die benachbarten Familien zu einem fröhlichen Mahle.

Fides, die Göttin der Treue, gehörte gleichfalls in das Gebiet des Jupiter als des obersten Schirmherrn aller auf die Treue sich gründenden Verhältnisse. Auch ihr soll Numa das erste Heiligtum geweiht haben. Es behielt mit bedeutungsvoller Hinweisung seine Stätte neben dem capitolinischen Tempel. Die Göttin heißt die Schwester der Gerechtigkeit, sie verbündet sich gern mit der Hoffnung (Spes) und neigt sich, weil ihr unverrückbarer Sinn die Wandlung der Dinge nicht achtet, willig vor der Verleiherin der Glücksgaben, der Göttin Fortuna. Man dachte sie sich als mit einem weißen Schleier verhüllt; in der Darstellung der Apotheose des Homer steht sie mit der Tugend, der Weisheit und der Erinnerung in einer Gruppe und hält mit der Linken eine Papierrolle als die Bewahrerin des Geschehenen, den Zeigefinger der Rechten aber legt sie an den Mund, um auf das Festhalten der Rede zu deuten.[213]

Victoria, die Siegesgöttin, und als solche mit dem Kultus des Mars verbunden, genoß in Rom, wo sie lange schon ihre Tempel gehabt hatte, eine immer reichere Verehrung, je mehr

Fig. 94

die Hauptstadt zur Siegerin über die damalige Welt sich erhob. Unter den mannigfaltigen Darstellungen, in welchen man sie vergegenwärtigte, ist das Bild, welches Augustus ihr weihte, das berühmteste geworden. Diese Victoria, eine jugendlich schöne, geflügelte Gestalt, schwebt auf der Weltkugel und hält in der ausgestreckten Rechten einen Kranz, in der Linken eine Palme. Dieses Bild stand in der Halle der Senatsversammlung bis zu den Tagen, wo das Heiligtum zusammenbrach. Der Kaiser Valentinian II. befahl die Wegschaffung des Altars und des Bildes. Vergebens erhoben die Anhänger des alten Göttertumes ihre Bitten, es möge doch den greisen Senatoren nicht jener Siegesaltar von froher Vorbedeutung entrissen werden, welcher den Knaben schon teuer gewesen; es möge bei der Ungewißheit der göttlichen Dinge das altväterliche Herkommen geachtet und ein Glaube nicht vertilgt werden, mit dem Rom die Welt erobert habe. Der Kaiser blieb auf seiner Forderung stehen, und die Victoria schied von der Stätte, wo Kranz und Palme nicht mehr zu vergeben waren.

Unter den Gottheiten, welche das heitere Reich des Pflanzenlebens beherrschten und also im weiteren Sinne der Ceres und auch dem Mars in seiner älteren Bedeutung verwandt waren, machen sich Flora, Vertumus und Pomona bemerklich. *Flora* war, wie die griechische Chloris, die Göttin des Blumenreiches, die freundliche Herrscherin des blühenden Frühlings. Ihrer Verehrung war schon der italische Kultus in seiner Empfänglich-

keit für das Naturleben sehr zugetan. In Rom, wo die Göttin einen älteren Tempel besaß, wurden ihr
nach dem ersten punischen Kriege
ein zweiter Tempel erbaut und Spiele gestiftet. Diese Floralien waren
Tage voller Wohlleben und heiterer
Lust, wie es bei dem Feste der Frühlingsgöttin wohl hergehen durfte,
um den Sinn der unteren Schicht der
Bevölkerung zu ergötzen. Man hetz-
te Hasen und Ziegen im Circus, andere, mit Rosen bekränzt, hielten einen Schnellauf, was die flüchtige
Dauer der Freude anzeigen sollte.
Wie sehr aber die kräftigen Scherze
ländlicher Lust, mit der einst das
Hirtenleben solche Tage gefeiert
hatte, bei der Stadtbevölkerung zur
Zügellosigkeit ausgeartet waren,
zeigt der Gebrauch, daß die Tänzerinnen, welche bei den Floralien auf-
traten, auf Verlangen der Zuschauer
alle Kleider von sich tun und in völ-
liger Entblößung weitertanzen mußten.

Dem Herbste war in *Vertumnus*
eine schützende Gottheit gegeben;
er behütete den Baumgarten und
spendete die erquickenden Früchte.
So wurde er dargestellt als ein kraftvoller Mann, das Haupt mit Fichtenzweigen bekränzt. Die Rechte
hält das krumme Gartenmesser, die

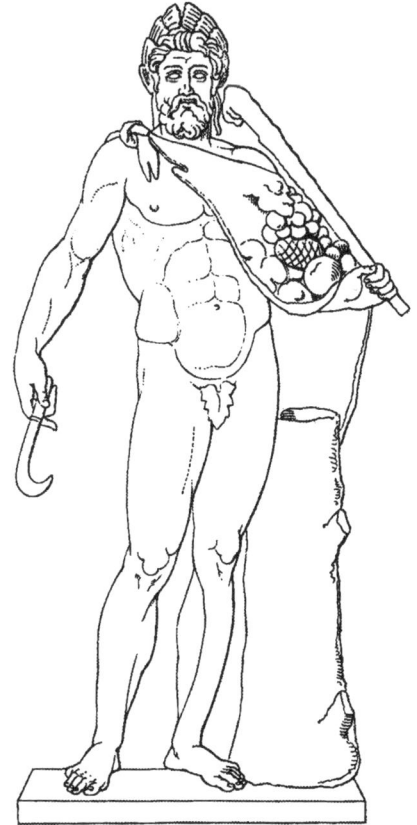

Fig. 95

Linke den Hirtenstab, und in dem Tierfelle, welches er sich um die Schultern befestigt
hat, trägt er seine erfreulichen Gaben. Auch besaß er nach dem Volksglauben die Fähig-
keit, in den verschiedensten Menschengestalten erscheinen zu können. Ob Mädchen oder
Jüngling, Krieger oder Jäger, Fischer oder Hirt, ob Bacchusdiener oder apollinischer Sänger – alle vermochte er in ihrer eigensten Art vorzustellen. Davon soll er auch seinen
Namen Vertumnus, „der Wendemann", erhalten haben, obwohl der Zusammenhang des
Namens mit dem umwendenden Jahre wahrscheinlicher ist, so daß Vertumnus „der Wendemann" der fruchtbringenden Jahreszeit wäre. Von seiner Liebe zu Pomona wird eine
anmutige Sage erzählt, welche, da sie nur der späteren Dichtung angehört, als eine Probe
davon Beachtung verdient, wie die griechische Mythe auf dem spröden römischen Boden
neue Zweige trieb. Pomona, eine Baumnymphe, unermüdlich in der Pflege des Gartens,
mit Pfropfen, Beschneiden und Begießen der Bäume beschäftigt, war vielbegehrt von den
Faunen und Satyrn der umhergebreiteten Fluren, auch von Silvanus, „der jugendlich blei-
bet im Alter". Aber die Nymphe behütete sich und ihre Baumfrüchte vor den Zudringlichen im wohlverschlossenen Garten. Auch Vertumnus kam und warb um die Liebe der
Pomona, in immer neuen Gestalten versuchte er sie zu gewinnen. Es war vergeblich. Endlich trat er als hochbejahrte Greisin, auf einen Stab gestützt, in den Garten und wußte viel
zu bewundern und zu loben und küßte die geschmeichelte Nymphe. Da war ein Ulm-
baum zu schauen, an welchem Weingewinde voll Trauben hingen; auf den zeigte die ver-

stellte Alte hin als auf ein Sinnbild des gegenseitig sich stützenden und bereichernden Eheglücks, sprach dann viel von der redlichen Liebe des Vertumnus und riet der Nymphe, dessen Werbung nicht zu verschmähen. Dazu erzählte sie ein erschreckendes Beispiel von der hartherzigen Sprödigkeit einer Nymphe, die zur Strafe von Venus in Stein verwandelt worden sei.

> „Dies nimm, mein Kind, dir zur Warnung!
> Laß von dem störrigen Sinn, und dem Liebenden füge dich, Nymphe.
> Dafür möge dir auch nie Keime des Obstes im Frühling
> Sengen der Frost, nie raffender Wind abschütteln die Blüten.'

> Als dies hatte gesagt der umsonst zu allen Gestalten
> Fähige Gott, da ward er zum Jüngling wieder, von hinnen
> Gebend das Greisengerät, und erschien vor der Nymphe in Schöne,
> Wie wenn siegend sich drängt durch hemmende Wolken der Sonne
> Leuchtendes Bild und von keiner verdeckt neu sendet die Strahlen;
> Und er bereitet Gewalt. Nicht Not ist Gewalt: mit Entzücken
> Schaut sie des Gottes Gestalt und spürt gleich jenem die Wunde."

Auch die *Bona Dea* wollen wir in dieser Zusammenstellung nicht übergehen. Sie war identisch mit der Fauna und der Maja oder Fatua, eine Göttin der Fruchtbarkeit der Erde, dann aber auch des weiblichen Lebens in gleicher Beziehung. Römische Sagen nannten sie eine Tochter des Faunus oder auch seine Gattin. Die Frauen in Rom brachten ihr im Dezember ein feierliches Opfer, und zwar zur Nachtzeit im Hause des obersten Staatsbeamten, wobei kein Mann gegenwärtig sein durfte. In der älteren, strengen Zeit der Republik hatte dieses Fest, bei welchem die Vestalinnen mitwirkten, trotz der dabei üblichen Heiterkeit und Scherze einen unverfänglichen Charakter; später aber zeigte sich die eingerissene Sittenverderbnis auch bei dieser Feier in zügelloser Ausgelassenheit.

Fig. 96

Bonus Eventus, der gute Erfolg, gehörte ursprünglich zu den Feldgottheiten und in das Gebiet der Ceres. Später hat sich die Vorstellung von ihm zu dem Gotte des Gelingens und des glücklichen Ausgangs aller Unternehmungen erweitert, und es ist ihm ein eigener Tempel geweiht worden. Er wurde dargestellt als ein freundlicher Jüngling, der in der Rechten eine Schale, in der Linken ein Ahrenbüschel (oder ein Füllhorn) hält.

Auch die Göttin der Versorgung des Getreidemarktes der Hauptstadt, die *Annona*, war in der Begleitung der Ceres. Für die Bevölkerung mußte die hinreichende Zufuhr und die davon abhängige Regulierung des Kornpreises eine sehr wichtige Angelegenheit sein, und wie sehr es dem römischen Sinn eigen war, jede Tätigkeit des menschlichen Lebens in einem göttlichen Bilde zu personifizieren, davon ist die Göttin des Kornmarktes ein sprechendes Beispiel. Man stellte sie dar ein Füllhorn haltend und mit Ähren in der Rechten oder auch mit einem Getreidemaß neben sich.

13. Personifikationen

Die in dem vorigen Abschnitte vorgeführten mythischen Wesen erscheinen schon in beschränkter Weise als solche; in noch weiterer Ausdehnung wurde die Vereinzelung der in den höheren Göttern zusammenwirkenden Kräfte zu bloßen Personifikationen, in denen alles mythische Leben verschwunden ist. Sie sind Begriffe in Gestalten und Attributen abgebildet, aber die Gestalt war nicht um ihrer selbst willen, sondern wurde immer größer, je mehr die Innigkeit der Auffassung der höheren Götter in Verfall geriet. Wir geben hier in einer kleinen Reihe die wichtigsten dieser Gestaltung.

Concordia, die bürgerliche Eintracht, welcher Camillus zuerst einen Tempel weihte, später auch die Eintracht des ehelichen Lebens und der Familie, wurde dargestellt als eine stattliche Frauengestalt mit einem Lorbeerkranze geschmückt, oder auch mit dem Füllhorn im linken Arme und einem Ölzweige in der Rechten. Auch dienen zwei verbundene Hände als ihr Symbol.

Constantia, die Beständigkeit, namentlich in der Liebe des Weibes zum Manne, zeigt sich als eine weibliche Figur mit dem Füllhorn im linken Arme; in der Rechten hält sie eine aufgerichtete brennende Fackel. Oder sie legt die rechte Hand an den Mund, um durch die Gebärde des Schweigens ihren Charakter auszudrücken.

Pietas, die Ehrfurcht zunächst gegen die Götter, steht vor dem Altar, erhebt den linken Arm und hält in der Rechten eine Opferschale; oder sie breitet mit verhülltem Hinterhaupte beide Arme wie zu den Göttern betend aus. In Beziehung auf die fromme Liebe der Kinder zu den Eltern war ein zu ihren Füßen stehender Storch ihr Symbol.

Fortuna, die Göttin des zufälligen Geschicks, wie es bald günstig, bald ungünstig in das menschliche Leben hineinspielt, trägt das Füllhorn im linken Arme und faßt mit der Rechten ein Steuerruder; zu ihren Füßen sind die Weltkugel und ein Rad zu schauen. Diese Zeichen sollten aussprechen, daß sie den Überfluß spendet und alle Dinge lenkt; aber das Rad und die rollende Kugel deuten auf ihr unstetes, unzuverlässiges Wesen. Auf dem Haupte trägt sie eine Turmkrone, um sie als die Herrscherin der Städte zu bezeichnen, oder einen Schmuck von Federn, eine nochmalige Erinnerung an die Flüchtigkeit. Fortuna hatte in Rom mehrere Tempel, und ihre vielen Beinamen bezeugen ihre ausgebreitete Verehrung, welche um so allgemeiner wurde, je mehr man bei dem Zerfall des Götterglaubens in die Ansicht hineingeriet, daß der Zufall und seine Gunst die Welt regiere. Ihr ähnlich war die Felicitas, doch ist diese mehr das Glück und der gute Erfolg. Sie wurde mit Füllhorn und Caduceus abgebildet.

Fecunditas, die Fruchtbarkeit des Ehesegens, ist eine mütterliche Frauengestalt mit einem Kinde auf dem Arme, in der anderen Hand einen gekrümmten Stab haltend.

Spes, die Göttin der frohen Hoffnung, schreitet unter dem Bilde eines raschen Mädchens einher, welches mit der herabgesenkten linken Hand das Gewand zierlich emporhebt und in der Rechten eine aufbrechende Blüte trägt.[214]

Fig. 97

In der Abbildung Fig. 47 zeigt die Figur, welche eine Blume und einen Zweig in den Händen hält, eine Darstellung der Spes.

Salus, nach altrömischer Auffassung die Wohlfahrt des Staates und in späterer Zeit des Kaisers (Salus publica populi romani – Salus Augusta) hatte einen von Fabius Pictor ausgemalten Tempel, wo sie am Jahresanfange und in Tagen der Not fleißig angerufen wurde. Ihre Darstellung (auf Münzen) gleicht der Fortuna, denn sie hält das Steuerruder, und neben ihr liegt eine Kugel. Öfter wurde sie sitzend abgebildet, wie sie die Schale in der Rechten hält und die Libation auf den Altar ausgießt, an welchem sich ein Drache emporwindet. Allmählich nahm man in die Vorstellung von der Salus auch eine Beziehung auf das leibliche Wohlbefinden auf; dann erscheint ihr Bild, dem der Hygea ähnlich, als ein junges Mädchen, welches die Schlange aus ihrer Schale tränkt.

Honos und *Virtus*, die Gottheiten der Tapferkeit und der ihr folgenden Ehre. Siegreiche Feldherren, wie Marcellus im zweiten punischen Kriege und Marius nach der Besiegung der Kimbern und Teutonen, hatten ihnen gemeinsame Tempel errichtet, und auch auf Münzen wurden ihre Bilder vereinigt dargestellt. Virtus, mit Lanze und Schwert gerüstet, setzt den Fuß auf die Waffen überwundener Feinde, Honos trägt das friedliche Füllhorn. Mit einer goldenen Statue der Vitus trieb das niedersinkende Geschick des Reiches sein höhnendes Spiel. Das Bild mußte mit eingeschmolzen werden, um das Gold beschaffen zu können, mit welchem Rom den Abzug des Gothenkönigs Alarich erkaufte.

Pax, die Friedensgöttin, welcher Vespasian einen prachtvollen Tempel erbaute, trägt den Ölzweig und den Caduceus (den Stab des friedlichen Verkehrs), oder sie zündet mit der Fackel einen Haufen Waffen an.

Libertas, die Göttin der Freiheit, abgebildet als eine jugendlich schöne Frauengestalt, hält in der Rechten eine längliche Mütze, in der Linken die Lanze oder einen Dolch.

Justitia, die gesetzliche Gerechtigkeit, und Äquitas, die ausgleichende Billigkeit, wurden als würdevolle Jungfrauen dargestellt, mit dem Füllhorn im linken Arm und einer Waage in der Rechten.

Wir haben am Schluß dieser Personifikation noch einer eigentümlichen Göttergestalt des sinkenden Altertums zu gedenken. Die Kraft und Wirkung, welche man sonst den Gottheiten, jeder für sich, zugemessen hatte, genügte dem hohler werdenden Glauben nicht mehr; man vereinigte die Attribute mehrerer Götter in eine Gestalt, welche man Signum Pantheum nannte. So trägt eine beflügelte, von Sternen umgebene Frauengestalt den Helm der Minerva, die Ähren der Ceres und das Ruder nebst dem Füllhorn der Fortuna. Es liegt in einem solchen Zeichen ein bemerkenswertes Eingeständnis des Dranges, vereinzelten Götter in einer machtvollen Vereinigung aufs neue belebt zu sehen.

14. Orientalische Götterdienste in Rom

In das Doppelleben des römischen Religionswesens, wie wir die Vereinigung oder vielmehr die Nebeneinanderstellung der alten römischen und der hellenischen Gottheiten bezeichnet haben, drängte sich in den Zeiten der Kaiserherrschaft die Menge der vom Orient her bekannt werdenden Götterdienste mit betäubender Mannigfaltigkeit. Seit der Aufnahme des Steines der Großen Mutter aus Pessinus, womit der Anfang gemacht worden war, fanden weitere Kultusformen des Morgenlandes ihren Weg nach Rom, zunächst ägyptische, dann phrygische, syrische, persische. Die Strenge des alten Glaubens wollte diese fremden Religionen nicht dulden, höchstens war man gegen ihr Bestehen außerhalb der Stadt nachsichtig; allein sie drangen, je mehr sich Rom zur Metropole der damaligen Welt entwickelte, unaufhaltsam auch hier ein, zuerst in die Vorstädte, dann auch trotz der Verbote und der daraus folgenden Zerstörung einiger Heiligtümer in die Stadt selbst. Das Widerstreben des alten Glaubens hörte auf, als er vor der Überflutung mit ausländischen Dingen mühsam zurückweichen mußte und selbst nur noch durch einen Rest von Pietät und durch das gewohnheitsmäßige Ansehen des Altertümlichen fortbestand. In der Tat war dieses Fortbestehen ein Formeldienst und eine von aller religiösen Empfindungen verlassene, nur auf Schaulust und Vergnügungssucht beruhende Anhänglichkeit an die Götterfeste. Die Frömmigkeit der Vorzeit war entschwunden; religiöse Ratlosigkeit, soweit nicht überhaupt der Leichtsinn alles Gefühl für das Heilige fortgeschwemmt hatte, ergriff die Bevölkerung, und das immer nach Neuem begierige Taumelleben der Hauptstadt riß zu den neuen Kultusformen hin. Bei den höheren Ständen gehörte die Aufmerksamkeit auf diese Götterdienste zum guten Ton und zum Zeitvertreibe, auch stürzte man sich, wenn ein fremder Kultus vom Kaiser befördert wurde, der Gunstbewerbung oder der Furcht wegen in die Übung der ausländischen Zeremonien; auf die Masse wirkte die Seltsamkeit der Formen und das Geheimnisvolle ihres Inhalts ein. Alle aber wurden getrieben von dem in jener Zeit reichlich wuchernden Aberglauben, welcher als häßlicher Bodensatz aus der entschwundenen Götterfurcht zurückgeblieben war. Das religiöse Leben hatte seinen Zusammenhang mit den edelsten Geisteskräften verloren und in törichte Vorstellungen sich verwickelt, welche durch ihr oberflächlich-praktisches, zugleich aber auch mystisch-ideales Wesen anzogen. Man erwartete von der Verehrung dieser neuen Götter allerhand magische Vorteile und Einwirkungen auf die Sicherheit des Hauses, auf Geldverdienst und Glück, vor allem aber auf das leibliche Wohlsein. Auch suchte man sich die Aussicht auf Straflosigkeit wegen der gegen die Götter begangenen Schuld zu eröffnen; namentlich waren es die Mysterien mit ihren Weihungen und Büßungen, welche in solcher Weise wirkten.

Der erste Götterdienst aus dem Morgenlande, der Kultus der *Großen Mutter* aus Phrygien, war bei seiner Aufnahme vorsichtig beschränkt worden, denn an die Stelle des großen Festes der Göttin mit seinen fanatischen Gebräuchen setzte man die Megalensischen Spiele, und an den Umzügen der Gallen, soweit sie gestattet waren, durfte ein Römer nicht teilnehmen. Aber unter einem der ersten Kaiser, wahrscheinlich unter Claudius, wurde auch die große Märzfeier, das mehrtägige Hauptfest dieses Kultus, eingeführt. Es war dem Adonis- und Osiris-Feste ähnlich. Am ersten Tage wurde der heilige Baum, eine Fichte oder Pinie, als das Symbol der *Attis*, des schönen Lieblings der Göttin, der sich unter einer Pinie selbst entmannt hatte und gestorben war, in den Tempel getragen. Darauf folgten Tage der Trauer, wo die Gallen mit ihrem Vorsteher, dem Archigallus, wilde Tänze aufführten und in fanatischer Verzückung sich blutig verstümmelten, wobei mit den Handpauken (Tympanon) und großen Doppelpfeifen ein wüster, die Aufregung steigernder Lärm gemacht wurde. Dann kam der Tag des Jubels, wo der wiederbelebte Attis der Großen Mutter zurückgegeben wurde, und nach einem Tage der Ruhe schloß das Fest mit einem großen Umzuge aller in die verschiedenen Grade der Weihungen aufgenommenen Diener der Göttin, deren Bild man unter großem Zudrange des Volkes in der Prozession herumführte und im Flusse Almo badete. In diesem Feste sollte wahrscheinlich, gleichwie in der Adonisfeier, das winterliche Absterben der Natur und ihre Wiederbelebung durch die Frühlingssonne versinnbildlicht werden. In Rom, wo man die Große Mutter mit der Ops oder der Rhea identifizierte, wurden auch neben der Verehrung des Steinsymbols Bildsäulen der Göttin eingeführt, welche dieselbe von Löwen umgeben sitzend darstellten, mit der Mauerkrone auf dem Haupte und das Tympanon haltend. Zu vergleichen Abbildung Nr. 19.

Mit dem Kultus der Großen Mutter und des Attis hingen die *Taurobolien* und *Kriobolien*, Stier- und Widder-Opfer, zusammen, welche im zweiten Jahrhundert in Rom Eingang fanden. Wer sich dieser Weihung unterzog, wurde mit einem ärmlichen Gewande bekleidet und in eine Grube gesteckt, über welche man durchlöcherte Bretter deckte. Auf diese Bretter wurde das Opfertier geführt und mit dem Stoße des Opfermessers vorn in die Brust getötet. Der Strom des Blutes ergoß sich durch die Öffnung über den darunter Stehenden und durchnäßte ihn völlig; auch fingen die also Geweihten das Blut mit dem Munde auf und wuschen sich mit ihm das Gesicht. Die vom Blute befeuchteten Kleider bewahrte man sorgfältig. In dieser grausenhaften Weihung glaubte man durch die reinigende und sühnende Kraft des Blutes eine Abwaschung von den Befleckungen des Lebens zu erlangen und dann ein neues, gereinigtes Leben beginnen zu können; daher bezeichnet man ein solches Taurobolium als Wiedergeburt. Die bei dem Opfer angerufenen und helfenden Götter waren die phrygische Göttin als die mächtige Mutter der Erde und der Götter, neben ihr Attis, der Leben spendende Sonnengott.

Von den in Rom eingeführten ägyptischen Götterdiensten der *Isis* ist an der zugehörigen Stelle und von *Serapis*, den man vorzüglich seiner wundertätigen Heilungen wegen verehrte, berichtet worden. Ebenso darf über den aus Persien herübergekommenen Mithrasdienst und das Stieropfer verwiesen werden.

In Syrien hatten sich die alten Landesgottheiten Baal und Astarte bei dem Eindringen des Hellenentums in den Orient mit griechischen Vorstellungen namentlich von Zeus, Apollo, Juno, Venus und Rhea vereinigt. So waren neue Götterdienste entstanden, welche in der Kaiserzeit mit großem Ansehen auch in das römische Leben übergingen. *Sol Ela-*

gabzlus wurde zu Emesa unter dem Symbol eines kegelförmigen schwarzen Steines verehrt, der vom Himmel herab auf die Stätte gefallen war. Als Bassianus, der Hohepriester dieses Sonnengottes, von den in Emesa stehenden Truppen zum Kaiser ausgerufen worden war, nahm er den Namen Elagabalus an und führte den heiligen Stein nach Rom, um hier diesem Gotte einen über alle Gottheiten erhabenen Kultus zu errichten. Sechs weiße Rosse zogen den Wagen mit dem Heiligtume durch die mit Goldsand bestreuten Straßen; der kaiserliche Priester, in Seide gekleidet und mit dem persischen Turban bedeckt, führte den Zug, immer rückwärts schauend, um sein Angesicht von dem Gotte nicht abzuwenden. In dem Tempel, welcher auf dem palatinischen Berge dem Sonnengott geweiht worden war, folgte dann das Opfer, zu welchem die kostbarsten Weine und Spezereien, die seltensten Opfertiere in verschwenderischer Fülle ausgesucht waren. Bei dem Schalle einer barbarischen Musik führten syrische Mädchen üppige Tänze um den Altar aus, und angesehene Senatoren mußten bei dem entwürdigenden Schauspiele niedere Handreichungen übernehmen. Alle alten Heiligtümer der Stadt, die teuersten Überreste der Vorzeit – Palladium, die Ancilien, das Feuer der Vesta u. a. – wurden von dem aberwitzigen Eifer des Kaisers dem neuen asiatischen Gepränge untertan gemacht und in den Tempel des Sol Elagabalus, als des Gottes aller Götter, versammelt. Doch dauerte der Rausch dieses aufgezwungenen Kultus nur kurze Zeit, nur wie zu zeigen, auf welche tiefe Stufe der Erniedrigung das römische Religionswesen herabgesunken sei. Denn nach der Ermordung des Bassianus Elagabalus wurde der Stein des Sonnengottes nach Emesa zurückgebracht, und sein Kultus in Rom verschwand. – Ein anderer Dienst des orientalischen Sonnengottes, des *Sol Invictus*, des siegreichen Herrschers über alle feindlichen Naturgewalten, wurde durch Aurelian in Rom eingeführt und ihm ein prächtiger Tempel erbaut. Sein Bild war eine Vereinigung des Baal und des Helios. Dieser Kultus erhielt sich, von mehreren Kaisern hochgeehrt, bis in die letzten Zeiten des Heidentums.

Auch einige neue Formen des im Orient üblichen Jupiterdienstes fanden von Rom aus Verehrung. Es waren das der Jupiter von Heliopolis in Syrien, dessen Bild mit der Geißel, dem Blitz und dem Ährenbüschel den Baal, den Zeus und die Ceres zusammenfaßte; dann der Jupiter von Doliche, ebenfalls in Syrien. Letzterer in römischer Kriegsrüstung auf einem Stiere stehend, dabei der Adler, hielt den Blitz und ein Doppelbeil. Dieses Attribut erinnert an das Beil, welches in der Abbildung Nr. 8 dem Baal gegeben ist, und gibt also Zeugnis von einer lange bewahrten Tradition. Diese Jupitergestalt wurde von den römischen Kriegsherren besonders verehrt und kam durch sie weit im Reiche herum.

Die bekannteste und am meisten gefeierte Gottheit Syriens war die Dea Syria oder Atargatis, eine Vereinigung der Juno, Venus, Kybele, Minerva und Diana, also eine vielumfassende, im Grunde aber den üppigen Charakter der orientalischen Mondgöttin festhaltende Gestalt. Zu Hierapolis (Bambyke) stand ihr Haupttempel mit dem Bilde des Jupiter und der Juno, zwischen ihnen die Taube der Semiramis, und mit anderen Göttergestalten. Zwei große Feste wurden hier gefeiert, deren eines bereits erwähnt wurde. Die hier dargebrachten Opfer beschäftigten eine zahlreiche Priesterschar; die wilden, betäubenden Tänze der Verschnittenen fehlten auch bei diesem Dienste nicht. Dann zogen die wüsten Haufen durch die Nachbarländer, ja bis nach Griechenland und Italien hin. Auf einem Esel schleppten sie das Bild der Göttin von Ort zu Ort herum, führten das widrige Schauspiel ihrer Tänze und Verrenkungen auf und bettelten zum Schluß um milde Gaben für ihre Erhaltung.

Es möge genügen, was hier zur Charakterisierung des untergehenden alten Götterglaubens vorgeführt wurde. Stellen wir alle diese Versuche, das verödete religiöse Gefühl noch einmal zu beleben, in ein gleichzeitig wirkendes Bild zusammen! Es war ein Rausch, mit dem die Ermüdung sich kräftigen wollte, ein betrübtes trostloses Haschen und Rennen. Aber wie diese trüben Flammen des letzten Göttertumes von Osten her flackerten, stieg auch von Osten her der neue Tag auf. Die alten Bilder, die alten Gebräuche, die ganze wirre, zusammengeflickte Götterschar verging mit jähem Sturze ins Nichts. Nie hat die

Geschichte einen so raschen und völligen Untergang eines Religionswesens gesehen wie den des alten Götterglaubens. Als bleibender Gewinn aber von der Beschauung dieser mythologischen Entwicklung erhebt sich der Gedanke, wie die neue Botschaft zu richtiger Stunde der Menschheit ihre rettende Hand reichte.

VIII. Die Gottheiten der germanischen Völker

Von dem Religionswesen unserer Vorfahren aus der Zeit vor der Einführung des Christentums ist nur eine sehr unzureichende Kenntnis auf uns gekommen. Die Vollständigkeit der Götternamen fehlt; die erhaltenen Namen sind nicht alle von gewisser, einige auch von nicht erkennbarer Bedeutung; der Zusammenhang der Götterdienste ist nicht hinreichend deutlich, und seine völlige Herstellung wird wohl für immer verloren sein. Nur Bruchstücke und Trümmer aus dem religiösen Leben der deutschen Mythenzeit hat uns der hinraffende Zeitstrom übriggelassen: einzelne Götternamen zum Teil in römischer Auffassung, unzusammenhängende und dunkle Nachrichten über Götterdienste und Gebräuche, dazu aus den Zeiten des Überganges von dem Heidentume in das Christentum einige zum Teil rätselhaft gewordene Hinweisungen auf heidnische Gewohnheiten. In unser gegenwärtiges Leben reichen aus jener Götterzeit nur noch die Namen der Wochentage und einige Ortsnamen herüber; in Volkssagen aber und in den Volksmärchen, auch in manchem Aberglauben und Volksgewohnheiten leuchtet noch ein Schein aus der Tiefe der uralten deutschen Mythenzeit herauf. Der Scharfsinn und Fleiß vaterländischer Altertumsforscher hat aus solchen Trümmern und Hindeutungen dem deutschen Volke die Kenntnis von der heidnischen Religion seiner Vorfahren zusammenzustellen versucht und in bewunderungswürdiger Weise Großes erreicht. Doch ist, abgesehen davon, daß vieles nur Kombination und Hypothese bleibt, auch die erreichte Vervollständigung der deutschen Mythologie nur durch die aus dem stammverwandten Skandinavien herübergenommene nordische Mythologie möglich geworden. Hier im Norden, wo der alte Götterglaube länger bestand und an die Kenntnis der christlichen Zeit heranreichte, haben zwei Gedichte, die ältere und die jüngere Edda, viele nationale Mythen und Sagen aufbewahrt.[215] Hier ist also ein deutlich erkennbares Bild des alten Göttertums erhalten geblieben. Und da die auf unserem heimatlichen Boden übriggebliebenen Sagentrümmer eine unverkennbare Ähnlichkeit mit den nordischen Mythen zeigten, auch manches in diesen sich bestätigt fand, so hat man mit Recht aus diesen Mythen die deutsche Götterzeit ergänzt und ihr eine zusammenhängende Grundlage gegeben, auf welcher auch die uns verbliebenen Trümmer, wo möglich, ihre zugehörige Stelle wiedergefunden haben.

Dies sind die Wahrnehmungen, welche nach der Durchwanderung der Mythengebiete untergegangener Völker bei der Annäherung an die Mythenzeit unseres ureigenen Volkstumes uns entgegentreten.

Eben da, wo die Erwartung sich steigert, entbehren wir vollen Zusammenhang und ausreichende Klarheit. Der Mangel wird dadurch noch fühlbarer, weil die germanische Mythenwelt sich auch in ihren Überresten als eine so offenbar selbsteigene zu erkennen gibt, daß es bedenklich erscheint, ein Verständnis aus anderen Gebieten herbeiziehen zu wollen. In die asiatische Urheimat, besonders nach Indien hin, mögen freilich die Wurzeln der vaterländischen Götterwelt hinabreichen und dort mit den Wurzeln anderer Göttertümer zusammentreffen; aber zwischen jenen uranfänglichen Zeiten und den letzten Jahrhunderten des germanischen Götterwesens sind doch nur wenige Beziehungen erkennbar, und was die einstige Verwandtschaft mit anderen Gebieten betrifft, so ist die Entwicklung in sehr verschiedene Richtungen auseinandergegangen. Daß die deutschen Götter neben die üppige Götterwelt Vorderasiens nicht zu stellen ist, leuchtet baldigst ein, aber sie finden auch auf dem Olymp oder auf dem Kapitolium kein verwandtes Haus. Der germanischen Mythe fehlt der Reichtum an plastischer Gestaltung, aber es ist ihr eine innige Frische, eine rauhe Züchtigkeit und naive Kraft eigen, ein Hauch vom Walde und vom Felsengebirge her, und man fühlt es selbst ihren glänzenden Schilderungen an, daß sie das Leben großer, vielbewegter Kulturplätze nicht gekannt hat.

Man pflegte bei Betrachtung der deutschen Mythen die Zeit *vor* der Völkerwanderung von der Zeit *nach* derselben bis zur Einführung des Christentumes zu unterscheiden und zu sondern. Doch ist in dieser Scheidung nicht eine wesentlich unsere Nachricht nicht hinreichen. Die Sonderung bezieht sich auf die Natur unserer Quellen, die vor der Völkerwanderung wesentlich römische, nach derselben einheimische sind.

A. Das Götterwesen der Deutschen

1. Römische Nachrichten

Was Cäsar über die Religion der deutschen Stämme, welche er kennenlernte, berichtet hat, läßt vermuten, daß dieselbe ein einfacher Naturdienst gewesen sei. Für göttliche Wesen wurden nur diejenigen gehalten, durch deren Macht ihnen sichtbar geholfen wurde: Sol, Vulcanus und Luna; die übrigen waren ihnen nicht einmal durch das Gerücht bekannt geworden. Also war die Verehrung der Sonne, des Mondes und des Feuers bei den Deutschen zu finden. Von ihrem Gottesdienste wird bemerkt, daß sie Priester, welche den religiösen Dingen vorständen, nicht gehabt hätten, und daß sie in Darbringung der Opfer nicht eifrig gewesen seien. Dem Sinne Cäsars, welchem die das ganze römische Leben durchdringende Anrufung der Götter vorschwebte (er war ja Pontifex Maximus gewesen), erschien die Götterverehrung der Deutschen mangelhaft und ärmlich.

Tacitus, welcher anderthalb Jahrhunderte später seine Germania verfaßte, hat die von Cäsar erwähnten Götternamen, obwohl sie ihm sicherlich bekannt waren, nicht genannt; er berichtet von anderen Namen, jedoch auch, mit einer oder zwei Ausnahmen, nur in römischer Auffassung.

Die von den Deutschen am höchsten verehrte Gottheit nennt er Mercurius; ihm wurden an bestimmten Tagen auch Menschenopfer dargebracht. Dem *Herkules* und *Mars* opferten sie herkömmliche Tiere. Welche deutschen Götter unter diesen drei römischen Namen gemeint gewesen, ist nicht zweifellos bestimmbar. Am sichersten darf Mercurius für Wodan (Odin) gelten, doch gab es auch einen deutschen Volksstamm, die Tenchteren, bei welchem Mars der vornehmste Gott war. Unter diesem letzteren ist ebensowohl Donar (Thor) als auch im Anschluß an die Benennung des dritten Wochentages ein Gott Ziu, der nordische Tyr, verstanden worden. Herkules, welchen die Deutschen vor dem Beginn der Schlacht als den ersten aller tapferen Männer in kriegerischen Liedern feierten, sollte dadurch doch wohl als Held, als Nationalheros bezeichnet werden, und es ist nicht unwesentlich, daß, als die Hermunduren den Überrest der besiegten Feinde den Göttern weihten, dieses Opfer dem Mercurius und Mars, aber nicht zugleich dem Herkules dargebracht wurde. Da jedoch Herkules einmal unter den drei Göttern genannt worden ist, so hat man auch ihn entweder für Donar (Thor) oder für Irmin angenommen.

Auch weibliche Gottheiten waren vorhanden. Ein Teil der Sueven opferte der *Isis*, aber das wie ein Nachen oder Schiffchen (Liburne) gestaltete Bild zeigte diesen Gottesdienst als einen fremdhergebrachten an. Bei sieben nördlich wohnenden Völkerschaften wurde eine Bundesgöttin verehrt und dieselbe mit einheimischem Namen *Nerthus*, d. h. die Mutter Erde, genannt. Auf einer Insel des Ozeans[216] war ein dieser Gottheit geheiligter Hain, und in diesem das Heiligtum, ein mit Tüchern oder Teppichen bedeckter Wagen. Alljährlich, wenn der Priester, dem es allein gegeben war, sich zu nähern, die Anwesenheit der Götter erkannte, geleitete derselbe mit großer Ehrfurcht den mit Kühen bespannten Wagen. Alle Orte, welche die Göttin ihres Besuches würdigte, empfingen sie froh und festlich; der Krieg und die Waffen ruhten, alles Eisen war verschlossen und nur der Friede wurde in diesen Tagen gekannt und geliebt, bis der Priester die von dem Umgange mit Sterblichen gesättigte Göttin in den heiligen Hain zurückführte. Dann wurden der Wagen, die ihn bedeckenden Tücher und, wenn es glaublich ist, die Göttin selbst in einem verborgenen See gewaschen. Die dabei dienenden Sklaven verschlingt alsbald der See; daher das geheimnisvolle Grauen vor dem, was nur die dem Tode Geweihten schauen. – Von einer dritten, bei den Ästyern verehrten Göttin fehlt der Name; sie wurde als Göttermutter bezeichnet. Das Symbol ihres Gottesdienstes waren Ebergestalten, welche die Verehrer der Göttin in dem Glauben trugen, daß sie dadurch selbst unter Feinden sichergestellt würden. Wahrscheinlich waren diese Göttinnen, ursprünglich von gleichem Wesen und mit der germanischen Hauptgöttin Frigg oder Frea zusammentreffend.

Die Naharvalen, eine zwischen Oder und Weichsel wohnende Völkerschaft, besaßen einen Hain, in welchem ein sehr alter Gottesdienst geübt wurde. Ein jugendliches Brüderpaar wurde hier unter dem Namen *Alcis* verehrt, in römischer Weise dem Castor und Pollux vergleichbar. Doch war weder ein Bild noch sonst eine Spur von ausländischem Glauben hier vorhanden. Der Priester verwaltete sein Amt in weiblichem Schmuck und Gewande.

Bilder der Götter waren bei den Deutschen nicht in Gebrauch. Sie hielten es für unvereinbar mit der Größe der Himmlischen, sie in Wände einzuschließen oder sie irgendeiner Form des menschlichen Antlitzes ähnlich zu bilden. Haine und Wälder weihten sie und nannten mit dem Namen der Götter jenes Geheimnisvolle, welches sie einzig und allein in Ehrfurcht schauten. In der Schlacht, glaubte man, seien die Götter bei den Kämpfenden gegenwärtig, und am äußersten Ende des Erdkreises erschienen in dem Glanze der sinkenden Sonne mit tönendem Schalle die Gestalten der Götter und ihre strahlenden Häupter.

Es ist eben bemerkt worden, daß nicht Tempel, sondern heilige Haine und Waldplätze die Kultusstätten der Religion unserer Vorfahren waren. Hier versammelten sie sich, um ihre Opfer darzubringen; hier verwahrten sie auch die Symbole, wahrscheinlich Tierbilder, welche sie mit sich in die Schlacht nahmen. Außer den Hainen des Herkules, der Nerthus und des Brüderpaares Alcis, wird noch ein solches Heiligtum bei den Semnonen genannt, wohin zu bestimmter Zeit alle Stämme des Volkes Gesandtschaften schickten, um ein feierliches Menschenopfer darzubringen. Jeder Eintretende war gefesselt, zum Zeichen seiner Nichtigkeit und der Macht der Gottheit; wer zufällig in dem Haine niederfiel, durfte weder aufstehen noch aufgehoben werden; er wurde auf dem Boden hinausgewälzt. Dadurch sollte angedeutet werden, daß von dort das Volk entsprossen sei und daß hier die alles beherrschende Gottheit walte; das übrige sei unterwürfig und gehorsam. Auch andere Orte, z. B. Salzquellen, welche besonders heilig gehalten wurden, gab es, wo man glaubte, den Himmlischen näher zu sein, und wo die Gebete mehr erhört würden.

Daß Menschenopfer bei den alten Deutschen Sitte waren, ist schon erwähnt. Häufig wurden Kriegsgefangene dazu ausersehen, wie die Römer selbst die Altäre sahen, auf denen nach der Niederlage des Varus ihre Tribunen und Centurionen geopfert worden waren. Bei Tieropfern wurden die Köpfe der Opfertiere auf Baumstämme gesteckt. Die heiligen Gebräuche wurden von Priestern verrichtet, deren hohes Ansehen daraus erkennbar ist, daß ihnen allein die Strafgewalt im Kriege zustand und daß sie bei den Volksversammlungen Stillschweigen gebieten und die Widerspenstigen zügeln durften. Doch einen abgeschlossenen Priesterstand gab es nicht. Auch eigentliche Priesterinnen waren schwerlich vorhanden, wiewohl die Deutschen des Glaubens waren, daß den Frauen etwas Heiliges und Vorahnendes beiwohne und daß ihre Ratschläge nicht zu verachten seien. Weissagende Frauen, in weißen Gewändern und ehernen Gürteln und barfuß, begleiteten die Heere, und es kam vor, daß sie die Gefangenen opferten und aus ihrem Blute den Ihrigen Sieg verkündeten. Von dem großen Einflusse der Seherinnen ist mehrfach die Rede, besonders von der *Veleda*[217], einer Jungfrau aus dem Volke der Brukterer. Sie wohnte auf einem hohen Turme, wohin ein aus ihren Verwandten erwählter Bote die Fragen brachte und ihre Antworten, wie Aussprüche der Gottheit, zurücktrug. Als vor ihr lebend wird die Seherin *Aurinia* (? Alrunia[218]) und nach ihr noch *Ganna* erwähnt.

Der Beobachtung dessen, woraus das kommende Schicksal erraten werden konnte, also den Vorbedeutungen und Losen, waren die Deutschen sehr zugetan. Man nahm einen Zweig von einem Fruchtbaume, zerschnitt ihn in Stäbchen, versah ein jedes derselben mit einem Zeichen (wahrscheinlich gab es nur die beiden Zeichen der Bejahung und der Verneinung), und streute sie nun blindlings und nach Zufall über ein weißes Tuch hin. Wurde in der Volksversammlung das Los befragt, so hob der Priester, war es die Angelegenheit einer Familie, der Hausvater, indem er die Götter anrief und zum Himmel emporblickte, dreimal ein Stäbchen heraus und deutete die aufgehobenen nach ihren Zeichen. Waren dieselben ungünstig, so durfte an demselben Tage über die Sache nicht mehr beraten werden; waren die Zeichen günstig, so wurde noch eine Beglaubigung durch Vorbedeutungen erfordert. Als solche waren bei den Deutschen das Geschrei und der Flug der Vögel bekannt; besonders in Ansehen aber stand die Weissagung durch Pferde. Auf öffentliche Kosten wurden in den heiligen Hainen weiße Pferde unterhalten, welche zu keiner Arbeit für Menschen verwendet werden durften. Dem mit diesen Pferden bespannten Wagen folgten der Priester mit dem König des Gaues, und sie beobachteten das Wiehern und Schnauben der Pferde. Keine Vorbedeutung hatte größeren Glauben als diese. Dann gehörte hierher auch die Gewohnheit der Deutschen, ihre regelmäßigen Volksversammlungen nur in Nächten des Neumondes oder des Vollmondes abzuhalten; auch für die Wahl eines Schlachttages nahmen sie darauf Rücksicht. Als Vorbedeutung für den Ausgang der Schlacht galt der stärkere oder geringere Ton des Schlachtgesanges (Bardit). In sehr schweren Kriegen stellten sie noch eine andere Vorbedeutung des Erfolges an. Ein Gefangener aus dem Volke, mit welchem gekämpft wurde, mußte mit einem ihrer auserwählten Krieger kämpfen, jeder mit seinen heimatlichen Waffen. Der Sieg des einen oder des anderen galt als Vorzeichen.

Der Glaube an eine Fortdauer nach dem Tode war stark und fest vorhanden; es würde dies als zweifellos anzunehmen sein, auch wenn die sparsamen Nachrichten darüber nicht auf uns gekommen wären. Mit der Überzeugung der künftigen Rückkehr in das Leben gingen die Deutschen den Tod verachtend in den Kampf. Auch der bei der Bestattung herrschende Gebrauch, mit jedem Manne seine Waffen, mit dem Vornehmeren auch sein Pferd auf dem Scheiterhaufen zu verbrennen, deutet auf eine Fortdauer über das Grab hinaus.

2. Einheimische Nachrichten

Der Götterglaube der Deutschen ist trotz der Veränderungen ihrer Wohnsitze in den Zeiten der Völkerwanderung, ebenso wie die Grundlage ihrer Sitten und Einrichtungen, im wesentlichen unverändert derselbe geblieben, wie er uns durch die Nachrichten der Römer bekannt geworden ist. Doch treten nun einige einheimische Götternamen hervor. Als der bekannteste unter allen Göttern, welchem auch die allgemeinste und größte Verehrung gewidmet wurde, erscheint *Wodan* (Wuotan). Nach ihm war der vierte Wochentag Wodanstag genannt, und es wird dadurch sowie durch direktes Zeugnis bestätigt, daß er der von den Römern als Mercurius bezeichnete Gott sei. Über sein Wesen ist nur weniges bekannt. Im höheren Altertume dachte man sich ihn wahrscheinlich geflügelt, später durch die Lüfte reitend oder zu Pferde fliegend auf geflügeltem Rosse und von Kriegsjungfrauen begleitet. Er war der herrschende Gott des Himmels, welchen die Krieger vor der Schlacht anriefen, weil er den Sieg verlieh. Davon erzählt folgende merkwürdige Mythe. Einst traten die Vandalen vor Wodan und baten, ihnen Sieg über die Winiler zu verleihen. Diese Winiler waren unter der Führung zweier Brüder aus ihren Wohnsitzen im dänischen Inselreiche ausgewandert und auf dem Zuge mit den Vandalen zusammengetroffen. Wodan hatte den Vandalen geantwortet, er werde denen den Sieg geben, welche er mit Sonnenaufgang zuerst erblicken würde. Darauf flehte Gambara, die Mutter jener beiden Anführer, eine weise Frau, zu Wodans Gemahlin Frea, die Göttin möge helfen, daß ihren Söhnen der Sieg zuteil werde. Frea riet der Gambara, es sollten die Frauen der Winiler ihr aufgelöstes Haar unter das Kinn herumbinden und wie einen Bart herabwallen lassen; dann sollten sie in der Tagesfrühe mit den Männern auf dem Platze sein und sich gegenüber der Gegend, wo Wodan aus dem Himmelsfenster herabzublicken pflegte, aufstellen, damit er sie sähe. So geschah es. Als nun Wodan bei Sonnenaufgang sie erblickte, sprach er: „Wer sind jene Langbärte?" Frea setzte darauf hinzu: „Hast du ihnen den Namen gegeben, so gib ihnen auch den Sieg!" Also kam es, daß Wodan den Winilern[219] den Sieg bewilligt hat. – Eine andre Mythe schildert Wodans heilende Kraft, Wodan und Balder (oder Phol) fuhren in den Wald, da ward dem Balders Fohlen sein Fuß verrenkt. Vergebens versuchten vier Göttinnen, Sindgund (? die Mondgöttin) und Sunna (Sonne), ihre Schwester, Frua (Freyja) und Volla, ihre Schwester, die Heilung durch Besprechung; da besprach Wodan, der allein die Macht hatte, den verrenkten Fuß und heilte ihn, Bein zu Bein, Blut zu Blut, Glied zum Gliede.[220] – Daß Wodan auch als der Gott verehrt wurde, von dem das Gedeihen der Feldfrüchte abhing, läßt sich aus einem alten Gebrauche erkennen, welcher noch lange in die christliche Zeit hinein da und dort in Deutschland heimisch war. Die Ernteleute ließen einen Streifen Getreide am Ende des Feldes stehen, flochten die Ähren zusammen und besprengten sie; dann traten sie ringsherum, richteten die Sensen in die Höhe und riefen Wodan dreimal an, daß er die Ähren seinem Rosse zum Futter hole und zum andern Jahre reichlich Korn gebe. – In allen diesen Beziehungen erscheint Wodan als ein mächtiger, hilfreicher und segenspendender Gott. Sein Andenken hat sich am längsten in Niederdeutschland bei mancherlei Gebräuchen lebendig erhalten, besonders aber in seiner Beziehung auf die Unterwelt. Denn es läßt sich mit Sicherheit annehmen, daß der Glaube, Wodan versammle die Seelen der gefallenen Kämpfer und der abgeschiedenen Fürsten in Walhalla um sich her, auch bei den deutschen Stämmen vorhanden war.[221] An der Spitze dieses Geisterzuges, oder auch der ihn begleitenden Kriegsjungfrauen, zieht Wodan einher. So hat sich die Sage von Wodans Heer, dem wütenden Heer oder dem wilden Jäger (auch Hackelberend Mantelträger) gebildet und mit späteren Zusätzen zu dem gespenstischen Geisterzuge gestaltet, dessen Anführer den Kopf unter dem Arme trägt. Wenn hoch in den Lüften die Windsbraut tobt und wildes Getöse erschallt, da wird in mehreren Gegenden Norddeutschlands gesagt: „Der Wode zieht".

Mit Wodan ist auch der *Wunsch* zu verbinden, der als ein persönlich gedachtes Götterwesen anzunehmen ist. In ihm erscheint die Kraft und Anmut der schaffenden Gewalt. Neben ihn ist bedeutungsvoll Vili (der Wille) gestellt worden; also Wunsch und Wille, Sehnen und Trachten, welche sich zur höchsten Gottheit gesellen. In diese Vorstellungen gehören dann auch die Wünschelrute, die Wünschelfrauen und die Wunschkinder.

Thunar (Thor), der Donnergott, der mächtige Beherrscher des Luftreiches, wird auch ausdrücklich als ein Gott der Deutschen genannt, und der Name des fünften Wochentages stellt seine Verehrung fest. Ihm war vorzüglich ein feierlicher Eichendienst geweiht, und die Eiche, an welche Bonifacius bei Geismar in Hessen vor dem mit Schrecken zuschauenden Volke die Axt legte, war eine Thunars-Eiche.

Der Gott, welchem der dritte Wochentag (Dienstag, entsprungen aus Diestag, in Schwaben noch Ziestag, Zistig) geweiht war, *Ziu* (Tyr), wird sonst im deutschen Altertume nicht erwähnt. Er ist wahrscheinlich ein Kriegsgott gewesen. Ebensowenig wissen wir von dem Gotte *Saxnot* (wörtlich Schwertgenoss), welcher neben Wodan und Thunar in einer Abschwörungsformel aus der Mitte des 8. Jahrhunderts genannt wird. Jedenfalls haben diese drei Namen den Hauptgöttern dieser deutschen Stämme angehört. Man hat in dem Saxnot den nordischen Freyr zu erkennen geglaubt, welcher zwar in Deutschland nicht namentlich vorkommt (sein ins Deutsche übertragener Name Fro, Herr oder Gebieter, ist jedoch auch bezeichnend), dessen Verehrung aber auch hier aus deutlichen Spuren sichtbar wird. Die von Tacitus genannte Nerthus ist wahrscheinlich die Mutter des Freyr und seiner Schwester Freyja; der ihnen geweihte Eber erinnert an das Ebersymbol der Aestyer, und die Volkssitte, wo der Maigraf oder Blumenkönig am 1. Mai in festlichem Umzuge sich eine Maienkönigin erwählte, war wohl ein Nachklang des dem Freyr im Frühling gefeierten Umzuges.

Unter den Göttinnen erscheint *Frea* (Frigg) oder *Fria* als Wodans Gemahlin und als solche in hohem Ansehn stehend. Nach ihr oder nach der nordischen *Freyja*, in Deutschland wahrscheinlich *Frouwa*, ist der sechste Wochentag genannt. Beide Göttinnen, Frea und Frouwa, treten in der Überlieferung nicht völlig unterscheidbar auseinander; vielleicht sind sie im Volksglauben unsrer Vorfahren überhaupt nicht so vollkommen unterschieden gewesen, wie dies in der nordischen Sage mit Frigg und Freyja der Fall ist. Und selbst diese Göttinnen bewahren Züge von Gemeinsamkeit. In einer solchen weitumfassenden Vorstellung von einer weiblichen Gottheit würden dann auch die Naturgöttin Nerthus und die Göttermutter der Aestyer wiederzufinden sein.[222] Auch die in deutschen Sagen und Märchen erscheinende *Frau Holda* oder *Holle* mag in diese Vorstellung gehören. Sie kämmt ihr Haar, wenn die Sonne scheint; sie schüttelt ihr Bett, wenn es schneit; sie treibt ihre Herde aus, wenn die kleinen weißen Wölkchen am Himmel sich zeigen; sie zieht auch mit dem wilden Heere lärmend durch die Lüfte. Also eine Göttin, welche in den Lufterscheinungen waltet. Dann führt sie auch die Aufsicht über die Arbeit des Spinnens, belohnt Ordnung und Fleiß am Rocken und bestraft das Gegenteil. Ihre Wohnung ist in Brunnen und Teichen, und ihre ursprünglich freundliche, holde Bedeutung hat unter der Einwirkung der christlichen Zeit, wo alle heidnischen Gottheiten eine dämonische Bedeutung erhielten, eine finstre, feindliche Seite angenommen. An sie erinnert noch heute der Ausruf: holla! – Ähnlichen Wesens, besonders in dem Verhältnis zu den Spinnerinnen, aber noch wilder und schreckhafter in ihren zottigen Haaren, ist *Frau Berchta*, die in der Sage auch als *weiße Frau* auftritt, welche in fürstlichen Häusern dann erscheint, wenn ein Mitglied sterben soll.

Eine Göttin *Ostara*, von welcher der Name des Osterfestes herrühren soll, ist nicht entschieden erweislich. Sie würde eine Naturgottheit gewesen sein, mit einer besonderen Beziehung zu dem allen deutschen Stämmen gemeinsamen Frühlingsfeste.[223] – Noch unzuverlässiger ist das Vorhandensein eines auf der Harzburg verehrten Gottes *Krodo*, dessen Altar und Bild Karl der Große zerstört haben soll; ebenso eines bei den Thüringern verehrten Feuergottes *Püsterich*, dessen metallnes Bild in Sondershausen gezeigt wurde.

An die höher waltenden Götter schloß der Volksglaube, wie überall so auch in Deutschland, eine reiche Schar niederer dämonischer Wesen an, welche als Hausgeister, als Wald- und Wassergeister dem Leben des Menschen näherstanden und mit denen deshalb in wohlwollender wie in schreckhafter Weise ein sehr reger Verkehr stattfand. In Sagen und Märchen, auch in mancherlei Aberglauben ist uns einige Kunde von diesen Feen und Nixen, von den Kobolden und Elfen, den Zwergen und Wichten, vom Alp und dem grauen Männlein erhalten worden. Die Gestalt der *Zwerge* ist klein und der Größe eines Kindes gleichend, aber ihr Aussehen ist alt und erdfahl, auch sind sie häufig mißgestaltet. In den Klüften der Erde haben sie ihre Wohnung und ihr Reich, welchem ein König nicht fehlt. Mit emsiger Tätigkeit sorgen sie als die im kleinen waltenden Kräfte für das Gedeihen der Erdgewächse, oder sie sind begünstigten Menschen hilfreich und verleihen mancherlei wunderbare Gaben, auch verborgene Heilmittel; sie nehmen sich auch verlassener Kinder an. Überall ist ihnen ein kluges vorbedächtiges Wesen eigen, mitunter sind sie von neckischer Art, und wenn sie beleidigt werden, auch boshaft. Als der Gegensatz zu diesen kleinen Wesen kommen auch in der deutschen Sage die *Riesen* vor, übermächtige Gestalten von furchtbarer, oft sinnlos wirkender Kraft. Sie wohnen in Bergen und Höhlen und sind wegen ihres rauhen bösen Gemütes gefürchtet; doch zeigen sich die Riesenfrauen auch wohl gutmütiger Weise. Auf dem Wasser, in Flüssen und Teichen ist der *Nix* oder Wassermann bekannt, der, an den Füßen unförmig, mit grünem Hute und grünen Zähnen, auf dem Wasser sich zeigt und die Menschen hinabzieht; ebenso waren die *Nixen* gefürchtet, weibliche Gestalten von verlockender Schönheit. Der Volksglaube sah sie auf den Wellen hin tanzen, ihr Gesang drang aus der Tiefe mit wunderbarer Gewalt herauf; wer sich ihren Tönen oder Blicken entgegenneigte, den hielten sie und zogen ihn in die feuchte Tiefe.

Die Verehrung der Gottheit geschah auch in der Zeit, welche der Einführung des Christentums voranging, größtenteils noch in der freien Natur. Waldplätze mit ihrer feierlichen Gemütserregung waren am häufigsten die Stätten des Gottesdienstes, auch hochragende, weitschattende Bäume, Quellen, oder mächtig lagernde Steine. Tempel waren selten vorhanden; dasselbe darf auch von Götterbildern gesagt werden. Denn wenn auch in Gegenden, wo deutschen Stämmen fremde, namentlich römische Gottheiten bekannt wurden, Götterbilder vorgekommen sind, so ist doch ein eigentlicher Bilderdienst den Deutschen fremd geblieben. Symbole, besonders Tierbilder, waren ihnen heilig, z. B. bei den Sachsen auf dem Feldzeichen ein Löwe, ein Drache und darüber ein fliegender Adler. Die Irminsäule bei Eresburg, welche Karl der Große zerstören ließ, ist wahrscheinlich ein gewaltiger im Freien aufgerichteter Baumstamm, dabei wohl auch ein Hain, gewesen; ein Heiligtum des Irmin, welcher dem Kriegsgotte Ziu (Mars) gleichbedeutend war, und nach welchem auch die Milchstraße und das Sternbild des Wagens die Irmins- (Irings-)Straße und Irmins-Wagen genannt wurde. – Die Feste des alten deutschen Götterglaubens schlossen sich an die Veränderungen des Naturlebens an; Frühlingsanfang und die Sommer-Sonnenwende (Johannistag) und die gabenreiche Herbstzeit (der Martinstag, die Andreasnacht) wurde mit fröhlichen Umzügen und heiteren Gebräuchen gefeiert. Auch die sogenannten Zwölfnächte oder die Tage von Weihnachten bis Epiphanias waren eine heilig gehaltene Zeit; hier pflegten besonders Frau Holda und Frau Berchta ihren Umzug zu halten. An diese Festgewohnheiten der heidnischen Zeit haben noch lange mancherlei Volksgebräuche erinnert: das Todaustreiben und die Umzüge mit grünen Bäumchen an Lätare, die Darstellung des Sommers und des Winters und ihres Streites, das stillschweigende Wasserschöpfen zu Ostern, der Umzug des Maigrafen und des Pfingstkönigs, endlich die Johannisfeuer.

B. Nordische Mythen

1. Weltschöpfung und Weltgebäude

Im Anfang war ein unendlicher öder Abgrund, in welchem die Keime der Schöpfung lagen ohne Regung, Form und Gestalt. Aus ihm schied sich Muspellheim, das Reich des Lichts, und Niflheim, die Heimat der Finsternis. Von Niflheim gingen Ströme hervor, die sich zu Eis verdichteten, welches durch die fruchtbar machende Wärme von Süden her schmolz, und aus der Gärung entwickelte sich der Riese Ymir, der Vater des bösen Riesengeschlechts. Nach ihm entstand die Kuh Audhumla, welche den Riesen mit ihrer Milch nährte, und wie sie die salzigen Eissteine leckte, ging ein götterähnlicher Mann hervor, Buri, dessen Sohn Bör mit der Tochter eines Riesen drei Söhne erzeugte, Odin, Vili und Ve. Diese kämpften mit dem Riesen Ymir; er wurde getötet, und in seinem Blute ertranken alle Riesen, bis auf einen, Bergelmir, welcher sich in einem Schiffe rettete und der Stammvater des neuen Riesengeschlechtes wurde. Darauf zogen die drei Göttersöhne Ymirs Leichnam in die Mitte des Abgrunds und bildeten aus ihm die Welt. Aus seinem Blute wurden die See und die Flüsse, aus den Knochen und Zähnen die Berge und Felsen, aus den Haaren die Bäume, aus dem Schädel der Himmel und aus dem Gehirne die Wolken. Dann nahmen sie Feuerfunken aus Muspellheim und setzten sie als Sterne oben an den Himmel; nun kannte die Sonne ihr Haus und der Mond seine Kraft. Und weiter schuf Odin die Zwerge und ließ sie in der Erde und in den Steinen wohnen. Darauf fanden die drei Götter am Meeresstrande zwei Bäume, Esche und Erle, aus denen schufen sie den Menschen, Mann und Weib. Odin gab ihnen Seele und Leben, Vili Witz und Gefühl, Ve das blühende Antlitz, die Sprache und die Sinne. Von ihnen kam das Menschengeschlecht, welches in Midgard zu wohnen bestimmt war.

Midgard aber hieß die Erdenmitte oder Erdenburg, der mittlere mit Bergen und Felswänden umfestigte Teil der für die Menschen überhaupt bewohnbaren Erde Manaheim.

Eine flache runde Scheibe war die Erde, und um sie her lag in einem ungeheuren Ringe die Midgardschlange. Neun Welten und neun Firmamente ragten um diese in der Mitte des Weltalls befindliche Erde auf: oben der Himmel, Asaheim, die Wohnung der Götter – unten die Unterwelt – im Norden Niflheim (Nebelheim), kalt und dunkel – im Süden die Feuerwelt Muspellheim – im Osten Jötunheim, die Welt der Riesen – im Westen die Wohnung der Zwerge, Svartalfaheim. Dazu werden noch zwei in diese räumlichen Vorstellungen nicht einzufügende Welten genannt: Vanaheim und Liosalfaheim, der Aufenthalt der Vanen und Lichtelfen. In andrer Weise wird die Lage dieser neun Welten folgendermaßen bestimmt: drei über der Erde, Liosalfaheim, Muspellheim, Asaheim; drei auf der Erde, Vanaheim, Midgard, Jötunheim; drei unter der Erde, Svartalfaheim, die Unterwelt oder Helheim, Niflheim.

Eine völlig abweichende Vorstellung stellt das Weltgebäude als einen in den Himmel ragenden Baum dar, dessen Blätter die Wolken und dessen goldne Früchte die Sterne sind. Es ist die Esche Yggdrasil. Ihre drei Wurzeln reichen zu der Unterwelt, zu den Riesen und zu den Göttern; an jeder Wurzel fließt ein Brunnen. Bei den Göttern ist der Urdarbrunnen, die Quelle der Nornen; bei den Riesen der Mimisbrunnen, die Quelle der Weisheit; in der Unterwelt nagt ein Drache an der Wurzel des Baumes.

Asaheim oder das feste Gewölbe des Himmels wird von vier Zwergen, Ost, West, Süd, Nord, getragen. Oben liegt Asgard, die Stadt der Götter, und von der Erde zum Himmel haben sie die schimmernde Brücke Bifröst, den Regenbogen, erbaut und steigen auf ihr herab und hinauf; das vermag kein andrer, denn der rote Streifen in der Mitte ist brennendes Feuer. Am Himmel fährt die Sonne dahin und auch der Mond. Ein glänzender Sonnenschild steht auf dem Sonnenwagen, den zwei Rosse ziehen – der Frühwache und der Alleswissende; sie haben die Kühlung wegen Blasebälge an ihren Bugen. Hinter der Sonne und dem Monde laufen zwei Wölfe: Sköll will die Sonne, Hati den Mond verschlingen; deshalb eilen die Gestirne am Himmel hin, um ihren Verfolgern zu entgehen.[224] Zu diesen Vorstellungen von Mond und Sonne gesellten sich auch die von der Nacht und ihrem Sohne, dem Tage, welche als persönliche Wesen am Himmel hinfahrend gedacht wurden.

2. Das Göttergeschlecht der Asen

In der Götterstadt Asgard wohnten die himmlischen Götter oder Asen. Ein Glanzmeer strömte von den goldenen und silbernen Palästen der großen, prächtigen Stadt, in deren Mitte ein weiter Platz, mit ewig grünenden Bäumen besetzt, den Namen Idavöllur führte. Ein Teil der Stadt hieß Gladsheim; hier war Walhalla, hier standen auch die Throne der Asen; ein andrer Teil war Wingolf, die schöne Wohnung der Göttinnen (Asynien); dann war noch Odins mit Silber gedecktes Haus, in dessen Saale sein hoher Ehrensitz stand, von dem aus er die Welt überschaute. Denn Odin war das Oberhaupt der zwölf Asen, deren Namen also hießen: Thor, Balder, Niörd, Freyr, Tyr, Bragi, Heimdall, Hödur, Vidar, Vali, Uller, Forseti. Auch Loki, der böse Anstifter des Unheils, wurde den Asen gleich geachtet. Jeder der hohen Götter hatte ein Amt in eigner Macht; täglich ritten sie, Gericht zu halten, unter die Esche Yggdrasil, wo zwölf Steine zu Sitzen für sie errichtet waren, und in hehrem Rate ordneten sie dort die Geschicke der Menschen und der Welt. Dann versammelten sie sich in Walhalla mit den Einherien, den Geistern der erschlagenen Helden, zum festlichen Mahle, oder sie hielten Kampfspiel auf der Ebene Idavöllur. Neben den Asen werden die Vanen, wahrscheinlich ein älteres Göttergeschlecht, genannt, mit welchem jene einen langen Krieg führten, bis endlich beide Frieden schlossen und gegenseitig Geiseln gaben. Fortdauernden Kampf aber führten die Asen mit dem ihnen feindlichen Geschlechte der Riesen, welche die Weltordnung der Götter zu zerrütten und die uranfängliche Verwirrung wieder herbeizuführen strebten.

3. Die vornehmsten Asen und Asynien

Der Herrscher über Himmel und Erde, das Haupt der Götter, welche ihm wie einem Vater[225] gehorchen, war Odin. Er hat nur ein Auge (die Sonne, welche die Welt erleuchtet), sein breiter Hut, wenn er auf seinem achtfüßigen Rosse die Luft durchstürmt, sind die Wolken, sein dunkler Mantel das Himmelsgewölbe. Er regiert alle Luft- und Wettererscheinungen, Regen und Wind, Donner und Blitz; er gibt Fruchtbarkeit und Reichtum, schützt das Recht und verleiht Tapferkeit und Sieg. Wenn er auf seinem hohen Stuhle thront, wo er alles, was auf der Erde geschieht, sieht und hört, dann sitzen zwei Raben, Hugin und Munin, auf seinen Schultern und flüstern ihm zu, was sie auf ihrem Fluge durch die Welt erfahren haben[226]; weilt er in Walhalla bei den Einherien, dann hat er zwei Wölfe, Geri und Frecki, neben sich, die er mit der ihm gereichten Speise füttert, denn er selbst genießt nur Wein. Seine Gemahlin Frigg, die Göttermutter, fährt auf einem goldenen Wagen, der mit zwei weißen Katzen bespannt ist; sie darf aber auch auf dem Throne Odins neben ihm sitzen und kennt seine Ratschlüsse. Will sie dann einen Menschen vor Gefahren beschützen, so schickt sie ihre Freundin Hlin herab und warnt. Eine andre Dienerin, Fulla (in Deutschland ihre Schwester Volla), wird in anmutiger Weise mit goldnem Stirnbande und schönem, über die Schultern herabwallendem Lockenhaar geschildert, wenn sie das Schmuckkästlein der Göttin trägt. Frigg ist wahrscheinlich als Erdmutter aufzufassen, sie hat aber auch eine Bedeutung für die Arbeiten des häuslichen Lebens gehabt, denn das schöne Gestirn Orions Gürtel heißt noch heut in Schweden Friggerock (Friggas Rocken). Die Beziehungen Odins und der Frigg zu den deutschen Götternamen Wodan und Frea sind oben angedeutet worden. – *Thor* (Thunar), der Sohn Odins und der Jörd (Nerthus, Erde), war als ein so gewaltiger Gott geachtet, daß er in Norwegen und Island mehr verehrt wurde als Odin. Er ist der kraftvollste der Asen; aus seinen Augen flammt es wie Feuer, und wenn er zürnt und in seinen roten Bart bläst, so erhebt sich ein Unwetter. Sein Gebiet ist die Beherrschung des Luftreiches; fährt er auf seinem mit zwei Ziegenböcken bespannten Wagen, dann entsteht der rollende Donner; der Wurf seines Hammers war der Blitz. Diesen Hammer, Miölnir (Zermalmer), faßt Thor mit Eisenhandschuhen; jeder Wurf trifft, und immer fliegt Miölnir in die Hand des Gottes zurück. Noch hat er einen Gürtel, der ihm, wenn er ihn um sich spannt, doppelte Stärke verleiht. So ist Thor ein wohltätiger Gott durch die befruchtende Kraft des Gewitters, mehr aber tritt seine Macht in den vielen Kämpfen und Abenteuern mit den Riesen hervor. Von seiner Gemahlin Sif ist nur die Mythe bekannt, daß der boshafte Loki ihr einst das schöne Haar abschnitt, worauf Thor ihn zwang, es durch ein schöneres goldnes Haar, welches die Zwerge schmiedeten, zu erneuern; auch wiederum eine Hindeutung auf das Verwelken und Absterben der Blätter im Herbst. – *Tyr* (Ziu), ein Gott von sehr hoher Bedeutung, welche jedoch schwer erkennbar ist, war der Sohn Odins und der Frigg. Wenn auch nicht eigentlich Kriegsgott – dieser ist Odin –, so gebot er doch über Kampf und Sieg und wurde in der Schlacht angerufen. Er war der Gott der Kühnheit und Unerschrockenheit, er hatte allein den Mut, den furchtbaren Wolf Fenris zu füttern und demselben, damit er sich binden ließe, seine Hand zur Bürgschaft in den Rachen zu stecken. Als der Wolf sich nicht losmachen konnte, biß er dem Tyr die Hand ab. Seitdem hat dieser den Beinamen der Einhändige. – *Heimdall* ein Sohn Odins, von neun Riesenschwestern geboren, hütet die Götterbrücke Bifröst gegen die Riesen. Der Schall seines Hornes, Giallarhorn, durchtönt alle neun Welten; hundert Meilen weit sieht er bei Nacht wie bei Tage, er hört das Gras und die Wolle auf dem Vliese der Lämmer wachsen, und bedarf weniger Schlaf als ein Vogel. Einst wandelte Heimdal unter dem Namen Rigr auf der Erde und zeugte drei Söhne, von denen die drei Stände der Knechte, der Freien und der Edlen herstammen. Heimdalls Wesen ist Glanz und Leuchten weshalb er als Gott des Tages, von andern als Mondgott betrachtet worden ist. – *Balder* Odins und der Frigg Sohn, wird der mildeste, weiseste und beredteste aller Asen genannt Seine Schönheit und Anmut war so groß, daß es wie Lichtglanz von ihm strahlte. Er wohn mit seiner Gattin Nanna in der Burg Breidablick (breiter Glanz), welche glänzte wie de klare Sommerhimmel. Da nach dem Spruche des Schicksals sein Tod der Vorbote des Unterganges der Götter sein sollte, suchte Loki sein Verderben und führte tückisch Balders Tod herbei. Die Erzählung, wie die Götter ihn aus der Unterwelt zu lösen wünschten, wie einer der Asen den Weg zur Todesgöttin Hel unternimmt und wie die Rückkehr Balders im Augenblicke ihrer nahen Erreichung durch Lokis Verstellung vereitelt wird, schließt sich den schönsten Mythen aller Völker an. – *Bragi*, der Gott der Dichtkunst und des Gesanges, auch ein Sohn Odins und der Frigg, wurde nicht als Jüngling, sondern in Greisengestalt mit schneeweißem, zum Gürtel herabwallenden Barte vorgestellt; aber mit jugendlicher Begeisterung läßt er seine Harfe Telyn zu seinen Liedern erschallen. *Idunna*, seine Gemahlin, die Göttin der Unsterblichkeit, verwahrt in einer Schale die goldenen Äpfel, mit welchen sich die Götter bis zum Weltuntergange in ewiger Verjüngung erhalten. – *Freyr*, ein wohltätiger Gott, der über Sonne und Regen gebietet, das Wachstum der Pflanzen gibt und überhaupt Fruchtbarkeit, auch in der Ehe, verleiht. Sein Schiff fuhr immer mit günstigem Winde; Waffen in seinem Tempel zu tragen, war verboten, denn er war ein Gott des Friedens. Im Frühjahr wurde sein Bild mit der Priesterin, welche dann seine Gemahlin hieß, in einem feierlichen Umzuge wie in einem Brautzuge umhergeführt. Sonst wurde sein Wagen von einem goldborstigen Eber gezogen, dessen Glanz die Nacht erhellt. Einst hatte Freyr im Übermut Odins Stuhl bestiegen und sah die schöne Gerda, die Tochter des Riesen Gymir. Von Liebesleidenschaft erfaßt, sandte Freyr seinen Diener Skirnir, dem er sein Roß und sein Schwert gab, welches von selbst tötete, wie der Besitzer es befahl. So drang Skirnir durch die lodernden Flammen, welche die Wohnung des Riesen umgaben, überwand das Widerstreben der Gerda mit Beschwörung und Zaubersprüchen und führte sie zu Freyr als Gemahlin. Das hohe Ansehn dieses Gottes wird aus der Anrufung erkennbar, mit welcher man im Norden die Eide bekräftigte: „So helfe mir Freyr, Niörd und der allmächtige As" (Odin oder Thor). *Niörd* war ein Gott des Meeres und glücklicher Seefahrt; es dürfte also in der Schwurformel eine Beziehung auf Himmel, Erde und Meer enthalten gewesen sein, wodurch dann Freyr als der über die Erde waltende Gott bekräftigt würde. Mit Freyr verband sich die Verehrung seiner Schwester Freyja. Beide und ihr Vater Niörd waren aus dem Geschlechte der Vanen und als Geiseln zu den Asen gekommen. Niörd hatte die Kinder mit seiner Schwester und Gemahlin erzeugt, in welcher die Nerthus der Sueven vermutet werden darf. Freyja war die Göttin der Liebe; ihr gefallen die Lieder, in welchen sich das verborgene Wesen der Liebe ausspricht; sie freut sich des Frühlings und der Blumen. Wie Odin in Walhalla die gefallenen Streiter aufnimmt, so versammelt Freyja alle edlen und schönen Frauen in ihrem himmlischen Saale Folkvangur. Ihr leuchtender großer Halsschmuck, Brising genannt, welchen Loki ihr einst raubte, deutet auf eine Beziehung zum Monde; ebenso der silberborstige Eber, welcher ihren Wagen zieht und mit mildem Schimmer die Nacht erleuchtet. Eigentümlich ist das Falkengewand der Göttin, welches sie anlegt, wenn sie die Luft durcheilt; doch wird dieses Falkengewand auch der Frigg beigelegt. Um Freyja walten die Liebesgöttinnen *Siofna*, welche die erste Neigung erregt, *Lofna*, die Göttin der Vermählung, *Wara*, welche die Eide der Liebenden annimmt und den Treubruch bestraft. In diesen Kreis gehören dann auch noch *Snotra*, von der das Anmutige und Schickliche begünstigt wird, und *Gefion*, die Göttin der Unschuld. Sie beschützt die Jungfrauen und nimmt diejenigen, welche unvermählt sterben, in ihre Himmelswohnung auf.

In diesen die Weltordnung bewahrenden Götterkreis ist nun ein feindseliges Wesen aufgenommen, welches weder den Asen noch den Riesen ausschließlich angehört, wohl aber die Natur beider in sich vereinigt. Es ist *Loki*, über dessen Abstammung folgendes Aufschluß gibt. Vili und Ve, die Brüder Odins, mit denen er das Weltgebäude geschaffen hatte, hören mit diesem Werke auf genannt zu werden; an Vilis Stelle tritt der wenig bekannte Hoenir, an die Stelle des Ve tritt Loki. Auch mit Surtur, dem Beherrscher der Feuerwelt, ist er identisch. Dieser Loki ist der Urheber allen Übels; Bosheit, List und Verleumdungssucht sind seine Eigenschaften; er weiß die Asen zu Wagnissen und Unternehmungen zu verleiten und freut sich über das Unheil, welches sein Rat verursacht. Unaufhörlich arbeitet er an der Zerstörung der Weltordnung, aber indem er das Alte durch das Neue zerstört, wirkt er zugleich auch in schaffender Kraft. Mit einer Riesin erzeugte er drei Ungeheuer: den furchtbaren Wolf Fenris, das Symbol der Finsternis, den die Götter gefesselt hielten; die Midgardschlange, welche um die Erdscheibe liegt, und die Unterweltsgöttin Hel. Auch Odins Roß Sleipnir war eine Erzeugung Lokis. In Deutschland findet sich sein Name nicht erwähnt, doch wird er neben Wodan auch bekannt gewesen sein. Manches was in den Volksglauben vom Teufel übergegangen ist, mag seinen Grund in den Vorstellungen von Loki haben. Die Mythe bringt ihn zuletzt in die Gefangenschaft der Asen, welche darauf einen seiner beiden Söhne in einen Wolf verwandelten, der seinen Bruder zerriß. Mit den Gedärmen des Getöteten wurde Loki über drei Felsenspitzen festgebunden, und eine Giftschlange über ihm aufgehängt, deren Gift auf sein Angesicht herabtrieft. Doch sitzt seine Gattin Sigyn bei ihm und bemüht sich, das Gift in einer Schale aufzufangen. So muß Loki liegen, bis er am Tage des Weltunterganges aus seinen Banden los wird und gegen die Götter kämpft.

4. Nornen und Valkyrien

Eine ähnliche Vorstellung von der Macht des Schicksals, wie sie bei den Griechen in den Moiren sich aussprach, hat in der nordischen Mythe die *Nornen* gestaltet. Es sind drei Götterwesen – Urd, das Gewordene, – Verdandi, das Werdende – Skuld, das Künftige –, abstammend von dem Riesengeschlechte, aber auch der heiligen Urzeit ewige Töchter genannt. Sie wohnen in einer Grotte bei dem an der Wurzel des Weltbaumes Yggdrasil befindlichen Urdarbrunnen, wo auch die Asen Gericht halten. Sie bestimmen dem Menschen seine Lebenszeit und sein Los, ihren Ratschlüssen sind auch die Götter unterworfen. Wie die Moiren den Schicksalsfaden spinnen, so findet sich bei den Nornen das von ihnen ausgehende Verhängnis durch die Tätigkeit des Webens symbolisiert. In weiterer Ausdehnung hat der Glaube an herrschende Schicksalsmächte durch seine vorwiegende Beziehung auf den Anfang und das Ende des Lebens die Nornen, oder an ihrer Stelle weise Frauen, bei der Geburt eines Kindes erscheinen lassen. Sie drehen dann sein goldenes Schicksalsseil und befestigen es am Himmel, sie bringen auch wunderbare Gaben, oder sie zürnen und schaffen Unheil. Schutzgeister, welche den Menschen von der Geburt bis zum Tode begleiten, hießen Fylgien. In Deutschland sind aus solchen Vorstellungen die Feen des Märchens und der Sage hervorgegangen.

Für die in der Schlacht fallenden Helden gab es eigene Todesgöttinnen, die *Valkyrien*. Von Odin gesendet, reiten sie gerüstet in die Schlacht, ein flatternder Schein bezeichnet ihre Ankunft, und Lichtstrahlen glänzen von ihren Spießen; von den Mähnen ihrer Rosse träuft Tau in die Täler, oder Hagel fällt in die hohen Bäume. Die Geister der gefallenen Krieger tragen sie empor und führen sie nach Walhalla, wo sie den Einherien die Becher kredenzen und durch ihre Gegenwart das Mahl verherrlichen. Dann kommen Valkyrien vor, Schwanenjungfrauen, welche mit einem Schwanenhemde die Luft durchfliegen und sich am See niederlassen. Auch sterbliche Jungfrauen, wie die Brynhild der Niflungensage, erscheinen als Valkyrien. Sie schenken gern einem Helden ihre Liebe, schützen ihn in der Schlacht und kommen ihm entgegen, wenn der Geist des Gefallenen seinen Grabhügel besucht.

5. Riesen und Zwerge

Den Göttern und der von ihnen geordneten Welt stehen die Riesen, die ungebändigten Kräfte der Urzeit, feindlich gegenüber. Sie türmen die Eisberge zusammen, sie führen das Schneegewirbel herauf, Felsmassen werfen sie wie Steine, und auch Kälte und Finsternis rührt von ihnen her. Ihre Wohnungen in Jötunheim waren dunkle Felshöhlen, denn sie scheuen das Licht; auch ihre Gestalt ist ungeheuerlich, und es wird von vierhändigen dreiköpfigen ja hundertköpfigen Riesen erzählt. Bei großer Körperkraft fehlt ihnen doch bedachtsame Klugheit, daher ihre Wirkungen oft ziellose, verfehlte Gewalttaten sind und ihr Wesen überhaupt als gewalttätig und tückisch erscheint. Doch stehen die Asen, trotz ihrer Kämpfe mit den Riesen, mit einzelnen derselben auch in freundlichem Verkehr, wie Gerda, Freyrs Gemahlin, eine Riesentochter war und wie Oegir, der Riese des Meeres, wo er mit seiner Gemahlin Ran und seinen neun Töchtern, den Wellenmädchen, wohnt, von den Asen zum Gastmahle geladen wurde und dafür dann auch einmal die Götter bei sich aufs herrlichste aufnahm. Da wurde der Fußboden mit glänzendem Golde belegt, welches den Saal erleuchtete, der Trank kam von selbst herbei, und die Diener Oegirs setzten durch ihre wunderbare Geschicklichkeit die Götter selbst in Erstaunen. – Die Zwerge oder Alfen werden als Alfen des Lichts und als schwarze Alfen der Finsternis unterschieden. Jene in ätherischer Gestalt und schimmernden Kleidern wohnen in Liosalfaheim, diese sind dunkle, häßliche kleine Gestalten, welche das Sonnenlicht vermeiden und im Innern der Erde hausen. In ihnen sind die tausendfachen verborgen wirkenden Kräfte der Erdtiefe gestaltet; sie verstehen mancherlei Geheimnisse, sie kennen die Eigenschaften der Dinge, sie sind in unaufhörlicher Tätigkeit und vollenden sehr kunstreiche Werke. Besonders ist ihnen die kunstfertige Tätigkeit des Schmiedens eigen; Odins Speer, Thors Hammer, Freyrs Schiff, auch das goldene Haar der Sif war von den Zwergen gearbeitet.

6. Die Unterwelt und Walhalla

Die Vorstellung, daß dem Geiste des Menschen nach dem Tode eine Fortdauer gegeben sei, findet sich in den nordischen Sagen mit starken und tiefen Zügen bewahrt. Während Odin die Helden und Fürsten in Walhalla aufnimmt, läßt Thor die Knechte zu sich kommen, Freyja versammelt die Seelen edler Frauen in ihrem Saale, und ebenso Gefion die gestorbenen Jungfrauen; dann wird auch noch von der Meergöttin Ran erzählt, daß sie die Ertrunkenen zu sich nimmt. Zwei solcher Vorstellungen haben sich in hervorragender Weise ausgebildet, Helheim und Walhalla. Helheim, der unterste Raum von Niflhcim, heißt der traurige Aufenthalt, in welchen alle diejenigen kommen, welche nicht im Kriege das Leben hingeben, sondern durch Alter oder Krankheit den Tod erleiden. Vor Helheim strömt der Höllenfluß Gioll, eine Brücke, die Giallarbrücke, führt hinüber; dort hält eine schattenhafte Gestalt, die Jungfrau Modgudur, die Wacht, und auch ein bluttriefender Hund, Garm[227], hütet den Zugang. Weit und schauervoll ist der Weg dorthin; neun Tage und neun Nächte mußte Odins Sohn Hermod durch dunkle tiefe Täler reiten, als er seinen Bruder Balder aus Helheim lösen wollte. Die Beherrscherin der Unterwelt, die schreckliche Hel oder Hela, hat in der Tiefe ihr Haus, wo die Abgeschiedenen ein bebendes, krankhaftes Dasein voll Mangel und Angst führen. Unter ihnen hat Hel ihren furchtbaren Thron aufgerichtet, sie selbst halb von menschlichem Ansehen, halb von Verwesung blau – ein gräßlicher Anblick. Und um sie her im angstvollen Saale waltete ein ödes Schweigen, nur von Seufzern und Gestöhn durchhallt.

Walhalla, die Halle der Erschlagenen, das Elysium des nordischen Glaubens, ist eines der erhabensten Bilder der gesamten Mythenwelt. Nur die im Kampfe gefallenen Krieger und die Fürsten gelangen nach Walhalla. Odin empfängt die Ankommenden, Bragi begrüßt sie mit Gesang; dann sind sie unter die Einherien aufgenommen. In lauterem Golde glänzt der Palast, und so hoch sind seine Zinnen, daß keiner der ankommenden Helden mit den Blicken hinaufreicht. 540 Tore führen in die Halle, aus jedem derselben werden zum letzten Kampfe 800 Einherien hervordringen. Täglich ziehen sie hinaus auf die Ebene Idavöllur, sie kämpfen und erschlagen einander, nach dem Kampfe aber erstehen sie wieder und versammeln sich zum herrlichen Mahle in der Halle. Mit goldenen Schilden ist die hohe Wölbung gedeckt, nach Morgen und Abend, Mittag und Mitternacht öffnen die Tore den Blick auf den um Walhalla sich breitenden Lusthain Glasor. In langen Reihen sitzen die geharnischten Einherien und die Götter, ihre Speise ist der Speck des Ebers Sährinmir, den Met reichen ihnen die schönen Valkyrien. Obenan aber thront Odin, und auch an seiner Seite stehen zwei Valkyrien, die ihm den purpurnen Wein kredenzen.

7. Die Götterdämmerung (Ragnarök)

Das glänzende Walhalla wie das düstere Helheim wird einst zugrunde gehen; es steht den Asen ein letzter Kampf bevor, in welchem sie den ihnen feindlichen Mächten unterliegen und mit ihrer ganzen Weltordnung den Untergang finden. Schreckhafte Zeichen verkündigen dann die sich nahende Vollendung der Geschicke. Drei harte Winter, von keinem Sommer getrennt, suchen die Erde heim, die Berge erschüttern sich und stürzen ein, das Meer schäumt über seine Ufer. Vor ihren Höhlen sitzen die Zwerge und klagen, denn in der Zerrüttung der Naturkräfte muß ihr friedliches Tun und Treiben aufhören. Alle feindlichen Mächte rüsten sich zum Kampfe gegen die Götter; aus dem Lande der Riesen erhebt sich ein wildes Getümmel, die Midgardschlange steigt auf und dampft ihr Gift aus, der Wolf Fenris hat seine Fesseln gesprengt und fährt mit offnem Rachen empor, so daß der Unterkiefer die Erde und der Oberkiefer den Himmel berührt, und auch Loki hat sich aus seinen Banden befreit. Da erhebt sich Heimdall und bläst in das Giallarhorn, die Götter zum Kampfe zu rufen. Odin mit seinem strahlenden Goldhelm und seinem Speere reitet mit den Asen und den Einherien aus der Götterburg hervor, den Feinden entgegen. Und es spaltet sich der Himmel, Surtur stürmt aus Muspellheim mit seinen Scharen heran, und unter ihnen bricht die Himmelsbrücke Bifröst zusammen. Jeder der Götter kämpft mit einem gegenüberstehenden Feinde, doch sie unterliegen alle. Odin wird von dem Wolfe Fenris verschlungen, den Vidar dann tötet; Surtur überwindet den waffenlosen Freyr; Tyr kämpft mit dem Hunde Garm aus Helheim bis sie beide fallen; Thor erschlägt die Midgardschlange, stürzt aber von ihrem Gifte getroffen tot zu Boden, und auch der Zweikampf Heimdalls und Lokis endet mit dem Tode beider. Nun erreichen die Wölfe Sköll und Hati die Sonne und den Mond und verschlingen sie, die Sterne fallen herab, Surtur schleudert sein Feuer umher und verbrennt die Götterstadt Asgard und endlich die ganze Welt. Aber aus der Zerstörung wird eine neue grünende Erde mit einem friedlichen Menschengeschlechte hervorgehen, eine neue Sonne wird wieder leuchten, die wiedergeborenen Asen sammeln sich auf der Stätte ihrer vorigen Götterburg. Dort weilen sie und erinnern sich der Ratschlüsse der Vorzeit. Dann blüht in der verjüngten Welt das goldne Zeitalter des Friedens und der Wonne.

Anmerkungen

1 Es möge gestattet sein, eine in den Text gehörende Notiz, welche dort nicht mehr nachgetragen werden konnte, hier vorläufig einzufügen. Sie betrifft den Apoll von Belvedere. Nach neueren Untersuchungen (siehe Otto Jahn, Aus der Altertumswissenschaft, S. 265) ist es ein Irrtum gewesen, diesen Apollo als Bogenschützen aufzufassen. Er hat in der linken Hand nicht den Bogen, sondern die Aegis gehalten (Iliade 15, 221 ff., 307 ff., 318) und ist als Aegiserschütterer dargestellt:

— — — — — „Es wandelte Phoebos-Apollon,
Eingehüllt in Gewölk, und trug die stürmische Aegis
Graunvoll, rauhumsäumt, hochfeierlich." — — —

Eine im Besitz des Grafen Stroganoff in Petersburg befindliche, sehr ähnliche Statue trägt in der Tat die Aegis in der linken Hand. Als Motiv für die Entstehung und Auffassung des Kunstwerkes wird außer jenen homerischen Versen auf die Hilfe hingewiesen, mit welcher bei dem Einfalle der Gallier im Jahre 279 Apollo sein Heiligtum geschützt haben soll.

2 Die Geltung und das Ansehen der Wedas hat fortbestanden, auch als nach der Heroenzeit mit den großen Heldengeschichten ein neuer Mythenkreis aufkam; es haben also auch jene älteren Namen und Vorstellungen neben den Entwicklungen fortgedauert, welche die Götter des Trimurti aufstellten. Zudem haben wahrscheinlich beide, die Wedas und die Heldengedichte, noch vor ihrem letzten Abschluß eine Zeitlang nebeneinander bestanden und wohl aufeinander eingewirkt.

3 Gegenwärtig ist diese Kaste nicht mehr vorhanden, sie wird wenigstens nicht mehr genannt; die Radschputen aber behaupten ihre Abstammung von der alten Krieger-Kaste. Die Brahmanen sind zahlreich vorhanden, von den andern Kasten nur hier und da ein Überrest. Doch ist dadurch keine Vereinfachung eingetreten, denn unter den Brahmanen haben sich im Laufe der Zeiten eine Menge Unter-Abteilungen gebildet, die sich in fast unglaublicher Hartnäckigkeit gegeneinander abschließen.

4 Die Affen bauten die Brücke bei der Insel Ramecvara (Ramisseram). Zwischen Festland und Insel zieht sich noch heute eine Kette von Inseln hin, die von den Indern für die Trümmerreste jener Brücke gehalten werden.

5 Daß von jenem alten Baumdienste her den Persern eine zarte, ehrfurchtsvolle Empfindung für hohe, schönbelaubte Bäume blieb, zeigte König Xerxes, als er auf seinem Zuge gegen Griechenland eine Platane in der Nähe von Sardes wegen ihrer Schönheit mit einem goldenen Schmucke zierte und ihr einen seiner Unsterblichen zum Wächter gab.

6 Der unter dem Ghasnaviden Mahmud um 1020 nach Christus lebende persische Dichter Firdusi hat die uralten, nationalen Traditionen seines Volkes gesammelt und aus diesen wie aus alten Urkunden ein großes Epos gebildet, Schahnahme. — Als König Dschemschid in Übermut verfiel, wurde er von dem Fürsten der Wüste, Sohak, dem Schlangenkönige, dessen zwei aus der Schulter aufzüngelnde Schlangen täglich zwei Menschen verzehrten, entthront. Feridun, ein Nachkomme des Dschemschid, überwindet den Sohak und herrscht 500 Jahre gerecht und weise über Iran. Aber der Bruderzwist seiner Söhne bringt die Herrschaft an den furchtbaren Afrasiab, König des düsteren Turan, und nun wütet, wie zwischen Licht und Finsternis, der Kampf zwischen Iran und Turan, in welchem der iranische Held Rustam durch unüberwindliche Tapferkeit glänzt. Tragisch ist die Episode des Zweikampfs zwischen Rustam und seinem Sohne Suhrab, der unerkannt durch die Hand des Vaters fällt. Am Schluß endet unter König Gustasp die Heldensage mit dem Kampfe und Untergange Rustams und des gleich herrlichen Helden Isfendiar.

7 Ob Gustasp der König Darius Hystaspe ist oder ob Zoroaster als völlig mythische Person mehrere Jahrtausende früher gelebt habe, ist nicht sicher bestimmt. Seine Lehren sind in dem alten Religionsbuche der Perser, Zendavesta, enthalten, dessen Überreste von einem Franzosen, Anquetil du Perron, aufgefunden und 1771 der europäischen Wissenschaft zugänglich gemacht wurden.

8 Als Stellvertreter des Mithras ließ Xerxes bei dem Übergange über den Hellespont in der verderblichen Meere nach der Zerstörung der ersten Brücke Geißelhiebe geben und Ketten in dasselbe werfen. — Noch in später Zeit beugte sich der Partherfürst Tiridates bei seinem Besuche in Rom vor Kaiser Nero und verehrte ihn als Gott Mithras.

9 In Griechenland wurde jedoch die Insel Delos als Geburtsstätte des Apollon (Lichtgott) und der Diana (Mondgöttin) verschont.

10 Auf das Leben einfacher Hirten, welche gern ihre Hütte mit Zweigen oder Laubgewinden verzieren und schmücken, deuten noch manche Ornamente an der in Ninive bloßgelegten Architektur zurück. Diese Pflanzen-Arabesken sind gewiß nicht eine künstlerische Kombination, sondern sie halten wie ein altes Schmuckbedürfnis auch am steinernen Gebäude fest.

11 Als Alexander der Große nach Babylon kam, übergaben ihm die dortigen Priester astronomische Beobachtungen aus 19 Jahrhunderten. Der König ließ sie dem Aristoteles zusenden.

12 Die Erfindung des Tierkreises wird den Babyloniern, wie den Ägyptern zugeschrieben.

13 Die Pyramide des Cheops war 480 Fuß hoch, jetzt noch 450 Fuß.

14 Die Quelle dieser Sagen sind die Fragmente aus dem Geschichtswerke des babylonischen Priesters Berosus, welcher bald nach Alexander dem Großen gelebt hat. Ob die Bilder der chaotischen Wundertiere plastische Werke gewesen sind? Die Aufgrabungen von Ninive zeigen, wie hoch dort die bildende Kunst gestanden hat. Doch können es auch kunstreiche Teppiche gewesen sein.

15 Ein großer Teil der Bauten und Werke, welche die Volkssage der Semiramis zuschrieb, rührt von Nebukadnezar her.

16 Der Engländer Davis hat in den Jahren 1856 bis 59 Ausgrabungen auf der Ruinenstätte von Karthago vorgenommen und die Resultate seiner Forschungen in dem Werke: „Karthago und seine Überreste" veröffentlicht.

17 Wenn man vom Standpunkte der Betrachtung dieser nicht bloß in Phönizien, sondern auch in Kanaan herrschenden Opfersitte bei dem Opfer verweilt, welches Abraham in seinem Sohne Isaak darbringen wollte, so gewinnt man für den Ausgangspunkt wie für das Ziel dieser Begebenheit eine sehr helle, menschlich wohltuende Ansicht. Für immer hatte der gottergebene Patriarch der Einführung dieses gräßlichen Opfers unter seine Familie und Nachkommen einen Damm entgegengesetzt. Doch haben die Israeliten später nicht bloß dem Baal gedient, sondern auch Kinder zum Opfer gebracht.

18 Melech Kartha d. i. König der Stadt.

19 Aus der phönizischen Astarte, in der freilich die Vorstellungen der Juno, Diana, Ceres, Venus noch ungetrennt vereinigt waren, hat sich hauptsächlich die griechische Venus entwickelt und es haben Zypern und Kythera, wohin die Phönizier ihren Handel trieben, immer für Heimatstätten der Aphrodite gegolten.

20 Es bleibt bemerkenswert, daß selbst bei sehr heftigen Verfolgungen des Baaldienstes der ägyptische Stierdienst im Lande Schonung und Duldung erfuhr. Dieser scheint eine große Anhänglichkeit des Volkes genossen zu haben, während der phönizische Götterdienst eine desto stärkere Antipathie desselben erfuhr, je mehr der Übermut der Mächtigen und Reichen sich ihm zuwandte.

21 Besonders glänzend wurde dieses Fest später in Alexandria begangen. Auch in Athen wurde es gefeiert, wie es z. B. dort als düstere Vorbedeutung auf den Tag fiel, wo die stolze Flotte der Athener zum Angriff auf Sizilien absegelte. Daß auch in Jerusalem das Fest des Thammuz Eingang fand, erfahren wir aus den Klagen des Propheten Hesekiel.

22 Ein Stützpunkt für die Ansicht, daß die Kabiren phönizischen Ursprungs sind, wird bei dem unzweifelhaften frühen Zusammenhange zwischen Phönizien und dem griechischen Theben auch darin liegen, daß in der Nähe von Theben ein uraltes Heiligtum der Kabiren war.

23 Das alexandrinische Schiff, auf welchem der Apostel Paulus nach seinem Schiffbruche Italien erreichte, führte die Dioskuren als Schutzgötter.

24 Ein Trauerlied auf den Osiris wird noch von Plutarch erwähnt. Wenn Herodot von dem Singen bei dem Festzuge nach Bubastis spricht, so war dies wohl nur ein untergeordneter Bestandteil des festlichen Jubels.

25 Die Kunst der Musik haben die Ägypter schon in den ältesten Zeiten geübt. Wahrscheinlich war es religiöse Musik, einfach, ernst und würdevoll. Harfen finden sich auf den Denkmälern, und Moses hat seine Trompeten gewiß ägyptischen nachbilden lassen. Später kam auch die Flöte in Gebrauch, und die Harfen wurden vielseitiger. Es scheint aber, daß neben dieser religiösen Musik eine lärmende Volksmusik bei den Festzügen Sitte geworden war.

26 Phra, wie er in Memphis hieß, wird von einigen als die Grundlage des biblischen Wortes Pharao angegeben, welches den König als Sonne bezeichnen würde. Das Wort kann aber auch aus Phuro, der König, entstanden sein.

27 Man schmückte die Türen der Tempel mit Löwenrachen, weil der Nil das Land überschwemmte, wenn die Sonne dem Zeichen des Löwen nahte. So hätte dieser auch heute noch häufig vorkommende Schmuck der Türen einen sehr alten Ursprung,

28 Herakles wollte den Ammon (Zeus) sehen, aber dieser wollte nicht, daß ihn jener schaue. Endlich auf langes Andringen des Herakles zog Ammon einen Widder ab, hielt den abgeschnittenen Kopf des Widders sich vor, tat dessen Fell um und zeigte sich so dem Herakles. Seitdem machten die Ägypter das Bild des Ammon widderköpfig; von ihnen nahmen es die Ammonier der libyschen Wüste an. Auch in die griechische Kunst ging diese Bildung über, denn Jupiter und Ammon findet sich mit den Widderhörnern an der Seite des Kopfes.

29 Bekanntlich wird das Ruinenfeld von Theben nach den jetzt dort befindlichen Ortschaften Karnak, Luxor, Gurna und Medinat-Abu genannt.

30 Neben diesem wird hier auch Arueris, der ältere Horus, genannt. Doch gilt Horus weit allgemeiner als ein Sohn des Osiris und der Isis aus der Zeit ihrer Vereinigung im Mutterleibe.

31 Daher legten die Ägypter den Kindern eine weissagende Kraft bei und achteten vorzüglich auf ihre zufällig ausgestoßenen Worte, wenn sie in einem Tempelraum spielten, vorzüglich vor dem Heiligtume des Apis.

32 Es soll der Maneros sein, dem zu Ehren bei den Gastmählern ein Klagelied gesungen wurde; nach Herodot das einzige Lied der Ägypter.

33 Die berühmtesten Gräber des Osiris waren: Abydos (This), welches ganz besondere Ansprüche auf das wahre Grab machte; Memphis, die Stadt des Apis, in welchem Osiris wohnen sollte; die Nil-Insel Philä, die Stadt Busiris, wo der größte Tempel der Isis war, und zu Saïs das Heiligtum der Neith.

34 Dieses Fest hatte entschieden einen Zusammenhang mit den Adonisfesten Phöniziens. In mehreren Städten war das Osiris-Rufen mit jenem Feste ganz vereinigt worden.

35 Sohn des Ra oder Tochter des Ra war eine Bezeichnung für den Glanz der Königsgewalt.

36 Plutarch erzählt einfach, daß, als Ptolemäus um die Ausführung des Traumes bekümmert war, sich ein vielgereister Mann, Sosibius, gefunden, welcher angab, daß er zu Sinope ein Bild, wie es der König geschaut, gesehen habe. Ptolemäus schickte zwei Männer ab, welche es mit vieler Mühe und nicht ohne göttliche Mitwirkung heimlich wegbrachten.

37 Es war Sitte, die Szene der Gefahr und der Rettung abbilden zu lassen. Diese Votivbilder, welche im Tempel aufgehängt wurden, gaben den Malern Gelegenheit zu reichlichem Verdienste.

38 Bei den festlichen Umzügen der Ägypter wurde von einem Priester ein offenes Gefäß getragen. Auch finden sich häufig Darstellungen von Prozessionen mit der heiligen Barke oder dem heiligen Schiffe.

39 Es gibt gar manche, sagt ein Dichter jener Zeiten, welche alles für ein Spiel des Zufalls halten und nicht glauben, daß die Bewegung und Leitung der Welt von einem Oberherrn abhänge; die Natur allein bringe den Wechsel des Tages und des Jahres. So berühren sie dreist und kühn bei dem Eidschwur die Altäre, denn leicht ist es ihnen, die Götter als Zeugen zu verachten.

40 Lepsius, über den ersten ägyptischen Götterkreis und seine geschichtlich-mythologische Entstehung.

41 Eine solche Sothis-Periode begann 1322 unter König Menephtha, zu dessen Zeit auch der Auszug der Israeliten geschehen sein soll.

42 Die richtigere Bezeichnung würde „mein Gewand" sein; doch ist der übliche Ausdruck der berühmten Inschrift, die auch unserm Schiller das Motiv zu seinem Gedicht „das verschleierte Bild von Sais" gegeben hat, beibehalten worden. Der Sinn der letzten Worte der Ausspruches war jedoch nicht, wie dort und auch sonst gewöhnlich geglaubt wird, auf die Unnahbarkeit der göttlichen Weisheit gerichtet; er hatte wahrscheinlich einen näheren Zusammenhang mit der Jungfräulichkeit der als Athene gedachten Neith. „Das Verborgene der Isis veröffentlichen — war auch sonst in Ägypten als fluchartige Drohung im Gange.

43 Man findet jedoch Tiermumien auch an anderen als den bezeichneten Orten.

44 Wer ein solches Tier auf seinem Wege tot daliegen sah, blieb von ferne stehen und beteuerte laut, daß er es tot gefunden habe.

45 Unter den Himmelstieren sind am natürlichsten die Vögel zu verstehen, obwohl dabei auch von dem himmlischen Tierkreise geredet worden ist.

46 Es gab drei verschiedene Arten von Einbalsamierung. Der Aufwand für die erste war nur den Reichen möglich, die dritte war sehr wohlfeil. Vornehme und schöne Frauen wurden erst drei bis vier Tage nach dem Tode zur Einbalsamierung gebracht. Nachdem dieselbe vollendet war, legte man die mumifizierte Leiche in den hölzernen Totenschrein und stattete sie mit Osirisbildchen, Amuletten und Skarabäen (Käfergestalten) aus; auch gab man ihr wohl ein Stück Geld in den Mund. Ein Totenbuch (Toten-Papyrus) sollte dem Verstorbenen als Führung in dem Amenthes dienen; es enthielt Anrufungen, Gebete, vorgeschriebene Antworten und Schilderungen aus dem Totenreiche. Der Mumienschrein wurde bisweilen noch in einen steinernen Sarkophag verschlossen.

47 Die Vergänglichkeit alles Irdischen hat auch über diese Bemühungen ihren Herrscherstab geschwungen. Auf den Gräberstätten Ägyptens liegen nun die Mumien zerbrochen und zerstäubt; viele, ihrer heimatlichen Todesruhe entrissen, sind in den Hauptstädten Europas der Schaulust ausgestellt, und in die unzugänglichsten Todes-Asyle Ägyptens dringt der Forschungseifer der Reisenden ein. Nur der Leib des Königs-Mykerinos liegt jetzt auf dem Grunde des Meeres in noch größerer Sicherheit als in seiner Pyramide, aus welcher man seinen Sarkophag nach fünftausend Jahren hervorzog, um ihn nach England zu schaffen, wobei er an der Küste Spaniens unterging.

48 Ägyptische Totengebräuche und Vorstellungen sollen auf die Mythe von der Unterwelt bei den

Griechen eingewirkt haben; der See soll dort zu den Flüssen des Hades, der Fährmann der Toten-
barke zum Charon, das Untier vor dem beim Totengericht thronenden Osiris zum Kerberus
geworden sein. Näher als diese Möglichkeiten liegt es, anzunehmen, daß das dreiköpfige Ungeheuer neben Serapis (Fig. 15) ebensowohl Beziehungen auf alt-ägyptische Vorstellungen wie auf
den griechischen Kerberus gehabt hat. Auch die Verschiedenheit der Köpfe (Hund, Löwe, Wolf)
kann aus dem Gedanken entstanden sein, die Köpfe zweier Totengenien an dem Untiere anzu-
bringen.

49 Es ist wohl möglich, daß dieses Totengericht im Amenthes dasjenige ist, von dem die griechischen
Berichte sagen, daß es bei dem Begräbnisse am heiligen See abgehalten worden wäre. Die Annahme des letzteren würde dann ein Mißverständnis gewesen sein.

50 Die Nachrichten über die Kasten der Ägypter nennen dieselben nicht in gleicher Zahl. Priester
und Krieger sind immer die ersten, dann folgen entweder noch fünf Rinderhirten, Schweinehirten,
Kaufleute, Dolmetscher, Schiffer oder drei (Ackerbauer, Handwerker, Hirten) oder nur noch die
eine Kaste der erwerbenden und arbeitenden Volksmenge. Auffallend ist bei dem allgemeinen
religiösen Ansehen der meisten Tiere die Geringschätzung des Hirtenstandes; es scheint ein alter
nationaler Haß gegen einbrechende Hirtenstämme sich auch auf ägyptische Hirten übertragen zu
haben.

51 Ovid, welcher die Sage auch erzählt und der Tränen der Eos gedenkt, würde sicherlich auch die ihr
entgegentönende Stimme des Sohnes erwähnt haben, wenn ihm das wunderbare Gerücht bekannt
gewesen wäre.

52 Die Verwendung der Mythologie in unsre Dichtung und Künste, ja in unsre Geselligkeit hinein ist
eine ganz harmlose Tatsache. Festzüge aber des Bacchus und der Ceres nebst begleitendem Oberpriester bei einem hellen Volksfeste vorzuführen wie bei einem Winzerfeste in der Schweiz geschehen, ist ein Mißgriff.

53 Spätere mehr reflektierende Zeiten brachten andre Vorstellungen. Ovid sagt: „Ein Gott schied
vom Himmel das Land und vom Lande die Wogen, und von der dunstigen Luft los trennt er den
lauteren Himmel." Nach Cicero wurden der Aether und der Tag für die Erzeuger des Himmels
gehalten.

54 Die Abbildung der Gaea, welche nach einem alten Grabrelief in Müller-Wieseler, Denkmäler der
alten Kunst, Th. II. 329, gegeben ist, dürfte nicht unschicklich auf die Erde als Orakelgottheit zu
deuten sein.

55 Sehr verschieden von diesen Kyklopen, den Söhnen des Uranos und der Gaea, sind jene Kyklopen,
welche Homer und nach ihm Vergil beschreibt. Es sind Ungetüme von riesenhafter Größe und
Stärke, die auch nur ein Auge auf der Stirn haben. Ohne Scheu vor den Göttern leben sie in
Willkür dahin, auch ohne Gesetz und Ratsversammlung. Hundert an der Zahl wohnen sie in
gewölbten Felsgrotten auf der Insel Sizilien. In freier Fülle bringt ihnen das Land, dessen Anbau
sie verachten, seine Gaben; nur das Weiden zahlreicher Schaf- und Ziegenherden ist ihre Beschäftigung. Unter diesen Kyklopen ist Polyphem durch seine Abenteuer mit Odysseus berühmt geworden. Dieses Ungetüm war in die reizende Meernymphe Galatea verliebt, welche er von seinem Berge beobachtete, wenn sie am Gestade des Meeres ihr Spiel trieb. So sitzt der zottig behaar-
te, häßliche Kyklop unter einer Steineiche und schaut mit tückischen, verliebten Blicken hinaus
auf die See. Er vergißt seine Herden, die Hirtenflöte hält er unter dem Arme und singt, nur seinem
Schauen sich hingebend, wie blendendweiß und lieblich Galathea sei und wie er ihr junge Bären
zum Geschenk aufziehe. Drüben aber auf dem ruhigen Meere fährt Galathea spielend dahin; vier
Delphine, von tritonischen Jungfrauen geführt, ziehen ihren Wagen. Auf dem Kopfe der Nymphe
wallt ein purpurner Schleier, Schirm und Segel zugleich, und wirft seinen rötlichen Schein auf Stirn
und Haupt, immer nicht so reizend wie die Blüte der Wange. Ihr Fuß reicht aus dem Wagen heraus
und steuert tändelnd durch die Wellen; das schöne feuchtblaue Auge aber schaut träumend ins
weite, ferne Meer hinein. Wie schön sind in diesem Bilde die Gegensätze von roher Kraft und
reizender Anmut, von fester Ruhe und flüchtiger Bewegung, von Gebundenheit und Freiheit
verwebt!

56 Die Keren, auch als Göttinnen des gewaltsamen Todes aufgefaßt. Sie durchschalten das Schlachtfeld, ihr Gewand ist um die Schulter vom Blute der Männer gerötet, sie ziehen die Verwundeten an
den Füßen dahin. Abbildungen zeigen sie als beflügelte Wesen, welche auf Schwerverwundete
losstürmen und sie bei den Haaren erfassen.

57 Von Kerberos wird auch gesagt, daß er fünfzig Köpfe gehabt habe

58 „Zeuge mir jetzo die Erd und der wölbende Himmel von oben" ist bei Homer mehrmals eine
Beteuerung der Götter. Zu vergleichen auch 5 Mosis 31; 28; 32, 1 und Jesaias 1, 2. dagegen Matth.
5, 34. 35.

59 Bei Homer ist Zeus der älteste der drei Kroniden, Pluton der jüngste.

60 Wenn in Rom ein Sklave freigelassen wurde, so schor man ihm in einem Tempel das Haupt und
gab ihm eine Mütze oder Hut (pileus).

61 Kybele, die Hauptgöttin der Phrygier, auch die große Mutter der Götter oder die gute Mutter vom Berge genannt, war eine Natur- oder Lebensgöttin, wie wir solche in Bhawany, Mylitta, Astarte, der Himmelskönigin der Karthager und auch in Isis kennengelernt haben. Zu Pessinus war das vom Himmel gefallene Bild derselben, ein nicht großer Stein, dunkelfarbig und eckig, wahrscheinlich ein Meteorstein. Die Priester waren Eunuchen, der ganze Kultus fanatisch und orgiastisch. Unter dem wilden Lärmen der Handpauken und Pfeifen hielten die Priester tanzend, schreiend und sich verwundend an den Festen der Göttin, besonders an dem großen Frühlingsfeste, ihren Umzug. Dieses Fest hatte eine ähnliche Bedeutung wie das Suchen des Adonis und des Oriris in Phönizien und Ägypten. Kybele nämlich hatte einen Liebling, einen schönen phrygischen Jüngling, Attis. In fanatischer Wut hatte er sich selbst entmannt und war unter einer Fichte gestorben. Aus seinem Blute sproßten Veilchen auf und umkränzten die Fichte; darum ist diese der heilige Baum der Kybele. Alljährlich um die Zeit der Frühlings-Nachtgleiche, wo das Licht über die Nacht zu siegen beginnt, feierte man das Fest der großen Mutter und des Attis. Der Entschwundene wurde unter Klagen und wildem Getön in den Bergen gesucht, dann folgte Freude und Ausgelassenheit über den Wiedergefundenen.

62 Die Höhle soll im Waldgebirge bei Lyktos, nach anderer Meinung am Berge Diktäos oder im Berge Ida gelegen haben. Allgemein wurde die idäische Höhle für diejenige gehalten, wo Zeus aufwuchs. Aber es galt auch der Berg Lykaios in Arkadien als der Geburtsort des Zeus; von dort erst sei er nach Kreta getragen worden.

63 Die Ziege Amaltheia wurde nach ihrem Tode als Sternbild an den Himmel versetzt, ihr Fell nahm Zeus zu seiner Aegis, ihr Horn machte er zum Horn des Ueberflusses, welches dem, der es besaß, immer den Trank oder die Speise darbot, welche er wünschte.

64 Als Parodie zu diesem schweren Kampfe mag die Erzählung gelten, daß auch Silen mit seiner lustigen Schar zum Kampfe herangezogen sei. Als sie kamen, brüllte Silens Esel, die Größe der Feinde erblickend, laut auf. Die Giganten wähnten, ein furchtbares Ungetüm greife sie an, und sie wandten sich zur Flucht. Zur Erinnerung an diese Tat sei der Esel unter die Sternbilder aufgenommen worden.

65 In den homerischen Hymnen wird erzählt, daß Here die Mutter des Typhaon sei. Zeus hatte ohne seine Gemahlin Here die blauäugige Göttin Athene hervorgebracht, „die hervorragt im Chore der sämtlichen Uranionen", während der Sohn, den Here aus sich allein schuf, Hephaistos, unansehnlich von Gestalt und schwächlich von Beinen wurde. Da zürnte die Göttin schwer, sie trennte sich von Zeus, schlug mit der flachen Rechten das Erdreich und rief Erde und Himmel an, auch die titanischen Götter im Tartaros, daß ihr von den Zeus ein Kind gegeben werde, an Gewalt noch vermögender als der Donnerer. Ihr Flehen wurde erfüllt, sie gebar den Typhaon; aber als sie den Schrecklichen sahen, übergab sie ihn dem pythischen Drachen, welchen später Apollo tötete. Offenbar ist Here in dieser Erzählung an die Stelle der Gaea gesetzt worden, und es zeigt sich in der Leichtigkeit, womit dies geschieht, wie sehr die alten Gottheiten (Gaea, Rhea, Here, sowie Uranos, Kronos, Zeus) nur Form-Entwicklungen eines und desselben mythischen Gedankens waren. Auch die Nebenumstände lassen sich darauf zurückführen, daß die Göttin über die Zurücksetzung erzürnt war, welche ihren Erzeugungen von der vollendeten Macht des Zeus widerfuhr.

66 Aus dieser Veranlassung soll es gekommen sein, daß die Ägypter ihre Götter in Tiergestalt anbeteten.

67 Spätere Dichtung läßt den Typhoeus von Kyme (Cumä in der Nähe des späteren Neapolis, also des Vesuv) bis zum Aetna hin ausgestreckt liegen, als ob ein Zusammenhang dieser Vulkane damit angedeutet werden solle. Auch von einem Lande Arima ist die Rede, wahrscheinlich Kilikien, wo das Lager des gebändigten Typhoeus sein soll. Nach Hesiod wurde er von Zeus in den Tartaros geschleudert. Von ihm stammen die verderblichen Winde her, die mit plötzlicher Wut über Meer und Land hinrasen. Auch verband sich Typhoeus mit der Echidna, einem Ungetüm im Lande Arima, halb Weib halb Schlange, und zeugte mit ihr den Kerberos, die lernäische Schlange und die Chimära.

In die Mythe vom Kampfe des Zeus mit Typhoeus haben sich später ägyptische Züge aus der Sage von Typhon und Osiris eingemischt. Da wird erzählt, Zeus habe den Typhon bis zum Kaukasus verfolgt, ihn mit seiner Sichel verwundet und sei mit ihm ins Handgemenge gekommen. Typhon aber entriß dem Zeus die Sichel, schnitt ihm die Sehnen der Gliedmaßen durch und trug ihn nach Kilikien. Dort warf er ihn in eine Höhle, legte die Sehnen in ein Bärenfell gewickelt neben ihn und stellte einen Drachen, halb Tier halb Weib, als Wächter vor die Höhle. Hermes jedoch und Pan stahlen die Sehnen und fügten sie dem Zeus wieder zusammen. Darauf erstand der Gott in voller Kraft, trieb den Typhoeus immer kämpfend durch Thrakien nach Sizilien, wo er ihn endlich niederschlug und den Aetna auf ihn warf.

68 Es ist hier aufmerksam zu machen auf den Unterschied der Namen Tethys, der Gattin des Okeanos, und Thetis, der Mutter des Achilleus.

69 Was Ovid zu dem mühelosen Glück des goldenen Alters hinzudichtet, ist ein lieblicher Gegensatz zu seiner harten, verderbten Zeit, die er in seiner Schilderung des eisernen Zeitalters (Metamorphosen 1, 127), charakterisiert. Da war, sagt er, Recht und Treue ohne das Drohen des Gesetzes und ohne Richterspruch. Unbekannt mit den Wagnissen und Schrecken der Seefahrt weilten die Menschen in ihrer sehnsuchtslosen Heimat, wo ihnen ohne befestigte Wohnorte, ohne Waffen- und Kriegsgetön die Tage eines dauernden Lenzes hinschwanden.

70 Zwischen das eherne und das eiserne Zeitalter setzt Hesiod noch ein Geschlecht der Heroen, edler und gerechter als die ehernen Menschen. Sie sind in den Kämpfen der Sieben vor Theben und im Streit vor Troja gefallen. Nun wohnen sie hochbeglückt unter der Herrschaft des Kronos an den Enden der Erde auf den Inseln der Seligen, wo dreimal im Jahre die treibende Flur Honigfrüchte zum Labsal bietet, dort wo

> „Nimmer ist Schnee noch Winterorkan noch Regengewitter;
> Ewig wehn die Gesäusel des leis' anatmenden Westes,
> Die Okeanos sendet, die Menschen sanft zu kühlen."

Wir haben im Abschnitt von Kronos von diesen Inseln erzählt.

71 Prometheus selbst nennt bei Aeschylos die Themis seine Mutter „ein Wesen vieler Namen, Gaea auch genannt".

72 Gewöhnlich wird dies dem Hephaistos zugeschrieben.

73 Dieser Adler war eins jener Ungetüme, welche Typhon mit der Echidna erzeugt hatte.

74 Preller, Griechische Mythologie S. 86. „Die griechische Götterwelt verliert auf diese Weise von selbst den Charakter der polytheistischen Zerstreutheit. Sie stellt sich vor als ein großes, schön und harmonisch geordnetes, die Einheit des Kosmos wiederspiegelndes, wie die Pyramide auf breiter Basis zu dem *einen* Gipfel emporstrebendes Pandämonium."

75 Ein späterer Dichter eifert gegen die Ansicht, daß das Los entschieden habe:

> Dreifach, sagten sie, teilte das Los den Kroniden die Sitze.
> Doch wer zöge das Los um Olympos Reich und den Hades,
> Wer nicht ganz wahnsinnig? Dieweil's nur ziemet, um Gleiches
> Lose zu ziehn.
> Nicht schuf Göttern das Los dich zum Könige, sondern der Hände
> Werk und die Kraft und Gewalt, die du nah zum Thron dir gestellt hast.

76 Der Belusturm der Babylonier kann, von dieser Neigung der Götterverehrung für Berghöhen aus betrachtet, als ein riesenhafter Versuch gelten, auch den Göttern dieses ebenen Landes einen Höhensitz zu errichten. Wie andre Religionen wirkliche Gipfel zu mythischer Verklärung emporhoben, so hat umgekehrt der babylonische Kultus die ideale Götterburg zu verwirklichen unternommen.

77 Es gab außer dem thessalischen Olymp noch andre Berge dieses Namens, sowohl in Griechenland als auch in Kleinasien.

78 Hierher dürfte auch die Rettung Aeneas zu rechnen sein. Die mit Aeneas geflüchteten Trojanerinnen, müde der langen ziellosen Irrfahrt, hatten, von Juno verleitet, an der Küste Siziliens Feuer an die Schiffe gelegt. Aeneas flehte zu Jupiter um Löschung des Brandes, und sogleich strömten Regengüsse nieder, durch welche die Schiffe erhalten wurden.

79 In der Erzählung Ovids von Lykaon ist dieser allein der Frevler; er wird in einen Wolf verwandelt.

80 Aegäon heißt er bei den Menschen.

81 Die Mythe von Salmoneus streift mit ihrem Donnergetöse und den Blitzkerzen so nahe an das Kindische heran, daß man sich versucht fühlt, dem so erzählten Vorgange einige Bedeutung zu geben. Man könnte namentlich bei den Blitznachahmungen an eine frühe Kenntnis und Anwendung explodierender Leuchtstoffe denken; doch ist es eine Vermutung ohne Anhalt. Oder ist es, daß Salmoneus versucht hat, einen neuen, wohl orientalischen Götterdienst mit seinem orgiastischen Lärme an die Stelle des Zeuskultus zu setzen? — Zu beachten sei auch, daß der Schauplatz dieses Frevels dieselbe Landschaft ist, in der sich später das geehrteste Heiligtum des Zeus, der Hain und Tempel von Olympia, befand.

82 Daher hießen die den Schiffern wichtigen sieben Tage *vor* und sieben Tage *nach* der Wintersonnenwende die Halkyoniden.

83 Diese Niobe ist nicht mit der gleichnamigen Tochter des Tantalos zu verwechseln, die von Apoll und Artemis ihrer Kinder beraubt wurde.

84 Daher komme es, sagt ein Dichter, daß falsche Liebesschwüre den Zorn der Götter nicht erregen.

85 Über die Bedeutung der Sage von Io ließe sich nur dann etwas Vollständiges sagen, wenn man bereit wäre, einzelne deutliche Beziehungen zu einer physischen oder moralischen Allegorie auszuprägen Eine solche Beziehung ergibt sich auf den Mond und die orientalische Mondgöttin, die phönizische Astarte und die ägyptische Isis, welche beide mit Kuhhörnern abgebildet wurden; der vieläugige Argos mag den Lichtern und Strahlen des Sternenhimmels vergleichbar sein, und bei dem Herumirren der Io läßt sich wohl an den Mondlauf denken. Weiter hat die Sage eine

deutliche Beziehung auf Ackerbau und die Fruchtbarkeit der Erde (die Kuh war das hierher gehörende Symbol, und Ägypten, wo Io ihre Gestalt wiederbekam, war das Land hervorragender
Agrikultur. Auch historische Beziehungen sind sichtbar; vielleicht indische Nachklänge, gewiß
phönizische Einwirkungen und Spuren einer alten Verbindung zwischen Ägypten und Griechenland. Aber alle diese Einzelheiten lassen sich zu einer vollständigen Ausdeutung ohne Willkür
nicht zwingen. Begnügen wir uns mit dem Gedanken, daß auch in dieser Mythe tiefere Anknüpfungen gegeben waren; nehmen wir sie aus der Hand der Volkssage und Poesie ohne anspruchs-
volle Kombinationen einer Lösung, die sich zum großen Teile nur hineinlegen, nicht herausfinden läßt.

86 Sarpedon wird von Homer ein Sohn des Zeus und der Tochter des Bellerophon, Laodameia,
genannt. Er wurde in dem Kriege um Troja von Patroklos getötet.

Daß die Sage von der Europa mit dem Stiere eine kulturhistorische Grundlage hat, ist nicht zu
bezweifeln. Dies ist die Kolonisierung der Insel Kreta von Phönizien aus. Der Stier war in Phönizi-
en das Symbol des höchsten Gottes Baal. Zu diesem Bilde der Fruchtbarkeit und Kraft kam das
andre der weiblichen Gottheit hinzu; der Stier erhielt dann auch zuweilen einen Menschenkopf,
eine wie wir wissen im Orient sehr gangbare Vorstellung. Es gab Münzen in Sidon, auf denen das
Doppelbild des Stieres mit der Europa (Astarte) dargestellt war; auf der andern Seite ein Tempel.
Also ein Tempelbild, welches wohl auch in phönizischen Kolonien vorhanden war. Kreta hatte für
die Mythologie des Zeus eine besondre Bedeutung; die griechische Sage ergriff den angedeuteten
Ausgangspunkt als einen Keim, den sie mit voller Selbstständigkeit entwickelte.

87 Sie hießen Apollonios und Tauriskos aus Tralles in Karien, der Rhodischen Kunstschule zugehörig.

88 Ovid erzählt die Mythe mit erheblichen Abweichungen. Das Vergehen der Kallisto wird von
Artemis entdeckt; sie verstößt die Abgefallene aus ihrer Gemeinschaft. Arkas wird geboren, nun
aber verwandelt die ergrimmte Gemahlin des Zeus die Kallisto in eine Bärin. Jahrelang irrt diese in
den Wäldern umher und begegnet endlich ihrem zum Jüngling herangewachsenen Sohne, der
jagend den Wald durchstreift. Schon ist er im Begriff, die Mutter zu töten, da entrückt sie Zeus
dem schrecklichen Speerwurf und versetzt sie als Gestirn an den Himmel. Aber der Zorn der Here
verfolgte die Kallisto auch dahin; sie stieg zum alten Okeanos nieder und bewirkte, daß er dieses
Sternbild niemals in die Fluten des Meeres niedersteigen ließ.

89 Vielleicht rührt es von diesem Donner her, daß Ovid sagt, Zeus habe die Aegina in der Gestalt des
Feuers besucht. Daß man in dem Flußbette des Asopos Kohlen finde, schrieb die Sage jenem
Ereignisse zu.

90 In dem Abschiede Hektors von seiner Gattin Andromache, wo ihre flehenden Worte ins Innerste
seiner Heldenseele dringen, erinnert sie ihn an die Stelle, „wo leichter es ist, die Stadt zu ersteigen,
und frei ist die Mauer dem Angriff."

91 Acht Jahrhunderte lang hat das Zeusbild zu Olympia bestanden. Wie es zugrunde gegangen, ist
unbekannt. Im Jahre 394 wurden die olympischen Spiele zum letztenmale gefeiert; wahrscheinlich
ist bald darauf die Statue weggebracht worden, vielleicht nach Konstantinopel, wo sie zerstört
worden sein mag. — Jetzt ist der Festplatz von Olympia ein großer, nur von Hirten belebter
Waldfleck; alle Herrlichkeit ist verschwunden; die Stelle des Tempels und einiges Mauerwerk ist
aufgefunden worden.

92 Herodot setzt das Orakel zu Dodona in Verbindung mit dem Orakel des Ammon in dem ägyptischen Theben, wie auch in der Oase der libyschen Wüste. Die Priester in Theben, sagt er, hatten
ihm erzählt, daß die Phönizier zwei heilige Frauen geraubt und die eine nach Hellas, die andre nach
Libyen verkauft hätten. Von den Priesterinnen in Dodona habe er gehört, es seien zwei schwarze
Tauben aus Theben ausgeflogen und die eine nach Libyen, die andre zu ihnen gekommen. Die
habe sich niedergelassen auf eine Eiche und geredet mit menschlicher Stimme: hier solle ein Zeus-
Orakel sein. Darauf sei ein solches gestiftet worden. — Ebenso in Libyen. Diese Tauben seien nun
auf jene beiden Frauen zu deuten. Wobei wir nur noch auf die Ähnlichkeit beider Orakel aufmerksam machen, denn auch das des Ammon in der Wüste weissagte durch Winke und Zeichen, welche
von dem Bewegen und Aneinanderschlagen der silbernen Schalen am Schiffchen herrührten. Uns
scheint jedoch der Ursprung des Orakels in Dodona, frei von dieser fremdländischen Priestersage,
ein national-pelasgischer zu sein.

93 Der Kontrast dieser in sich selbst befriedigten Einfachheit, dieser Beharrlichkeit in der Vätersitte
gegen die Vielgestaltigkeit und Hastigkeit des großen Staatslebens und Weltverkehrs ließ Arkadi-
en als das Land erscheinen, wo es nur Genuß und Ruhe, aber keine Sehnsucht gibt. Dazu kam der
anmutende Reiz der Landschaft. So ist Arkadien die Heimat idyllischer Glückseligkeit geworden,
wenigstens in der poetischen Fiktion.

94 Auch von dem phrygischen Berge Ida hat Zeus diesen Beinamen.

95 Ixion wurde so der Vater des Kentauros, von welchem die Keutauren abstammen. Siehe den
Abschnitt „Götter des Erdesegens" Nr. 5.

96 Vielleicht war diese Strenge der ehelichen Gesinnung, welche die Mythe der Götterkönigin beilegte, auch das Motiv zu dem Volksglauben, daß Here alljährlich ihre Jungfräulichkeit durch ein Bad in einer Quelle bei Argos erneuere.

97 Here wendet sich flehend an die alten Gottheiten Gaea und Uranos: „Gebet ein Kind mir ohne den Zeus!" Sie brachte darauf den Typhaon hervor, erschrak aber über das Ungetüm und übergab ihn sogleich dem pythischen Drachen

98 Der Apfel gehörte unter die Symbole der Liebe und der Fruchtbarkeit. Auch die Äpfel der Hesperiden waren der Here geweiht.

99 Dieser Tempel ist auch durch die Erzählung von Kleobis und Biton bekannt.

100 Wir knüpfen hier die weiteren Schicksale des Palladiums an. Noch vor der Eroberung Trojas hatten Odysseus und Diomedes das Schutzbild der Stadt aus seinem Tempel geraubt. Diomedes, in dessen Händen es geblieben war, hatte das Bild, durch göttliche Mahnung bewogen, einem Gefährten des Aeneas übergeben, mit dem es nach Alba longa kam. Als die Nachkommen desselben nach Rom hinüberzogen, schenkten sie das Bild in den Tempel der Vesta, wo es mit großer Heiligkeit bewahrt blieb. Niemand durfte das Bild anschauen. Als bei einem Tempelbrand zur Zeit des ersten punischen Krieges der Pontifex Maximus das Palladium rettete und es erblicken mußte, erblindete er. Bei einem anderen Brand zur Zeit des Commodus wurde es nochmals gerettet und dabei zum ersten Mal von Leuten aus dem Volk angeschaut.

101 Oder sie führte, nach der allgemeinen Sage, dem Perseus die Hand, als er die Medusa tötete.

102 Wir erinnern uns an die ägyptische Neith, von der es gleichfalls im Sinne jungfräulicher Unnahbarkeit hieß: „Niemand hat meinen Schleier aufgedeckt." — Auch der römische Oberpriester erblindete nach dem Volksglauben deshalb, weil er das Palladium erblickt hatte.

103 Marsyas fand die Flöte und ließ sich in den Wettstreit mit Apollo ein, von welchem der diesem Gott gewidmete Abschnitt erzählen wird.

104 Als Xerxes Athen einnahm und zerstörte, verbrannte auch der heilige Ölbaum. Am anderen Tag aber ließ der König, wie wenn er die Zerstörung des Tempels der Athene als einen Frevel gefühlt hätte, durch landflüchtige Athener seines Gefolges der Göttin ein Opfer bringen. Da sahen die Opfernden, wie die Sage erzählt, einen Sproß aus dem Baumstumpf hervorgewachsen von einer Ellen Länge.

105 Bis zum Jahr 1687 blieb dieses herrlichste Baudenkmal des Altertums erhalten; es war im Mittelalter als christliche Kirche benutzt worden. In dem genannten Jahr wurde es bei einer Belagerung Athens durch die Venetianer zerstört. Nur einzelne Teile sind noch vorhanden.

106 Am Abend des Hochzeitstages wurde die Braut feierlich in das Haus des Bräutigams heimgeführt. Dem Brautwagen folgten die Anverwandten und Freunde; dabei wurden Fackeln getragen, welche von den Müttern des Brautpaares am Herde des Elternhauses waren angezündet worden.

107 Die Insel Korsika.

108 Dieses Halsband ist in dem Geschlecht des Kadmos lange ein hochangesehenes Familienheiligtum geblieben, aber mehrmals verhängnisvoll für diejenigen geworden, in deren Besitz es sich eben befand. Es wurde endlich nach Delphi gebracht und als Weihgeschenk im Tempel des Apollo niedergelegt.

109 Die oben angedeutete Ansicht stimmt mit den vorhandenen Erklärungen des Bildwerkes nicht überein. Berühmte Archäologen meinen, daß dieser Ares nur eine von Kriegsgedanken ferne Auffassung zulasse, daß er ausruhe. Entscheidend kann allerdings nur die Betrachtung der Statue selbst sein; sie befindet sich in der Villa Ludovisi zu Rom und wird für eine Nachbildung des sitzenden Ares von Skopas gehalten. Aber der Eindruck, welchen die Betrachtung unserer Abbildung, die aus Brauns Vorschule der Kunstmythologie entnommen ist, ergibt, will sich von einem zum Aufsprung bereiten Ares nicht trennen. Mag nun diese Bereitschaft dem Kampf (was uns unwahrscheinlich dünkt) oder dem Liebesabenteuer gelten, es bleibt ein Warten und Lauern ausgedrückt. An ein Ausruhen läßt diese Spannung des Blickes, dieser sich lauernd krümmende Rücken, dieses Hinfassen der Arme und Hände nicht denken. In dem unter dem Namen der aldobrandinischen Hochzeit vorhandenen Kunstwerke ist die Figur des Bräutigams, welche unzweifelhaft ein Harren und Warten ausdrücken soll, in einer ähnlichen Stellung mit über das Knie gelegter Hand dargestellt. Soll aber der in unsere Ares-Statue hineingekommene Liebesgott derselben eine besondere Beziehung geben, soll von ihm aus die Situation der Gestalt erklärt werden, so dürfte man sich an den Augenblick erinnern, wo Ares auf das Weggehen des Hephaistos wartet, um zu Aphrodite zu eilen:

> „Nicht achtlos lauschte der goldzaumlenkende Ares,
> Als er sah, wie Hephaistos, der kunstberühmte, hinwegging.
> Eilend ging er zum Hause des hochberühmten Hephaistos,
> Sehnsuchtsvoll nach der Liebe der schönbekränzten Kythere."

110 Auch der Hain zu Kolchis, in welchem das goldene Vlies an einer Eiche aufgehängt war, gehörte dem Ares und wurde von einem Drachen bewacht.

111 Kadmos, welcher seine Schwester Europa suchte, hatte vom Orakel in Delphi die Weisung erhalten, er solle eine Kuh zur Führerin nehmen und dort eine Stadt gründen, wo dieselbe ermattet niedersinken werde.

112 Eines der großen Jahre, eine Oktaeteris, weil nach acht Jahren der Lauf der Sonne und des Mondes durch Einschaltung wieder miteinander übereinstimmten.

113 Auf dem Schild des Herakles war der Okeanos abgebildet, den Rand des Schildes umflutend. Auch dort schwammen Scharen von Schwänen auf den Wellen, andere Schwäne hoben sich in die Luft, wie in tönendem Gesange.

114 Apollo ließ die Schlange dort verwesen:
„Und sie modert alldort durch heilige Sonnengewalt hin.
Drob nun Pytho die Stätte benamen sie; aber dem Herrscher
Flehen sie jetzt empor als dem Pythier."
Eine andere Erklärung nennt den Ort, weil man dort den Gott befragte, Pytho, die Fragestätte. Der Name Delphi kam erst später auf. Diese Stadt, zu der sich allmählich der Tempelbezirk erweitert hatte, lag am südlichen Abhang des Parnass. Heute liegt hier ein geringes Dorf, Kastri; auf dem Platz des glänzenden Apollotempels stehen die Ställe und Scheunen eines bäuerlichen Hofes.

115 Unser Schiller läßt in seinem Gedicht „Kassandra" die Seherin dem Apollo klagen:
Warum warfest du mich hin
In die Stadt der ewig Blinden
Mit dem aufgeschlossnen Sinn?
Warum gabst du mir zu sehen,
Was ich doch nicht wenden kann?
Das Verhängte muß geschehen,
Das Gefürchtete muß nahn.

116 Unter den Orakeln in Kleinasien waren besonders berühmt das Klarische Orakel bei Kolophon, wo der Seher Mopsos den Kalchas im Weissagen überwunden hatte; noch ausgezeichneter das Orakel zu Didyma bei Milet, von Kroesos mit großen Reichtümern ausgestattet. es wurde verwaltet von der priesterlichen Familie der Branchiden.

117 Daß Apollo seine Bestrafung des Marsyas an einer Fichte vollzog, erscheint nicht unwesentlich, denn die Fichte war der heilige Baum der Kybele.

118 Ovid gibt seiner Erzählung dieses Ereignisses einen Charakterzug, in welchem sich römisches Frauenwesen seiner Zeit widerspiegelt. Er läßt die Niobe noch über den Leichen der Söhne die stolze Ausforderung an Leto wiederholen. „Nach so viel Leichen noch sieg' ich", ruft Niobe. Welch unbeugsame Frauengestalten mußte der Dichter geschaut haben, daß in seinem Gemüt solch ein Charakterzug möglich wurde! Fig. 36.

119 In Phrygien am Berg Sipylos zeigte man den Felsen der Niobe, welcher von weitem einer trauernden und weinenden Frauengestalt glich.

120 Hyakinthos wird bald ein Sohn der Muse Klio genannt, bald stammt er aus dem Geschlechte des von Zeus mit der Taygete erzeugten Lakedämon, und seine Eltern sind Amyklos, der König von Amyklä, und Diomede. Auch heißt er ein Sohn des Oebalos.

121 Wahrscheinlich also unsere Schwertlilie, auf welche die angedeuteten Merkmale passen.

122 Sie nannte ihn Jamos, Veilchenkind, weil er unter Veilchen gefunden wurde. Jon war bei den Griechen der Name des Veilchens, auch der Levkoie und der gelbblühenden Lacks.

123 Die Tochter des Idas und der Marpessa, Kleopatra, wurde die Gemahlin des in der Sage von der kalydonischen Jagd berühmten Helden Meleager. Auch sie ereilte in dem tragischen Geschick des Gatten ein früher Tod.

124 Doch auch in der ägyptischen Mythologie stand der Wolf in Beziehung zum Lichtgotte. Osiris, der Gott der Sonne und des Lichtes, kämpfte in Wolfsgestalt gegen seinen Feind Typhon.

125 Diese reichen Weihgeschenke, sowie die Schätze der Tempel in Delphi und Olympia gaben dem Sulla die Mittel zu seiner Kriegführung gegen Mithridat.

126 Die Wachtel hat in dem Mythos von Latona eine mehrfache Bedeutung. Bald soll Latona sich in diesen Vogel verwandelt haben, um sich vor Here zu verbergen, bald hat Asteria, die Schwester der Latona, sich in Gestalt einer Wachtel den Nachstellungen des Zeus entzogen. Sie sei ins Meer geflogen und in eine Insel, das spätere Delos, verwandelt worden.

127 Diese entronnene Hirschkuh lebendig zu fangen, war dem Herakles aufbehalten.

128 Dieses Toben und Lärmen, das Dröhnen im Walde und Stöhnen in den Lüften, wenn die Jagdgöttin durchzieht, erinnert unwillkürlich an die deutsche Sage vom wilden Heer oder Wuotansheer. Beide Sagen, so verschieden sie sich auch gestaltet haben, tönen wahrscheinlich aus demselben uralten Grunde des Mythenbornes herauf.

129 Sein Vater war Aristaeos, der Sohn des Apollo, seine Mutter Autonoe, die Tochter des Kadmos.

130 Diese Mythe hat verschiedene Ausgänge. Wir berührten hier den, welcher dem Charakter der Artemis zugehört.

131 Diktyon hieß im Griechischen das Netz, also bedeutete Diktynna die Umgarnerin.

132 An Größe übertraf der Tempel zu Ephesos den Salomonischen Tempel zu Jerusalem. Unter den Bauwerken der Neuzeit erreicht er nahezu die Größe des Domes zu Mailand.

133 Unter den Merkwürdigkeiten der früheren Sophienkirche, jetzt der Hauptmoschee in Konstantinopel, befinden sich sechs Säulen aus Jaspis aus dem Tempel der Diana zu Ephesos; wahrscheinlich Überreste jener königlichen Weihgeschenke. Dem Jaspis wurde eine gegen magische Künste schützende Kraft zugeschrieben.

134 Peitho, die Göttin der Überredung, besonders der Überredung zur Liebe, gehörte in den Kreis der Aphrodite, in deren Tempel zu Athen ihr ein Standbild errichtet wurde.

135 Als Entsühnung von dieser alten Schuld des Männermordes galt die neuntägige Enthaltung vom Feuer, wie sie alljährlich in Lemnos beobachtet wurde.

136 In Athen ist Aphrodite-Urania auch als Schicksalsgöttin verehrt und die älteste der Moiren genannt worden. Man faßt sie dann auch als Venus-Proserpina auf. Dies und Andres sind außerhalb des wirklichen Gebietes liegende Einzelheiten, wie sie auch bei andern Göttern vorkommen. Je mehr sich Phantasie und Gemüt in die Betrachtung und Verehrung einer Göttergestalt versenkte, desto öfter kam man in die Lage, ihre Machtsphäre zu erweitern und auszuschmücken, so daß wohl gar Richtungen gewonnen wurden, welche den ursprünglichen fremd waren.

137 Aus A. W. Schlegels Pygmalion.

138 Es wird noch ein zweiter Sohn des Anchises und der Aphrodite, Lyrnos, erwähnt, der ohne Nachkommen geblieben ist. — Anchises mußte doch später das Schicksal erfahren, welches er bei dem Erkennen der Göttin gefürchtet hatte; er wurde vom Blitze des Zeus getroffen, und die blühende Kraft sank ihm in Lähmung hin. Ihrem Sohne Aeaneas war in seinen Kämpfen und Abenteuern Aphrodite immer eine treue Beschützerin.

139 Hermes hatte mit Herse, der Tochter des Kekrops, den Kephalos erzeugt. Diesen liebte Eros und gebar ihm den Tithonos, dessen Sohn Phaeton der Vater des Kinyras war.

140 Unsre Darstellung soll die Nachbildung eines Eros von Lysippos zu Thesbiä sein. In dieser böotischen Stadt blühte der Dienst des Eros; es wurden ihm alle vier Jahre feierliche Spiele gefeiert. Sein Bild war anfänglich ein roher Stein; später standen hier die berühmten Statuen des Praxiteles und des Lysippos. Wir möchten für den Ursprung dieses Lokaldienstes des Eros zu Thesbiä auf den Umstand hinweisen, daß dort auch die Heimat des Sängerfürsten Amphion war, nach dessen Klängen sich die Steine zur Mauer zusammenfügten. Die Vorstellung von der Macht der Töne begegnet der von der Macht des Eros.

141 Hirt in den Schriften der Königlichen Akademie der Wissenschaften zu Berlin, 1816.

142 Ein späterer Zusatz zu dieser Sage, den Ovid mitteilt, erzählt: der Alte, Battus genannt, weidete die Herden des Neleus. Hermes schenkte ihm eins der Rinder dafür, daß er schweigen und verleugnen solle, was er gesehen. Der Greis versprach es. Aber Hermes kehrte, um ihn zu erproben, in verwandelter Gestalt zu ihm zurück, begehrte Auskunft, ob er die Herde gesehen habe, und verhieß ihm zwei Rinder zum Lohne, wenn er den Raub anzeigen wolle. Da verriet ihm der Alte, was er wußte. Lachend entdeckte sich ihm nun der Gott und verwandelte den törichten Schwätzer zur Strafe in einen Felsen, der die Warte des Battus oder der Stein des Entdeckers hieß.

143 Was über das Orakel der Thrien gesagt ist, macht es nicht unzweifelhaft deutlich, ob ein Wortoder ein Zeichen-Orakel gemeint ist. Indes sprechen die stärkeren Gründe für ein Zeichen-Orakel, und es wird auch anderweitig erzählt, daß Apollo den Hermes das Wahrsagen mit Steinchen, also eine Art Weissagung durchs Los, gelehrt habe. Jenes Orakel ließe sich so auffassen, daß die Thrien durch ihr Herumfliegen, ihr Suchen nach Honig und durch das Finden oder Nichtfinden desselben das Zeichen gegeben hätten, welches gedeutet wurde. Jedenfalls ist das Hauptsächliche dabei der Charakter des Zufälligen, Trüglichen anzunehmen, gegenüber der apollinischen Weissagung, wo das Wort der Priesterin den Ratschluß des Zeus verkündet.

144 Das Gorgonenhaupt übergab Perseus, nachdem er seine Feinde mit dessen Anblick in Stein verwandelt hatte, der Pallas-Athene, welche dasselbe in die Mitte ihres Schildes setzte.

145 Apollo gab ihm die Pfeile, Hephaistos einen goldnen Köcher, Athene einen Waffenrock. Die Keule schnitt er sich selbst in Nemea.

146 Wer von zu erwartender Todesstrafe freigesprochen wurde, brachte dem Hermes ein Opfer, wie wenn der Gott dafür hätte versöhnt werden müssen, daß ihm die Geleitung einer Seele zum Hades entzogen worden. — Auch möchte hier die Meinung zu erwähnen sein, daß Hermes die Seelen, welche ihre Zeit im Elysium vollbracht und aus dem Lethe getrunken hätten, in neue Körper zurückführe.

147 Der Orakelspruch ging in Erfüllung. Als Katreus alt geworden war, wünschte er seinem Sohne Althamenes das Reich zu übergeben und kam deshalb nach Rhodos. Er landete an einer öden Stelle der Insel, wo er von den Hirten, welche die Ankommenden für Räuber hielten, ergriffen wurde.

Seine Bemühung, die Leute aufzuklären, wurde durch das Hundegebell unverständlich; Althamenes kam herbei und tötete den Katreus durch einen Wurfspieß. Nachher erkannte er den Getöteten und wurde auf sein Gebet von einer Erdschlucht verschlungen.

148 — — — Und mit ungetrübter Wonne,
Von dem Nachtwerk unentstellt,
Schreitet mit der jungen Sonne
Hermes freudig in die Welt.
Ewig schön und ewig heiter
Führt er die Geschlechter weiter
Mit dem Stab, den er am Morgen
Unter Blüten hält verborgen.
(Hermes-Psychopompos von G. Pfizer.)

149 Als Paulus und Barnabas in Lystra durch Wunder und Redegewalt das Volk so bestürzt machten, daß sie sie für Götter hielt, nannten sie den Barnabas Zeus, den Paulus aber Hermes, weil er das Wort führte.

150 Auch Goethes „Phoebos und Hermes" schildert diesen Gegensatz.
Delos ernster Beherrscher und Majas Sohn, der gewandte,
Rechteten heftig, es wünscht jeder an dem herrlichen Preis.
Hermes verlangte die Leier, die Leier verlangt auch Apollon,
Doch vergeblich erfüllt Hoffnung den beiden das Herz;
Denn rasch dränget sich Ares heran, gewaltsam entscheidend
Schlägt das goldene Spiel wild mit dem Eisen entzwei.
Hermes lacht unmäßig, der schadenfrohe; doch Phoebos
Und den Musen ergreift inniger Schmerz das Gemüt.

151 Diese Sage von der Rute des Segens kehrt in der deutschen Göttersage von der Wünschelrute, virgula Mercurialis, wieder, welche das Vorhandensein der Metalle und Schätze in der Erde anzeigte.

152 Im Tempel zeigte man einen weißen, mit wollenen Bändern umwundenen Stein, den Nabelstein, welcher die Erdmitte bezeichnete.

153 Die Ansichten über die letzten beiden Horen sind geteilt. Einige halten die Gestalt mit dem bauschigen Gewande für den Sommer und die voranschreitende für den Frühling. Wir folgen denen, welche die natürliche Ordnung der Jahreszeiten festhalten.

154 Sokrates hatte die Kunst seines Meißels den Chariten zugewandt. Ihre von ihm gearbeiteten, bekleidet dargestellten Bilder standen im Vorhof der Burg von Athen.

155 Der Mensch kriecht als Kind auf allen Vieren, herangewachsen ist er zweifüßig, im Alter nimmt er als dritten Fuß den Stab hinzu.

156 Nach einer andern Erklärung soll die mittlere Gestalt Lachesis sein, welche ein Los zieht. Die vor dem Globus stehende Moire wäre dann Atropis.

157 Als Herakles geboren werden sollte, hatte Zeus in der Versammlung der Götter prahlend geredet: „Heut wird ein Mann zum Lichte des Lebens erstehen, der über alle Umwohnenden herrschen soll." Da betörte ihn die listige Here, daß er dies mit einem Eidschwur bekräftigte, und nun hielt sie die Geburt des Herakles zurück, beschleunigte aber die des Eurystheus. So hatte Zeus durch Unbesonnenheit es verschuldet, daß Herakles unter die Dienstbarkeit des Eurystheus kam.

158 Es sei hier auch an das Gedicht von Martin Opitz erinnert: „O wohl dem, der die rechte Zeit in allen Dingen siehet" usw.
Die Göttin der Gelegenheit
Ist vornen nur mit Haaren,
Im Nacken bleibt sie kahl allzeit;
Drum laß sie ja nicht fahren,
Weil du sie bei der Stirne hast;
Der Tag geht eilends nieder,
Die Stunden laufen ohne Rast
Und kommen ganz nicht wieder.

159 Die Narzisse (Starrblume) wurde als eine Blume des Truges bezeichnet. Sie trug ihren Namen von einer ihr eigenen betäubenden Kraft und war darum dem Orkus zugeeignet.

160 Über den Ort, wo Pluto mit der Persephone verschwunden sein sollte, gab es verschiedene Meinungen. In Sizilien bezeichnete eine Quelle, Kyane (die dunkle), die Stelle des Raubes; bei Eleusis wurde auch der Ort gezeigt; ebenso behaupten Knossos in Kreta, Nysa in Kleinasien und andre Städte, daß bei ihnen der Raub geschehen sei.

161 Die Felder von Rharium bei Eleusis werden als ein Urstätte europäischer Zivilisation immer eine denkwürdige Stelle bleiben. Athen bewahrte eine Erinnerung an diese alten Vorgänge darin, daß es sich gern die Mutterstadt der Feldfrüchte nannte.

162 Diese Klippe lag am Isthmus zwischen Megara und Korinth. Darum hatten die isthmischen Spiele eine Beziehung auf diese Begebenheit. Sisyphos, der Bruder des Athamas, soll sie dem Melikertes zu Ehren gestiftet haben.

163 Es machten eine Menge Orte dieses Namens, unter andern das von Homer genannte Nysa in Thrakien, Anspruch darauf, die Stätte zu sein, wo Dionysos aufgewachsen wäre.

164 Der griechische Name Dionysos wird auch gedeutet als der Gott von Nysa.

165 Nach andern Sagen gilt Pan für einen Sohn des Zeus oder auch des Apollo; als seine Mutter wird auch Penelope genannt, ursprünglich wohl der Name einer Nymphe, an deren Stelle später Penelope von Ithaka trat, die ihn aus dem Umgange mit den Freiern geboren haben soll.

166 Dieser Midas ist noch in anderer Weise in der Mythe bekannt geworden. Er hatte durch gastfreundliche Aufnahme des Silen den Beifall des Dionysos erworben, und dieser hatte ihm die Gewährung eines Wunsches zugesagt. Midas wünschte, daß alles, was er berühre, zu Gold würde. Es geschah. Gar bald aber verwandelte sich die Freude der ersten Versuche in Entsetzen, als Midas fühlte, wie auch Speise und Trank in seinem Munde zu starrem Golde wurden. Er bat flehentlich um Zurücknahme der verderblichen Gabe, und Dionysos gewährte sie ihm, indem er ihn hieß, in dem Flusse Paktolos den Wellen entgegen bis zur Quelle zu gehen und dort das Haupt einzutauchen. Seitdem führte der Paktolos Gold.

167 Sie heißen Eoos, Aethiops, Bronte und Sterope. Ovid nennt sie Pyrois, Eous, Aethon, Phlegon. In diesen Namen sind die Vorstellungen von Frühlicht, Blitz, Glanz, Strahlen, Sprühen und Donnerhall enthalten.

168 Der sagenhafte Eridanos war ein weit im Westen fließender Strom, dessen Gewässer in den nördlichen Ozean mündeten. Nach andrer Meinung und auch in der obigen Sage war es der Po; ein Fingerzeig dafür, daß das Nordende des adriatischen Meeres wahrscheinlich eine Zwischenstation für den Bernsteinhandel war.

169 „Eos im Safrangewande" heißt es. Dieses Hochgelb war die Farbe der Festgewänder, und die Götter der Freude, wie Dionysos und Aphrodite, kleideten sich gern in diese Farbe.

170 Orion ist eine sagenreiche Gestalt. Er ist ein gewaltiger Riese und schwingt die Keule oder das funkelnde Schwert, bald herrlich strahlend, bald wild über das Meer stürmend. Poseidon hatte ihm die Gabe verliehen, über die Wogen hinzuschreiten. Nachdem seine Gattin Side in den Hades geworfen worden war, weil sie mit Here um den Preis der Schönheit gestritten hatte, kam er nach Chios und warb um die Hand der Tochter des Oenopion. Aber dieser, ein Sohn des Dionysos, machte ihn trunken und blendete ihn im Schlafe. Orion raffte sich auf, fand die Schmiede des Hephaistos auf Lemnos, lud einen der Gesellen auf seine Schultern und ließ sich den Weg nach Osten zeigen, wo ihm die Strahlen der Sonne sein Gesicht wiedergaben. Als ihn dann Eos entführt hatte, wurde er von den Pfeilen der Artemis getötet.

171 Kephalos hatte sich kurz vorher mit Prokris, einer Tochter des Erechtheus, vermählt. Als er von Eos zu ihr zurückkehrte, wollte er die Treue der Gattin erproben und trat in fremder Gestalt in sein Haus. Prokris wies seine Verlockungen ab, doch gelang es ihm endlich, sie wankend zu machen. Nun entdeckte er sich; die gekränkte Gattin verließ ihn und kehrte erst dann zu ihm zurück, als es ihr gelungen war, in auch unerkannter Gestalt ihn zu gleichem Fehltritt zu bringen. Jetzt verlebten sie glückselige Jahre der Eintracht. Aber die Eifersucht der Prokris wurde wiederum rege, als sie hörte, daß Kephalos, wenn er im Walde jagte, mit einer Nymphe verkehre. Er hatte vom Jagdwerk erhitzt nur die Aura (das Lüftchen) angerufen, ihn zu kühlen. Prokris verbarg sich im Gebüsch, und als sie den irreleitenden Ruf des Gatten hörte, seufzte sie und erregte das Rauschen des Laubes. Da wähnte Kephalos, es sei ein Wild, warf seinen Speer und traf die geliebte Gattin, die sanft verschied, als sie ihren Irrtum erkannt hatte.

172 Die sprichwörtliche Redensart „von Gades bis zur Aurora" hieß soviel als: von einem Ende der Welt bis zum andern.

173 Die römischen Namen dieser Winde sind folgende: Boreas, Notos = Auster, Zephyros = Favonius, Kaikias = Aquilo, Apeliotes = Subsolanus, Euros = Vulturnus, Libs = Africus, Skiron = Corus.

174 Die Sage von Hesione findet ihre Stelle am Schluß dieses Abschnitts. Andromeda war das Opfer für den Übermut ihrer Mutter geworden, welche sich prahlerisch gerühmt hatte, schöner als alle Nereiden, also auch als Amphitrite, zu sein. Dafür wurde sie von Poseidon gestraft. Perseus, welcher eben von seinem Abenteuer mit den Gorgonen zurückkehrte, sah die an den Felsen gebundene Andromeda, erlöste die schöne Königstochter und nahm sie zur Gattin.

175 Herakles rettete die Hesione um den Peis der Rosse, welche Zeus als Ersatz für den Raub des Ganymed gegeben hatte. Auch diesen Lohn hielt Laomedon zurück. Nach Vollendung seiner Arbeiten zog Herakles mit Telamon gegen Troja, eroberte die Stadt, tötete den Laomedon und gab die Hesione dem Telamon als Siegespreis.

176 Palamedes hatte den Odysseus, als er sich der Teilnahme an dem Zuge nach Troja entziehen wollte, durch eine Gegenlist aufgefunden und zur Mitfahrt genötigt. Odysseus konnte ihm dies

nicht vergessen und verwickelte ihn in die falsche Anklage eines verräterischen Einverständnisses mit den Trojanern, so daß Palamedes hingerichtet wurde. Aus Rache für dieses ungerechte Urteil lockte Nauplios einige zu Troja zurückkehrende Griechenschiffe durch falsche Feuerzeichen in gefährliche Uferklippen und machte, daß sie scheiterten.

177 Nach einer anderen Vorstellung lag der See Tritonis mitten in Libyen, ein liebliches Gewässer mit weit ausgedehnten Ufern.

178 Proteus wohnte früher an der Halbinsel Palene (Makedonien). Hier wurde ihm die Wildheit seiner Söhne Tmylos und Telegonos so widerwärtig, daß er den Poseidon bat, ihn wieder nach Ägypten, seinem ursprünglichen Wohnsitz, zurückzubringen. Poseidon tat es, indem er aus einer Felskluft der Halbinsel eine Höhle machte und in dieser den Proteus nach Ägypten brachte.

179 Nach einer andern Sage, welche das Gebiet des Meeres nicht berührt aber einige Merkmale der obigen an sich trägt, war Glaukos ein Sohn des Minos auf Kreta. Der Knabe war in ein Honigfaß gefallen und verschwunden. Ein Orakelspruch erklärte, daß derjenige den Knaben finden würde, welcher am besten angeben könte, womit eine dreifarbige Kuh in der Herde des Minos zu vergleichen sei. Darauf verglich ein Seher Polyidos die Farbe jener Kuh mit der Frucht eines Brombeerstrauches. Er wurde zum Suchen des Verlorenen genötigt und fand ihn. Minos verlangte nun von ihm auch, den Knaben lebendig zu machen und sperrte ihn mit dem Leichnam zusammen. Da sah Polyidos einen Drachen kam, entfernte sich wieder, als er den getöteten Gefährten erblickte, und kehrte mit einem Kraute zurück, welches er auf den Körper des ersten Drachen legte. Sogleich stand dieser auf. Polyidos staunte, legte dasselbe Kraut auf den Leichnam des Knaben, und dieser wurde lebendig. Jetzt wurde Polyidos gezwungen, den Glaukos auch die Weissagung zu lehren. Er tat es, als er aber dann die Insel verließ, hieß er den Glaukos, ihm in den Mund zu spucken. Dadurch ging diesem die Kunst der Weissagung wieder verloren.

180 Hier wohnten die Kimmerier, ein mythisches Volk elend lebender Menschen, immer von Nebel und Nacht umwölkt, denn niemals scheint ihnen der Strahl der leuchtenden Sonne. In späteren Vorstellungen versetzte man diese Kimmerier in die nördlichen Gegenden der Erde.

181 Vom Lethestrome wird am Schluß von Nr. 6 dieses Abschnittes erzählt.

182 Darum erschien es als die Verletzung einer der heiligsten Pflichten, Tote unbeerdigt zu lassen, und wer an einem verlassenen Leichname vorüberkam, streute, wenn er mehr nicht tun konnte, wenigstens einige Handvoll Erde auf denselben.

Als Fährgeld für den Charon gab man den Toten eine kleine Münze, einen Obolus, in den Mund. Die Einwohner von Hermione (Peloponnes) enthielten sich dieses Gebrauches, weil sie meinten, daß von ihnen aus ein direkter Zugang zur Unterwelt wäre. Gegen solche lokalisierte Meinungen spricht sich ein alter Dichter aus:

> „Überall recht ist der Pfad – du wirst nicht irren – zum Hades,
> Ob von Meroe her, ob von Athen du entschwebst.
> Zwinge das Leid, daß fern vielleicht von der Heimat du ruhn wirst;
> Glaub's, zu des Acherons Flut treibt es sich dort oder hier."

183 Als das Ungetüm zur Oberwelt heraufkam, fiel der Geifer seiner schäumenden Wut auf die Erde, und es entstand eine giftige Pflanze, der Eisenhut.

184 Auch Triptolemos ist als einer der Totenrichter angesehen worden.

185 Nur Demeter, von der Trauer um die verlorene Tochter befangen, hatte von der Speise genossen. Zeus fügte die Körperteile des Pelops wieder zusammen, belebte ihn aufs neue und ergänzte die verzehrte Schulter aus Elfenbein. Pelops wuchs als der Liebling Poseidons auf und kam nach Elis, wo Hippodamia, die Tochter des Königs Oenomaos, durch ihre Schönheit viele Freier herbeilockte. Aber der König forderte von jedem Freier, daß er mit ihm im Wagenrennen kämpfte. Keiner vermochte es, den Oenomaos zu überwinden, sie erlitten alle vor ihm den Tod. Pelops jedoch überwand ihn mit Hilfe des Poseidon, der ihm Rosse mit Flügeln gab. In einer anderen Ausführung der Sage veranstaltete Hippodamia selbst, von Liebe zu Pelops ergriffen, daß der Wagenlenker die Räder am Wagen des Königs nicht richtig befestigte, so daß Oenomaos stürzen mußte. Pelops wurde der Gatte der Hippodamia und König von Elis. Er verband damit noch einen bedeutenden Teil der Halbinsel, welche nach ihm Peloponnes genannt wurde.

186 Die Sage von den Danaiden findet sich auch ohne einen schweren Urteilsspruch. Die Töchter des Danaos bestatteten die Leichname der gemordeten Männer und wurden durch Athene und Hermes von ihrer Schuld gereinigt. Aber ihre Vermählung wollte nicht mehr gelingen; da stellte Danaos einen öffentlichen Wettkampf an und gab seine Töchter den Siegern als Preis. Hypermnestra, welche vom Vater für ihr Abweichen von seinem Gebote mit Gefangenschaft bestraft worden war, erhielt nachher doch den Lynkeus zur Ehe und wurde die Stammutter des Perseus.

187 Der gleiche Name kommt auch bei den Rossen des Phoebos und der Eos vor.

188 Nach römischen Dichtern hatte Jupiter das Jahr so geteilt, daß Proserpina sechs Monate bei dem Gemahl in der Unterwelt, die andern sechs Monate bei der Mutter verweilte.

189 Dieses Ereignis wurde auch in ganz andrer tatsächlicher Weise und ohne Verbindung mit der Unterwelt erzählt. Ein König der Molosser, Aidoneus, hatte seiner Gemahlin den Namen Demeter, seiner Tochter den der Persephone gegeben und seinen Hund Kerberos genannt. Die Kunde von der Schönheit der Tochter dieses Königs war bis zu Reirithoos gedrungen; er kam von Theseus begleitet, um die Jungfrau zu rauben. Aber Aidoneus ergriff die Gewalttäter, warf den Peirithoos dem Kerberos vor und legte den Theseus in Fesseln. Erst auf die Fürsprache des Herakles wurde er entlassen. Die Sagen laufen parallel nebeneinander hin, ein beachtenswertes Beispiel davon, wie sie entweder Tatsachen in Mythen übergingen oder wie Mythen auf tatsächliche Weise erklärt wurden.

190 In einer anderen Wendung dieser Sage wird Alkestis durch Herakles, welcher mit dem Thanatos um sie gekämpft hatte, zu Admet zurückgeführt.

191 Lessing hatte diese Gruppe auf Schlaf und Tod gedeutet. Herder, in seinem Gedicht: „Der Tod. Ein Gespräch an Lessings Grabe", scheint auf diese Gestalt hinzudeuten. „Dem tapferen Weisen — der sich selber den Geist längst von der Hülle getrennt — brauch' ich keiner Pfeile. Ich lösche die glänzende Fackel — sanft ihm aus, da erglimmt eilig von purpurnem Licht — diese andre."

192 Der Theseustempel ist erhalten geblieben. Er war in eine Kirche des heiligen Georg verwandelt worden. In neuerer Zeit diente er zur Aufbewahrung der in Athen aufgefundenen plastischen Überreste des Altertums.

193 Oenomaos war König von Elis. Es war ihm geweissagt worden, er werde bei der Verheiratung seiner Tochter Hippodamia das Leben verlieren. Um diesem Schicksale zu entgehen, setzte Oenomaos fest, daß jeder, der um seine Tochter freien würde, mit ihm ein Wettrennen halten müsse. Wer dies wagte, mußte vor dem König das Ziel erreichen oder sterben; denn Oenomaos tötete den, welchen er einholte. Schon hatten mehrere junge Helden ihre Liebe zu Hippodamia mit dem Leben gebüßt; da kam Pelops nach Elis und wagte den gefahrvollen Wettlauf. Er siegte durch Hilfe der Hippodamia, welche von Liebe zu ihm ergriffen den Wagenlenker ihres Vaters, Myrtilos, dazu bestach, daß er ein Rad am Wagen des Königs schlecht befestigte. Oenomaos stürzte im Laufe, Pelops erreichte das Zeil und erhielt die Hippodamia. Aus Furcht, daß die Erfüllung des Orakels sich nähere, tötete Oenomaos sich selbst. Nach anderen blieb er während des Wettlaufs tot. Darauf erneuerte Pelops die Spiele zu Olympia; dasselbe tat Herakles nach seinem Siege über Augias, König von Elis.

194 Bei den Etruskern hieß Jupiter Tina. Er war ihnen die Weltseele und der letzte Grund aller Dinge; aus ihm wird alles geboren, und alles lebt durch ihn.

195 Die Bedeutung der Anna Perenna war unklar und schwankend geworden. Bald soll sie die Anna, die Schwester der Dido, gewesen, nach Latium gekommen und hier in eine Nymphe verwandelt worden sein; bald ehrte man in ihr das Andenken einer gutmütige Alte, welche den Plebejern bei ihrem Auszuge auf den heiligen Berg Brot gespendet habe. Und wie die altitalische Sage gern Schalkstreiche verewigt, so auch hier. Mars soll die Anna Perenna um ihre Mithilfe gebeten haben, als er die Liebe der Minerva gewinnen wollte. Anna versprach, ihm behilflich zu sein, aber sie täuschte ihn, indem sie in der Gestalt der Göttin sich ihm näherte und ihn dann auslachte, als er über den ihm gespielten Streich zürnen wollte.

196 Eine solche Schar, von einem Ackerstier geführt, wurde der Ursprung der Samniter, von einer andern unter Führung eines Spechtes stammten die Picenter, wieder von einer andern, von einem Wolfe geführt, die Hirpiner. Auch jener kampanische Söldnertrupp, die Mamertiner oder Marsmänner, waren eine solche Schar oder entlehnten von der alten Sitte ihrer Verbindung.

197 Von Herakles waren auch in Italien mancherlei Sagen verbreitet. Auf seinem Rückwege von der Überwindung des Geryon soll er den räuberischen Cacus, der ihm einige Rinder gestohlen und dieselben rückwärts in seine Höhle am Aventinus gezogen hatte, erschlagen haben und deshalb als Befreier verehrt worden sein. Seinen ältesten Altar in Rom hat der Heros bei dieser Veranlassung selbst gestiftet. Eine andre Sage erzählt von einem Liebesabenteuer des Herkules mit der Acca Larentia. Der Küster im Tempel des Herkules nahm sich vor, mit dem Gotte Würfel zu spielen, und sagte dabei, siege er, so solle der Gott ihm etwas Gutes gewähren; werde er besiegt, so wolle er dem Gotte ein reichliches Mahl bereiten und ein schönes Mädchen herbeiführen. Jener hielt nun sein Wort, stellte das Mahl auf und schloß die Acca Larentia im Tempel ein. Als sie am andern Morgen hinwegging, hieß sie der Gott, den ersten, der ihr begegnen würde, sich durch freundliche Begegnung geneigt zu machen. Es begegnete ihr ein Bürger, in vorgerückten Jahren und unbeweibt, namens Tarrhutius. Dieser gewann die Acca Larentia lieb, nahm sie zur Frau und hinterließ ihr bei seinem Tode viele und schöne Besitzungen, welche sie in der Folge dem römischen Volke vermachte.

198 Aus der Geschichte dieses Tempelgebäudes sind folgende Hauptangaben zu bemerken. Der von Tarquinius Superbus errichtete Tempel stand 413 Jahre; im Jahre 83 v. Chr. während des Krieges zwischen den Marianern und Sulla wurde er durch eine Feuersbrunst zerstört. Sulla erbaute ihn von Grund auf neu, aber in den früheren Maßen und Verhältnissen. Die drei Götter-

bilder aber erschienen nun in der Weise ihrer griechischen Auffassung, besonders Jupiter ganz nach dem Vorbilde des Zeus zu Olympia. Dieses Gebäude brannte wiederum nieder, als die Anhänger des Vitellius gegen das von Vespasianischen Kriegern besetzte Capitol stürmten; aber auch der von Vespasian erneute Tempel wurde nach wenigen Jahren unter Titus ein Raub der Flammen. Domitian richtete das alte Götterhaus noch einmal auf und dieses Gebäude ist den Verfall des römischen Reiches überdauernd in den Zerstörungen des Mittelalters zugrunde gegangen.

199 Stellen, wo der Blitz die Erde getroffen hatte, wurden durch Opfer geweiht, dann ummauert und zugedeckt, sogenannte Blitzgräber. Der Leichnam eines vom Blitze getöteten Menschen wurde an der Stelle, wo er getroffen worden war, eingescharrt.

200 Zu Numas Zeit blieb der Janustempel 43 Jahre lang geschlossen. Nach dieser Zeit stand er fast immer geöffnet; nur zwischen dem ersten und zweiten punischen Kriege konnte man die Tore des Janus schließen. Es geschah nur auf kurze Zeit. Augustus schloß nach der Schlacht bei Aktium den Janustempel, wiederum nicht auf lange Dauer; doch hat er es noch zweimal, und zwar das letztemal im Geburtsjahre Christi getan. Auch Nero rühmte sich, daß er den Janus geschlossen habe.

201 Die Bezeichnung der in Frankreich üblichen Neujahrsgeschenke, étrennes, erinnert an den römischen Namen.

202 Der Name Palatium hängt mit dem der altitalischen Göttin Pales zusammen und zeigt darauf hin, daß diese Stätte dem Hirtenleben der Vorzeit wohlbekannt war.

203 Der Kaiser Anthemius (467–472) ließ trotz des Widerspruches des römisches Bischofs das alte Fest der Luperkalien feiern.

204 Aus dem Steckenkraute (Ferula communis) wurde das Straf-Instrument für unartige Kinder verfertigt, wie der römische Epigrammatiker es nennt, das sceptrum paedagorum. Silvanus erscheint also mit seiner blühenden Rute im Sinne eines ordnungshaltenden Zuchtmeisters.

205 Die Lieder der Salier, Axamenta genannt, galten für das älteste Denkmal römischer Poesie. Ihr Verständnis war in späteren Zeiten verloren gegangen.

206 Octavian hatte in dem Kriege gegen die Mörder Cäsars dem rächenden Mars die Erbauung eines Tempels gelobt.

207 Man bediente sich, um eine Flamme vom Sonnenstrahl zu erhalten, eines Hohlspiegels. Ein alter Schriftsteller schildert das Experiment folgendermaßen. „Wenn man ihm (dem Hohlspiegel) die Richtung gegen die Sonne gibt, daß die von allen Seiten zurückfallenden Strahlen in dem Mittelpunkte sich sammeln und vereinigen, so teilen sie die verdünnte Luft und entzünden die leichtesten und trockensten Stoffe, welche man ihnen vorsetzt, in sehr kurzer Zeit, indem die Strahlen vermöge der Zurückwerfung die Natur und Kraft des Feuers erhalten."

208 Nach einigen Mythologen waren es Heiligtümer, welche Dardanos aus Samothrake nach Troja brachte, wo er sie bei Gründung der Stadt weihte und durch Mysterien verehrte. Also hätten diese Götterbilder einen Zusammenhang mit der Kabiren-Religion gehabt. Äneas sollte sie in der Nacht der Einnahme Trojas heimlich davongetragen und nach Italien gebracht haben. Bei dem Brande Roms unter Nero gingen mit dem Vestatempel auch die alten Penaten des römischen Volkes zugrunde.

209 Die seltsame Einführung des phallischen Symbols in den Vestatempel und in die Kultusgebräuche der Vestalinnen läßt sich erklären, wenn man sie in Beziehung zu der Vesta brungt, welche als mütterliche Erdgöttin die Mutter des Saturns war.

210 „In Rom und Etrurien", sagt Kreuzer, „gewann das poetische Element nie den Sieg über das mystische, und nie konnten Dichter und Künstler über die im Schoße einer ernsten Priesterschaft ruhende Staatsreligion jene große Gewalt ausüben."

211 Flamen hieß der Opferpriester deshalb, weil er das Feuer zum Opfer anblies, also „der Zünder".

212 Der Lituus des Romulus, den man im Versammlungshause der Salier aufbewahrte, wurde nach dem gallischen Brande tief in der Asche unter lauter verbrannten Dingen von dem Feuer unversehrt wiedergefunden.

213 Die Bedeutung aller vier Gestalten dieser Gruppe ist nicht festgestellt. Die obige Annahme kann auch der Mneme (Erinnerung) zugehören.

214 Der Anker, welcher von der modernen Anschauung als Symbol für die Hoffnung gewählt worden ist, findet sich in der antiken Darstellung der Spes nicht vor.

215 Die ältere Edda, eine von Sämund Sigfussön (gest. 1133) in Island veranstaltete Sammlung mythologischer Lieder, wurde 1640 aufgefunden. Die jüngere Edda wird dem Snorre Sturleson (gest. 1241) zugeschrieben, gehört in ihrer gegenwärtigen Gestalt aber dem 14. Jahrhundert an und ist 1628 entdeckt worden.

216 Wahrscheinlich die Insel Rügen; jedoch nehmen andere Seeland, noch andere Helgoland an. Der Name dieser Gottheit ist später auch in Herthus, endlich in Hertha umgebildet worden.

217 Der Name wird häufig als Gattungsname in der Bedeutung „die Seherin" aufgefaßt und dabei an

die nordischen Seherinnen erinnert, welche Walen hießen. Von Veleda wird berichtet, daß sie in römische Gefangenschaft geraten sei und unter Vespasian im Triumphe aufgeführt worden sei.

218 Man hat den Namen Aurinia mit den Allrunen, Alraunen (auch Truhten genannt) in Verbindung gebracht; Frauen, welche das Geheimnisvolle, Zauberhafte wissen. Die Aliorunen waren Zauberweiber, welche der gotische König Filimer aus seinem Volke vertrieb und die dann herumirrend mit den Waldmännern (faunenartige Wesen) zusammenlebten, woraus das Volk der Hunnen seinen Ursprung genommen haben soll.

219 Die Mythe, welche die Entstehung des Namens Longobarden geben will, ist wichtig wegen der Nennung des Namens Frea, als Wodans Gemahlin, und wegen der Vorstellung von dem Himmelsfenster, durch welches Wodan schaut. Es ist eine Ähnlichkeit mit Odins Thron in Asgard unverkennbar.

220 Die Erzählung dieses mythenähnlichen Vorfalls ist einem der Zaubersprüche entnommen, welche 1841 zu Merseburg aufgefunden worden sind.

221 Als der Friesenfürst Radbod († 719) getauft werden sollte und ihm gesagt wurde, daß seine Vorfahren nicht in dem Himmel wären, in welchen er einst gelangen würde, da trat er aus dem Taufbrunnen zurück, weil er die Freuden der Gemeinschaft mit seinen Vorfahren nicht verlieren wollte.

222 In Niederdeutschland lebte in der Volkssage bis zur neueren Zeit hin ein Nachklang in den Namen Fru Frecke. Es wird auch an die Ortsnamen Fricksleben (Freckeleve) bei Magdeburg und Frekkenhorst in Westphalen erinnert.

223 Andere Götternamen, wie die Tanfana, Hludynia, der Fosite in Helgoland, sind bei der ganz fehlenden oder nur sehr geringen Kenntnis ihrer Bedeutung hier nur nebenhergehend zu erwähnen.

224 Zur Zeit der Einführung des Christentumes in Deutschland mußte der Aberglaube bekämpft werden, daß bei Sonn- und Mond-Finsternissen diese Gestirne in Gefahr wären, von den Wölfen verschlungen zu werden, weshalb das Volk ein ungeheures Geschrei erhob, um die Verfolger zu verscheuchen.

225 Ein Beiname Odins, Allvater, ist unter dem Einfluß christlicher Ideen in weitreichende Vorstellungen, welche schwerlich der alten nordischen Mythe eigen waren, ausgedehnt worden.

226 Ein Rabe war das Feldzeichen der Normannen, wie auf jener Fahne, welche König Alfred von England den Dänen abgewann. Je nachdem der auf die Fahne gestickte Vogel Odins vor der Schlacht die Flügel zu heben oder zu senken schien, entnahm man die günstige oder ungünstige Vorbedeutung für den Kampf. Dieser Gebrauch deutet auf die Sitte der alten Deutschen, heilige Symbole mit in den Kampf zu nehmen, zurück. — Auch in der deutschen Volkssage hat sich der Rabe als ein mythischer Vogel erhalten; so die Raben, welche den Kyffhäuser umfliegen.

227 In deutschen Sagen hütet ein schwarzer Hund den Zugang zu geisterhaften Stätten, Orten wo Schätze liegen sollen, zu verfallenen Burgen usw.

Verzeichnis der Abbildungen

Namensregister

Acca Larentia 269
Achäa 201
Acheloos 88, 187, 236, 238, 254
Acheron 169, 240, 247, 285
Achilles 70, 96, 105, 128, 176, 177, 178, 191, 214, 233, 245, 265, 271
Achilleus 85, 126, 128, 234, 235
Adityas 14, 22
Admet 150, 156, 157, 162, 166, 265, 270
Adonis 46, 47, 55, 111, 144, 165, 179, 180, 181, 214
Adrasteia 83, 116, 206
Aeakos 105, 106, 239, 247
Aeetes 128, 217
Aegäon 78
Aegina 105, 238, 242
Aegis 108, 111, 120, 122, 124, 209
Aegyptos 103, 242
Aello 221, 234
Aeolos 100, 128, 222, 223
Aesculap 47, 61, 147, 214, 288
Aethalides 177
Aethusa 144
Agave 202, 203
Agenor 103, 230
Aglaja 102, 126, 128, 185, 186
Aglaophonos 237
Aglauros 125, 132
Agni 14, 21, 22
Ahriman 27, 28, 29, 30, 32
Aides 168
Aidoneus 245
Aktaeon 153
Albordj 26, 29, 32, 94
Alcis 300, 308
Alekto 203
Alexiares 129
Alkides 267

Alkmene 101, 102, 103, 105, 106, 114, 117, 252
Alkyoneus 86
Aloeus 100
Alpheus 88, 144, 151, 238, 253
Althäa 152, 202
Amaltheia 83, 108, 111, 238
Amazonen 107, 133, 134, 135, 155
Amenthes 56, 58, 63, 67, 71, 72, 73
Amerdad 27
Ammon 42, 50, 51, 52, 53, 62
Amor 170, 171, 243
Amoretten 170
Amphion 103, 104, 106, 142, 176
Amphitrite 135, 223, 228, 230, 231, 233
Amphitryon 103, 106, 252
Amschaspands 27, 29
Amset 68
Amun 50, 51, 52
Amymone 229, 230
Anahid 37, 156
Andromeda 225, 233
Angelos 158
Aniketos 118
Anna Perenna 266
Annona 292
Anteros 170
Antiope 103, 104, 135, 176
Anubis 54, 63, 68
Aöde 187
Apeliotes 222
Apemosyne 177
Aphrodite 47, 58, 73, 80, 93, 94, 101, 102, 106, 115 ff., 121, 126, 131 ff., 151 ff., 155, 158 ff., 165 ff., 181, 184, 186 f., 195, 206, 210, 216 f., 219, 225, 236, 250, 287

Aphrodite-Pandemos 162, 165
Apis 51, 55, 56, 58, 60, 66, 67
Apollon 58, 73, 75, 77, 80, 93, 95, 97, 101, 105, 106, 108, 126, 135, 174, 225, 226, 248
Ardibehescht 27
Ares 93, 100, 101, 114, 122, 125, 126, 129 ff., 144, 159, 160, 162, 165, 167, 175, 216, 217, 219, 225, 253, 256, 280
Arethusa 113, 238
Arges 78
Argos 88, 102, 105, 112, 116, 118, 176, 178, 198, 203, 219, 238, 242
Aria 144
Ariadne 102, 204
Arimaspen 103, 143
Arion 198, 230, 231
Aristäos 145, 209
Arkas 104, 111, 176
Artemis 54, 64, 73, 80, 93, 100 f., 104, 106, 121, 134, 135, 142 ff., 146, 149, 150 ff., 160, 162, 166, 167, 175, 177, 181, 195, 209 f., 216, 218, 241, 253
Artemis Leukophryne 156
Artemis Orthia 155
Artemis Tauropolos 155
Artschuna 24
Arucris 58
Aryaman 14
Asaheim 305
Asen 305 ff.
Asgard 305, 310
Askalaphos 246
Asklepios 143, 147 ff.
Asopos 105, 116, 238, 242
Astarte 21, 37, 45, 46, 48, 54, 154, 160, 295
Asteria 79, 80, 135, 156

Asträa 90
Asträos 79, 219, 220, 222
Astyas 14
Asuren 22
Aswinas 14
Aswini 14
Atargatis 296
Ate 193
Athamas 202, 236
Athene 59, 64, 73, 86, 89,
91 ff., 95, 99, 101, 108,
116, 119, 120 ff., 130 ff.,
136, 139 f., 148, 151, 155,
158, 160 ff., 181, 193,
195, 207, 211, 220, 225,
226, 228, 231 f., 234, 251,
253 f., 260, 265, 274, 275
Äthiopien 54, 218, 225, 229
Atlas 80, 84, 89, 91, 102,
172, 249, 253
Atma 13, 15
Atmu 62
Atropos 101, 189, 190
Attis 295
Auguren 269, 270, 272, 286
Aurinia 300
Aurora 70, 71, 219
Autonoe 202
Auxo 186
Axieros 48
Axiokersa 48
Axiokersos 48

Baal 44, 45, 46, 47, 48, 76,
81, 295, 296
Baal-Hammon 45
Baal-Moloch 45, 46
Baalt 37
Baaltis 46
Bacchus 202, 204, 206
Bahman 27
Balder 302, 305 ff., 309
Bali 22, 23, 24
Balios 215, 222, 234
Bardit 301
Bassareus, der thrakische
207
Beeltis 37
Bel 34, 35, 36, 38, 41, 42,
44, 46
Bellerophon 134, 235
Bellona 133
Belos 103, 230
Benthesikyme 228, 229
Berchta 303, 304
Bergelmir 304
Bergnymphen 209

Bhawany 18, 19, 21, 55
Bhischma 24
Bia 79, 85, 193
Bifröst 305, 306, 310
Bima 24
Bona Dea 292
Bonus Eventus 292
Bör 304
Boreas 79, 93, 112, 129,
133, 144, 150, 219, 220,
221, 222, 229, 265
Bragi 305, 307, 309
Brahaspati 14, 22
Brahma 13, 14, 15, 16, 17,
20, 22, 23
Brahmadikas 14
Brahmanen 14, 16, 20, 23,
24, 25
Briareos 78, 84, 99, 239
Britomartis 154, 155
Brontes 78
Bubastis 50, 54, 64, 65
Budha 22

Camasene 275
Camillen 32
Canens 277
Canopus 64, 65
Cerberus 60
Ceres 18, 21, 61, 81, 269,
287, 290, 292, 294, 296
Chandra 14
Chaos 76, 77, 167, 168,
232, 238
Chariten 89, 93, 101, 107,
117, 118, 126, 151, 160,
161, 165, 166, 185, 186,
187, 208, 250, 265
Charon 240, 284
Chimära 79, 235
Chione 221, 229
Chiron 92, 105, 145, 147,
151, 214, 215, 216, 233,
234, 253
Chloris 222, 290
Chon 62
Chrysaor 79, 235
Ciova 22
Concordia 293
Constantia 293
Consus 267, 268
Cupido 170

Daktylen 109
Dämonen 14, 23, 90, 170,
208, 213, 240, 276 ff.
Danae 102, 105

Danaiden 242, 248
Danaos 102, 103, 122, 229,
242
Daphne 145, 238
Daphnis 210
Dardanos 102, 109
Dea Dia 267, 269
Dea Syria 296
Deimos 130, 132, 133, 167
Dejanira 202, 238, 254
Demeter 48, 55, 56, 81, 93,
101, 112, 117, 195 ff.,
206, 207, 209, 216, 225,
243 ff., 287
Demophon 196 ff., 200
Derketo 39, 41
Despona 198
Deukalion 92, 100, 106,
175
Dewas 14
Dewetas 14, 15, 22, 25
Dews 28, 29, 30
Diana 37, 97, 153, 155, 156,
275, 276, 287, 296
Diana von Ephesos 154,
155
Dido Elissa 46
Dike 101, 183, 184
Diktynna 155
Dino 79, 235
Dione 102, 111, 135, 159,
160
Dionysos 55, 56, 93, 102,
106, 117, 125, 127, 134,
140, 146, 167, 170, 176,
195, 200, 202 ff., 230,
232 ff., 236, 246, 247,
276, 287
Dionysos, indischer 206,
207
Dionysos-Zagreus 206
Dioskuren 48, 105 f., 287
Dirke 103, 104
Dis Pater 284
Dityas 22
Dius Fidius 267
Dodona 53, 73, 110, 138,
159
Doris 89, 233
Dryaden 209
Dryops 177, 210
Dschemschid 26
Durga 19, 20, 25
Duzakh 29

Echidna 79, 235
Echion 202